Bohatta, Johann

Adressbuch der Bibliotheken der österreich-ungarischen Monarchie

Bohatta, Johann

Adressbuch der Bibliotheken der österreich-ungarischen Monarchie

Inktank publishing, 2018

www.inktank-publishing.com

ISBN/EAN: 9783747761632

Schriften des „Oesterreichischen Vereines für Bibliothekswesen".

ADRESSBUCH

der

Bibliotheken

der

Oesterreich-ungarischen Monarchie.

Von

Dr. Johann Bohatta und Dr. Michael Holzmann

Amanuenses der k. k. Universitäts-Bibliothek zu Wien.

WIEN 1900.

K. u. k. Hof-Buchdruckerei und Hof-Verlags-Buchhandlung

CARL FROMME

I. Graben 29, Trattnerhof.

VORWORT.

Die Unzulänglichkeit des vor mehr als 20 Jahren erschienenen Petzholdt'schen* Werkes, sowie die Erkenntniss der Nothwendigkeit, für die österr.-ungar. Monarchie ein ähnliches Werk zu schaffen, wie es Schwenke** für Deutschland bearbeitete, liessen im Kreise des „Oesterreichischen Vereines für Bibliothekswesen" den Plan auftauchen, ein Adressbuch der österreichischen Bibliotheken zusammenzustellen. Aus mehrfachen Gründen wurde jedoch der Gedanke einstweilen fallen gelassen und seine Ausführung für spätere Zeit verschoben, bis sich die Gefertigten an die Ausarbeitung wagten. Sie nahmen nun Schwenke's Adressbuch zum Muster und schickten an circa 4000 Bibliotheken Oesterreichs und Ungarns Fragebogen mit folgenden Fragepunkten aus:

1. Officieller Name und genaue Adresse des Bibliotheksgebäudes.
2. Anzahl der Bände, Handschriften, Incunabeln.
3. Für den Bücherankauf jährlich verfügbare Geldmittel.
4. Name und Rang des Vorstandes, der übrigen Beamten, nach Chargen geordnet, und der Diener.
5. Welche Kataloge existiren handschriftlich (ob Zettel- oder Bandkatalog, alphabetischer oder Schlagwortkatalog etc.).

---

* Adressbuch der Bibliotheken Deutschlands mit Einschluss von Oesterreich-Ungarn und der Schweiz von Julius Petzholdt. Dresden 1875. 8°. XI. 526 S.

** Adressbuch der Deutschen Bibliotheken von Paul Schwenke. Leipzig 1893. 8°. XX. 415 S.

6. Zu welchen Stunden und unter welchen Bedingungen ist die Bibliothek benützbar?
7. Werden Bücher und Handschriften nach Hause entlehnt und unter welchen Bedingungen?
8. Werden Bücher und Handschriften versendet und unter welchen Bedingungen?
9. Gründung und kurze Geschichte der Bibliothek. Welche grössere Sammlungen fanden in derselben Aufnahme?
10. Welche Wissenschaften sind dort vertreten, und welche werden besonders gepflegt?
11. Unterstehen dem dortigen Amte noch andere Bibliotheken Ihres Ortes? Und welche wären noch in das Adressbuch aufzunehmen?
12. Quellen, im Druck erschienene Geschichte der Bibliothek oder Bibliothekskataloge.

Das hohe k. k. Ministerium für Cultus und Unterricht unterstützte das Unternehmen durch Bewilligung einer Subvention, wofür die Gefertigten hiermit den geziemenden Dank abstatten.

In zweiter Linie sind sie dem „Oesterreichischen Verein für Bibliothekswesen", der die Arbeit mit liebenswürdiger Bereitwilligkeit unter seine Aegide nahm, insbesondere dem seither leider verstorbenen Vereins-Obmanne, Herrn Hofrath und Director der k. k. Hofbibliothek in Wien Dr. Heinrich Ritter v. Zeissberg, sowie dem ersten Obmann-Stellvertreter, Herrn Regierungsrath und Vorstand der k. k. Universitätsbibliothek in Wien Dr. Ferdinand Grassauer verpflichtet.

Aber trotzdem hätte das Werk nicht gedeihen können, wären die Verfasser nicht von so vielen Amtsgenossen in freundlichster Weise unterstützt worden, die Zeit und Mühe nicht sparten und in selbstloser Bereitwilligkeit einen Stolz darein setzten, die Auskünfte über ihre Bibliothek auf Grund sorgfältiger Durchforschung der bezüglichen Acten auszuarbeiten. Ihnen Allen, insbesondere Herrn Regierungsrath Dr. Wilhelm Haas, Vorstand der Grazer Universitätsbibliothek, sowie den Herren Dr. Anton Schubert und Dr. Friedrich Baumhackl, Amanuensen in Prag, beziehungsweise in Graz, ferner Herrn Carl Weizmann, Revisor im Reichsraths-Stenographenbureau und Vorstand des „Gabelsberger-Stenographen-Centralvereines", sei der herzlichste Dank für ihre freundliche Antheilnahme abgestattet.

Den zweiten Theil des Buches nimmt der die Bibliotheken Ungarns behandelnde Abschnitt ein, dessen Zustandekommen nur der freundlichen Unterstützung des Generalinspectorates der Bibliotheken und Museen Ungarns zu verdanken ist. Dasselbe überliess, selbst mit der Ausarbeitung eines Adressbuches der Bibliotheken und Museen Ungarns beschäftigt, das es gleichzeitig herauszugeben beabsichtigt, die in Budapest einlangenden Originalauskünfte zur Benützung und förderte dadurch dieses Buch in eminentem Grade. So erübrigte nur mehr die Uebersetzung, um über viele bisher in Cisleithanien nur wenig bekannte Büchersammlungen ein auf authentischen, amtlichen Angaben beruhendes Material zu sammeln. Dem Generalinspectorate der Bibliotheken und Museen Ungarns, sowie den Herren, die den Verfassern bei der Uebersetzung des ungarischen Theiles und der eingelangten slavischen Auskünfte in uneigennützigster Weise beistanden. Herrn Stadtarchivar und Vicestadthauptmann von Pressburg. Johann Batka. dem Scriptor der k. u. k. Familien-Fideicommissbibliothek in Wien. Dr. Hodinka Antal und ihrem Collegen Dr. Hugo Makas sagen die Unterzeichneten hiermit öffentlich ihren verbindlichsten, tiefgefühlten Dank.

Dass bei der Ausarbeitung auch mehrfache Schwierigkeiten zu überwinden waren. ist bei der Ausdehnung des Stoffes leicht erklärlich. Nur in verhältnissmässig sehr seltenen Fällen hatte die erste Umfrage Erfolg, in einigen Fällen gelang es erst nach vier und fünf vergeblichen Versuchen. eine Auskunft zu erlangen, in einigen anderen wurde eine Antwort direct verweigert. in wieder anderen der Fragebogen überhaupt nicht beantwortet. Doch sei dies nur deshalb erwähnt. um der Kritik zu begegnen. wenn sie den Vorwurf der Lückenhaftigkeit, die sie vielleicht constatirt. ausschliesslich auf Rechnung der Unterzeichneten setzen sollte. Das Manuscript musste am 1. Mai 1899 abgeschlossen werden.

Ueber die Anordnung ist wenig zu sagen: Die Reihenfolge der Städte wie der einzelnen Bibliotheken ist die alphabetische, bezüglich deren nur zu erwähnen wäre, dass bei jenen ungarischen Städten, deren deutscher Name in Cisleithanien und auch im Auslande bekannter ist, dieser der magyarischen Bezeichnung vorgesetzt, und als Hauptschlagwort genannt wurde. Das Werk ist ein erster Versuch, die Bibliotheksverhältnisse Oesterreich-Ungarns klarzustellen, ein Beitrag zur Geschichte des Büchereiwesens, und soll ein, wenn auch nicht vollkommenes Bild des geistigen Lebens unserer Monarchie bieten.

Dr. J. Bohatta. Dr. M. Holzmann.

I.

OESTERREICH.

Admont (Steierm.).

1. **Benedictinerstift.** — Der Saal nimmt zwei Stockwerke des Osttractes des Klosters ein. — Ende 1897: 81.288 Bde., darunter 1100 Handschriften und 657 Incunabeln. — Bei der geringen Dotation ist die Bibl. in Bezug auf Vermehrung ihres Bücherbestandes auf die Nachlässe der Stiftsgeistlichen angewiesen. — Bibliothekar: P. Jacob Wichner. — Handschriften-, Incunabel-, Standorts- und Eingangskataloge in Buchform, der alphabet. Autoren- und Schlagwortkatalog in Zettelform; mit dem letzteren ist ein Realkatalog verbunden. — Für das Publicum in den Monaten Juni bis September von 10—11 Uhr vormittags und 4—5 Uhr nachmittags geöffnet. — Entlehnungen in Admont und Umgebung nur in Ausnahmsfällen; Gelehrte und Fachmänner können in der Bibl. unter Aufsicht des Bibliothekars arbeiten. — Versendet werden Handschriften und Bücher an öffentliche Anstalten (Bibliotheken, Archive, Museen), wenn dieselben für richtige und unversehrte Rückstellung haften und die Benützung innerhalb des bezüglichen Amtslocales stattfindet. — Gepflegt werden vorzüglich Theologie, Asketik und Geschichte.

Muchar, Alb. Handschriften des Stiftes Admont in Steyermark. In: Archiv f. ältere deutsche Gesch. VI. 1831. — Wattenbach, W. Handschriften des Benedictinerstiftes Admont. Ebda. X. 1851. — Wichner. Jacob. Admont in Steiermark. In: Ein Benedictinerbuch von Seb. Brunner. Würzburg 1881. — Ders., Kloster Admont und seine Beziehungen zur Wissenschaft und zum Unterricht. (Mit Unterstützung der k. Akademie der Wissenschaften in Wien.) Graz 1892. — Ders., Die Stiftsbibliothek zu Admont. Zur Belehrung und Erinnerung für die Besucher derselben. Brünn 1897.

Altenburg (Nied.-Oest.).

2. **Benedictinerstift.** — 14.260 Bde., darunter 160 Incunabeln und 269 Handschriften. — Jahresdotation je nach Bedarf. Bibliothekar: P. Ernest Brand. Bandkatalog *a)* v. J. 1670;

b) v. J. 1844 und *c)* v. J. 1864. Der Katalog v. J. 1864 ist nach Materien und auch alphabetisch geordnet. — Benützbar mit Erlaubniss des Bibliothekars; Stunden nicht festgesetzt. Entlehnt und versendet werden Bücher und Handschriften nur gegen Revers an bekannte Personen oder Institute auf ein halbes Jahr. — Als Gründer der d. Z. bestehenden Stiftsbibl. von Altenburg ist P. Maurus Boxler (Abt 1658 bis 1680) anzusehen. Die Schweden, welche die benachbarte Stadt Horn durch ein ganzes Jahr inne hatten, plünderten und verheerten im Jahre 1645 das Stift. Dass die Bibl., die jedenfalls bereits damals bestanden hatte, hierbei zugrunde ging, ist selbstverständlich. Die Wiederherstellung des Stiftes, welche Abt Zacharia Frey nun in kleinem Masse begonnen hatte, vollendete P. Maurus Boxler. Der von ihm verfasste und gegenwärtig noch existirende Katalog der Stiftsbibl., welcher das Verzeichniss der in der Bibl. aufgenommenen Werke, sowie der Bücher „in cellis patrum in monasterio" enthält, zählt beinahe 3000 Nummern und 126 Handschriften, welche zum grössten Theile noch heute vorhanden sind. Die Bibl. vergrösserte sich im Laufe der Zeiten theils durch Ankauf von Büchern, theils durch jene Werke, die nach dem Ableben der Stiftsmitglieder aus deren Privatbesitz der Bücherei einverleibt wurden. Von bedeutenderen in die Stiftsbibl. aufgenommenen Sammlungen ist nur eine grössere Anzahl von Büchern zu erwähnen, die aus der Privatbibl. des Ferdinand Langbarthner, gewesenen Pfarrers von Gloggnitz, durch Kauf in das Stift kamen. Da der grosse und herrliche, im Jahre 1722 erbaute Bibliothekssaal nur für die damaligen Verhältnisse berechnet war, so mussten bald die neu angeschafften Werke in zwei Sälen der Prälatur untergebracht werden; es befinden sich dermalen daselbst ca. 1800 Bde., die in einem eigenen Kataloge verzeichnet sind. — Alle Wissenschaften, am stärksten Theologie.

Wolfsgruber, Coelestin. Altenburg in Nied.-Oest. In: Ein Benedictinerbuch. Von S. Brunner. Würzburg 1881.

Arnau (Böhm.).

3. **Franciscanerconvent** besass eine schöne Bibl., welche zahlreiche werthvolle Ms. enthielt. Im Jahre 1785 musste dieselbe sammt dem Archive an die Kreishauptmannschaft ausgeliefert werden und soll angeblich nach Prag gekommen sein. Die jetzige Bibl. besteht aus Prediger-Literatur und i. t nur unbedeutend. — Guardian und Bibliothekar: P. Roger Wenzel Konhefr. — Das Kloster wurde 1677 gegründet.

4. **[K. k. Staats-]Gymnasium.** *a)* Lehrerbibl. 1793 Bde., 750 Hefte, 35 Tafeln, 5101 Programme = 7679 vols.; *b)* Schülerbibl. 905 Bde., 189 Hefte, 37 Tafeln = 1131 vols. — Jahresdotation *a)* 100 Gulden; *b)* ca. 30 Gulden. — Director: Dr. Theodor Stieglitz; Bibliothekar: *a)* Prof. Karl Jüthner; *b)* Prof. Dr. Richard Tölg; ein Diener. — Handschriftlicher Bandkatalog nach den Nummern. — *a)* Benützbar für Mitglieder des Lehrkörpers während der Unterrichtszeit. — Ebenso Entlehnungen; *b)* einmal wöchentlich an Schüler der Anstalt. — Versendungen nur aus der Lehrerbibl. — Zugleich mit dem Gymnasium 1872 gegr. und nach den gesetzlichen Bestimmungen erweitert. — Vertreten *a)* in erster Linie die Wissenschaften des Gymnasiallehrplanes und Pädagogik; *b)* zumeist Jugendschriften.

Freisleben, Joseph. Katalog der Lehrerbibl. I. Abth. In: XVII. Jahresbericht über das k. k. Staats-Obergymnasium in Arnau. Arnau 1898.

Asch (Böhm.).

5. **Gabelsberger Stenographenverein**, Gasthaus „zur Gams". — 635 Bde. — Jahresdotation 25 Gulden. — Vorstand: Gustav Gemeinhardt, Bürgerschullehrer; Vorstand-Stellvertreter: Gustav Merz, Lehrer; Cassier: Carl Hofmann; Schriftführer: Ernst Korndörfer, Kaufmann; Schriftführer-Stellvertreter: Hermann Rossmann; Bücherwart: Fritz Engelhardt, Kaufmann; Bücherwart-Stellvertreter: Gustav Pöhl. — Numerischer Bandkatalog. — Benützbar zweimal wöchentlich gegen Garantiezettel. — Ebenso Entlehnungen. — Fachliteratur.

Asparn a. d. Z. (Nied.-Oest.).

6. **Minoritenconvent.** — Ca. 6000 Bde. — Jahresdotation je nach Bedarf. — Guardian und Bibliothekar: P. Clemens Hauer. — Handschriftl. Bandkataloge. — Nur zu eigenem Gebrauche. — Keine Entlehnungen und Versendungen. — Gegr. zugleich mit dem Kloster 1632. — Meist Kirchenväter und Geschichte.

Aussig (Böhm.).

7. **[Communal-]Gymnasium.** — *a)* Lehrerbibl. 286 Werke in 531 Bdn., 54 Heften, 689 Programme; *b)* Schülerbibl. 417 Werke in 473 Bdn. — Director: Dr. Gustav Hergel; Custos für *a)* Gymn.-Lehrer Victor Rabitsch; für *b)* Gymn.-Lehrer Ferdinand Holzner. — Gegr. 1893.

Nach dem letzten Jahresberichte gearbeitet, da der Fragebogen nicht beantwortet wurde.

1*

Baden (Nied.-Oest.).

8. **[Militär-]Badeheilanstalt,** Sauerhof. — 5000 Bde. — Jahresdotation: 60 Gulden. — Vorstand: Heinrich Andreatta, k. k. Oberlieut.; Obmann-Stellvertreter: Hummer, k. k. Werkmeister. — Alphabet. Katalog. — Von 2—3 Uhr nur für die im k. u. k. Sauerhof wohnhaften Officiere und Parteien benützbar. — Ebenso Entlehnungen gegen eine Gebühr von 1 Kreuzer pro Bd. — Keine Versendungen. — Gegr. 1837. Vorzugsweise Militärwissenschaften und Belletristik.

9. **Bezirks-Lehrerbibliothek,** Pfarrplatz 2. — 2572 Bde.; Filiale Pottenstein, 429 Bde.; Gesammtsumme 3001 Bde. — Jahresdotation 532 Gulden. — Obmann: Johann Walter, Bürgerschuldirector. — Ein gedruckter alphabet. Bandkatalog. — Entlehnungen jeden Donnerstag von 10—12 Uhr auf eine dreimonatliche Frist. — Ebenso Versendungen. — Auf Grund der Volksschulgesetze und des Ministerialerlasses vom 15. December 1871, Z. 2802, im Jahre 1872 aus Beiträgen des Bezirksschulrathes und 1/2 % (später über Beschluss der Bezirks-Lehrerconferenz 1/4 %) Abzügen von dem Gehalte der Lehrerschaft errichtet. Erst seit 1898 ist mit Genehmigung des Landesschulrathes die Bibliothekarstelle in Baden mit 60 Gulden, in Pottenstein mit 20 Gulden jährlich besoldet und ständig gemacht. — Vertreten alle Wissenschaften, besonders Pädagogik und specielle Methodik.

10. **[N.-ö. Landesreal- und Ober-]Gymnasium.** — *a)* Lehrerbibl. 2173 Bde.; *b)* Schülerbibl. 1326 Bde. — Jahresdotation 100 Gulden. — Director: Johann Wittek; Custos für *a)* Prof. Dr. Johann Jülg; für *b)* Prof. Johann Kainz. — Ein Fach- (zugleich Inventar-)Katalog und ein alphabet. Zettelkatalog. Zugänglich in erster Linie für Mitglieder des Lehrkörpers, ausnahmsweise mit besonderer Bewilligung des Directors für andere Persönlichkeiten. — Ebenso Entlehnungen. — Keine bestimmten Bibliothekssstunden. — Versendungen nur an Directionen anderer Mittelschulen. Gegr. 1863, zugleich mit der ehem. n.-ö. Landes-Unterrealschule in Baden. — Im Jahre 1891 wurde die nahezu 1000 Bde. umfassende Privatbibl. des pens. Secretärs Sr. k. Hoheit d. H. Erzh. Rainer, Eduard v. Gall geschenkweise einverleibt (zumeist Naturwissenschaften und Geographie). — Alle Fächer (in geringem Masse Bau- und Ingenieurwissenschaften, Haus-, Land-, Forstwirthschaft, sowie Verkehr, Handel und Industrie).

Jülg, Johann. Katalog der Lehrerbibl. I. Beilage zum XXXV. Jahresbericht über das n.-ö. Landesreal- und Obergymnasium in Baden bei Wien. Baden 1898.

Bärn (Mähr.).

11. **Gabelsberger Stenographenverein**, Ringplatz. Haus J. Appel. — 200 Bde., exclusive Musikalien. — Jahresdotation je nach Bedarf. — Vorstand: Eduard Rubi, Färbermeister; Bibliothekar: Joseph Tögel. — Alphabet. Katalog. — Benützbar nur für Mitglieder Sonntag 8—9 und 1—2 Uhr. — Ebenso Entlehnungen auf 4 Wochen. — Keine Versendungen. — Bibl. gegr. zugleich mit dem Vereine am 8. September 1889. — Zumeist Unterhaltungsschriften, dann Erdkunde, Geschichte etc.

Bąkowice (Galizien).

12. **[Privat-]Gymnasium der Jesuiten** besitzt eine Lehrerbibl. und eine Schülerbibl. (mit 3050 Bdn. und Heften). — Director: Kazimierz Stefański. — Errichtet 1876.

Nach dem letzten Jahresberichte gearbeitet, da der Fragebogen nicht beantwortet wurde.

Bechiň (Böhm.).

13. **Franciscanerconvent.** — 4530 Bde., 12 Incunabeln, 33 Handschriften. — Jahresdotation je nach Bedarf. — Bibliothekar: P. Kanut Jareš, O. S. Fr. — In Ermangelung einer anderen Bibl. häufig Entlehnungen. — Gegr. wahrscheinlich mit dem Kloster im Jahre 1284. 1422 wurde der Convent zerstört und blieb durch 70 Jahre unbewohnt. 1619 wurde auch die Stadt von dem 30jährigen Kriege heimgesucht und das Kloster zum zweitenmale gänzlich zerstört, die Bücher theils vernichtet, theils verschleppt. „Sternberger Cantional" befindet sich jetzt in den Samml. des Ah. Kaiserhauses; „Das Leben der Heiligen in der Wüste," ein Pergamentfolio in der Univ.-Bibl. in Prag; ein böhm. Cantional, welchen die Familie Siniškovský in Kuttenberg verfassen liess, in der Wr. Hofbibl.; ein Buch, die Regel des Ordens enthaltend, geschrieben von dem bekannten Grosswardeiner Bischof Johann Filipec (Vítez), der später in den Orden trat, im Bechiňer Kloster weilte und 1491 die Kirche ausweihte, befindet sich in Privatbesitz.

Bielitz (Schlesien).

14. **[K. k. Staats-]Gymnasium.** — *a)* Lehrerbibl. 3361 Bde. und Hefte, 12.346 Programme; *b)* Schülerbibl. 1031 Bde. und Hefte. — Dotation für die Lehrmittelsammlung 1897/8: 1002·20 Gulden. — Director: Thomas Islitzer; Custos für *a)* Prof. Joh. Gollob; für *b)* Prof. Joseph Wolf. — 1871 als Untergymnasium gegr.; 1874 Obergymnasium.

Gollob, Johann. Katalog der Lehrerbibl. In: Jahresbericht des k. k. Staatsgymnasiums zu Bielitz. Bielitz 1898.

Nach dem letzten Jahresberichte gearbeitet, da der Fragebogen nicht beantwortet wurde.

15. **Evangelische Lehrerbildungsanstalt.** 3198 Bde., 1092 Broschüren und 1117 Programme. — Jahresdotation 150 bis 200 Gulden. Director: Karl Gerhardt, welcher zugleich die Bibl. verwaltet. Alphabet. Zettelkatalog. — Geöffnet an Samstagen von 12-1 Uhr. — Gegr. 1869, vermehrt durch zahlreiche Sammlungen und Schenkungen (u. a. Bücherei der evang. Unterrealschule in Bielitz). - Vertreten: Theologie, deutsche Sprache und Hilfswissenschaften, Geschich teund Geographie, Naturwissenschaften, insbesondere Pädagogik.

Die Drucklegung eines neuen Kataloges ist in Vorbereitung.

16. **[K. k. Staats-Ober-]Realschule.** *a)* Lehrerbibl. 2340 Bde.; *b)* Schülerbibl. Jahresdotation: 300 Gulden. Director: Dr. Karl Reissenberger; Bibliothekare für *a)* Prof. Wenzel Horák und Prof. Victor Beránek; für *b)* Prof. Wenzel Horák.

Gedruckter Fachkatalog und handschriftlicher Nominalkatalog. Zugänglich für das Lehrpersonale zu jeder Zeit, wenn der Bibliothekar schulfrei ist. — Entlehnungen vormittags. — Versendungen im Wege der Direction an benachbarte Anstalten. Die Bibl. wurde zugleich mit der Gründung der Anstalt durch die evangelische Gemeinde im Jahre 1860 errichtet, vom Staate sammt der Anstalt im Jahre 1877 übernommen. - Alle Fächer der Realschule.

Horák, Wenzel. Katalog der Lehrerbibl. I. In: Programm der k. k. Staats-Oberrealschule in Bielitz. Bielitz 1898.

17. **Verein der Buchdrucker in Oesterr.-Schlesien.** (Section.) 36 Werke. V.: Troppau. Verein der Buchdrucker in Oesterr.-Schlesien.

Blauda (Mähr.).

18. **Privatbibliothek Graf Zierotin.** – Ca. 10.000 Bde., 300 Handschriften, 50 Incunabeln. — Jahresdotation je nach Bedarf.

Haupt-, Band- und Zettelkatalog. – Benützbar auf besonderes Ersuchen von Fall zu Fall. — Ebenso Entlehnungen und Versendungen. Gegr. im vorigen Jhdt. Alle Wissenschaften.

Bochnia (Galizien).

19. **[K. k. Staats-]Gymnasium** (C. k. Gimnazyum). *a)* Lehrerbibl. 2621 Werke in 1758 Bdn., 2652 Programme; *b)* Schülerbibl. 618 Werke in 1120 Bdn. (poln.), 11 Werke in 11 Bdn. (russ.), 498 Werke in 731 Bdn. (deutsch). — Director: Michał Żułkiewicz; Custos für *a)* Jan Bryl; in *b)* für die polnische Abth.: Stanisław Switalski; für die deutsche Abth.: Dr. Karol Opuszyński. — Gegr. 1817.

Katalog bibl. nauczycielskiej. In: Sprawozdanie Dyrekcyi c. k. Gimnazyum w Bochni. Kraków 1898

Nach dem letzten Jahresberichte gearbeitet, da der Fragebogen nicht beantwortet wurde.

Bodenbach (Böhm.)

20. **Gabelsberger Stenographenverein**, Hotel Fuss. — 257 Bde. — Obmann: Joseph Eibl; Schriftführer: Bubeníček. — Handschriftl. Katalog. — Benützbar nur für Mitglieder. Fachliteratur. — Gegr. 1884.

Böhm.-Kamnitz (Böhm.).

21. **Deutscher Gabelsberger Stenographenverein**, Hotel zur Post. 120 Bde. Jahresdotation je nach Bedarf. Bibliothekare: Max Rudolf und Rudolph Rudolf. Alphabet. Katalog. Benützbar an den Vereinsabenden (Montag, Dienstag, Donnerstag und Freitag). – Ebenso Entlehnungen auf 4 Wochen. — Keine Versendungen. Gegr. 1876 zugleich mit dem Vereine.

Böhm.-Leipa (Böhm.).

22. **Augustinerconvent.** — Ca. 6000 Bde. — Keine bestimmte Jahresdotation. — Vorstand: Prior P. Raim. J. Hein. — Alphabet. Bandkatalog. — Meist ältere Werke aus dem Gebiete der Theologie.

23. **Gabelsberger Stenographenverein.** — 300 Bde., 37 Hefte. — Band- und Zettelkatalog. — Vorstand: H. Herbrich. — Entlehnung nur an Vereinsmitglieder. — Gegr. 1879. — Schriftwissenschaft, insbesondere Gabelsberger Stenographie.

24. **[K. k. Staats-]Gymnasium.** — *a)* Lehrerbibl. 3828 Werke, 15.942 Programme; *b)* Schülerbibl. 1735 Bde. — Director: Eduard Tomanek; Custos für *a)* Prof. Georg Buchner; für *b)* Prof. Alexander Tragl. — Gestiftet 1627 von Albrecht von Waldstein und den Augustinern übergeben; 1882 verstaatlicht.

Nach dem letzten Jahresberichte gearbeitet, da der Fragebogen nicht beantwortet wurde.

25. **[K. k. Staats-]Realschule.** — *a)* Lehrerbibl. 1096 Bde., 841 Hefte, 4703 Programme; *b)* Schülerbibl. 3984 Bde., 760 Hefte. — Director: Rudolf Walda; Bibliothekar: Prof. Franz Steffanides. — Ein gedruckter Materienkatalog. — Gegr. mit der Anstalt 1863; diese war zuerst Communal-Realschule und wurde 1892 verstaatlicht.

Steffanides, Franz. Katalog der Lehrerbibl. In: XXXIV. Jahresbericht der Staatsrealschule. Böhm.-Leipa 1897.

Nach dem Jahresberichte gearbeitet, da der Fragebogen nicht beantwortet wurde.

Borek stary (Galizien).

26. **Dominicanerconvent** (gegr. 1667) hat nur eine nicht allzu grosse Handbibl. — Prior: P. Pius Joseph Markl.

Bozen (Tirol).

27. **Franciscanerconvent.** — 21.000 Bde., 787 Handschriften, 631 Incunabeln. — Jahresdotation je nach Bedarf. — Bibliothekar: K. Epiphan Indrist, Lector der Theologie. — Es existiren 4 Bde. vom alten Kataloge; 1892—1896 wurde die Bibl. neu geordnet, ein Zettelkatalog nach Fächern und alphabetisch angelegt; Generalkatalog in 4 Foliobdn. — Benützbar zu jeder Zeit für distinguirte Personen. — Entlehnungen und Versendungen nur gegen Revers mit besonderer Erlaubniss des P. Guardian. Die Bibl. wurde zugleich mit dem Kloster 1242 gegr.; da jedoch letzteres in den Kriegsjahren wiederholt der Schauplatz von Verwüstungen wurde, ist aus der ältesten Zeit nichts mehr vorhanden. Im 15. und 16. Jhdt. erfolgten werthvolle und zahlreiche Neuanschaffungen. 1632 wurde der gegenwärtige Saal für die Bibl. gebaut, 1893 restaurirt und die Bibl. neu geordnet, mit Ausnahme der Incunabeln, deren umfassende Neukatalogisirung d. Z. erfolgt. — Vertreten sind sämmtliche theologische Wissenschaften, Philosophie, Medicin, Historia profana, insbesondere auch Jus civile; sehr gut vertreten sind überdies die orientalischen Sprachen. Die periodischen Zeitschriften (meist theologischen Inhaltes) sind complet und werden weitergeführt. Von Interesse ist eine Sammlung von Atlanten.

28. **[Privat-]Gymnasium der Franciscaner.** — *a)* Lehrerbibl. 5780 Bde.; *b)* Schülerbibl. — Jahresdotation unbestimmt. — Director: P. Bertrand Andergassen; Bibliothekar: Prof. P. Anaklet Ruedl. Ein Zettelkatalog. — Entlehnungen nur ausnahmsweise. Keine Versendungen. — Gegr. 1872, pflegt die Bibl. alle an der Anstalt vertretenen Wissenschaften.

29. **Handels- und Gewerbekammer.** Die zum grossen Theile vom alten Mercantilmagistrate übernommene Bibl. besteht aus einer ziemlich bedeutenden Anzahl älterer, mitunter werthvoller Werke (16., 17. und 18. Jhdt.), juristischen, handels- und gewerbepolitischen Inhaltes und aus den Processacten und den Protokollen des Mercantilgerichtes. Diese sind nach Jahren geordnet und reichen bis zum J. 1635 zurück. Ausserdem finden sich noch die alten Marktprivilegien der Stadt Bozen, zum Theile in Handschrift, und eine Reihe von auf die Bozener Märkte bezüglichen handschriftlichen Urkunden und Erlässen vor. Die neueren Werke (Gesetzessammlungen und Commentare, Amtsblätter, Werke über Industrie, Handel und Verkehr, Statistik und Nationalökonomie, Länder- und Völkerkunde, Land- und Forstwirthschaft, Handelskammer-

berichte und Protokolle, Adressbücher) datiren seit der Errichtung der Handels- und Gewerbekammer. — Eine Katalogisirung der Bibl. ist im Zuge. — Für die Instandhaltung werden jährlich 100—150 Gulden präliminirt, welche zum Ankaufe von Werken aus dem Gebiete der Jurisprudenz, Nationalökonomie etc. verwendet werden. — Eine allgemeine Benützung ist d. Z. unthunlich. — Kein bestimmtes Bibliothekspersonal.

30. **K. k. Lehrerbildungsanstalt.** — *a)* Lehrerbibl. 850 Werke in 1249 Bdn., 2940 Heften und 231 Blättern; *b)* Zöglingsbibl. 391 Werke in 457 Bdn., 214 Heften; *c)* Schülerbibl. 307 Werke in 349 Bdn. — Jahresdotation: 150—160 Gulden. — Director: Karl Lahola; Bibliothekar für *a)* und *b)*: Prof. Josef Patigler; Bibliothekar für *c)*: die fünf jeweiligen Classenlehrer. — Ein Inventar- und ein Fachkatalog für die Lehrerbibl., je zwei Inventare für die Zöglings- und Schülerbibl. — Aus *a)* können die Mitglieder des Lehrkörpers zu jeder Zeit, aus *b)* zweimal und aus *c)* einmal in der Woche Zöglinge, beziehungsweise Schüler, Bücher entlehnen. — Gegr. 1869. — Vorzugsweise Pädagogik.

31. **[K. k. Staats-Unter-]Realschule.** — *a)* Lehrerbibl. 1236 Bde., 286 Hefte, 4251 Programme; *b)* Schülerbibl. 585 Bde., 9 Hefte. — Jahresdotation: 103 Gulden. — Director: Schulr. Joseph Hofer; Bibliothekar für *a)* Prof. Franz Leitzinger; für *b)* Prof. Johann Kluibenschedl. — Bandkatalog nach Fächern und Schlagworten. — Für den Lehrkörper jederzeit benützbar. — Entlehnungen an die Mitglieder des Lehrkörpers der Realschule und der k. k. Lehrerbildungsanstalt in Bozen. — Versendungen an andere Mittelschulen. — Gegr. 1875. — Alle an der Anstalt vertretenen Wissenschaften.

Braunau (Böhm.).

32. **Benedictinerstift.** — Gegr. 1330. — Nachdem die ältere Bibl. 1619 in Folge des Verkaufes des Stiftsgebäudes und der Vertreibung der Benedictiner durch die „evangel. Directoren Böhmens Lands" sammt allen Handschriften und Urkunden gänzlich verloren gegangen und die 1621 nach der Rückkehr der Mönche errichtete neue Bibl. 1664 ein Raub der Flammen geworden war, hat man 1730 eine dritte, die gegenwärtige Bibl. begründet, welche ca. 18.500 Werke in mehr als 28.300 Bdn. und Heften mit nahezu 200 Incunabeln und über 200 Handschriften, ausserdem eine grössere Anzahl Kupfer- und 3200 hauptsächlich böhm. Münzen und Medaillen besitzt.

Für Bibliotheksbedürfnisse werden jährlich 1800 Gulden verwendet. — Alphabet. Nominalkatalog. — Nach Petzholdt, da neuere, authentische Auskünfte nicht erlangt werden konnten.

Schramm, Romuald. St. Margareth in Břevnov und Braunau in Böhmen. In: Ein Benedictinerbuch von Seb. Brunner. Würzburg 1881.

33. **[Stifts-]Gymnasium der Benedictiner.** — *a)* Lehrerbibl. 1713 Werke in 3222 Bdn., 1279 Heften, 5725 Programme; *b)* Schülerbibl. 1781 Werke in 3424 Bdn., 618 Heften. — Director: Anselm Hofmann; Bibliothekar: ein Mitglied des Lehrkörpers. — Gegr. in der ersten Hälfte des 14. Jhhdt. als dreiclassige Klosterschule. 1420 aufgelöst, 1624 mit zwei Classen wieder eröffnet, bald darauf zu einem Untergymn., 1671 auf sechs Classen ergänzt. Seit 1706 unter eigenen Präfecten; seit 1711 im eigenen Gebäude; seit 1790 fünf, seit 1819 sechs Classen, seit 1850 Untergymn., 1869 Obergymn.

Nach dem letzten Jahresberichte gearbeitet, da der Fragebogen nicht beantwortet wurde.

Bregenz (Vorarlberg).

34. **[Communal-Unter-]Gymnasium** besitzt eine Lehrer- und eine Schülerbibl., sowie eine Programmsammlung. — Director: Dr. Johann Meixner; Custos der Lehrerbibl.: Prof. Max Hausmann; der Schülerbibl. und der Programmsammlung: Prof. Franz Stock. — Gegr. 1895.

Nach dem letzten Jahresberichte gearbeitet, da der Fragebogen nicht beantwortet wurde.

35. **Museumsverein.** — 6000 Nummern. — Jahresdotation je nach Bedarf; meist Schriftentausch und Geschenke. — Mit der Aufsicht betraut: Dr. Joseph Huber. — Ein Bandkatalog vorhanden, ein zweiter in Angriff genommen; ein Zettelkatalog in Aussicht. — Entlehnungen nur an Mitglieder des Vereines. — Die Geschichte der Bibl. bis jetzt nur in den Heften des Vereines niedergelegt. Der jetzige Zustand bis zur Uebersiedlung in das neue Museumsgebäude provisorisch. — Alle Wissenschaften.

Brixen (Tirol).

36. **[K. k. Stifts-]Gymnasium der Augustiner-Chorherren von Neustift,** Gymnasialgebäude, besitzt eine Lehrerbibl. und eine Schülerbibl. — Dotation je nach Bedarf. — Director: Leo Unterberger; Bibliothekar: Prof. Eduard Jochum. — Alphabet. Bandkatalog. — Zugänglich jeden Wochentag; ebenso Entlehnungen. — Keine Versendungen. — Die Lehrerbibl. gegr. zugleich mit dem Gymnasium im Jahre 1660; die Schülerbibl.

vor ungefähr 10 Jahren. — Vertreten: Philologie, Mathematik, Naturlehre, Geographie und Geschichte, sowie deutsche Sprache und Literatur.

Probst, Jacob. Beiträge zur Geschichte der Gymnasien in Tirol. In: Zeitschr. d. Ferdinandeums. 3. F. 7. 1858.

37. **[Fürstbischöfliches Privat-]Gymnasium am Seminarium Vincentinum.** — *a)* Lehrerbibl. 4014 Nummern, 619 Broschüren und ca. 1000 Programme (seit 1874); *b)* Schülerbibl. 411 Nummern. — Jahresdotation je nach Bedarf. — Director: Dr. Alois Spielmann, päpstl. Hausprälat; Bibliothekar: Prof. Dr. Ferdinand Spielmann. — Alphabet. Zettelkatalog nach den Fächern geordnet; Hauptkatalog nach den fortlaufenden Nummern. — Benützbar nach Bedarf zu jeder Zeit. — Entlehnungen nur an die Prof. und Präfecten der Anstalt. — Versendungen gegen Revers. — Gegr. zugleich mit der Anstalt 1872. — Alle Wissenschaften, am besten vertreten Geschichte.

38. **Fürsterzbischöfliches Priesterseminar.** — 8596 (im Bibliothekssaale befindliche) Werke, nicht inbegriffen die wegen Platzmangels in anderen Localitäten untergebrachten oder sonstigen minderwerthigen Werke; 293 Incunabeln (bis 1530); 150 Handschriften (ohne die neueren von Resch, Sinnacher etc.). — Jahresdotation 150 Gulden. — Der oberste Vorstand der Bibl. ist der jeweilige Regens des Priesterseminars, derzeit Dr. Franz Egger; unmittelbarer Vorstand ist der jeweilige Studienpräfect, welcher auch den Titel Oberbibliothekar führt. Diesem unterstehen ein oder zwei Alumnen (derzeit Carl Staudacher, Theologe), welche die Arbeiten in der Bibl. besorgen. — Handschriftlich: 1 Zettelkatalog, alphabet. nach Autoren, 1 Bandkatalog (nach der fortlaufenden Nummer), 1 Bandkatalog für die Incunabeln (fortl.); 1 Bandkatalog für die Handschriften. — Entlehnungen gegen Revers. — Versendungen nur mit besonderer Erlaubniss des Regens. — Gegr. mit der Anstalt 1607. — Viele Bücher stammen aus der f. b. Hofbibl. — Hauptsächlich Theologie.

Brody (Galizien).

39. **[K. k. Staats-]Gymnasium** (C. k. gimnazyum) besitzt eine Lehrerbibl. und eine Schülerbibl. (631 deutsche, 328 poln., 11 ruthen. Werke). — Director: Stanislaus Librewski; Custos der Lehrerbibl.: Gymn.-Lehrer Bronislaus Kasinowski v. Nałęcz; der Schülerbibl.: Gymn.-Lehrer Andreas Aliśkiewicz (für die deutsche Abth.); Supplent Johann Gawlikowski (für die poln. Abth.); Prof. Peter Skobielski (für die ruth. Abth.) — 1855 durch Umwandlung der früheren israelit. Handelsschule als

selbständige Communal-Unterrealschule gegr.; seit 1865 Realgymn., seit 1876 Obergymn., 1879 verstaatlicht, seit 1893 normales Gymnasium.

Nach dem letzten Jahresberichte gearbeitet, da der Fragebogen nicht beantwortet wurde.

40. **Handels- und Gewerbekammer.** „Die gewünschten Daten können mit Rücksicht auf die noch nicht vollendete Organisation der Bibl. nicht bekannt gegeben werden." (24. III. 1899.) Präsident: Stanislaus Burstin; Secretär: Dr. Stanislaus Ritter. — Gegr. 1853.

Bruck a. L. (Nied.-Oest.).

41. **Gräfl. Harrach'sche Fideicommiss-Bibliothek.** V. Wien: Privatbibl. Graf Harrach.

Brünn (Mähren).

42. **Augustiner-Stift St. Thomas.** — 2500 Bde., ca. 40 Handschriften. 241 Incunabeln. — Jahresdotation je nach Bedarf. — Bibliothekar: P. Gregor Jokl. — Zettelkatalog in Ausarbeitung. — Benützbar Donnerstag vormittags. — Entlehnungen und Versendungen der Bücher (nicht der Handschriften) mit Genehmigung des hochw. Abtes. — Gegr. 1350. 1786 erfolgte die unfreiwillige Uebersiedlung von St. Thomas ins König-Kloster (Alt-Brünn). Die Bibl. musste aus Mangel an geeigneten Localitäten lange Jahre ungeordnet bleiben. Später wurden die leidlich geeigneten Räume „gedeckt", aber noch lange blieb aus Mangel an Mitgliedern die Bibl. ohne eigentliche würdige Verwaltung und Obsorge.

Chr. d'Elvert, Die Bibl. u. s. w. in Mähren und Oesterr.-Schlesien. In: Schriften der histor.-statist. Section der k. k. mähr.-schles. Gesellschaft III. 1852. S. 94. — Klačel. M. Bibl. des Klosterstiftes S. Thomas in Alt-Brünn. In: Notizenblatt der histor.-statist. Section. 1858. S. 28.

43. **Bischöfliches Clerical-Seminarium.** — 9994 Werke in 19.077 Bdn., ca. 10 Handschriften (darunter Handschr. des hl. Aloisius und Dilatus, Leben des P. Streda, S. J.). — Keine fixe Jahresdotation. ca. 500 Gulden. — Vorstand: Anton Adamec, Regens des bischöfl. Clerical-Seminars, unterstützt von je einem jährlich aus den Theologen gewählten Bücherpräfecten und einem Bücher-Vicepräfecten Handschriftl. Materienkataloge. Entlehnungen nur an Professoren und Zöglinge; an Fremde nur ausnahmsweise mit besonderer Genehmigung. - Ebenso Versendungen. Gegr. zugleich mit der Anstalt 1807. Grössere Schenkungen stammen von Karl Smidek, Gymn.-Prof. in Brünn, Ferdinand Pan-

schab, Domdechant in Brünn, Dr. Johann Schwetz, Domprobst in Wien, Dr. Josef Chmeliček, Pastoral-Prof. in Brünn u. A. — Hauptsächlich alle Zweige der Theologie.

Zschokke, Hermann. Die theologischen Studien und Anstalten der katholischen Kirche in Oesterreich. Wien 1894.

44. **Mährisches Gewerbemuseum**, Elisabethstrasse 14. — 5137 Bde.; 12.000 Blatt (kunstgewerbliche Vorbildersammlung). — Jahresdotation 1000 Gulden. — Director: Julius Leisching; 1 Diener. — Ein gedruckter Katalog (umfassend die ersten 900 Nummern, geordnet nach Materien und Autoren); ein handschriftl. Katalog, den ganzen Bestand umfassend und nach Materien geordnet. — Geöffnet für Jedermann täglich an Wochentagen (mit Ausnahme von Montag) von 9—12 und 2—6, an Sonn- und Feiertagen von 9—12 und 2—4, im Sommer von 9—12 Uhr. — Entlehnung und Versendung der Werke nur an Mitglieder des Museums oder andere Museen und verwandte Institute (Ersatz des Portos). — Gegr. gleichzeitig mit dem Institute über Anregung des „Mährischen Gewerbevereines" im Jahre 1873. — Kunstgewerbe und Kunstgeschichte, sowie deren Hilfswissenschaften.

45. **[K. k. deutsche Staats-]Gewerbeschule.** Die Bibl. ist in nach Abtheilungen getrennten Räumen des Schulgebäudes (Winterholler-Platz 1) untergebracht. Abth. 1. Lehrerbibl. für Hochbau, 1300 Nummern; 2. Lehrerbibl. für Kunstgewerbe und Zeichnen, 300 Nummern; 3. Lehrerbibl. für Mechanik, Maschinenbau und mechanische Technologie, 1300 Nummern; 4. Lehrerbibl. für Mathematik, Physik, darstellende Geometrie, Elektrotechnik, 800 Nummern; 5. Lehrerbibl. für Chemie und chemische Technologie, 400 Nummern; 6. Allgemeine Bibl., Schülerbibl. und geographische Sammlung, 2400 Nummern. — Jahresdotation: 1. 300 Gulden: 2. 105 Gulden; 3. 330 Gulden; 4. 303 Gulden; 5. 200 Gulden; 6. 200 Gulden. — Director: Reg.-R. Eduard Wilda; das Amt eines Bibliotheks-Custos wird von einzelnen Professoren der verschiedenen Fachabtheilungen bekleidet. — Handschriftliche Zettelkataloge, alphabet. nach Namen geordnet. — Lehrerbibl. jederzeit für die Mitglieder des Lehrkörpers, Schülerbibl. zweimal wöchentlich geöffnet. — Ebenso Entlehnungen. — Keine Versendungen. — Gegr. zugleich mit der Anstalt 1873. — Für die einzelnen Zweige der für die Anstalt in Betracht kommenden Wissenschaften bestehen die 6 Bibliotheks-Fachabtheilungen. Die allgemeine Abth. umfasst vornehmlich deutsche Sprache, Geschichte, Geographie, Statistik, Volkswirthschaft, Unterrichtswesen, Cultur, Literatur, Kunstgeschichte, sowie schöne Literatur.

46. **Mährischer Gewerbe-Verein.** 1337 Werke in 2347 Bdn., 1246 Heften und 192 Mappen; 111 Fachzeitschriften. — Jahresdotation 300 Gulden. — Präsident: Rudolf M. Rohrer; Secretär: Alois Naske; Bibliothekar: ein Mitglied des Verwaltungsrathes. — Das Benützungsrecht des Lesezimmers, in dem die Zeitschriften aufliegen, und der Bibl. steht im allgemeinen nur den Vereinsmitgliedern zu, kann jedoch auch von anderen Personen über Vorschlag eines Mitgliedes und auf Grund eines schriftlichen Ansuchens an das Präsidium auf die Dauer eines Jahres erworben werden. Die Bibl. ist jeden Montag und Mittwoch von 6—8 Uhr abends, jeden Sonntag von 2—5 Uhr geöffnet, nur ausnahmsweise während der Amtsstunden (an Wochentagen von 8—12 und von 3—6, an Sonntagen von 9—11 Uhr) benützbar. — Entlehnung der Bücher gegen Empfangsbestätigung auf drei Wochen, Versendung gegen Ersatz der Versendungskosten. Lexika, Sammel- und Nachschlage-, sowie besonders werthvolle Werke sind von der Entlehnung ausgeschlossen.

Bibliotheks-Ordnung. In: Mährisches Gewerbeblatt. XIII. Jahrg. Nr. 10.
Berichte über die Bibl. in den Jahresberichten des Mährischen Gewerbe-Vereines in Brünn. Brünn 1862 ff.

47. **[Erstes deutsches k. k. Staats-]Gymnasium,** Elisabethplatz 6. *a)* Lehrerbibl. 8778 Werke in 13.890 Bdn., darunter 6 Handschriften, 46 Incunabeln (bis 1536), 17.169 Programme; *b)* Schülerbibl. 1275 Werke in 2152 Bdn. — Jahresdotation beiläufig 200 Gulden. — Director: Schulrath Ignaz Pokorny; für *a)* I. Verwalter Prof. Carl August Schwertassek; II. Verwalter Prof. Carl Klecker; für *b)* I. Verwalter Prof. Ludwig Schönach, II. Verwalter Supplent Benno Krichenbauer. — Bandkatalog, Zettelkatalog, alphabet. und nach Fachgruppen; gedruckter Katalog in Vorbereitung. — Zu bestimmten Stunden für alle Mitglieder des Lehrkörpers, doch auch für andere Personen gegen Legitimation benützbar. — Ebenso Entlehnung. — Versendung auf amtlichem Wege. — Gegr. 1578, wo die Anstalt als Jesuitengymn. errichtet wurde. — Die Fächer des Gymn.

48. **[K. K. zweites deutsches Staats-]Gymnasium.** — *a)* Lehrerbibl. 2115 Werke in 4503 Bdn. und Heften; 11.211 Programme; *b)* Schülerbibl. 960 Werke in 1038 Bdn. — Dotation für die Lehrmittelsammlung pro 1897/98: 659·78½ Gulden. — Director: Hugo Horak; Custos für *a)*: Gymn.-Lehrer Dr. Carl Ertl; für die Programm-Sammlung: Prof. Albin Kocourek; für *b)*: Prof. Johann Jiricek — Gegr. 1871 als Realgymnasium, seit 1874 Real-Obergymnasium, seit 1878 reines Gymnasium.

Ertl, Carl. Katalog der Lehrer-Bibl. Beilage zum XXVII. Jahresbericht des k. k. II. deutschen Staats-Gymnasiums in Brünn. Brünn 1898.

Nach dem letzten Jahresberichte gearbeitet, da der Fragebogen nicht beantwortet wurde.

49. **[K. k. böhmisches Staats-Ober-]Gymnasium.** (C. K. český vyšší gymnasium.) — *a)* Lehrerbibl. 2515 Werke in 4958 Bdn., 451 Heften, 4798 Programme; *b)* Schülerbibl. 2294 Werke in 3071 Bdn. — Dotation 1897/98 für *a)* 263·62 Gulden; für *b)* 138·50 Gulden. — Director: Jan Tuma; Bibliothekar für *a)* Prof. Jan Kapras; für *b)* Prof. Karel Svoboda. — 1867 als Untergymn. eröffnet; seit 1868 Obergymn.

Kapras, Jan. Seznam spisů v učitelské knihovně. In: 31. program c. k. českého vyššího gymnasia v Brně. V Brně 1898.

Nach dem letzten Jahresberichte gearbeitet, da der Fragebogen nicht beantwortet wurde.

50. **[II. Böhm. Staats-]Gymnasium.** (II. český státní gymnasium.) — *a)* Lehrerbibl. 804 Bde.; *b)* Schülerbibl. 985 Bde. — Dotation aus den Lehrmittelbeiträgen. — Director: Eduard Ouředníček, Landesschulrath; Bibliothekar: Prof. Vincenz Vávra. — Inventar und Zettelkatalog. — *a)* für den Lehrkörper jederzeit, *b)* für Schüler einmal wöchentlich benützbar. — Ebenso Entlehnungen. — Keine Versendungen. — Gegr. 1883. — Besonders Pädagogik.

51. **Handelsgremium,** Herrengasse 15, hat nur eine kleine Handbibl. von ca. 150 Bdn. zu eigenem Gebrauche. — Vorstand: kais. Rath Alois Enders.

52. **Höhere böhmische Handelsschule.** (Česká vyšší obchodní škola), Giskrastrasse 38. — *a)* Lehrerbibl. 831 Bde.; *b)* Schülerbibl. 643 Bde. — Jahresdotation *a)* 300 Gulden; *b)* 120 Gulden. — Director: Karl Fišara; Bibliothekar: Prof. Johann Mašín. — Handschriftliche Fachkataloge. — Nur zu eigenem Gebrauche. — Ausnahmsweise Entlehnungen an bekannte Personen. — Gegr. zugleich mit der Anstalt im Jahre 1895. — Hauptsächlich Handelswissenschaften, Geographie, Geschichte, Belletristik, Zeitschriften.

Ueber den jährlichen Zuwachs berichten die Programme der Anstalt.

53. **Handels- und Gewerbekammer,** Basteigasse 7. — Ca. 11.200 Bde. — Jahresdotation 700 Gulden. — Vorstand der Bibl. ist der jeweilige Bureauchef. — Ein Nummernkatalog, in welchem die einzelnen Werke nach fortlaufenden Nummern eingetragen werden; ferner für jedes Jahr gesondert Nachtragskataloge, in welchen die Zuwächse an Bibliothekswerken nach Materien eingetragen erscheinen. — Die Benützung der Bibl. im Bureau der Kammer ist Jedermann täglich (mit Ausnahme der Sonn- und Feiertage) von 10 bis 12 Uhr vorm. und 3—5 Uhr nachm. gestattet. — Entlehnungen nur an wirkliche und correspondirende Mitglieder, sowie Beamte der Kammer, in der Regel auf vier Wochen. Karten,

Tabellen, Kunstwerke und ungebundene Hefte (Drucksachen unter 10 Bogen) dürfen nur in dem Bureau der Kammer benützt werden. — Versendungen nur an correspondirende Mitglieder gegen Revers (volle Haftung und Ersatz des Portos). — Die Bibl. ist durch allmähliche Anschaffungen im Verlaufe des Bestandes der 1850 gegr. Brünner Handels- und Gewerbekammer zu ihrem dermaligen Umfange gediehen. — Vertreten: Rechts- und Staatswissenschaften, Volkswirthschaft, Statistik, Technologie, Handel und Industrie, Geographie, Geschichte etc.

Katalog der Bibl. der Handels- und Gewerbekammer in Brünn. Brünn 1890. — I. Nachtrag dazu. Brünn 1891.

54. **K. k. technische Hochschule,** Elisabethplatz 2. — 8900 Werke in ca. 36.000 Bdn. — Jahresdotation für Anschaffungen und Buchbinder 3000 Gulden, vom 1. Januar 1899 ab 3500 Gulden. — Vorstand: Dr. Carl Zelbr, k. k. Scriptor und Priv.-Doc.; Moriz Grolig, Praktikant; 1 Diener. — Ein alphabet. Zettelkatalog, ein Accessionskatalog in Buchform, ein alphabet. und Sachkatalog in Buchform, ein Katalog der Fortsetzungen und Zeitschriften in Blättern. — Die Bibl. ist dem allgemeinen Besuche geöffnet: Vom 15. October bis 14. Juli an den Nachmittagen aller Werktage mit Ausnahme der Donnerstage, und zwar vom 15. October bis 14. April von 5—8, vom 15. April bis 14. Juli von 3—6 Uhr. Ferner an allen Samstagen, Sonn- und Feiertagen von 9—12 Uhr vorm. In der Zeit vom 15. Juli bis 14. October jeden Dienstag und Freitag von 9—12 Uhr. Ausgenommen sind die Amtsferien: Die zwei letzten Faschingstage, Aschermittwoch, die drei letzten Tage in der Charwoche, Ostersonntag und Ostermontag, Pfingstsonntag und Pfingstmontag, Christi Himmelfahrt und Frohnleichnam, die Tage vom 21. December bis 1. Januar. — Personen, welche die Bücher im Lesesaale benützen wollen, können auf Grund ihrer Legitimation in der Rectoratskanzlei eine zu dieser Benützung berechtigende Anweisungskarte erhalten. — Von den in Brünn domicilirenden Personen sind berechtigt aus der Bibl. Bücher zu entlehnen: Das Lehrpersonale, der Rectoratssecretär, die ordentlichen Hörer der Technik, die öffentlichen Behörden, die Vorsteher der wissenschaftlichen und technischen Vereine. — Für die Versendung von Büchern gelten die Bestimmungen des Ministeriums für Cultus und Unterricht vom 15. Februar 1861, Z. 1555, und der Erlass vom 22. Mai 1868, Z. 2562. Verleihung der Bücher in der Regel auf einen Monat. — Die k. k. technische Lehranstalt wurde 1849 eröffnet, das k. k. technische

Institut 1850, die k. k. Hochschule 1872. — Die Bibl. pflegt ausschliesslich die exacten und technischen Wissenschaften.

Die k. k. technische Fachschule in Brünn. Geschichtlich-statistische Skizze, herausgegeben aus Anlass des 25jährigen Bestandes der Lehranstalt. Mit 2 Abbildungen. Brünn 1875. — Katalog der Bibl. des k. k. technischen Institutes in Brünn. Brünn 1871. — I. Nachtrag. Brünn 1880. — II. Nachtrag. Brünn 1886. — Katalog der Bibl. der k. k. technischen Hochschule zu Brünn. Brünn 1893. — Nachtrag hierzu in Vorbereitung.

55. **Bischöfliches Knabenseminar** (Biskupský seminář pacholecký), Eichhorngasse 17. — 3629 Bde. — Jahresdotation 100 Gulden. — Leiter: Der jeweilige Studienpräfect, d. Z. Johann Sedlák. — Ein Bandkatalog nach Kästen und Fächern geordnet; alphabet. Zettelkatalog in Ausarbeitung. — Zugänglich für Seminaristen zu jeder Zeit. — Keine Entlehnungen und Versendungen. — Besteht seit Gründung der Anstalt 1854; vermehrt durch jährliche Einkäufe und Gaben der Gönner. — Vertreten alle Fächer, besonders classische Philologie und Belletristik; vorzugsweise gepflegt neben alten Sprachen: Geschichte.

56. **Mährisches Landesarchiv** (Moravský zemský archiv), neues Landhausgebäude. — Ca. 11.000 Bde. Druckwerke, darunter 170 Incunabeln, 1297 Handschriften, wovon 548 Stück der Corronischen Sammlung angehören. — Jahresdotation zum Ankaufe von Druckwerken 630 Gulden. — Vorstand: Landesarchivar Vincenz Brandl; Landesarchivsconcipist: Dr. Berthold Bretholz; Landesarchivsadjunct: Vincenz Nebovidský; ein Diener. — Accessorischer Katalog, dann ein Zettelkatalog nach Autoren und Schlagworten alphabet. geordnet. — Eigentlich eine Hilfsbibl. für das mährische Landesarchiv und für den Landeshistoriographen; doch auch für fremde Forscher benützbar. — Bücher werden an verlässliche Personen, Handschriften nur an inländische öffentliche Anstalten mit Bewilligung des mährischen Landesausschusses verliehen. — Die Bibl. wurde 1856 bei Reorganisirung des mährischen Landesarchivs, namentlich auf Grund der käuflichen Erwerbung der A. Boczek'schen Privatbibl. und der des Leitomischler Bürgers Jelinek errichtet. — Vertreten grösstentheils historische Quellenwerke, Geschichtswerke und geschichtliche Hilfswissenschaften, so weit sie Mähren, Böhmen, Schlesien, die österreichischen Länder und Deutschland betreffen. Sehr gut vertreten ist ferner die altböhmische theologische Literatur aus dem 16. und 17. Jhdt.

Dudik, Beda. Mährens Geschichtsquellen. Brünn 1850. — Wattenbach, W. Handschriften der ständischen Sammlung in Brünn aus Corroni's

Nachlass. In: Archiv f. ält. deutsche Geschichte. 10. 1851. S. 685. — Chlumetzký, Peter v. u. J. Chytil. Bericht über das mährische Landesarchiv f. d. Jahr 1857.

57. **Mährische Landes-Bibliothek**, Museumsgasse, im Gebäude des Landesmuseums (Franzensmuseum). — 73.000 Bde., 1200 Handschriften, 36 Incunabeln. Jahresdotation ca. 2000 Gulden. — Bibliothekar: Dr. Wilhelm Schram, kais. R.; Museumswart: Joseph Suschitzky; ein Diener (letztere zugleich im Dienste des Museums); prov. wiss. Hilfsarbeiter: cand. jur. Emil Schram. — Alphabet. Zettelkatalog in 24 Kästchen und Fachkataloge in 100 Zettelkästchen nach dem Muster der Giessener Universitätsbibl. — Die Bibl. ist für die allgemeine Benützung an Werktagen täglich mit Ausnahme des Montags von 9—12 und 4—7 Uhr, an Sonn- und Feiertagen vormittags geöffnet. — Bücher und Handschriften werden auch nach Hause entlehnt, letztere jedoch nur ausnahmsweise; das Recht der Entlehnung besitzen Personen, die eine öffentliche Stellung bekleiden oder eine entsprechende Caution leisten. — Versendungen in der Regel nur an öffentliche Bibl. und Archive. — Die Bibl. wurde zugleich mit dem Franzensmuseum 1818 begründet und ist seit 11. Dec. 1883 öffentlich. — Von Privatsammlungen, die durch Schenkung der Bibl. zufielen, verdienen besondere Erwähnung: Die Bibl. des Anton Endsmann, Ritter v. Ronow (gest. 1857), des Brünner Ehrendomherrn Friedrich Grafen Sylva-Tarouca (gest. 1881), des Historikers Christian Ritter d'Elvert (gest. 1896) und des Advocaten Dr. Leopold Teindl (gest. 1893). — Besonders Geschichte und Kunst, Rechts- und Staatswissenschaft, in allererster Linie die auf die mähr. Landeskunde bezügliche Literatur.

Katalog der Bibl. des Franzensmuseums mit 8 Nachträgen verfasst von Custos Moriz Trapp, Brünn 1868—1879, und vom Bibliothekar Wilhelm Schram. Brünn 1885—1896. Katalog der Handschriften des Franzensmuseums verfasst von Wilhelm Schram. Brünn 1890. — Schram, Wilhelm. Geschichte der Bibl. des Franzensmuseums (Annales musei francisci MDCCCXCVI, p. 41—77).

58. **K. k. Böhmische Lehrerbildungsanstalt.** — 2018 Werke in 3502 Bdn. Jahresdotation 300 Gulden und 100 Gulden Beitrag aus dem k. k. Schulbücherverlag. Director: Aemilian Schulz; Custos: Prof. Josef Hladik. Materienkatalog. — Entlehnung an Lehrer und Schüler der Anstalt, aber nicht nach auswärts. — Gegr. 1870. — Pflegt alle Disciplinen der Anstalt.

59. **K. k. deutsche Lehrerinnenbildungsanstalt,** Schwedengasse 1. Lehrerbibl. 872 Inventarnummern (Werke) mit

2210 Bdn. — Jahresdotation 200 Gulden. — Director: Dr. Heinrich Sonneck, k. k. Schulrath; Bibliothekar: ein Prof. der Anstalt. — Je ein Inventar, alphabet. Zettel- und Materienkatalog nach Schlagworten oder Fächern. — Zugänglich während der Schulzeit für die Mitglieder des Lehrkörpers. — Ebenso Entlehnungen und Versendungen. — Gegr. mit der Anstalt 1870. — Alle Wissenschaften, insbesondere Pädagogik und deren Hilfswissenschaften.

60. **Museumsverein** (Můsejní spolek), Königinkloster, Altbrünn. — Ca. 3500 Bde., 30 Handschriften, 2 Incunabeln. — Dotation ca. 50 Gulden. — Präsident: Prof. Dr. Franz Dvorský; Bibliothekar: Prof. Vincenz Vávra. — System. Bandkatalog. — Für Mitglieder Donnerstag von 2–4 Uhr zugänglich; Entlehnungen auf einen Monat. — 1888 gegründet, erhielt die Bibl. 946 Werke nach dem verstorb. Advocaten in Gr.-Meseritsch, Dr. Siegmund Vašátko, und 650 Werke von dem gewesenen Landeshauptm.-Stellv. Dr. F. A. Ritter v. Šrom. — Gepflegt werden Slavica und Werke, die auf Mähren und Böhmen Bezug haben, prähistor. Archäologie, slav. Folkloristik, slav. Lieder.

Vávra, Vincenz. Sbírky Musejního spolku v Brně. I. Knihovna. Inventář a katalog. V Brně 1893.

61. **Bischöfliches Ordinariat.** Besitzt nur eine ausschliesslich für den privaten Amtsgebrauch bestimmte Bibl. — Bischöflicher Secretär: Dr. F. Ehrmann.

62. **Privatbibliothek Prof. Dr. Moriz Grolig.** Augustinergasse 1. — 11.435 Bde., 877 Hefte. 1756 Blatt Landkarten, 533 Blatt Photographien, einige Incunabeln, Musikalien, Handschriften zur Geschichte Mährens, insbesondere der Stadt Mährisch-Trübau. — Ergänzung nach Bedarf. — Handschriftlicher alphabet. Zettel- und systematischer Fachkatalog. — Die Bibl. kann nach vorheriger Anmeldung beim Besitzer benützt und die Bücher daselbst eingesehen, aber nicht entlehnt werden; auch Versendung ist ausgeschlossen. — Die Sammlung besteht seit dem Jahre 1871 und pflegt alle Gebiete der Wissenschaften mit Ausnahme der exacten, insbesondere alles auf Mähren, Schlesien und Böhmen Bezügliche, sowie Bibliographie und Bibliothekswesen.

63. **[K. k. deutsche Staats-]Realschule.** — *a)* Lehrerbibl. 4502 Werke in 8714 Bdn. und Heften, 5849 Programme; *b)* Schülerbibl. 1598 Werke in 1749 Bdn. und Heften. — Dotation für die Lehrmittelsammlung pro 1897/98 715·95 Gulden, darunter 250 Gulden von der Gemeinde für die Herausgabe

2*

des Kataloges. — Director: Carl Žaar; Bibliothekar für *a)* Prof. Albert Rille; für *b)* Realschullehrer Dr. Carl Berger. — Gegr. 1851.

Rille, Albert. Katalog der Lehrerbibl. In: Jahresbericht der deutschen Staats-Oberrealschule in Brünn. Brünn 1898.

Nach dem letzten Jahresberichte gearbeitet, da der Fragebogen nicht beantwortet wurde.

64. **[K k. Böhmische Staats-]Realschule** (C. k. vyšší realná škola). — *a)* Lehrerbibl. 1658 Bde., 420 Hefte, 13 Atlanten, 21 Bilder, 2 Bogen, 19 Blätter. 2 Tafeln, 3543 Programme; *b)* Schülerbibl. 1378 Bde., 15 Hefte. — Jahresdotation 190 Gulden. — Director: Adolf Kubeš; Bibliothekar für *a)* und *b)* Prof. Hubert Fiala. — Ein Zettel- und ein alphabet. Katalog in Buchform. — Die Lehrerbibl. ist täglich vormittags in den freien Stunden des Bibliothekars geöffnet, zu welcher Zeit die Werke gegen Bestätigung entlehnt werden können. — Versendet werden nur Zeitschriften an die Brünner böhmischen Mittelschulen und Lehrerbildungsanstalten. — Gegr. 1880. Einige Bücher stammen aus dem Nachlasse der im Anstaltsgebäude bestandenen Zweiganstalt der deutschen Staatsrealschule, ca. 500 Bde. aus der Bibl. des aufgelassenen deutschen Staatsgymnasiums, andere wuchsen durch Schenkungen zu (Landesarchivar Vincenz Brandl, Frau Doubrawa). — Vertreten alle lehrplanmässigen Wissenschaften, besonders gepflegt Pädagogik, Mathematik, Physik und moderne Sprachen.

Der Katalog der Lehrerbibl. wird im Jahresprogramm für 1898/99 erscheinen.

65. **Deutsche Schillerstiftung** hat ihre 1871 als Beginn einer Stadtbibl. begründete „Schiller-Bibl.", welche später ins Stocken gerieth, der Volksbücherei im deutschen Hause überantwortet, die vom deutschen Club geleitet wird und auch eine kleine „Josephinische Bücherei" einschliesst. — Zweck: Nationale Belehrung und Erziehung. — Vorstand: Dr. Gustav Trautenberger.

Katalog der Brünner Schillerbibl. Herausgegeben vom Vorstand der Brünner Zweig-Schillerstiftung. Brünn 1874. — Die Zweig-Schillerstiftung zu Brünn im ersten Jhdt. ihres Bestandes, veröffentlicht durch den Vorstand der Brünner Schillerstiftung. Brünn 1875. — Festschrift zur Feier des 30jährigen Bestehens des Zweigvereines Brünn der deutschen Schillerstiftung. Brünn 1896.

66. **Verein für die Geschichte Mährens und Schlesiens** (früher histor.-statist. Section der k. k. mähr.-schles. Gesellschaft zur Beförderung des Ackerbaues, der Natur- und Landeskunde), im Gebäude des Landesmuseums, Museumsgasse, hat eine 1850 begründete, d. Z. bei 15,000 Bde. und ca. 400 Hand-

schriften umfassende Bibl., vorwiegend histor. Inhaltes. Die Obhut über dieselbe ist dem Bibliothekar der Landesbibl. Dr. Wilhelm Schram anvertraut.

Katalog der Bibl. der histor.-statist. Section der k. k. mähr.-schles. Gesellschaft zur Beförderung des Ackerbaues, der Natur- und Landeskunde. (Druckwerke und Handschriften.) Verfasst von Wilhelm C. Schram. Brünn 1885. — Nachtrag. Brünn 1894.

67. **Aerztlicher Verein.** — 330 Werke und 55 Zeitschriften. Jahresdotation je nach Bedarf. — Obmann: Dr. Franz Brenner; Schriftführer: Dr. Ernest Landesmann. Gedruckter Materienkatalog. — Benützbar nur für Mitglieder. — Ebenso Entlehnungen auf drei Monate. — Keine Versendungen. — Medicin und Naturwissenschaften.

Bücherkatalog der Bibl. des Aerztlichen Vereins in Brünn. Brünn 1899.

68. **Deutscher volkswirthschaftlicher Verein** hat in der am 31. Dec. 1898 abgehaltenen Vollversammlung beschlossen, eine grössere Bibl. im dritten Brünner Bezirke innerhalb des ersten Halbjahres 1899 zu eröffnen. — Vorstand: Wenzel Schwab.

69. **Naturforschender Verein,** Ferdinandsgasse 25—27, „Kafka-Hof". — 7300 Werke in 16.000 Bdn., zumeist naturwissenschaftl. Inhalts. — Vergrösserung hauptsächlich durch Schriftentausch mit 280 naturwissenschaftl. Vereinen und Instituten; ausserdem Jahresdotation ca. 140 Gulden. — Ein alphabet. Hauptkatalog und 8 Fachkataloge. — Gegr. 1861; von 1861 bis 1870 von Franz Czermak, von da an von Carl Hellmer, Prof. an der k. k. technischen Hochschule, verwaltet. — Zur Benützung der Bibl. und Entlehnung wie Versendung steht den Vereinsmitgliedern ohne weiteres, Fremden nur mit Bewilligung des Bibliothekars, resp. der Vereinsdirection das Recht zu. Entlehntermine für Brünn ein, für Auswärtige zwei Monate.

Bibliotheksordnung. Brünn 1875. — Katalog der Bibl. Brünn 1875. — Ein Supplementheft. Brünn 1880.

70. **Böhmische öffentliche Volksbibliothek** (Česká veřejná knihovna pro lid). — 5088 Bde. — Jahresdotation ca. 100 Gulden. — Bibliotheksvorstand: Prof. Vinc. Vávra. Bei der Herausgabe der Bücher sind (unentgeltlich) beschäftigt 9 Herren der Národní-jednota und 12 Damen des Damenvereins Vesna. — Gründer der Bibl.: Národní-jednota pro jihozápadní Moravu und Vesna; Obmann der Národní-jednota: Dr. Josef Koudela, Advocat; Präsidentin der Vesna: Adele Koudela; für die Bibl.: Marie Bartelmus, Fabrikantensgattin. — Alphabet. Kataloge. — Geöffnet Mittwoch, Donnerstag und Samstag von 6½—8 Uhr abends, Sonntag von 10½

bis 12 Uhr; Mittwoch von 1—5 Uhr nachmittags für die Mitglieder der Vesna. Die Bücher werden gegen Erlag einer Caution (50 Kreuzer) unentgeltlich ausgeliehen. — Ebenso Versendungen gegen Ersatz des Portos. — Gegr. 1891. — Vertreten: Belletristik, Jugendschriften und wissenschaftliche Werke.

71. **Deutsche Volksbücherei** im deutschen Hause. — Ende September 1898: 15.480 Bde. und Hefte. — Jahresdotation ca. 100 Gulden, bezw. 1200 Gulden (insb. aus dem Erlös der Vortragskarten.) — Vorstände: Dr. Gustav Trautenberger, Dr. Eugen Krumpholz; Bücherwarte: Carl Fritz, Gemeindeofficial, und Johann Stratil, Privatbeamter. — Ein 1895 angelegter handschr. Zettel- und ein nach Materien geordneter alphabet. Autorenkatalog (der gedruckte Katalog mit 3 Nachträgen vergriffen; Neuauflage im Drucke). — Entlehnungen täglich mit Ausnahme der Sonn- und Feiertage und der Monate Juni und Juli von 6—8 Uhr abends gegen einen monatlichen Regiebeitrag von 5 Kreuzern und den einmaligen Erlag von 10 Kreuzern für Drucksorten. — Gegr. am 8. December 1883 vom Deutschen Club in Brünn. — Vertreten alle Wissenschaften, vorzugsweise schöne Literatur und Belletristik (8830 Bde.).

Rechenschaftsbericht des Deutschen Club in Brünn für das Vereinsjahr 1896. — Ausweis über die Thätigkeit der Deutschen Volksbücherei f. d. Zeit vom 1. Oct. 1894 bis 30. September 1895 und 1. Oct. 1896 bis 30. Sept. 1897; 1. Oct. 1897 bis 30. Sept. 1898.

Brüx (Böhm.).

72. **[K. k. Staats-]Gymnasium.** — *a)* Lehrerbibl. 4376 Werke in 9356 Bdn., 661 Heften, 6172 Programme; *b)* Schülerbibl. 874 Werke in 1767 Bdn. und 8 Heften. — Director: Joseph Strassner; Custos für *a)* der Director; für *b)* Gymn.-Lehrer Joseph Bäuml. — Gegr. 1768 durch den Bürger Anton Elias. Obergym. seit 1850. Bis 1873 Piaristengymn., seit 1873 Communalreal- und Obergymn., 1878 reines Gymn., 1892 verstaatlicht.

Strassner, Joseph. Katalog der Lehrerbibl. I. V. Abtheil. In: Jahresbericht des k. k. Staats-Obergymn. in Brüx. Brüx 1898.

Nach dem letzten Jahresberichte gearbeitet, da der Fragebogen nicht beantwortet wurde.

73. **Minoritenconvent** (gegr. 1240). — Guardian: J. P. Augustin Schwarz. — Hat nur eine kleinere Hausbibl.

Brzezany (Galizien).

74. **[K. k. Staats-]Gymnasium** (C. k. gimnazyum) besitzt eine Lehrer- und eine Schülerbibl. (polnische, deutsche und

ruthen. Abtheilung). — Director: Dr. Franciszek Grzegorczyk; Custos für *a)* Gymn.-Lehrer Tomasz Szafran; für *b)* prov. Lehrer Bogdan Lepki (für die poln. Abth.), Prof. Dr. Teodor Nacher (für die deutsche Abth.), Prof. Mikolaj Baczyński (für die ruth. Abth.). — Gegr. 1805; seit 1863 vollständig.

Nach dem letzten Jahresberichte gearbeitet, da der Fragebogen nicht beantwortet wurde.

Budweis (Budějovice, Böhm.).

75. **Deutscher Böhmerwaldbund.** — 160 Büchereien der Bundesgruppen mit ca. 11.000 Bdn. und Heften. — Jahresdotation unbestimmt, je nach dem Ermessen der Bundesleitung. — Obmann: Joseph Taschek; die Verwaltung der Bücherei besorgt der jeweilige Vorstand der betreffenden Bundesgruppe. — Für jede Gruppenbücherei existirt ein eigenes Verzeichniss. — Die unentgeltlichen Entlehnungen dem eigenen Wirkungskreise des betreffenden Gruppenvorstandes überlassen. — Keine Versendungen. — Meist belletristischen, landwirthschaftlichen und gemeinnützig-belehrenden Inhaltes.

76. **[K. k. deutsches Staats-]Gymnasium.** — *a)* Lehrerbibl. 2256 Werke in 5318 Bdn., 138 Heften (deutsche Abth.), 264 Werke in 488 Bdn., 10 Heften (slav. Abth.), 12.360 Programme; *b)* Schülerbibl. 1397 Werke in 1778 Bdn. (deutsche Abth.) 214 Werke in 334 Bdn. (slav. Abth.). — Director: Dr. Matthias Koch; Custos für *a)* Prof. Dr. Joseph Kubišta; für *b)* Prof. Franz Kocian. — Gegr. von der Stadtgemeinde als Piaristengymn. 1762. Seit 1851 Obergymn.; 1871 verstaatlicht.

Nach dem letzten Jahresberichte gearbeitet, da der Fragebogen nicht beantwortet wurde.

77. **[K. k. böhmisches Staats-]Gymnasium** (C. k. český gymnasium). — *a)* Lehrerbibl. 3255 Werke in 6111 Bdn., 3820 Programme; *b)* Schülerbibl. 3108 Werke in 3699 Bdn. — Dotation für die Lehrmittelsammlung pro 1897/98: 1078 Gulden. Director: Jan Červenka; Custos für *a)* und *b)* Prof. Josef Volák. — Gegr. 1868 als bischöfliches Gymnasium vom Bischof J. V. Jirsík. 1871 verstaatlicht.

Volák, Josef. Katalog učitelské knihovny. In: Dvacátá šestá výroční zpráva c. k. českého gymnasia v Budějovicích. V Budějovicích 1898.
Nach dem letzten Jahresberichte gearbeitet, da der Fragebogen nicht beantwortet wurde.

78. **Handels- und Gewerbekammer.** — 1456 Bde. — Jahresdotation: 400 Gulden. — Mit der Leitung der Bibl. ist der Kammerkanzlist Anton Huňáček unter Aufsicht des Kammer-

secretariates betraut. — Ein gedruckter Katalog, ein handschriftlicher Ergänzungskatalog, geordnet nach den einzelnen Fächern. — Zugänglich in den Amtsstunden (9—12, 2—5 Uhr) für die Beamten und Mitglieder der Kammer, mit besonderer Bewilligung des Secretariates auch für Kammerwähler und sonstige Private. Ebenso Entlehnungen. — Versendungen selten an Mitglieder der Kammer und nur ausnahmsweise an andere Personen. — Besteht seit der Errichtung der Handels- und Gewerbekammer. (Vgl. Ges. vom 29. Juni 1868, R.-G.-Bl. Nr. 85.) — Insbesondere Nationalökonomie, aber auch Statistik, Geographie etc. vertreten.

Katalog der Bibl. der Handels- und Gewerbekammer in Budweis Budweis 1886.

79. **Städtisches Museum** besitzt eine Bibl., die einstweilen nur privaten Charakter hat, jedoch dem Publicum zugänglich gemacht werden soll, sobald der Neubau des Museumsgebäudes fertiggestellt ist.

80. **Bischöfliches Priesterseminar.** — 9800 Bde. — Jahresdotation je nach Bedarf. Vorstand ist der jeweilige Spiritual (d. Z. P. Alois Simeth), dem ein Alumnus des vierten Jahrganges als Adjunctus beigegeben ist. — Ein handschriftlicher, nach Fächern geordneter Katalog. — Nur für die Theologen der Anstalt zugänglich. — Fast ausschliesslich theologische Werke.

81. **[K. k. deutsche Staats-]Realschule.** — *a)* Lehrerbibl. 1467 Werke in 3297 Bdn., 1516 Heften, 6 Karten und Bilderwerken, 6033 Programme; *b)* Schülerbibl. 1716 Werke in 1861 Bdn. und 37 Heften. — Director: Prof. Julius Zuleger; Custos für *a)* Prof. Heinrich Otto; für *b)* Prof. Sigmund Hudler. — 1849 als Privatunterrealschule gegr., 1866 erweitert, 1874 verstaatlicht.

Otto, Heinrich. Katalog der Lehrerbibl. In: Programm der deutschen k. k. Staats-Realschule in Budweis. Budweis 1898.

Nach dem letzten Jahresberichte gearbeitet, da der Fragebogen nicht beantwortet wurde.

82. **[K. k. böhmische Staats-]Realschule** (C. k. česká vyšší škola reálná). — *a)* Lehrerbibl. 444 Werke in 845 Bdn., 2510 Programme; *b)* Schülerbibl. 1053 Werke in 1097 Bdn. — Für die Lehrmittelsammlungen standen 1897/98 662·90 Gulden zur Verfügung. — Director: Josef Mrňávek; Custos für *a)* Josef Honzík; für *b)* Prof. Julius Kudrnáč. — Errichtet 1884 von der „Matice školská" als Unterrealschule; seit 1892 Oberrealschule, 1897 verstaatlicht.

Nach dem letzten Jahresberichte gearbeitet, da der Fragebogen nicht beantwortet wurde.

Capo d'Istria (Küstenland).

83. **Franciscanerconvent** St. Anna. — 1796 Werke in ca. 3000 Bdn., viele Handschriften (nicht gezählt), 40 Incunabeln. - Jahresdotation je nach Bedarf. — Bibliothekar: P. Hyacinth Repič. — Alphabet. Katalog (a. d. Jahre 1886); Neukatalogisirung nach der heuer erfolgten Uebersiedlung der Bibl. im Zuge. — Benützbar von 8—12 und 2—4 (im Sommer bis 8 Uhr), nach Anmeldung beim Guardian und unter Aufsicht des Bibliothekars. — Entlehnungen nur an bekannte Personen mit besonderer Erlaubniss. — Versendungen nur mit Erlaubniss des Provincials und gegen Ersatz der Kosten. — Gegr. zugleich mit dem Kloster in der zweiten Hälfte des 15. Jhdts. — Meistens Theologie, aber auch andere Wissenschaften, wie Philologie (fast keine deutschen Werke), Geschichte, Mathematik.

84. **[K. k. Staats-]Gymnasium** (I. r. ginnasio superiore) besitzt *a)* eine Lehrerbibl.; *b)* eine Schülerbibl. — Dotation für *a)* (1897/98) 193·40 Gulden; für *b)* 121.10 Gulden. — Director: Giacomo Babuder; Custos für *a)* Giovanni Bisiac; für *b)* Gymn.-Lehrer Giovanni Antonio Galzigna. — Bestand 1518 als Akademie unter dem Dogen Francesco Donato. 1602—16 geschlossen; 1669 Weltpriestern, 1708 den Piaristen übergeben; 1842 nach Triest verlegt. Als Ersatz dafür wurde 1848 von der Gemeinde ein Untergymn. gegr., das 1852 verstaatlicht wurde.

Nach dem letzten Jahresberichte gearbeitet, da der Fragebogen nicht beantwortet wurde.

Časlau (Čáslav, Böhm.).

85. **[K. k. Staats-Unter-]Gymnasium** (Cís. král. státní nižší gymnasium). — *a)* Lehrerbibl. 5692 Werke in 1354 Bdn. und Heften, 2392 Programme; *b)* Schülerbibl. 663 Werke in 671 Bdn. — Director: Petr Müller; Custos für *a)* Prof. Václav Marek; für *b)* Gymn.-Lehrer Josef Zikmund. — 1880 als Communal-Untergymn. gegr., 1893 verstaatlicht.

Müller, Petr. Katalog knihovny učitelské. In: Výroční zpráva cís. král. státního nižšího gymnasia v Čáslavi. V Čáslavi 1898.
Nach dem letzten Jahresberichte gearbeitet, da der Fragebogen nicht beantwortet wurde.

86. **Museumsverein** (Včela Čáslavská). — 1200 Bde. — Jahresdotation 30 Gulden. — Vorstand: Klement Čermák. — Fachkataloge. — Benützbar zweimal wöchentl. — Entlehnungen. — Gegr. 1864.

Cattaro (Kottor, Dalmat.).

87. **[K. k. Staats-]Gymnasium** (C. k. veliki gimnazijum.) — Lehrerbibl. 1654 Werke; Schülerbibl. Director: Augustin Dobrilović; Custos der Lehrerbibl.: Prof. Frano Katić; der Schülerbibl.: Prof. Josip Sasso. — Gegr. 1861.

Katić, Frano. Katalog učiteljske knjižnice. In: Program c. k. državne velike gimnazije u Kotoru. Zagreb 1898.

Nach dem letzten Jahresberichte gearbeitet, da der Fragebogen nicht beantwortet wurde.

Cherso (Dalm. Ins.).

88. **Franciscanerconvent.** — Ca. 5000 Bde., mehrere Handschriften (15. und 16. Jhdt.) und Incunabeln. — Jahresdotation ungefähr 140 Gulden. Guardian: P. Franciscus Fatuta; Bibliothekar: P. Aloisius M. Bondini. — Keine Kataloge. — Täglich benützbar, auch ausser der vom Guardian festgesetzten Zeit. — Entlehnungen und Versendungen nur ausnahmsweise. — Gegr. im 15. Jhdt. — Besonders Geschichte, lateinische und italienische Literatur.

Chrudim (Böhm.).

89. **[K. k. Staats-Real- und Ober-]Gymnasium** (C. k. realný a vyšší gymnasium). — *a)* Lehrerbibl. 2893 Werke in 4807 Bdn., 251 Heften, 112 Blättern; *b)* Schülerbibl. 2088 Werke in 2562 Bdn., 64 Heften, 5 Blättern. — Director: Václav Pošusta; Bibliothekar für *a)* Prof. Aleš Dohnal; für *b)* Prof. Josef Materna. — 1863 gegr. durch Umwandlung der unselbständigen Unterrealschule als Communal-Realgymn. 1871 verstaatlicht.

Coufal, Jan. Seznam spisů knihovny professorské. (Část I.) In: Program c. k. realného a vyššího gymnasia v Chrudimi. V Chrudimi 1898.

Nach dem letzten Jahresberichte bearbeitet, da der Fragebogen nicht beantwortet wurde.

90. **Handelsakademie** (Obchodní akademia). — Lehrer- und Schülerbibl. 2216 Werke. — Jahresdotation 500 Gulden. — Director: Jan Ctibor; Bibliothekar: Prof. Ludwig Hubáček. — Ein handschriftlicher Zettel- und ein Bandkatalog. — Je nach Bedarf für die Professoren und Schüler der Anstalt benützbar. Ebenso Entlehnungen. — Keine Versendungen. — Gegr. zugleich mit der Anstalt im Jahre 1882 und alljährlich nach Angabe der Fachlehrer vermehrt. — Besonders vertreten: Handels- und Naturwissenschaften, sowie Mathematik, auch Geschichte u. Geographie, Sprachwissenschaft und schöne Literatur.

91. **Kaiser Franz Joseph I. Museum für Ostböhmen** (Prumyslové museum císaře a krále Františka Josefa I. pro východní

Čechy). a) Archiv (Geschichte, Ethnographie und Zunftwesen); b) Fachbibl. (Kunst und Gewerbe); c) Oeffentl. Bibl. (Belletristik und Fachwissenschaften); a) 320 Handschriften und Incunabeln einzeln und in Mischbänden; b) 800 Bde. sammt 11.000 Vorlageblättern; c) 9700 Bde. — Jahresdotation ca. 1200 Gulden. — Präses: Joseph Klimeš, Bürgermeister; Custos für a) Karl Labler, Stadtrath; für b) Joseph Poslt. Museumsdirector; für c) Johann Šferba, Museumsadjunct. — a) und b) Bandkatalog; c) Zettelkatalog. — a) und b) benützbar an Wochentagen von 9—12 und 2—5 Uhr nach Anmeldung beim betreffenden Custos; c) benützbar Sonntag von 9—11 und Mittwoch von 2—6 Uhr. — Entlehnungen und Versendungen von Büchern. — Gegr. a) und c) 1865; b) 1894; Aufnahme fanden unter a) Archiv der Stadt Chrudim, Grundbücher des k. k. Kreisgerichtes in Chrudim u. a.; unter c) ältere Devoty'sche und Ziegler'sche Bibl., dann die Bibl. des Polický spolek in Chrudim u. a. — Alle Wissenschaften, besonders Geschichte. Culturgeschichte, Ethnographie.

Im Drucke nur zu b) Seznam knih odborné knihovny (bis Ende 1897).

Chyrów (Galizien).

92. **Collegium des Ordens der Gesellschaft Jesu.** — a) Hausbibl. für die Priester und Ordensleute mit 8000 Bdn., meist ascetisch-theologischen Inhaltes, benützbar jeden Morgen 1 Stunde; b) Lehrerbibl. 2000 Werke, nach den Fächern des Gymn.-Lehrplanes; c) Schulbibl. (nur Lehrbücher für die Zöglinge); d) Schülerbibl. ca. 2000 Werke, bestimmt zur Privatlectüre (in franz., deutscher, polnischer, latein. und ruthen. Sprache). — 3 Bibliothekare (d. Z. I. P. Anton Botz). — Jahresdotation a) 300 Gulden; b) 600 Gulden; c) von den Beiträgen der 300 bis 400 Schüler angeschafft; d) aus den jährlichen Beiträgen (1 Gulden pro Kopf) bestritten. — Kataloge a) und b) in Zettel-, d) in Bandform. — Keine Versendung. — Alle Wissenschaften nach Möglichkeit.

Cilli (Steiermark).

93. **[K. k. Staats-Ober-]Gymnasium.** — a) Lehrerbibl. 8451 Bde.; b) Schülerbibl. 3093 Bde. — Director: Schulrath Peter Končnik; Custos für a) Prof. Matthäus Kurz; für b) Prof. Johann Liesskounig. — Gegr. 1809; seit 1850 Obergymn.

Nach dem letzten Jahresberichte gearbeitet, da der Fragebogen nicht beantwortet wurde.

94. **[K. k. Staats-Unter-]Gymnasium.** — *a)* Lehrerbibl. 123 Bde. und Hefte; *b)* Schülerbibl. 197 Bde. und Hefte. — Leiter der Anstalt und Bibliothekar für *a)* Prof. Julius Glowacki; für *b)* Prof. Anton Kusi. — Gegr. 1895.

Nach dem letzten Jahresberichte gearbeitet, da der Fragebogen nicht beantwortet wurde.

Czernowitz (Bukowina).

95. **Gr.-or. theologische Facultät der k. k. Franz Josephs-Universität.** Erzbischöfliches Residenzgebäude. — Ende 1898: 7171 Bde., 86 Hefte (unvollständige Theile eines grösseren Ganzen) und 14 Stücke anderer Gattung, u. a.: 2 Incunabeln in 1 vol. — Jahresdotation 1000 Gulden. Bibliothekar: Dr. Theodor Tarnawski, k. k. o. ö. Univ.-Prof.; Beamter: Robert Klement, Amanuensis der k. k. Univ.-Bibl. — Handschriftl. je ein alphabet. Zettel-, systematischer Zettel- und drei Standorts-(Band-)Kataloge für 8⁰-, 4⁰- und Fol.-Werke; Inventar (Einlaufsjournal); Doublettenverzeichniss. — Für die Benützung sind bestimmte Stunden nicht festgesetzt. — Entlehnungen und Versendungen unter den für die k. k. Univ.-Bibl. geltenden Bestimmungen. — Theologie.

96. **[K. k. Ober-]Gymnasium.** — *a)* Lehrerbibl. 10.031 Bde., 20 Hefte, 17.133 Programme; *b)* Schülerbibl: 2476 Bde. — Jahresdotation 500 bis 600 Gulden. — Director: Schulrath Heinrich Klauser; Custos für *a)* Prof. Epiphanias v. Tarnowiecki; für die Programmsammlung: Prof. Dr. Anton Polaschek; für *b)* Gymn.-Lehrer Dr. Emil Sigall. Fachkataloge in alphabet. Ordnung, neben jedem solchen ein Zettelkatalog in fachlicher Unterordnung. — Die Bibl. ist täglich von 12—1 und am Sonntag von 9—12 für die Mitglieder des Lehrkörpers zugänglich, die auch Bücher gegen Empfangsschein entlehnen dürfen. — Ebenso Versendungen an Lehrpersonen. — Die Gründung der Bibl. lässt sich auf die a. h. Entschl. v. J. 1816 zurückführen, auf Grund welcher laut Gub.-Erl. v. 17. Mai 1816, Z. 22219, jedem aus dem Studienfonds dotirten Gymn. zur Anlegung einer zweckmässigen Büchersammlung durch 6 aufeinanderfolgende Jahre jährlich 200 Gulden C.-M. und nach deren Verlauf jährlich 50 Gulden C.-M. zur Vermehrung der Büchersammlung aus dem Studienfonds bewilligt wurden. Doch ist bis zum Jahre 1820 unter dem damaligen Präfecten Rolny nicht einmal der Anfang zu einer Büchersammlung gemacht worden, obgleich das Gymn. bereits seit 1809 bestanden hatte. Erst nach Rolny's Versetzung in den Ruhestand findet sich im J. 1820 der Büchervorrath des Gymn.

verzeichnet, der aus 7 Werken in 27 Bdn. bestand. Die erste Anschaffung aus dem bewilligten Bibliothekspauschale ist im J. 1821 erfolgt; aber diese Anschaffungen waren sowohl im Umfang als in der Auswahl der Werke bis zum J. 1819 ziemlich dürftig; in der Zeit von 1820 bis October 1849 weist der Katalog nur 316 Nummern aus, darunter 132 Nummern Geschenke. Diese Erwerbungen galten auch der Bibl. der philosophischen Lehranstalt, die 1825 errichtet, ebenfalls im Gymnasialgebäude untergebracht und 1831 in ihrem Gesammtbestande (11 Werke mit 59 Bdn.) mit der Gymnasialbibl. vereinigt wurde. Die Hauptschuld an diesem kümmerlichen Wachsthum trug die damalige Bevormundung vor dem J. 1848, denn die Präfecte durften laut Studien-Hof-Commiss.-Decr. v. 12. August 1828, Z. 3996, „um allem Unfuge und möglichem Missbrauche bei Benützung der Gymn.-Bibl. für die Zukunft vorzubeugen", kein angeschafftes oder geschenktes Buch in den Bibliothekskatalog eintragen, bevor es von der Landesstelle als „anstandslos" befunden worden war. Erst vom J. 1849 ab wurden durch die Aufnahmstaxen der Schüler neue und reichliche Geldmittel für die Bibl. gewonnen und der Lehrkörper bezüglich der Neuanschaffungen autonom. Nach dem verstorbenen Universitätsprofessor Tomaszczuk gelangte eine Sammlung von 484 Bdn. und 20 Heften in den Besitz der Bibl. — Sämmtliche Gymnasialfächer.

Katalog der Lehrerbibl. A. Deutsche Sprache. In: Jahresbericht des k. k. Obergymnasiums. Czernowitz 1897.

97. **[K. k. Staats-Unter-]Gymnasium.** — *a)* Lehrerbibl. 658 Werke in 938 Bdn. und Heften, darunter 300 Werke in 406 Bdn., die vom k. k. Staats-Obergymn. in Czernowitz übernommen wurden, 2357 Programme; *b)* Schülerbibl. — Director: Vincenz Faustmann; Custos für *a)* Prof. Victor Preliez; für *b)* Prof. Ferdinand Saxl. — Gegr. 1896.

Nach dem letzten Jahresberichte gearbeitet, da der Fragebogen nicht beantwortet wurde.

98. **Akademische Lesehalle an der k. k. Franz Josephs-Universität,** Franzensgasse Nr. 5. — 3238 Bde. — Jahresdotation aus Subventionen des Bukowinaer Landtages und der Bukowinaer Sparcasse 100 Gulden. — Vorstand: der jeweilige Präses, d. Z. Emanuel Lauer; 2 Ausschussmitglieder als Bibliothekare für die belletristische und wissenschaftliche Abth. — Accessionskatalog. — Täglich an Vormittagen für Mitglieder benützbar. — Entlehnungen gegen Revers auf 2 Monate. — Keine Versendungen. — Gleichzeitig mit dem Vereine 1875 gegr. und durch die Bibl. des aufgelösten Schach- und Stenographenvereines erweitert. — Philosophie, Rechts-

wissenschaft, Naturwissenschaft, Medicin, deutsche und fremde Literatur.

Berichte über die Bibl. in den Jahresberichten der Lesehalle.

99. **[Gr.-or. Ober-]Realschule.** — *a)* Lehrerbibl. 3786 Bde.; *b)* Schülerbibl. — Jahresdotation für *a)* 150 Gulden. — Director: Constantin Mandyczewski; Bibliothekar: Prof. Anton Romanowsky. — Inventar, Gruppen-, Zettelkatalog; letzterer nach Schlagworten alphabet. geordnet. — *a)* für den Lehrkörper der eigenen, eventuell auch anderer Mittelschulen benützbar. — Entlehnungen gegen Revers. — Keine Versendung. — Gegr. zugleich mit der Anstalt 1863. — Sämmtliche an der Anstalt vertretenen Fächer.

Katalog der Lehrerbibl. erscheint 1899 ff. im Programme des Gymn.

100. **K. k. Universitäts-Bibliothek** im Universitätsgebäude. Am Schlusse des Jahres 1897: 75.084 Bde., 44.331 kleine Schriften, 2713 Hefte (Fortsetzungen), 3309 Doubletten, Summe 125.437 Stücke. 46 Handschriften. — Bibliothekar: Dr. Karl Reifenkugel; Custos: Dr. Johann Polek; Scriptor: Dr. Adolf Bucher; Amanuensen: Johann Rongusz, Dr. Rudolph Wolkan, Robert Klement; 2 Bibliotheksdiener. — Dotation 9000 Gulden, Matrikelgebühren 1898 468 Gulden. — Allgemeiner und vollständiger Zettelkatalog; systematischer Katalog in Zettelform, d. Z. ungefähr 2 Drittel des Gesammtbestandes umfassend (System O. Hartwig). — Geöffnet während des Studienjahres vom 1. October bis 31. Januar von 9—1 und von 2—4; vom 1. Februar bis 30. April von 9—1 und von 3—5; vom 1. Mai bis 31. Juli von 9—1 und von 4—6 Uhr; während der Herbstferien Dienstag und Freitag von 10—1 Uhr. — Mit Bezug auf Entlehnung etc. gelten die für Universitäts- und Studienbibl. festgesetzten Bestimmungen. — Gegr. 1875; es fanden daselbst Aufnahme: die gewesene Landesbibl. 15.544 Stück mit Einschluss der Hormuzakischen Schenkung (1226 Stück) und der Mustazza'schen Bibl. (594 Stücke); käuflich erworben 1875 die juridische Bibl. Prof. Paul Roth in München (12.257 Stück), 1876 die juridische Bibl. Prof. Conrad Rosshirt in Heidelberg (1681 Stück); im Wege der Schenkung 1890 die juridische Bibl. des Prof. Dr. Constantin Tomaszczuk (2249 Stück). — Gepflegt werden sämmtliche an der Universität vertretenen Fächer.

Reifenkugel, K. Die Bukowinaer Landesbibl. und die k. k. Universitätsbibl. in Czernowitz. Czernowitz 1885. — Reifenkugel, K. Die k. k. Universitätsbibl. in Czernowitz 1885—1895. Czernowitz 1896.

Universitätsinstitute, Seminare etc.

101. Seminar für Mathematik und mathematische Physik. 321 Werke. — Keine bestimmte Jahresdotation.

— Vorstände: Prof. Dr. Anton Puchta und Prof. Dr. Ottokar Tumlirz.

102. Seminar für romänische Sprache und Literatur. — 88 Werke in 101 Bdn., überdies einige in mehreren Exemplaren, welche in die obige Zählung nicht aufgenommen wurden. — Keine beständige Jahresdotation. — Vorstand: Prof. Dr. Johann G. Sbiera. — Benützbar nur für Seminarmitglieder. — Ebenso Entlehnungen. — Gegr. mit Erlass des k. k. Ministeriums für Cultus und Unterricht vom 7. Juli 1894, Z. 13.886 (provisorisch) und mit Erlass vom 21. April 1897, Z. 3353 (definitiv): die Satzungen gen. mit Erlass vom 31. Juli 1897, Z. 19.212. — Fachliteratur.

103. Seminar für ruthenische Sprache und Literatur. — 68 Werke. — Keine bestimmte Jahresdotation. — Vorstand: Prof. Dr. Stefan Smal-Stocki.

104. Germanistisches Seminar. — 642 Bde. — Jahresdotation 100 Gulden. — Vorstand: Prof. Dr. Oswald Zingerle Edler v. Summersfeld.

105. Historisches Seminar. — Ca. 600 Bde. mit Einschluss des hilfswissenschaftlichen Apparates. — Jahresdotation 200 Gulden. — Vorstände: Prof. Dr. Ferdinand Zieglauer v. Blumenthal, Prof. Dr. Siegmund Herzberg-Fränkel.

106. Philologisches Seminar. — 729 Nummern. — Jahresdotation 100 Gulden, doch erfährt sie eine namhafte Erhöhung durch die jeweilig vacant bleibenden Seminarstipendien, welche für Bücheranschaffungen verwendet werden. — Vorstände: Prof. Dr. Johann Wrobel und Prof. Dr. Isidor Hilberg.

Datschitz (Mähren).

107. **Franciscanerkloster.** (Conventus Dacicensis ad s. Anton. Pad. Ordinis Fratrum Minorum s. P. Francisci.) — Die Bibl. ist seit der im Jahre 1650 erfolgten Gründung des Klosters in einem 5 Meter langen, 5 Meter breiten gewölbten Zimmer im I. Stocke untergebracht; sie enthält meistens theologische Bücher, welche dem Kloster grösstentheils von verschiedenen Wohlthätern (namentlich der Gräfin Maria Theresia Transon, geb. Weisen-Wolf ca. 1700) geschenkt wurden. Im neuesten, vierten, nach 15 Fachgruppen geordneten Kataloge — verfasst im Jahre 1846 vom Ordenspriester P. Benjamin Siruček — sind 2064 Bde., darunter mehrere aus den Jahren 1513—1632 eingetragen. Erwähnenswerth ist auch eine vom hl. Johann Capistran an einen Olmützer Bürger auf Pergament geschriebene „Filian-

tia" vom J. 1454. Die Bibliotheksordnung (vom 28. März 1707) verbietet jede Entlehnung der Bücher an Auswärtige. — Der Bibliothekar wird vom Provinzcapitel ernannt; seit 1892 fungirt als solcher der Guardian P. Anselm Spálenka.

Deutschbrod (Böhm.).

108. **[K. k. Staats-]Gymnasium** (C. k. státní vyšší gymnasium). *a)* Lehrerbibl. 3421 Werke in 6130 Bdn., 2171 Heften, 183 Broschüren, 5468 Programme; *b)* Schülerbibl. 1720 Werke in 3389 Bdn., 88 Heften, 10 Broschüren. — Director: Jan Steflíček; Bibliothekar für *a)* Prof. Josef Němec; für *b)* Prof. Bohus Neumann. — Gegr. 1735, 1778—1802 geschlossen, 1807 den Prämonstratensern übergeben. Seit 1851 Untergymn., seit 1865 Obergymn., 1872 Realobergymn., 1885 normales Gymn.; in demselben Jahre verstaatlicht.

Nach dem letzten Jahresberichte gearbeitet, da der Fragebogen nicht beantwortet wurde.

Dobromil (Galizien).

109. **Griech.-Kath. Basilianerkloster** (reformirt durch Constitution Sr. H. Papst Leo XIII. vom 12. Mai 1882; unter der Leitung des Ordens der Ges. Jesu) besitzt zwar eine grössere Bibl. mit alten Manuscripten und Werken, doch war es bisher bei den hohen und wichtigen Arbeiten, die den reformirten Basilianern zugewiesen sind, unmöglich, die Bibl. zu ordnen und zu katalogisiren. — P. Adalbert M. Baudiss, Rector.

Dornbirn (Vorarlberg).

110. **[Communal-Unter-]Realschule** besitzt eine Lehrer- und eine Schülerbibl. — Director: Johann Engel; Bibliothekar: Prof. Johann Julius Emig. — Gegr. 1878 mit der Anstalt.

Nach dem letzten Jahresberichte gearbeitet, da der Fragebogen nicht beantwortet wurde.

Drohobycz (Galizien).

111. **[K. k. Franz Josefs-Staats-]Gymnasium** (C. k. gimnazyum im. Franciszka Józefa). *a)* Lehrerbibl. 2589 Werke; *b)* Schülerbibl. 615 Werke in 882 Bdn. (poln. Abth.), 424 Werke (deutsche Abth.), 214 Werke in 216 Bdn. (ruth. Abth.) — Leiter: Prof. Józef Przybylski; Custos der poln. Abth. Prof. Jan Chmiolek; der deutschen Abth. Prof. Dr. Witold Barewicz; der ruth. Abth. Prof. Włodzimierz Paslawski. — Gegr. 1858 als Communalanstalt; seit 1865 Realobergymn., seit 1878 reines Gymn., seit 1874 verstaatlicht.

Nach dem letzten Jahresberichte gearbeitet, da der Fragebogen nicht beantwortet wurde.

Dux (Böhm.).

112. **Gräflich Waldstein'sche Schlossbibliothek**, als Fideicommisseigenthum in einem kleinen und einem grossen Zimmer des Schlosses untergebracht. Reiht sich an das Museum an, welches eine Waffensammlung, eine Porzellansammlung, ein Kunstcabinet, eine Mineralien- und zoologische Sammlung enthält. — 18.527 Bde. — Jahresdotation je nach Bedarf. — Schlossverwalter: Karl Müller. Ein alphabet., im Jahre 1888 abgefasster Bandkatalog. — Benützbar nach der verfügbaren Zeit des Schlossverwalters. — Entlehnungen und Versendungen nur mit besonderer Genehmigung des Besitzers. — Gegr. von dem Grafen Franz Adam Waldstein, welcher auch mit Kitaibel ein botanisches Werk über die in Ungarn vorkommenden Pflanzen verfasst hat. Giov. Giac. Casanova de Seingalt hat durch mehrere Jahre das Duxer Schloss als Bibliothekar bewohnt; er starb in Dux. Die Bibl. besitzt von ihm zahlreiche Handschriften in 18 mit dem gräflichen Siegel gehefteten Abtheilungen, theils italienisch, theils französisch. *a)* 172 Briefe des Grafen Lamberg an Casanova von 1767 bis 1792; *b)* 138 Briefe Zaguris an Casanova 1784—1798; *c)* verschiedene Briefe und Aufsätze 158 Stücke; *d)* Damenbriefe 225 Stücke (1771—1797); *e)* Bücherverzeichniss der gräfl. Bibl., verfasst von Casanova; *f)* Dialoge 79 Blatt; *g)* Komödien 151 Blatt; *h)* Briefe Casanova's 112 Stücke; *i)* verschiedene Briefe 747 Stücke; *k)* verschiedene Schriften 2084 Stücke; *l)* 83 Drucksorten und 28 Hefte. — Alle Wissenschaften, besonders Theologie, Naturwissenschaften und Rechtswissenschaft.

Efferding (Ob.-Oesterr.).

113. **Fürst Camillo Heinrich Starhemberg'sches Archiv und Bibliothek.** — (Nach Petzhold 30.000 Bde.) — Archivar und Bibliothekar: Victor Freiherr v. Handel-Mazzetti, k. k. Oberst i. R. — Neukatalogisirung im Zuge. — Nur mit besonderer Bewilligung des Besitzers in Gegenwart des Bibliothekars benützbar, welcher vier Monate jährlich in Efferding weilt, sonst aber in Linz, Donaustrasse 7, wohnt.

Chmel, J. Auszug aus dem Handschriftenverzeichniss der Bibl. und des Archivs zu Riedeck im Besitze des Herrn Grafen Heinrich von Starhemberg. In: Der österr. Geschichtsforscher I. 1. 1838, S. 153. — Lohmeyer, E. Aus der fürstl. Starhemberg'schen Schlossbibl. zu Efferding. In: Germania XXXI. 1886, S. 215.

Eger (Böhm.).

114. **Dominicanerconvent.** — Ca. 5000 Bde., darunter zahlreiche Incunabeln. Jahresdotation je nach Bedarf. — Prior:

P. Seraphicus Stampfer; Bibliothekar: P. Maximilian Hofer, O. Pr. — Handschriftlich je ein Fach- und alphabet. Katalog. — Benützbar je nach der verfügbaren Zeit des Bibliothekars. — Aus dieser Bibl. als einer von jenen, welche von dem Ordensgeneral als „bibliothecae formales" erklärt sind, darf kein Buch entlehnt oder verkauft werden. — Gegr. zugleich mit dem Kloster 1296. — Besonders theologische Werke, und zwar Moraltheologie.

115. **Erzdechantei** hat eine grössere Bibl.; nur benützbar für Priester des Decanates. — Entlehnungen, aber keine Versendungen. — Theologie.

116. **Gabelsberger Damen-Stenographenverein.** Schulhaus der Mädchenbürgerschule „Rudolfinum". — 130 Bde. und ca. 20 Zeitschriftenbde. — Jahresdotation 25—30 Gulden. — Präsidentin: Frl. Mathilde Menzel; Bibliothekarin: Frl. Rosa Kunz, Lehrerin. — Benützbar einmal wöchentlich von 5 bis 6 Uhr. — Entlehnung an Mitglieder auf 4 Wochen. — Gegr. zugleich mit dem Vereine 1892. — Grösstentheils Belletristik und Classiker.

117. **[K. k. Staats-]Gymnasium.** — *a)* Lehrerbibl. 3154 Werke in 7049 Bdn. u. 83 Heften, 7 Incunabeln, 15.404 Programme; *b)* Schülerbibl. 1891 Werke in 2505 Bdn. — Jahresdotation ca. 400 Gulden. — Director: Anton Maria Marx; Custos der Lehrerbibl.: Prof. Jacob Stippel; der Schülerbibl.: Gymn.-Lehrer Dr. Jacob Simon; der Programmsammlung: Prof. Simon Zoderer. — Zettel- und Bandkatalog, nach Fächern geordnet, innerhalb derselben alphabet. und mit fortlaufender Numerirung. — Fast den ganzen Tag geöffnet. — Entlehnung nur an vertrauenswürdige Personen im Einverständnisse mit dem Director und gegen Empfangsschein. — Gegr. zugleich mit der Anstalt, welche als Lateinschule bereits im 15. Jhdt. nachweisbar, von 1629—1773 Jesuitengymn. war; seit 1805 auch mit weltl. Lehrern besetzt, 1850 als Obergymn. organisirt. — Pflegt alle Fächer des Gymn.

Der gedruckte Katalog erscheint im Gymnasialprogramme pro 1899.

118. **Handels- und Gewerbekammer** besitzt eine grössere, jedoch bis zu der Ende 1899 in Aussicht genommenen Uebersiedlung in ein eigenes Amtsgebäude nicht geordnete und katalogisirte Bibl. Diese besteht aus den Reichs- und Landesgesetzblättern, einer käuflich erworbenen Gesetzsammlung der vormärzlichen Zeit, aus Werken juridischen, volkswirthschaftlichen und statistischen Inhaltes, welche zum kleineren Theile gekauft, zum grösseren im Schriftentausch mit anderen

Kammern erworben oder auch von den Ministerien des Handels und Ackerbaues zur Verfügung gestellt wurden. Neben den statistischen und Sitzungsberichten kommen auch Fachzeitungen in Betracht. Bemerkenswerth ist die nicht unbedeutende Literatur über die Verhältnisse des Erzgebirges. — Entlehnungen nur vereinzelt an Kammermitglieder. — Präsident: Georg Jäger jun.; Secretär: Dr. Georg Habermann.

119. **Stadtbibliothek und Stadtarchiv.** — Ende 1898: 5945 Bde., darunter 42 Incunabeln. Die Handschriften sind im Archive, welches in 24 Schränken untergebracht, bis zum Jahre 1266 zurückreicht und eines der hervorragendsten Städtearchive Oesterreich-Ungarns ist. — Jahresdotation je nach Bedarf. — Neben dem Bürgermeister Dr. Gustav Gschier eine eigene Archivs- (und Museums-)Commission, deren Obmann, wenn nicht früher, jedes dritte Jahr gewählt wird. Archivs- und Bibliotheksverweser: Dr. Karl Siegl. — Zwei Bandkataloge; einer enthält fortlaufend den Zuwachs, der andere ist nach Materien geordnet. — Benützbar zu den gewöhnlichen Amtsstunden. — Entlehnungen von Handschriften an Private grundsätzlich ausgeschlossen; bei werthvollen Büchern nur mit Zustimmung der Commission. — Zeit der Entstehung der Bibl. unbekannt; sie wuchs besonders durch reichliche Schenkungen seitens vornehmer Bürger im 16. und 17. Jahrhundert und wird durch fortwährende Ankäufe von auf Eger und das Egerland Bezug habenden Werken vermehrt. — Sämmtliche Wissenschaften vertreten.

120. **Verein für Egerländer Volkskunde.** — Bibl. im Entstehen.

Eggenburg (Nied.-Oesterr.).

121. **Redemptoristencollegium** hat eine nur zu eigenem Gebrauche bestimmte Hausbibl. — Katalog in Ausarbeitung. — — Rector: P. Laurenz Leitgeb. — Gegr. 1833.

Elbogen (Böhm.).

122. **[K. k. Staats-]Realschule.** — *a)* Lehrerbibl. 3213 Bde., 398 Hefte, 6444 Programme; *b)* Schülerbibl. 1108 Bde., 122 Hefte. — Director: Dr. Joseph Diviš. — Errichtet 1852 als Communal-Oberrealschule durch Erweiterung der vorher bestandenen unselbständigen Unterrealschule. 1869—1878 in den unteren Classen Realgymn., 1883 in den unteren, 1893 in den oberen Classen verstaatlicht.

Nach dem letzten Jahresberichte gearbeitet, da der Fragebogen nicht beantwortet wurde.

3*

Falkenau (Böhm.).

123. **Deutscher Gabelsberger Stenographenverein,** Gasthaus Steidl, Sommergasse. — 168 Bde., 19 Hefte. — Jahresdotation 20 Gulden. — Obmann: Alfred Pitterling; Bücherwart: Joseph Berut. — Band-(Schlagwort-)Katalog. — Benützbar für Vereinsmitglieder Mittwoch von 8—10 ½ Uhr abends. — Ebenso Entlehnungen. — Keine Versendungen. — Die Bibl. wurde zwar 1883 zugleich mit dem Vereine gegr., aber bis 1894 beinahe gar nicht benützt. Erst in letzterem Jahre begann eine regere Vereinsthätigkeit und eine intensivere Benützung der Bücherei. — Ausschliesslich stenographische Werke in Gabelsberger-Schrift.

124. **Volksbücherei des „Bundes der Deutschen in Böhmen".** Vereinslocale: J. Hopf, Sommergasse. — 297 Bde., 47 Hefte. — Jahresdotation 40 Gulden. — Obmann: Dr. Narowetz; Büchereiwart: Alfred Pitterling. — Band-(Schlagwort-)Katalog. — Benützbar Dienstag von 8—10 Uhr abends. — Entlehnungen gegen Lösung einer Jahreskarte (40 kr. pro Jahr). — Keine Versendungen. — Gegr. mit Unterstützung der Bundesleitung in Prag im Juli 1896; von 16 Spendern wurden 110 Bändchen und 26 Hefte geschenkt. — Hauptsächlich schönwissenschaftliche Literatur.

Feldkirch (Vorarlberg).

125. **[K. k. Staats-Real- und Ober-]Gymnasium** besitzt eine Lehrerbibl., zu der auch die Sammlung von 14.028 Programmen gehört, und eine Schülerbibl. — Director: Dr. Victor Perathoner; Bibliothekar: Prof. Max Stadler v. Wolffersgrün. — Eröffnet 1649 als Jesuitengymn.; seit 1805 von Exjesuiten geleitet; 1806—1809 bayerische Mittelschule, 1809—1814 bayerische Studienschule, seit 1814 österr. Staatsgymn., 1857—1868 Jesuitengymn., seither Staatsanstalt. 1871 mit der seit 1860 bestandenen Communal-Unterrealschule vereinigt.

Nach dem letzten Jahresberichte gearbeitet, da der Fragebogen nicht beantwortet wurde.

126. **[Privat-]Gymnasium des Collegiums der Gesellschaft Jesu an der „Stella matutina".** — Ueber 30.000 Bde., 1 Vergilcodex, gegen 60 Incunabeln. — Die Bibl. entstand mit dem Pensionat 1856. Die ersten Bestandtheile desselben lieferten die Ordensprovinz und einige Geschenkgeber, auch die damals aufgehobene Erziehungsanstalt Trauchburg in Württemberg, deren Bücherei theilweise angekauft wurde. — Alphabet. (allgemeine und specielle) Bandkataloge. Die Erwerbungen der letzten 8 Jahre sind in den Gymn.-Programmen seit 1894

veröffentlicht. — Die Bibl. ist Hausbibl. und besteht aus einer Lehrer- und einer Schülerbibl. — Director: Dr. Anton Ludewig; Bibliothekar: P. Wilhelm Fox. — Entlehnung nur ausnahmsweise auch an bekannte und zuverlässige Persönlichkeiten. — Besonders vertreten Theologie und die Gymnasialfächer.

Zuwachs jährlich in den Jahresberichten der Anstalt veröffentlicht.

127. **Stadtbibliothek (Volksleihbibliothek)** August Clessin'sche Stiftung, Altes Gymnasium, Nr. 104, 1. Stock. — 1500 Bde. — Jahresdotation 20—30 Gulden. — Bibliothekar: Ludwig Wachler, Volksschullehrer; ein Diener. — Bandkatalog. — Benützbar Montag abends von 6—7 Uhr. — Entlehnungen. — Ausnahmsweise auch Versendungen. — Gegr. 1871 laut Testament des Stifters. Erster Bibliothekar bis 1878 war Ludwig J. Teimer, k. k. Realschulprofessor und emer. Bezirksschulinspector. — Naturwissenschaften, Geographie und Belletristik.

Felixdorf (Nied.-Oesterr.).

128. **Bezirkslehrer-Bibliothek für den Landbezirk Wiener-Neustadt,** Schulhaus. — 1105 Bde. — Jahresdotation 50 Gulden. — Obmann: Johann M. Schuster, Volksschuldirector; Bibliothekar: Carl Maierhofer, Lehrer; Ausschussmitglieder: Carl Albrecht, Volksschuldirector, Conrad Eidam und F. Grabherr, Lehrer. — Alphabet. handschriftl. Bandkatalog, sowie ein älterer gedruckter Katalog. — Täglich benützbar. — Entlehnung und Versendung an die Lehrer des Bezirkes. — Besonders Pädagogik.

129. **Fabriksbibliothek.** — Mehrere 100 Bde. — Steht unter der Verwaltung der Leitung der „Felixdorfer Weberei und Appretur".

130. **Stenographenverein „Gabelsberger" für Felixdorf und Umgebung,** Volksschule. — 111 Bde. — Vorstand: Conrad Eidam, Volksschullehrer. — Benützbar nur für Vereinsmitglieder. — Gabelsberger-Stenographie.

Fiecht (Tirol).

131. **Benedictinerstift.** — Ca. 20.000 Bde., 300 Incunabeln, 60 Handschriften. — Keine bestimmte Dotation; Ankauf je nach Bedarf und den verfügbaren Geldmitteln. — Bibliothekar: P. Antonius Witschwenter, d. Z. Subprior. — Zettelkatalog. — Benützbar zu allen Stunden des Tages in Gegenwart des Bibliothekars. — Entlehnung, eventuell auch Ver-

sendung nur an vertrauenswürdige Personen gegen Revers. — Gegr. 1713, ist theils zu Anfang des gegenwärtigen Jahrhunderts, wo die bayer. Regierung das Stift aufgehoben, und man die Bücher zum grossen Theile verschleppt hatte, sehr geschädigt. theils 1868 durch eine Feuersbrunst heimgesucht worden. — In erster Linie Theologie.

Jaeck im Archiv f. ältere deutsche Gesch. IV. (1822), S. 223, und in Seebode's Archiv f. Philol. I. (1824), S. 686. — Lierheimer, Bernhard. St. Georgenberg, nun Fiecht in Tirol. In: Ein Benedictinerbuch von Seb. Brunner. Würzburg 1881.

Filippsdorf (Böhm.), s. Philippsdorf.

Freiberg (Příbor, Mähren).

132. **Piaristenbibliothek der Stadtgemeinde**, im Rathhause. - Ueber 4000 Bde.; Incunabeln (15. Jhdt.) 22, (bis 1530) ca. 30. — Custos: Ferdinand Pokorný, Apotheker und Mitglied der Gemeinderepräsentanz. — Alphabet. Zettel- und Bandkatalog. — Zugänglich nach Anmeldung beim Custos. — Entlehnung nur in besonderen Fällen. — Keine Versendung. — Gegr. am Ende des 17. Jhdts. als Hausbibl. des im Jahre 1694 vom Olmützer Erzbischof Karl II. Graf Lichtenstein in Freiberg gestifteten Piaristencollegiums. Nach der 1875 vom Orden selbst verfügten Auflösung kaufte die Commune das Gebäude wie die Bibl. an; nach der 1889 erfolgten Aufhebung des Freiberger Staats-Untergymnasiums wurde auch dessen Bibl. ihr einverleibt. — Zum grössten Theil Theologie, sonst Philologie, Geschichte und Geographie, weniger Naturwissenschaften.

Freinberg b. Linz (Ob.-Oesterr.).

133. **Jesuitencollegium**, s. Linz, Jesuitencollegium.

Freistadt (Ob.-Oesterr.).

134. **[K. k. Franz Josef-Staats-]Gymnasium.** — *a)* Lehrerbibl. 3291 Bde. und 411 Hefte, 10.660 Programme; *b)* Schülerbibl. 1518 Werke in 2125 Bdn. — Director: Franz Schauer; Custos für *a)* Prof. Jacob Keller; für *b)* Prof. Dr. Hermann Kerstgens. — Das 1788 aufgehobene Piaristengymn. wurde 1867 wieder eröffnet; seit 1870 Realgymn., seit 1872 Realobergymn., seit 1879 normales Gymn.

Keller, Jacob. Katalog der Lehrerbibl. In: XXVIII. Jahresbericht des Kaiser Franz Josefs-Staatsgymn. zu Freistadt. Freistadt 1898.

Nach dem letzten Jahresberichte gearbeitet, da der Fragebogen nicht beantwortet wurde.

Freiwaldau (Schlesien).

135. **Katholischer Arbeiterverein.** — Ca. 300 Bde. — Keine nennenswerthe Jahresdotation, zahlreiche Geschenke. — Alphabet. Katalog. — Entlehnungen Sonntags an Mitglieder. — Bibliothekar: Adolph Leder. — Gegr. 1895. — Belletristik und Sociologie.

136. **Katholischer Gesellenverein.** — Ca. 250 Bde. — Meistens Geschenke. — Alphabet. Katalog. — Benützbar nur für Mitglieder. — Ebenso Entlehnungen an Samstagen. — Gegr. anfangs der Sechzigerjahre. — Belletristik, Sociologie.

137. **Pfarrbibliothek.** — Ca. 200 Bde., meist alte Predigtwerke. — Pfarrer: Joseph Neugebauer.

138. **Verein der Buchdrucker in Oesterr.-Schlesien.** — 310 Werke. — Siehe Troppau, Verein der Buchdrucker in Oesterr.-Schlesien.

Freudenthal (Schlesien).

139. **Privat-Bibliothek Sr. k. u. k. Hoheit des Erzherzogs Eugen.** — Ca. 10.000 Bde. — Jahresdotation je nach Bedarf. — Bibliothekar: Hans Ritter Gerstenberger v. Reichsegg, Oberstlieutenant i. P. — Handschriftlicher alphabet. Zettel- und Schlagwortkatalog. — Benützung, Entlehnung etc. in Aussicht genommen. — Alle Wissenschaften, vorzugsweise jedoch Geschichte, Ordenswesen, Militaria, Belletristik.

140. **Volksbildungsverein für Freudenthal und Umgebung.** — Ca. 3000 Bde. — Gedruckter Materienkatalog. — Entlehnungen an jeden Bewohner der Stadt und Umgebung, welcher das schulpflichtige Alter überschritten hat. Nichtmitglieder, welche Bücher entlehnen wollen und dem Bibliothekar nicht hinlänglich bekannt sind, müssen behufs Sicherstellung ein Mitglied des Vereines oder sonstigen Bürgen namhaft machen. — Entlehnungen auf 14 Tage, für Mitglieder 4 Wochen. — Belletristik, Populärwissenschaften.

Bücherverzeichniss der Bücherei des Volksbildungsvereines für Freudenthal und Umgebung. Nach dem Stande vom 1. September 1898. Freudenthal 1898.

Friedek (Schlesien).

141. **[Communal-]Gymnasium** besitzt eine Lehrer- und eine Schülerbibl. — Director: Matthias Wiedermann; Bibliothekar der Lehrerbibl.: Prof. Ferdinand Twrdy; der Schülerbibl.: Prof. Carl Skazel. — Gegr. 1895.

Nach dem letzten Jahresberichte gearbeitet, da der Fragebogen nicht beantwortet wurde.

Fulnek (Mähren).

142. **Capucinerconvent.** — 1280 Bde. — Jahresdotation 20 Gulden. — Bibliothekar: P. Ildefons Komárek, Guardian. — Alphabet. Katalog. — Auf Ansuchen jederzeit benützbar. — Keine Entlehnungen und Versendungen. — Die Bibl. wurde im Jahre 1622 vom Fulneker Herrschaftsbesitzer Joseph Wenzel Graf Wirben gegr. und seither durch neuere Werke ergänzt. — Theologie und Geschichte.

Gaya (Kyjov, Mähren).

143. **[Böhmisches Communal-]Gymnasium** (Obecní gymnasium). — Bis jetzt katalogisirt 209 Werke, 245 Bde. — Jahresdotation 1898: 182·51 Gulden. — Director: Joseph Klvaňa; Bibliothekar: Prof. Dr. Joseph Sedláček. — Handschriftlicher Bandkatalog. — Gegr. mit Anfang des Schuljahres 1898/99, wird die Bibl. die gewesene Piaristenbibl. und die Bibl. des ehem. deutschen Communalgymn. aufnehmen. — In beiden Gymnasialbibl. sind zum grössten Theile Philologie und Naturwissenschaften vertreten; in der gewesenen Piaristenbibl. hauptsächlich theologische Schriften und lateinische Schriftsteller aus dem 18. Jhdt.

Geras (Nied.-Oesterr.).

144. **Prämonstratenserstift.** — 15.000 Bde., nebst 10 werthvollen Handschriften mit Initialen. — Jahresdotation je nach Bedarf. — Bibliothekar: Siard Löffler, Kapitular. — Handschriftl. alphabet. Katalog, theilweise auch ein Schlagwort-Bandkatalog. — Benützbar an Wochentagen von 8—6½ Uhr unter Controle der benützten Werke. — Entlehnung von Büchern gegen Revers. — Ueber die Gründung der Stiftsbibl. genauen Aufschluss zu geben ist heute unmöglich, da unter Abt Johannes (gest. 1235) die von den Kuenringen gegen ihren Landesfürsten Friedrich III. aufgehetzten Böhmen und Mährer das Stift niederbrannten, wobei die an wichtigen Documenten und Manuscripten reiche Bibl. vernichtet wurde. Wohl ersetzten die Aebte, besonders Florian und Ulrich das Verlorene nach Möglichkeit durch Neues; doch schon Ottokar verwüstete abermals schonungslos Stift und Bibl. bei Eroberung der nahen Grenzfeste Drosendorf. Trotz der grossen Summen, welche der Aufbau des Stiftes und der Kirche verschlang, vermehrten die Aebte Urban und Johann VI. dennoch den Rest der Bibl. durch Sammlung und Ankauf seltener und werthvoller Werke und Manuscripte und brachten sie bald wieder in die Höhe. Im J. 1619 schlugen die Mansfeldischen Truppen ihr Lager vor Geras auf. Noch niemals bisher hatte das Stift so viel ausgestanden wie

zu dieser Zeit. Nach dreimaligem Stürmen nahmen die Feinde das befestigte Stift ein, plünderten es vollkommen aus und steckten es in Brand. Es blieb nichts übrig als ein wüster Steinhaufen; die Manuscripte, Documente, die seltenen, kostbaren Bücher der reichen und werthvollen Bibl., sowie das Archiv des Stiftes gingen zugrunde. Mit rastlosem Eifer waren nun die Aebte Benedikt und Peter II. bemüht, die Bibl. auf ihren früheren Stand und Werth emporzubringen, allein die wiederholten Einbrüche und Plünderungen der Schweden vereitelten alle ihre Bemühungen. Endlich ums Jahr 1650 kamen ruhigere Zeiten und die nachfolgenden Aebte, besonders Engelbert, Michael — welcher mit Eifer das Studium der heil. Schrift, der Kirchenväter und Kirchengeschichte betrieb —, Nikolaus Andreas, der Förderer der Wissenschaften, konnten nun, so weit es ihrem Fleisse möglich war, die zerstreuten Reste der Bücher sammeln, die sie durch Ankauf so vermehrten, dass die Bibl. zu Anfang der Achtzigerjahre des vorigen Jahrhunderts bereits wieder einen bedeutenden Umfang erreichte. Die Zeit, während welcher das Stift Geras von einem Commentatärabt verwaltet wurde, muss für die Stiftsbibl. als eine ganz fruchtlose bezeichnet werden. Das grösste Verdienst um die Stiftsbibl. hat sich unstreitig der am 22. Nov. 1797 gewählte Abt Ignaz Hörstlhofer erworben. Die Bibl. war bisher wegen Mangels eines entsprechenden Locales in mehreren Wohnräumen untergebracht. Abt Ignaz erbaute nun nächst der Stiftskirche im Convente einen grossen, mit schöner Frescomalerei geschmückten, mit soliden Kästen ausgestatteten Saal, liess unter eigener Leitung die Bücher wissenschaftlich ordnen und aufstellen, sowie den Katalog verfassen; in oft weiter Ferne suchte er die in den Wirrnissen der Zeit verschleppten Bücher auf und sammelte sie; Werke, von welchen Bände abhanden gekommen waren, completirte er, tauschte fremde Werke gegen Duplicate ein und bereicherte die Bibl. durch Ankäufe zahlreicher, werthvoller, alter und neuer Werke. Durch die im J. 1805 fertig gestellte Bibl., in welcher er auch im Portrait verewigt ist, hat sich derselbe ein bleibendes und rühmliches Denkmal geschaffen. Mit Liebe und Fleiss fahren auch die nachfolgenden Aebte fort, den Bücherschatz zu erhalten und nach Kräften zu vermehren. — Alle Wissenschaften.

Hoffer, Berthold. Zur Geschichte von Geras und Pernek. Wien, 1880. — Ruhietl, Romuald. Geschichte des Stiftes Geras. In: Ein Chorherrenbuch von Seb. Brunner. Würzburg 1883.

Gewitsch (Jevičky, Mähr.).

145. **[Landes-]Realschule** (Zemská vyšši realka). — *a)* Lehrerbibl. 313 Werke in 509 Bdn., 312 Programme; *b)* Schüler-

bibl. 142 Werke in 166 Bdn. — Dotation für *a)* ca. 600 Gulden; für *b)* ca. 150 Gulden. — Director: Adolf Ehrhart; Custos für *a)* Prof. Vincenz Pospišil; für *b)* der Director. — Gegründet: 1897.

Erhart, Adolf. Katalog knihovny učitelské. In: První roční zpráva zemské vyšší realky v Jevíčku. V Jevíčku 1898.
Nach dem letzten Jahresberichte gearbeitet, da der Fragebogen nicht beantwortet wurde.

Gmünd (Nied.-Oesterr.).

146. **Leseverein** im Hofbrauhaus des Alois Brandeis. — 3000 Bde. — Jahresdotation 350 Gulden. — Vorstand: Severin Schmidt, Communalarzt; Vorstandstellvertreter: Alois Ullrich, Fabrikant; Cassier: Karl Kornus, Bürgerschullehrer; Archivare: Rudolph Hamböck, Bahnbeamter, Theodor Walter, Bürgerschuldirector, Hans Pöschko, Volksschullehrer; ein Diener. — Sechs gedruckte Bandkataloge mit einem Nachtrage zu Nr. 6, ein handschriftlicher Katalog in chronologischer Reihenfolge. — Nur für Vereinsmitglieder Mittwoch von 8—10 Uhr abends benützbar. — Ebenso Entlehnungen und Versendungen. — Gegr. 1871. — Belletristik und Naturwissenschaften.

Gmunden (Ob.-Oesterr.).

147. **K. k. Forst- und Domänendirection für Oberösterreich und das Salzkammergut**, besitzt eine Amtsbibl. von über 900 Werken grösstentheils forst- und jagdwissenschaftlichen Inhaltes; Bücher werden nur an Beamte der Direction verliehen.

148. **[Communal-Unter-]Gymnasium.** — *a)* Lehrerbibl. 250 Werke, 1564 Programme; *b)* Schülerbibl. 77 Werke. — Director: Carl Schuh: Bibliothekar: Gymn.-Lehrer Dr. Rudolf Weiss. — Eröffnet 1896.

Der Katalog beider Bibl. wird in den Jahresberichten veröffentlicht.
Nach dem letzten Jahresberichte gearbeitet, da der Fragebogen nicht beantwortet wurde.

149. **Privatbibliothek Sr. königl. Hoheit des Herzogs von Cumberland, Herzogs zu Braunschweig und Lüneburg**, Schloss Cumberland. — Ca. 10.000 Bde. — Jahresdotation 3000 Gulden. — Bibliotheksrath: H. Buck. — Wissenschaftlicher Zettel- und alphabet. Bandkatalog. Der erstere ist ein Kapselkatalog, der sich wie ein gebundenes Buch handhaben lässt. Der Bandkatalog in Form eines Albums mit ebenfalls beweglichen Zetteln, 6 auf jeder Seite, 600 in einem Bande, ähnlich dem Kata-

loge der Univ.-Bibl. in Heidelberg. — Benützbar zu jeder Stunde für den Hofstaat und die Beamten S. k. H. des Herzogs, für andere Personen nur nach vorher eingeholter höchster Genehmigung. — Ebenso Entlehnungen und Versendungen. — Als Privat-Bibl. der Könige von Hannover vermuthlich von Sr. M. dem Könige Ernst August gegründet, seit dieser Zeit fortgesetzt und durch verschiedene Zuwächse, zuletzt durch die Bibl. Sr. Hoheit des verstorbenen Herzogs Wilhelm von Braunschweig vermehrt. — Sämmtliche Wissenschaften, besonders Militärwissenschaft, Kunst, schöne Litteratur, Geschichte, vor allem die Geschichte des Welfischen Hauses und der Welfischen Lande.

Katalog der Privat-Bibl. Seiner Majestät des Königs von Hannover. Hannover 1858. — Nachtragskatalog 1863. (Hierin auch eine Geschichte der Bibl.)

Göding (Hodonín, Mähr.).

150. **[Communal-]Realschule.** — *a)* Lehrerbibl. 328 Werke in 738 Bdn. und Heften, 761 Programme; *b)* Schülerbibl. 117 Bde. — Für Anschaffung von Lehrmitteln und Bibliothekswerken, sowie für die Jugendspiele waren 1897/98 820 Gulden, für die Herausgabe eines gedruckten Jahresberichtes 250 Gulden, für Buchbinderarbeiten 30 Gulden bewilligt: verausgabt für *a)* und *b)* 281·30 Gulden. — Director: Joseph Swechota; Verwalter der Lehrer- und Schülerbibl.: Realschullehrer Dr. Gustav Treixler; der Programmsammlung: Relig.-Lehrer P. Johann Melzer. — Gegr. 1894.

Treixler, Gustav. Katalog der Lehrerbibl. In: 3. Jahresbericht der deutschen Communalrealschule in Göding. Göding 1898.

Nach dem letzten Jahresberichte gearbeitet, da der Fragebogen nicht beantwortet wurde.

151. **[Privat-Unter-]Realschule der „Ústředni Matice školská".** (Matičná česká realka.) — *a)* Lehrerbibl. 1652 Werke in 2718 Bdn. und Heften, 2016 Programme; *b)* Schülerbibl. 857 Werke in 991 Bdn. und Heften. — Dotation für *a)* ca. 100 Gulden; für *b)* ca. 80 Gulden. — Director: František Slavík; Custos für *a*: Realschullehrer Ignác Hošek; für *b*: Supplent Josef Tauchmann. — Gegr. 1894.

Hošek, Ignác. Katalog professorské knihovny. In: IV. Roční zpráva matiční české realky v Hodoníně. V Hodoníně 1898.

Nach dem letzten Jahresberichte gearbeitet, da der Fragebogen nicht beantwortet wurde.

Görz (Küstenland).

152. **K. k. Ackerbau-Gesellschaft.** — 5600 Bde. — Jahresdotation 100 Gulden. — Präsident: Exc. Franz Graf Coro-

nini-Cronberg; Aufsicht über die Bibl. führt der jeweilige Secretär. — Handschriftlicher Katalog derzeit in Ausarbeitung. — Benützbar von 9—2 Uhr. — Entlehnungen ohne besondere Bedingungen. — Keine Versendungen. — Gegr. ca. 1770. — Landwirthschaft und ihre Zweige.

153. **Centralseminar und theologische Lehranstalt.** — 12.556 Werke in 19.127 Bdn., 180 Manuscripte, 75 Incunabeln. — Jahresdotation 250 Gulden. — Bibliothekar: Dr. Franz Žigon, Studienpräfect. — Alphabet. Zettelkatalog. — Benützbar für alle zur Lehranstalt gehörigen Personen Montag, Mittwoch, Freitag und Samstag von 11—12 Uhr. — Entlehnungen und Versendungen ausnahmsweise, insbesondere an einheimische Priester. — Gegr. zugleich mit dem Priesterseminare 1757 durch Carl Michael Graf von Attems, Erzbischof von Görz, erfuhr die Bibl. besonders bei der 1818 stattgefundenen Wiedereinführung der theologischen Studien in Görz einen bedeutenden Zuwachs, indem zahlreiche Werke der aufgehobenen Dominicanerklöster zu Parenzo und Capodistria, sowie des geschlossenen Seminars zu Capodistria Aufnahme fanden. Uebrigens hat sie namentlich den Vermächtnissen der Görzer Bischöfe und anderer Görzer Geistlichen beträchtliche Vermehrungen zu verdanken. — Theologie.

Ein kurzer Entwurf der Geschichte dieser Bibl. findet sich im Triester Diöcesanblatte „Curia episcopalis" 1868—1869; auch als S.-A. „Historia Seminarii Centralis Goritiensis". Tergesti 1868.

154. **Franciscanerkloster Kostanjevica (Castagnavizza).** — Bis jetzt katalogisirt 9002 Werke in 10.655 Bdn., darunter auch einige Handschriften (z. B. Historia rerum Noricarum et Forojuliensium von P. Martin Bauzer a. d. J. 1773) und Incunabeln (z. B. Bonaventura Argentine 1495). — Jahresdotation je nach Bedarf. — Ein in der jährlich stattfindenden Definitorialcongregation der Ordensprovinz ernannter Bibliothekar. — Sechs handschriftliche Bandkataloge. Zwei davon enthalten die Werke nach der Reihe der Aufstellung, drei nach Fächern (14 Classen); unter diesen ist der älteste a. d. J. 1788, der folgende v. J. 1852, der letzte von 1858. Ein alphabet. Autorenbandkatalog a. d. J. 1788. Ueberdies zwei noch giltige Zettelkataloge, einer nach Autoren alphabet., der andere nach Fächern geordnet. — Für Ordensmitglieder jederzeit, für Fremde nur ausnahmsweise benützbar. — Entlehnungen an auswärtige, vollkommen vertrauenswürdige Personen nur mit Genehmigung des Guardian gegen genügende Sicherstellung. — Versendungen nur mit specieller Erlaubniss der Klostervorstehung an Angehörige der eigenen (krainisch-kroatischen Franciscaner-) Ordensprovinz. — Die Bibl. stammt ihrem Grundstocke nach

aus dem 1786 aufgehobenen Franciscanerkloster auf dem heil. Berge bei Görz. Die Klosterfamilie musste in das frühere Minoritenkloster in Görz übersiedeln und durfte die Bibl. mitnehmen. Es scheint aber bei der Uebersiedlung vieles in Verlust gerathen zu sein. Die beiden ältesten Kataloge wurden nach der Aufstellung der Bücher in Görz angefertigt. Nach 25 Jahren bestimmte die französische Regierung das Kloster für militärische Zwecke und wies den Franciscanern das ehemalige Karmeliterkloster auf dem Kostanjevica zu. Am 6. Januar 1811 übersiedelte die auf nur 7 Individuen zusammengeschmolzene Franciscanerfamilie; die Bibl. wurde unter abermaligen Verlusten in das gegenwärtige Locale übertragen. Die Bibl.-Räume waren wohl schon zur Zeit der Karmeliter vorhanden gewesen, aber die Franciscaner fanden dieselben vollkommen leer, nur das schön gearbeitete, mit dem Karmeliterwappen versehene Portale bezeugt noch jetzt, dass dieses Local schon zur Zeit der ursprünglichen Bewohner des Hauses gleichfalls zu Bibliothekszwecken diente. Als im Jahre 1821 auf kaiserliche Anordnung im Kloster das Hausstudium der krainisch-kroatischen Franciscaner-Ordensprovinz eröffnet wurde, zählte die Bibl. nicht ganz 3000 Bde. Im Jahre 1831 kamen dazu 300 Bde., die ein Pfarrer in Triest, Giuseppe Fognana de Tonnenfeld, den Franciscanern testamentarisch hinterlassen. Nach und nach wuchs die Zahl der Bücher so an, dass der zur Verfügung gestellte Raum nicht ausreichte. Gegen Ende der Sechzigerjahre suchte man sich durch eine Neuaufstellung zu helfen, indem man ohne Rücksicht auf sachliche Zusammengehörigkeit die Bücher nach dem Formate aneinanderreihte. Bei dieser Gelegenheit wurden die beiden Zettelkataloge angefertigt. Es sind aber trotzdem bereits zahlreiche Werke vorhanden, die aus Raummangel weder katalogisirt noch aufgestellt werden konnten, daher in obiger Zählung nicht inbegriffen sind. — Vertreten sind vorzugsweise die theologischen Wissenschaften, überdies die auf den Gymnasialunterricht Bezug habenden Disciplinen.

Vascotti, P. Chiaro. Storia della Castagnavizza. Gorizia 1848.

155. **[K. k. Staats-]Gymnasium.** — *a)* Lehrerbibl. 2713 Bde. und 533 Hefte; *b)* Schülerbibl. 2000 Bde. und 226 Hefte. — Director: Schulrath Heinrich Gross; Verwalter für *a)* Prof. Friedrich Simzig; für *b)* Prof. Andreas Kragelj. — Errichtet 1516, später Jesuitengymn., 1810—1812 französische Staatsanstalt. 1793 – 1810 unter Piaristen, dann unter weltlichen Lehrern.

Simzig, Friedrich. Katalog der Lehrerbibl. I. In: 48. Jahresbericht des k. k. Staatsgymn. in Görz. Görz 1898.

Nach dem letzten Jahresberichte gearbeitet, da der Fragebogen nicht beantwortet wurde.

156. **K. k. Lehrerinnenbildungsanstalt.** — *a)* Lehrerbibl. 1100 Werke; *b)* Zöglingsbibl. 1203 Werke; *c)* Schülerbibl. 234 Werke. — Jahresdotation 200 Gulden, eventuell a. o. Dotation 160 Gulden vom k. k. M. f. C. u. U. im Wege der k. k. Schulbücherverlagsdirection. — Director: Franz Hafner; Bibliothekar: Nicolaus Ravalico, k. k. Hauptlehrer. — Handschriftliche, nach wissenschaftlichen Fächern geordnete Handkataloge für die Lehrer, mit einem besonderen Hauptkataloge. Für Zöglinge und Schüler besondere nach deutscher, italienischer und slovenischer Sprache geordnete Handkataloge. — Entlehnungen einmal wöchentlich. — Besonders pädagogische und methodische Werke.

Katalog der Lehrerbibl. erscheint im Programme der Anstalt für 1900.

157. **[K. k. Staats-]Realschule.** — *a)* Lehrerbibl. 1149 Werke; *b)* Schülerbibl. mit einer deutschen, slovenischen und italienischen Abtheilung. — Director: Schulrath Dr. Egid Schreiber: Custos für *a)* Prof. Franz Plohl; für *b)* und zwar für die deutsche Abth.: Supplent Ludwig Kott; für die slovenische Abth.: Prof. Johann Berbuč; für die italienische Abth.: Alois Girardelli. — Gegr. 1860.

Plohl, Franz. Katalog der Lehrerbibl. In: 37. Jahresbericht der k. k. Oberrealschule. Görz 1897.

Nach dem letzten Jahresberichte gearbeitet, da der Fragebogen nicht beantwortet wurde.

158. **K. k. Studienbibliothek**, Gymnasialgebäude. — Ende 1897: 27.985 Bde. und Hefte, 65 Handschriften, 36 Incunabeln. — Jahresdotation 1200 Gulden. — Vorstand: Dr. Adolf Baar, Gymn.-Prof., provis. Custos; Gustav Novak, Gymn.-Prof., provis. Scriptor: Schuldiener des Gymn. — Es bestehen: Inventarbuch, alphabetischer Zettelkatalog, Fachkatalog. — Die Bibl. ist geöffnet an Wochentagen von 10—12 Uhr, ausserdem Mittwoch und Samstag im Winter von 2–4, im Sommer von 3–5 Uhr; in den Hauptferien Mittwoch und Samstag von 10—12 Uhr. — Bücher können von Personen, die dem Bibliothekar persönlich bekannt sind, ohneweiters, sonst nur gegen Caution entlehnt werden; Handschriften gelten als unentlehnbar. — Versendung nur an Staatsbibliotheken. — Die Bibl. ist aus der Bücherei des Jesuitenordens hervorgegangen, wurde 1822 dem Publicum zugänglich gemacht und 1858 reorganisirt. — Hauptsächlich Wissenschaften, die in das Gebiet der philosophischen Facultät gehören.

159. **Militärwissenschaftlicher Verein** besitzt, da derselbe erst 1898 gegründet worden, nur eine kleine Bibl., für die

derzeit noch keine bestimmte Dotation ausgesetzt ist. Bibliothekar: Carl Millossovich, k. u. k. Major.

Göttweig (Nied.-Oesterr.).

160. **Benedictinerstift.** — 70.000 Bde., 1111 Handschriften, 1409 Incunabeln. — Jahresdotation je nach Bedarf. — Vorstand der Bibl.: Prof. P. Carlmann v. Schilling. — Band-, Schlagwort-, beziehungsweise Nummernkatalog. — Benützbar jederzeit, gegen Anmeldung beim Abte Adalbert Dungl, Präses der österr. Benedictinercongregation. — Entlehnungen und Versendungen gegen Revers und nur mit Zustimmung der Vorstehung. — Begründet durch Bischof Altmann v. Passau (gest. 1091); Neubegründer war Abt Bessel (gest. 1749). — Vertreten sind alle Wissenschaften, insbesondere Theologie und Geschichte.

Jaeck, H. Verzeichniss der brauchbarsten Handschriften, welche sich in der Bibl. der Abtey Göttweih befinden. In: Isis. 1822, Heft 5; 1824, Heft 7. — Chmel, J. Handschriften in der Bibl. des Klosters Göttweih. In: Der österr. Geschichtsforscher II. 2. 1841. Notizenbl., S. 29. — Krafft, Alb. Orientalische Handschriften des Stiftes Göttweih. In: Jahrbücher der Literatur. 1845. 110. Anz. Bl. S. 20. — Wattenbach, W. Handschriften des Stiftes Göttweih. In: Archiv für ältere deutsche Geschichte. 10. 1851, S. 432, 600. — Dungel, Adalbert. Göttweig in Nieder-Oesterreich. In: Ein Benedictinerbuch von Seb. Brunner. Würzburg 1881.

Gottschee (Krain).

161. **[K. k. Staats-Unter-]Gymnasium.** — *a)* Lehrerbibl. ausschliesslich der Programmsammlung 992 Werke in 1369 Bdn., 379 Heften und 70 Stücken; *b)* Schülerbibl. 271 Werke. — Director und Custos für *a)* Peter Wolsegger; Custos für *b)* Prof. Leonhard Eder. — Gegr. mit der Anstalt 1872.

Nach dem letzten Jahresberichte gearbeitet, da der Fragebogen nicht beantwortet wurde.

Graz (Steiermark).

162. **K. k. Bildungsanstalten für Lehrer und Lehrerinnen,** Burggasse 13. — *a)* Lehrerbildungsanstalt 1629 Werke; *b)* Lehrerinnenbildungsanstalt 375 Werke. — Dotation für *a)* 100 Gulden; für *b)* 50 Gulden. — Vorstand: Director Carl Jauker; Bibliothekar für *a)* Prof. Dr. Carl Sander; für *b)* Prof. Ferdinand Zafita. — Zettel-, Schlagwort- und Bandkataloge, alphabetisch und nach literarischen Fächern geordnet. — An Schultagen täglich von 8—12 Uhr benützbar. — Entlehnung nur an Mitglieder des Lehrkörpers der An-

stalten. — Die Bibl. wurde von der k. k. Normalhaupt- und Unterrealschule in Graz übernommen. 166 Werke wurden vom k. k. Ackerbauministerium geschenkt. — Von den an der Anstalt gepflegten Fächern sind besonders Philosophie und Pädagogik, sowie deutsche Literatur und Sprache vertreten. — Dem Director unterstehen auch die Zöglingsbibl., deren Bibliothekare der Uebungsschullehrer Julius Heuberger und die Uebungsschullehrerin Amalia Haas sind.

Katalog wird im Jahresberichte der Anstalt für 1898/99 erscheinen.

163. **Buchdrucker- und Schriftgiesserverein Steiermarks.** — 1484 Bde. — Jahresdotation 60—80 Gulden. — Obmann: Joh. Greiner; drei gewählte Bibliothekare. — Gedruckter alphabet. Autorenkatalog. — Benützbar Dienstag und Freitag von $7^1/_2$ bis 9 Uhr abends nur für Vereinsmitglieder und die Lehrlinge. — Ebenso Entlehnungen. — Versendungen nur an die Vereinsfilialen. — Gegr. 1868. — Belletristik (ca. 1000 Bde.), allgemein wissenschaftliche Literatur (ca. 350 Bde.), Fachliteratur (über 100 Bde.).

164. **Militärwissenschaftlicher und Casinoverein**, Neuthorgasse 57. — 5023 Bde., 43 Zeitschriften, 646 Karten und Atlanten. — Jahresdotation ca. 700 Gulden. — Vorstand der jeweilige Obmann des wissenschaftlichen Comités, derzeit Major Claudius Czibulka; Bibliothekar der jeweilige Vereinssecretär; ein Diener. — Ein Grundbuch mit materienweise fortlaufenden Buchnummern; ein Zettelkatalog (Grundbuchsblätter) nach Autoren; ein Katalog mit Autoren- und Materienregister. — Benützbar Dienstag und Samstag von 9—12, Mittwoch von 4—6 Uhr. — Entlehnungen auf vier Wochen. — Keine Versendungen. — Gegr. 1874. — Alle Wissenschaften, insbesondere die militärischen.

Der letzte Bibl.-Katalog wurde 1898 von der Druckerei Leykam in Graz gedruckt.

165. **Convent der unbeschuhten Carmeliter,** III. Grabenstrasse 86. — Ca. 4400 Werke in 6500 Bdn. — Jahresdotation je nach Bedarf. — Vorstand: der Prior oder der von ihm dazu bestellte Klostergeistliche (derzeit P. Innocenz Niedermayr). — Ein Ortsrepertorium, zwei alphabet. geordnete Kataloge (ein Zettel- und ein Bandkatalog). — Benützbar nur für Mitglieder des Conventes. — In der Regel keine Entlehnungen.
Keine Versendungen. — Das Kloster wurde 1844 gegr. — Hauptsächlich Theologie.

166. **Dominicanerordensconvent,** Bibliotheca F. F. Praedicatorum Conv. Graec., II. Münzgrabenstrasse 57. — 11,000 Bde. —

Jahresdotation je nach Bedarf. — Bibliothekar: P. Alphons Rospini, Lector der Theologie. — Alphabet. geordneter Zettel- und Fachkatalog. — Benützbar Montag, Mittwoch und Samstag von 10—12 Uhr. — Laut Ordensstatuten keine Entlehnungen und Versendungen, doch liberalstes Entgegenkommen bei interner Benützung. — Gegr. zugleich mit dem Convente. Erste Niederlassung der Dominicaner in Graz an der heil. Blutkirche 1443, 1586 Uebersiedlung nach St. Andrä, 1807 an die gegenwärtige Stelle St. Anna im Münzgraben der Jakominivorstadt bis 1832, nach einem Zeitraume von 24 Jahren, 1856, Rückkehr dorthin. — Positive Theologie.

167. **[K. k. erstes Staats-]Gymnasium.** — *a)* Lehrerbibl. 4592 Bde., 1121 Hefte, 16.278 Programme; *b)* Schülerbibl. 851 Werke in 1524 Bdn. — Director: Dr. Anton Steinwenter: Bibliothekar: Prof. Albin Nager. — Bestand schon im 13. Jhdt. im deutschen Ordenshause am Leech, im 16. Jhdt. in die Stadt versetzt. 1574 von den Jesuiten, 1804 von den Benedictinern von Admont übernommen; in neuerer Zeit in ein Staatsgymn. umgewandelt.

Katalog der Lehrerbibl. In: Jahresbericht des k. k. ersten Staatsgymn. in Graz. Graz 1898.

Nach dem letzten Jahresberichte gearbeitet, da der Fragebogen nicht beantwortet wurde.

168. **[K. k. zweites Staats-]Gymnasium.** — *a)* Lehrerbibl. 3420 Bde., 1040 Hefte, 13.140 Programme; *b)* Schülerbibl. 2132 Bde. — Director: Regierungsrath Heinrich Noë; Bibliothekar: Prof. Alois Siess. — Gegr. 1869.

Siess, Alois. Katalog der Lehrerbibl. In: 29. Jahresbericht des zweiten Staatsgymn. in Graz. Graz 1898.

Nach dem letzten Jahresberichte gearbeitet, da der Fragebogen nicht beantwortet wurde.

169. **[F.-b. Privat-]Gymnasium am Knabenseminar „Carolinum-Augustineum".** — *a)* Lehrerbibl. 7782 Werke in 14.473 Bdn.; *b)* Schülerbibl. 1022 Werke in 1556 Bdn. — Director: Ehrendomherr Joseph Stradner; Bibliothekar: Dr. Ferdinand Vockenhuber. — Gegr. 1830 als „Carolinum", 1842 durch das „Augustineum" erweitert; seit 1861 acht Classen.

Nach dem letzten Jahresberichte gearbeitet, da der Fragebogen nicht beantwortet wurde.

170. **[Oeffentliches Privat-]Gymnasium des Franz Scholz,** Grazbach-Eck Maigasse. — 1037 Bde. — Dotation je nach Bedarf. — Director und Bibliothekar: Franz Scholz. — Alphabet. Bandkatalog. — Benützbar täglich von 11 bis 12 Uhr. Entlehnungen und Versendungen gegen Revers. —

Gegr. zugleich mit der Anstalt. — Besonders classische Philologie.

Riedel, Karl. Katalog der Lehrerbibl. des öffentl. Privatgymn. Graz. Im Jahresbericht der Anstalt für 1898.

171. **Handelsakademie.** — Jahresdotation ca. 300 Gulden. — Vorstand: Director Arthur Edler v. Schmid. — Schlagwortkatalog. — Zugänglich nur für die Fachlehrer. — Keine Versendung. — Gegr. zugleich mit der Anstalt im Jahre 1863. — Vertreten vorwiegend kaufmännische Werke, Geographie, Chemie und moderne Sprachen.

172. **Handels- und Gewerbekammer,** Neuthorgasse 57, 1. Stock. — Ca. 3000 Bde. — Jahresdotation ca. 500 Gulden. — Die Agenden versieht ein Kanzlist. — Ein Katalog soll erst verfasst werden. — Die Bibl. ist für die Kammermitglieder und das Bureau bestimmt, über persönliches Ansuchen auch anderen Personen zwischen 8 und 2 Uhr zugänglich. — Entlehnungen und Versendungen in der Regel nur an Kammermitglieder, ausnahmsweise auch an solche Personen, die dem Präsidenten oder dem Secretariat als besonders vertrauenswürdig bekannt sind oder eine amtliche Stellung bekleiden. — Seit der Gründung der Kammer im Jahre 1849 werden theils die nach dem jeweiligen Bedürfnisse erforderlichen Bücher, theils wichtige grundlegende Werke oder bedeutende Neuerscheinungen angeschafft. Der 1895 verstorbene Kammersecretär Dr. Kautzner vermachte seine 160 Bde. umfassende Privatbibl. („Kautzneriana") der Kammer; dieselbe wird stets ein getrenntes Ganzes bilden. — Besonders Werke national-ökonomischen und finanzwissenschaftlichen Inhaltes, Jahres- und Rechenschaftsberichte.

173. **K. k. technische Hochschule,** Rechbauerstrasse 18. — 18.000 Bde. und Hefte. — Jahresdotation 3300 Gulden; Matrikeltaxen ca. 600 Gulden. — Vorstand: Dr. Emil Ertl, k. k. Scriptor; ein Diener. — Ein Inventar-(Band-)Katalog; ein Grund-(Zettel-)Katalog, ein Nummernrepertorium (Bandkatalog); ein alphabet. Katalog aus fixirten, aber verstellbaren Zetteln bestehend, in Anlehnung an das sogenannte Leydener System; dieser letztere enthält jederzeit den vollen Stand der Bibl. und ist für das Publicum zugänglich. Ein alphabet. Zeitschriftenkatalog, nach derselben Art wie der vorhergehende; ein systematischer Katalog aus fixirten, verstellbaren Zetteln bestehend (enthält ebenfalls jederzeit den vollen Stand der Bibl. und ist für das Publicum benützbar). Ein gedruckter Schlüssel zu diesem Katalog, der ausser der systematischen Anordnung der Wissenschaften ein reichhaltiges,

alphabet. geordnetes Schlagwörterverzeichniss aus allen Wissenschaften enthält, erleichtert das rasche Auffinden jeder speciellen Disciplin. Ein systematischer Zeitschriftenkatalog in derselben Weise wie der eben angeführte; ein Entlehnungsrepertorium nach dem numerus currens geordnet. Ein öffentlicher Katalog des gesammten Bibl.-Standes, der jedem Besucher ermöglicht, selbst nachzuschlagen, ob, wann und von wem ein Buch entlehnt, oder ob es beim Buchbinder ist. — Geöffnet im Wintersemester täglich von 10—1 und 4—7 Uhr; im Sommersemester täglich von 10—1 und 3—6 Uhr. An Sonn- und Feiertagen, sowie Samstag nachm. geschlossen. August und September nur zweimal wöchentlich von 9—12 Uhr geöffnet. — Die Entlehnung steht jedermann frei, soferne die zunächst Berechtigten (Lehrkräfte und Studirende der technischen Hochschule) nicht beeinträchtigt werden und nach dem Urtheile des Bibl.-Beamten die Vertrauenswürdigkeit der betreffenden Person ausser Zweifel steht. Privatpersonen haben eine Geldcaution oder einen Bürgschaftsschein zu erlegen. Im Uebrigen, insbesondere in Betreff der Versendung, gelten die für öffentliche Bibl. bestehenden Vorschriften. — Gegr. 1875, wo eine Anzahl technischer Werke aus der steiermärkischen Landes-Bibl. am Joanneum ausgeschieden wurde. Bis 1889 unter Oberleitung der Landes-Bibl.; seit der Uebersiedlung in das neue Gebäude der technischen Hochschule selbständig.

Katalog der Bibl. der k. k. technischen Hochschule zu Graz. Stand Ende Juli 1885. Graz 1885. — Bibl.-Ordnung für die Bibl. der k. k. technischen Hochschule in Graz. Genehmigt durch die hohen Ministerialerlässe vom 5. November 1890, Z. 20.346, und vom 19. Juli 1896, Z. 16.690. Graz 1896. — Wissenschaftliche Eintheilung des Kataloges der k. k. technischen Hochschule in Graz. Graz 1897.

174. **Juristenverein**, Sackstrasse 15, 2. Stock. — 1359 Werke mit rund 3400 Bdn. — Jahresdotation 350 bis 400 Gulden. — Obmann: Dr. Vincenz Neumayer; Bücherwart: Dr. Hans Sperl, Privatdocent an der Universität; ein Diener. — Gedruckter systematischer Katalog mit alphabet. Index. — Benützbar nur für die Mitglieder des Vereines von 8 Uhr früh bis 8 Uhr abends, an Sonntagen von 9—12 Uhr. Am Ostersonntag, Pfingstsonntag, Christtag, dann an den in die Zeit vom 15. Juli bis 31. August fallenden Sonn- und Feiertagen gänzlich geschlossen. — Ebenso Entlehnungen. — Keine Versendungen. — Gegr. 1862.

Bücherei-Verzeichniss des Juristenvereines in Graz. Verfasst vom Bücherwarte Dr. Hans Sperl. Graz 1899.

175. **Fürsterzbischöfliches Knabenseminar**, Grabenstrasse 27. — 16,000 Bde. — Jahresdotation je nach Bedarf, ca. 800 bis

4*

1000 Gulden. — Vorstand: Prof. Dr. Ferdinand Vockenhuber. — Je ein *a)* alphabet. Zettel-, *b)* Bandkatalog (nach dem numerus currens), *c)* Standort-, *d)* Zettelkatalog (für die Mittelschulprogr.), *e)* Zettelkatalog der für Schüler geeigneten Werke, wovon Abschriften in Bandkatalogen den Schülern zur Verfügung gestellt sind. Ein systematischer Fachkatalog in Vorbereitung. — Jederzeit zugänglich für die Mitglieder des Professorencollegiums. — Ebenso Entlehnungen. — Versendungen, sowie anderweitige Entlehnungen nur in Ausnahmsfällen mit besonderer Erlaubniss. — Der Grundstock der Bibl. hat sich unter Leitung des Prof. Anton Hirtl schon vor 1882 durch einige Decennien bis zu ca. 7000 Bdn. angesammelt. 1882/83 begann die Neugestaltung nach modernen bibliothekarischen Grundsätzen durch Neuaufstellung und Anlage des Band- und Zettelkataloges und unter Zusammenwirken dreier Mitglieder der damaligen Seminarvorstehung (Anton Stelzl, derzeit Religionsprof., Joseph Stradner, derzeit Seminardirector, und Dr. Franz Gutjahr, derzeit Universitätsprof.). 1884—1890 besorgte Dr. Anton Lampel die Anlage des Standortrepertoriums, sowie des Kataloges der für Schüler geeigneten Bücher. Während der Krankheit desselben supplirte Dr. Franz Gutjahr; seit 16. Juli 1890 fungirt der gegenwärtige Vorstand, welcher die Sammlung der Mittelschulprogramme ordnete und katalogisirte. — Zahlreiche Schenkungen. — Vertreten sämmtliche Wissenschaften, bei Neuanschaffungen vorzugsweise jene Werke berücksichtigt, welche in näherer Beziehung zum Lehramte an Mittelschulen stehen.

176. **Steiermärkische Landesbibliothek am Joanneum,** Kalchberggasse. — 139.086 Bde. und Hefte, darunter 92 Incunabeln. — Jahresdotation 4000 Gulden (ord.), 750 Gulden (ausserord.) für die Katalogisirung. — Vorstand: Universitätsprof. Dr. Hans v. Zwiedineck-Südenhorst, Bibliothekar; Scriptoren: Dr. Wilhelm Fischer, Carl Wilhelm Gawalowski; Amanuensen: Dr. Franz Goltsch, Dr. Ludwig Schuch; Hilfsbeamter: Moriz Rüpschl; 3 Diener. — Ein alphabet. und ein wissenschaftlicher Zettelkatalog, ein Standortsrepertorium (Bandkatalog). Geöffnet vom 16. September bis 30. April an Wochentagen von 10—1 und 4—9 Uhr, an Sonn- und Feiertagen von 10—1 Uhr; vom 1. Mai bis 15. Juli an Wochentagen von 10—1 und 4—7 Uhr; vom 16. Juli bis 15. September an Wochentagen von 10—1 Uhr. — Die Benützung steht jeder anständigen erwachsenen Person, von Mittelschulen und verwandten Lehranstalten auch den Schülern der beiden obersten Classen offen. — Entlehnung an alle

erwachsenen Bewohner von Graz, die durch ihre Verhältnisse die für die Erhaltung des Landeseigenthums nöthigen Garantien bieten; alle anderen haben eine von einer entlehnungsberechtigten Person ausgestellte Bürgschaftsurkunde beizubringen. — Versendung an die Leitungen öffentlicher Bibl. und Unterrichtsanstalten, insbesondere an die Volksschulen Steiermarks und die Filialen der steiermärkischen Landwirthschafts-Gesellschaft. — Gegr. am 26. November 1811 als ein Theil des von Erzherzog Johann ins Leben gerufenen steiermärkischen landschaftlichen Joanneums. Unter den grösseren Schenkungen ist besonders die 1881 der Bibl. als Vermächtniss zugefallene Büchersammlung des Oberfinanzrathes und Gutsbesitzers Dr. Franz R. v. Heintl (22.856 Bde. und Hefte) hervorzuheben. — Vertreten sind alle Wissenschaften; bevorzugt: Styriaca, Geschichte und Hilfswissenschaften, Erdkunde, schöne Literatur und Literaturgeschichte, bildende Kunst, Musik, beschreibende Naturwissenschaft, Staatswissenschaften, Land- und Forstwirthschaft; in beschränktem Masse: Philosophie und Pädagogik.

Göth, G. Das Joanneum in Graz, geschichtlich dargestellt. Graz 1861. — Zwiedineck-Südenhorst, H. v. Die steierm. Landesbibl. am Joanneum zu Graz. Graz 1893. — Bestimmungen für die Benützung der steierm. Landesbibl. in Graz. Graz 1893. — Jahresberichte des Joanneums. Graz 1812 ff. — Gedruckte Kataloge: Erwerbungen, seit 1. Juni 1891 jährlich ein Bd. — Katalog der Handbibl. 1893. — Incunabeln und Cimelien. 1895. — Katalog land- und forstwirthschaftlicher Werke und Zeitschriften. 1896. — Katalog der Zeitschriften und periodischen Werke. 1897.

177. **K. k. Landwirthschafts-Gesellschaft in Steiermark** besitzt nur eine Handbibl., stellt jedoch der „Landschaftlichen Bibl." in Graz einen mässigen Betrag zur Anschaffung landwirthschaftlicher Druckwerke zur Verfügung. Ebenso werden dieser am Ende des Jahres alle Fachblätter zugewiesen.

178. **Deutscher Leseverein,** Hans Sachsgasse 5. — 3000 Bde. — Jahresdotation 150—200 Gulden. — Obmann des Vereinsausschusses: Dr. Josef Plenk; ein Diener. — Gedruckter alphabet. Katalog. — Benützbar nur für Mitglieder von 9—12 und 1—3 Uhr. — Ebenso Entlehnungen und Versendungen. — 1869 wurde der erste akademische Leseverein gegr., nach dessen behördlicher Auflösung der deutsche Leseverein in seinem Besitze und seiner Mitgliederschaft die Nachfolge angetreten hat. — Nur Belletristik.

179. **Lesezimmer des allgemeinen Krankenhauses.** — 3000 Bde. — Jährliche Subvention vom Lande 150 Gulden. — Director: Prof. Dr. Victor Fossel. — Ein Bandkatalog nach Materien und innerhalb derselben alphabet. geordnet. — Be-

nützbar für die Aerzte der Anstalt von 8 Uhr früh bis 8 Uhr abends. — Ebenso Entlehnungen. — Keine Versendungen. — 1863 gegr., führte die Bibl. ein bescheidenes Dasein bis 1892, wo die Direction eine Reorganisation einleitete und das Lesezimmer schuf. 1895 übergab Hofrath Prof. Dr. Rembold seine medicinische, aus ca. 2500 Bdn. bestehende Bibl. der Anstalt als Geschenk, womit erst ein ansehnlicher Bücherbestand geschaffen war. — Medicinische Literatur.

180. **„Mercur", Kaufmännischer Verein** im Hause der Kaufmannschaft. — 3203 Bde. — Vorstand des Ausschusses: Ferdinand Machatschek; Stellvertreter: Joseph Poehm. — Bandkataloge und ein gedruckter Materienkatalog. — Benützbar nur für Vereinsmitglieder. — Entlehnungen Montag, Dienstag, Donnerstag, Freitag von 8½—9½ Uhr abends. — Gegr. 1867. — Kaufmännische, politische und andere Zeitungen: kaufmännische und Sprachwissenschaften, Geographie, Geschichte und schöne Literatur.

Katalog der Bibl. des Vereines Mercur in Graz. Nach dem Stande vom 1. Juli 1896. Graz 1896.

181. **Privatbibliothek Prof. Dr. Ludwig v. Graff.** — Ca. 15.000 Nummern mit ca. 17.000 Bdn. und Broschüren, aufgestellt im zool.-botanischen Institute der k. k. Carl Franzensuniversität, dem sie in derselben Weise wie die Institutsbibl. zur Verfügung steht, nur dass der Besitzer, welcher für Neuanschaffungen jährlich ca. 500 Gulden aufwendet, auch an auswärtige Collegen Bücher versendet. — Ein gedruckter Materienkatalog, welcher demnächst einen Nachtrag erhält. — Begründet von der Professorenfamilie v. Siebold, dem Zoologen Carl Theodor v. Siebold, dessen Vater (Prof. der Geburtshilfe Adam Elias v. S.) und Grossvater (Prof. der Chirurgie Carl Caspar). Doch wurde von dem gegenwärtigen Besitzer seit 1882 fast ein Drittheil des Bücherschatzes (die gesammte praktische Medicin mit Ausnahme der alten Autoren) abgegeben und gegen fehlende zoologische Monographien und Zeitschriften ausgetauscht.

Bibl. des Prof. der Zoologie und vergl. Anatomie Dr Ludwig v. Graff. Leipzig 1891.

182. **[Steiermärkische Landes-Ober-]Realschule** im eigenen Gebäude. — Die Bibl. besteht aus einer Lehrerbibl. (3917 Bde., 10.580 Programme und Hefte) und einer Schülerbibl. (746 Bde). — Director: Dr. Franz Martin Mayer: Bibliothekar ein Mitglied des Lehrkörpers. — Gegr. 1845. — Professoren haben jederzeit, Schüler zu bestimmten Zeiten, Fremde aber keinen Zutritt. — Ein Zettelkatalog.

183. **[K. k. Staats-]Realschule.** — *a)* Lehrerbibl. 1550 Werke in 3283 Bdn. und 497 Heften, 5388 Programme; *b)* Schülerbibl. 471 Bde. (für die oberen Classen), 111 Bde. (für die unteren Classen). — Director: Dr. Anton Reibenschuh; Custos für *a)* Prof. Ferdinand Kroier; für *b)* Prof. Carl Neubauer und Prof. Heinrich Krumpholz (letzterer auch Verwalter der Programmsammlung). — Errichtet 1872 als Ober-Realschule; 1884 wurden die oberen Classen aufgehoben, 1892 wieder eröffnet.

Kroier, Ferdinand. Katalog der Lehrerbibl. I. Th. In: 26. Jahresbericht der k. k. Staats-Ober-Realschule in Graz. Graz 1898.

Nach dem letzten Jahresberichte gearbeitet, da der Fragebogen nicht beantwortet wurde.

184. **K. k. Universitäts-Bibliothek.** — 105.599 Werke in 163,911 Bdn. und 1729 Handschriften (die ältesten aus dem 9. Jhdt.). An kostbaren Druckwerken auf Pergament sind hervorzuheben: ein Missale Salisburgense 1495, die erste Ausgabe des Theuerdank vom Jahre 1517, die Decretalen Gregors IX. vom Jahre 1473 u. a. Letzter Jahreszuwachs: 5816 Werke in 11.803 Bdn. — Jahresdotation 10.000 Gulden, Matrikeltaxen (1898) 1498·35 Gulden; ausserordentliche Dotation (1898) 2500 Gulden. — Bibliothekar: Reg.-R. Dr. Wilhelm Haas; Custos: kais. R. Dr. Anton Schlossar; Scriptoren: Dr. Johann Peisker, Heinrich Kapferer; Amanuensen: Dr. Ferdinand Eichler (mit Titel und Charakter eines Scriptors), Dr. Friedrich Ahn, Dr. Emil Lesiak, Dr. Friedrich Baumhackl; Praktikanten: Dr. Johann Schukowitz, Priv.-Doc. Dr. Stephan Witasek. — Geöffnet vom 1. October bis zum Palmsonntag an Werktagen täglich von 8—4 Uhr, Dienstag und Freitag probeweise von 8—8 Uhr; vom Mittwoch nach Ostern bis zum 31. Juli von 8—1 Uhr und 4—6 Uhr, während der Ferialmonate August und September jeden Dienstag und Freitag von 9—12 Uhr. Benützung (1898) 17.791 Leser: 23.218 Werke in 45.301 Bdn. und 92 Handschriften; Entlehnungen: 5717 Werke in 10.000 Bdn. und 11 Handschriften. — Entlehnung und Versendung nach den allgemeinen Bestimmungen. — Mit der Gründung der Universität 1586 dürfte auch die Errichtung einer Bibl. verbunden gewesen sein. Sicher ist, dass die für die Universität berufenen Jesuiten ihre Collegiumsbibl. besassen, die offenbar auch der Universität gedient hat. Im Jahre 1691 wurden im Universitätsgebäude zwei grosse Säle hergestellt, die für die Bibl. bestimmt waren, aber zunächst als Aula und akademisches Theater Verwendung fanden. Nach Aufhebung des Jesuitenordens 1773 wurde die Inspection über diese Bibl. dem Weltpriester (Exjesuiten) J. Barderini in Eigenschaft eines Bibliothekars übertragen.

Neben dieser allgemeinen Collegiumsbibl. scheinen aber noch Separatbibl. bestanden zu haben. So fand sich in verschiedenen Werken die Bezeichnung „ex libris facultatis philosophicae", in anderen „gehört in das Predigerzimmer". Sodann wurden mit dieser Bibl. die Büchersammlungen der Jesuitencollegien zu Marburg, Leoben und Judenburg zu einer öffentlichen Bibl. an der Universität Graz vereinigt. Sieben Zimmer waren mit Bücherkisten angefüllt, die Bücherkästen nahmen einen 21 Klafter langen Wandraum ein und waren mit Büchern vollgepfropft: der Bücherkatalog aber lag in Wien. Da machte sich der Director Tomicich darüber, in das Chaos einige Ordnung zu bringen. Er nahm einige Professoren der Theologie zu Hilfe und sorgte dafür, dass von denselben Kasten für Kasten, Kiste für Kiste durchgesehen, das Werthvolle und Wichtige ausgelesen und nach Fächern geordnet, zusammen 7146 Werke, in drei Zimmern aufgestellt wurde. Alsbald wurde auch ein Lesezimmer im ehemaligen Collegium eingerichtet und am 15. April 1776 bereits benützbar gemacht. Die Summe der angesammelten Bücher betrug gegen 42.000 Bde., für welche neue Localitäten ausgemittelt und hergerichtet werden mussten. Hiefür wurde das bisherige Auditorium academicum (Universitätstheater) in Aussicht genommen. Das Hofdecret vom 1. April 1775 ordnete die Einrichtung der Bibl. an; das Gubernium erstattete diesbezügliche Vorschläge, welche durch Hofdecret vom 31. August 1776 genehmigt wurden. Trotzdem dauerte es lange, bis die Arbeiten in Angriff genommen und vollendet waren. Am 14. October 1780 wurde der Gubernialpräses durch ein Schreiben des k. k. Oberstkanzlers Grafen v. Blünnegen beauftragt, dass sich derselbe als kais. Commissär in die Grazer öffentliche (Universitäts-)Bibl. begebe, zwei Gubernialräthe dahin bestelle und in ihrer Gegenwart die Eröffnung kundmachen solle. Am 19. März 1781 wurde nun der neue Bibl.-Saal feierlich durch den Gubernialpräses Gf. Alois Podstatzky eröffnet und hierbei „die von Wernekingh abgefasste Ode" vertheilt. Zur Bibl. des Grazer Collegiums gehörte ein stiftungsmässiges Capital von 5000, zur Leobener Collegiumsbibl. ein solches von 1000 Gulden, welche aber bei dem Baue aufgewendet worden sein sollen. Zum Ankaufe von Büchern und für Beheizung wurden 400 Gulden jährlich bewilligt. Da laut Hofdecret vom 14. September 1882 die Aufhebung der Grazer Universität und deren Umwandlung in ein Lyceum verfügt wurde, wurde die Universitätsbibl. nun Lycealbibl. Durch Zuweisung der Büchersammlungen aufgehobener innerösterreichischer Klöster erhielt diese Bibl. einen bedeutenden Zuwachs in den Jahren

1782—1790. (Diese Klöster waren in Steiermark: Beschuhte Augustiner in Graz und in Hohenmautern, Benedictiner in St. Lambrecht, Benedictinerinnen zu Göss, Chorherren in Stainz, Pöllau und Rottenmann, Cistercienser in Neuberg, Cölestinerinnen in Marburg, Dominicaner in Pettau, in Neukloster [Klösterle], Dominicanerinnen in Graz, in Studenitz und Mahrenberg, Franciscaner in Feldbach und Friedau, Minoriten in Windischgraz.) Was die Einrichtung und Verwaltung betrifft, so hatte diese in Folge Gubernialdecretes vom 17. November 1785 nach der Lemberger Bibl.-Instruction stattzufinden. Zum definitiven Bibliothekar wurde mittelst Hofdecret vom 11. August 1785 der Weltpriester August Herz mit jährlich 800 Gulden angestellt und ihm ein Scriptor beigegeben. Leider war die Wahl keine glückliche und höchst missliche Zustände waren die Folge davon. Da die Misswirthschaft immer ärger wurde, erhielt der Prof. der Moral Jüstel am 24. December 1793 den Auftrag, eine Revision durchzuführen, und im Jahre 1794 erfolgten Weisungen an den Studienconsess, über gute Ordnung und Auswahl der Bücher zu wachen und bessere Eintracht zwischen dem Bibliothekar und den Professoren zu erzielen. Die am 25. Februar 1795 erschienene Verordnung über die Benützung und Beaufsichtigung der Exjesuitenbibl. durch die Universitätslehrer hatte auch für Graz gute Folgen. Ende 1795 konnte Jüstel seinen Bericht übergeben; die dargelegten Gebrechen, sowie die commissionelle Untersuchung hatten die Pensionirung des Bibliothekars Herz zur Folge. An seine Stelle wurde am 24. November 1798 Prof. Jüstel zum Bibliothekar ernannt, dem es auch gelang, Ordnung in die Bibl. zu bringen. Da das Kloster zu St. Lambrecht wieder reactivirt worden, die alte Klosterbibl. aber nach Graz gekommen war, so stellte im Jahre 1806 der Abt Joachim von St. Lambrecht die Bitte um Zuwendung der Duplicate der Grazer Lyecalbibl., welchem Ansuchen auch über Befürwortung von Seite des Guberniums durch die Hofkanzlei entsprochen wurde. Eine Eingabe des Bibliothekars Jüstel vom 1. März 1809 um Erhöhung der Dotation von 400 auf 800 Gulden hatte keinen Erfolg. Die Lesestunden in der Bibl. waren bisher ganz willkürlich, erst am 29. August 1817 setzte der Bibliothekar Sandmann im Einverständnisse mit den Professoren dieselben auf 9 bis 1 Uhr fest, was auch von Seite des Guberniums Genehmigung fand. Mit der Wiedererrichtung der Universität in Folge kais. Entschliessung vom 26. Januar 1827 wurde die Lyecalbibl. wieder Universitätsbibl. In derselben machte sich bereits Raummangel fühlbar. Trotz der geringen Dotation wuchs doch die Bücherzahl, so dass an eine Erweiterung der

Bibl. gedacht werden musste und das Gubernium mit Erlass vom 24. September 1828 die Adaptirung des über den philosophischen Hörsälen befindlichen grossen Saales zur Erweiterung der Universitätsbibl. anordnete. Allein dieser Saal erlaubte keine vollkommene Ausnützung: es durften Bücherkästen nur an den Seiten aufgestellt werden — während die Mitte auf leichten Tafeln die Dissertationen enthielt — da seine Tragfähigkeit eben gering war. Als daher dieser Raum nach Möglichkeit ausgenützt war, wurden wieder in den ersteren Sälen neue Kästen in der Mitte aufgestellt, damit der neue Zuwachs Platz finde. Ein neuerliches Ansuchen der Universitätsbibl. im Jahre 1838 um Erhöhung der Dotation auf 700 Gulden und um 1000 Gulden für 6 Jahre zu Neuanschaffungen wurde wohl vom Gubernium befürwortet, aber von der Regierung nur theilweise bewilligt. Die Dotation wurde auf 600 Gulden C. M. erhöht, ein ausserordentlicher Zuschuss aber abgelehnt. Dabei blieb es bis 1863, in welchem Jahre die 600 Gulden C. M. = 630 Gulden ö. W. auf 830 Gulden vermehrt wurden. Dass bei einer so geringen Dotation der Zuwachs an gekauften Büchern nicht gross sein konnte und in den meisten Disciplinen kaum die nöthigen Handbücher angeschafft werden konnten, ist leicht erklärlich. Erst im Jahre 1870 wurde die Dotation auf 4000 Gulden, 1877 auf 6000 Gulden, 1890 auf 7500 Gulden, 1894 auf 8500 Gulden und 1896 auf 10.000 Gulden erhöht. Dazu kamen seit dem Jahre 1862 noch die Matrikelgelder, die sich 1898 auf 1498·35 Gulden beliefen, und seit 1897 ein eigenes Regiepauschale von 220 Gulden (jetzt 300 Gulden). — Die im Jahre 1807 getroffene Einführung der Pflichtexemplare erwies sich für die Vermehrung des Bücherbestandes sehr vortheilhaft. Besonders ausschlaggebend aber waren die Geschenke. Die namhaftesten darunter waren: vom Director der Staatsdruckerei Degen, von Frh. Otto v. Sterneck (1865), Min.-R. R. v. Lassner (1867), Hofbuchhändler Braumüller in Wien (1867) Robert Hamerling (1890), Universitätsprof. Carl Ritter v. Schroff (1892), Hofr. Prof. Schmarda (1896), aus Dr. Saria's Nachlass (1896), Prof. Schütze's Nachlass, Hofr. Rollet (1898). Im Jahre 1862 wurde auch die Büchersammlung der aufgehobenen medic.-chirurg. Lehranstalt mit der Universitätsbibl. bedingungsweise vereinigt (Unt.-Min.-Erl. 11. 8. 1862). — Unter den Bibliothekaren erfreute sich Johann Krausler (1833 bis 1851) eines vorzüglichen Ansehens, das er sich durch seinen Fleiss und seine Tüchtigkeit erwarb. Er wurde im Jahre 1848 durch Verleihung eines Ehren-Doctordiplomes der philosophischen Facultät und im Jahre 1849 durch die Verleihung des Titels eines „kais. Rathes" ausgezeichnet. Die

Bibl. hatte das Glück, am 3. October 1810 durch einen Besuch Sr. Majestät des Kaisers Franz I. ausgezeichnet zu werden. Desgleichen besuchte am 7. November 1817 das Allerhöchste Kaiserpaar das Lyceum und die Bibl. Auch Se. Majestät Kaiser Franz Josef I. zeichnete sie, anlässlich der Kaiserreise durch Innerösterreich und vorzugsweise nach Graz, woselbst am 30. Juni die 600jährige Habsburgfeier abgehalten worden war, am 7. Juli 1883 durch seinen Besuch aus und schrieb seinen Namen in das vorbereitete Festalbum ein. — Bei dem Neubau der Universität wurde auch an einen Neubau für die Universitätsbibl. gedacht, da die alten Räume vollständig unzulänglich waren. Dieser wurde 1893 begonnen und besteht in einem Annex des Universitäts-Hauptgebäudes selbst. Die Mitte des Baues nimmt der Lesesaal ein, um welchen sich die Büchermagazine und übrigen Localitäten gruppiren. Derselbe war im September 1895 so weit fertig, dass am 9. die Uebersiedlung begonnen und am 22. vollendet wurde. In dem alten Gebäude befand sich ein Denkmal (Büste) des ehemaligen Prof. der Physik Leopold Riewald, entworfen von dem berühmten Bildhauer Fischer, in Erz gegossen von Fernkorn; auch dieses wurde in den Neubau übertragen; ebenso die Bilder, mit denen der alte Bibl.-Saal geschmückt war. Vor der Uebertragung wurde die Bibl., deren einzelne Theile bisher nach verschiedenen Systemen aufgestellt waren, durch den gegenwärtigen Bibliothekar einheitlich nach dem numerus currens geordnet. was eine Neuanlage der bereits hart mitgenommenen Localrepertorien zur Folge hatte; gleichzeitig wurde eine grosse Handbibl. für den Lesesaal ausgewählt. Auch ist man jetzt mit der Anlage eines systematischen Kataloges beschäftigt.

Wernekingh, Jos. Bey Eröffnung des Büchersaales der hohen Schule zu Grätz. 1781. — Die Lyceumsbibl. zu Grätz. (Vaterländ. Blätter für den österr. Kaiserstaat 1815, S. 58.) — **Polsterer, A. J.** Die k. k. Universitätsbibl. (In: Polsterer, Grätz 1827, S. 29.) — **Schreiner, Gust.** Die k. k. Universitätsbibl. (In: Schreiner, Grätz 1843, S. 30.) — **Dudik, B.** Ueber zwei Handschriften der k. k. Universitätsbibl. zu Graz. (In: Schriften der histor.-stat. Section, Bd. 14, S. 382.) — **Wattenbach, W.** Handschriften der Universitätsbibl. in Grätz. (In: Archiv f. ält. deutsche Gesch. X, 1851, S. 621.) — **Zahn, Jos. v.** Verzeichniss der Handschriften der Universitätsbibl. zu Graz. (In: Beiträge zur Kunde steierm. Geschichtsquellen, Bd. J, S. 17.) — **Peinlich, R.** Gesch. des Gymn. in Graz. Progr. 1874, S. 31, 65 etc. — **Krones, F.** Gesch. der Karl Franzens-Universität in Graz. 1886. (Am wichtigsten.) — **Schönbach, A. E.** Ueber eine Grazer Handschrift lat.-deutscher Predigten. Festschrift der k. k. Karl Franzens-Universität in Graz. 1890. (Hs. 730.) — **Schönbach, A. E.** Miscellen von Grazer Handschriften. Graz 1898. Sepabd. aus Mitth. des histor. Ver. für Steierm. XLVI. — **Loserth, Joh.** Formelbücher der Grazer Universitätsbibl. (In: Neues Archiv der Gesellsch. f. ältere deutsche Geschichtskunde. Hannover. Jg. XXI, S. 299; XXII, S. 307; XXIII, S. 752.) — **Haas, Wilhelm.** Die

Grazer Universitätsbibl. (In: Graz. Morgenpost 1895, Nr. 297.) — Rezori, Wilh. Edl. v. Die neue k. k. Universität in Graz. (Allg. Bauztg. 1896.)

Universitätsinstitute, Seminare etc.

185. Mathematisch-physikalisches Cabinet. — 44 Bde. — Jahresdotation für das Institut 200 Gulden, davon ein Theil für die Bibl. — Vorstand: Prof. Dr. Anton Wassmuth.

186. Institut für angewandte medicinische Chemie. — 1852 Werke. — Jahresdotation (für Bücheranschaff) 200 bis 250 Gulden. — Vorstand: Prof. Dr. Karl B. Hofmann. — Inventar- und alphabet. Zettelkatalog. — Benützbar tagsüber für die Besucher des Institutes. — Entlehnungen und Versendungen nur ausnahmsweise unter den Bedingungen und im Wege der Universitätsbibl. — Gegr. 1863. — Theoretische, besonders aber angewandte medicinische Chemie.

187. Anatomisches Institut. — 1570 Nummern. — Dotation je nach Bedarf. — Vorstand: Prof. Dr. Moriz Holl; Assistent: Dr. Streissler. — Zettelkatalog. — Nur zu eigenem Gebrauche. — Anatomie und verwandte Fächer.

188. Chemisches Institut. — 2000 Bde. und Hefte. — Aus der ordentlichen Dotation des Institutes für Bücherankauf jährlich 100–150 Gulden. — Vorstand: Prof. Dr. Zdenko Hans Skraup. — Ein alphabet. geordneter Zettelkatalog und ein nach Fächern getheiltes Inventar. — Benützbar während des ganzen Tages. — Keine Entlehnungen und Versendungen. — Vorwiegend Chemie, ausserdem Physik und beschreibende Naturwissenschaften.

189. Geographisches Institut hat eine sehr kleine Fachbibl., deren Anfänge auf das Jahr 1887 zurückreichen und die hauptsächlich aus Zeitschriften und Specialkartensammlungen besteht. — Jahresdotation des Institutes 100 Gulden (für Bücherankauf je nach Bedarf). — Vorstand: Prof. Dr. Eduard Richter.

190. Geologisches Institut. — 3812 Nummern (Bde. nicht gezählt), überdies zahlreiche Karten, Wandtafeln u. s. w. — Jahresdotation 400 Gulden, davon 200 Gulden für Bücherankauf. — Vorstand: Prof. Dr. Rudolph Hörnes: die Handbibl. unter unmittelbarer Leitung des Prof. Dr. Vincenz Hilber. — *a)* Acquisitionsprotokoll; *b)* Zettelkatalog, alphabet. nach Autoren und Schlagworten; *c)* Verzeichniss nach Orientirungsnummern. — Zunächst für die wissenschaftlichen Zwecke des Institutes; ausnahmsweise werden Bücher auch

an Prof. und Studirende der Universität in Graz, sowie an auswärtige Fachgenossen verliehen. — 1877 wurden gelegentlich der Trennung der mineralogisch-petrographischen und der geologisch-paläontologischen Lehrkanzel vom ehemaligen „mineralogischen Cabinet" 255 Nummern übernommen: der jährliche Zuwachs schwankte dann zwischen 50 und 100 Nummern. 1881 wurde die Privatbibl. des Prof. Dr. K. F. Peters mit 875 Werken erworben, während der Institutsvorstand R. Hörnes bei Auflösung seiner Bücherei, 1896, der Handbibl. 1355 Nummern geschenkweise zuwendete und seither die von ihm im Schriftentausch erworbenen S.-A. und sonstigen Schriften in gleicher Weise an die Bibl. des Institutes abgibt, insofern sie den Zwecken desselben entsprechen.

Hörnes, R. Das geologische Institut der k. k. Carl Franzens-Universität in Graz. (Mittheilungen des naturw. Vereines f. Steiermark. Jahrg. 1895. Graz 1896.)

191. Gerichtlich-medicinisches Institut. — Ca. 2600 Werke. — Jahresdotation 200—250 Gulden. — Vorstand: Prof. Dr. Julius Krasser. — Band-, Zettel- und Schlagwortkatalog. — Benützbar während der üblichen Arbeitsstunden von 9—1 und 3—7 Uhr mit Ausnahme der gesetzlichen Ferialtage. — Entlehnungen nur ausnahmsweise. — Keine Versendungen. — Gegr. 1863 zugleich mit der Errichtung der medicinischen Facultät durch Reg.-R. Prof. Dr. Adolph Schauenstein. — Ehemals Hygiene und gerichtliche Medicin, jetzt nur noch gerichtliche Medicin und deren Hilfswissenschaften, namentlich gerichtliche Chemie, forensische Psychiatrie und Criminalpathologie, Unfallheilkunde und pathologische Anatomie.

192. Hygienisches Institut. — 300 Bde. — Jahresdotation ca. 200 Gulden. — Vorstand: Prof. Dr. Wilhelm Prausnitz. — Zwei Zettelkataloge, der eine nach Autoren, der andere nach Materien geordnet. — Benützbar von 8—12 und 2—7 Uhr. — Entlehnt werden nur gebundene Bücher. — Keine Versendungen. — Gegr. 1891; damit verbunden ist auch die Bibl. der k. k. allgemeinen Lebensmitteluntersuchungsanstalt.

193. Kunsthistorisches Institut. — 361 Werke und 2 Handschriften. — Jahresdotation 300 Gulden. — Vorstand: Prof. Dr. Joseph Strzygowski; ein Diener. — Alphabet. Katalog. — Oeffentlich benützbar Mittwoch von 2—6 Uhr, sonst für Mitglieder des Institutes. — Entlehnungen an Mitglieder des Institutes mit ausdrücklicher Erlaubniss des Vorstandes. — Versendungen nur in aussergewöhnlichen Fällen. —

Gegr. 1893. — Geschenkweise wurde die Sammlung der kunsthistorischen Gesellschaft in Graz übernommen. — Neuere Kunstgeschichte von Christi Geburt bis auf unsere Tage.

194. Palaeographisches Institut. — 39 Werke, darunter die zu Unterrichtszwecken dienenden Tafeln in mehreren (3—6) Exemplaren. — Jahresdotation 100 Gulden. — Vorstand: Prof. Dr. Adolph Bauer. — Inventarkatalog. — Benützbar mit Erlaubniss des Vorstandes, abgerechnet die Zeit der Vorlesungen und Uebungen von 8 Uhr früh bis 8 Uhr abends. — Keine Entlehnungen und Versendungen. — Gegr. 1879 durch Prof. Dr. Ferd. Kaltenbrunner und unterstützt durch zeitweilige Subventionen des k. k. M. f. C. u. U. bis 1896, wo dem jetzigen Vorstande eine regelmässige Dotation und einmalige Subvention von 500 Gulden bewilligt wurde.

195. Pathologisch-anatomisches Institut. — 409 Nummern. — Jahresdotation 240—250 Gulden. — Vorstand: Prof. Dr. Hans Eppinger.

196. Pharmacologisches Institut. — Ca. 2500 Bde. — Jahresdotation 200 Gulden. — Vorstand: Prof. Dr. Jos. Moeller. — Alphabet. Zettelkatalog. — Benützbar täglich mit Bewilligung des Vorstandes. — Keine Entlehnungen und Versendungen. — Gegr. zugleich mit der medicinischen Facultät 1863 und wesentlich vermehrt durch Prof. C. R. v. Schroff. — Pharmacologie, Pharmacognosie und deren Hilfswissenschaften.

197. Physiologisches Institut hat nur eine kleine, für den internen Gebrauch bestimmte Handbibl. von 300 Werken. — Vorstand: Hofr. Prof. Dr. Alexander Rollett.

198. Zoologisch-zootomisches Institut. — Ca. 1800 Bde. — Jahresdotation 500—600 Gulden. — Vorstand: Prof. Dr. Ludwig v. Graff. — Zettelkatalog. — Zu gelehrten Studien auch ausser dem Institute benützbar. — Keine Versendungen.

199. Chirurgische Klinik des allgemeinen Krankenhauses. — 805 Bde. — Ein Theil der 550 Gulden betragenden klinischen Dotation für Bücherankauf verwendet. — Vorstand: Hofr. Prof. Dr. Carl Nicoladoni; Assistenten: Dr. Erwin Payr, Dr. Ludwig Luksch; ein Diener. — Band- und Zettelkatalog mit alphabet. und Sachregister. — Benützbar von 8 Uhr früh bis 8 Uhr abends mit Genehmigung des Vorstandes, beziehungsweise der Assistenten. — Ebenso Ent-

lehnungen auf vier Wochen und mit besonderer specieller Bewilligung auch Versendungen. — Zum grössten Theile entstanden durch Neuerwerbungen und Geschenke des Hofr. Prof. Dr. Rzehažek, sowie der beiden späteren Vorstände Prof. Dr. Anton Wölfler und Hofr. Prof. Dr. C. Nicoladoni. Ein Theil der Bücher stammt aus der Bibl. des verstorbenen Stabsarztes S. M. des Königs der Belgier Dr. Köpel. — Chirurgie und pathologische Anatomie.

200. Geburtshilflich-gynäkologische Klinik, Paulustorgasse 15, 1. Stock. — 201 Bde. — Jahresdotation 300 Gulden, davon für die Bibl. ca. 200 Gulden. — Suppl. Vorstand: Docent Dr. Emil Rossa. — Inventarkatalog. — Benützbar für die Aerzte der Klinik zu jeder Zeit. — Ebenso Entlehnungen. — Keine Versendungen. — Gegr. 1892. — Geburtshilfe und Gynäkologie.

201. Seminar der rechts- und staatswissenschaftlichen Facultät, Halbärthgasse. — 800 Werke in 2450 Bdn. — Jahresdotation 100 Gulden. — Die Bibl. wird von einem durch die Facultät gewählten Prof. verwaltet (derzeit Prof. Dr. Joseph Freiherr v. Anders). Auch besteht eine von der Facultät gewählte Bibl.-Commission. — Alphabet. Zettel- oder Grundkatalog, sowie ein systematischer Bandkatalog und ein Localrepertorium. — Benützbar den ganzen Tag für Mitglieder der Facultät und die derselben angehörenden Studirenden. — Entlehnungen nur an letztere unter Vermittlung eines Mitgliedes der Facultät. — Keine Versendungen. — Gegr. zugleich mit den rechts- und staatswissenschaftlichen Seminarien (laut Erl. d. k. k. M. f. C. u. U. vom 27. September 1873, Z. 12.719), erfuhr die Bibl. in Folge der ganz unzureichenden Dotation nur eine sehr geringe Vermehrung bis 1898, wo die Einverleibung eines durch Schenkung erhaltenen Theiles der nachgelassenen Bibl. des Universitätsprof. Dr. Th. R. Schütze (301 Bde.) erfolgte. — Vertreten alle Rechts- und Staatswissenschaften, insbesondere jene Disciplinen, über welche Seminarcollegien gehalten werden.

202. Seminar für deutsche Philologie. — 650 Werke. — Jahresdotation 300 Gulden. — Vorstände: Reg.-R. Prof. Dr. Anton E. Schönbach; Prof. Dr. Bernhard Seuffert. — Alphabet. Katalog, Realkatalog, beide gebunden; Zettelkatalog nach Inventarnummern; gebundener Standortskatalog. — Benützbar nur für Seminarmitglieder. — Gegr. zugleich mit dem Seminar 1873, war die Bibl. mangels eines Arbeitsraumes nur Ausleihbibl. bis 1895 und hatte bis 1898 nur 200 Gulden Dotation. — Deutsche Philologie.

203. Seminar für englische Philologie, Halbärthgasse 2. — Ende 1898: 363 Werke in 562 Bdn. und 129 Heften. — Jahresdotation 120 Gulden. — Vorstand: Prof. Dr. Carl Luick; ein Diener. — Alphabet. Zettelkatalog. — Benützbar von 8 Uhr früh bis 8 Uhr abends für die Seminarmitglieder und solche Studirende, denen der Vorstand die Erlaubniss ertheilt. — Entlehnungen und Versendungen nur in Ausnahmsfällen. — Gegr. 1893. — Englische Philologie.

204. Seminar für Mathematik und mathematische Physik. — Abth. I u. II (Mathematik) 30 Bde.; Abth. III (math. Physik) 33 Bde. — Jahresdotation Abth. I u. II (seit 1898) 134 Gulden; Abth. III (seit 2 Jahren) 66 Gulden. — Vorstände: Abth. I u. II Prof. Dr. Victor Dantscher R. v. Kollesberg; Abth. III Prof. Dr. Anton Wassmuth.

205. Seminar für slavische Philologie. — Ende 1898: 299 Werke in 806 Bdn. und Heften. — Jahresdotation 400 Gulden. — Vorstand: Prof. Dr. Gregor Krek. — Zettel-, Band- und alphabet. Katalog. — Benützbar nur für Mitglieder des Seminars. — Ebenso Entlehnungen und Versendungen. — Gegr. mit dem Erlasse des k. k. M. f. C. u. U. vom 2. April 1892, Z. 11.731, im Solarjahre 1893.

Statuten des Seminares für slavische Philologie an der k. k. Grazer Universität. Graz 1892.

206. Historisches Seminar. — 1300 Nummern. — Jahresdotation ursprünglich 200 Gulden, jetzt 300 Gulden. — Vorstände: Prof. Dr. Adolph Bauer (alte Geschichte); Hofr. Dr. Franz Krones Ritter v. Marchland (österr. Geschichte); Prof. Dr. Johann Loserth (mittlere und neuere Geschichte). — Zettelkataloge *a)* in alphabet. Ordnung, *b)* Standortsverzeichniss. — Benützbar von 8 Uhr früh bis 8 Uhr abends für die angemeldeten Theilnehmer an den Seminarübungen, beziehungsweise Mitglieder des historischen Seminars. — Keine Entlehnungen und Versendungen. — Die Seminarbücherei entstand seit 1868 zufolge der von den damaligen Universitätsprof. v. Krones und J. B. v. Weiss beantragten Gründung eines historischen Seminars. — Geschichte und historische Hilfswissenschaften.

207. Philologisches Seminar und Proseminar. — 3550 Bde. — Jahresdotation 250 Gulden, dazu gelegentlich nicht vergebene Seminarstipendien à 30 Gulden. — Vorstände: Hofr. Prof. Dr. Max R. v. Karajan, Prof. Dr. Alois Goldbacher, Prof. Dr. Heinrich Schenkl. — Das Ausleihegeschäft wird von den Vorständen und einem dazu bestimmten älteren

Hörer oder Candidaten besorgt. — Zettelkatalog nach Materien, innerhalb derselben alphabet. — Benützbar jederzeit für Hörer und Mitglieder. — Ebenso Entlehnungen 4—6mal wöchentlich, überdies auch an den Vorständen persönlich bekannte Forscher. — Versendungen nur ausnahmsweise über gemeinsamen Beschluss der Vorstände. — Gegr. 1865. — Im Jahre 1891 wurde ein grosser Theil der Bibl. des verstorbenen Prof. G. Kergel angekauft.

208. Philosophisches Seminar, Halbärthgasse 2. — 235 Bde. — Jahresdotation 200 Gulden nebst allfälligen Resten der Seminarstipendien. — Vorstand: Prof. Dr. Alexius R. v. Meinong. — Inventar- und Zettelkatalog. — Benützbar zunächst für Seminarmitglieder zu bestimmten Stunden. — Ebenso Entlehnungen. — Keine Versendungen. — Gegr. im Herbst 1898. — Philosophische Wissenschaften.

209. Sternwarte. — Ca. 200 Bde. — Vorstand: Prof. Dr. Joseph v. Hepperger. — Für den Bücherankauf wird ein Theil der 200 Gulden betragenden jährlichen allgemeinen Dotation verwendet.

210. **Volksbibliotheken.** — Der Verein „Volksbibliothek" eröffnete 1. März 1895 die erste (Central-)Bibl., (Stempfergasse 4), im September die zweite (Annenstrasse 36), im October 1895 die dritte (Saria-)Bibl. (Glacis 69; s. auch Nr. 211/55). Im Herbst 1897 wurden die zwei Lesezimmer der Saria- und ein Lesezimmer der Centralbibl. eröffnet (ca. 200 Journale und Zeitungen). Ein Wohlthäter wies dem Vereine ein Capital von 12.000 Kronen für den Lesesaal der Centrale zu. Dr. Ferdinand Saria vermachte seine reichhaltige Bibl. (Werth ca. 20.000 Kronen) dem steiermärkischen Volksbildungsvereine mit der Bestimmung, eine Volksbibl. zu gründen; der Verein „Volksbibliothek" übernahm ihre Einrichtung und Erweiterung, sowie die Verwaltung. Die Sparcasse bewilligte dem Vereine eine Subvention von 1000 Kronen, die Commune 600 Kronen pro Jahr. — Anzahl der Bde. ca. 30.000. — Die Ausgaben (für alle drei Bibl.) betragen 14.000 Kronen jährlich, und zwar 2000—3000 Kronen für Bücher. — Die Centrale besitzt einen gedruckten Katalog der wissenschaftlichen Abtheilung (alphabet. und nach Schlagworten), die zwei anderen gedruckte systematische Kataloge. — Bibl.-Stunden an Wochentagen von 9—1 und 3—8 Uhr. Die Lesezimmer sind auch an Sonn- und Feiertagen zugänglich. — Die Bücher werden nach Hause entlehnt; Lesegebühr per Monat 15 Kreuzer; für jeden Band belletristischen Inhalts 1 Kreuzer. — Obmann des Vereines: Dr. Anton Schlossar; Bibl.-Referenten: Dr. Adalbert

Jeitteles, k. k. Universitätsbibliothekar a. D., und Universitätsprof. Dr. Eduard Reyer. Der Betrieb der Bibl. wird durch 7 weibliche Beamte besorgt.

211. **Steiermärkischer Volksbildungsverein.** — Obmann: Hofr. Prof. Dr. Alexander Rollet. — Hat folgende Volksbüchereien errichtet und unterstützt: 1. Alt-Aussee 94 Bde.; 2. St. Barthlmä bei Gratwein 34 Bde.; 3. Brunnsee 174 Bde.; 4. Brigidau, deutsche Colonie in Galizien 49 Bde., 4 Hefte; 5. Ebersdorf bei Hartberg 100 Bde., 24 Hefte; 6. Eggendorf bei Hartberg 39 Bde., 31 Hefte; 7. St. Egydi-Tunnel 96 Bde., 86 Hefte; 8. Ebsling bei St. Gallen 21 Bde., 212 Hefte; 9. Etmisl 60 Bde., 2 Hefte; 10. Frein 216 Bde., 41 Hefte; 11. Friesach 157 Bde.; 12. Frohnleiten mit Filiale Laufnitzdorf 180 Bde., 6 Hefte; 13. Gamlitz 260 Bde.; 14. St. Helena bei Neumarkt 100 Bde., 1 Hefte; 15. Heiligenkreuz bei Marburg 29 Bde.; 16. Hermagor 36 Bde., 4 Hefte; 17. St. Jacob im Walde 115 Bde.; 18. Ilz 115 Bde., 4 Hefte; 19. Hitzendorf 93 Bde., 2 Hefte; 20. St. Johann bei Herberstein 126 Bde., 9 Hefte; 21. Judenburg 602 Bde.; 22. Kammern 77 Bde.; 23. Kitzegg 78 Bde., 63 Hefte; 24. Kogelhof 194 Bde., 51 Hefte; 25. Langenwang 216 Bde., 45 Hefte; 26. Lassnitz-Zeierling 112 Bde., 64 Hefte; 27. St. Leonhard W. B. 38 Bde., 71 Hefte; 28. St. Margarethen bei Neumarkt 111 Bde., 10 Hefte; 29. Millstatt 44 Bde., 51 Hefte; 30. Mitterdombach 122 Bde., 7 Hefte; 31. Mürzzuschlag 70 Bde.; 32. Nussdorf 98 Bde.; 33. Pachern 30 Bde., 36 Hefte; 34. Pack 43 Bde., 36 Hefte; 35. Peggau 101 Bde.; 36. Prätis 112 Bde., 22 Hefte; 37. Pöls 191 Bde., 2 Hefte; 38. Rettenegg 51 Bde.; 39. Södingberg 35 Bde.; 40. Spielfeld 52 Bde., 6 Hefte; 41. Schölbing 127 Bde., 5 Hefte; 42. Schönau 100 Bde., 10 Hefte; 43. Süssenberg 139 Bde.; 44. Tüffer 74 Bde.; 45. St. Ullrich bei Feldkirchen 32 Bde., 3 Hefte; 46. Voitsberg 619 Bde.; 47. Vordersberg 66 Bde., 46 Hefte; 48. Waisenegg 129 Bde., 7 Hefte; 49. Waltendorf 20 Bde., 40 Hefte; 50. Weitenstein 58 Bde.; 51. Windisch-Hartmannsdorf 54 Bde., 2 Hefte; 52. Wolfsberg 22 Bde., 24 Hefte; 53. Zeltweg 52 Bde., 26 Hefte; 54. Graz, Siechenhaus- und Häftlingsbibl. 429 Bde.; 55. Graz, „Saria"-Bibl., gegr. vom steiermärkischen Volksbildungsvereine, derzeit verwaltet vom Vereine „Volksbibliothek". Summe der hinausgegebenen Bücher 8653 Bde. und 1062 Hefte.

212. **Deutsche Volksbücherei** (Verein für Volksbildung im reindeutschen Sinne), Ferdinandeum, Färbergasse 11. — 3100 Bde. — Obmann: Heinrich Wastian; Obmann-Stellvertreter: Aurelius Polzer; Bücherwart: Fritz Michl. — Jahresbeitrag

20 Kreuzer. — Ausleihestunden Montag, Mittwoch und Samstag von 6—8 Uhr abends.

Hall (Tirol).

213. **[K. k. Franz Josephs-]Gymnasium.** *a)* Lehrerbibl. 6500 Bde., *b)* Schülerbibl. 1100 Bde. — Jahresdotation 450 bis 500 Gulden. Director und Bibliothekar für *a)* Justinian Lener; für *b)* ein Mitglied des Lehrkörpers. — Alphabet. Zettelkatalog nach Materien; Bandkatalog nach Schlagworten. — Benützbar und Entlehnungen *a)* für Mitglieder des Lehrkörpers jederzeit; *b)* für Schüler an bestimmten Tagen der Woche. — Keine Versendungen. — Gegr. 1864, obwohl das Gymn. seit 1573 besteht. Früher dienten die Klosterbibl. der Jesuiten und Franciscaner den Unterrichtszwecken. — Alle Gymnasial-Lehrfächer.

Heiligenkreuz (Nied.-Oesterr.).

214. **Cistercienser-Stift.** — Ca. 40.000 Bde., 552 Handschriften, 375 Incunabeln. — Jahresdotation ca. 900 Gulden. — Bibliothekar: Dr. Gregor Pöck, Prof. der Theologie. — Alphabet. Zettelkatalog für die ganze Bibl., Bandkataloge für 2 Säle; Materienkatalog in Arbeit. — Entlehnung und Versendung von Handschriften nur an Institute (eventuell gegen Versicherung), von Büchern auch an vertrauenswürdige Privatpersonen. — Gegr. 1135. Die Geschichte der Bibl. fällt mit der des Stiftes zusammen. — Alle Wissenschaften vertreten, besonders gepflegt Theologie und Ordensgeschichte.

Crux Austriaca hoc est Monasterium Vallis nemorosae ad S. Crucem in Austria ... Viennae 1654. — (Fidler) Marian. Geschichte der ganzen österr. klösterl. und weltl. Klerisey. Wien 1787, 4. Th., 8. Bd. — Darstellung, Histor. und topogr., von Baden und dem Stifte Heiligenkreuz mit ihrer Umgebung; mit besonderer Richtung auf Pfarren, Stifte, Klöster, milde Stiftungen und Denkmäler. Wien 1825. — Koll, P. Malachias. Das Stift Heiligenkreuz in Oesterreich V. U. W. W. Wien 1834. — Wattenbach, W. Handschriften des Stiftes Heiligenkreuz. In: Archiv f. ält. deutsche Gesch., 10. 1851, S. 594. — Weis, Joh. Nep. Urkunden des Cistercienserstiftes Heiligenkreuz im Wiener Wald. Wien 1856—59. — Schulte, Joh. Friedr. R. v. Die Rechtshandschriften der Stiftsbibl. von Göttweih, Heiligenkreuz etc. Wien 1868. — Kabdebo, Heinrich. Das Stift Heiligenkreuz zur Zeit des zweiten Türkeneinfalles 1683. Wien 1874.
Gsell, Bernhard. Die Abtei Heiligenkreuz in Niederösterreich. In: Ein Cistercienserbuch von Seb. Brunner. Würzburg 1881. — Ders. Das Stift Heiligenkreuz und seine Besitzungen im Jahre 1863. In: Stud. u. Mitth. aus dem Benedict.- und Cisterc.-Orden. 1883. I, II. — Ders. Verzeichniss der Handschriften in der Bibl. des Stiftes Heiligenkreuz. In: Xenia Bernardina II, 1. — Xenia Bernardina III.

Heiligenkreuz (Cesta, Küstenland).

215. **Capucinerkloster.** — Ca. 3000 Bde., 2 Pergament-Handschriften, von denen eine, ein Messbuch, am Anfang und Ende beschädigt ist, und einige jüngere Handschriften. — Jahresdotation je nach Bedarf. — Bibliothekar: P. Hyacint Salamun, Ord.-Cap. — Ein Bandkatalog, alphabet. nach Materien geordnet a. d. J. 1749. — Als reine Privatbibl. nur für Ordensmitglieder benützbar. — Keine Entlehnung oder Versendung. — Gegr. zugleich mit dem Kloster 1637. Hauptsächlich vermehrt durch den Nachlass verstorbener Mitglieder und Schenkungen. — Theologie, ascetische, geschichtliche und besonders Predigtwerke.

Herzogenburg (Nied.-Oesterr.).

216. **Chorherrenstift der Augustiner.** — Ca. 30.000 Bde., darunter 250 Handschriften und 500 Incunabeln. — Jahresdotation je nach Bedarf. — Bibliothekar: Georg Baumgartner, Chorherr. — Zwei handschriftliche Bandkataloge in alphabet. Ordnung; ferner für jedes Armarium ein Standkatalog, ebenfalls in Bandform. — Benützbar nur für Mitglieder des Stiftes. — Ebenso Entlehnungen, eventuell auch an dem Bibliothekar persönlich bekannte Forscher. — Versendungen nur an Bibl. oder bekannte Gelehrte und unter jedesmal erst zu vereinbarenden Cautelen. — Die Bibl. des 1112 gegr. Stiftes verdankt die Entstehung in ihrer gegenwärtigen Form und äusseren Ausstattung dem Stiftspropste Frigdian Knecht (1740 – 1775). Nebst dem spärlichen Ueberrest an Handschriften aus dem XIV. und XV. Jhdt. bildeten den Grundstock der Bücherei die Handbibl. der Stiftspropste Philipp v. Maugis (1541—1550), Georg Brenner (1578—1590) und Leopold v. Planta (1721—1740). Propst Knecht vermehrte die Anzahl der Bücher besonders reichlich durch Anschaffung vieler kostbarer Werke seiner Zeit. Einen zwar kleinen, aber schätzenswerthen Zuwachs erhielt die Bibl. durch die Einverleibung leider nur spärlicher Ueberbleibsel aus den Büchereien der beiden durch Kaiser Joseph II. aufgehobenen Chorherrenklöster St. Andrä a. d. Traisen (1783) und Tirnstein (1788). Der grösste Theil der werthvolleren Handschriften und Incunabeln wurde nach und nach gegen Ende des vorigen Jhdts. meist durch Kauf bei Bücherauctionen erworben, bei denen die Büchereien der aufgelösten Klöster veräussert wurden. In der Bibl. befinden sich auch die Archive der drei Chorherrenklöster Herzogenburg, St. Andrä, Tirnstein, sowie eine ziemlich reichhaltige Münz-

und Medaillensammlung. — Bestens vertreten Theologie, Geschichte, Jurisprudenz, Philosophie und schöne Literatur; besonders gepflegt Geschichtswissenschaft.

Frast, J. Merkwürdige Handschriften der österr. Stifter. In: Wiener Jahrbücher der Lit. XXIV 1823. Anz.-Bl., S. 39. — Schmolk, Frigdian. Stift der regul. lateran. Chorherren zu Herzogenburg in Niederösterreich. In: Ein Chorherrenbuch. Von Seb. Brunner. Würzburg 1883.

Hlinsko (Böhmen).

217. **Privatbibliothek Karl Adamek.** — 5600 Bde. und Broschüren, 60 Handschriften und 5 Incunabeln. — Jahresdotation je nach Bedarf. — Handschriftlicher Bandkatalog nach den einzelnen Gruppen. — Nur zu eigenem Gebrauche. — Entlehnungen nur ausnahmsweise. — Keine Versendungen. — Von dem Besitzer in den Fünfzigerjahren gegr. und seither auf eigene Kosten vermehrt. 1874 wurde ein bedeutender Theil der Bibl. ein Raub der Flammen. — Geschichte, Kunst und Kunstgeschichte, Literatur, Volkswirthschaft, Landwirthschaft, Statistik, Socialpolitik.

Hohenfurth (Böhmen).

218. **Cisterciensersstift.** — 80.000 Bde., darunter 1266 Incunabeln und 1377 Handschriften. — Jahresdotation 1000 Gulden. — Bibliothekar: Raphael Pavel. — Ein alphabet. geordneter Generalkatalog in sechs Foliobänden; ein gedruckter und ein handschriftlicher Handschriftenkatalog; ausserdem Zettelkataloge bei jedem Bibiotheksschrank. — Täglich für männliche Besucher nach vorangegangener Anmeldung beim Klosterpförtner zu besichtigen. — Entlehnungen und Versendungen nur mit ausdrücklicher Erlaubniss des Stiftsabtes gegen Revers. — Gegr. 1757 vom Abte Quirin Mickl. — Alle Wissenschaften, insbesondere die theologischen vertreten.

Millauer, Max. Der Ursprung des Cistercienserstiftes Hohenfurt in Böhmen. Prag 1814. — Wattenbach, W. Handschriften des Klosters Hohenfurt, mitgetheilt von Herrn Dr. Rössler aus Wien. In: Archiv f. ält. deutsche Gesch. 10. 1851, S. 670. — Mikowec, Ferdinand. Das Cistercienserstift Hohenfurt. Wien 1858. — Proschko, Isidor. Das Cistercienserstift Hohenfurt. Linz 1859. — Ein Cistercienserbuch von Brunner. Würzburg 1881. — Putschögl, Emil. Stift Hohenfurt vor 120 Jahren und heute. Graz 1882. — Pavel, Raphael. Die Abtei Hohenfurt in Böhmen. In: Ein Cistercienserbuch von Seb. Brunner. Würzburg 1881. — Ders. Führer durch die sehenswerthen Räumlichkeiten des Stiftes Hohenfurt Graz 1882. — Ders. Beiträge zur Geschichte des Stiftes Hohenfurt. Wien 1891. — Ders. Beschreibung der im Stifte Hohenfurt befindlichen Handschriften In: Xenia Bernardina II. 2. — Xenia Bernardina III.

Hohenmauth (Vysoky Myta, Böhmen).

219. **[K. k. Staats-]Gymnasium** C. k. státní vyšši gymnasium). — *a)* Lehrerbibl. 2501 Werke in 4240 Bdn. und 666 Heften, 2617 Programme; *b)* Schülerbibl. 1825 Werke in 2811 Bdn. und 28 Heften. — Director: Václav Hospodka; Custos von *a)* Prof. Gustav Šafařovic; von *b)* Prof. Ignác Frank. — Errichtet als Communalgymn. 1879, 1895 verstaatlicht.

Nach dem letzten Jahresberichte gearbeitet, da der Fragebogen nicht beantwortet wurde.

Holleschau (Mähren).

220. **Israelitische Cultusgemeinde.** — 1150 Bde. — Jahresdotation 150 Gulden. — Obmann: Dr. Jacob Freimann, Rabbiner: Bibliothekar: Ignaz Baumgarten; Cassier: Abraham Grätzer; Schriftführer: Leopold Zwillinger; Emanuel Lampel, Beisitzer. Protectoren: Albert Löw, Donat Zifferer, Gemeinderath Wien, Salomon Zwillinger, Bürgermeister. — Katalog im Drucke. — Unentgeltlich benützbar Sonntag von 2—3 Uhr. — Entlehnungen, aber keine Versendungen. — Gegr. 1897 über Anregung des Albert Löw in Budapest. — Abth. A: Jüdische Geschichte und Literatur; Abth. B: Allgemeine Weltliteratur.

Horn (Nied.-Oesterr.).

221. **Bezirks-Lehrer-Bibliothek** im Gebäude der Volks- und Bürgerschule. — 1563 Bde., 33 Broschüren. — Jahresdotation aus dem Bezirksschulfonds 100 Gulden, bisweilen 1% des Gehaltes der Lehrerschaft. — Obmann der Bibl.-Commission: Carl Breit, Lehrer in Horn; Rechnungsführer: Franz Schneider, Lehrer in Horn; Ausschussmitglieder: Alois Schrimpf, Bürgerschullehrer in Horn, Fritz Moriz, Lehrer in Gars und Alois Wallner, Schulleiter in Mold: ein Diener. — Handschriftlicher Bandkatalog, in welchem die Werke in der Reihenfolge der Aufnahme in die Bibl. verzeichnet sind. Gedruckte Materienkataloge (11 Gruppen). — Entlehnungen und Versendungen auf drei Monate an Lehrpersonen des Bezirkes. — Errichtet in Ausführung des § 41 des Reichsvolksschulgesetzes vom 14. Mai 1869, sowie des § 71 der Schul- und Unterrichtsordnung. — Alle Wissenschaften, besonders Werke pädagogisch-didactischen und fachwissenschaftlichen Inhaltes.

Im Druck erschienen die Bibl.-Kataloge a. d. J. 1890 und 1896.

222. **[Landes-Real- und Ober-]Gymnasium.** — Bei Beginn des Schuljahres 1898/99: *a)* Lehrerbibl. 3661 Bde., 1763 Hefte und

275 Stücke. In Verbindung mit dieser Bücherei wird die Hausbibl. des Piaristenordens verwaltet, welche 5845 Bde. enthält: *b)* Schülerbibl. 1753 Bde. und 170 Hefte. — Jahresdotation für *a)* 400 Gulden, für *b)* die jeweiligen Aufnahmegebühren, derzeit 222 Gulden. — Director: Clemens Bläml; Bibliothekar für *a)* Prof. Peter Passler: für *b)* Prof. Carl Schmied. — Zettel-, Inventar- und Fachkataloge. Zugänglich *a)* für die Mitglieder des Lehrkörpers, welche während der Unterrichtsstunden und durch Vermittlung des Bibliothekars stets Bücher entlehnen können: *b)* an Schüler Bücherausgabe nur an einem hiefür bestimmten Tage der Woche. — Versendungen im Wege der Direction an Mitglieder der n.-ö. Landesanstalten. — Lehrer- und Schülerbibl. wurden bei der Uebernahme der Anstalt durch das Land Nieder-Oesterreich 1872 73 gegr. Aus früherer Zeit — die Mittelschule besteht seit 1657 — wurde fast nichts in die Bücherei aufgenommen. Die nach Pizzala 1657 von Graf Ferdinand Kurz gegr. Hausbibl. der Piaristen kam erst 1878 in die Verwaltung des Landes: für dieselbe besteht ein eigener Fachkatalog mit zahlreichen Unterabtheilungen. — Vertreten beinahe alle Wissensgebiete.

Passler, Peter. Katalog der Lehrerbibl. I. In: XXVI. Jahresbericht des n.-ö. Landes-Real- und Obergymn. Horn. Horn 1898.

223. **Piaristen-Ordens-Convent.** S.: Landes-Real- und Obergymn. Horn.

224. **Verein für Verbreitung von Volksbildung.** — Ca. 1400 Bde. — Jahresdotation ca. 100—200 Gulden aus den Beiträgen der Mitglieder und Spenden. — Vorstand: Med. Dr. Alois Dechant; Ausschüsse: Prof. Carl Schmied, Kaufmann August Kirchner, Buchhändler Joseph Pichler, Volksschullehrer Franz Schneider, Notar Dr. Ernst Gellinek, Prof. Franz Meindlhumer. — Alphabet. Bandkatalog in Ausarbeitung. — Unentgeltlich benützbar Sonntag nachm. — Ebenso Entlehnungen. — Keine Versendungen. — Belletristik und populäre wissenschaftliche Werke. — Gegr. 1875 vom „Constitutionellen Fortschrittsverein in Horn".

Jägerndorf (Schlesien).

225. **Minoritenconvent.** — Ca. 5000 Bde., überdies einige Hundert Broschüren und Hefte, ca. 20 Incunabeln und mehrere Handschriften. — Jahresdotation je nach Bedarf. Bibliothekar: P. Paul Poesel, Secretär. — Ein Bandkatalog; Zettelkatalog bei vollständiger Neuordnung in Ausarbeitung. -- Meistens Theologie, aber auch Philosophie, Jus civile,

deutsche Literatur. – Gegr. wahrscheinlich zugleich mit dem Kloster 1386. Während der Besetzung des Herzogthums Jägerndorf durch Georg v. Brandenburg in der Reformationszeit wurden die Ordensbrüder aus dem Kloster vertrieben; hierbei dürfte auch der grösste Theil der Bibl. in Verlust gerathen sein. Ebenso erlitt die Bibl. bedeutende Einbusse bei dem grossen Brande der Stadt im siebenjährigen Kriege, bei welchem Kirche und Convent ein Raub der Flammen wurde. Später musste aus privaten Gründen die Bücherei aus einem Stockwerke in das andere übertragen werden; die Bücher lagen in Ermanglung eines geeigneten Locales jahrelang in 4—5fachen Reihen wirr durcheinander, was auch manche Lücken und Schäden erklären dürfte.

226. **[K. k. Staats-]Realschule.** — *a)* Lehrerbibl. 2854 Werke und 5172 Programme; *b)* Schülerbibl. 1726 Werke. — Dotation ca. 450 Gulden. — Director: Friedrich Barger; Custos: Prov. Lehrer Rudolf Schweizar. — Errichtet 1871 durch Umwandlung der früher bestandenen unselbständigen Unter-Realschule als Communal-Unter-Realschule; 1875 verstaatlicht als Ober-Realschule. — *a)* pflegt alle Fächer der Anstalt, *b)* vorzugsweise schöne Literatur. — Die mit der Realschule in Verbindung stehende gewerbliche Fortbildungsschule besitzt eine Lehrmittelbibl. von 108 Vorlagewerken, 331 Büchern und 147 Stück Modellen, sowie eine Schülerbibl.

Nach dem letzten Jahresberichte gearbeitet, da der Fragebogen nicht beantwortet wurde.

Jaroslau (Jaroslaw, Galizien).

227. **Dominicanerconvent** hat eine nur bescheidene, nicht besonders werthvolle Bibl. — Bibliothekar: P. Bernhard. — Gegr. 1635.

Baracz, S. Das Archiv der PP. Dominicaner in Jaroslau (poln). Krakau 1887.

228. **[K. k. Staats-]Gymnasium** (C. k. gimnazyum) besitzt eine Lehrer- und eine Schülerbibl. — Director: Józef Wójcik; Bibliothekar: Prof. Antoni Janik. — Gegr. 1868 als Communal-Unterrealschule, 1872 verstaatlicht und zur Oberrealschule erweitert, von 1884 an in ein Gymn. verwandelt.

Nach dem letzten Jahresberichte gearbeitet, da der Fragebogen nicht beantwortet wurde.

Jaslo (Galizien).

229. **[K. k. Staats-]Gymnasium** (C. k. gimnazyum) besitzt eine Lehrer- und eine Schülerbibl., deutsche und poln. Abth.

(2837 Bde., 3211 Hefte) — Director: Clemens Sienkiewicz; Custos der Lehrerbibl.: Prof. Jan Jaglarz; der Schülerbibl.: Gymn.-Lehrer Józef Trojnar. — Gegr. 1868 als Communal-Untergymn., seit 1873 Obergymn., 1875 verstaatlicht.

Nach dem letzten Jahresberichte gearbeitet, da der Fragebogen nicht beantwortet wurde.

Jeutendorf.

230. **Servitenconvent.** — Die einst schöne und reiche Bibl. wurde leider 1809 von den Franzosen angezündet und vernichtet; die jetzige enthält meistens ascetische Bücher, die sich zur Zeit des Brandes in den Zimmern der einzelnen Patres befanden. — Prior: P. Ferdinand M. Brauneis. — Gegr. 1693.

Jezupól (Galizien).

231. **Dominicanerconvent.** — Gegr. 1694. — Nähere Daten nicht zu erlangen.

Iglau (Mähren).

232. **Deutscher Gabelsberger Stenographenverein,** Eckergasse 8. — 453 Bde. — Jahresdotation ca. 50 Gulden. — Obmann: Joseph Trübswasser, Bürgerschullehrer; Bibliothekar: Carl Strobl, k. k. Finanz-Conc.-Praktikant; ein Diener. — Ein handschriftlicher Bandkatalog in alphabet. Ordnung. — Benützbar für Mitglieder des Vereines und Schüler der von demselben veranstalteten Stenographiecurse Samstag von 1½ bis 2½ Uhr. — Ebenso Entlehnungen auf 4 Wochen und Versendungen an auswärtige Mitglieder. — Gegr. 1897; 1898 fand eine grössere Privatsammlung von stenographischen Werken aus dem Besitze Ed. Niklas, Cassiers in Schatzlar, Aufnahme. — Hauptsächlich Stenographie, und zwar alle Systeme derselben, überdies Geschichte der Schrift und Aehnl.

233. **[K. k. Staats-]Gymnasium.** — Lehrerbibl. 2665 Inventarnummern mit 6431 Bdn., 936 Heften und 339 Blättern = 7706 Stücken, darunter Handschriften 20 Bde.; Incunabeln 19 Bde.; 17.156 Programme. — Jahresdotation ca. 150 Gulden. — Director: Julius Wallner; Custos: Prof. Ignaz Branhofer. — Handschriftliche Kataloge: Zettelkatalog (alphabetisch geordnet); Bandkatalog (systematisch nach Fächern geordnet). — Zugänglich an drei Tagen der Woche zu bestimmten Stunden für das Lehrpersonale; ebenso Entlehnungen. — Versendungen an alle öffentlichen und Mittelschulbibl. — Gegr. im Jahre 1774 aus einem Theile der Büchersammlung

des aufgelösten Jesuitencollegiums in Iglau, seither durch gelegentliche Zuschüsse des Staates, sowie durch Spenden und Widmungen von Anstaltsfreunden ergänzt. Eine regelmässige Dotation erhielt die Bibl. 1852 durch Einführung eines Bibl.-beitrages seitens der Schüler, die Zuweisung einer bestimmten eigentlichen Dotation geschah durch den Erl. d. k. k. Min. f. C. u. U. vom 11. Juni 1878, Z. 9290. (Lehrer-, Schülerbibl. und geographische Lehrmittel — 200 Gulden.) Der Bestand der alten Jesuitenbibl., welcher im Jahre 1774 etwa 2000 Bde. betragen haben mochte, wurde durch die im Jahre 1863 erfolgte Ausscheidung, beziehungsweise Veräusserung auf 338 Bde. verringert. — Alle an der Anstalt vertretenen Wissenschaften, insbesondere classische Philologie, deutsche Sprache, Geschichte, Philosophie und Pädagogik. — Der Direction des Gymn. unterstehen noch *a)* die deutsche Schülerbibl. 541 Inventarnummern mit 803 Bdn., 40 Heften, durchwegs Jugendschriften; *b)* die böhmische Lehrer- und Schülerbibl. (Custos: Prof. Ferdinand Strommer) 733 Inventarnummern mit 1028 Bdn., 84 Heften = 1112 Stücken, theils Jugend-, theils fachwissenschaftliche Schriften in böhmischer Sprache. Beide sind zur Benützung seitens der Anstaltsschüler, letztere auch zur Benützung seitens der Lehrpersonen bestimmt.

Wallner, Julius. Die Incunabeln der k. k. Gymn.-Bibl. zu Iglau. Programm der Anstalt vom Jahre 1879/80. — Branhofer, Ignaz. Die Iglauer Gymn.-Bibl. Historische Skizze und Katalog der Lehrerbibl. Programm der Anstalt 1895/96, 1896/97, 1897/98. (Auch als S.-A. erschienen.)

234. **Minoritenconvent.** — 500 Bde. — Jahresdotation je nach Bedarf. — Guardian P. Adamek. — Ausschliesslich Privatbibl. und nur für den Gebrauch der Conventmitglieder bestimmt: daher keine Entlehnung und Versendung. — Gepflegt wird ausschliesslich katholische Theologie. — Das Kloster gegr. 1221.

235. **[Landes-]Realschule.** — *a)* Lehrerbibl. 749 Werke; *b)* Schülerbibl. — Director: Anton Honsig; Bibliothekar für *a)* und *b)* Prof. Alois Tanzer. — Bestand zunächst als unselbständige Unterrealschule, wurde 1862 selbständige Communal-Unterrealschule, 1870 Landesanstalt und Oberrealschule.

Tanzer, Alois. Katalog der Lehrerbibl. In: VIII. Jahresbericht der Landes-Oberrealschule zu Iglau. Iglau 1898.

Nach dem letzten Jahresberichte gearbeitet, da der Fragebogen nicht beantwortet wurde.

236. **Deutsche Volksbücherei,** Gelnhausengasse 1. Mit acht Landbüchereien in 1. Unter-Weznitz, 2. Deutsch-Giesshübel, 3. Sollowitz, 4. Simmersdorf, 5. Frauenthal, 6. Libinsdorf, 7. Stannern, 8. Deutsch-Schützendorf. — 2519 Werke, 1522

Bde., 86 Hefte. — Dotation ca. 150 Gulden. — Obmann: Prof. Julius Hebenstein; Büchereiverwalter: Assistent der Tabakregie Karl Renner; zugetheilt: Karl Zebo. — Ein alphabet. Bandkatalog. — Entlehnungen Dienstag und Freitag von 5½ bis 7 und Sonntag von 9½–11 Uhr. — Versendungen nur in Ausnahmsfällen nach den dann festzusetzenden Modalitäten. — Gegr. am 10. November 1885 vom Deutschen Verein für Iglau und Umgebung. — Besonders gepflegt deutsche Sprache und Literatur.

Satzungen des Deutschen Vereines für die Deutsche Volksbücherei in Iglau vom 17. Februar 1898. — Rechenschaftsbericht der Deutschen Volksbücherei in Iglau für das Jahr 1895. 1897. — Bücherkatalog. 5. Auflage. Iglau.

Jičín (Böhmen).

237. **[K. k. Staats-]Gymnasium** (C. k. státní gymnasium vyšší). — *a)* Lehrerbibl. 4338 Werke in 7362 Bdn., 5216 Programme; *b)* Schülerbibl. 2678 Werke in 3770 Bdn. und 831 Heften. — Director: Adam Fleischmann; Custos für *a)* Prof. Jindřich Neudert; für *b)* Prov. Lehrer František Pösl. — Gegr. 1624 von Albrecht v. Waldstein als Jesuitengymn.; 1777 geschlossen, 1807 wieder eröffnet, seit 1850 Obergymn.

Neudert, Jindřich. Katalog knihovny učitelské. In: Výroční zpráva c. k. státního gymnasia vyššího v Jičíně. V Jičíně 1898.

Nach dem letzten Jahresberichte gearbeitet, da der Fragebogen nicht beantwortet wurde.

238. **[K. k. Staats-]Realschule** (C. k. vyšší reálka). — *a)* Lehrerbibl. 1120 Werke in 2073 Bdn., 120 Heften, 2617 Programme; *b)* Schülerbibl. 1166 Werke in 1112 Bdn. und 10 Heften. — Dotation (1897/98) für *a)* 155·82 Gulden; für *b)* 109·13 Gulden. — Director: Václav Hátle; Custos für *a)* und *b)* Gymn.-Lehrer Jaroslav Dolenský. — Gegr. 1853 als unselbständige zweiclassige Unterrealschule; seit 1859 drei Classen, seit 1871 selbständig, 1884 verstaatlicht, von 1891 an Oberrealschule.

Dolenský, Jaroslav. Katalog spisů chovaných v knihovně učitelské. In: Výroční zpráva c. kr. vyšší reálky v Jičíně. V Jičíně 1898.

Nach dem letzten Jahresberichte gearbeitet, da der Fragebogen nicht beantwortet wurde.

Imst (Tirol).

239. **Capucinerconvent** in den Zwanzigerjahren sammt Bibl. abgebrannt, daher nur Duplicate aus anderen Klöstern. — Nach Pizzala besass die Bibl. im Jahre 1870: 1100 Bde. — Guardian: P. Adalbert. — Gegr. 1674. — Theologie.

Innsbruck (Tirol).

240. **Capucinerconvent.** — 9000 Bde., darunter 100 Incunabeln. — Jahresdotation je nach Bedarf, ca. 150 Gulden. — Guardian: Michael Hetzenauer, Guardian. — Prov. Bandkatalog; ein neuer alphabet. Zettel- und Schlagwortbandkatalog in Ausarbeitung. — Benützbar in erster Linie nur für Ordensmitglieder, ganz ausnahmsweise mit besonderer Genehmigung des Guardian auch für andere vertrauenswürdige Personen. — Ebenso Entlehnungen und Versendungen. — Gegr. zugleich mit dem Kloster, dem ersten dieses Ordens in Deutschland, durch Erzherzog Ferdinand II. und seine zweite Gemahlin Anna Katharina i. J. 1593 und im nördlichen Gange des Stockwerkes untergebracht. Mit Hilfe edler Wohlthäter schmückten die Capuciner allmählich ihre Bibl. mit 10.000 Bdn. sehr werthvoller Werke. 1787 befahl der kais. Commissär die ganze Bibl. nun zu katalogisiren, legte das Verzeichniss dem Bibliothekar des damaligen Lyceums vor, und ordnete gestützt auf dessen Gutachten die Einverleibung mit der Lycealbibl. an. Alle späteren Versuche einer Wiedererlangung derselben scheiterten. So ziert denn die alte Capucinerbibl. noch heute die gegenwärtige Universitätsbibl. in Innsbruck. Nach der Wiederherstellung des Klosters begannen die Ordensmitglieder 1802 neuerdings eine nicht unbeträchtliche Bibl. zu sammeln. 1876 wurde an der Nordostseite des Klosters ein eigenes freundliches Bibl.-Gebäude aufgeführt und sehr bequem eingerichtet, das 1898 den geänderten Verhältnissen gemäss renovirt wurde und die jetzige Umstellung und Neukatalogisirung veranlasste. — Theologie, Philosophie, insbesondere Dogmatik und noch mehr neutestamentliches Bibelstudium.

Hetzenauer, Michael. Das Capucinerkloster zu Innsbruck, das erste dieses Ordens in Deutschland. Nach Archivalien, reich illustrirt. Innsbruck 1893, S. 115, 118, 161.

241. **Militärwissenschaftlicher und Casinoverein.** — 1125 Werke; Holsmay-Bibl. 474 Werke. — Jahresdotation ca. 400 bis 500 Gulden. — Ein auf 2 Jahre gewählter zwölfgliedriger Ausschuss und 6 Ersatzmänner, dem ein gleichfalls gewählter Präsident, derzeit Landwehrdivisionär FML. Hugo Wagner, vorsteht; Vicepräsident: Oberst Alexander Chevalier Minarelli Fitzgerald, Commandant des ersten Regiments der Tiroler Kaiserjäger; ein Secretär, zugleich Custos, derzeit Major Mayr; ein Bibliothekargehilfe und zwei Diener. — Ein handschriftlicher Materienhauptkatalog und gedruckter Katalog mit jährlichen autograph. Zuwächsen. — Entlehnungen nur an Vereinsmitglieder Montag, Donnerstag und Samstag in den

Wintermonaten von 2—3 Uhr nachm., in den anderen Monaten von 5—6 Uhr abends. — Keine Versendungen. — Alle Wissenschaften, insbesondere Militärwissenschaft, Geographie, Belletristik. — Einen besonderen Theil bildet die sogenannte Holsmay-Bibl.

Katalog der Bibl. des militärwissenschaftlichen und Casinovereines in Innsbruck (1896). — Verzeichniss der im Jahre 1896 nachgeschafften Bücher für die Vereinsbibl. (I. u. II. Hälfte). — Verzeichniss der (im Jahre 1897) in der Bibl. des militärwissenschaftlichen Vereines nachgeschafften Werke. — Verzeichniss der (im Jahre 1898) nachgeschafften Bücher.

242. **[K. k. Staats-]Gewerbeschule.** — 1144 Werke. — Director: Reg.-R. Johann W. Deininger. — Kunstgewerbe, Kunstindustrie. Geometrie, Maschinenwesen.

243. **[K. k. Staats-]Gymnasium** besitzt eine Lehrerbibl. (ca. 6000 Werke) und eine Schülerbibl. — Director: Schulrath Dr. Adolf Nitsche; Custos der Lehrerbibl.: Prof. Mathias Hechfellner; der Schülerbibl.: Prof. Dr. Joseph Alton. Gegr. am 12. Mai 1562; 1849 mit dem seit 1782 bestandenen Lyceum zu einem Obergymn. vereinigt.

Hechfellner, Mathias. Katalog der Lehrerbibl. (I. Theil). In: 49. Programm des k. k. Staatsgymn. in Innsbruck. Innsbruck 1898.

Nach dem letzten Jahresberichte gearbeitet, da der Fragebogen nicht beantwortet wurde.

244. **Handels- und Gewerbekammer.** — 1146 Bde., respective Hefte und 37 Fascikel Protokolle. — Jahresdotation je nach Bedarf. — Präsident: Anton Schumacher: Secretär: kais. Rath Dr. Anton Kofler. — Katalog nach 12 Gruppen: hierzu ein gruppenweise alphabet. geordneter Index. — Benützbar während der Amtsstunden. — Entlehnungen in der Regel nur an die Mitglieder der Kammer. — Ebenso Versendungen. — Gesetze, Gesetz- und Verordnungsblätter, Zeitschriften; Urproduction, Handel, Gewerbe und Industrie, cumulative Statistik, Geld-, Credit- und Versicherungswesen, Ausstellungswesen, directe und indirecte Steuern, Vereinswesen und Arbeiterfragen etc.

245. **Akademischer Historikerclub.** — 900 Nummern. — Jahresdotation ca. 70—80 Gulden. — Bibliothekar: derzeit stud. phil. Ferdinand Hirn. — Bandkatalog nach Materien geordnet. — Entlehnungen nur an Mitglieder und eventuell an alte Herren vor Beginn der einzelnen historischen Vorlesungen. — Versendungen an Clubmitglieder, die im Prüfungsstadium stehen und bereits anderorts im Lehrfache verwendet werden. — Bibl. zugleich mit dem Club 1872 gegr. — Geschichte und Geographie.

Die Geschichte des Clubs in den Festschriften zu dessen 20- und 25jährigen Stiftungsfesten.

246. **Landes-Museum „Ferdinandeum".** — Ca. 30.000 Bde. — Jahresdotation ca. 1000 Gulden. — Vorstand: Hofr. Prof. Dr. Franz R. v. Wieser: Bibliothekar: Prof. Dr. Joseph Egger; zwei Diener. — Handschriftlicher Zettel- und Bandkatalog, alphabet. und nach Schlagwörtern. — Allgemein benützbar täglich von 8—12 und 2—4 Uhr. — Entlehnungen von Büchern an vertrauenswürdige Personen. — Ebenso Versendungen. — Gegr. 1823. — Als sogenannte grössere Sammlung ist zu erwähnen die Bibliotheca Tirolensis Dipauliana. — Tirolensien.

Jahresberichte als Beilage der Zeitschrift des Ferdinandeums 1824 ff. — Chmel, J. Handschriften in den österr. Bibl., nachgewiesen von Mone. In: D. österr. Geschichtsforscher. II. 2. 1842. Not.-Bl., S. 52.

247. **[K. k. Staats-]Realschule.** — *a)* Lehrerbibl. 31. December 1897: 1667 Werke; *b)* Schülerbibl. — Jahresdotation 500—600 Gulden. — Director: Hermann Sander, Schulrath; Bibliothekar: Prof. Dr. Adolf Hueber. — Der Hauptkatalog besteht aus einem Band- und einem Zettelkatalog. — Die Bibl. ist für auswärtige Besucher am ersten Mittwoch jeden Monates im Schuljahre von 2—3 Uhr, für die Mitglieder des Lehrkörpers in Gegenwart des Bibliothekars jederzeit zugänglich. — Ebenso Entlehnungen. — Ihre Gründung und Geschichte fällt mit jener der Anstalt zusammen (gegr. 23. Mai 1853). — Alle Fächer der Realschule, insbesondere Geschichte, Geographie, deutsche Sprache und Literatur.

248. **Redemptoristencollegium.** — 4000 Werke. — Jahresdotation je nach Bedarf. — Nur zu eigenem Gebrauch. — Zettel-, Fach- und alphabet. Katalog. — Gegr. 1828. — Meistens Theologie.

249. **Servitenconvent.** — Ca. 30.000 Bde.; werthvollere Handschriften ca. 50, Incunabeln (bis 1530) über 500. — Jahresdotation je nach Bedarf. — Bibliothekar: P. Sales M. Oberarzbacher. — Alphabet. Bandkataloge aus den Jahren 1630, 1803 und 1880. — Benützbar nach Vereinbarung mit dem Bibliothekar. — Keine Entlehnungen und Versendungen. — Gegr. 1582. — Mehr oder weniger sämmtliche Wissenschaften, vorzugsweise Theologie.

250. **Tiroler Stenographenverein** in der Privatwohnung des Bibliothekars F. Gstrein, landschaftl. Kanzlist. — 1681 Bde. — Jahresdotation ca. 15 Gulden. — Ein handschriftlicher Zettelkatalog und ein gedruckter alphabet. Handkatalog. — Die Bibl. ist nur für Mitglieder des Tiroler Stenographenvereines und Abonnenten der „Stenograph. Blätter aus Tirol" Mittwoch nachm. von 2—3 Uhr geöffnet. — Ebenso Entleh-

nung von Werken, mit Ausnahme des Originalwerkes von Gabelsberger. — Versendung auf 2 Monate. — 1862 durch den tirolischen Stenographenverein gegr. — Fast ausschliesslich Stenographie.

Schenk, Aug. Der tirolische Stenographenverein, seine Entstehung, Tendenz und bisherige Wirksamkeit, actenmässig bearbeitet. Innsbruck 1871. — Katalog der Bibl. des Tiroler Stenographenvereines. Nach dem Stande mit Ende October 1886 zusammengestellt zum 25jährigen Stiftungsfeste von Dr. v. Braitenberg. Innsbruck 1886.

251. **K. k. Universitätsbibliothek,** Universitätsstrasse 6. — 30. September 1897: 155.102 Bde., darunter gegen 2000 Incunabeln, und 1080 Handschriften. — Ordentliche Dotation 10.000 Gulden, ausserordentliche Dotation variabel (1897: 500 Gulden), Matrikelgelder 1897: 1180·25 Gulden. — Bibliothekar: Dr. Ludwig v. Hörmann-Hörbach; Custos: Dr. Anton Hittmair; Scriptoren: Karl Unterkircher, Dr. Ludwig Sprung; Amanuenses: Dr. Wolfram v. Zingerle, Dr. Josef Hundegger, (prov.) Dr. Alois Walde, zwei Diener, ein Aushilfsdiener. — Ein alphabet. Grundzettelkatalog, ein systematischer Zettelkatalog, ein alphabet. Bandkatalog (Nominalkatalog), ein Localrepertorium in Zettelform, ein Nummernrepertorium (Inventar) in Buchform, ein alphabet. Dissertationenzettelkatalog, ein chronologischer und systematischer Dissertationenbandkatalog, ein Manuscriptstandortszettelkatalog, ein alphabet. Manuscriptbandkatalog, ein alphabet. Incunabelzettelkatalog, ein chronologischer Incunabelbandkatalog, ein Standortszettelkatalog der Stumpfbibl., ein alphabet. Bandkatalog der Stumpfbibl., ein Standortsbandkatalog der Reinhartbibl. — Die Bibl. ist geöffnet: im Wintersemester von 8—1 und 2—4 Uhr (versuchsweise seit 1897 Montag bis Freitag auch von 4—6 Uhr), im Sommersemester von 8—1 und 3—5 Uhr (1897, eventuell auch 1898 Montag bis Freitag von 3—7 Uhr); geschlossen an Sonn- und Feiertagen, während der Monate August und September (Donnerstag, beziehungsweise Freitag 8—12 ausgenommen), am 4. October, 2. und 19. November, 24., 27. und 31. December, Fasching-Montag und -Dienstag, Aschermittwoch, 1. Mai, Pfingst-Dienstag und -Mittwoch. — Für Benützung, Entlehnung und Versendung gelten die für alle Universitäts- und Studienbibl. ministeriell festgesetzten Bestimmungen. — 1745 wurde die Bibl. von der Kaiserin Maria Theresia als „Hauptbibl." gegr.; ihren Grundbestand bildeten die Ambrasersammlung, die erzherzogliche Bibl. im Wappenthurm und die Bibliotheca regiminalis. In der Folge fanden in ihr Aufnahme: 1779 die Jesuitenbibl. von Innsbruck, Hall und Brixen, 1782—1808 die Tiroler Klosterbibl., 1813 die Bibl. Reinhart, 1853 die Bibl. Jarcke, 1860 Bibl.

Schuler, 1864 Bibl. Böhmer. 1873 Bibl. Ehrhardt, 1882 (1898) Bibl. Stumpf-Brentano, 1884 Bibl. der Wiener Augenklinik, 1891 Bibl. Pfretzschner, 1895 Bibl. Bidermann (k. k. Minist. f. C. u. U.). 1897 und 1898 Bibl. Hofrath v. Ficker, 1898 Bibl. Stellwag-Carion. Für die übrige Geschichte der Bibl. vgl.: Probst, Jac. „Geschichte der Universität in Innsbruck". Innsbruck 1869. De Luca, Ign. „Journal der Literatur". Innsbruck 1782. „Minerva" Jg. II. — Vertreten sind alle Wissenschaften.

Catalogus bibliothecae Universitatis Oenipontanae. Oenip. 1792. — Chmel, J. Handschriften in österr. Bibl. nachgewiesen von Mone. In: Der österr. Geschichtsforscher. II. 2. 1842. Not.-Bl., S. 51. — Leithe, Friedrich. Die k. k. Universitätsbibl. in Innsbruck. In: Bote für Tirol und Vorarlberg LX. 1874, und in: Neuer Anz. für Bibliogr. 1874, S. 260.

Universitätsinstitute, Seminare etc.

252. Klinische Bibliothek der medicinischen Facultät. — 25 Werke in zahlreichen Bdn. — Jahresdotation 300 Gulden. — Vorstand: Prof. Dr. Johann H. Rille. — Schlagwortkatalog. — Benützung und Entlehnung zwanglos. — Keine Versendung. — Ueber Eingabe des medicinischen Professorencollegiums 1897 vom k. k. M. f. C. u. U. obgenannte Dotation bewilligt. — Klinische Medicin (fast ausschliesslich Zeitschriften).

253. Institut für allgemeine und experimentelle Pathologie. — Ende 1898: 236 Bde. — Vorstand: Prof. Dr. Moriz Loewit. — Nur zu eigenem Gebrauche, gelegentlich aber auch für andere Professoren und Aerzte benützbar.

254. Institut für gerichtliche Medicin. — 350 Bde. — Jahresdotation je nach Bedarf, ca. 200—250 Gulden. — Vorstand: Prof. Dr. Carl Ipsen; Assistent: Dr. Franz Lucksch. — Bandkatalog. — Benützbar täglich von 8—12 und 2—7 Uhr mit Ausnahme der Semesterferien und der Feiertage. — Keine Entlehnungen und Versendungen. — Gerichtliche Medicin und die verwandten Gebiete der Hygiene, Chemie, pathologische Anatomie.

255. Anatomisches Institut. — 1116 Werke. — Dotation je nach Bedarf der allgemeinen entnommen. — Vorstand: Prof. Dr. Ferdinand Hochstetter. — Zettelkatalog. — Benützbar für Alle, die sich mit einschlägigen wissenschaftlichen Arbeiten beschäftigen, nach vorher erhaltener Erlaubniss. — Entlehnungen nur ausnahmsweise.

256. Hygienisches Institut, Grenzstrasse, besitzt dermalen nur wenige, noch nicht inventarisirte Hand- und Nach-

schlagebücher über Hygiene, Chemie, Bacteriologie (ca. 15 Werke); diese stehen zunächst nur den Hörern des Institutes innerhalb desselben, nach Hause jedoch nur auf einen Tag zur Verfügung, können aber von 9 Uhr früh bis 6 Uhr abends auch anderen Interessenten zur Benützung im Institute verabfolgt werden. — Ebenso ist dies mit den ca. 300 Werken aus dem Privatbesitze des Vorstandes (Prof. Dr. Alois Lode) der Fall.

257. Physikalisches Institut. — 179 Bde. — Dotation ca. 60—80 Gulden aus der Institutsdotation. — Vorstand: Prof. Dr. Ignaz Klemenčič; Assistent: Doc. Dr. Michael Radaković. — Keine bestimmten Bibl.-Stunden. — Keine Entlehnungen und Versendungen. — Physik.

258. Chemisches Laboratorium. — 1130 Bde. — Der Bücherankauf erfolgt je nach Bedarf aus der Dotation des Institutes. — Vorstand: Prof. Dr. Karl Senhofer. — Inventarkatalog.

259. Meteorologisches Observatorium. — Ca. 300 Bde. — Jahresdotation 20—30 Gulden, der allgemeinen Dotation entnommen. — Vorstand: Prof. Dr. Paul Czermak. — Katalog in Ausarbeitung. — Entlehnungen an Studirende. — 1890 durch Prof. Dr. Josef M. Pernter ins Leben gerufen. — Zum grössten Theile durch Tauschverkehr mit anderen Observatorien vermehrt. — Fachliteratur.

260. Seminar für Mathematik und mathematische Physik. — 298 Bde. — Jahresdotation seit 1897 100 Gulden. — Vorstände: Prof. Dr. Otto Stolz, Prof. Dr. Karl Exner, Prof. Dr. Wilhelm Wirtinger. — Inventarkatalog, alphabet. Zettel- und Fachkatalog. — Entlehnungen nur an die Theilnehmer der Seminarübungen. — Gegr. 1879 aus den Doubletten der Baumgarten'schen Schenkung an die Universitätsbibl., vermehrt durch die ordentliche Dotation seit 1897, durch die ausserordentlichen Dotationen aus Stipendienresten.

261. Germanistisches Seminar. — 594 Werke in ca. 900 Bdn. und Heften. — Ohne feste Dotation; für die Bibl. wird verwendet, was von den acht systemisirten Stipendien von je 30 Gulden erübrigt, durchschnittlich 120 Gulden. — Vorstände: Prof. Dr. Joseph Wackernell, Prof. Dr. Joseph Seemüller. — Zettelkatalog. — Benützbar derzeit nur für Mitglieder zu den Stunden der Seminarübungen, nach Bestellung eines Dieners den ganzen Tag. — Ebenso Entlehnungen. — Keine Versendungen. — Gegr. 1875, seit Sommer-

semester 1899 eigene Räumlichkeit. — Deutsche Philologie im gesammten Umfange.

Die Leopold Franzens-Universität zu Innsbruck. 1848—1898. Festschrift. Innsbruck 1899, S 37.

262. Historisches Seminar, Museumstrasse 16, II. — 619 Bde. — Jahresdotation 200 Gulden. — Vorstände: Prof. Dr. Ludwig Pastor und Prof. Dr. Emil v. Ottenthal. — Alphabet. Zettel- und Nummernkatalog. — Nur für den Gebrauch der Mitglieder und Theilnehmer des historischen Seminars. — Entlehnungen und Versendungen nur in besonderen, durch die Seminarvorstände zu beurtheilenden Ausnahmsfällen. — Gegr. 1871. — Geschichte.

Die Leopold Franzens-Universität zu Innsbruck 1848—1898. Innsbruck 1899, S. 41.

Joachimsthal (Böhmen)

263. **Städtisches Archiv** besitzt eine sehr alte Bibl. mit werthvollen, bis in das 15. Jhdt. reichenden Handschriften, darunter die Bergpredigten des Magisters Mathesius und Werke des Agricola, leider nicht bibliothekarisch genau geordnet.

264. **Freilesehalle und Freibibliothek.** — 1346 Werke, 5 Tagesblätter, 5 Wochenblätter, mehrere illustrirte, sowie Witzblätter und 7 Fachzeitungen. — Jahresdotation von der Sparcassa 200 Gulden, davon für Neuanschaffungen 120 Gulden, da bei der ziemlich starken Frequenz 25% Abnützung. — Vorstand: Gustav Nestel Edler v. Eichhausen, k. k. Landesgerichtsrath; Obmann-Stellvertreter: Anton Müller, k. k. Bezirksschulinspector; Cassier: Robert Kuhn, k. k. Bergcontrolor; Schriftführerin: Anna Lorenz, Bürgerschullehrerin; Bibliothekare: Emanuel Schönfelder, Julius Samuel und Lehrer Rauscher; 58 beitragende Mitglieder. — Inventar- und alphabet. Bandkatalog. — Die Lesehalle ist für jedermann an Werktagen von 5—10 Uhr abends, an Sonn- und Feiertagen mit Ausnahme des ersten Weihnachts-, des Oster- und Pfingstsonntages von 9—12 Uhr vorm. und 2—10 Uhr abends geöffnet. Bücherausgabe nur Sonntag von 2—4 Uhr nachm. — Im Jahre 1898 zählte der Verein 2921 Entlehner und 2663 Besucher der Lesehalle.

265. **Gabelsberger Stenographenverein**, Gasthaus zur Stadt Wien. — 321 Bde. — Jahresdotation je nach Bedarf. — Obmann: F. Cartellieri, k. k. Notar; Bibliothekar: Der Bücherwart des Vereines. — Ein handschriftlicher Accessionskatalog

und Inventar; ein gedruckter Materienkatalog. — Benützbar an den Vereinsabenden. — Entlehnung und Versendung an Vereinsmitglieder auf 14 Tage. — Gegr. 1889.

Ischl (Ober-Oesterr.).

266. **K. k. Centralbibliothek der alpinen Salinenverwaltungen,** Salinenverwaltungsgebäude, Wirerstrasse 8. — 2150 Bde. (Drucke und Handschriften.) — Jahresdotation ca. 240 Gulden. — Vorstand: Bergrath und Vorstand der k. k. Salinenverwaltung Carl v. Balzberg; Bibliothekar: ein Kanzlist. — Ein Accessionskatalog. — Für die Beamten der alpinen Salinenverwaltungen Ebensee, Ischl, Hallstatt, Aussee, Hall und Hallein zu jeder Zeit benützbar. — Entlehnung und Versendung nur an die genannten Anstalten gegen Empfangsbestätigung, doch nicht über Jahresfrist. — Die Bibl. wurde als Salinenoberamtsbibl. gegen Ende des vorigen Jhdts. gegr. und ging nach Auflösung des Salinenoberamtes 1850 in das Eigenthum der Salinen- und Forstdirection Gmunden über; nach Auflösung der letzteren i. J. 1868 kamen die das Forstwesen betreffenden Zeitschriften, die Gesetzsammlungen und andere juridische Werke an das k. k. Oberforstamt in Ebensee, die übrigen Werke an die k. k. Salinenverwaltung Ischl. — Besondere Pflege finden Berg-, Sudhüttenbetriebs- und maschinentechnische Wissenschaften, sowie Elektrotechnik.

267. **Pfarrbibliothek,** zugleich Bibl. des katholischen Gesellenvereines, Pfarrhofgebäude. — Ca. 1000 Werke. — Jahresdotation 30 Gulden. — Bibliothekar: Peter Bandzauner; die Verwaltung der Bibl. wird vom Vicepräses und den Ordnern des katholischen Gesellenvereines besorgt. — Ein Zettel- und ein alphabet. Katalog. — October bis Mai jeden Sonntag von 1 Uhr an geöffnet und unentgeltlich benützbar; Mitglieder des Gesellenvereines haben täglich abends freien Zutritt und auch das Recht der Entlehnung. Eine Versendung findet nicht statt. — Gegr. 1889, pflegt die Bibl. vorzugsweise das Gebiet der Geschichte.

268. **K. k. Salinenverwaltung,** Wirerstrasse 8. — 720 Bde. — Jahresdotation ca. 90 Gulden. — Gesetze, Verordnungen, Handbücher, Statistik, Amtszeitungen.

269. **Volksbücherei** (Ortsgruppe des oberösterreichischen Volksbildungsvereines). — 1600 Bde. und Hefte unterhaltenden und wissenschaftlichen Inhaltes. — In den Monaten October bis Mai jeden Sonntag von 8—10 Uhr unentgeltlich be-

6*

nützbar. — Entlehnungen auf vier Wochen, aber keine Versendungen. — Bibliothekar: Alois Gassner, Oekonom.

Jungbunzlau (Ml. Boleslav, Böhmen).

270. **[K. k. Staats-]Gymnasium** (Cís. král. státní vyšší gymnasium. — *a)* Lehrerbibl. 3157 Werke in 5303 Bdn. und 620 Heften, 5310 Programme; *b)* Schülerbibl. 2660 Werke in 5060 Bdn. und 125 Heften. — Director: Josef Postatný; Bibliothekar: Prof. Jan Weger. — 1688 von Graf Czernin in Kosmanos gegr., 1786 nach Jungbunzlau verlegt. Seit 1868 Piaristenuntergymn. und Communalobergymn. 1881 verstaatlicht.

Weger, Jan. Katalog bibliotheky professorské. In: Program cís. král. státního vyššího gymnasia v Ml. Boleslavi. V Mladé Boleslavi 1898.

Nach dem letzten Jahresberichte gearbeitet, da der Fragebogen nicht beantwortet wurde.

Kaaden (Böhmen).

271. **Franciscanerconvent.** — *a)* grosse Bibl. 2119 Bde.; *b)* kleine Bibl. 1121 Bde., 6 Handschriften, ca. 100 Incunabeln. — Jahresdotation je nach Bedarf. — Guardian und Bibliothekar: P. Adalbert Chvojan. — Handschriftlicher alphabet. Katalog. — Benützbar nur in Gegenwart eines Conventmitgliedes. — Keine Entlehnungen und Versendungen. (Verboten durch die „Leges Bibliothecae" und päpstliche Verordnungen.) — Gegr. zugleich mit dem Kloster 1473. — Meist theologische, aber auch alle anderen Fächer vertreten.

272. **[K. k. Staats-]Gymnasium.** — *a)* Lehrerbibl. 1405 Werke in 2314 Bdn., 1558 Programme; *b)* Schülerbibl. 1001 Werke. — Director: Moriz Plahl: Verwalter von *a)* Prof. Dr. Joseph Dorsch; von *b)* Prof. Joseph Hofmann. — Errichtet 1871 als Communalrealgymn.; 1874—1877 Obergymn., seit 1880 abermals Obergymn. 1891 verstaatlicht.

Dorsch, Joseph. Katalog der Lehrerbibl. In: Programm des deutschen k. k. Staats-Obergymn. in Kaaden. Kaaden 1898.

Nach dem letzten Jahresberichte gearbeitet, da der Fragebogen nicht beantwortet wurde.

Kalksburg (Nieder-Oesterr.).

273. **Collegium des Ordens der Gesellschaft Jesu** besitzt eine Hausbibl., zu welcher noch einige besondere Sammlungen für Ungarisch, Italienisch, Böhmisch, Naturgeschichte und Schülerbibl. in sechs Abtheilungen, sowie seit 1890 noch ein „Cabinet für kirchliche Kunst" und die damit verbundene Kunstbibl. mit 956 Werken in 1633 Bdn. gehören. Gesammt-

bestand ca. 27.000 Bde. — Jahresdotation je nach Bedarf, für die Schulbibl. 400 Gulden. — Bibl.-Vorstand: ein Priester; für die Schülerbibl. sorgt der Generalpräfect und die jeweiligen Präfecten der einzelnen Abtheilungen. Custos der Kunstbibl.: P. Ladislaus Velics. — Handschriftliche alphabet. Fachkataloge in Zettelform und Bandkataloge. — Versendungen nur ausnahmsweise mit besonderer Erlaubniss des Hausoberen und unter gewissen von Fall zu Fall festgestellten Bedingungen. — Die Gründung der Bibl. erfolgte zugleich mit jener des Collegiums i. J. 1857 (nach Jordan 1855). Es wurde dafür ein geräumiges Zimmer zur Verfügung gestellt, bis endlich nach mehreren Wechselfällen die Bibl. in fünf miteinander verbundenen Zimmern zum überwiegend grössten Theile untergebracht wurde. 1891 erhielt sie einen grösseren Zuwachs durch Graf Julius Janko, welcher dem Collegium den grössten Theil seiner Privatbibl. schenkte. 1892 wurde aus der Hinterlassenschaft des Prof. Friedrich Franz dessen trefflich geordnete philosophische Handbibl. angekauft. — Vertreten fast alle Fächer, besonders seit 1891. Besondere Sorgfalt erfahren die an dem Collegium vertretenen Lehrfächer.

Kaltern (Caldaro, Tirol).

274. **Franciscanerconvent.** — Ca. 8000—9000 Bde., 20—30 Handschriften, ca. 60 Incunabeln. — Jahresdotation je nach Bedarf. — Bibliothekar: ein Mitglied des Conventes. — Handschriftlicher alphabet. chronologischer und Zettelkatalog. — Mit specieller Erlaubniss des Guardian Entlehnungen auch an Nichtmitglieder des Convents unter besonders festzustellenden Bedingungen. — Gegr. zugleich mit dem Kloster (1638) von Erzherzogin Claudia v. Medici, Witwe des Erzherzogs Leopold (Regenten von Tirol und Bruders Kaiser Ferdinands II.). Hauptsächlich Theologie, und zwar Moraltheologie und Kirchengeschichte.

Kalwarya (Pacławska, Galizien).

275. **Minoritenconvent** (gegr. 1667). — Guardian: P. Alphonsus Ptaszek — Nähere Auskünfte nicht zu erlangen.

Kampora (Dalmatien).

276. **Franciscanerconvent.** — 1266 Bde., 5 Handschriften, 30 Incunabeln. — Keine Dotation. — Guardian und Bibliothekar: P. Casimir Jurić. — Alphabet. Bandkatalog Täg-

lich auch für nicht zum Convent gehörige, vertrauenswürdige Personen in Gegenwart des Bibliothekars benützbar. — Keine Entlehnung oder Versendung. — Gegr. 1498 durch Nachlässe der Conventmitglieder und Schenkungen. 1893 von dem gegenwärtigen Bibliothekar neu geordnet. — Hauptsächlich Theologie. aber auch Jurisprudenz, Geschichte, Philosophie.

Karlsbad (Böhmen).

277. **[Städtisches Kaiser Franz Joseph-Real- und Ober-]Gymnasium,** Elisabethquai Nr. 932. — *a)* Lehrerbibl. 787 Werke in 2235 Bdn., 988 Programme; *b)* Schülerbibl. 253 Werke in 490 Bdn. — Dotation 500 Gulden. — Director: Franz Grund; Custos der Lehrerbibl.: Prof. Dr. Friedrich Bauer; der Schülerbibl.: Prof. Franz Resiak. — 1 Bandkatalog (Accessionskatalog), 1 alphabet. Zettelkatalog, Fachkataloge. — Jederzeit zugänglich; Entlehnung *a)* an Mitglieder des Lehrkörpers. — Gegr. 1892. 1895 schenkte der Privatier Fischer aus Pirkenhammer seine Bibl. (649 Bde.) — Alle Gymnasialfächer.

Bibl.-Katalog soll im Jahresberichte für 1899/1900 erscheinen.

Karolinenthal (Karlín, Böhmen).

278. **[K. k. deutsche Staats-]Realschule.** — *a)* Lehrerbibl. 1231 Bde., 422 Hefte, 9920 Programme; *b)* Schülerbibl. 1349 Bde., 81 Hefte. — Director: Carl Wihlidal; Bibliothekar von *a)* Prof. Julius Seifert; von *b)* Prof. Vincenz Vřešťál. — 1875 als Unterrealschule gegr.; seit 1881 Oberrealschule.

Seifert, Julius. Katalog der Lehrerbibl. In: XXII. Jahresbericht der deutschen Staatsrealschule in Karolinenthal. Prag 1898.

Nach dem letzten Jahresberichte gearbeitet, da der Fragebogen nicht beantwortet wurde.

279. **[K. k. böhmische Staats-]Realschule** (Cís. král. česká vyšší realka). — *a)* Lehrerbibl. 3005 Werke in 4467 Bdn., 911 Heften, 52 Atlanten, 4105 Programme; *b)* Schülerbibl. 2365 Werke in 2770 Bdn. — Jahresdotation 450—500 Gulden. — Director: Dr. Jan Plašil; Custos für *a)* Prof. Ladislaus Dolanský; für *b)* Prof. Jan Nedoma. — Gegr. 1874 von der Gemeinde; 1883 verstaatlicht.

Nach dem letzten Jahresberichte gearbeitet, da der Fragebogen nicht beantwortet wurde.

Katzelsdorf (Nieder-Oesterr.).

280. **Redemptoristencollegium** hat eine grössere, zum rein internen Gebrauche bestimmte Bibl. — Rector: Dr. Franz Příkryl.

Kenty (Galizien).

281. **Reformatenkloster.** — 300, nach Pizzala 923 Bde. — Jahresdotation 10 Gulden. — Vorstand: Guardian P. Melchior Kruczyński. — Alphabet. Katalog. — Benützbar nur für Ordensmitglieder. — Keine Entlehnungen und Versendungen. — Entstand zugleich mit dem Convent 1699. — Vertreten Theologie (lat.), Predigten (poln.), Jus canonicum, ascetische Werke.

Klagenfurt (Kärnten).

282. **Casino,** „Hotel Kärntnerhof". — 1400 Werke. — Jahresdotation 80—100 Gulden. — Ein jährlich aus den Mitgliedern gewählter Bibliothekar. — Gedruckter alphabet. Katalog a. d. J. 1893. — Entlehnung an Mitglieder auf 4 Wochen. — Gegr. zugleich mit dem Vereine im 4. Decennium des 19. Jhdts. — Hauptsächlich vertreten Conversationslexika, Zeitschriften, Belletristik.

Kataloge erscheinen von Zeit zu Zeit im Drucke.

283. **Kärntner Gabelsberger Stenographenverein,** landschaftliche Burg, 2. Stock. — Ende 1898: 814 Bde. — Jahresdotation ca. 40 Gulden. — Vorstand: Joseph Opl; Bücherwart: Rudolph Alber, Rechnungsofficial der k. k. Landesregierung. — Bandkatalog mit Schlagworten. — Benützbar Montag von 12—12½ Uhr für Mitglieder und Schüler des Vereines. — Ebenso Entlehnungen und Versendungen auf 6 Wochen gegen Ersatz der Kosten. — Gegr. zugleich mit dem Vereine 1863. — Fast ausschliesslich Gabelsberger'sche Stenographie, doch auch andere Stenographiesysteme.

284. **Geschichtsverein für Kärnten** im Landesmuseum Rudolfinum, 2. Stock. — Ca. 25.000 Bde., 45 Incunabeln; die Handschriften bilden einen Bestandtheil des Archivs. — Jahresdotation ca. 300 Gulden; überdies lebhafter Tauschverkehr. — Bibliothekar: August Jaksch Ritter v. Wartenhorst, Landesarchivar. — Inventar-, wissenschaftlicher Zettel- und alphabet. Bandkatalog (nach Formaten getrennt) vom jetzigen Bibliothekar geordnet (1888—1890). — Benützbar von 9—12 und 3—5 Uhr. — Entlehnungen und Versendungen wie bei Staatsbibl. — Gegr. 1844. Schon 1847 betrug die Bibl. 2036 Bde., 133 Handschriften. — Geschichte im weitesten Sinne des Wortes, speciell Landesgeschichte Kärntens und Oesterreichs, sonst alle Wissenschaften mit Ausnahme der Naturwissenschaften.

Ankershofen, Frh. v. Handschriften der Sammlung des hist. Ver. für Kärnten in Klagenfurt. In: Archiv für österr. Geschichte. I, 2 1848,

S. 71. — Jahresbericht des hist. Vereines für Kärnten in Klagenfurt. In: Carinthia. Mittheilungen des Geschichtsvereines für Kärnten. — Festschrift des Geschichtsvereines für Kärnten. Klagenfurt 1896.

285. **[K. k. Staats-]Gymnasium.** — *a)* Lehrerbibl. 2412 Werke; *b)* Schülerbibl. 3776 Bde. und Hefte. — Director: Dr. Robert Latzel; Custos für *a)* Prof. Johann Gessler; für *b)* Prof. Alois Grillitsch. — Gegr. 1563, 1604 den Jesuiten übergeben; seit 1613 sechs, seit 1631 sieben Classen; 1807 eingewanderten Benedictinern von St. Paul übergeben. 1871 Staatsgymn.

Katalog der Lehrerbibl. des k. k. Staatsgymn. In: XLVIII. Programm des Staatsobergymn. zu Klagenfurt. Klagenfurt 1898.

Nach dem letzten Jahresberichte gearbeitet, da der Fragebogen nicht beantwortet wurde.

286. **Kärntner Handels- und Gewerbekammer.** — Die Bibl. ist eine Handbibl. und besteht aus ca. 2800 Bdn. — Jahresdotation 400 Gulden. — Ein handschriftlicher alphabet. nach Schlagworten geordneter Katalog. — Das Verfügungsrecht über die Benützung der Bibl. hat das Kammerpräsidium. — Benützbar für die Kammerinteressenten während der Amtsstunden. — Nur ausnahmsweise Entlehnung oder Versendung. — Die Bibl. besteht seit dem Jahre 1850 und hat zumeist durch Kauf ihren gegenwärtigen Stand erreicht. — Vertreten sind Rechts- und Staatswissenschaften, Gesetzeskunde, Volkswirthschaft, Land- und Forstwirthschaft, Gewerbewirthschaft, Technologie, Bau- und Hüttenwesen, Gewerbs- und Industriezweige, Arbeits- und Arbeiterwesen, Credit- und Bankwesen, Handel und Handelskunde, Verkehrs- und Ausstellungswesen, Statistik, Geographie, Finanz- und Zollwesen.

287. **Kärntner Industrie- und Gewerbeverein** im Landesmuseum Rudolfinum, Museumsgasse 2. — 1250 Werke in ca. 3000 Bdn. — Jahresdotation ca. 100 Gulden. — Vorstand: Hermann Hinterhuber, k. k. Bergrath; Custos und Vereinssecretär: Rudolf Ritter v. Hauer; 1 Diener. — Ein handschriftlicher alphabet. Katalog und ein gedruckter Auszug hieraus, nach Fächern geordnet. — Während der Kanzleistunden, aber auch sonst nach Bedarf zugänglich; Bücher werden gegen Revers entlehnt und versendet. — Gegr. gleichzeitig mit der Errichtung des Vereines i. J. 1850. — Vertreten Industrie, Gewerbe, Unterricht, Fachzeitschriften.

288. **Kärntner-Verein,** Kanzlei: landschaftliche Burg. — 629 Bde. — Jahresdotation 150 Gulden. — Vorstand: Prof. Dr. Joseph Mitteregger; Vorstand-Stellvertreter: Landesgerichtsrath Anton Stanfel; Secretär: Anton Ohrfandl; 1 Diener.

— Zettelkatalog. — Nur Handbibl. zum Zwecke der Herausgabe des Vereinsorganes „Kärntnerisches Gemeindeblatt". — Keine Entlehnungen und Versendungen. — Als Handbibl. der Schriftleitung des „Kärntnerischen Gemeindeblattes" 1873 gegr., ging die Bibl. 1884 in den Besitz des neugegründeten Vereines über. — Verwaltungsrecht und Carinthia, insbesondere fremde Literatur.

289. **Naturhistorisches Landesmuseum von Kärnten** im Rudolfinum, Museumsgasse 2. — 3000 Werke in ca. 6175 Bdn. — Jahresdotation 300 Gulden. — Vorstand: Ferdinand Seeland, k. k. Oberbergrath: Bibliothekar: Wenzel Hofbauer, Bergingenieur. — Ein Zettel- und ein Bandkatalog (letzterer als Accessionskatalog geführt). — Vorm. von 9—12, nachm. von 2—6 Uhr geöffnet. — Entlehnung an Mitglieder des Museumsvereines auf 30 Tage; ebenso Versendung. — Gegr. 1848. Den Grundstock bildete die Bibl. des Anton Graf Goëss, der die naturhistorische Abtheilung seiner Büchersammlung dem Museum zur Verfügung stellte. — Vorzugsweise finden die Naturwissenschaften Pflege.

290. **Fürstbischöfliches Priesterseminar.** — Ca. 17.000 Bde. — Jahresdotation ca. 150 Gulden. — Alphabet. Zettelkatalog. — Benützbar nur für die Alumnen zu besonders festgesetzten Stunden. — Keine Entlehnungen und Versendungen. — Theologie, Philosophie, Geschichte und Literatur.

291. **[K. k. Staats-]Realschule,** Bahnhofstrasse 37. — *a)* Lehrerbibl. 3762 Bde. und Hefte; *b)* Schülerbibl. 3809 Bde. — Jahresdotation (aus Landesmitteln) 150 Gulden. — Director: Joseph Opl; Bibliothekar: Schulrath Prof. Raimund Dürnwirth. — Bandkatalog nach Fachgruppen geordnet. — Zugänglich für Mitglieder des Lehrpersonales an allen Wochentagen. — Ebenso Entlehnungen; ausnahmsweise und mit besonderer Bewilligung des Directors auch an andere distinguirte Personen. — Versendungen nur an die Directionen der Mittelschulen Kärntens. — Gegr. 1853. — Grössere Schenkungen vom k. k. Ministerium f. Cultus und Unterr., der k. k. geolog. Reichsanstalt, der k. k. Central-Commission für Erforschung und Erhaltung der Baudenkmale und verschiedenen Privaten. — Besonders vertreten in *a)* Geographie, Geschichte, Statistik, deutsche Sprache und Literatur; in *b)* deutsche Sprache, Literatur und Jugendschriften.

Katalog der Lehrerbibl. In: XLI. Jahresbericht der Staatsoberrealschule zu Klagenfurt. Klagenfurt 1898.

292. **Residenz des Ordens der Gesellschaft Jesu.** — Ca. 17.000 Bde. — Jahresdotation 100—150 Gulden. — Zettel-

katalog. — Nur zu eigenem Gebrauche. — Für Auswärtige nur mit besonderer Bewilligung der Direction benützbar. — Vorzugsweise Theologie, Philosophie und Geschichte.

293. **K. k. Studienbibliothek,** Kaufmanngasse 11. — 46.180 Bde., darunter ca. 200 Incunabeln, 292 Handschriften. Ausserdem getrennt aufgestellt: Programmsammlung des k. k. Gymn. (19.505 Stück), Bibl. des kärntnerischen Aerztevereines (3611 Bde.), Bibl. der Section Klagenfurt des deutschen und österreichischen Alpenvereines (900 Bde., Hefte und Karten). — Jahresdotation 1200 Gulden, 1898 noch 580 Gulden a. o. Zuschuss. — Vorstand: Dr. Max Ortner, k. k. Custos; Scriptor: Dr. Gustav Zoepfl; 1 prov. Diener. — Hauptzettelkatalog, nach Standorten; Inventar (3 Bde.); alphabet. Bandkatalog (9 Bde.): systematischer Zettelkatalog, der nach und nach in einen Schlagwortkatalog umgewandelt werden soll; Hand-Fachkatalog für das Lesezimmer (5 Bde.); Inventar- und alphabet. Bandkatalog der Graf Goëss'schen Sammlung (2 vol.), systematischer Zettelkatalog der Programmsammlung; Inventar und alphabet. Zettelkatalog der Aertzevereinsbibl.; Inventar-, alphabet. Zettel- und Schlagwortkatalog der Alpenvereinsbibl. — Geöffnet: Montag bis Samstag von 9—12, Montag, Dienstag, Freitag von 3—5, Mittwoch, Samstag von 2—4 Uhr. — Bezüglich der Entlehnung und Versendung gelten die gesetzlichen Bestimmungen, die in liberalster Weise gehandhabt werden. Durch Unt.-Min.-Erl. vom 2. April 1898, Z. 6994, erhielt die gesammte Lehrerschaft Kärntens das Recht, aus der Bibl. Bücher zu entlehnen. — Gegr. im 16. Jhdt. von den protestantischen Ständen; das Gymn. sammt der ständischen Bibl. wurde 1604 von den Jesuiten übernommen. Nach Aufhebung der Jesuitenklöster und der Klöster Ossiach, Arnoldstein, St. Paul und Völkermarkt bildeten diese Bibl. den Grundstock der Lycealbibl., deren Ordnung dem Exjesuiten Baron v. Metzburg übertragen wurde. Unter den Geschenken ragen hervor: die Bibl. des Fürsten v. Rosenberg; 1806 Geschenk des Grafen Peter Goëss, meist romanische Literatur (6000 Bde.); 1897 die beiden genannten Vereinsbibl. — Anschaffungen den Bedürfnissen entsprechend.

Graf, Rainer. Chronik des Gymn. in Klagenfurt. (Gymn.-Progr. 1851.) Ankershofen, Gottl. Freih. v. und J. H. Hermann. Handbuch der Gesch. des Herzogthums Kärnten. Klagenfurt 1813—1864. Bd. III, 162. — Budik, P. A. Merkwürdige Handschriften der k. k. Bibl. zu Klagenfurt. In: Neues Archiv f. Geschichte. 11, 1830, S. 757. — Budik, P. A. Handschriften der k. k. Bibl. zu Klagenfurt. In: Oesterr. Blätter f. Literatur 1845, S. 648, 671.

294. **Höhere Töchterschule.** — 133 Bde. — Jahresdotation je nach Bedarf. — Director: Johann Braumüller; Biblio-

thekarin: Lehrerin Anna Pickart. — Bandkatalog. — Keine bestimmten Bibl.-Stunden. — Entlehnungen an das Lehrpersonale. — Keine Versendungen. — Gegr. 1896. Schöne Literatur und Pädagogik.

295. **Deutsche Volksbücherei** der Südmark-Ortsgruppe (in Gründung begriffen) hat bisher ca. 2000 Bde. gesammelt. — Obmann: Max Burger. — Grösstentheils Belletristik.

Klattau (Klatov, Böhmen).

296. **[K. k. Staats-Real- und Ober-]Gymnasium** (C. k. státní realný a vyšší gymnasium). — *a)* Lehrerbibl. 3613 Werke in 1508 Bdn. und 4809 Heften, 5657 Programme; *b)* Schülerbibl. 1653 Werke in 1801 Bdn. (čech. Abth.), 340 Werke in 546 Bdn. (deutsche Abth.). — Für alle Lehrmittelsammlungen der Anstalt standen 1897/98 693 Gulden zur Verfügung. — Director: Robert Beer; Custos für *a)* Prof. Jan Zelenka; für *b)* Prof. František Nekola. — Gegr. 1661 als Jesuitengymn.; 1780 nach Pisek verlegt, 1812 den Benedictinern übergeben; seit 1850 Obergymn., seit 1873 Realobergymn. 1880 verstaatlicht.

Nach dem letzten Jahresberichte gearbeitet, da der Fragebogen nicht beantwortet wurde.

297. **Museum der kgl. Stadt Klattau** (Museum král. města Klatov). *a)* Allg. Theil: 469 Bde., darunter 15 Bde. Incunabeln theolog. Inhaltes; *b)* 560 Bde. Bohemica. — Jahresdotation für Bücherankauf ca. 100 Gulden. — Präses des Museumscuratoriums: Rob. Beer, Gymn.-Director; Secretär und Custos: Dr. Carl Hostaš. — Bandkatalog. — Entlehnungen gegen Caution. — Gegr. mit dem Museum 1882. — Naturgeschichte, Medicin, Jurisprudenz, Theologie, Geschichte und Geographie, Varia. — Mit der Bibl. ist das Stadtarchiv (Stadtbücher vom 16. Jhdt. angefangen und Urkunden) verbunden.

Klosterneuburg (Nieder-Oesterr.).

298. **Sammlung Helfert.** — Ihre Anfänge stammen a. d. J. 1848, wo der jetzige Geh.-R. Dr. Alexander Baron Helfert Universitätsprof. für römisches und Kirchenrecht an der Universität in Krakau war. Seither war und ist der Besitzer eifrig auf die Ergänzung der werthvollen Sammlung bedacht, und es gelang ihm, um nur einige Beispiele hervorzuheben, die Mailänder Placatensammlung des Senatspräsidenten Alois Pederzani, Keil's „Leuchtthurm" 1848, „Stella, Ueber die sociale Frage. Wien 1848", „Kalina. Jaroslav Kšaft" u. a. zu erwerben. — Die Sammlung besteht aus folgenden Theilen, für

deren jeden separate Kataloge bestehen: 1. Tagesschriften; 2. Bilder, und zwar a) Auftritte, Schauplätze, Costumes, Caricaturen etc.: b) Porträts: 3. Münzen und Geldzeichen: 4. Musikalien; 5. Bibl.: 6. Zeitungen und Zeitschriften: 7. Varia: 8. Mappen. — In Bezug auf Katalogisirung und Ordnung zerfallen diese Theile wieder in folgende Gruppen, und zwar 1α: datirte und nach dem Datum geordnete; 1β: undatirte Tagesschriften: 2α: selbständig ausgegebene Bilder, 2β: artistische Beigaben zu Druckwerken; 3α: metallene Geldzeichen. 3β: Papiergeld und Münzsorten; 4α: Tänze, 4β: Märsche, 4γ: Lieder, 4δ: Ouverturen, Tongemälde, Variationen etc.; 5 umfasst alle Druckwerke über 50 Seiten; es besteht dafür ein Aufstellungsverzeichniss, ein sachlicher Katalog und ein für beide gemeinsames alphabet. Register; 6α: gebundene Zeitungen und Zeitschriften, 6β: geheftete Periodica oder solche in Umschlag, 6γ: Membra disiecta; ein Katalog ist nach diesen Gesichtspunkten, ein zweiter topographischer nach dem Druckort angelegt; 7 enthält Autographe, Nestroy-Album, Studenten-Petition der Olmützer Universität, Daguerrotyps, Porträts in Wachs oder Gyps, Porzellanfigürchen, Spielkarten, kurzlebige Zeitschriften u. dgl.: 8 Mappen mit den auf die Jahre 1848 und 1849 sich beziehenden Ausschnitten aus späteren Zeitungen und Zeitschriften. — Neben dieser 48er Sammlung besitzt Baron Helfert noch eine reichhaltige Bibl., die jedoch weder katalogisirt noch gezählt ist.

Sammlung Helfert. Die österreichische Revolution im Zusammenhang mit der mitteleuropäischen Bewegung der Jahre 1848 und 1849 in Wort und Ton, in Bild und Erz. Wien und Leipzig 1898.

299. **Stift der Augustiner-Chorherren.** — Ca. 70.000 Bde., 1460 Incunabeln, 1250 Handschriften. — Jahresdotation je nach Bedarf. — Bibliothekar: Prof. Aegyd Kopriva; 1 Diener. — Handschriftlich: Handschriften-, Incunabel-, alphabet. und system. Katalog. Eine Neubearbeitung des letzteren in Ausarbeitung. Gegen Anmeldung jedermann täglich im Arbeitszimmer zugänglich mit Ausnahme der Sonn- und Feiertage wie der Sommerferien. — Handschriften werden laut Bibl.-Ordnung nur in der Bibl. benützt, Bücher nur an Stiftsmitglieder entlehnt. — Der Gründer des Stiftes, Leopold der Heilige aus dem Geschlechte der Babenberger, schenkte dem Kloster eine vollständige Bibel und ein Missale ca. 1135 n. Chr. Nach dem Handschriftenverzeichnisse im Cod. 838 und dem Bücherverzeichnisse des Bibliothekars Martin (1330), in welchem 366 Handschriften angeführt sind, fand die Bibl. raschen Zuwachs. Unter dem Propste Ambros Lorenz (1772—1781) wurde dieselbe, 20.000 Bde. stark, in vier Zimmern des neuen Stifts-

gebäudes aufgestellt. 1836 wurde der grosse Bibl.-Saal eingerichtet, neben welchem noch ein Zimmer zur Aufstellung der Handschriften und Incunabeln diente. 1886 Adaptirung weiterer sechs Zimmer zu Bibl.-Zwecken. — Vertreten beinahe alle Wissenschaften, vorzugsweise Theologie.

Chmel, J. Handschriften in österr. Bibl., nachgewiesen von Mone. In: Der österr. Geschichtsforscher II, 2, 1841. Not.-Bl., S. 52. — Zeibig, H. J. Die Bibl. des Stiftes Klosterneuburg. Wien 1850. — Wattenbach, W. Handschriften des Stiftes Klosterneuburg. In: Archiv f. ält. deutsche Gesch. X, 1851. S. 593. — Kostersitz, Ubald. Das Chorherrenstift Klosterneuburg. In: Ein Chorherrenbuch. Von Seb. Brunner. Würzburg 1883. — Drexler, Carl. Das Stift Klosterneuburg. Wien 1891. — Wache, P. Die theologische Lehranstalt des Augustiner Chorherrenstiftes in Klosterneuburg. Wien 1891.

Knin (Dalmatien).

300. **Franciscanerconvent.** — 695 Bde. — Zettelkatalog. — Dotation je nach Bedarf. — Entlehnungen nur an Ordensmitglieder. — Keine Versendungen. — Guardian und Bibliothekar: P. Andreas Vukićević. — Gegr. zugleich mit dem Convent gegen Ende des XVII. Jhdts. (1689).

Königgrätz (Hradec Král., Böhmen).

301. **[K. k. Staats-]Gymnasium** (C. k. státní gymnasium). *a)* Lehrerbibl. 5595 Bde.; *b)* Schülerbibl. 1391 Bde. — Jahresdotation für *a)* und *b)* ca. 350 Gulden. — Director: Wilh. Steinmann; Custoden je ein Prof. der Anstalt. — *a)* Band- und Zettelkatalog; *b)* ein Bandkatalog. — Entlehnungen für Mitglieder des Lehrkörpers zu jeder, für Schüler zu genau bestimmter Zeit. Versendungen an Directionen anderer Mittelschulen. — Gegr. zugleich mit der Anstalt 1636 (reorg. 1850). — Alle Wissenschaften des Gymn.

Ein Theil des Lehrerkataloges veröffentl. im Progr. d. Anstalt 1897/98.

302. **Oeffentliche höhere Handelsschule** (Vyšší obchodní škola). — *a)* Lehrerbibl. 705 Bde.; *b)* Schülerbibl. 389 Bde. — Jahresdotation 400 Gulden. — Director: Joseph Pazourek; Bibliothekar für *a)* Prof. Joseph Vocásek; für *b)* Prof. Johann Stejskal. — Ein Zettelkatalog nach Fächern. — Benützbar *a)* für die Mitglieder des Lehrkörpers, *b)* für die Schüler während der Schulzeit. — Ebenso Entlehnungen. — Keine Versendungen. — Gegr. 1895. — Besonders Handelswissenschaften.

303. **Bischöfliches Priesterseminar** besitzt eine Hausbibl. von ungefähr 5000 Bdn. zur ausschliesslichen Benützung der Prof. und Alumnen. — Für ihre Erhaltung und Vermehrung werden jährlich aus der Hauptcasse etwa 60—80 Gulden dem

jeweiligen Vicerector zur Verfügung gestellt. — Rector: P. Anton Suchánek.

304. **[K. k. Staats-]Realschule** (C. k. vyšší realná škola). — *a)* Lehrerbibl. 1852 Werke in 3124 Bdn., 3834 Programme; *b)* Schülerbibl. 2035 Werke in 2612 Bdn. Director: Karel Brož: Custos für *a)* Prof. Bedřich Konvalinka; für *b)* Realschul-Lehrer Dr. Jaroslav O. Hruška. 1851 als unselbständige Communal-Unterrealschule gegr., seit 1870 Oberrealschule, 1886 verstaatlicht.

Konvalinka, Bedřich. Seznam knih učitelské knihovny. In: Výroční zpráva c. k. vyšší realné školy v Hradci Králové. V Hradci Králové 1898. Nach dem letzten Jahresberichte gearbeitet, da der Fragebogen nicht beantwortet wurde.

Königinhof (Král. Dvora, Böhmen).

305. **[Kaiser Franz Josef-Communal-]Gymnasium** (Vyšší gymnasium Františka Josefa). — *a)* Lehrerbibl. ca. 350 Werke in 500 Bdn.; *b)* Schülerbibl. ca. 700 Bde. — Director: Otakar Saitz; Custos für *a)* Prov. Lehrer Zdeněk Kuffner; für *b)* Prof. Alois Mesány. — Gegr. 1890.

Nach dem letzten Jahresberichte gearbeitet, da der Fragebogen nicht beantwortet wurde.

306. **Literarischer und Leseverein „Slavoj"** (Literární a čtenářský spolek „Slavoj"), Sokolov. — 2600 Bde. - Jahresdotation 300 Gulden aus Mitglieder- und Gemeindebeiträgen. — Vorstand: Dr. Nedbal; 6 Functionäre, aus denen 2 Bibliothekare bestimmt werden. — Ein alphabet. Autorenzettelkatalog, ein Fachkatalog in vier Gruppen, nach dem Einlaufe geordnet. — Sonntag von 11—12 und Mittwoch von 7 bis 8 Uhr abends geöffnet. — Entlehnungen auf 4 Wochen. — Keine Versendung. — Gegr. 1880. — Hauptsächlich Belletristik und unterhaltende Zeitschriften.

Gedruckter Katalog aus dem Jahre 1895.

Königswart (Kinžwart, Böhmen).

307. **Fürstlich v. Metternich-Winneburg'sche Familien-Fideicommiss-Bibliothek.** — 37.000 Bde.; ca. 100 Incunabeln; 30 bis 40 Handschriften. — Jahresdotation je nach Bedarf. — Vorstand und Museumsdirector: P. Albert Leuchtweis, Dominikaner; 1 Diener. Ein Zettel- und ein Bandkatalog in alphabet. Ordnung, letzterer als catalogus rerum und catalogus auctorum. — Zugänglich und mit besonderer Erlaubniss benützbar im Sommer Sonntag, Dienstag und Freitag. —

Keine Entlehnungen und Versendungen. — Entstanden aus der reichen Bücherei, welche Kurfürst Lothar v. Trier (1600 bis 1623) seinem Neffen hinterliess und dem Hause Metternich einverleibt wurde. Die von ersterem gesammelte Bibl. war in dem Familienhause zu Coblenz aufgestellt, wurde 1794 in Kisten auf die Festung Ehrenbreitenstein gebracht, trotz des in der Capitulation feierlich ausgesprochenen privaten Eigenthumsrechtes von den Commissären der französischen Republik als freies öffentliches Gut confiscirt und zum grossen Theile dem neu errichteten Lyceum zu Coblenz geschenkt. Während des Transportes in offenen Karren fielen viele Werke auf die Strasse; mehrere Bürger aus Coblenz schenkten solche Reste dem Staatskanzler Fürsten Clemens zu Metternich als Beweis altererbter Anhänglichkeit, als derselbe im Jahre 1818 Coblenz besuchte. Nach erfolgter Vereinigung der Rheinprovinz mit dem preussischen Staate gelangte die Familie Metternich wieder in den Besitz des noch übrig gebliebenen Theiles der kurfürstlich Lothar'schen Bibl. Bei dem Verkaufe des Fürstenthums Ochsenhausen an die Krone von Württemberg behielt sich Fürst Clemens einen Theil der dortigen Bibl. vor und überwies diese sowie andere Werke der Familien-Fideicommiss-Bibl. — Vertreten sind alle Wissenschaften.

Schum, W. Mittheilung über die fürstlich Metternich'sche Bibl. auf Schloss Königswart in Böhmen. In: Neues Archiv f. ält. deutsche Gesch. V. 1880, S. 457.

Kolin (Böhmen).

308. **[K. k. Staats-Real- und Ober-]Gymnasium** (Cís. král. realný a vyšší gymnasium). — *a)* Lehrerbibl. 1618 Werke in 2871 Bdn., 3752 Programme; *b)* Schülerbibl. 1549 Werke in 2056 Bdn. — Director: Josef Grim; Custos von *a)* Prof. František Zikmund; von *b)* prov. Lehrer Josef Martinovský. — Errichtet 1871 als Communal-Unterrealschule. Seit 1876 allmählich in ein Realgymn. verwandelt. Von 1880 an auf Kosten der Gemeinde und des Bezirkes mit den Classen des Obergymn. ergänzt. 1881 verstaatlicht.

Nach dem letzten Jahresberichte gearbeitet, da der Fragebogen nicht beantwortet wurde.

Kolomea (Galizien).

309. **[K. k. Staats-]Gymnasium** (C. k. gimnazyum). — *a)* Lehrerbibl. 4954 Bde.; *b)* Schülerbibl. 559 Bde. (deutsch), 535 Bde. (poln.), 239 Bde. (ruth.). — Director: Józef Skupniewicz; Custos für *a)* Prof. Dr. Wiktor Hahn; für *b)* Prof. Romuald Perfecki und Prof. Zacharyasz Dembitzer. Gegr.

1861 als Communal-Untergymn.; 1871 verstaatlicht und zu einem Staats-Real- und Obergymn. erweitert; seit 1878 reines Gymn.

Nach dem letzten Jahresberichte gearbeitet, da der Fragebogen nicht beantwortet wurde.

Komotau (Böhmen).

310. **[Communal-Ober-]Gymnasium.** *a)* Lehrerbibl. 2507 Werke in 4434 Bdn., 14.438 Programme; *b)* Schülerbibl. 1160 Werke in 2255 Bdn. — Jahresdotation ca. 200 Gulden. — Director: Dr. Clemens Salzer, Cist. O.; Bibliothekar für *a)* Prof. Gregor Fischer; für *b)* Prof. Heinrich Schürer. — Je ein Zettel- und Bandkatalog nach Schlagworten. — Benützbar *a)* täglich von 11—12 Uhr für die Mitglieder des Lehrkörpers, *b)* zu bestimmten Stunden für Schüler. — Ebenso Entlehnungen. — Keine Versendungen. — Trotzdem die Anstalt schon 1581 als Jesuitengymn. gegr. wurde, erfolgte die Anlage der Bibl. erst in diesem Jhdt. — Classische Philologie, deutsche Sprachwissenschaft, Geschichte, Mathematik, Naturgeschichte, Physik, Philosophie.

Kościejów (Galizien).

311. **Dominicanerexpositur.** — V. Lemberg, Dominicanerkloster.

Krainburg (Krain).

312. **[K. k. Kaiser Franz Josef-Staats-]Gymnasium.** — *a)* Lehrerbibl. ca. 900 Bde., 500 Hefte und 300 Programme; *b)* Schülerbibl. (deutsche und slovenische Abth.) ca. 650 Bde. — Director: Josef Hubad; Custos der Lehrer- und sloven. Schülerbibl.: Prof. Dr. Franz Perne; der deutschen Schülerbibl.: Prof. Franz Novak. — Gegr. als Untergymn. i. J. 1861, i. J. 1878 aufgelassen, 1880 wieder eröffnet; 1890—1894 abermals geschlossen.

Nach dem letzten Jahresberichte gearbeitet, da der Fragebogen nicht beantwortet wurde.

Krakau (Kraków, Galizien).

313. **Akademie der Wissenschaften** (Akademia Umiejętności), Stawkowskagasse 17. — 63.000 Bde., 1120 Handschriften. — Jahresdotation 350 Gulden. — Bibliothekar: Dr. Stanisław Windakiewicz, fünf Universitätshörer, mit Stipendien von der Akademie versehen, als Hilfskräfte. — General-Inventar, alphabet. Zettelkatalog; Inventar der Handschriften: Inventar

der verschiedenen Karten und Atlanten. — Benützbar ausser Montag, Sonn- und Feiertagen, täglich von 11—1 und 6—8 Uhr in erster Linie für Mitglieder der Akademie, sodann für die von Mitgliedern empfohlenen Personen. — Ebenso Entlehnungen der Bücher. — Handschriften nur ausnahmsweise auf Grund eines gemeinsamen Beschlusses des Vorstandes der Akademie. — Versendungen nur an öffentliche Anstalten und zur Benützung in deren Räumlichkeiten. — Gegr. 1857 bei der damaligen kaiserlichen Gesellschaft der Wissenschaften, welche i. J. 1873 in die Akademie der Wissenschaften umgestaltet wurde. Seit dieser Zeit vermehrte sie sich beträchtlich durch Geschenke einiger Privatsammlungen, unter welchen die Büchereien von Ciprian Walewski aus Warschau und Joseph Wereszczyński aus Paris hervorzuheben sind. Zuwachs ausschliesslich durch Austausch mit Publicationen wissenschaftlicher Gesellschaften und Anstalten. — Zweigbibl. in Paris, Quai d' Orléans 6.

Seredyński, W. T. Rękopiszmy Towarzystwa Naukowego. Kraków 1869.

314. **Militärwissenschaftlicher und Casinoverein.** — V. Krakau. Garnisonsbibl.

315. **Franciscaner- (Reformaten-)Convent.** — 6100 Bde. Jahresdotation ca. 50 Gulden. — Vorstand der Bibl.: P. Venantius Łyszczarczyk, O. M. Ref. — Alphabet. und Schlagwortkatalog. — Benützbar jederzeit auch für Fremde. Keine Entlehnungen und Versendungen. — Gegr. 1670. — Alle Wissenschaften, am meisten Sacra Scriptura 76, S. Patres et Expositores S. Scripturae 354, Conciones latinae 500, Concionatores polonici 251 + 459; Concionatores germ. 81, italici et gall. 50, Libri Reg. 282, Libri ascetici 726, Theolog. dogm. 692, Theol. moralis 482 Bde. etc. in 24 Abth.

316. **Garnisonsbibliothek,** VI. ulica Wielopole 15. — 5300 Werke in ca. 18.000 Bdn. — Jahresdotation ca. 1100 Gulden. — Präses: Oberst Anton Fiala; Bibliothekar: Oberlieut. Carl Freiherr v. Bussche-Ippenburg; ein aus der Mitte der Mitglieder frei gewählter Ausschuss; 1 Custos und 1 Diener. — Handschriftlich: *a)* Grundbuch-, *b)* Autoren-, *c)* Schlagwort-, *d)* Fach-Band- und *e)* Zettelkatalog. — Benützbar an Wochentagen von 10—12 und 2—7 Uhr, an Sonn- und Feiertagen von 9—12 Uhr für Mitglieder. — Entlehnungen nur an Mitglieder. — Keine Versendungen. — Gegr. 1867, erhalten und erweitert aus den Beiträgen (0·25 Kreuzer per Gagegulden des monatlichen Gehaltes) der Mitglieder. — Alle Wissenschaften, besonders Militärliteratur und Kriegswissenschaften; überdies Belletristik in verschiedenen Sprachen. — In Bezug

auf die Verwaltung ist die Bibl. des militärwissenschaftlichen und Casinovereines der Garnisonsbibl. angegliedert. Da sich jedoch diese bis heute kaum wesentlich über das Anfangsstadium entwickelte und dasselbe Ziel verfolgt, dürfte sie wohl der Garnisonsbibl. im Laufe der Zeit einverleibt werden.

Gedruckte Kataloge in gewissen Zwischenräumen.

317. [K. k. Staats-]**Gewerbeschule** (C. k. wyższa szkoła przemysłowa). — Ca. 14.000 Bde., 3000 Broschüren, 900 Karten. — Jahresdotation 720 Gulden; dazu Beiträge der Schüler ca. 150 Gulden. — Director: Johann Rotter; Bibliothekar: Prof. Karl Stadtmüller. — Handschriftlich: *a)* Zettelkatalog nach Autoren und Schlagwörtern; *b)* Zettelkatalog nach Fächern. — Entlehnungen jederzeit für die Mitglieder des Lehrkörpers, für Schüler jeden Sonntag. — Versendungen auf amtliches Verlangen oder an Private gegen Caution. — Bis 1833 waren in Krakau zwei sechsclassige Lyceen, St. Barbara und St. Anna. Ersteres wurde aufgehoben und daraus das technische Institut gebildet. Die aus den Jahren 1810 bis 1811 noch vorhandene, aus 11 Werken bestehende Bücherei bildet den Grundstock der Bibl. 1876 in eine gewerblich-technische Akademie umgewandelt, 1885 als Staatsgewerbeschule reorganisirt. Zahlreiche Schenkungen seit 1833; 1881 bereits 13.000 Bde. — Nur technische Werke.

318. [K. k. Staats-]**Gymnasium bei St. Anna** (C. k. gimnazyum nowodworski czyli św. Anny). — Lehrerbibl. ca. 5000 Werke. — Director: Leon Kulczyński; Custos: Prof. Jan Czubek. — Gegr. 1588.

Czubek, Jan. Katalog biblioteki nauczycielskiej c. k. gimnazyum św. Anny w Krakowie. In: Sprawozdanie dyrektora c. k. gimnazyum nowodworskiego. W Krakowie 1898.

Nach dem letzten Jahresberichte gearbeitet, da der Fragebogen nicht beantwortet wurde.

319. [K. k. Staats-]**Gymnasium bei St. Hyacinth** (C. k. gimnazyum św. Jacka). — *a)* Lehrerbibl. 2719 Werke in 4988 Bdn. und 65 Heften; *b)* Schülerbibl. 571 Werke in 1007 Bdn. (poln.) und 311 Werke in 138 Bdn. (deutsch). — Jahresdotation 200 Gulden. — Director: Tadeusz Skuba; Bibliothekar für *a)* Prof. Józef Kannenberg; für *b)* Prof. Mikołaj Mazanowski (für die poln. Abth.); Prof Eusebiusz Szajdzicki (für die deutsche Abth.). — Bandkatalog; alphabet. Zettelkatalog in Ausarbeitung. — Zugänglich *a)* nur für Mitglieder des Lehrkörpers, *b)* für Schüler. — Ebenso Entlehnungen. — Versendungen nur an galizische Mittelschulen über amtliches Ansuchen. — Gegr. 1857. — Alle an der Anstalt vertretenen Wissenschaften.

Ein gedruckter Bibl.-Katalog erscheint im Jahresprogramme der Anstalt pro 1898/99.

320. **[K. k. drittes Staats-]Gymnasium** (C. k. III. gimnazyum) besitzt eine Lehrer- und eine Schülerbibl. (deutsche und poln. Abth.). — Director: Stanisław Siedlecki; Custos der Lehrerbibl.: Prof. Dr. Władysław Kosiński; der Schülerbibl., und zwar der poln. Abth.: Prof. Bronisław Gustawicz; der deutschen Abth.: Prof. Dr. Jan Bystroń. — Gegr. 1883.

Nach dem letzten Jahresberichte gearbeitet, da der Fragebogen nicht beantwortet wurde.

321. **Handels- und Gewerbekammer.** — 1400 Bde. — Jahresdotation 300 Gulden. — Die Verwaltung der Bibl. obliegt einem Beamten des Secretariates. — Ein Zettelkatalog, nach Autorennamen und Schlagworten geordnet, in Arbeit. Die Schlagworte in alphabet. Reihenfolge in den alphabet. Autorenkatalog eingefügt. — Principiell nur für die Beamten und die Mitglieder der Kammer während der Amtsstunden von 8—2 Uhr zugänglich; Entlehnungen gegen Revers. Keine Versendungen. — Zugleich mit der Kammer 1851 gegr. — In erster Linie Statistik, aber auch Volkswirthschaft.

322. **Jesuitencollegium**, Copernicusstrasse 26, hat eine grössere nur zu eigenem Gebrauche bestimmte, bisher nicht geordnete Hausbibl. — Ein neuer genauer Zettel- und Bandkatalog in Ausarbeitung. — Bibliothekar: Victor Wiecki.

323. **Fürstlich Czartoryski'sches Museum** (Muzeum XX. Czartoryskich), Piaristenstrasse 6. — 100.000 Bde., 5200 Handschriften, 1220 Documente. — Jahresdotation 2000—3000 Gulden. — Prof. Maryan Sokołowski, Director des Museums; Bolesław Biskupski, 1. Custos und Bibliothekar; Adam Smoleński, 2. Custos; Joseph Rutkowski, Amanuensis; 3 Diener. — Alphabet. Zettelkatalog. — Geöffnet täglich von 9—2 Uhr, ausgenommen Samstag, die Feiertage und Ferien. — Bücher und Handschriften werden nur an Akademien und Universitätsbibl. verliehen und verschickt. — Gegr. i. J. 1800 in Puławy; seit 1831 theils in Paris, theils in Sieniawa (Galizien) aufbewahrt, wurde das Museum 1876 nach Krakau übertragen. — Alle Wissenschaften, besonders Geschichte Polens, Polonica des XVI. Jhdts. und Kunstgeschichte.

M. Sokołowski. Muzeum XX. Czartoryskich w Krakowie. Kraków 1892. — G. Gf. Mycielski. Galerya obrazów przy Muzeum Ks. Czartoryskich w Krakowie. Kraków 1893. — J. Korzeniowski. Catalogus codicum manuscriptorum Musei Principum Czartoryski Cracoviensis, Heft I—IV.

324. **[K. k. Staats-]Realschule** (C. k. wyższa szkoła realna). — *a)* Lehrerbibl. 2795 Bde., 3500 Programme; *b)* Schülerbibl. 1464 Bde. — Director: Dr. Ignacy Petelenz; Custos für *a)* Prof.

Waleryan Krywult; für *b)* Prof. Dr. Stefan Grudzinski. — Gegr. 1871.

Nach dem letzten Jahresberichte gearbeitet, da der Fragebogen nicht beantwortet wurde.

325. **K. k. jagellonische Universitäts-Bibliothek.** St. Annagasse 8. — 238.383 Werke in 319.621 Bdn., 5905 Handschriften in 7717 Bdn., 313 Diplome, 2620 Incunabeln, 1790 Atlanten und Karten, 3593 Musiknoten, 8860 Kupferstiche. — Jahresdotation 10.000 Gulden; Immatriculationsgelder ca. 1000 Gulden — Vorstand: Dr. Karl v. Estreicher-Rozbierski; Custos: Dr. Wladysław Wislocki; Scriptor (m. Tit. e. Custos): Rudolph Otman; Amanuenses: Dr. Adam Belcikowski; Dr. Felix Koneczny; (prov.) Dr. Joseph Poller; Praktikant: Dr. Lucyan Rydel; Diurnisten: Johann Kozubski; Stephan Grudzinski; 2 Bibl.- und 2 Hausdiener. — Die älteren Bandkataloge sind ausser Gebrauch gesetzt; derzeit existiren zwei allgemeine alphabet. Zettelkataloge, der eine für die poln., der andere für die fremdsprachige Abth. Ueberdies 70 specielle Zettelkataloge für einzelne bibliographische Gruppen. Geöffnet für jedermann vom 1. October bis 30. April von 8—1, vom 1. Mai bis 31. Juli von 9—1 und 3—5 Uhr; im August und September von 9—1 Uhr. Ausserdem das Prof.-Zimmer von 6—8 Uhr (ausgenommen August und September). — Entlehnungen von Büchern gegen eine Caution von 10 Gulden, an Universitätshörer auch gegen Haftung eines Prof. (Handschriften ausgeschlossen). — Versendungen von Werken an öffentliche Bibl. und Institute. — Gegr. 1364, erneuert 1400.

Münnich, G. De codicibus Cracoviensibus. Friedemann et Seebode, Miscell. max. part. crit. I. 1822, S. 690; II. 1, S. 122. — Dudik, B. Archive im Königreiche Galizien. In: Archiv f. öst. Gesch. 38. 1868, S. 59. — Bandkie, Georg S. History a biblioteki Uniwersytetu Jagiellońskiego w Krakowie. Krak. 1821. — Matejko. Gesch. d. Universitätsbibl. zu Krakau. In: Die Universitätsinstitute zu Krakau. Krakau 1864, S. 12. — Muczkowski. Zakłady uniwersyteckie. — Wisłocki, Wlad. Catalogus Codicum manuscript. bibliothecae universitatis Jag. Cracoviensis. Cracov. 1877 bis 1881. — Estreicher, Karl. Biblioteka Jagellońska. Kraków 1881. — Estreicher Karl. Przechadzka po bibliotece Jagiellońskieji. Kraków 1882. — Wislocki, Wlad. Incunabelkatalog (unter der Presse).

Krasiczyn (Galizien).

326. **Privat-Bibliothek Fürst Adam Sapieha.** — 10.180 Werke und 3765 Handschriften, überdies eine grosse Sammlung von Kupfer-, Stahl- und Holzstichen berühmter Meister. — Handschriftlich je ein Bandkatalog nach Schlagwörtern und ein Zettelkatalog nach Autoren. Nur zu eigenem Gebrauche.

Alle Fächer, insbesondere Landwirthschaft (1656 Werke), Theologie (1075), Belletristik (1878), Geschichte (1272 Werke) etc.

Krems (Nieder-Oesterr.).

327. **Niederösterreichischer Buchdrucker- und Schriftgiesserverein.** — 120 Werke und 7 Zeitschriften. — Jahresdotation 30 Gulden. — Bibliothekar: Anton Mika. — Alphabet. Katalog. — Benützbar nur an Clubabenden für Mitglieder. — Ebenso Entlehnungen auf 4 Wochen. — Grösstentheils Fachwissenschaften und Belletristik.

328. **[K. k. Staats-]Gymnasium.** — Gegen 6300 Bde. — Jahresdotation 400 Gulden. — Director: Anton Baran; Bibliothekar: Prof. Dr. Florian Weigel. — Gedruckter Katalog; Zettelkatalog fortlaufend nach den Nummern. — Bestimmte Bibl.-Stunden nicht festgesetzt. — Entlehnung und Versendung an die Prof. — Gegr. 1616 als Jesuitengymn.; 1773 gesperrt, 1774 wieder eröffnet, 1775 auf drei Classen reducirt, seit 1776 wieder vollständig und mit Piaristen besetzt. 1871 verstaatlicht.

Weigel, Florian. Katalog der Lehrerbibl. Beilage zu: Jahresbericht des k. k. Staatsgymn. in Krems. Krems 1898.

329. **[N.-ö. Landes-]Realschule, verbunden mit einer Handelsschule.** — *a)* Lehrerbibl. 4439 Bde., 3462 Broschüren; *b)* Schülerbibl. 1304 Bde. — Jahresdotation für *a)* 400 Gulden, für *b)* die Einschreibgebühren (Schuljahr 1898/99 360 Gulden). — Vorstand der Bibl. ist der jeweilige Director, derzeit Dr. Anton Ehrenberger; Custos: Prof. Dr. Johann Strobl. — Ein Zettelkatalog nach Fächern und ein Bandkatalog. — Zugänglich nur für die Mitglieder des Lehrkörpers. — Ebenso Entlehnungen. — Keine Versendungen. — Gegr. 1863.

Der Katalog erschien im XXVIII. Jahresbericht über die nied.-österr. Landesoberrealschule und die mit derselben verbundene Landeshandelsschule in Krems f. 1891. Krems 1891, unt. d. Tit.: „Die Bibl. der Landesoberrealschule in Krems." Anhang zu dem im XXVI. Jahresberichte veröffentlichten Rückblick auf das 1. Vierteljhdt. des Bestehens der Lehranstalt.

330. **Allgemeiner niederösterreichischer Volksbildungsverein** mit 108 Büchereien, wovon 98 auf Niederösterreich entfallen. — 41.935 Bde. in 98 Büchereien. — Jahresdotation unbestimmt, da nur durch Spenden gedeckt. — Obmann: Dr. Joseph Pollhammer; Obmann-Stellvertreter: Joseph Schneid; Schriftführer: Heinrich Ehrenreich. Die Büchereien werden von den Zweigleitungen oder Büchereiausschüssen verwaltet. Die Bücherausgabe ist grösstentheils in den Händen von Lehrpersonen. — Theilweise handschriftliche, theilweise gedruckte

Kataloge (Zettel-, Band-, alphabet. oder Schlagwortkataloge). — Benützbar meist an Sonn- und Feiertagen je 3 Stunden vorm. oder nachm. — Entlehnungen ohne Leihgebühr. — Keine Versendungen. — Der Verein wurde am 7. April 1885 gegr. Vertreten alle Gebiete.

Kremsier (Kroměřic, Mähren).

331. **Fürsterzbischöfliche Bibliothek** im f.-e. Schlosse. — Besteht aus der alten Bibl. mit 13.768 Bdn. und der neuen vom Cardinal Fürstenberg angelegten, mit (Ende 1897) 17.846 Bdn., darunter 133 Incunabeln und 130 Handschriften. — Dotation ca. 4000 Gulden. — Bibliothekar: Franz Hrbáček, f.-e. Cons.-Rath und Studienpräfect im f.-e. Knabenseminar; 1 Diener. — Alphabet. Zettelkatalog. — An Wochentagen von 11—12, Mittwoch und Samstag auch von 3—5 Uhr den Lehrkräften der dortigen Lehranstalten und wissenschaftlich arbeitenden Personen zugänglich. — Ebenso Entlehnung, von der jedoch Handschriften und werthvolle Werke ausgeschlossen sind. — Versendung nur mit Bewilligung des Fürsterzbischofs. — Gegründet 1694 vom Bischof Carl von Liechtenstein, 1752 durch eine Feuersbrunst stark beschädigt, 1874 durch den Ankauf der Bibl. des P. Augustin Theiner vom Cardinal Fürstenberg bedeutend vermehrt. — Theologie und ihre Hilfswissenschaften, Geschichte Oesterreichs.

Elvert, d'. Die Bibl. u. s. w. in Mähren und Oesterr.-Schlesien. In: Schriften der histor.-stat. Section der Mähr.-Schles. Gesellsch. III. 1852, S. 89. — Dudik Beda. Bibl. und Archiv im f.-e. Schlosse zu Kremsier. Wien 1870. — Lechner, Carl. Die f.-e. Bibl. zu Kremsier. In: Mittheilungen der 3. (Archiv-)Section der k. k. Centralcommission zur Erforschung und Erhaltung der Kunst- und historischen Denkmale. 1894.

332. **Casinoverein,** Kleiner Ring. — 1125 Bde. — Dotation 100 Gulden von der Spar- und Vorschusscassa in Kremsier und die jeweiligen Lesegebühren. — Bibliothekar: Karl Mikel, Prof. an der Landesoberrealschule. — Alphabet. Katalog. — Benützbar nur für die Mitglieder des „Casinos" und des Musikvereines „Concordia" Samstag von 3 4 Uhr. — Entlehnung auf 3 Wochen gegen Erlegung der monatlichen Lesegebühr von 10 Kreuzern. — Keine Versendungen. — Gegr. aus Spenden der Casinomitglieder. - Belletristik.

Katalog der Vereinsbibliothek zusammengestellt im Jahre 1894 vom Bibliothekar Karl Mikel. Kremsier 1894. — I. und II. Ergänzung zum Katalog der Casino-Bibl. 1898.

333. **[K. k. deutsches Staats-]Gymnasium.** — *a)* Lehrerbibl. 2485 Werke in 7814 Bdn., 13.656 Programme; *b)* Schülerbibl. 1088 Werke in 1211 Bdn. Für die Lehrmittelsammlungen

standen 1897/98 480 Gulden zur Verfügung. — Director: Bezirksschulinspector Johann Stöckl; Custos für *a)* und *b)* Prof. Johann Jahn. — 1687 von Karl Graf Liechtenstein, dem Bischof von Olmütz, gegr. und mit Piaristen besetzt; 1873 verstaatlicht.

Jahn Johann. Katalog der Lehrerbibl. In: Programm des kais. kön. deutschen Staats-Gymnasiums in Kremsier. Kremsier 1897.
Nach dem letzten Jahresberichte gearbeitet, da der Fragebogen nicht beantwortet wurde.

334. **[K. k. böhmisches Staats-]Gymnasium** (Cís. král. český vyšší gymnasium). — *a)* Lehrerbibl. 1310 Werke in 2785 Bdn., 328 Heften; *b)* Schülerbibl. 1163 Werke in 1650 Bdn., 5 Heften. — Director: Rudolf Baron Henniger z Eberku; Bibliothekar für *a)* Prof. Josef Sloupský; für *b)* Prof. František Schindler. — 1882 von Bürgern als Privatgymn. begründet; 1883 verstaatlicht.

Nach dem letzten Jahresberichte gearbeitet, da der Fragebogen nicht beantwortet wurde

335. **[Landes-]Realschule,** Fürstenbergplatz 4. — *a)* Lehrerbibl. 1927 Bde., 261 Hefte, 30 Tafeln, 52 Blätter, eine grössere Programm- und eine kleine Münzensammlung; *b)* Schülerbibl. — Dotation 100 Gulden. — Prov. Leiter: Prof. Karl Mikel; Bibliothekar für *a)* Prof. Karl Schubuth; für *b)* Prof. Rudolf Wawruch. — Handschriftl. je ein alphabet. Zettel- und Bandkatalog nach den einzelnen Disciplinen. — Zugänglich nach Massgabe der verfügbaren Zeit des Bibliothekars. — Entlehnungen an die Mitglieder des Lehrkörpers der dortigen Unterrichtsanstalten, resp. die Schüler, ausnahmsweise auch an Private gegen Revers. Entlehnungen über amtliches Einschreiten. — Gegr. zugleich mit der Anstalt, bez. ihrer Umwandlung in eine selbständige Communal-Realschule 1871. — Vorwiegend die Disciplinen der Realschule.

Gedr. Bibl.-Katalog wird im Programme der Anstalt für 1898/99 veröffentlicht.

Kremsmünster (Ober-Oesterreich).

336. **Benedictiner-Stift.** — 85.000 Bde., 910 Handschriften, 886 Incunabeln. — Jahresdotation 525 Gulden nebst Beiträgen für ausserordentliche Erfordernisse. — Bibliothekar: P. Hugo Schmid, O. S. B.; Bibliotheksadjunct: P. Odilo Dickinger, O. S. B. — Ein alphabet. Katalog in Bandform, ein Standortskatalog, ein alphabet. Zettelkatalog der Incunabeln und ein Handschriftenverzeichniss (ausgearbeitet und zum Theile in Druck gegeben von P. Hugo Schmid). Ein neuer alphabet. Zettelkatalog in Ausarbeitung. — Die Bibl. dient zunächst

dem Gebrauche der Stiftsmitglieder, denen allein das Recht der Benützung und der Bücherentlehnung zukommt: nur ausnahmsweise wird beides auch Fremden gestattet. Nach auswärts werden Bücher gegen Empfangsbestätigung versendet. Handschriften nur, wenn eine öffentl. Bibl. die Garantie übernimmt, dass dieselben feuersicher verwahrt und nur in den Bibliotheksräumen benützt werden. — Die erste Anlage der Bibl. fällt naturgemäss mit der Gründung des Stiftes zusammen (777). Die zwei ältesten Bücherverzeichnisse, die sich erhalten haben, stammen aus der ersten Hälfte des 11. Jhdts.: das erste wurde nach dem Verfalle Kremsmünsters während des 11. Jhdts. von Abt Sigmar (ca. 1010—1040) bald nach Uebernahme der Abtwürde angelegt. Es umfasst 45 Werke, darunter eine Bibel in 11 Bdn. (M. G. Ser. XXV. S. 669; Hagn, Wirken der Benedictiner-Abtei Kremsmünster, S. 26; Pachmayr, Historico-chronologica series, S. 42). Das zweite Verzeichniss stammt aus der Zeit des Abtes Gerhard, der Sigmar's Nachfolger gewesen zu sein scheint. Dieses umfasst bereits 69 Werke (M. G. Ser. l. c.). Einen bedeutenden Zuwachs erhielt die Bibl. unter Abt Friedrich von Aich (1273 - 1325). Von den Büchern, die unter ihm in Kremsmünster geschrieben wurden, führt sein Zeitgenosse Bernardus Noricus in seiner Historia Cremifanensis mehr als dreissig namentlich an, und schliesst an dieses mangelhafte Verzeichniss die Worte: ac plures alios scribere fecit (M. G. Ser. XXV. S. 674). Bernardus Noricus hat auch den Versuch gemacht, einen vollständigen Bibliothekskatalog mit Facheintheilung anzulegen; leider sind die Columnen für die einzelnen Fächer zum grössten Theile leer geblieben (l. c. S. 675). Mit der Erfindung der Buchdruckerkunst bricht natürlich auch für Kremsmünsters Bibl. eine neue Epoche herein: der Bücherschatz wächst nun rasch an, so dass gegen Ende des 16. Jhdts. Abt Erhard Voit (1571—88) sich genöthigt sieht, eine grössere Bibliotheksanlage einzurichten, zumal er selbst den Bücherbestand bedeutend vermehrte. Die grossen Verdienste dieses Abtes um die Bibl. sind entsprechend gewürdigt in der Aufschrift des Ex-libris, das sich in dem grössten Theile der unter ihm erworbenen Bücher findet: „Erhardus Voit, Dei gratia huius monasterii abbas, ac bibliothecae huius auctor et fundator amplissimus. 1587." Welches Interesse die kunstsinnigen Aebte des 17. und 18. Jhdts.: Anton Wolfradt, Placidus Buechauer, Erenbert Schrevogl, Alexander Strasser, Alexander Fixlmillner der Bibl. zugewendet haben, beweist die grosse Anzahl der unter ihnen angekauften werthvollen Werke, die in ihren schönen, soliden Einbänden heute noch die grösste Zierde der Bibl. bilden. In die Zeit des Abtes

Anton Wolfradt (1613—39; seit 1631 Fürstbischof von Wien) fällt die Abfassung des ältesten noch erhaltenen vollständigen Bibliothekskataloges durch den damaligen Bibliothekar P. Matthias Pierbaumer (1631). Der baulustige Abt Erenbert Schrevogel (1669—1703) gab dem Bücherschatze ein neues, schönes Heim; unter ihm wurde zum grössten Theil jener Tract erbaut, dessen zweites Stockwerk heute noch die Bibl. einnimmt. Anfangs war nur der erste grosse Saal für die Bücheraufbewahrung bestimmt: in rascher Aufeinanderfolge wurden mit diesem auch die anstossenden Säle verbunden und mit Bücherschränken versehen, so dass der Bibliotheksraum einen einzigen Saal mit drei grossen Abtheilungen in einer Gesammtlänge von 65 Metern und in einer Breite von 10 Metern bildet. Die Decke wurde von Lederwasch mit Fresken geschmückt und mit Stuccaturarbeiten reich verziert. Gleichzeitig mit der Neuaufstellung der Bücher in diesen Räumen erfolgte die Abfassung eines (jetzt freilich ungenügenden) Handschriftenverzeichnisses durch den Bibliothekar P. Hieronymus Fackler († 1741) und eines neuen Bibliothekskataloges in 6 Foliobänden durch den Abteisecretär Paul Wartha (1745—77). Nach der Auflösung der adeligen Ritterakademie, die von 1843—89 im Stifte Kremsmünster bestand, wurde die ziemlich umfangreiche Bibl. derselben grösstentheils mit der Stiftsbibl. vereinigt; dieser Vereinigung verdankt die letztere ihren verhältnissmässig sehr reichen Bestand an älteren juridischen Werken. Mit den letzten Decennien des 18. Jhdts. brach wie für die Klöster überhaupt, so auch für die Klosterbibliotheken eine traurige Zeit an. Durch die finanzielle Schwächung des Stiftes während der Regierung Kaiser Joseph's II. und der darauffolgenden Franzosenkriege wurde es den Aebten unmöglich gemacht, noch bedeutendere Opfer für die Bibl. zu bringen. Bessere Zeiten kamen erst wieder, als es dem Abte Thomas Mitterndorfer (1840—60) gelang, Kremsmünster finanziell zu heben. Von da an konnte auch der Bibl. wieder grösseres Interesse zugewendet werden. Diesem thatkräftigen Abte verdankt sie die Zuweisung einer fixen, wenn auch bescheidenen Jahresdotation und eine bedeutende Büchervermehrung, indem er die Bibl. der dem Stifte Kremsmünster incorporirten Pfarreien, so weit sie nicht für die praktische Seelsorge nothwendig waren, mit der Stiftsbibl. vereinigte. Der eine grosse Saal wurde nun zu eng; es mussten Nebenlocale für Bibliothekszwecke adaptirt werden. Ein solcher Bücherzuwachs und die theilweise Neuaufstellung liess die Anlage eines neuen Kataloges sehr wünschenswerth erscheinen, eine Aufgabe, der sich der Bibliothekar P. Leo Langthaler unterzog, von dessen Hand die Anlage des noch im Gebrauche stehenden Kataloges in 13 Folio-Bdn. stammt. Um das Wachsthum der Bibl. haben sich einzelne Stiftsmitglieder und Freunde des Stiftes besondere Verdienste erworben, deren Büchersammlungen theils nach ihrem Tode, theils durch Schenkungen an die Stiftsbibl. fielen. Unter diesen verdienen namentlich erwähnt zu werden: Nicolaus Seld, dessen Namen das Titelblatt eines grossen Theiles der vor dem Jahre 1570 gedruckten Bücher handschriftlich trägt; P. Simon Redtenpacher, bekannt als neulateinischer Dichter und Polyhistor (vgl. dessen „Lyrische Gedichte". Hrsg. von P. Tassilo Lehner, Wien 1893, Einleitung), der während seines Aufenthaltes in Rom und in Italien eine grosse Anzahl werthvoller Bücher für die Bibl. erwarb und nach seiner Rückkehr in das Stift 1675 ihre Leitung übernahm († 1706); P. Gregor Wibmperger, von 1681—1705 Rector Magnificus der Universität Salzburg; P. Oddo Scharz, der 1741—44 dieselbe Würde bekleidete; P. Cölestin Schirmann, der seit 1778 als kaiserl. Büchercensor fungirte und bei seinem Tode 1793 über 10.000 Bde. der Bibl. hinterliess. Aus der neueren Zeit seien erwähnt P. Oddo Schima († 1877), dem die Bibl. eine nicht unbedeutende Vermehrung der kunsthistorischen Werke verdankt, Dr. Carl Hartmann Ritter v. Sternfeld, der 1876 seine reiche Büchersammlung von 1965 Werken in 4460 Bdn., zumeist aus dem Gebiete der englischen, italienischen und französischen Literatur der Bibl. legirte; der Gymnasialdirector und Stiftsbibliothekar P. Amand Baumgarten († 1882) mit seinem reichen Nachlasse auf dem Gebiete der deutschen Sprachwissenschaft und Literatur und der Theologie-Prof. P. Ignaz Schüch (praktische Theologie). — Alle Zweige der Wissenschaft vertreten; besonders gepflegt werden: Theologie, Kirchen- und Profangeschichte. Die Naturwissenschaften finden ihre Pflege in der von der Stiftsbibl. getrennten Bibl. der Sternwarte.

Pachmayr, Marian. Historico-chronologica series abbatum et religiosorum monasterii Cremifanensis. Styrae, 1777—82, 4 part. — Hartenschneider, Ulrich. Historische und topographische Darstellung des Stiftes Kremsmünster. Wien 1830, S. 379. — Hagn, Theodorich. Das Wirken der Benedictinerabtei Kremsmünster für Wissenschaft, Kunst und Jugendbildung. Linz 1848. — Schmid, Hugo. Catalogus codicum manuscriptorum in bibliotheca monasterii Cremifanensis asservatorum. I, 1—3. Lentii, 1877—82. — Primisser, Alois. Reisenachrichten über Denkmale der Kunst und des Alterthums in den österr. Abteien. In Hormayr's Archiv 1822, S. 223. — Wattenbach, Wilhelm. In: Archiv für ältere deutsche Geschichte. X, S. 431. — Dannerbauer, Wolfgang. Kremsmünster in Oberösterreich. In: Ein Benedictinerbuch. Von Seb. Brunner. Würzburg 1881.

337. **K. k. Gymnasium der Benedictiner** besitzt eine Lehrer- und eine Schülerbibl. — Director: Stiftscapitular P. Paulus Proschko; Bibliothekar: Stiftscapitular P. Sebastian Mayr. — Gegr. 1549, geschlossen 1612—1616; als vierclassiges Gymn.

wieder eröffnet, seit 1807 sechsclassig, 1849 mit der seit 1738 bestandenen philosophischen Lehranstalt zu einem Obergymn. vereinigt.

Nach dem letzten Jahresberichte gearbeitet, da der Fragebogen nicht beantwortet wurde.

338. **Sternwarte der Benedictiner.** — Bisher katalogisirt: 885 (Physik), 925 (Astronomie), 776 Bde. (Mathematik). Nicht katalogisirt Meteorologie u. s. w. — Vorstand: Franz Schwab. Director der Sternwarte. — Alphabet. Zettelkatalog. Keine Entlehnungen und Versendungen. — Gegr. zugleich mit dem Institute 1760.

Krotoszýn (Galizien).

339. **Dominicanerexpositur.** V. Lemberg, Dominicanerkloster.

Krumau (Böhmen).

340. **Fürstl. Schwarzenberg'sches Centralarchiv.** — 3250 Werke. — Jahresdotation 300 Gulden. — Director: A. Mörath. — Nach Wissenschaften und innerhalb derselben nach Autoren alphabet. geordneter Zettelkatalog. — Für Benützung, Entlehnung und Versendung gelten dieselben Bedingungen wie für die fürstl. Schwarzenberg'sche Schlossbibl. — Juli 1892, als das fürstl. Centralarchiv von Wien nach Krumau verlegt wurde, ist auch die Leitung der Schlossbibl. dem Vorstande des ersteren übertragen worden. Zugleich mit dem Centralarchiv wurde auch dessen Amtsbibl. nach Krumau überführt. — Vorwiegend Geschichte, alte Werke, die für die Geschichte des Hauses Schwarzenberg und seiner Besitzungen von Wichtigkeit sind.

341. **[K. k. Staats-]Gymnasium.** — *a)* Lehrerbibl. 2826 Bde., 5917 Programme; *b)* Schülerbibl. 843 Bde., 30 Hefte. — Jahresdotation ca. 300 Gulden. — Director: Dr. Joseph Gerstendörfer; Custos für *a)* Prof. Joseph Dietz; für *b)* Gymn.-Lehrer Hubert Badstüber. — Handschriftl. Zettel- und Bandkatalog, alphabet. und nach Schlagworten. — *a)* Zugänglich jederzeit für die Mitglieder des Lehrkörpers. — Entlehnung auf 4 Wochen. — Versendung an gleichartige Anstalten. — Gegr. 1584 als Jesuitengymn., 1777 aufgehoben, 1872 als Realgymn. wiedererrichtet; seit 1878 Obergymn. Bibl. gegr. 1871. — Alle Fächer des Gymn.

Dietz, Joseph. Katalog der Lehrerbibl. In: XXV. Jahresbericht des k. k. Staats-Obergymn. in Krumau. Krumau 1898.

342. **Minoritenconvent.** — 3530 Bde., 81 Handschriften, 195 Incunabeln aus dem 16. Jhdt. — Jahresdotation je nach

Bedarf. Verwalter der Bibl.: P. Karl Vodička, O. Min. — Zettelkatalog nach Fachgruppen geordnet, vom Bibliothekar ausgearbeitet. — Benützbar von 10—12 und 1—6 Uhr. — Entlehnungen an vertrauenswürdige Personen. — Keine Versendungen. — Gegr. zugleich mit dem Kloster i. J. 1357, laut Pizzala nach 1770 von Guardian Severus Schiroky. — Vertreten alle Wissenschaften, insbesondere aber deutsche Predigten (533 Bde.), Ascesis und Mystik (387 Bde.), Theologie (715 Bde.), Kirchengeschichte (175 Bde.), Geschichte und Geographie (163 Bde.) etc.

343. **Fürstl. Schwarzenberg'sche Schlossbibliothek.** — Circa 12.000 Werke in 17.000 Bdn., 2000 Heften. — Jahresdotation 300 Gulden. — Vorstand: A. Mörath. — Ein Nominal- und Realkatalog. — Kann von Gelehrten, welche im fürstl. Centralarchiv arbeiten, in diesem benützt werden. — Keine Entlehnung, keine Versendung. — Entstand durch Vereinigung der aus dem 17. Jhdt. stammenden fürstl. Schwarzenberg'schen mit der 1719 erworbenen Eggenberg'schen Bibl. i. J. 1839, wo die erstere, bis dahin im Palais am Neuen Markte in Wien, nach Krumau überführt wurde. — Getrennt von der Bibl. besteht daselbst eine Musikalien- (bei 6000 Werke) und eine Münzsammlung (ca. 2500 Stück). — Besonders vertreten: Neuere Literatur und Belletristik, Rechts- und Staatswissenschaften, class. Philologie.

Kuttenberg (Kutna Hora, Böhmen).

344. **K. k. Lehrerbildungsanstalt** (C. k. ústavý ku vzdělání učitelů). — *a)* Lehrerbibl. ca. 1700 Werke in 2600 Bdn., 500 Heften, 1400 Programme; *b)* Schülerbibl. ca. 1100 Werke in 1100 Bdn., 150 Heften. — Director: Karel Grüner; Custos für *a)* Prof. Rudolf Soukup; für *b)* Prof. Josef Jícha. — Gegründet 1870.

Nach dem letzten Jahresberichte gearbeitet, da der Fragebogen nicht beantwortet wurde.

345. **[K. k. Staats-]Realschule** (Cis. král. vyšší realka). — *a)* Lehrerbibl. 3509 Werke in 5580 Bdn., 2545 Heften, 52 Atlanten, 2377 Programme; *b)* Schülerbibl. 3423 Werke in 3976 Bdn., 68 Heften. — Director: Alois Strnad; Custos für *a)* Prof. Gustav Erhart; für *b)* Prof. František Klar. — Gegr. als Communal-Oberrealschule 1858; 1874 verstaatlicht. Seit 1879 in den Unterclassen Realgymn., seit 1891 wieder normale Realschule.

Nach dem letzten Jahresberichte gearbeitet, da der Fragebogen nicht beantwortet wurde.

Laibach (Ljublani, Krain).

346. **Franciscanerconvent.** — 19.000 Bde. Handschriften noch nicht geordnet. — Jahresdotation je nach Bedarf. Bibliothekar: P. Salesius Vodošek. Je ein Haupt-(Band-), alphabet. Zettel- und Classen-Zettelkatalog. — Nur zu eigenem Gebrauche, daher keine Entlehnungen und Versendungen. Ausnahmen nur mit besonderer Bewilligung des Provinzoberen. — Gegr. zugleich mit dem Kloster 1785. — Alle Wissenschaften, besonders theologische.

347. **[K. k. Staats-(Ober-)]Gymnasium.** — *a)* Lehrerbibl. mit reicher Programmsammlung; *b)* Schülerbibl. 1335 Bde. (deutsche Abth.), 1460 Bde. (sloven. Abth.). Director: Andreas Senekovič; Custos für *a)* Prof. Alfons Paulin; für *b)* Prof. Alexander Pucskó (für die deutsche Abth.), Prof. Ludwig Lederhas (für die sloven. Abth.). — Errichtet 1418 durch Pfarrer Georg Hewgenreuter, die Richter und einige Bürger als St. Nicolausschule; 1596—1773 Jesuitengymn. 1785 wurden die beiden philosophischen Jahrgänge geschlossen, 1788 wieder eröffnet.

Nach dem letzten Jahresberichte gearbeitet, da der Fragebogen nicht beantwortet wurde.

348. **[K. k. Staats-Unter-]Gymnasium** (C. kr. niži gimnazium). — *a)* Lehrerbibl. 1996 Werke in 2603 Bdn. und 125 Heften, 3285 Programme; *b)* Schülerbibl. 1162 Werke in 1277 Bdn. und 8 Heften (sloven. Abth.), 1021 Werke in 1063 Bdn. und 1 Heften (deutsche Abth.). — Director: Fran Wiesthaler; Custos für *a)* Prof. Dr. Lovro Požar; für *b)* Prof Alojzij Tavčar. — Gegr. 1889.

Nach dem letzten Jahresberichte gearbeitet, da der Fragebogen nicht beantwortet wurde.

349. **Landesmuseum Rudolfinum.** — Ca. 17.000 Bde. und Hefte, 4 Incunabeln. — Jahresdotation je nach Bedarf. Custos des Museums: Prof. Alfons Müllner; als Archivar derzeit ein Volontär. — Zettelkatalog in Ausarbeitung. — Keine bestimmten Bibl.-Stunden; in erster Linie zu eigenem Gebrauche. — Entlehnungen und Versendungen nur an vertrauenswürdige Personen. — Das Museum — gegr. 1821, eröffnet 1831, im neuen Gebäude seit 2. December 1888 — hatte als solches eine kleine Sammlung von Werken; der Hauptstock kam dazu, als 1868 der historische Verein sich aufgelöst hatte, und dessen Inventar statutengemäss an das Landesmuseum überging. — Geschichte.

350. **Slovenska Matica,** Congressplatz 7. — Ca. 10.000 Bde., sammt Atlanten, Manuscripten u. s. w. — Keine Jahresdotation; Erwerbung durch Tauschverkehr mit 40 Vereinen und Corporationen. — Präsident: Franz Levec, Realschul-Prof. und Bezirksschulinspector; Secretär und Bibliothekar: Franz Lah. — Ein Bibl.-Katalog existirt nicht. Der alljährliche Zuwachs (durchschnittlich 500) erscheint im Vereinsorgane „Letopis" abgedruckt. Die Werke sind nach Sprachen geordnet. — Nur zu eigenem Gebrauche. Keine bestimmten Bibl.-Stunden. — Gegr. zugleich mit dem Vereine, welcher die Herausgabe wissenschaftlicher, populär-wissenschaftlicher und belletristischer Werke in slovenischer Sprache bezweckt.

351. **Fürstbischöfliches Priesterseminar.** — Ca. 10.000 Bde. — Jahresdotation das Ordinarium von 200 Gulden aus der Anton Alois Wolf'schen Stiftung. — Custos ist der jeweilige Spiritual, derzeit Dr. Franz Ušeničnik. — Je ein Zettel- und Bandkatalog. — Zunächst für die Prof. und Zöglinge der theologischen Lehranstalt bestimmt; doch werden Bücher auch an auswärtige, verlässliche Personen gegen Recepisse ausgeliehen. — Gegr. 1701 durch freiwillige Vereinigung der Büchercollectionen des Fürstbischofs Christoph Graf Herberstein, Dompropst Johann Preschern und Domdechant Johann Thalnitscher v. Thalberg und bald nachher in einem schönen, eigens zu dem Zwecke hergestellten Saale des i. d. J. 1708 bis 1714 neuerbauten Priesterseminars untergebracht. Die a. d. J. 1725 stammenden Schränke sind aus massivem Eichenholz gearbeitet, durch flache Halbsäulen mit korinthischen Capitälen voneinander getrennt und von einem reich gegliederten Architrav gekrönt. Die Decke ist mit Fresken des ital. Meisters Giulio Quaglia (1668 1720) geschmückt. In der Mitte sind drei allegorische Gestalten: Glaube, Hoffnung und Liebe; rings herum folgen acht Kirchenväter; in den Kappen sind weitere sechs allegorische Figuren, welche die verschiedenen Zweige der Wissenschaft darstellen. — Alle Zweige der theologischen Wissenschaften.

Zschokke, Hermann. Die theologischen Studien und Anstalten der kath. Kirche in Oesterreich. § 47. Das f.-b. Priesterseminar u. die theologische Lehranstalt zu Laibach von Dr. Johann Kulavic.

352. **[K. k. Staats-]Realschule.** — *a)* Lehrerbibl. 2712 Bde. 191 Hefte, 3 Blätter; *b)* Schülerbibl. 2404 Bde., 130 Hefte. — Director: Dr. Rudolf Junowicz; Bibliothekar für *a)* Prof. Dr. Josef Julius Binder; für *b)* Prof. Anton Laharner. — 1851 als Unterrealschule gegr., seit 1865 Oberrealschule.

Nach dem letzten Jahresberichte gearbeitet, da der Fragebogen nicht beantwortet wurde.

353. **Residenz der Gesellschaft Jesu,** Elisabethstrasse, hat eine nicht nennenswerthe Büchersammlung, die nur zum Privatgebrauche bestimmt ist. — Superior: Joseph Liensberger.

354. **K. k. Studienbibliothek.** — 54.419 Bde., einschliesslich der Incunabeln, 420 Handschriften. — Jahresdotation 1200 Gulden. — Custos: Conrad Stefan; Scriptor: Lucas Pintar. — Zettelkatalog, alphabet. und systematischer Bandkatalog. — Für Benützung, Entlehnung und Versendung gelten die allgemeinen für k. k. Studienbibl. bestehenden Vorschriften. — Um das Jahr 1563 gründete die krainische Landschaft eine eigene evangelisch-lateinische Schule und schloss daran die Gründung einer „feinen öffentlichen Bibl.", zunächst zum Gebrauche der Schule, dann für die Prädikanten und Cantoren, schliesslich für alle Mitglieder der Gemeinde; den Grundstock dazu bildete die Büchersammlung des aus Krain geflüchteten ehemaligen Domherrn Primus Truber, die er in seinem Hause in Laibach zurückgelassen hatte. Zu Anfang des 17. Jhdts. musste jedoch die Landschaft diese Bibl. an den Bischof von Laibach ausliefern, der sie auf seine Herrschaft Oberburg in Untersteiermark schaffen liess. 1767 gründete Maria Theresia die „Gesellschaft des Ackerbaues und der nützlichen Künste für Krain"; 1787 wurde dieselbe aufgelöst und ihre Bibl. ging in das Eigenthum der Stände über, wozu sich auch die Schätze der 1782 aufgehobenen Klöster des Landes gesellten. 1788 erhielt der Director am Laibacher Lyceum, Franz Wilde, den Auftrag, die Katalogisirung vorzunehmen. Er verzeichnete die Sammlungen: 1. der Ackerbaugesellschaft; 2. die Privatbibl. des Carl v. Peer; 3. der Cistercienser von Sittich (12. Jhdt.); 4. der Laibacher Augustiner; 5. der Jesuiten; 6. der Cistercienser von Landstrass (13. Jhdt.); 7. der Karthäuser von Freudenthal (13. Jhdt.); 8. der Laibacher Discolceaten; 9. die Servitenbibl. in Tybein (Duino), zusammen 19.415 Bde. 1791 erfolgte auf Drängen der krainischen Landschaft die kaiserliche Resolution, dass im zweiten Stockwerke des Laibacher Lyceums eine öffentliche Bibl. errichtet und Wilde die Leitung derselben übertragen werde. 1793 wurde das Lesezimmer eröffnet, 1794 die Stelle eines Scriptors geschaffen und dem Priester Franz Hladnik übertragen. 1801 kamen die Bücher aus dem Schlosse Oberburg (die landschaftliche evangelische Bibl.) wieder zurück; 1823 Ankauf der Bibl. des Baron Zois (1391 Bde.); 1845 Ankauf des Nachlasses nach Bartholomäus Kopitar (2105 Bde. und 1080 Hefte). 1850 wurde das Lyceum aufgehoben, die Bibl. „k. k. Studienbibl." benannt und von dem neu organisirten Gymn. getrennt.

Hitzinger. Aelt. bemerkenswerthe Manuscripte. In: Mitth. d. histor. Ver. f. Krain. 1856. — Kosmač, Georg. Die k. k. Lyceallbibl. in Laibach. 1857. —

Radics, Peter v. Die k. k. Studienbibl. in Laibach. In: Oesterreich. Wochenschrift für Wissenschaft, Kunst und öffentliches Leben. Wien 1864, I. Bd. — Voskresenskij, G. Die slavischen Handschriften der Bibl. (russ.). In: Abhandl. d. Petersburger Akad. XXXI. 1883, S. 42.

355. **Militärwissenschaftlicher Verein**, Casinogebäude, 2. Stock. — Ca. 5000 Bde. und 3000 Karten. — Jahresdotation von Seite des k. k. Kriegsministeriums bestimmt. — Präsident: Oberst Victor Edler v. Nitsche, 12 Ausschussmitglieder, 1 Secretär, derzeit Carl Fischer, Oberlieut.; 1 Diener. — Schlagwortbandkatalog. — Benützbar von 8 Uhr früh bis 8 Uhr abends nur für Vereinsmitglieder. — Ebenso Entlehnungen und Versendungen. — Gegr. 1885. — Alle Wissenschaften, besonders militärische und Kriegswissenschaften.

Lambach (Ober-Oesterr.).

356. **Benedictinerstift.** — 40.000 Druckwerke, darunter über 500 Incunabeln und über 700 Handschriften aus dem 10. bis 19. Jhdt. — Jahresdotation 100—900 Gulden. — Bibliothekar: P. Emmeramm Mayer, Stiftscapitular. — Alphabet. Zettel- und Standortskatalog. — Benützbar täglich von 8—11 und $2^1/_2$ bis 5 Uhr mit Ausnahme von Sonn- und Festtagen. — Entlehnungen und Versendungen nur an bekannte und vertrauenswürdige Persönlichkeiten und zur Benützung in einer öffentlichen Bibl. — Bereits zur Zeit der Gründung des Stiftes schon vorhanden. Die ersten Codices dürften vom hl. Adalbero, dem Stifter des Klosters, von Würzburg nach Lambach gebracht worden sein. Namentlich bereichert durch die Aebte Thomas (1436—1474), Placidus (1640—1678), Maximilian (1705—1725), Theodorich (1859—1872). — 1725 wurden 315 Bücher aus der Bibl. des Med. Dr. Christof Tillmetz in Wels für 50 Gulden angekauft, 1759 907 Bde. aus der Bibl. des Baron Wolf Martin Ehrmann erworben. — Theologie, Kirchen-, Profangeschichte.

Primisser, Alois. Reisenachrichten über Denkmahle der Kunst und des Alterthums in den österr. Abteyen. In: Hormayr. Archiv 1822, S. 361. — Chmel, J. Handschriften in österr. Bibl., nachgewiesen von Mone. In: Der österr. Geschichtsforscher II, 2. 1841. Not.-Bl. S. 53. — Schmieder, Pius. Lambach in Oberösterreich. In: Ein Benedictinerbuch von Seb. Brunner. — Huemer, J. Iter Austriacum I. In: Wiener Studien IX. 1887.

Landskron (Böhmen).

357. **[K. k. Staats-]Gymnasium.** — *a)* Lehrerbibl. 2126 Werke in 2550 Bdn. und 1039 Heften, 9337 Programme; *b)* Schülerbibl. 690 Werke in 995 Bdn. und 183 Heften. — Director:

Franz Novotny; Custos für *a)* Prof. Johann Kazílek; für *b)* Prof. Franz Hawrlant. — Gegr. 1872.

Nach dem letzten Jahresberichte gearbeitet, da der Fragebogen nicht beantwortet wurde.

Langenlois (Nieder-Oesterr.).

358. **Gabelsberger Stenographenverein.** — Ca. 500 Bde., darunter das Originalwerk Gabelsberger's und alle Jahrgänge der Bamberger Blätter. — 1. Vorstand: Franz Haimerl; Vereinsbibliothekar: Leopold Hoffinger. — Stenographie.

359. **Landwirthschaftlicher Verein für Langenlois und Umgebung.** — Die Bibl. ist noch jung, besitzt aber doch bereits über 100 landwirthschaftliche Werke. — Bibliothekar: Franz Haimerl.

360. **Volksbibliothek.** — Ca. 600 Bde. — Bibliothekar: Joseph Knauer.

Lankowitz (Steiermark).

361. **Franciscanerconvent** hat eine bloss zu eigenem Gebrauche bestimmte Bibl. Vertreten sind vorzüglich theologische Werke. — Keine Entlehnungen und Versendungen. — Guardian: P. Kilian Manaiga. — Gegr. 1155.

Laun (Loun, Böhmen).

362. **[Communal-]Realschule** (Obecní realka) besitzt eine Lehrerbibl. mit 1672 Programmen und eine Schülerbibl. — Jahresdotation 180 Gulden. — Director: Alois Zdrahal; Bibliothekar: Prof. Karel Šubrt. — Gegr. 1896.

Nach dem letzten Jahresberichte gearbeitet, da der Fragebogen nicht beantwortet wurde.

Leipnik (Lipnik, Böhmen).

363. **[Landes-Ober-]Realschule.** Director: Adolph Oborny; Bibliothekar: Ludwig Kott. — Gegr. 1897, übernahm sie im Laufe des Jahres 1898 die grosse Piaristenbibl. in Leipnik. Ordnung und Katalogisirung im Zuge. Auch einige Handschriften und Incunabeln scheinen vorhanden zu sein.

364. **[Privat-]Realschule der „Ústředni Matice školská"** (Matičná česká realka). — *a)* Lehrerbibl. 1381 Werke in 1158 Bdn., 566 Heften, 2124 Programme; *b)* Schülerbibl. 707 Werke in 752 Bdn., 33 Heften. — Jahresdotation für *a)* ca. 100 Gulden,

für *b)* ca. 40 Gulden. — Director: František Jansa; Custos für *a)* Prof. Václav Vobornik; für *b)* Suppl. August Hohaus. — Gegr. 1895.

Nach dem letzten Jahresberichte gearbeitet, da der Fragebogen nicht beantwortet wurde.

Leitmeritz (Böhmen).

365. **Bischöfliche Bibliothek.** — Ca. 9000 Bde., 61 Incunabeln und bei 200 Handschriften. — Bibliothekar: Dr. Joseph Schindler, Theol.-Prof. — Zettel- und alphabet. Bandkatalog. — Entlehnungen von Büchern. — Angelegt und erhalten von den Bischöfen. Besonders Bischof Emanuel Ernst Graf v. Waldstein (1760—1789) hat die Bibl. durch Einfügung seiner bedeutenden Privatbücherei erweitert, ebenso wie Bischof Anton Ludwig Frind (1879—1881). Auf des letzteren Befehl erfolgte die Neuordnung und Katalogisirung durch den damaligen Leitmeritzer Theol.-Prof., jetzigen Hofrath und Wiener Univ.-Prof. Prälat Dr. Franz M. Schindler. — Besonders vertreten Kirchenväter, böhmische Geschichte und die verschiedenen theologischen Wissenschaften.

366. **Bischöfliches Clericalseminar.** — 8500 Bde. — Jahresdotation ca. 100 Gulden. — Dem Vicerector obliegt die Sorge um die Bibl. — Zettel- und Materienkatalog. Gründliche Revision und Neuordnung im Zuge. — Benützbar zu jeder Stunde. — Entlehnungen und Versendungen gegen Revers. — Begründet und bereichert seit 1806 durch Ankauf von Werken und durch Schenkungen (besonders durch Testate). — Beinahe ausschliesslich theologische und philosophische Werke.

367. **[K. k. Staats-]Gymnasium.** — *a)* Lehrerbibl. 5423 Werke in 10.705 Bdn. und 10.177 Heften, 16.893 Programme; *b)* Schülerbibl. 1538 Werke in 2733 Bdn. und 282 Heften; franz. Abth. 175 Werke; böhm. Abth. 1198 Werke. — Director: Franz Nestler; Custos für *a)* Prof. Joseph Sieber; für *b)* Prof. Hermann Weisser. — Gegr. als Collegium 1519, erneuert als Jesuiten-Gymn. 1650.

Nach dem letzten Jahresberichte gearbeitet, da der Fragebogen nicht beantwortet wurde.

368. **[K. k. Staats-]Realschule.** — *a)* Lehrerbibl. 5173 Bde., 930 Hefte, 6603 Programme; *b)* Schülerbibl. 4018 Bde. — Dotation ca. 250 Gulden. — Director: Julius Biberle; Bibliothekar für *a)* Prof. Franz Mann; für *b)* Prof. Felix Wiesner. — 1 alphabet. Zettel- und 1 Fachkatalog. — *a)* jederzeit benützbar; in *b)* werden die Bücher alle 14 Tage ausgegeben. —

Gegr. mit der Anstalt 1863; seit 1893 verstaatlicht. — Alle Wissenschaften der Realschule.

Leitomischl (Litomyšl, Böhmen).

369. **[K. k. Staats-]Gymnasium** (C. k. státní vyšší gymnasium). *a)* Lehrerbibl. 2331 Werke in 4706 Bdn., 5818 Programme; *b)* Schülerbibl. 1619 Werke in 3009 Bdn. — Dotation für die Lehrmittelsammlung für 1897/98 474·97 Gulden. — Director: Emanuel Seifert; Custos für *a)* Prof. Jan Kohout; für *b)* Prof. Hugo Paleček. — 1640 als Piaristengymn. von Febronia Freiin v. Pernstein gegr.; 1874 verstaatlicht. 1882 mit der Communal-Realschule zu einer combinirten Staats-Mittelschule vereinigt. Seit 1887 normales Gymn.

Nach dem letzten Jahresberichte gearbeitet, da der Fragebogen nicht beantwortet wurde.

Lemberg (Lwów, Galizien).

370. **Narodnyi Dom** (Ruthenisches Nationalhaus). — 58.348 Bde., über 800 Handschriften. — Keine Jahresdotation, sondern durch freiwillige von ruthenischen Patrioten geleistete Geschenke an Büchern, Handschriften, Bildern etc. erhalten. — Vorstand: Domherr Anton Petruszewicz; Custos: Bohdan Didycki; Beamter: Joseph Gocki. — Alphabet. Zettel-, wie auch Inventarkataloge von Nr. 1—35.236. — Benützbar täglich von 9—1 und 3—6 Uhr. — Entlehnungen mit Genehmigung des Vorstandes. — Versendungen gegen Caution. — Den Impuls zur Gründung gab im J. 1849 der ruthenische Gelehrte und Universitäts-Prof. Jacob Hołowacki, indem er dem Institute des ruthenischen Nationalhauses mehrere 1000 klein- und grossrussische Werke aus seiner reichhaltigen Privatbibl. schenkte und hierauf durch seine literarischen Beziehungen mit klein- und grossrussischen Prof. und Gelehrten in Russland für dieselbe Bibl. die unentgeltliche Zusendung von Büchern derart sicherte, dass bis auf den heutigen Tag sämmtliche Schriften aller russischen Universitäten, aller geistlichen Akademien, wie auch der kais. russischen Akademie der Wissenschaften in Petersburg und endlich alle Journale der russischen Ministerien unentgeltlich einlaufen. — Slavische Philologie und Geschichte. — Mit der Bibl. ist die Privatbibl. des Historiographen Domherrn Anton Petruszewicz unter d. Tit. „Muzeum Antona S. Petruszewicza" mit 11.041 Bdn. in einem eigenen Nebenlocale verbunden. Dieses wird jedes Jahr von dem Begründer desselben derart

vermehrt, dass es binnen kurzem das Doppelte des gegenwärtigen Bücherbestandes betragen wird.

Die Bibl.-Kataloge und -Berichte erscheinen gelegentlich allgemeiner Vereinsversammlungen des „Narodnyi Dom" wie auch die halbjährigen Berichte darüber in der ruthenischen Tagespresse.

371. **Dominicanerkloster** (Bibliotheca communis conventus generalis Ss. Corporis Christi Leopoliensis Sac. Ordinis Fratrum Praedicatorum). — 12.365 Bde., 474 Handschriften, 226 Incunabeln. — Jahresdotation 300—400 Gulden. — Bibliothekar: Lect. S. Theol. Fr. Pius Maria Bażan O. P. — A. Handschriftl. Realkatalog. 1. Gemina adnotatio Librorum in Bibliotheca Conventus Generalis Leopolien. Sacri Ord. Praedicatorum locatorum quarum prima continet Authores communi ordine Alphabetico conscriptos; altera vero per speciales in propria materia classes comprehendit eosdem authores singulis expetentibus utilitatem et commodum suum permaxime utilis et necessaria sub Dignissimo Prioratu Eximii ac Adm. R. P. Onuphrii Łykiewicz S. F. Mgri meritissimi renovata Anno Domini 1776. (Kat. in Fol. 82 Bl., auf 36 Bl. alphabet. nach Autoren; auf 46 Bl. die Werke in 17 Classen nach Materien geordnet. Anzahl der verzeichneten Bde. 4017.) 2. Connotatio librorum in Bibliotheca conventus siti in civitate Leopoliensis Ord. Praed. juxta classes distributorum, quarum quaelibet individualem materiam continet juxta ordinem Alphabeti; quae quidem absolúta est anno Domini 1781 (Fragm. 8 Bl. fol.). 3. Catalogus librorum Bibliothecae Conventus Leopoliensis Patrum Ord. Praed. confectus anno 1827 (83 Bl. fol. Bandkatalog in 10 Classen). 4. Catalogus librorum Conventus Gen. Leopol. S. Ord. Fr. Praed. confectus Anno Domini 1851. (Realkatalog in 10 Classen, 76 Bl. fol.). *B.* Bibliotheca Manuscriptorum in Conventu Leopol. P. P. Praed. [s. a. ca. 1776, 12 S. 4°. Handschriftenkataloge in 7 Cl. lat., poln. Ms. meistens philol., dogmat., hist. und homilet. Inhalts]. *C.* Specialverzeichnisse von Büchersammlungen, die der Bibl. nacheinander einverleibt wurden. 1. Sammlung von 46 Werken aus der dem Lemberger Dominicanerkloster incorporirten Expositur Kościejów (bei Lemberg, Post Kulikow). Einv. 1853. 2. Sammlung von 179 Werken auf 4 Bl. in fol. aus dem zu Warschau aufgehobenen Dominicanerkloster. Einv. 1883. 3. Sammlung von 272 Werken meist historischen Inhalts; Ursprung und Zeit der Einverleibung unbekannt. *D.* Zettelkatalog in Ausarbeitung; bis Anfang 1899 3000 Nummern. — Benützbar nur für Conventmitglieder. — Ebenso Entlehnungen und Versendungen. — Gegr. zugleich mit dem Kloster 1270 durch Vermittlung des ruthenischen Fürsten Leo

(Lew), des Gründers von Lemberg. Da einerseits der Convent vom Anfang an viele Wohlthäter unter den ruthen., besonders aber poln. Fürsten- und Adelsfamilien (Opolski, Benko, Leliwitów, Toporów, Odrowąż, Nik. Potocki) zählte, die nicht nur bei Lebzeiten für das leibliche und geistige Wohl der Klostermitglieder sorgten, sondern auch nach ihrem Tode sowohl Legate als auch ihre Büchersammlungen dem Convente hinterliessen, anderseits wiederum das Kloster im 14. und 15. Jhdt. als Hauptsitz der Congregatio fratrum peregrinantium galt, seit dem 16. Jhdt. die Residenz des Provinzials der ruthen. Dominicanerordensprovinz war und endlich das Generalstudium der Provinz unterhielt, so ist es erklärlich, dass in der Conventbibl. und im Archive viele und seltene — wie ein Chronist schreibt — Polonica und Ruthenica, zahlreiche, reich verzierte Choralbücher, werthvolle Documente und Handschriften aus dem Lande und aus der ganzen Provinz die in der Blüthezeit (16. und 17. Jhdt.) gegen 70 Klöster zählte, aufgespeichert sich vorfanden. Zieht man dann noch in Erwägung, dass im Laufe der Jhdte. aus den poln. und ruthen. Dominicanerklöstern 96 Bischöfe und ca. 300 Schriftsteller hervorgingen — die Menge der Mag. s. Theol. u. Regentes Studiorum nicht eingerechnet — so wird man gewiss zu würdigen wissen, was Okolski O. P. in seinem Werke „Russia florida" schreibt: „Erat conventus Leopoliensis Ordinis Praed. nobilissimus, in quo erat Seminarium et Archivum omnium privilegiorum Peregrinantium, in quo omnia capitula sua perficiebant. Quapropter a Pruthenis et Germanis mater Monachorum appellatus fuerit" . . . . . . „Conventus [Leopoliensis O. P.] de novo erectus et aedificatus est et ita dispositus, ut . . . . studium generale provinciae sustineat, Bibliothecam, medicinalia, et caetera magnifica in sacro Ordine necessaria saluti corporis et animae conservet." Noch jetzt birgt die Bibl. eine verhältnissmässig grosse Anzahl von medicinischen Werken in latein. Sprache. Da die Prof. ihre höhere Ausbildung in Rom erhielten und nach Vollendung derselben ins Lemberger Generalstudium zurückkehrten, erklärt sich die bis heute vorhandene grosse Zahl von homiletischen und historischen Werken in italien. Sprache. Auch viele mit Goldinitialen verzierte Choralbücher sind noch vorhanden. Bedeutende Einbusse verursachten hingegen die viermaligen Einäscherungen des Klosters (in d. J. 1408, 1511, 1517 und 1778), die Belagerung Lembergs durch die Tartaren, Türken und Schweden, die politischen Umwälzungen und Klosteraufhebungen im 18. Jhdt., während welcher viele Werke verloren gingen, viele in andere Klöster und Staatssammlungen verschleppt wurden, dagegen wieder manche Werke neue Aufnahme fanden. So besitzt die Bibl. Choralbücher und andere theologische Bücher aus den aufgehobenen Klöstern Warschau, Wilna u. a., zahlreiche Werke aus dem 1780 aufgehobenen Dominicanerkloster zur heil. Maria Magdalena in Lemberg, dem der Lemberger Rathsherr Stanislaus Mądrowicz seine reiche Bibl. vermacht hatte, ebenso Werke aus dem 1782 aufgehobenen Dominicanerinnenkloster zur heil. Katharina von Siena in Lemberg und aus dem 1784 aufgehobenen Dominicanerkloster von der strengen Observanz zur heil. Ursula in Lemberg. — Vertreten waren und sind noch besonders biblische, patrolog., scholastische, kirchengeschichtliche und homiletische Literatur, vorwiegend in latein. Sprache. — Im Klostergebäude befinden sich noch: 1. Die Pfarrbibl. Dem Kloster sind nämlich eine Pfarre S. Corporis Christi, die älteste in Lemberg, und zwei Expedituren Kościejów (Post Kulików) und Krotoszyn (Post Dawidów) incorporirt. 2. Die Noviziatsbibl. seit der Errichtung des Noviziates und Provinzstudiums im Kloster (1884), 1130 Bde., ausschliesslich für die Ordenscleriker und Studenten bestimmt und benützbar. 3. Die Redactionsbibl. der Rosenkranz-Monatsschrift „Róża duchowna" (seit 1898) 450 Bde. Einheimische, ausländische, ältere und neuere Rosenkranzliteratur in deutscher, französischer, italienischer, böhmischer und englischer Sprache.

Nowowiejski Felix. Phoenix decoris et ornamenti Provinciae Poloniae S. Ord. Praed. Posnaniae. 1572. — Olski Symon. Orbis Polonus Cracoviae. 1641. Tom I. — Olski Symon. Russia florida. Leopoli 1646. — Chodykiewicz Klemens. De rebus gestis in Provincia Russiae Ord. Praed. Commentarius XI libri digestus. Berdyczoviae 1780. — Jocher. Obraz bibliograficzno historyczny. Wilno 1840. — Baracz Sadok. Rysdziejów Zakonu Kaznodziejskiego w Polsce w dwóch tomach. Lwów 1861. — Dudik Beda. Archive im Königreiche Galizien und Lodomerien. In: Archiv für österr. Geschichte XXXIX. 1868, S. 147.

372. **Städtisches Gewerbemuseum** (Miejskie Muzeum Przemysłowe), Rathhaus. — 1590 Werke in 2500 Bdn., 635 Kupferstiche und Lithographien, 1150 Photographien. — Jahresdotation für Bücherankauf 2500 Gulden. — Vorstand des Museums: Julian Ritter v. Zachariewicz, k. k. Hofrath und Prof. an der technischen Hochschule; Custos: Ladislaus Rebczynski; Assistent: Ladislaus Stroner. 2 Diener, davon einer speciell für die Bibl. – Handschriftl. Bandkatalog. Als Handkatalog dient ein Exemplar des im J. 1894 gedruckten Kataloges, welcher handschriftl. ergänzt wird. — Für Jedermann unentgeltlich benützbar in den Sommermonaten (Mai bis October) von 11—3, in den Wintermonaten von 11—1 und 5—8 Uhr, an Sonn- und Feiertagen von 10—1 Uhr. — Entlehnungen ausnahmsweise gegen Caution. — Versendungen

nur an öffentliche Anstalten gegen entsprechende Sicherstellung. — Gegr. zugleich mit dem Museum 1874. — Vorwiegend Kunst und Kunstgeschichte.

373. **K. k. akademisches ruthenisches Gymnasium** im ruthenischen Nationalhause „Narodnyi Dom". — *a)* Lehrerbibl. 3358 Werke in 5323 Bdn. und 4523 Heften; *b)* Schülerbibl. (ruthen., poln., deutsche Abth.). — Jahresdotation für *a)* 200—300 Gulden. — Director: Eduard Charkiewicz; Bibliothekar für *a)* Prof. Dr. Thaddäus Mandybur; für *b)* Prof. Isidor Gromnicki; Prof. Elias Kokorudz; Prof. Franz Konarski. — Je ein alphabet. Zettel- und Fachkatalog. — Benützbar nur für die Mitglieder des Lehrkörpers. — Ebenso Entlehnungen. — Versendungen nur im Amtswege. — Gegr. 1849. — Sämmtliche Gymnasialdisciplinen; besonders gepflegt ruthen. Sprache und Literatur, sowie Slavistik.

374. **[K. k. zweites Ober-]Gymnasium** besitzt eine Lehrer- und eine Schülerbibl. — Director: Reg.-R. Emanuel Wolff; Instandhalter der Lehrerbibl.: Prof. Wladimir Resl; der Schülerbibl.: Prof. Heinrich Kopia. — Gegr. 1818 als „Gymnasium bei den Dominicanern"; seit 1850 Obergymn.

Nach dem letzten Jahresberichte gearbeitet, da der Fragebogen nicht beantwortet wurde.

375. **[K. k. Franz Joseph-Staats-]Gymnasium** (C. k. Lwowski gimnazyum im. Franciszka Józefa). — *a)* Lehrerbibl. 3710 Werke in 7494 Bdn., 4650 Programme; *b)* Schülerbibl., u. zw. poln. Abth.: 872 Werke in 1304 Bdn. und 198 Bde. Doubletten; deutsche Abth.: 672 Werke in 884 Bdn.; ruthen. Abth.: 52 Werke in 59 Bdn. — Director: Wojciech Biesiadzki; Bibliothekar für *a)* Prof. Franciszek Terlikowski; für *b)* Prof. Bolesław Szomek (poln. und ruth. Abth.), Jan Kukucz (deutsche Abth.). — Gegr. 1858.

Nach dem letzten Jahresberichte gearbeitet, da der Fragebogen nicht beantwortet wurde.

376. **[K. k. viertes Staats-]Gymnasium** (C. k. IV. gimnazyum). — *a)* Lehrerbibl. 2132 Werke; *b)* Schülerbibl., poln. Abth. 640 Werke in 854 Bdn., deutsche Abth. 585 Werke in 620 Bdn. — Director: Walenty Kozioł. — Errichtet 1879.

Nach dem letzten Jahresberichte gearbeitet, da der Fragebogen nicht beantwortet wurde.

377. **[K. k. V. Staats-]Gymnasium** (C. k. Gimnazyum V). — *a)* Lehrerbibl. Ende November 1898: 816 Werke in 1680 Bdn. und 86 Broschüren, 593 Programme; *b)* Schülerbibl. 609 Werke (poln. Abth.), 364 Werke (deutsche Abth.), 72 Werke (ruthen.

Abth.). — Dotation ca. 600 Gulden. — Director: Franciszek Próchnicki; Custos für *a)* Prof. Franciszek Hoszowski; für *b)* Prof. Józef Nogaj (für die poln. Abth.), Prof. Zygmunt Kunstmann (für die deutsche Abth.). — Je ein Band- und Zettelkatalog. — Zugänglich für den Lehrkörper sämmtlicher Mittelschulen Lembergs. — Ebenso Entlehnungen. — Versendungen nur an Directionen anderer galizischer Mittelschulen. — Gegr. zugleich mit der Anstalt 1892. — Alle Gymnasiallehrfächer.

378. **Handels- und Gewerbekammer** (Izba Handlowa i Przemysłowa), Halickiplatz 10. — 3412 Bde. — Jahresdotation 500 Gulden. — Keine besonderen Bibl.-Beamten. Präsident: Director Dr. Ladislaus Marchwicki; Secretär: Dr. Ladislaus Stesłowicz. — Ein Sachkatalog. — Benützbar von 9—1 und 4—6 Uhr. — Entlehnungen in der Regel nur an Mitglieder der Kammer, an sonstige Personen nur mit Genehmigung des Präsidiums. — Ebenso Versendungen. — Gegr. 1851 zugleich mit der Kammer. — Staatswissenschaften mit besonderer Berücksichtigung der politischen Oekonomie.

379. **K. k. Technische Hochschule.** — 9000 Nummern, ca. 20.000 Bde. — Jahresdotation 3500 Gulden. — Bibliothekar: Prof. Józef Rychter; Scriptor: Antoni Jakubowski; 2 Diener. — Alphabet. Zettelkatalog; jeder Schrank hat seine Standortstabelle. — Geöffnet täglich von 10—1 und 4—8 Uhr; Sonn- und Montag nur von 10—1 Uhr; im September Montag, Mittwoch und Freitag von 11—1 Uhr. Im August geschlossen. — Entlehnung *a)* an Prof. und Assistenten der k. k. techn. Hochschule und der Universität; *b)* an die Hörer der k. k. techn. Hochschule, welche von der Zahlung des Unterrichtsgeldes durch das Prof.-Collegium befreit sind; *c)* an alle jene, welche von den Prof. der k. k. techn. Hochschule in Lemberg empfohlen werden; *d)* an jene, welche eine Büchercaution von 15 Gulden erlegen. — Versendungen an alle Unterrichtsbehörden für eine nach Möglichkeit bestimmte Zeitdauer. — Gegr. 1874. — Nur technische Werke.

Katalog biblioteki c. k. szkoły politechnicznej we Lwowie. I. Lwów 1894. — II. Lwów 1898. — O użytkowaniu biblioteki c. k. Szkoły politechnicznej. Lwów 1896.

380. **K. k. thierärztliche Hochschule** (C. k. Akademia weterynaryi), Kochanowskigasse 33. — 1874 Werke in 3056 Bdn. — Dotation 500 Gulden. — Vorstand ein auf drei Jahre hierzu erwählter Prof. d. Z. Mag. Stanislaus Królikowski. — Ein chronolog. Katalog (Inventar); 1 Zettelkatalog nach Autoren; 1 systemat. Zettelkatalog. — Vormittags täglich benützbar; Lesesaal nicht vorhanden. — Entlehnung an Mitglieder des Lehr-

körpers, Assistenten, sowie die Hörer der Hochschule auf zwei Monate gegen Schein; die Hörer müssen aber die Empfehlung eines Prof. der Anstalt beibringen oder ihre Documente (Maturitätszeugniss und letztes Jahreszeugniss) hinterlegen. Versendung unstatthaft. 1881 mit der Anstalt gegründet, umfasste die Bibl. bei ihrem Ursprung 414 Werke. Bis 1889 war Bibliothekar: Prof. Dr. Anton Barański: seither der oben Genannte. Geschenke von: Prof. Dr. Seifmann, Landesthierarzt Aleksander Littich, Prof. Dr. Josef Szpilman, Prof. Mag. Stan. Królikowski und der Redaction von „Przegląd weterynarski". - Vertreten Thierarznei und Thierzucht.

Geschichte der Bibl. im Berichte der Anstalt vom J. 1895.

381. **Stauropigianisches Institut** (Institut Stauropigiańskij), Russka Ul. 3. — Archiv: 350 kirchlich-slovenische Incunabeln und 1112 Handschriften. Incunabeln und Handschriften theils zur Aufbewahrung übergeben, theils geschenkt, theils gekauft. — Jahresdotation je nach Bedarf. — Leiter des Museums und Archivs: Univ.-Prof. Dr. Izydor Szaraniewicz, Senior des Stauropig. Institutes; 1 Amanuensis, 1 Diener. — Band- und Zettelkatalog. — Museum und Archiv täglich von 11—12, Dienstag und Freitag von 11—1 Uhr benützbar, an Sonn- und griechischen Feiertagen geschlossen. — Entlehnungen mit Genehmigung des Seniors. — Versendungen nur auf Grund des Beschlusses des Institutsausschusses. — Archiv entstand durch allmähliche Sammlung verschiedener Handschriften und Incunabeln seit 1587. Die 1888—1889 veranstaltete bibliographisch-kunsthistorische Ausstellung des Stauropigianischen Institutes gab die nächste Veranlassung zur Anlegung des kunsthistorischen Museums, dessen Anlage, Ordnung und Zugänglichkeit ein Verdienst des gegenwärtigen Seniors ist. — Sowohl im Museum wie im Archive wird die historische, culturelle Entwicklung des östlichen Europas besonders im Auge behalten.

Szaraniewicz, J. Jubiläumsgabe z. Gedächtniss der 300jähr. Gründung des Staur. Inst. Lemberg 1886. — Szaraniewicz J. Bericht über die archäol.-bibliogr. Ausstellung des Staur. Inst. und die Erklärung der Photographien im Album. Lemberg 1888. — Petruszewicz A. S. Katalog der sich im Museum und Archiv des Staur. Inst. vorfindenden kirchlich-slovenischen Handschriften und Incunabeln mit kyrill. Schrift. Lemberg 1890. — Skobelskij, Petr. Die archäol.-bibliogr. Ausstellung des Staur. Inst. Lemberg 1889 (poln.) — Diplomata statuaria a Patriarchis orientalibus Confraternitati Staurop. Leopol. a. 1586—1592 data cum aliis litteris coaevis et appendice. Tom. II. edit. iubil. ab J. Szaraniewicz. Lemberg 1895. Monumenta Confrat. Staurop. Leopol. aut. Wladimir Milkowicz. 2 tom Lemberg 1895.

382. **Akademische Lesehalle** (Czytelnia akademickija). — 4980 Werke. — Dotation ca. 200 Gulden. — Präsident d. Z.:

Jan Leszczyński: Bibliothekar: Adam Skałkowski; Bibliothekar-stellvertreter: Franczyszek Piechowski. — Schöne Literatur, Naturwissenschaften, Medicin, Geschichte.

Sprawozdanie wydziału czytelni akademickiej we Lwowie za rok adm. 1897/98. Lwów 1898.

383. **Griechisch-katholisches Metropolitan-Domcapitel** (Kathedralkirche zu St. Georg), Georgsplatz 5. — 3365 Werke; einige altslavische und lateinische Handschriften. — Keine fixe Jahresdotation. — Bibliothekar ist der jeweilige griech.-kath. Dompfarrer, d. Z. Andreas Bielecki, Dompropst und Capitelvicar. — Nur zum Gebrauche der griech.-kath. Capitular-Domherren und der Kathedralgeistlichkeit. — Grösstentheils theologische Werke. — Entstanden aus Geschenken und Legaten griech.-kath. Domherren.

384. **Minoritenconvent** (gegr. 1252) hat nur eine aus mehreren hundert Werken bestehende Hausbibl. grösstentheils theologischen Inhaltes. — Provincial: P. Valentinus Leo Noras Guardian: P. Vincent Daniel Bielen.

385. **Muzeum Antona S. Petruszewicza.** Privatbibl. des Domherrn Anton Petruszewicz. V. Lemberg, Narodnyi Dom.

386. **Gräfl. Ossolińskisches Nationalinstitut**, Ossolińskigasse 2. — Dasselbe besteht aus der Ossoliński'schen Bibl. und dem fürstl. Lubomirski'schen Museum. — 102.086 Werke, 4171 Handschriften, 1362 Urkunden, 2933 Autographen, sowie eine grosse Anzahl Incunabeln. — Jahresdotation ca. 4000 Gulden (incl. Einbd.) — Curator: Fürst Andreas Lubomirski; Vicecurator: Prof. Dr. Anton Małecki; Director: Dr. Adalbert Kętrzyński. 1 Custos, 1 Vicecustos, 3 Scriptoren, 10 Stipendisten, 2 Bibliotheksdiener. (Im Museum 1 Conversator und 1 Diener.) — Zettelkatalog und Inventar in 9 Bdn. Ein sachlicher Katalog in Vorbereitung. — Täglich mit Ausnahme der Sonn- und kath. Feiertage von 9—2 Uhr geöffnet. Das Museum täglich mit Ausnahme der Sonn- und kath. Feiertage von 9—2, nur Montags von 10—1, Dienstag und Freitag nachmittags von 3—5 Uhr zugänglich. Ein besonderer Lesesaal, welcher mit entsprechenden Werken für Schulknaben und Gymnasiasten ausgestattet ist. Die Benützung der Bibl. und des Museums, sowie der Besuch derselben ist unentgeltlich. — Bücher werden ohne Caution nach Hause geliehen an alle Personen, welche öffentliche Aemter bekleiden, andere erhalten Bücher nur gegen eine entsprechende Caution. Handschriften werden nur ausnahmsweise an Bibl. und Archive in Lemberg abgegeben; nach auswärts nur an Biblio-

theken, Archive, an die Directionen der Gymn. u. s. w., gewöhnlich auf 3 Monate. — Gründer der Bibl. war Joseph Maximilian Ossoliński Graf zu Teczyn, Präfect der k. k. Hofbibl. in Wien. Die Statuten wurden 1817 vom Kaiser bestätigt, doch erst nach dem im J. 1826 erfolgten Tode des Gründers wurde seine Bibl. nach Lemberg geschafft und in dem von ihm erworbenen ehemaligen Kloster der beschuhten Carmeliterinnen untergebracht. Der erste Director wurde 1827 ernannt. In Folge der politischen Verhältnisse konnte die Bibl. sich bis zum Jahre 1848 nur sehr wenig entwickeln und auch noch in späterer Zeit hatte die Anstalt viele Schwierigkeiten zu überwinden. Seit 1869 entwickelt sie sich normal. — Dem speciellen Charakter der Bibl. gemäss werden besonders polnische Geschichte und Literatur gepflegt.

Biblioteka naukowego Zakładu im. Ossolińskich. Rok 1842—1844, 1848; 1862—1869. — Dudik, Beda. Archive im Königreiche Galizien und Lodomerien. In: Archiv f. österr. Gesch. XXXIX. 1868, S. 168. — Katalog broni w muzeum im. Lubomirskich. Lwów 1876. — Katalog muzeum im. Lub. Lwów 1877. — Sprawozdanie z czynności Zakładu narod. im. Oss. 1851—1860, 1870—1875, 1878—1893. — Ustawy Zakł. nar. im. Oss. Lwów 1857. — Zbiór dokumentówi ustaw dotyczących. Zakł nar. im. Oss. Lwów 1870. — Biblioteka Ossolińskich. Zbiór materyałów do historyi polskiej, Hft. 1—8. Lwów 1874 ff. — Kętrzyński, Wojciech. Catalogus codicum manuscriptorum Bibliothecae Ossolinianae Leopoliensis. Tom. I(—III). 1881 ff. — Ders. Wojciech. Zakład narodowy imenia Ossolińskich. Lwów 1894.

387. **Pfarre S. Corporis Christi** (älteste in Lemberg). — V. Lemberg, Dominicanerkloster.

388. **Privatbibliothek. Gräfl. W. v. Baworowski'sche Fundationsbibliothek** (Biblioteka Fundacyi W. hr. Baworowskiego). — Ca. 18.000 Bde., ca. 1000 Handschriften, ca. 500 Urkunden (85 Pergamenturkunden a. d. J. 1352—1816); ca. 10.000 Kupferstiche; ca. 100 Gemälde. — Jahresdotation je nach Bedarf. — Bibliothekar: Dr. Joseph v. Korzeniowski; Stipendisten: Sigismund Batoski, Stephan v. Lekczyński; 1 Famulus. — Kataloge in Ausarbeitung. — Benützbar täglich ausser Montag von 3—5 Uhr gegen vorherige Anmeldung beim Bibliothekar. — Keine Entlehnungen. — Versendungen nur an andere Bibl. unter Zusicherung der Gegenseitigkeit und der ausschliesslichen Benützung in Bibl.-Räumen. — Gegr. von Victor Graf v. Baworowski, einem um die Siebzigerjahre bekannten polnischen Schriftsteller in Galizien, Uebersetzer Byron'scher und Victor Hugo'scher Werke. Eine zweite Grundlage des heutigen Bestandes bildete ausser der Familiensammlung der Erwerb der reichhaltigen Bibl. des Alexander Batowski aus Odnow in Galizien. Als weitere Bestandtheile erweisen sich die Sammlungen des Grafen Anton Stadnicki und die An-

käufe des Gründers, besonders bei dem Krakauer Sammler und Antiquar Ambrosius Grabowski (hauptsächlich Cracoviensia vom 15.—18. Jhdt. in Handschriften und seltenen Drucken), sowie bei dem Rechtshistoriker Casimir Stronczyński (hauptsächlich rechtshistorische Handschriften von grosser Bedeutung für die Rechtsgeschichte in Posen). — Geschichts- und Literaturwissenschaft, sonstige Humaniora, Jus, Theologie etc. Nicht gepflegt werden Naturwissenschaften, Mathematik u. s. w.

Kętrzyński, Wojciech. Biblioteka Wiktora hr. Baworowskiego we Lwowie. Lwów 1892.

389. **[K. k. Staats-]Realschule** (C. k. wyższa szkoła realna), Ulica Kamienna (Steingasse). — *a)* Lehrerbibl. 2674 Werke in 4163 Bdn., 620 Heften, 6421 Programme; *b)* Schülerbibl. 1379 Werke in 1549 Bdn. — Jahresdotation 400 Gulden. — Director: Dr. Teofil Gerstmann; Bibliothekar für *a)* Prof. Franz Pohorecki; für *b)* Prof. Romuald Bobin. — Ein Realkatalog und ein alphabet. Zettelkatalog. — *a)* zu den dienstfreien Stunden des Bibliothekars für alle Mitglieder des Lehrkörpers, denen auch das Recht der Entlehnung zusteht, zugänglich; für andere Personen nur nach dem Ermessen und unter Verantwortlichkeit des Bibliothekars. — Gegr. mit der Anstalt 1857. — Religionslehre, Pädagogik, polnische, ruthenische, deutsche und fremde Sprachen, Geographie, Weltgeschichte, Mathematik, Physik und Chemie, Naturgeschichte, darstellende Geometrie, Philosophie.

390. **Rosenkranz-Monatsschrift** (Róża duchowna). — V. Lemberg, Dominicanerkloster.

391. **Ševčenkoverein der Wissenschaften** (Tovaristvo naukove imení Ševčenka), Czarneckigasse 26. — 6000 Bde., 15 Handschriften. — Jahresdotation 600 Gulden. — Bibliothekar: Michael Pawlik; ein Diener. — Alphabet. Zettel- und Inventarkatalog. — Benützbar für Jedermann täglich von 2—6 Uhr. — Entlehnungen an die Mitglieder ohneweiters, an Andere nur unter persönlicher Haftung des Bibliothekars und gegen Caution. — Versendungen nur ausnahmsweise an Mitglieder behufs Veröffentlichung einer wissenschaftlichen Arbeit in den Publicationen der Gesellschaft. — Gegr. 1894. Vermehrt durch Aufnahme der Bibl. der Schriftsteller Alex. Konisski, dm. Partycki u. A., sodann durch Schriftentausch. — Geschichte, Ethnographie u. dgl. von Ruthenien-Ukraine.

392. **K. k. Universitäts-Bibliothek** (C. k. Biblioteka Uniwersytecka). — 152.000 Bde., darunter 192 Incunabeln; über-

dies 748 Handschriften, 291 Urkunden und Acten, 1252 Karten und Stiche, 11.500 Münzen und Medaillen. — Dotation 10.000 Gulden. Immatriculationstaxen 1898: 2481 Gulden. — Director: Dr. Alexander Semkowicz, früher a. o. Univ.-Prof; Custos: Dr. Friedrich Papée; Scriptor: Dr. Bolesław Ritter v. Mańkowski; Amanuensen: Dr. Joseph Korzeniowski, Dr. Wilhelm Rolny; Praktikant: Dr. Eugenius Barwiński; 3 Famuli, 1 Cursor. — Inventarkatalog nach laufenden Nummern in Bandform; Grundkatalog alphabet. nach Autoren und Schlagworten als Zettelkatalog; Standortkatalog in Bandform. Verzeichniss nach der Aufstellung in den Schränken; jeder Schrank enthält nur Werke aus einem Fache, so dass dieser Katalog im grossen Ganzen den Realkatalog vertritt: er ist dem Publicum zugänglich. Doublettenkatalog; Realkatalog (wissenschaftlicher Fachkatalog) in Bearbeitung. Katalog der Handschriften, Urkunden und Acten, sowie der Incunabeln in Bandform nach dem numerus currens; Katalog der Karten und Stiche mit Eintheilung in Bandform. Münz- und Medaillenkatalog nach Ländern und Chronologie in Bandform. Catalogus librorum prohibitorum als alphabet. Zettelkatalog. Katalog der periodischen Schriften alphabet. in Zettelform. Jährliche und monatliche Zuwachsverzeichnisse nach Materien, innerhalb derselben alphabet. in Bandform; dem Publicum zugänglich. — Geöffnet vom 1. October bis 31. Juli täglich mit Ausnahme von Sonn- und Feiertagen (ritus lat. et graeci) von 8—1 und 4—6, Samstag nur von 8—1 Uhr. Vom 1.—15. August geschlossen, vom 16.—31. August Dienstag und Freitag von 9—12 Uhr, im September täglich von 9—1 Uhr geöffnet. Der Besuch des Lesezimmers ist jedem Erwachsenen gestattet, nur ausnahmsweise auch Gymnasialschülern der VII. und VIII. Classe gegen Vorstellung beim inspicirenden Beamten und Einhaltung der Lesezimmerordnung. — Entlehnungen und Versendungen nach den für öffentliche Bibl. bestehenden Normen. — Gegr. zugleich mit der Universität von Kaiser Joseph II. im J. 1784. Den Grundstock bildete die Garelli'sche Bibl. (11.000 Bde.), welche aus Wien durch den ersten Bibliothekar H. G. v. Bretschneider überführt wurde, sowie die aus aufgehobenen galizischen Klöstern ausgewählten Werke. 1818 Bestand: 36.000 Bde. Grössere Schenkungen 1817: Stan. Treter 3349 Bde. 1833 Graf Joseph Kuropatnicki 740 Bde. 1848 Bestand: 51.082 Bde., wovon nach dem Brande der Universität 1848 (während des Bombardements) nur 13.000 Bde. ohne Katalog zurückblieben. 1849 Doubletten aus der Hofbibl. und die von der Regierung angekaufte Sammlung Kurzmayer's aus Wien. Fürst Heinrich Lubomirski, Curator der Ossoliński'schen Bibl. 6047 Bde., Univ.-Prof.

Kulik aus Prag 1000 Bde., Graf Stanislaus Borkowski (1850) 5000 Bde. 1854 Bestand: 35.600 Bde. 1884 Pfarrer Michael Formaniosz 10.209 Bde. — Dotation ursprünglich 400 Gulden, 1826—1849 1000 Gulden, 1850—1869 durchschnittlich 2500 Gulden, seit 1870 4000 Gulden, seit 1878 6000 Gulden, seit 1892 8000 Gulden, seit 1896 10.000 Gulden. Neukatalogisirung nach dem Brande begonnen vom Bibliothekar Dr. Stroński und durchgeführt von seinem Nachfolger Dr. Adalb. Urbański. In der neuesten Zeit hat sich die Handschriftensammlung sehr vergrössert, indem die k. k. Statthalterei auf Bitte der Direction 1893 bewilligte, dass die in den k. k. Aemtern befindlichen alten Inventare und Gerichtsbücher aus der Zeit vor 1772 an die Univ.-Bibl. abgeliefert werden. Der Bau eines neuen Gebäudes ist in Aussicht genommen; ein Grundstück bereits angekauft. — Der Instruction gemäss sämmtliche an der Universität vertretenen Fächer mit specieller Berücksichtigung der Landesliteratur und jener der benachbarten Gebiete. — In die allgemeine Zählung sind aufgenommen: Das Münzcabinet und die Seminarbibl. wie das philol., german., histor. und juridisch-politische Seminar.

Catalogus bibliothecae Leopol. 1795. Dudik Beda. Archive im Königreiche Galizien und Lodomerien. In: Archiv für österr. Gesch. XXXIX. 1868. S. 113. — Reifenkugel Karl. Biblioteka uniwersytecka we Lwowie in: Przewodnik naukowy i literacki. Lwów 1873. Finkel Ludwig und Stanislaus Starzynski, Historya uniwersytetu Lwowskiego. Lwów 1894.

Leoben (Steiermark).

393. **K. k. Bergakademie** im eigenen Gebäude. — 13.000 Bde. — Jahresdotation 1600 Gulden. — 1 Amanuensis, dem zeitweilig eine Hilfskraft beigegeben wird. — Ein handschr. Autoren- und Sachregister, 13 Fachkataloge, 1 Zettelkatalog. — Die Bibl. ist für den Besuch der Hörer der Bergakademie während der Unterrichtszeit täglich mit Ausnahme der Sonn- und Feiertage von 8—12 und 4—7 Uhr geöffnet. Entlehnungen nur an Mitglieder des Lehrkörpers gegen Empfangsschein; über Ersuchen ausnahmsweise auch Versendungen. — Besonders gepflegt berg- und hüttenmännische, sowie die einschlägigen Wissenschaften.

394. **[Landes-]Gymnasium.** — *a)* Lehrerbibl. 1213 Werke; *b)* Schülerbibl. — Director: Schulrath Anton Fichten; Custos für *a)* Prof. Dr. Johann Gutscher; für *b)* Prof. Arthur Cafasso.

1862 als Communal-Unterrealschule begründet, 1866 in ein Realgymn. verwandelt, 1870 in die Verwaltung des Landes übernommen, seit 1875 Oberrealschule; seit 1881 Obergymgymnasium.

Gutscher Hanns. Katalog der Lehrerbibl. In: Jahresbericht des Landes-Obergymn. zu Leoben. Leoben 1898.

Nach dem letzten Jahresberichte gearbeitet, da der Fragebogen nicht beantwortet wurde.

395. **Handels- und Gewerbekammer**, Untere Mittergasse 11, 2. St. — 2674 Werke. — Jahresdotation 600 Gulden. — Die Bibl. leitet das Kammerpersonal; Secretär: Dr. Ernst Seidler. — Ein nach Materien geordneter Buchkatalog und ein nach Autoren alphabet. geordneter Zettelkatalog. — Während der Amtsstunden (9–12, 3—6 Uhr) Entlehnung an vertrauenswürdige Personen; die Beurtheilung der Vertrauenswürdigkeit obliegt dem Kammersecretär. — Versendung bis jetzt nicht gebräuchlich, doch würde dies unter Umständen, insbesondere zu Gunsten von Kammermitgliedern, ebenfalls gestattet werden. — Gegr. 1893 durch den Ankauf der Bücher aus dem Nachlasse des Hofrathes Hugo v. Brachelli. — Hauptsächlich volkswirthschaftliche und statistische, dann auch juristische, geschichtliche, ethnographische und technische Werke. Doch auch Geographie, Naturwissenschaften, selbst Belletristik vertreten.

396. **Redemptoristencollegium** besitzt nur eine Privatbibl. von ca. 4500 Bdn. — Keine bestimmte Jahresdotation. — Bibliothekar: P. Hermann Hofbauer. — Benützbar jederzeit für Mitglieder des Collegs; für Fremde nur mit Erlaubniss des Rectors. — Ebenso Entlehnungen und Versendungen. — Hauptsächlich Theologie, und zwar Kirchengeschichte, ausserdem Naturwissenschaften.

Libuň (Böhmen).

397. **Pfarrbibliothek**. — Ca. 1500 Bde. (nach Pizzala im J. 1870: 1994 Bde.). — Bibliothekar der jeweilige Pfarrer, derzeit P. Josef Lexa. — Benützbar zu jeder Stunde und jeder Zeit ausser mittags und abends gegen Verpflichtung nichts zu entfremden. — Entlehnung gegen Verpflichtung das entlehnte Werk unbeschädigt zurückzustellen. — Ebenso Versendung. — Gegr. 1770 (nach Pizzala 1790) vom Dechant Mauritius Marx, theilweise bereichert unter dem Dechant Anton Mark. — Grösstentheils Theologie, canonisches Recht, Geschichte.

Lilienfeld (Nieder-Oesterr.).

398. **Cistercienserstift**. — 20,000 Bde., 230 Incunabeln, 118 Handschriften. — Jahresdotation je nach Bedarf. —

Bibliothekar: P. Theobald Wrba. — Alphabet. Hauptkatalog; Specialkataloge nach den verschiedenen Wissenschaften; an der Anlegung eines Zettelkataloges wird gearbeitet. — Zugänglich nach Anmeldung beim Bibliothekar. Entlehnungen nur an Mitglieder des Stiftes. — Keine Versendungen. — Die Gründung der Bibl. fällt mit der Gründung des Stiftes zusammen (Anfang des XIII. Jhdts.). — Durch die im J. 1789 erfolgte Aufhebung des Stiftes wurde die Bibl. vollständig vernichtet. Ein Katalog der vor der Aufhebung vorhandenen Manuscripte in der Universitätsbibl. zu Wien (Manuscr. III 28). Nach der im J. 1790 erfolgten Resuscitation des Stiftes kaufte Abt Ignaz II. (1790—1802) zu Wien die Bibl. der aufgehobenen Klöster Klein-Mariazell und der Pauliner. — Vertreten alle Wissenschaften, besonders Theologie.

Becziczka, Ambros. Historische und topographische Darstellung von Lilienfeld und seiner Umgebung. Wien 1825. — Gottwald, P. Johann. Das Cistercienserstift Lilienfeld in Niederösterreich. In: Ein Cistercienserbuch von Seb. Brunner. Würzburg 1881. — Tobner, P. Paulus. Lilienfeld vor 200 Jahren. 1883. — Huemer, I. Iter Austriacum. I. In: Wiener Studien 9. 1887. S. 88. — Schimek, P. Conrad. Verzeichniss der Handschriften des Stiftes Lilienfeld. In: Xenia Bernardina II. 1. — Xenia Bernard. III

Linz (Ober-Oesterr.)

399. **Deutscher und Oesterreichischer Alpenverein**, Section Linz, Hotel „Rother Krebs". — 716 Bde., Karten, Panoramen, Bilder etc. — Jahresdotation ca. 60 Gulden. — Bibliothekar seit 1892: Leo Beierle, Fabriksbeamter. — Ein gedruckter Fachkatalog. — Die Bibl. ist an Wochen- und Monatsversammlungsabenden geöffnet; nur in Linz wohnende Mitglieder sind berechtigt, Bücher zu entlehnen; auf schriftliches Ansuchen beim jeweiligen Bibliothekar werden jedoch auch zu jeder anderen Zeit Bücher von demselben abgegeben, bezw. zugestellt. Dauer der Benützung längstens ein Monat. — Gegr. zugleich mit dem Vereine 1874. — Meist alpinistische Literatur.

Katalog der Bibl. der Section Linz des Deutschen und Oesterreichischen Alpenvereines. Bearbeitet von Leo Beierle. Linz 1895. Sammt Nachträgen I—IV.

400. **Bischöfliches Alumnat**, Harrachstrasse 7. — Ca. 20.000 Bde., darunter 16 Handschriften und 100 Incunabeln. — Jahresdotation ca. 100 Gulden. — Dr. Johann Mayböck, Regens; 2 Theologen. — Je ein alphabet. Band- und Zettelkatalog in Ausarbeitung. Für Fremde nicht benützbar. — Entlehnungen und Versendungen nur in besonders berücksichtigungswerthen Fällen. Entstanden durch Bücherspenden von Seiten des Clerus, sowie durch Ankauf von Büchern. —

Hauptsächlich Theologie, ferner deutsche Literatur, Geographie, Profangeschichte, bibl. Dialekte, Naturgeschichte.

401. **Carmeliterkloster.** — Ca. 7000 Bde. — Jahresdotation je nach Bedarf. Prior: P. Bruno Zenker. — Zettelkatalog. Nur zu eigenem Gebrauche. — Entlehnungen und Versendungen nur ausnahmsweise gegen Revers. — Philosophie und Theologie. — Gegr. 1671.

402. **Gabelsberger Stenographenverein,** Pfarrplatz 9. — Ca. 1050 Bde. — Jahresdotation 40—60 Gulden. — Vorstand: Prof. Ferdinand Barta; Bibliothekar: Gewerksbuchhalter Theodor Edenberger. — Bandkatalog. — Keine bestimmten Bibliotheksstunden. — Entlehnungen nur an Vereinsmitglieder auf einen Monat. — Versendungen nur an correspondirende Mitglieder. — Stenographie, besonders die Gabelsberger'sche.

Statuten des Stenographenvereines in Linz gen. l. h. Erl. d. k. k. Statthalterei vom 19. September 1881. Z. 10.484.

403. **Oberösterreichischer Gewerbeverein,** Altstadt 17. — 1572 Werke in 4012 Bdn., mehrere Tausend Kupferstiche und Zeichnungen, ferner alle neuesten vom k. k. M. f. C. u. U. zur Anschaffung angeordneten Modelle und Zeichenvorlagen, sowie eine sehenswerthe Mineraliensammlung. — Jahresdotation 100 Gulden. — Vorstand: Mathias Schachermayer, Gemeinde- und Kammerrath; Secretär und Bibl.-Verwalter: Mathias Grubbauer, Fabriksbesitzer; Kanzlist: M. Spreitzer. 1 Diener. — Katalog aus dem J. 1872. — Freier Eintritt täglich von 10—12 und 2—4 Uhr. — Entlehnungen nur an Mitglieder auf acht Tage. — Keine Versendungen. — Gegr. 1842. Verdankt sein Entstehen der Fürsorge Sr. kais. Hoheit des Erzherzogs Johann. — Gewerbliche und kunstgewerbliche Wissenschaften.

Der Oberösterreichische Gewerbeverein von 1842—1892. Festschrift zum 50jährigen Jubiläum. Linz 1892.

404. **[K. k. Staats-]Gymnasium.** — *a)* Lehrerbibl. 7314 Bde. und 903 Hefte, 18422 österreichische und reichsdeutsche Schulprogramme; *b)* Schülerbibl. — Jahresdotation 400—500 Gulden. — Director: Christoph Würfl, k. k. Schulrath; Custos der Lehrerbibl.: Prof. Dr. Franz Thalmayr; Custos der Programmsammlung: Prof. Anton Sauer; der Schülerbibl.: Supplent Peter Kitlitzko. — Handschriftliche Bandkataloge nach Fächern und innerhalb derselben alphabet.; zum Theile ein alphabet. Zettelkatalog; seit 1897: neuer Katalog; bisher gedruckt I. Theil, classische Philologie 1897. II. Theil erscheint am Ende des laufenden Schuljahres. — Benützbar *a)* jeder-

zeit vormittags für den Lehrkörper; für Private nach Ermessen und in Anwesenheit des Bibliothekars. — Ebenso Entlehnungen. — Versendungen an öffentliche Lehranstalten. — Gegr. zugleich mit der Anstalt 1550, von 1626—1773 Jesuitengymn., bis 1819 von Priestern der oberösterreich. Stifter St. Florian, Reichersberg, Schlägl und Wilhering geleitet, 1863 zu einem Staatsgymn. erklärt. — Alle wissenschaftlichen Disciplinen des Gymn.

Thalmayr, Franz. Katalog der Lehrerbibl. des k. k. Staatsgymn. in Linz. I. Classische Philologie. In: 46. Jahresber. d. k. k. Staatsgymn. f. d. Schuljahr 1897.

405. **Oeffentliche Handelsakademie,** Tummelplatz 14. — 4694 Nummern. — Dotation von 1882—1898: 10.102·80 Gulden. — Director: Dr. Anton Effenberger, kais. Rath; Bibliothekar 1882 -1884: Prof. Dr. J. Scheidl; 1884—1892: Prof. F. S. Holzinger; seit 1892: Prof. Hans Belohlawek. — Fachkataloge; die jährlichen Zuwächse werden im Programme der Anstalt veröffentlicht. — Zugänglich jederzeit für die Mitglieder des Lehrkörpers. Ebenso Entlehnungen; gewisse Werke auch an Schüler. — Schriftentausch und Versendungen an die Studienbibl. in Linz, und andere Mittelschulen. — Gründungsjahr 1882.

Im Programme 1899 wird der Katalog im Drucke erscheinen.

406. **Handels- und Gewerbekammer für das Erzherzogthum Oesterreich ob der Enns** hat eine für ihren Amtsgebrauch erworbene Büchersammlung. (Nähere Auskunft war leider nicht zu erlangen.) Nach Pizzala: Gegr. 1851. — 615 Bde., 178 Hefte.

407. **Holzinger-Volksbücherei.** V.: Linz, Oberösterreichischer Volksbildungsverein.

408. **Jesuitencollegium,** Freinberg. — Ca. 35.000 Bde. und 20 Incunabeln. — Jahresdotation früher regelmässig 300 Gulden, seit Auflösung des Collegiums geringer. — Vorstand: P. Joseph Niedermayer. — Alphabet. Zettelkatalog. — In Ermanglung eines geeigneten Bibliothekssaales vorläufig nur zu eigenem Gebrauche. Den Grundstock bilden die Bücher eines ehemaligen Wiener Antiquars. Alle Wissenschaften, besonders Theologie, Mathematik und Geschichte.

409. **K. k. Landwirthschaftsgesellschaft in Oesterreich ob der Enns.** — Ca. 3000 Werke. — Jahresdotation früher grösser jetzt nur 50 Gulden. — Die Bibliotheksgeschäfte werden von den Beamten der Gesellschaft geführt. Ein handschriftl. Katalog, alphabet. und nach Disciplinen geordnet. Nur für

Vereinsmitglieder zugänglich. — Ebenso Entlehnungen und Versendungen gegen Ersatz der Kosten; Rückstellungstermin 6 Wochen. — Gegr. zugleich mit der Gesellschaft 1845; erhalten durch Spenden und Ankäufe. — Naturwissenschaften, besonders aber Landwirthschaft in ihrem ganzen Umfange.

Ein gedruckter Katalog aus dem J. 1887.

410. **Mädchenlyceum**, Prunnerstrasse 18. — Lehrerbibl. 215 Werke. — Jahresdotation 100—150 Gulden. — Director: Johann B. Degn. — Zugänglich für den Lehrkörper der Anstalt zu jeder Zeit. — Entlehnungen nur an Mittelschulen.

Degn, J. B. Katalog der Lehrerbibl. des Mädchenlyceums in Linz. Linz 1898.

411. **Museum Francisco-Carolinum.** — 14.930 Werke, 22.372 Bde. — Jahresdotation 200 Gulden. — Untersteht dem Präsidium des Verwaltungsrathes des Museums. — Fachreferent: Verwaltungsrath Gustav Bancalari, k. und k. Oberst a. D.; wissenschaftlicher Beamter: V. v. Lyehdorff, k. k. Prof. a. D. — Zettelkatalog und ein gedruckter Katalog. — Geöffnet täglich an Wochentagen von 9—12 und von 2—5 Uhr, an Sonn- und Feiertagen nur vormittags. Die Mitglieder und Mandatare des Museumsvereines sind berechtigt die Bibl. in und ausser dem Museum zu benützen, ebenso öffentliche Behörden und wissenschaftliche Anstalten, dann die mit dem Museum im Schriftentausche stehenden Vereine etc. Handschriften, besonders kostspielige Bücher, Seltenheiten, Wörter- und sonstige Hilfsbücher sind in der Regel nur im Lesezimmer des Museums zu benützen. Ueber Ausnahmen entscheidet das Bibliothekscomité. — Die Gründung der Bibl. fällt mit jener des Museums (10. Februar 1833) zusammen; eine kurze Geschichte derselben enthält der gedruckte Katalog in Form eines Vorwortes. — Vertreten alle Fächer, besonders die auf Oberösterr. Bezug nehmenden Werke. Mit der Bibl. ist neuester Zeit auch die Büchersammlung des Vereines der Aerzte in Oberösterreich vereinigt.

Bibliothekskatalog des Museums Francisco-Carolinum in Linz a. D. Verfasst von Gustav Bancalari, k. k. Oberst a. D. Herausg. vom Verwaltungsrath des Museums. Linz 1897. — Museum, Das vaterländische zu Linz. In: Oesterr. Zeitschr. f. Gesch. und Staatskunde. II. 1836, S. 343. — Chmel, J. Handschriften in österr. Bibl. In: Der österr. Geschichtsforscher. II. 2. 1841. Notizenbl., S. 54. — Huemer, J. Der Austriaeum. I In: Wiener Studien. IX. 1887. S. 76.

412. **Musikverein** besitzt lediglich eine Bibl. von Musikalien bestehend aus den Compositionen der Classiker in den Ausgaben der letzten 5—6 Decennien. — Katalog nach den Compositionsgattungen und innerhalb dieser möglichst alphabet.

9*

nach den Componisten. — Benützbar nur für die Vereinsleitung, ausnahmsweise für befreundete Vereine gegen Revers. Vorstand: Carl Obermüller: Secretär: Dr. Rudolf Prohaska.

413. **Bischöfliches Ordinariat** hat eine verhältnissmässig kleine Bibl., die aus den Büchernachlässen verstorbener Bischöfe gebildet wurde und fast ausschliesslich die verschiedenen Zweige des theologischen Gebietes umfasst; doch ist dieselbe nur zum Gebrauche des jeweiligen Bischofs bestimmt. — P. Robert Kurzwernhart, Kanzler; P. B. Schandl, Secretär.

414. **[K. k. Staats-Ober-]Realschule.** — *a)* Lehrerbibl. ca. 1400 Bde.; *b)* Schülerbibl. ca. 1200 Bde. — Director: Rudolf Pindter; Bibliothekar für *a)* Prof. Oskar Langer; für *b)* Prof. Dr. Leopold Pötsch. — Gegr. 1851.

Katalog der Lehrerbibl. Gruppe I—IV unter Mitwirkung des Bibl. Prof. Oskar Langer veröffentlicht von der Direction. — Ferner Katalog der Schülerbibl. unter Mitwirkung des Bibl. Prof. Dr. Leop. Pötsch veröffentlicht von der Direction. Jahresbericht über das Schuljahr 1896/97.

415. **K. k. öffentliche Studienbibliothek,** Landstrasse 30. — 36.745 Bde., 166 Handschriften, 532 Bde. Incunabeln. — Jahresdotation 1200 Gulden. — Vorstand: Der jeweilige Stiftshofmeister von Kremsmünster, derzeit P. Günther Mayrhofer; Scriptor: Leopold Traunwieser. — Handschriftl. alphabet. Zettel- und Bandkataloge. — Lesestunden von 9—12 und 2—5 Uhr, ausser an Sonn- und Feiertagen und Donnerstag nachmittags. — Für Entlehnung und Versendung gelten die für alle k. k. Universitäts- und Studienbibl. bestehenden Vorschriften. — Die Bibl. wurde auf a. h. Entschliessung vom 15. October 1774 errichtet, war in verschiedenen Localitäten untergebracht, bis sie 1778 in das jetzige Gebäude kam. Das Haus gehörte dem aufgehobenen Kloster Baumgartenberg und wurde dem Stifte Kremsmünster mit der Bestimmung geschenkt, dass in demselben die Bibl. unentgeltlich untergebracht und das nothwendige Personal beigestellt und besoldet werde. — Besonders vertreten Geschichte, Mathematik, Naturwissenschaften, Pädagogik, Philosophie.

Eine Geschichte der Bibl. schrieb der ehemalige Scriptor Christelbauer. Chmel, J. Handschriften in österr. Bibl. nachgewiesen von Mone. In: Der österr. Geschichtsforscher. II. 2. 1841. Notizenbl. S. 53. — Wattenbach, W. Handschriften der Lycealbibl. zu Linz. In: Archiv für ältere deutsche Gesch. X. 1851. S. 611. — Huemer, J. Iter Austriacum. I. In: Wiener Studien IX. 1887, S. 72.

416. **Verein der Aerzte Oberösterreichs,** in den Räumen des Museum Francisco-Carolinum, Museumstrasse 14. — 542 Bde. Jahresdotation 200 Gulden. — Bibliothekar: Dr. Max

Keppelmayr. — Zettelkatalog. — Zugänglich jeden Tag von 9—12 und 2—6 Uhr für Mitglieder des „V. d. Aerzte Ob.-Oest.", die zugleich Mitglieder des Museums sein sollen. — Ebenso Entlehnungen und portofreie Versendungen auf vier, beziehungsweise sechs Wochen. — Gegr. 1870, wesentlich durch Schenkungen vermehrt. Ursprünglich eine Art Lesecirkel, indem aus allen Zweigen der Medicin Zeitschriften abonnirt wurden, welche unter den Mitgliedern der Section Linz des „V. d. Aerzte Ob.-Oest." circulirten, dann vom Bibliothekar gesammelt und bei ihm aufgestellt wurden. Im Jahre 1877 löste sich dieser Lesecirkel auf. Erst im Jahre 1895 wurden neuerlich Zeitschriften abonnirt, die ganze Büchersammlung katalogisirt und im „Museum Francisco-Carolinum" aufgestellt. — Ausschliesslich medicinische Fächer.

417. **Verein für Naturkunde in Oberösterreich,** Altstadt 12. — 1491 Bde., 36 Hefte. — Jahresdotation 50 Gulden. — Präses: Dr. Wilhelm Zenz, k. k. Landesschulinspector; Secretär: Alfred Erhard, k. k. Statthaltereirechnungsofficial; Gartendirector: Prof. Michael Wegerstorfer; Archivar: Johann Gföllner, k. k. Statthaltereirechnungsassistent. — Alphabet. Katalog. — Benützbar nur für Mitglieder zweimal wöchentlich nachmittags. — Ebenso Entlehnungen und Versendungen gegen Ersatz des Portos. — Gegr. zugleich mit dem Vereine 1870. — Naturwissenschaften.

418. **Militärwissenschaftlicher Verein.** — 1450 wissenschaftliche und 315 belletristische Werke. — Jahresdotation je nach der Zuweisung der Subvention des k. u. k. Reichskriegs-Ministeriums und der Höhe der Mitgliederbeiträge (durchschnittlich 500—600 Gulden): zusammen 1100—1200 Gulden. — Vorstand der jeweilige Commandant: Secretär der jeweilige Generalstabsofficier der 5. Infanteriebrigade, derzeit Hugo Kerchnawe, Oberlieut. Ein Bandkatalog nach Materien und Autoren alphabet. geordnet. — Für die Mitglieder jederzeit benützbar. — Ebenso Entlehnungen auf vier Wochen. — Keine Versendungen. — Gründungsjahr unbekannt (Correspondenz seit 1879). — Hauptsächlich Kriegs- und deren Hilfswissenschaften, doch auch andere Fächer nach Möglichkeit; Belletristik.

419. **Oberösterreichischer Volksbildungsverein.** — *a)* Holzinger-Volksbücherei; *b)* 73 Volksbüchereien in verschiedenen Orten Oberösterreichs. — *a)* 5850 Bde., *b)* 25.400 Bde. — Jahresdotation *a)* ca. 60 Gulden; *b)* ca. 200 Gulden. — *a)* Keine Beamte, ein Verwalter der Volksbücherei mit zwei freiwillig mitarbeitenden und zwei bezahlten Kräften; *b)* nicht

entlohnte, freiwillige Verwalter, zumeist Lehrer, und 1 Referent im Ausschusse. Vorstand: Friedrich Scholz, Uebungsschullehrer i. R.; Vorstandstellvertreter: Franz Brosch; Verwalter der Holzinger-Bücherei: M. Hellauer. — *a)* Gedruckter Katalog nach den Lesestoffen geordnet. — *a)* Täglich 4—7 Uhr abends gegen monatliche Zahlung von 10 kr. oder jährlichen Mitgliedsbeitrag von 1 Gulden benützbar; *b)* frei. — *a)* und *b)* Entlehnungen, aber keine Versendungen. Gegr. 1893. Den Grundstock bildet die chem. Bücherei des Deutschen Vereines in Linz, vermehrt durch Ankäufe, Spenden und die einstmalige Hamerling-Bücherei in Pfandl bei Ischl. — Alle Gebiete, grösstentheils Belletristik.

Lissitz (Mähren).

420. **Graf G. Dubsky'sche Schlossbibliothek.** „Die im Schlosse befindliche Bibl., zu der ein geschriebener Katalog vorhanden ist, enthält ca. 10.000 Bde." (Handbuch der Kunstpflege in Oesterreich. 2. Aufl., Wien 1893, S. 407.) Nähere Auskunft war leider nicht zu erlangen.

Lomnitz (Mähren).

421. **Gräfl. C. Serenyi'sche Schlossbibliothek.** — 3000—4000 Bde. — Jahresdotation je nach Bedarf. — Alphabetischer Bandkatalog. — Benützbar nur mit besonderer Bewilligung des Besitzers. — Keine Entlehnungen und Versendungen. — Jurisprudenz, Geschichte, Kriegswissenschaften, Theologie, Classiker, Genealogie.

Luggau (Kärnten).

422. **Servitenconvent.** — 1000 Bde. — Jahresdotation 50 Gulden. — Bibliothekar: P. Thomas M. Gottsgraber. — Alphabet. Bandkatalog. — Für Fremde nur ausnahmsweise benützbar. — Keine Entlehnungen und Versendungen. — Entstand zu Anfang des 17. Jhdts. und wurde jährlich vergrössert (das Kloster nach Jordan 1635, nach Pizzala um 1650 gegründet). — Theologie, Medicin, Jus, Philosophie, vorwiegend theol.-homilet. Werke.

Lundenburg (Mähren).

423. **Verein der Lehrer und Schulfreunde.** — 860 Bde. — Jahresdotation 80—90 Gulden. — Obmann und Bibliothekar: Joseph Bauer, Lehrer. — Handschriftl. Katalog. — Benützbar für Mitglieder jeden Sonntag von 11—12 Uhr. — Ebenso

Entlehnungen. — Keine Versendungen. Gegr. zugleich mit dem Vereine 1876. — Belletristik, Classiker, Pädagogik.

Mähr.-Kromau (Mähren).

424. **Deutsche Volksbücherei.** 1500 Bde. — Jahresdotation ca. 100 Gulden. — Obmann: Wilhelm Proksch: Archivar: Adolph Diehtl. — Alphabet. gedruckter Katalog. — Benützbar Sonntag von 10—12 Uhr. — Entlehnungen gegen eine Gebühr von 2 Kreuzern pro Bd. und Woche. — Gegr. vom deutschen Casino in Mähr.-Kromau 1893. — Belletristik.

Bücherverzeichniss der Volksbücherei in Mähr.-Kromau. Mähr.-Kromau 1899.

Mähr.-Neustadt (Mähren).

425. **[Landes-Unter- und Communal-Ober-]Gymnasium** — *a)* Lehrerbibl. 2576 Bde., *b)* Schülerbibl. 505 Bde. — Director: Adolf Daumann; Bibliothekar: Gymn.-Lehrer Franz Spina. Entstanden 1870 durch Umwandlung der unselbständigen Unterrealschule in ein Landes-Realgymn.; seit 1894 Obergymn.

Spina, Franz. Katalog der Lehrerbibl. In: XI. Jahresbericht des Landes-Unter- und Communal-Ober-Gymn. in Mähr.-Neustadt. Mähr.-Neustadt 1898.

Nach dem letzten Jahresberichte gearbeitet, da der Fragebogen nicht beantwortet wurde.

Mähr.-Ostrau (Mähren).

426. **[Deutsches Communal-]Gymnasium.** — *a)* Lehrerbibl. 92 Werke in 190 Bdn., 11 Heften, 2 Mappen; *b)* Schülerbibl. 80 Werke in 81 Bdn. — Director: Dr. Julius Krassnig; Custos für *a)* Dr. Eduard Nowotny; Custos für *b)* Franz Xaver Bahr. — Gegr. 1896.

Nach dem letzten Jahresberichte gearbeitet, da der Fragebogen nicht beantwortet wurde.

427. **[Landes-Ober-]Realschule.** — *a)* Lehrerbibl. 1487 Bde., 3977 Hefte; *b)* Schülerbibl. 597 Werke in 709 Bdn. und 28 Heften. — Director: Julius Reuper; Custos für *a)* Norbert Brücke; für *b)* Prof. Joseph Katzer. — Gegr. 1877. — Alle Fächer der Realschule.

Brücke, Norbert. Der Katalog der Lehrerbibl. In: XIV Jahresbericht der Landes-Oberrealschule. Mähr.-Ostrau 1897.

Nach dem letzten Jahresberichte gearbeitet, da der Fragebogen nicht beantwortet wurde.

Mähr.-Schönberg (Mähren).

428. **Deutscher Gabelsberger Stenographenverein,** Langegasse 10. 568 Bde. Jahresdotation je nach Bedarf.

Bibliothekar: Ed. Koller, Kaufmann. — Ein chronolog. Band- und ein gedruckter Materienkatalog. — Benützbar zu jeder Tageszeit. — Entlehnungen, aber keine Versendungen. — Gegr. 1862. — Stenographische Fachwerke, Zeitschriften und Classiker, zumeist in Gabelsberger-System.

429. **[Kaiser Franz Joseph-]Gymnasium** (Landes-Unter- und Communal-Obergymn.). — *a)* Lehrerbibl. 950 Werke in 1568 Bdn., 4096 Programme; *b)* Schülerbibl. 526 Bde. — Director: Dr. Leopold Rotter; Bibliothekar: Prof. Dr. Arthur Evers. — Gegr. mit der Anstalt 1870, die durch Umwandlung der früher unselbständigen Unterrealschule Landes-Realgymn. wurde.

Nach dem letzten Jahresberichte gearbeitet, da der Fragebogen nicht beantwortet wurde.

430. **„Kosmos", Wissenschaftlicher Verein,** Knabenbürgerschule. — 1005 Bde. — Jahresdotation je nach Bedarf. — Bibliothekar: Moriz Harrer, Sparcasseamtsleiter. — Bandkatalog nach Materien. — Benützbar an jedem Vereinsabend Montag 8 Uhr. — Entlehnungen. — Gegr. 1865. — Naturwissenschaften, Geographie, Völkerkunde, Philosophie, Volkswirthschaft, Geschichte, Classiker der deutschen wie auch fremden Literatur.

431. **Volksbibliothek,** Deutsches Haus. — 3570 Bde. — Jahresdotation 10 Gulden aus einer Stiftung und 200 Gulden von einer Lesegesellschaft. — Bibliothekar: Johann Materna, Bürgerschullehrer. — 3 Autoren- und 1 Schlagwortkatalog, — Benützbar für Jedermann Sonntag von 9—11 Uhr und Samstag von 2—4 Uhr. — Entlehnungen gegen eine Caution von 1 Gulden. — Keine Versendungen. — Gegr. 1887. — Geschichte, Geographie, Philosophie, deutsche und ausländische Classiker, Romanliteratur und illustrirte Zeitschriften.

Mähr.-Trübau (Mähren).

432. **Franciscanerkloster.** — 2081 Bde., 14 Handschriften, 2 Incunabeln. — Jahresdotation je nach Bedarf. — Bibliothekar: P. Basilius Havelka, O. F. M. — Alphabet. Katalog. — Gewöhnlich nur für die Klostermitglieder benützbar, ausnahmsweise auch für Auswärtige mit Bewilligung des Klosteroberen. — Keine Entlehnungen und Versendungen. — Gegr. zugleich mit dem Kloster 1678. Entstanden theils durch Schenkungen, theils durch Ankauf. Viele kostbare Werke sind i. J. 1758 während der preussischen Invasion verloren gegangen. Die Bibl. befand sich seit dieser Zeit in Unordnung, bis 1890 der damalige Bibliothekar, P. Agnellus Fischer mit grosser

Mühe eine vollständige Neuordnung und Neukatalogisirung durchführte. — Vorzugsweise Theologie.

433. **[K. k. Staats-]Gymnasium.** — *a)* Lehrerbibl. 1722 Werke in 3346 Bdn. und 113 Heften, 7452 Programme; *b)* Schülerbibl. 831 Werke in 959 Bdn. — Director: Adalbert Ryšánek; Custos für *a)* Prof. Alfred Gross; für *b)* Prof. Josef Zehetner. — Gegr. 1803 auf Grund der Georg Zecha'schen Stiftungen aus dem Jahre 1765; 1829 geschlossen, 1832 als Piaristengymn. wieder eröffnet, 1874 verstaatlicht und von 1883 an zu einem Obergymn. erweitert.

Nach dem letzten Jahresberichte gearbeitet, da der Fragebogen nicht beantwortet wurde.

434. **Verein für Fortbildung des Handels- und Gewerbestandes,** Grosser Platz 14. — I. Gruppe: Volks- und Jugendschriften 459 Bde.; II. Gruppe: Classiker, Romane, Erzählungen in deutscher Sprache, 3054 Bde. und 1 Handschrift; III. Gruppe: Belletristik in fremden Sprachen 170 Bde.; IV. Gruppe: Wissenschaftliche Werke 3789 Bde., Hefte und Karten, darunter 6 Handschriften. Gesammtsumme 7472 Bde. — Jahresdotation ca. 200 Gulden. — Vorstand des Vereines: Joseph Brislinger, Bürgermeister und Handelskammerrath; Büchereiverwalter: Karl Patzelt, Volksschullehrer; 1 Vereinsdiener. — Je ein handschriftlicher alphabet. Zettel- und Bandkatalog, letzterer auch gedruckt. — Benützbar jeden Mittwoch und Sonntag von 1—3 Uhr. Für jeden Band der Gruppe I—III ist für 14 Tage eine Abnützungsgebühr von 1 Kreuzer zu entrichten, Gruppe IV ist ganz frei. — Entlehnung mit Ausnahme einiger seltener und werthvoller, im Katalog besonders bezeichneter Werke. — Keine Versendungen. — Gegr. 1872. — Vertreten alle Wissenschaften.

Büchereiverzeichniss [des Vereines für Fortbildung des Handels- und Gewerbestandes in Mähr.-Trübau.] Mähr.-Trübau 1889. — Nachtrag I—V, enthaltend die vom 1. October 1889—[1895] eingereihten Werke. Mähr.-Trübau 1891—1896. — Bericht über die Thätigkeit des Vereines [für Fortbildung des Handels- und Gewerbestandes in Mähr.-Trübau] im XXV. Vereinsjahre vom 1. Januar bis 31. December 1897. Mähr.-Trübau 1898.

Mähr.-Weisskirchen (Mähren).

435. **[K. k. Staats-]Gymnasium.** — *a)* Lehrerbibl. 4385 Bde. und 13.367 Hefte (darunter 9362 Programme); *b)* Schülerbibl. 928 Werke in 1486 Bdn. und 220 Heften. — Director: Adolf Sponner; Bibliothekar für *a)* Prof. Alois Gröger; für *b)* Prof. Rudolf Scheich. — Gegr. 1871; verstaatlicht 1873.

Nach dem letzten Jahresberichte gearbeitet, da der Fragebogen nicht beantwortet wurde.

436. **[K. k. Militär-Ober-]Realschule.** *a)* Officiersbibl. enthält Lehrbehelfe für die Unterrichtsgegenstände und militärische Werke (1750 Werke); *b)* Zöglingsbibl. enthält Studienbehelfe und geeignete belletristische Werke (derzeit 3765 Werke). — Commandant: Arthur Freih. v. Königsbrunn, GM.; Bibliothekar: Carl Jung, k. u. k. Hauptmann. — Gegr. 1869 durch Vereinigung der Bibl. der in demselben Jahre aufgelösten Artillerieschulcompagnien zu Krakau, Liebenau, Olmütz und Prag.

Marburg (Steiermark).

437. **Franciscanerconvent** hat nur eine zu eigenem Gebrauche bestimmte Handbibl. — Gegr. 1864.

438. **[K. k. Staats-]Gymnasium.** — *a)* Lehrerbibl. 6653 Bde., Blätter, Hefte und Tafeln, 18.562 Programme; *b)* Schülerbibl. 1530 Bde. und Hefte. — Jahresdotation für *a)* 300—400 Gulden. — Director: Dr. Peter Stornik; Bibliothekar für *a)* Gymn.-Lehrer Dr. Johann Tertnik; für *b)* Gymn.-Lehrer Dr. Alois Schmitzberger und Prof. Blasius Matek. — Handschriftlich: ein alphabet. Zettel- und ein nach Schlagworten geordneter Bandkatalog. — Entlehnungen *a)* an Mitglieder des Lehrkörpers und diesem nahestehende Personen; *b)* an Schüler. — Versendungen an öffentliche Anstalten. — Gegr. 1757.

Tertnik, Johann. Katalog der Lehrerbibl. In: Jahresbericht des k. k. Staatsgymn. in Marburg. Marburg 1898.

439. **K. k. Lehrerbildungsanstalt.**, Bürgerstrasse 42. — Lehrerbibl. — Inventar in Bearbeitung. — Jahresdotation ca. 150 Gulden. — Director: Heinrich Schreiner; Bibliothekar: Prof. Dr. Johann Bezjak. — Ein alphabet. Zettel-, ein Fachkatalog. — Jederzeit zugänglich für die Mitglieder des Lehrkörpers. — Ebenso Entlehnungen. — Versendungen nur ausnahmsweise an die Mittelschulen Steiermarks. — Gegr. zugleich mit der Anstalt 1870. — Vertreten Pädagogik, deutsche Sprache, Geographie, Geschichte, Naturwissenschaften, Landwirthschaftslehre, besonders gepflegt erstere.

Bibl.-Katalog wird mit Ende 1898/99 im Drucke erscheinen.

440. **Fürstbischöfliches Priesterseminar,** Hauptplatz 9. — 6328 Bde. — Jahresdotation 200—300 Gulden. — Unter Aufsicht des Directors, derzeit Carl Hribovšek, Domherr, von zwei Alumnen besorgt. — Zettel- und Bandkatalog. — Benützbar Montag, Dienstag, Donnerstag und Freitag von 11—12 Uhr, und zwar nur im Bibl.-Saale. — Keine Entlehnungen und Versendungen. — Gegr. 1859 zugleich mit der Errichtung des f.-b. Priesterseminars durch freiwillige Bücher- und Geldspenden der Diö-

cesanpriester. Auch gegenwärtig vermachen die meisten Priester ihre Bücher testamentarisch der Bibl. — Zumeist Theologie.

441. [K. k. Staats-]Realschule. — *a)* Lehrerbibl. 1328 Nummern in 3214 Bdn., 96 Heften, 18 Blättern, 4 Tafeln, 6 Mappen, 5366 Programme; *b)* Schülerbibl. Juli 1898: 1379 Werke in 1631 Bdn. und 32 Heften. — Jahresdotation 1898 *a)* 473·69 Gulden, *b)* 293·62 Gulden; ungefähr jedes Jahr gleich. — Director: Gustav Knobloch; Verwalter für *a)* Prof. Emil Gugel; für *b)* Prof. Robert Bittner. — *a)* Ein Zettelkatalog und ein nach Fächern geordneter gedruckter Katalog, innerhalb der Fächer alphabet.; dazu das fortlaufend geführte Hauptinventar; *b)* ein Katalog, nach Schülerclassen geordnet, und das Hauptinventar. — Zugänglich *a)* für die Mitglieder des Lehrkörpers jederzeit. — Entlehnungen *a)* ebenso, sonst selten und nur an Amtspersonen; *b)* alle vierzehn Tage classenweise. — *a)* mit der 1870 erfolgten Vervollständigung der Anstalt zur Oberrealschule gegr., wurde die Bibl. seither durch die aus den eigenen Einnahmen der Anstalt sich ergänzenden und von der Stadtgemeinde Marburg jährlich bewilligten Mittel erhalten und vervollständigt; ausserdem zahlreiche Geschenke; *b)* 1875 gegr. und seither durch Schülerbeiträge erhalten. — Vertreten *a)* alle Wissenschaften, am meisten deutsche Sprache und Literatur; *b)* die Elemente der meisten Wissenschaften, vorwiegend unterhaltende Literatur.

Katalog der Lehrerbibl. der k. k. Staatsoberrealschule in Marburg, zusammengestellt von Eduard Sokoll und herausgegeben von Robert Bittner. Marburg 1898. Als Beilage zum XXVIII. Jahresbericht.

Mariaschein (Böhmen).

442. Collegium des Ordens der Gesellschaft Jesu besitzt eine ca. 10.000 Bde. umfassende Bibl., welche gegenwärtig geordnet und katalogisirt wird.

Mattsee (Salzburg).

443. Stiftsbibliothek des insignen Collegiatstiftes. — 5000 Bde., ca. 500 Handschriften und Incunabeln. — Vorstand: der inf. Propst des Collegiatstiftes, derzeit Joseph Dum, dem ein Canonicus als Bibliothekar zur Seite steht, derzeit Anton Ziegler, Can. und Pfarrer. — Ein Zettel- und ein alter handschriftl. Bandkatalog; letzterer ungenau. — Benützung zu jeder Zeit mit Erlaubniss des Stiftspropstes. — Ebenso Entlehnungen in Ausnahmsfällen. — Keine Versendungen. — Entstanden grösstentheils aus den hinterlassenen Handbibl.

der Pröpste und Canoniker, weshalb auch die Theologie am meisten vertreten ist: sie reicht mit ihren Werken ins 14. Jhdt. zurück. Neuere Werke sind nicht vorhanden, weil deren Kauf die Stiftsmittel nicht erlauben. — Besonderes Interesse bietet der wahrscheinlich vom Dechant Geld (gewählt 1365) abgefasste Codex traditionum.

Erben, Wilhelm. Quellen zur Geschichte des Stiftes und der Herrschaft Mattsee. Wien 1896. [In: Fontes rerum austriacarum. Abth. II, Bd. 49 I.]

Mautern (Steiermark).

444. **Redemptoristencollegium.** — Ca. 20.000 Bde., wenige Incunabeln, hingegen eine kleine Autographensammlung dieses Jahrhunderts. — Jahresdotation für die Haus- und Provinzbibl. ca. 300—400 Gulden. — Bibliothekar: P. August Rösler, C. A. R. — Alphabet. Zettelkatalog. — Benützbar zu jeder Zeit. — Die Ordensregel bestimmt ferner: „Omnibus congregatis et ipsis superioribus strictissime prohibetur, alicui foras sub quocumque praetextu dare aut commodare libros, qui catalogo Bibliothecae inscripti sunt. Habeantur in hunc finem quidam libri, quorum exemplaria iam semel vel pluries in bibliotheca inveniuntur, qui in catalogum generalem non sunt referendi". Indes wird von diesen Bestimmungen in gewissen Fällen Umgang genommen. — Mit der Uebernahme des Hauses im J. 1827 (vgl. Zschokke, die theologischen Studien und Anstalten der katholischen Kirche in Oesterreich, S. 1218) ist auch die Bibl. gegründet worden. Durch die Unterdrückung des Klosters (1848—1852) hat sie namhaften Schaden erlitten. — Katholische Theologie und Philosophie in ihrem ganzen Umfange.

Mehrerau (Vorarlberg).

445. **Cistercienserstift.** — Ca. 30.000 Bde., 200—300 Incunabeln. — Bibliothekar: P. Amadeus Favier; Subbibliothekar: P. Michael Weiher. — Handschriftlich je ein Zettel- (Standorts-) und alphabet. Bandkatalog. Ein alphabet. Zettelkatalog in Ausarbeitung, dem ein Realkatalog folgen wird. — Benützbar für Klostermitglieder zu jeder Tagesstunde, für Fremde meistens nur in den Nachmittagsstunden mit besonderer Erlaubniss des Bibliothekars. — Entlehnungen nur selten, häufiger jedoch an Personen, die in der Nähe des Klosters wohnen. — Versendungen nur gegen Revers und Ersatz der Kosten. — Gegr. 1854; 1894 wurde ein neues Local gebaut, und zwar in einem an der Südseite des Klosters neugebauten Flügel. Grössere Sammlungen Münzen,

Siegel, Bilder und Stiche. — Fast alle Wissenschaften. Gepflegt werden besonders Theologie, Geschichte und alle Gymnasialfächer, da mit dem Stifte eine Lehr- und Bildungsanstalt verbunden ist, welche nur eine besondere Schulbibl. für Zöglinge mit 3000 Bdn. besitzt.

Willi, Dominik. Die Abtei Wettingen-Mehrerau in Vorarlberg. In: Ein Cistercienserbuch. Von Seb. Brunner. Würzburg 1881.

Melk (Nied.-Oesterr.).

446. **Benedictinerstift.** — Ca. 60.000 Bde., 1856 Handschriften, von bedeutendem Werthe ca. 1000, 868 Incunabeln (bis 1500). — Jahresdotation je nach Bedarf. — Bibliothekar: Prof. Dr. Rudolph Schachinger; 1 Bibliotheksdiener. — Ein alphabet. Zettelkatalog und ein Standorts-(Inventar-)Register. — Benützbar an Wochentagen von 8—12 und 1—5 Uhr, an Sonn- und Feiertagen von 10—12 Uhr. — Entlehnungen und Versendungen, bei Handschriften nur gegen Sicherstellung und zur Benützung in den Räumen einer öffentlichen Bibl. — Eine Bibl. hat es wohl im Stifte immer gegeben, seit Mönche das Haus bewohnen (Benedictiner seit 1089). Aus dem grossen Brande am 14. August 1297, welcher das Stift sammt Bibl. in Asche legte, haben sich nur wenige Handschriften gerettet, u. a. das wichtige Chronicon Mellicense (1123 - 1564). Der Fleiss der Mönche und die Opferwilligkeit der Aebte haben indessen die leeren Schränke bald wieder gefüllt und die Bibl. auf den gegenwärtigen Umfang gebracht. — In den früheren Jahrhunderten wurden alle Disciplinen gepflegt. heute werden im Allgemeinen nur Werke theologischen und philosophischen Inhaltes angekauft.

Kropff, Martinus. Bibliotheca Mellicensis. Vindobonae 1747. — Primisser, A. Reisenachrichten über Denkmahle der Kunst und des Alterthums in den österr. Abteyen. In: Hormayr, Archiv 1822, S. 106. — Wattenbach, W. Handschriften des Stiftes Melk. In: Archiv für ältere deutsche Gesch. X. 1851, S. 432, 601. — Heilmann, Friedrich. Melk in Nied.-Oesterreich. In: Ein Benedictinerbuch von Seb. Brunner. Würzburg 1881. — Huemer, J. Iter Austriacum I. In: Wiener Studien. IX. 1887, S. 60. — Catalogus codicum manuscriptorum. . . . vol. I. Vindob. 1889. — Holzer, Odilo. Die geschichtlichen Handschriften der Melker Bibl. [Jahresbericht des k. k. Stiftsgymn. in Melk. 1896.] — Schachinger, Rudolph. Incunabelkatalog [Jahresbericht des k. k. Stiftsgymn. in Melk. 1899 ff.]

447. **[K. k. Stifts-]Gymnasium der Benedictiner** besitzt *a)* eine reiche Lehrerbibl. und *b)* eine Schülerbibl. mit 2775 Bdn. — Director: Schulrath P. Hermann Ulbrich: Custos für *a)* Stiftsbibliothekar Prof. P. Dr. Rudolf Schachinger; für *b)* Stiftsarchivar Prof. P. Dr. Eduard Katschthaler. — Benützbar für den Lehrkörper jederzeit, für die Schüler zu den in jeder

zweiten Woche täglich mit Ausnahme der Sonn- und Feiertage in sieben Abtheilungen gehaltenen Bibliotheksstunden. — Ebenso Entlehnungen: Versendungen im Wege der Direction an öffentliche Anstalten und Aemter. — Die Lehrerbibl. ist mit der Stiftsbibl. verbunden. — Stammt wohl aus den Zeiten der Babenberger, besteht sicher seit Einführung der Benedictiner 1809. Das Gymn. 1778 aufgehoben, 1781 wieder eröffnet, 1787 nach St. Pölten verlegt, 1803 nach Melk zurückgebracht. Seit 1850 Obergymn.

Melnik (Böhmen).

418. **Communal-Handelsschule** (Obchodní škola.), hat eine Lehrer- und Schülerbibl. nicht allzu grossen Umfanges, da die Anstalt erst 1894 gegr. wurde. — Director: Johann Lukeš. — Vertreten in erster Linie Handelswissenschaften. — Im Uebrigen gelten die bei Mittelschulen üblichen Bedingungen.

Meran (Tirol).

419. **K. k. Gymnasium der Benedictiner von Marienberg.** — Ca. 2500 Bde., die Bibl. wird eben neu geordnet. — Dotation je nach Bedarf aus den Schulgeldern. — Director: P. Magnus Ortwein, O. S. B.; Bibliothekar der Lehrer- und Schülerbibl. Prof. Dr. Adelgott Schatz, O. S. B.; 1 Diener. — Ein Zettel- und ein alphabet. Katalog in Buchform, ein Fachkatalog. — Für Mitglieder des Lehrkörpers jederzeit benützbar. — Entlehnung an Prof. ohneweiters, ebenso an bekannte Personen der Stadt und Umgebung; Versendung nur innerhalb Tirols an vertrauenswürdige Personen. — Gegr. 1725. Bis 1808 war die Bibl. bescheiden, wurde 1808 bei der Aufhebung des Gymn. und des Stiftes Marienberg geplündert, verschleppt oder gar an Trödler verkauft. Nach der Wiedererrichtung des Gymn. kamen einige ältere Werke, z. B. die Bipontinischen Classikerausgaben wieder zurück, aber vielfach defect. Besonders seit 1851, wo in Meran auch ein Obergymn. errichtet wurde, sind neue Werke angekauft, aber erst durch P. Adelgott Schatz systematisch geordnet und aufgestellt worden. — Alle Gymnasialfächer, besonders Geschichte. — Der Gymn.-Bibl. untersteht seit 1897 auch die durch Geschenk Dr. Innerhofer's gegr. Stadtbibl. von ca. 1000 Bdn, hauptsächlich Tiroliensia, deren Bibliothekar ebenfalls Prof. Dr. Adelgott Schatz ist.

Ein gedruckter Katalog über die Gymn.-Bibl. wird nach und nach erscheinen und mit demselben bereits im Programm der Anstalt für 1899 begonnen werden. — Lierheimer, Bernhard. Marienberg in Tirol. In: Ein Benedictinerbuch. Von Seb. Brunner. Würzburg 1881.

150. **Stadtbibliothek.** V. K. k. Gymn. der Benedictiner von Marienberg.

Michaelbeuern (Salzburg).

151. **Benedictinerstift.** — Ca. 20.000 Bde., darunter 9 Handschriften auf Pergament, 111 Handschriften auf Papier, 552 Bde. Incunabeln (1469—1500 und 1500—1530). Jahresdotation je nach Bedarf. — Bibliothekar: Dr. P. Roman Baumgartner, Prior. — 16 handschriftl. Kataloge mit Autorenregister. — Für Gäste ausser der Chorzeit in Begleitung des Abtes oder Bibliothekars zu besichtigen. — In der Regel keine Entlehnungen und Versendungen, da den Ordensstatuten widersprechend. — Gegr. zugleich mit dem Kloster zwischen 1140 und 1172 von Abt Georg (nach Filz 785). — Alle Wissenschaften, besonders Theologie, ältere Philosophie und Geschichte.

Filz, P. Michael. Geschichte des Salzburgischen Benedictinerstiftes Michelbeuern. Salzburg 1847. Handschriftl. Notizen über die Geschichte der Bibl. in einem Kataloge. — Baumgartner, Roman. Michaelbeuern. Diöcese Salzburg. In: Ein Benedictinerbuch von Seb. Brunner. Würzburg 1881, S. 299.

Mies (Böhmen).

152. **[K. k. Staats-]Gymnasium.** — *a)* Lehrerbibl. 4090 Bde., 566 Hefte, 13.879 Programme; *b)* Schülerbibl. 2500 Bde., 45 Hefte, 59 Musikwerke. Für die Lehrmittelsammlung standen 1897/98 410 Gulden zur Verfügung. — Director: Dr. Georg Juritsch; Custos für *a)* Prof. Dr. Franz Klaschka; für *b)* Gymn.-Lehrer Johann Starey. — Errichtet 1870 als Real-Obergymn., seit 1878 reines Gymn.

Nach dem letzten Jahresberichte gearbeitet, da der Fragebogen nicht beantwortet wurde.

Mocsiska (Galizien).

153. **Redemptoristencollegium** (Gegr. 1883) hat nur eine kleine Handbibl. meist theologischen Inhaltes.

Mödling (Nied.-Oesterr.).

154. **[Landes-Real-]Gymnasium.** — *a)* Lehrerbibl. 329 Bde., 199 Hefte; *b)* Schülerbibl. 119 Bde. — Prov. Leiter: Prof. Franz Roch; Custos für *a)* und *b)* Prof. Stephan Fürst. — Gegr. 1897.

Bestand von *a)* und *b)* veröffentlicht im Jahresbericht des niederösterr. Landesrealgymn. in Mödling. Mödling 1898.
Nach dem letzten Jahresberichte gearbeitet, da der Fragebogen nicht beantwortet wurde.

455. **Landwirthschaftliche Lehranstalt Francisco-Josephinum,** Grutschgasse 1. — 1. December 1898: 2117 Werke in ca. 3200 Bdn. und 100 Bde. Zeitschriften. — Jahresdotation 300—400 Gulden. — Vorstand: K. k. Reg.-Rath Director Dr. Theodor von Gohren; Custos: Prof. Dr. Franz Heiderich. — Ein Zettel- und ein Bandkatalog (Schlagwortkatalog). — Die Bibl. dient als Schulbibl. den Bedürfnissen der Lehrer und Schüler, an die auch Bücher entlehnt werden. — Die Anstalt gegr. 1869 vom landwirthschaftl. Bezirksverein. — Unterhaltungslectüre, die allgemein bildenden Disciplinen, besonders landwirthschaftliche Fachdisciplinen.

Mogila (Galizien).

456. **Cistercienserkloster.** — 2564 Werke, 3574 Bde., 64 Handschriften in 71 Bdn., zahlreiche Incunabeln. — Jahresdotation je nach Bedarf. — Bibliothekar: P. Leo Morawski. — Handschriftl. Materienbandkatalog. — Benützbar zu jeder Zeit. — Entlehnungen und Versendungen nur mit Erlaubniss des Klostervorstandes gegen Caution und Revers. — Gegr. wahrscheinlich zugleich mit dem Kloster 1098. — Ascetik, Predigten, Theologie und Pädagogik.

Kronenberger, Andreas. Das Priorat Mogila im Grossherzogthum Krakau. In: Ein Cistercienserbuch. Von Seb. Brunner. Würzburg 1881. — Xenia Bernardina. III. 1891.

Muri-Gries (Tirol).

457. **Benedictinerkloster** besitzt eine Privatbibl. von ca. 19.000 Bdn., über 500 Handschriften, bei 100 Incunabeln. — Dotation nach Massgabe der verfügbaren Geldmittel aus dem Stiftsvermögen. — Bibliothekar: P. Martin Kiem; 1 Gehilfe aus dem Convente. — Handschriftliche alphabet. Zettel- und Fachkataloge. — Für die Patres zu jeder Stunde benützbar; Fremden werden Bücher und Handschriften nur bedingungsweise oder nach geleisteter Garantie und ausgestelltem Revers verabreicht. — Die Muri Patres verloren bei der Aufhebung im J. 1841 durch den Grossen Rath des Cantons Aargau (13. Januar) ihre ganze Bibl., die ca. 35.000 Bde. stark war, wie auch einen grossen Theil der Handschriften. Von der Augustinerbibl. in Gries (aufgehoben 1807), die den von Muri nach Gries i. J. 1845 übersetzten Benedictinern von der k. k. Regierung geschenkt wurde, konnten bei der Gründung der gegenwärtigen Bibl. 1847 nur etwa 5000 brauchbare Werke eingereiht werden. Seitdem wuchs die Stiftsbibl. durch Ankäufe und Geschenke aus den Nachlässen der verstorbenen

Mitglieder auf ihre jetzige Zahl. Auch verschiedene Bildersammlungen befinden sich daselbst. — Geschichte und deren Hilfswissenschaften, Dogmatik, sowie besonders Schweizergeschichte, schwächer vertreten die übrigen Fächer der Theologie, Rechtswissenschaften, Philologie u. s. w.

Lierheimer, Bernard. Muri-Gries bei Bozen. In: Ein Benedictinerbuch von Seb. Brunner. Würzburg 1881.

Neubydžov (Nov. Bydžov, Böhmen).

458. **[Staats-Real- und Ober-]Gymnasium** (C. k. realný a vyšší gymnasium státní). — *a)* Lehrerbibl. 1462 Werke in 2423 Bdn. und 320 Heften, 3120 Programme; *b)* Schülerbibl. 2572 Werke in 2265 Bdn. — Director: Václav Ot. Slavík; Custos für *a)* Gymn.-Lehrer František Kopta; für *b)* Prof. P. Josef Kašpar. — 1873 als Communal-Realgymn. errichtet; zu einem Obergymn. erweitert seit 1882; verstaatlicht 1896.

Nach dem letzten Jahresberichte gearbeitet, da der Fragebogen nicht beantwortet wurde.

Neuhaus (Jindř. Hradec, Böhmen).

459. **Franciscanerconvent.** — Die Bibl. wurde 1801 durch Brand gänzlich vernichtet, daher derzeit kein bemerkenswerthes älteres Werk mehr vorhanden. Sie verdankt ihren Bestand (grösstentheils theologischen Inhaltes) zumeist Geschenken. — Bibliothekar: P. Štěpán Hoffmann, Guardian. — Da die Bibl. früher durch Entlehnung von Werken, die nachher nicht mehr zurückgestellt wurden, sehr geschädigt wurde, ist derzeit jede Entlehnung ausgeschlossen, die Bibl. daher eine rein private. Der Bibliothekar entscheidet über die Bedingungen der Benützung, die nur unter seiner Aufsicht stattfinden darf. — Gegr. 1648.

460. **Gemeindebibliothek** (Obecní knihovna). — 1340 Bde. — Jahresdotation 200 Gulden. — Vorstand und Bibliothekar: Stadtrath J. Breicha. — Alphabet. gedruckter Bandkatalog. — Benützbar Sonntag von 10—12 Uhr für die Bewohner der Stadt. — Ebenso Entlehnungen. — Keine Versendungen. — Gegr. 1891 hauptsächlich über Anregung des Bürgermeisters Dr. W. Nazera. Aufnahme fand in derselben die Bibl. des ehemaligen Bürgerschuldirectors in Neuhaus, Johann Orth. — Geschichte, Naturwissenschaften und böhmische Philologie.

461. **[K. k. Staats-]Gymnasium** (C. k. vyšší gymnasium). — *a)* Lehrerbibl. 3018 Werke in 6440 Bdn., darunter 5 Handschriften, 4609 Programme. — Jahresdotation 150 Gulden. —

Director: Johann Riha; Bibliothekar: Prof. Dr. Joseph Novák. — Alphabet. Zettelkatalog und Bandkataloge nach einzelnen Fächern. Systematisch geordneter Katalog der Programmabhandlungen. — Jederzeit zugänglich für die Mitglieder des Lehrkörpers. — Ebenso Entlehnungen. — Versendungen nur an gleichgestellte Anstalten. — Gegr. 1819. Aufnahme fanden: Die Bibl. des Neuhauser Propstes Adalbert Juhn und des Gymn.-Prof. Fr. Fischer. — Encyklopädie, Philosophie, Pädagogik, Theologie, Philologie, Geographie, Geschichte, Mathematik und Naturwissenschaften. — *b)* Schülerbibl. 1286 Werke in 1954 Bdn. und 71 Heften. — Jahresdotation ca. 80 Gulden. — Bibliothekar: Prof. Dr. Joseph Novák. — Ein alphabet. Zettelkatalog und 3 Kataloge mit Rücksicht auf die Alters- und Bildungsstufe von Jos. Novák zusammengestellt. — Zugänglich für Studirende der Anstalt einmal wöchentlich. — Ebenso Entlehnungen. — Gegr. 1849. — Geschichte, Geographie und Naturwissenschaft.

Novák, Josef. Katalog knihovny ucitelské. In: Vyroční zpráva c. k. vyššího gymnasia v Jindr. Hradci. V. Jindr. Hradci 1898.

462. **Städtisches Museum.** — 354 Bde., darunter mehrere Handschriften. — Bibliothekar: Prof. Dr. Joseph Novák. — Fachkatalog. — Benützbar je nach Verabredung mit dem Bibliothekar nur in dem Bibliothekszimmer. — Gegr. 1888. — Theologie und Geschichte.

Neunkirchen (Nieder-Oesterr.)

463. **Minoritenconvent.** — Die Bibl. enthält nichts Nennenswerthes. — Dechant und Guardian: Dr. Ambrosius Trapp. — Gegr. 1631.

Neureisch (Mähren).

464. **Praemonstratenser Chorherrenstift.** — Ca. 15.000 Bde., 140 Incunabeln, 74 Handschriften. — Jahresdotation durchschnittlich 160 Gulden. — Bibliothekar: P. Augustin Parma, Stiftspriester; 1 Diener. — Bandkataloge nach Fächern geordnet. Schlagwortzettelkatalog. — Entlehnung in den Frühstunden; Versendung nur in Ausnahmsfällen. — Gegründet vom Stifte, vermehrt durch den Nachlass der verstorbenen Stiftspriester, durch Ankäufe aus dem Nachlass anderer Priester und besonders aus dem aufgehobenen Jesuitencollegium in Teltsch. — Theologie, Dogmatik, Exegese, Moral, Kirchenrecht, Patristik, deutsche und slavische Prediger.

Elvert, Christian d'. Die Bibliotheken u. s. w. in Mähren und Oesterr.-Schlesien. In: Schriften der hist.-stat. Section d. k. k. mähr.-schles.

Ges. III. 1852, S. 91. Žídek, Cyrill. Beschreibung und kurze Geschichte des Prämonstratenser-Chorherrenstiftes Neureisch (Nová Říše) in Mähren. In: Ein Chorherrenbuch. Von Seb. Brunner. Würzburg 1883.

Neu-Sandec (Nowi Sącz, Gal.).

465. **K. k. [Staats-]Gymnasium** (C. k. gimnazyum wyższi). — *a)* Lehrerbibl. 1906 Werke in 3777 Bdn.; *b)* Schülerbibl. 640 Werke in 1060 Bdn. (poln. Abth.), 574 Werke in 651 Bdn. (deutsche Abth.) — Director: Manuel Kiszakiewicz; Custos für *a)* Prof. Ignacy Dulębowski; für *b)* Prof. Ludwig Malecki (für die poln. Abth.), Prof. Stanislaw Zaremba (für die deutsche Abth.) — Errichtet 1818 als sechsclassiges Gymn., 1839 den Jesuiten übergeben, seit 1849 weltlich, seit 1866 achtclassig.

Nach dem letzten Jahresberichte gearbeitet, da der Fragebogen nicht beantwortet wurde.

466. **Residenz des Ordens der Gesellschaft Jesu** ist erst vor einigen Jahren ins Leben gerufen worden und hat erst begonnen eine Bibl. anzukaufen. Besonders philosophische Werke. — Bibliothekar: P. Romuald Czéżowski, Prof.

Neustadtl (Nové Město, Mähr.).

467. **[Landes-Ober-]Realschule** (Zemská vyšší realná škola.) — *a)* Lehrerbibl. 714 Werke in 994 Bdn., 858 Programme; *b)* Schülerbibl. 381 Werke in 470 Bdn. — Dotation für *a)* 100 Gulden; für *b)* 120 Gulden. — Director: Leander Čech; Custos für *a)* Prof. Antonín Jelínek; für *b)* Leander Čech; für die Programmsammlung: Prof. František Procházka. — Gegr. 1894.

Jelínek Antonín. Katalog učitelské knihovny. In: Třetí und čtvrtá roční zpráva zemské vyšší reálné školy v Novém Městě. V Novém Městě, 1897 und 1898.

Nach dem letzten Jahresberichte gearbeitet, da der Fragebogen nicht beantwortet wurde.

Neustift (Tirol).

468. **Chorherrenstift der Augustiner.** — Ca. 19.000 Bde. Handschriftlich einige alte Choralbücher, Incunabeln nur mehr wenige, da bei der Aufhebung des Stiftes im Jahre 1809 durch die kgl. bayr. Regierung die Bibl. geplündert wurde. — Jahresdotation je nach Bedarf. — Vorstand: der jeweilige Prälat; Bibliothekar: P. Leander Felder, Pfarrer in Neustift. — Alphabet. Bandkatalog. — Keine bestimmten Vorschriften in Bezug auf Benützung. — Keine Entlehnungen und Versendungen.

— Gegr. 1142. — Hauptsächlich Theologie, Philosophie, Geschichte, Profan- und Kirchengeschichte, Philologie, Rechtswissenschaft etc.

Raritas libror. in Bibliotheca Novacellens. Canonicor. Regular. S. Augustini delitescent. luci public. exposita. Brix. 1778. — Gras, F. Verzeichniss typographischer Denkmäler aus dem XV. Jahrh., welche sich in der Bibliothek des regulirten Chorherrenstiftes d. heil. Augustin zu Neustift in Tyrol befinden. Brixen 1789. — Gras, F. Verzeichniss einiger Büchermerkwürdigkeiten aus dem XVI. u. XVII. Jahrh., welche sich in der Bibliothek des regulirt. Chorherrenstiftes des h. Augustin u. s. w. befinden. Brixen 1790. — Gras, F. Nachtrag zu den typographischen Denkmälern aus dem XV. Jahrh. u. Büchermerkwürdigkeiten aus dem XVI. u. XVII. Jahrhdt. Brixen 1791. — Steurer, Isidor. Das Chorherrenstift Neustift O. S. A. (Tirol). In: Ein Chorherrenbuch. Von Seb. Brunner. Würzburg 1883.

Neutitschein (Mähren).

469. **[Landes-]Realschule.** — Lehrer- und Schülerbibl. mit ca. 2500 Bdn. und 3620 Programmen. — Dotation bei 200 Gulden. — Director: Theodor Pulitzer; Custos für die Lehrerbibl.: Realschullehrer Eduard Hrkal; der Schülerbibl.: Prof. Franz Tvaružek; der Programmsammlung Prof. Franz Schütz. — 1 Inventar, 1 Fach-, 1 Zettelkatalog. — Benützbar für Lehrer, beziehungsweise Schüler der Anstalt. Entlehnung auf amtliches Ansuchen auch an andere Schulanstalten. — Gegr. 1874; grössere Schenkung vom verstorb. Director Johann Tuschina.

470. **Städtische Volksbücherei,** Kirchenplatz 1. — 31. Dec. 1898: 2211 Bde. — Jahresdotation 250 Gulden. — Leiter: Johann Klement: Bibliothekare: Heinrich Rossipal, Gustav Haulena, Johann Harbich. — Handschriftlicher Haupt- (Inventar-)Katalog; Materienkatalog für die Leser. — Geöffnet Dienstag und Donnerstag von 6—8 Uhr abends. — Entlehnungen an jede nach Neutitschein gehörige erwachsene Person unentgeltlich gegen Zusicherung der Schonung der entlehnten Bücher. Entlehnungsfrist 4 Wochen. — Keine Versendungen. — Gegr. am 26. Sept. 1897 mit 1100 Büchern, welche eine Spende des Nationalvereines deutscher Bürger und Bauern in Neutitschein bildeten. Bestand am 31. Dec. 1897: 1502 Bde. Unterstützt wird die Volksbücherei theils durch die Stadtrepräsentanz, welche die Bibliothekszimmer zur Verfügung stellt, Beheizung, Beleuchtung, Bedienung und Einrichtung besorgt, theils durch die städtische Sparcasse und wohlhabende Bürger. — Meistens Romane (1158 Bde.). Zeitschriften (268), Geschichte (105 Bde.) u. s. w.

Nikolsburg (Mähren).

471. **Collegialcapitel** besitzt neben dem Archive eine ziemliche Anzahl alter Bücher, u. a. zwei Handschriften,

welche aus Verlassenschaften von Pröpsten und Canonicis herrühren dürften. — Ein alter Katalog vom J. 1851 weist bei 1400 Nummern aus; ob aber darin auch die in einem Zimmer der Propstei untergebrachten Werke, die aus der Verlassenschaft eines Propstes herstammen, verzeichnet sind, ist unbekannt. — Jahresdotation, resp. Fonds nicht vorhanden.

472. **Fürstlich Dietrichstein'sche Fideicommissbibliothek**, in einem besonderen Tracte des Schlosses, zwei Säle umfassend. — 9550 Werke mit 20.500 Bdn., darunter 580 Incunabeln und 469 Manuscripte. Die besonders aufgestellte Weintritt'sche Bibl. mit 2880 Druckwerken. — Dotation je nach Bedarf. — Kein besonderes Bibliotheckspersonale; mit der Leitung ist der jeweilige Schlosshauptmann und Archivar betraut, derzeit Reg.-R. Gustav Schimmer. — Alphabet. Bandkataloge für die beiden Abtheilungen der Druckwerke und Manuscripte. — Keine besonderen Bibliotheksstunden. — Besichtigung jeweilig nach Anmeldung beim Schlosshauptmann. Zur Benützung ist die vorher einzuholende Bewilligung des Besitzers erforderlich und diese durch die fürstliche Centralkanzlei in Wien, I. Minoritenplatz 4, anzusuchen. — Entlehnungen und Versendungen unstatthaft. — Die alte vom Cardinal Franz v. Dietrichstein zu Anfang des 17. Jhdts. gegründete Bibl. wurde von den Schweden 1645 nach der Besetzung von Nikolsburg geraubt und in 48 Fässern nach Schweden geschleppt. Den Hauptstock der jetzigen Bibl. bildet die Sammlung des Freih. Hoffmann von Grünbüchel und Strachau, welche dieser 1679 dem Fürsten Ferdinand v. Dietrichstein für dessen Bemühung als Vormund zweier Baroninnen von Grünbüchel zum Geschenke machte. Dieselbe wurde dann durch mehrfache Ankäufe, namentlich vom Fürsten Walter Xaver Dietrichstein (erste Hälfte des 18. Jhdts.) vermehrt. — Vertreten Classiker, Biblia (150 gedruckte Werke, 20 Manuscripte), Geschichte, Medicin, Musik und Theologie.

Dudik, Beda. Iter Romanum. Wien 1855, 2 Bde. — Dudik, Beda. Forschungen in Schweden für Mährens Geschichte. Brünn 1852. — Dudik, Beda. Handschriften der fürstl. Dietrichstein'schen Bibl. zu Nikolsburg in Mähren. In: Archiv für österreichische Geschichte, Bd. XXXIX. Wien 1868, S. 417.

473. **[K. k. Staats-]Gymnasium.** — *a)* Lehrerbibl. 2215 Werke in 5700 Bdn., 13.234 Programme; *b)* Schülerbibl. 765 Werke in 986 Stücken. — Jahresdotation 170 Gulden. — Director: Schulrath Johann Krassnig; Bibliothekar für *a)* Prof. Dr. Joseph Mayr; für *b)* Prof. Conrad Mayr. — Ein Bandkatalog (Stamminventar in der Reihenfolge der Erwerbungen): ein Zettelkatalog nach Materien; ein gedruckter Katalog nach

Materien begonnen und von Nr. 1—502 im Programme der Anstalt pro 1898 veröffentlicht. — Benützbar *a)* je nach Erforderniss und Umständen: ein Lesezimmer existirt nicht. — Ebenso Entlehnungen und Versendungen. — Aus der Nikolsburger Piaristenklosterbibl. bei der Verstaatlichung des Gymn. 1873 ausgeschieden: die Klosterbibl. stammt hauptsächlich aus dem Vermächtnisse des Ordensmitgliedes Hofr. Hallaschka (gest. 1847). Seither wird die Bibl. nach Erforderniss des Gymn.-Unterrichtes ohne Bevorzugung einer besonderen Materie erweitert.

Mayr, Joseph. Systematischer Katalog der Lehrerbibl. I. Theil. In: XXV. Programm des Staatsgymn. in Nikolsburg. Nikolsburg 1898.

Ober-Hermsdorf (Schlesien).

174. **Schlesische landwirthschaftliche Landes-Mittelschule.** — 2921 Bde. — Jahresdotation 300 Gulden. — Director: Dr. Adam Kulisz. — Bandkatalog. — Bücherentlehnung zweimal wöchentlich an die Mitglieder des Lehrkörpers. — Versendungen nur ausnahmsweise in die nähere Umgebung. — Gegr. 1869 zugleich mit der Anstalt und durch private, sowie öffentliche Geschenke vermehrt. — Vorzugsweise Landwirthschaftslehre und Naturwissenschaften.

Oberhollabrunn (Nieder-Oesterr.).

175. **[K. k. Staats-]Gymnasium.** — *a)* Lehrerbibl. 2464 Werke in 4207 Bdn., 26 Heften, 12.094 Programme; *b)* Schülerbibl. 1171 Werke in 1851 Bdn. — Jahresdotation 500 Gulden. — Director: Schulrath Christian Jänicke; Custos für *a)* Prof. Alois Rameder; für *b)* Prof. Alois Ebner. — Ein Zettel- und ein Hauptkatalog nach Materien. — *a)* für Prof. an jedem Unterrichtstage, *b)* täglich um 11 Uhr für Schüler zugänglich; ebenso Entlehnungen und Versendungen. — Als Landesunterrealschule 1865 errichtet, nach 1865 in ein Realgymn. verwandelt. 1870 verstaatlicht und als Obergymn. eingerichtet. 1877 wieder Realgymn., 1881 Realobergymn., seit 1883 normales Gymn. — Vertreten alle Fächer des Gymn., in *b)* die für Schüler geeigneten Werke.

Kesseldorfer, Ferdinand. Katalog der Lehrerbibl. In: XXVIII. Programm des k. k. Staatsgymn. und der gewerblichen Fortbildungsschule in Oberhollabrunn. Oberhollabrunn 1898.

Olmütz (Olomouc, Mähren).

176. **Militärwissenschaftlicher und Casinoverein,** Franz Josephsstrasse, Infanterieschulkaserne, 1. Stock. — 3678 Bde., 63 Plan-

schuber, 34 Atlanten, 1189 Karten, 10 Tafeln, zusammen 1971 Werke. — Jahresdotation 350—400 Gulden. — Präsident: Oberst Arthur Polletin; Präsident des wissenschaftlichen Comités: Oberstlieut. des Generalstabscurses Emanuel Ritter Pelz v. Felinau, Generalstabschef der 5. Infanterietruppendivision; Secretär (vacat); 1 Diener. — Zwei handschriftliche Bücherkataloge und zwei Autorenverzeichnisse. — Benützbar mit Ausnahme der Sonn- und Feiertage täglich von 10—12 und 3—5 Uhr. — Entlehnungen auf 4 Wochen. — Versendungen mit besonderer Erlaubniss des wissenschaftlichen Comités. — 1874 wurde der militärwissenschaftliche Verein und zugleich die Bibl. im Auftrage des k. u. k. Reichskriegsministeriums, 1883 der Casinoverein gegr. — Alle Wissenschaften, vorzugsweise Militaria und Belletristik.

477. **[K. k. deutsches Staats-]Gymnasium.** — *a)* Lehrerbibl. 1719 Werke in 4069 Bdn., 1247 Heften, 17.659 Programme; *b)* Schülerbibl. 1661 Werke in 3404 Bdn., 513 Heften. — Dotation für die Lehrmittelsammlung (1897/98) 135 Gulden. — Director: Emil Seyss; Bibliothekar für *a)* Prof. Anton Frenzel; für *b)* Prof. Jacob Uceberegger. — Errichtet als Jesuitengymn. 1566.

Nach dem letzten Jahresberichte gearbeitet, da der Fragebogen nicht beantwortet wurde.

478. **[K. k. böhmisches Staats-]Gymnasium** (C. kr. český gymnasium). — *a)* Lehrerbibl. 1588 Werke in 2616 Bdn. und 612 Heften; *b)* Schülerbibl. 3516 Werke in 4232 Bdn. und 81 Heften. — Jahresdotation 318·25 Gulden. — Director: Maximilián Vrzal; Bibliothekar für *a)* Prof. Vaclàv Steffl; für *b)* Prof. Jan Čermák. — Als Untergymn. 1867 eröffnet; seit 1869 Obergymn.

Šteffl, Vaclàv. Katalog knihovny učitelské. In: XXIX. program c. kr. českého gymnasia v Olomouci. V Olomouci 1898.

Nach dem letzten Jahresberichte gearbeitet, da der Fragebogen nicht beantwortet wurde.

479. **Handels- und Gewerbekammer.** — Ca. 5000 Bde. — Jahresdotation 700 Gulden. — Präsident: Carl Brandhuber; Secretär: Max Hönig. — Die Bibl. wird von dem mit der Führung der Geschäfte des Marken- und Musterregistrirungsamtes betrauten Official Reinhold Teuschel geleitet. — Ein handschriftlicher Schlagwortkatalog. — Benützbar täglich während der Bureaustunden von 9—12 und 3—6 Uhr. — Ebenso Entlehnungen und Versendungen. — Gegr. zugleich mit der Kammer i. J. 1851. — Gesetzgebung, Nationalökonomie, Export, Import, Geographie u. a.

480. **Historisches Museum** besitzt eine kleine Sammlung von Büchern localgeschichtlichen Inhaltes, sowie Olmützer Druckwerke, alle Rechtsbücher etc. — Gegr. 1876 von der Stadt Olmütz.

Peyscha, F. Das historische Museum der Stadt Olmütz. In: Notizenbl. der hist.-stat. Section 1880, S. 53.

481. **[K. k. Staats-]Realschule.** — *a)* Lehrerbibl. 1283 Werke in 4967 Bdn. und 540 Heften, 6525 Programme; *b)* Schülerbibl. 1268 Werke in 2882 Bdn. und 335 Heften. — Director: Clemens Barchanek; Verwalter von *a)* Prof. Eduard Plöck; von *b)* Prof. Franz Möller. — Gegr. 1855.

Plöckinger, Eduard. Katalog der Lehrerbibl. In: Programm der k. k. Staatsoberrealschule in Olmütz. Olmütz 1898.
Nach dem letzten Jahresberichte gearbeitet, da der Fragebogen nicht beantwortet wurde.

482. **K. k. Studienbibliothek,** untergebracht in der Kirche des ehemaligen Clarissinnenklosters, Franz Josephsplatz 7. — Ende des Schuljahres 1897/98: 57.576 Druckwerke in 72.696 Bdn. und 10.366 Stücken. Handschriften 911 Bde.; Incunabeln 1700. — Jahresdotation 1200 Gulden. — Vorstand: Willibald Müller, k. k. Custos; Beamte: Johann Šťastný, k. k. Scriptor, derzeit vertreten durch Dr. Jaromir Jedlička, Praktikant der k. k. Universitätsbibl. in Prag; 1 Diener. — Handschriftliche Kataloge: *a)* ein alphabet. Zettelkatalog in Holzschachteln als bibliothèque tournante eingerichtet (System des gegenwärtigen Vorstandes); *b)* ein alphabet. Bandkatalog mit Supplementbd., bis 1892; *c)* ein systematischer Bandkatalog mit Supplementbd. bis 1892; *d)* ein Sachkatalog in Zettelform, seit 1892; *e)* ein Standortsrepertorium; *f)* Inventar nach dem Numerus currens; *g)* ein Katalog der auf Mähren und Schlesien Bezug habenden Literatur; *h)* ein Katalog der slavischen Bücher; *i)* ein Catalogus classicorum latinorum et graecorum; *k)* ein Druckerkatalog bis 1892; *l)* ein Katalog der Handschriften in böhmischer Sprache, fertiggestellt von dem der k. k. Studienbibl. seinerzeit zugetheilt gewesenen Scriptor der Prager Univ.-Bibl. Dr. Wenzel Tille; *m)* ein Incunabelkatalog, verfasst und für 1899 zum Drucke bestimmt von dem der k. k. Studienbibl. ebenfalls seinerzeit zugetheilt gewesenen Amanuensis der Prager Universitätsbibliothek Dr. Anton Schubert. — Der Lesesaal ist geöffnet: im Wintersemester Dienstag, Donnerstag, Freitag von 8—12 Uhr vormittags, Mittwoch und Samstag von 9—12 und 2—4 Uhr nachmittags. Im Sommermester: Dienstag, Donnerstag, Freitag von 10—12 vormittags und 4—6 Uhr nachmittags, Mittwoch von 10—12 vormittags und 3—6 Uhr nachmittags, Samstag

9—12 Uhr vormittags, 3–6 Uhr nachmittags. Entlehnung an legitimirte Personen. — Versendungen von Büchern und Handschriften auf Grund der für öffentliche Bibl. bestehenden gesetzlichen Bestimmungen, an Privatpersonen nur mit Bewilligung des k. k. Min. f. C. u. U. — Gründungsjahr 1773. Ueberführung nach Brünn 1778; Rückkehr nach Olmütz 1780. Grössere Schenkungen: Freiherr Hoffmann v. Grünbühel, Baron Schubirz, Kaiser Franz und Kaiser Ferdinand I. Als Universitätsbibl. theilte sie die Schicksale der ehem. Olmützer Universität. — Seit Aufhebung letzterer im J. 1851 erfährt keine einzelne Wissenschaft besondere Pflege. Der Bücherzuwachs besteht aus den mährischen Pflichtexemplaren; ausserdem werden beim Ankaufe neuer Bücher die Wünsche der theologischen Facultät und der Directionen der Mittelschulen in Olmütz berücksichtigt.

Richter, F. Geschichte der Olmützer Universität. Olmütz 1841. — Elvert, Christian d'. Historische Literaturgeschichte von Mähren und Schlesien. Brünn 1850. — Wattenbach, W. Handschriften der k. k. Universitätsbibl. Olmütz im Archiv für ältere Geschichte X. 1851, S. 671. — Goldmann, Arthur. Ueber die Handschriften der Olmützer Studienbibl. In: Centralbl. f. Bibliothekswesen, Jahrg. V, 1888, Heft 2. — Wrobel, Johann. Ueber eine neue Hesiodhandschrift in den Sitzungsberichten der Akademie der Wissensch. Phil. hist. Classe XCIV, 1879, S. 615. — Saliger, W. Ueber Melanchthons Loci Communes-Handschrift in der Zeitschrift f. österr. Gymn. Jahrg. 1880, S. 241. — Tille, Wenzel. Seznam českých rukopisu c. k. studijní knihovny v Olomouci (Věstník české Akademie císaře Františka Josefa. Ročník IV, č 819). — Beer, Rudolph. Mittheilungen über die kaiserl. königl. Studienbibl. zu Olmütz (Centralbl. f. Bibliothekswesen VII, 1890, S. 474.

Ossegg (Böhmen).

183. **Cistercienserstift.** — 50.000 Bde., 107 Handschriften. 357 Incunabeln. — Dotation 1500 Gulden. — Bibliothekar: P. Ambros Tölg. — Handschriftl. alphabet. Bandkataloge aus den J. 1727, 1787, 1842, letzterer in 3 Foliobdn., sowie ein Zettelkatalog aus dem J. 1895. — Benützbar für Fremde nur mit Bewilligung des Abtes. — Ebenso Entlehnungen und Versendungen. — Gegr. 1691, jedoch erst 1725 in einem eigens zu diesem Zwecke aufgeführten Gebäude untergebracht, 1875 durch Adaptirung einiger anstossender Locale bedeutend vergrössert. — Alle Zweige der Wissenschaften, am stärksten Theologie und Geschichte.

Scheinpflug, Bernhard. Die Urkunden im Klosterarchiv zu Ossegg. In: Mitth. d. Ver. f. Gesch. d. Deutschen in Böhmen. VII. 1869, VIII. 1870. — Siegl, P. Meinrad. Cistercienserstift Ossegg. In: Ein Cistercienserbuch von Seb. Brunner. Würzburg 1881 — Grunert, Jos. R. Ossegg. Dux 1886. — Wohlmann, P. Bernhard. Verzeichniss der Handschriften in der Bibl. des Stiftes Ossegg. In: Xenia Bernardina. II. 2. — Xenia Bernardina. III.

Pardubitz (Pardubic, Böhmen).

484. **[K. k. Ober-]Realschule** (C. k. vyšší škola reálná). *a)* Lehrerbibl. 2910 Werke in 5390 Bdn., 4515 Programme; *b)* Schülerbibl. 2717 Werke in 2942 Bdn. — Director: Leopold Storch; Custos für *a)* Prof. Václav Šolc; für *b)* Prof. Josef Mikulík. — Gegr. 1854.

Seznam spisů v knihovně učitelské. In: Výroční zpráva c. k. vyšší školy reálné. V Pardubicích 1898.

Nach dem letzten Jahresberichte gearbeitet, da der Fragebogen nicht beantwortet wurde.

Pausram (Mähren.)

485. **Pfarrbeilassbibliothek.** — 980 Werke in 1500 Bdn. — Jahresdotation nur die Zinsen des Stiftungscapitales von 200 Gulden. — Bibliothekar der jeweilige Pfarrer, derzeit P. Carl Grohmann, Consistorialrath. — Ein handschriftl. vom jetzigen Pfarrer bei Antritt seines Amtes i. J. 1865 neu abgefasster Katalog. Zwei ältere lückenhaft. — Nur zum Privatgebrauche. — Entlehnungen gegen Revers besonders an Geistliche der Nachbarschaft. — Ebenso Versendungen. — Gegr. mit einem Stiftungscapitale von 150 Gulden W. W. von dem in Altstadt bei Goldenstein geborenen, von 1763—1798 in Pausram wirkenden, am 13. Mai 1798 verstorbenen Pfarrer Karl Tinz (§ 12 der testamentarischen Bestimmungen vom 12. Mai 1798). — Vorzüglich vorhanden und gepflegt theologische Wissenschaften. Die französischen Werke wurden 1805 vor der Schlacht bei Austerlitz von den französischen Officieren gelegentlich eines Rasttages aus der Bibl. geraubt.

Elvert, Christian d'. Ueber die Bibl. u. s. w. in Mähren und Oesterr.-Schlesien. In: Schriften d. hist.-stat. Sect. d. k. k. mähr.-schles. Gesellschaft.

Pernstein (Mähren).

486. **Privatbibliothek. Wladimir Graf Mittrowsky.** — 5666 Nummern in 12.996 Bdn. — Bibliothekar der jeweilige Gutsleiter, derzeit F. Miček. — Alphabet. Katalog. — Nur zu eigenem Gebrauche. — Entstanden aus den auf einzelnen Herrschaften vorgefundenen Büchern. — In Verbindung stehen noch: 1. Eine beträchtliche Mineraliensammlung der auf den Herrschaften Rožinka und Pernstein vorgefundenen Mineralien. 2. Eine Sammlung der auf beiden Herrschaften erlegten Säugethiere, Vögel u. s. w., sowie 3. ein von weiland Franz Graf Mittrowsky zusammengestelltes Herbarium.

Pettau (Steiermark).

487. **[Landes-Unter-]Gymnasium.** — *a)* Lehrerbibl. 1564 Bde., 2491 Hefte; *b)* Schülerbibl. 320 Bde. — Director und Biblio-

thekar für *a)* Johann Tschanet; für *b)* Gymn.-Lehrer Dr. Aegyd Raiz. — Handschriftl. Katalog nach Wissenschaften. — Zugänglich *a)* nur für Mitglieder des Lehrkörpers. Ebenso Entlehnungen. — Keine Versendungen. — Gegr. mit der Anstalt 1869. — Alle an der Anstalt vertretenen Wissenschaften.

Philippsdorf (Filippsdorf, Böhmen).

488. **Redemptoristencollegium** hat nur eine sehr bescheidene, zum grossen Theile aus Geschenken hervorgegangene Handbibl. — Superior: P. Anton Wiethe. — Alphabet. und Zettelkatalog. — Nur zu eigenem Gebrauche. — Keine Entlehnungen und Versendungen. — Theologie, insbesondere Homiletik.

Pilgram (Pelhřimov, Böhmen).

489. **[K. k. Staats-]Gymnasium** (C. k. vyšší gymnasium). — *a)* Lehrerbibl. 3125 Werke in 4582 Bdn., 3650 Programme; *b)* Schülerbibl. 1372 Werke in 1434 Bdn. — Dotation für die Lehrmittelsammlung pro 1897/98 527·54 Gulden. — Director: Václav Petrů; Custos für *a)* Prof. Jan Soukup; für *b)* Prof. Bohumir Paulik. — Gegr. 1871 als Communalrealgymn. durch Umwandlung der unselbständigen Unterrealschule. Seit 1885 Obergymnasium, 1893 verstaatlicht.

Nach dem letzten Jahresberichte gearbeitet, da der Fragebogen nicht beantwortet wurde.

Pilsen (Plzen, Böhmen).

490. **Militärwissenschaftlicher und Casinoverein,** Smetanapromenade 3, Hotel Waldek. — 1522 Bde. und 15 Zeitschriften. — Jahresdotation ca. 400 Gulden. — Vorstand: Generalmajor Rudolph Edler von Chavanne; Ausschuss bestehend aus 9 Officieren der Garnison; in der Bibl. 1 Unterofficier und 1 Ordonnanz. — Handschriftlich ein alphabet. Katalog. — Benützbar für die Mitglieder Dienstag und Freitag von 6—8 Uhr abends. — Ebenso Entlehnungen. — Keine Versendungen. Sämmtliche Wissenschaften, hauptsächlich jedoch militärwissenschaftliche Werke, Taktik und Strategie.

491. **Franciscanerkloster.** — Ueber 3000 Bde. — Jahresdotation je nach Bedarf. — Bibliothekar: P. Augustinus Stodolka. — Handschriftl. Katalog nach Wissenschaften geordnet. — Benützbar bloss für Mitglieder des Ordens. — Keine Entlehnungen und Versendungen. — Gegr. 1262. — Vertreten alle Wissenschaften, besonders gepflegt Theologie und Philosophie.

492. **[K. k. böhmische Staats-]Gewerbeschule.** — 1319 Bde. — Jahresdotation je nach Bedarf. — Director: Vincenz Šimerka — Bandkataloge. — Nur für den Lehrkörper, beziehungsweise für Schüler benützbar. — Ebenso Entlehnungen. — Keine Versendungen. — Gegr. zugleich mit der Anstalt 1885. — Besonders technische Wissenschaften.

493. **[K. k. deutsches Staats-]Gymnasium der Praemonstratenser von Tepl.** — *a)* Lehrerbibl. 3457 Werke in 8252 Bdn., 216 Heften, 7518 Programme; *b)* Schülerbibl. 2594 Werke in 1400 Bdn., 180 Heften. — Director: P. Oswald Mannl; Custos für *a)* Prof. Wenzel Nowak; für *b)* P. Gilbert Helmer. — Gegr. 1776 von der Gemeinde; 1786 verstaatlicht; 1804 dem Stift Tepl übergeben; seit 1850 Obergymn.

Nowak, Wenzel. Katalog der Lehrerbibl. I. Classe. In: XXXXIV. Jahresber. des k. k. deutschen Staatsgymn. Pilsen 1897.

Nach dem letzten Jahresberichte gearbeitet, da der Fragebogen nicht beantwortet wurde.

494. **[K. k. böhmisches Staats-]Gymnasium** (C. k. český státní vyšší gymnasium), Husgasse. — *a)* Lehrerbibl. 2213 Werke in 3714 Bdn., 3831 Programme; *b)* Schülerbibl. 1615 Bde. — Dotation 120 Gulden. — Director: Franz Šafránek; Bibliothekar für *a)* Prof. Jan Malý.; für *b)* Prov. Lehrer Dr. Jaroslav Štastný. — Je ein alphabet. Zettel- und Bandkatalog. — Benützbar Mittwoch und Samstag von 2—4 Uhr, Sonntag von 9—11 Uhr. — Ebenso Entlehnungen. — Versendungen nur an Directionen gleichartiger Anstalten. — Gegr. 1862 als Bibl. der Realschule später der combinirten Staats-Mittelschule, seit Auflösung der Realschulabtheilung i. J. 1888 Eigenthum der obigen Anstalt. — Geschichte und Mathematik (ältere Werke), vorzugsweise erstere.

Malý, Jan V. Katalog bibliotheky professorské. In: Výroční zpráva c. k. českého stát. vyššího gymnasia v Plzni. V Plzni 1898.

495. **Höhere Städtische Handelslehranstalt** (Vyšší obchodní škola). — Hat eine für den Lehrkörper und eine für Schüler bestimmte Bibl. — Director: Kais. Rath Anton Kotěra. — Gegr. 1886.

496. **Handels- und Gewerbekammer.** Besitzt eine theils wegen Unvollständigkeit, theils wegen Mangel an Räumlichkeiten bisher ausschliesslich nur den Bedürfnissen des Kammerbureaus dienende Bibl., doch wird an ihrer Completirung gearbeitet, um sie binnen etwa drei Jahren in hiefür passenden Localitäten der Benützung weiterer Kreise zugänglich zu machen.

197. **Historisch-archäologisches Museum der Stadt Pilsen.** — 3000 Bde., mehrere Incunabeln, viele Urkunden, Stiche etc. — Jahresdotation 300—500 Gulden. — Präsident: Dr. W. Peták; Secretär: Franz Xaver Franc. — Handschriftlicher Zettelkatalog. Neuordnung und Neukatalogisirung sofort nach Uebersiedlung in das neuerbaute geräumige Museumsgebäude in Aussicht genommen. — Benützbar nur während der Amtsstunden von 9—12 und 2—5 Uhr. — Entlehnungen älterer und werthvoller Werke, sowie Versendungen mit besonderer Genehmigung des Curatoriums. — Gegr. 1878 zur Aufbewahrung und Erhaltung der seit Jahrhunderten der Stadt gehörigen Sammlungen von Urkunden, Büchern und Waffen. Anvertraut der Obsorge eines städtischen Beamten und eines von der Stadtvertretung gewählten, 8 Mitglieder umfassenden, Curatoriums, dessen Präsident der jeweilige Bürgermeister ist. Mehr als 500 meist auf Pergament geschriebene und mit Siegeln versehene Originalurkunden, darunter 105 Königsurkunden. Vier goldene Bullen der Kaiser Sigismund v. J. 1434, Ferdinand I. 1562, Maximilian II. 1567 und Ferdinand II. v. J. 1627. Die älteste Urkunde stammt aus dem J. 1293 (grosses Doppelsiegel Königs Wenzel II., Begründers der Stadt Pilsen). Die nächstälteste Pilsener Urkunde stammt aus dem J. 1307; dieselbe ist mit dem ältesten ursprünglichen Wappensiegel mit der Unterschrift in Majuskeln: SICILLV. CIWITATIS. D. NOWA. PILSEN REGI BOHIE versehen. 15 Stück päpstliche Bullen, darunter zwei vom Papst Paulus II. vom J. 1466, deren eine die Bannbulle gegen König Podiebrad ist, während die andere eine Bereicherung des Stadtwappens enthält. Die Bulle Gregors XII. v. J. 1578 beschliesst die weitere Ausstattung des Pilsener Stadtwappens. Eine Sammlung von ca. 400 meist auf Pergament, oft kunstvoll geschriebenen Entlassscheinen oder Loosbriefen v. J. 1510—1701, ca. 270 Handschriften auf Pergament oder Papier, Stadtbücher, Privilegien, Chroniken der Stadt v. J. 1362 bis in die neuere Zeit. Ein Theil der Huspostille aus der ersten Hälfte des XV. Jhdts. (böhmisch) und andere Andachtsbücher. Werthvolle Sammlung von Atlanten, Kupferstichen, Verordnungen, Ankündigungen, Placaten vom 17. bis 19. Jahrhundert. Zahlreiche Pilsener und andere erste Drucke aus dem XV. und XVI. Jahrhundert. Archäologie, Geschichte, Culturgeschichte und Naturwissenschaften.

198. **[K. k. deutsche Staats-]Realschule.** — *a)* Lehrerbibl. 626 Werke in 1399 Bdn., 549 Heften, 1051 Programme; *b)* Schülerbibl. 977 Werke in 1814 Bdn., 17 Heften. — Director:

Joseph Koster; Custos für *a)* Prof. Franz Neumann; für *b)* Prof. Carl Kleissl. — Gegr. 1872.

Neumann, Franz und Carl Marek. Katalog der Lehrerbibl. In: XXV. Jahresber. der deutschen Staatsrealschule in Pilsen. Pilsen 1898.

Nach dem letzten Jahresberichte gearbeitet, da der Fragebogen nicht beantwortet wurde.

499. **[K. k. böhmische Staats-]Realschule** (C. k. česká škola realná). — Lehrerbibl. 772 Werke, 1334 Programme; Schülerbibl. 932 Werke in 1018 Bdn. — Director: Antonín Sochor; Custos: Prof. František Vojtíšek. — Gegr. 1888.

Vojtíšek, Frant. Seznam knih učitelské knihovny ústavu. In: Výroční zpráva c. k. české realky v Plzni. V Plzni 1897.

Nach dem letzten Jahresberichte gearbeitet, da der Fragebogen nicht beantwortet wurde.

500. **Stadtbibliothek** (Obecná knihovna). — 5016 Werke in 5345 Bdn. — Jahresdotation 1200 Gulden. — Bibliothekar: Prof. Tuma Cimrhanzl; Bibliothekar-Stellvertreterin: Amalie Cimrhanzlová; Secretärin: Berta Bejšovcová; zur Bücherausgabe: Karel und Jan Síman, Jiří Kraus, Jan Chval; 1 Dienerin. — Ein Bandkatalog, ein Zettel- und ein alphabet. Katalog, ein Grundkatalog; für das Publicum liegt der gedruckte Katalog auf, der drei Abtheilungen enthält: 1. wissenschaftliche Werke; 2. čechische Unterhaltungsliteratur; 3. deutsche Unterhaltungsliteratur. — Geöffnet Sonntag von 9—11 Uhr, Dienstag von 4½—6, Mittwoch von 2—3½, Freitag von 4½ bis 6 Uhr. — Entlehnung gegen Legitimation und Erlag einer Caution von 2 Gulden. Die Besitzer einer magistratischen Legitimationskarte entrichten keine weitere Gebühr, alle übrigen Personen 1—10 Kreuzer pro Band. Vor dem Jahre 1877 wurden die Bücher vollkommen kostenfrei ausgegeben, kamen aber in vielen Fällen nicht mehr zurück. Entlehnfrist zwei Wochen, für Belletristik vier Wochen. — Schuljugend ist vom Besuch der Bibl. ausgeschlossen. — Versendung nur in Ausnahmsfällen. — Gegr. 1875. — Vertreten sind alle Wissenschaften, besonders gepflegt populäre Literatur.

Der Bibliothekskatalog erschien im Druck 1890; mit Nachträgen ergänzt 1898

Pisek (Böhmen).

501. **[K. k. Staats-]Gymnasium** (C. k. gymnasium). — *a)* Lehrerbibl. 2425 Werke in 5545 Bdn. und 275 Heften, 7167 Programme; *b)* Schülerbibl. 2264 Werke in 3177 Bdn. — Director: Josef Zahradník; Custos für *a)* Prof. František Vávra; für *b)* Prof. Josef Šindelář. — Gegr. 1778, bis 1793 mit geistlichen, seither mit weltlichen Lehrern besetzt.

Nach dem letzten Jahresberichte gearbeitet, da der Fragebogen nicht beantwortet wurde.

502. **[K. k. Staats-]Realschule** (C. k. vyšší realka). *a)* Lehrerbibl. 1111 Werke in 1106 Bdn. und 1982 Heften, 212 Programme; *b)* Schülerbibl. 1721 Werke in 2087 Bdn. und 132 Heften. — Director: Hynek Soldát; Bibliothekar für *a)* Prof. Jan Matzner; für *b)* Prof. František Jarolim. — Gegr. 1860 mit der Anstalt, die als Communal-Ober-Realschule errichtet, 1886 vom Staate übernommen wurde.

Matzner, Jan. Seznam knih učitelské knihovny. In: Výroční zpráva c. kr. vyšší realky. V Písku 1898.

Nach dem letzten Jahresberichte gearbeitet, da der Fragebogen nicht beantwortet wurde.

Pisino (Pazin. Küstenland).

503. **Franciscanerconvent.** — 1938 Werke, Manuscripte (Predigten) und einige Incunabeln. — Jahresdotation 20—30 Gulden. — Guardian: P. Robert Dolinar; Bibliothekar: P. Emilian Dovgan. — Je ein numerischer, alphabet. Classenkatalog in Zettel- und Bandform. — Nur zu eigenem Gebrauche. — Entlehnungen nur an Ordensmitglieder. — Versendungen mit Genehmigung der Provinzvorstehung. — Gegr. zugleich mit dem Kloster i. J. 1481. — Am meisten vertreten theologische Wissenschaften.

Podgórze (Galizien).

504. **[K. k. Staats-]Gymnasium** (C. k. gimnazyum). — Lehrerbibl. 355 Werke in 1070 Bdn. — Jahresdotation 200 bis 250 Gulden. — Director: Thomas Soltysik; Bibliothekar: Prof. Anton Lasson. — Bandkatalog als Acquisitionskatalog; alphabet. Autorenzettelkatalog. — Vormittags für die Mitglieder des Lehrkörpers benützbar. — Ebenso Entlehnungen. — Keine Versendungen — Gegr. 1892 zugleich mit der Anstalt. — Alle Gymnasialfächer.

Podkamień (Galizien).

505. **Dominicanerkloster** besitzt eine Bibl. derzeit unbestimmten Bestandes, da ein Katalog erst vorbereitet wird. Nach Pizzala: 2100 Werke in 4000 Bdn., 400 Handschriften. Bibliothekar: P. Hyacinth Malag. — Keine Entlehnung oder Versendung. — Kloster gegr. 1464.

Poeltenberg (Mähren).

506. **Propstei des ritterlichen Kreuzherrenordens.** — 2000 bis 3000 Bde. — Keine Jahresdotation. — P. Joseph Berg-

mann, Administrator. — Ein gebundener handschriftlicher Katalog, nach Materien verfasst i. J. 1769 von dem Franciscaner Fr. Raphael Zehentmaier. — In den Sommermonaten jederzeit benützbar mit Erlaubniss des Propstes. — Entlehnungen und Versendungen gegen Revers, beziehungsweise Kostenvergütung. — Entstanden aus den successiven Anschaffungen der Pröpste. — Am reichsten vertreten Prediger, Moralisten, Historiker, Ascese und Jurisprudenz.

Jacksche, Franz. Der ritterliche Orden der Kreuzherren. In: Ein Chorherrenbuch. Von Seb. Brunner. Würzburg 1883.

Pola (Küstenland).

507. **[K. k. Staats-]Gymnasium** besitzt eine Lehrer- und eine Schülerbibl. (1133 Werke). — Director: Anton Stitz; Bibliothekar der Lehrerbibl.: Gymn.-Lehrer Dr. Carl Mayer; der Schülerbibl.: Gymn.-Lehrer Dr. Franz Neumann. — Gegr. 1890.

Nach dem letzten Jahresberichte gearbeitet, da der Fragebogen nicht beantwortet wurde.

Poln.-Ostrau (Schlesien).

508. **Museum K. J. Bukovanský** besitzt eine Privatbibl. Handschriften aus dem 16., 17. u. 18. Jhdt., auch viele Bücher aus dem 16. u. 17. Jhdt. — Besitzer K. J. Bukovanský, Schuldirector.

Prachatitz (Böhmen).

509. **[K. k. Staats-Real-]Gymnasium.** — *a)* Lehrerbibl. 892 Werke in 1395 Bdn., 513 Heften, 3852 Programme; *b)* Schülerbibl. 290 Werke in 361 Bdn. — Dotation: 100—140 Gulden. — Director: Theodor Sewera; Custos der Lehrer- und Schülerbibl., sowie der Programmsammlung: Prof. Johann Schima. — Alphabet. Zettel- und fachwissenschaftl. Bandkatalog. — *a)* für die Professoren täglich in Gegenwart des Custos, *b)* für Schüler alle 14 Tage zugänglich. — Entlehnung gegen Eintragung in das Entlehnbuch. — Versendung an die im Tauschverkehr stehenden Anstaltsdirectionen. — 1865 gegr. zugleich mit der Anstalt; diese bis 1870 Communalanstalt, 1870 bis 1885 Staatsanstalt, 1885 bis 1893 Communalanstalt, seit 1893 wieder Staatsgymnasium. — Alle Fächer vertreten.

Sewera, Theodor. Geschichte des Realgymnasiums zu Prachatitz . . . und Beschreibung des neuen Gymnasialgebäudes. Prachatitz 1897. — Schima, Johann. Katalog der Lehrerbibliothek des k. k. Staatsrealgymnasiums in Prachatitz. Prachatitz 1897.

510. **Deutsche Volksbücherei**, Schulgasse. Ca. 1500 Bde, — Jahresdotation ca. 70 Gulden. — Obmann: Adolph Wimbusky; Bibliothekare: Anton Pachlhofer und Carl Messner; Ausschussmitglieder: Cornelia Baudysz, Marie Schaschek, Anton Knoll, Wenzel Faber. — Die Bücherei unter Oberaufsicht des Bürgermeisters Johann Zdiarsky. — Ein handschriftlicher und ein im Druck befindlicher alphabet. Katalog. — Geöffnet Mittwoch von 1—2 und Sonntag von 2—3 Uhr. — Entlehnungen auf vier Wochen an jede der Schule entwachsene Person; doch hat sich dieselbe zuvor eine Ausleihkarte bei der Büchereileitung zu verschaffen. — Keine Versendungen. — Gegr. 1896 vom Bürgermeister Johann Zdiarsky, dem verstorbenen Joseph Messner und Hans Schubert. Die Bücher des ehemaligen deutschen Lesevereines und des Leseclubs der Professoren wurden theils derselben gespendet, theils angekauft. — Wissenschaftliche Werke, Classiker, Romane, Zeitschriften.

Prag (Praha, Böhm.).

511. **Christliche Akademie**, Nr. 223—I. Kettengasse. — 2700 Bde., 180 Handschriften (Laut Handbuch der Kunstpflege 5000 Bde.). — Vereinsbibl. wird durch Geschenke vermehrt, die Fachbibl. durch Ankauf neuer Werke und Fortsetzungen ohne bestimmtes Präliminare. — Vorstand: Canonicus Dr. Franz Krásl; Geschäftsleiter: Canonicus Dr. Josef Doubrava; Cassier: Canonicus Dr. František Kryštufek; Secretär: Anton Matyáš. — Alphabet. Band- und Zettelkatalog. — Benützbar in den Vormittagsstunden. — Bücher aus der Vereinsbibl. werden auch nach Hause auf 1 Monat verliehen, Bücher aus der Fachbibl. nur innerhalb der Vereinslocalitäten zur Verfügung gestellt. — Keine Versendungen. — Gegr. zugleich mit der Akademie 1875 vom Weihbischof J. Prucha und Prof. J. Konrad. — Theologische Wissenschaften, Kunst, insbesondere kirchliche Kunstgeschichte.

512. **Benedictinerkloster Emaus**, II. — 41.000 Bde., 40 Incunabeln. — Jahresdotation je nach Bedarf. — Bibliothekare: P. Joseph Henninger O. S. B.; P. Heinrich Molitor O. S. B.; P. Maurus v. Eichendorff O. S. B.; P. Method Vojáček O. S. B. — Accessions-(Band-)Katalog, ein alphabet. Gesammt-(Zettel-) Katalog, ein Standort-(Zettel-)Katalog, ein Fach-(Zettel-)Katalog: ein Schlagwort-(Zettel-)Katalog in Ausarbeitung. — Benützbar nur für die Mitglieder des Stiftes. — Keine Entlehnungen und Versendungen. — Bei der Uebernahme des Stiftes im J. 1880 durch die Benedictiner der Beuroner Congregation fand sich eine unbedeutende Bücherei vor. Fast den ganzen jetzigen

Bestand der werthvollen und durchgängig einen wissenschaftlichen Charakter tragenden Bibl. verdankt das Stift den rastlosen Bemühungen des gegenwärtigen Prälaten Dr. Benedict Sauter, der sich um die fortwährende Vermehrung und emsige Benützung des Bücherschatzes von Seiten der Stiftspriester die grössten Verdienste erwarb. — Vertreten sind sämmtliche Wissenschaftszweige. Doch finden besondere Berücksichtigung die theologischen, philosophischen, historischen und naturwissenschaftlichen Fächer. Die Anzahl der aufliegenden, meist wissenschaftlichen Zeitschriften beträgt über 100.

Schanda, Wenzel. Montserrat-Emaus oder Slovan in Prag. In: Ein Benedictinerbuch von Seb. Brunner. Würzburg 1881.

513. **Deutsches Casino.** — Ende Sept. 1898 3542 Bde. — Jahresdotation für das Lesezimmer ca. 1800 Gulden. — Bibliothekar: Lyc.-Prof. Ferdinand Höhm als derzeitig functionirendes Directionsmitglied; ein Diener. — Bandkatalog. — Entlehnungen zweimal wöchentlich an Casinomitglieder auf vier Wochen. — Keine Versendungen. — Die Bibl. entstand zugleich mit der 1861 erfolgten Gründung des deutschen Casinos durch Einverleibung der im Lesezimmer aufliegenden Monatsschriften. — Belletristik, verschiedene politische und wissenschaftliche Revuen.

514. **Convent der Kreuzherren mit dem rothen Sterne** Nr. 191—I. — Ca. 50.000 katalog. Bde. — Bibliothekar: Wenzel Weiser. — Handschriftlicher alphabet. Bandkatalog. — Besichtigung jeden Vormittag in Begleitung des Bibliothekars gestattet. — Entlehnungen nur mit besonderer Genehmigung des Generals und Grossmeisters. — Hauptsächlich theologische Werke (Dogmatik, Moral-, Pastoraltheologie, Jus canon.), aber auch Kirchen- und Profangeschichte, sowie Philosophie, Naturwissenschaften und Medicin. — Gegr. zugleich mit dem Kloster 1233.

Jacksche, Franz. Der ritterliche Orden der Kreuzherren mit dem rothen Stern. In: Ein Chorherrenbuch. Von Seb. Brunner. Würzburg 1883.

515. **Deutscher Gabelsberger Stenographenverein,** Charwatgasse 8. — 1100 Bde. stenographirter und auf Stenographie bezughabender Werke. — Bibliothekar: Richard Sicher. — Handschriftlicher Katalog (Druck in Vorbereitung) mit fünf Gruppen: *a)* Lehrbücher System Gabelsberger in deutscher Sprache; *b)* Lehrbücher anderer Systeme in deutscher Sprache; *c)* Lehrbücher der Stenographie für fremde Sprachen; *d)* Unterhaltungslectüre; *e)* Zeitschriften System Gabelsberger in deutscher Sprache. — Benützbar jeden Montag von 7—10 Uhr abends. — Entlehnungen nur an Vereinsmitglieder auf

die Dauer von 2—3 Wochen und in der Zahl von höchstens drei Stücken. Keine Versendungen.

516. **K. u. k. Garnisonsspital Nr. II.** — 2100 Bde. — Nur auf die Spenden der Oeffentlichkeit angewiesen. — Vorstand der jeweilige Militärcurat. — Alphabet. Katalog. — Benützbar einmal wöchentlich. — Keine Versendungen. — Hauptsächlich Belletristik.

517. **Israelitische Gemeinde.** — Mehr als 9000 Bde., ca. 60 Handschriften und 20 Incunabeln. — Jahresdotation je nach Bedarf. — Präsident der israelitischen Cultusgemeinderepräsentanz: Dr. Arnold Rosenbacher; Bibliothekar: Dr. Nathan Grün. — Zwei handschriftliche Kataloge und zwar je ein alphabet. und Schlagwortkatalog; für einzelne Sammlungen auch ein Zettelkatalog. — Benützbar für Jedermann Sonntag von 11—1 Uhr, Montag von 4-7 Uhr abends, Mittwoch von 3—5 Uhr nachmittags. — Entlehnungen mit besonderer Genehmigung des Präses oder gegen Caution. — Versendungen nur mit Bewilligung der Gemeinderepräsentanz. — Eröffnet im März 1871 mit 5626 Bdn. Besteht aus den der Prager israelitischen Cultusgemeinde gespendeten Büchersammlungen des Vereins- und Gemeindemitgliedes Baruch Jeiteles, des Univ.-Prof. Dr. Wolfgang Wessely, Ernst Wehli, S. Jerusalem, B. Foges und David Zappert, besonders aber aus der reichhaltigen und sehr werthvollen Bibl. des Prager Oberrabbiners S. L. Rappaport. Eine werthvolle Bereicherung erfuhr die Bibl. durch Erwerbung der aus mehr als 2000 Bdn. bestehenden Koppelmann-Lieben'schen Bücherei. — Vorzugsweise Hebraica und Judaica.

Grün, Nathan. Die israelitische Gemeindebibl. In: Neuzeit, Wochenschrift für polit.-relig. Culturinteressen. Jahrgang 1874. — Grün, Nathan. S. L. Rappaport und seine Bibl. in der Festschrift: Centennarium des Oberrabbiners S. L. Rappaport. 189 . .

518. **Königlich böhmische Gesellschaft der Wissenschaften** (Regia societas scientiarum Bohemica), 562 I. — Ca. 30.000 Bde. — Keine besonderen für die Bibl. verfügbaren Geldmittel; die Gesellschaft verwendet ca. 150 Gulden zum Bücherankauf. Der Zuwachs beträgt jedoch jährlich ca. 1000 Bde., weil die Gesellschaft mit nahezu 400 gelehrten Gesellschaften und Instituten im Tauschverkehr steht. — Generalsecretär: Univ.-Prof. Dr. Vaclav Emanuel Mourek; Bibliothekar: Georg Wegner, Custos der Bibl. des Museums des Königreiches Böhmen. — Handschriftlicher alphabet. Zettelkatalog und ein Localinventar. In Vorbereitung ein Repertorium, welches eine vollständige bibliographische Uebersicht aller akademischen

und Gesellschaftsschriften umfassen soll. Ausserdem alljährlich in dem Jahresberichte der Gesellschaft ein alphabet. Ausweis über Tauschexemplare. — Zugänglich während des Studienjahres in den Amtsstunden von 4—5 Uhr, nach Bedarf von 3—5 Uhr, an Sitzungstagen, d. i. etwa fünfmal im Monat, auch ausser dieser Zeit. In den Ferien nur ausnahmsweise. — Entlehnungen an Mitglieder innerhalb Prags auf vier Wochen, an Nichtmitglieder nur unter Haftung eines Mitgliedes. — Keine Versendungen. — Gegr. zugleich mit der Gesellschaft 1784, zum grössten Theile durch Tausch entstanden und vermehrt. — Alle von der Gesellschaft gepflegten Wissenschaften, Philosophie, Geschichte, Philologie, Mathematik und Naturwissenschaften: Theologie und Medicin sind ausgeschlossen.

Kalousek, Jos. Geschichte der königl. böhm. Gesellschaft der Wissenschaften. Prag 1884—1885. — Studnicka, Franz Josef. Bericht über die mathematischen und naturwissenschaftlichen Publicationen der königl. böhm. Gesellschaft der Wissenschaften. Prag 1884—1885. — Wegner, Georg. Generalregister zu den Schriften der königl. böhm. Gesellschaft der Wissenschaften 1784—1884. Prag 1884.

519. **Böhm. Gewerbemuseum. Náprstek-Bibliothek** (Náprstkova knihovna Českého Průmyslového Musea), Betlemplatz 269. — 49.875 Bde. — Jahresdotation 300—400 Gulden. — Die Bibl., die mit dem Museum seit 1874 nach dem Testamente des Adalbert Náprstek der Stadt Prag gehört, wird durch ein Curatorium verwaltet. Derzeit Präses: Dr. Jan Podlipny; 3 Mitglieder vom Stadtverordnetencollegium: Josef V. Novák, Heinrich Rychlík, Dr. Josef Scheiner; ferner: Dr. Thomas Černý, Prof. Dr. Kořistka; Bibliothekar: Josef L. Kottner etc.

Zettelhandkatalog, zugleich Standortsrepertorium, alphabet. nach Schlagworten geordnet, für: böhmische, deutsche, englische Literatur, Bohemica, die Bücher über Japan und China etc. Materienkatalog für Photographien, stereoskopische Abbildungen etc. — Geöffnet täglich, auch an Sonn- und Feiertagen von 9—12 Uhr, Montag nachmittags im Winter von 3—6, im Sommer von 3—7 Uhr für die Freunde und Gönner der Familie Náprstek und die von ihnen eingeführten oder empfohlenen Gäste: Mittwoch und Samstag von 2—7 Uhr für die Damen des böhmisch-amerikanischen Clubs in Prag. — Entlehnungen auf 14 Tage gegen Bestätigung. — Versendungen nur ausnahmsweise. — Gegr. 1858 von Adalbert Náprstek nach seiner Rückkehr aus Amerika, wo er 10 Jahre verlebte; auf Grund seiner dortigen Erfahrungen sowie seiner Studien an der orientalischen Akademie richtete er seine Prager Gründung ein. Die freie Lebensweise der Amerikanerinnen beeinflusste ihn derart, dass er nach seiner Rückkehr nach Prag bald einen čechisch-amerikanischen Damenclub in Prag gründete, indem er die Damen erst durch seine Vorträge um sich schaarte und ihnen als Mittelpunkt seine Bibliothek und ein Lesezimmer anbot, wo die Frauenfrage in Büchern und Zeitschriften gepflegt wurde. Diese Bibl. war zugleich die erste, zu der die Frauen Zutritt erhielten. Ausser der Frauenfrage pflegte Náprstek auch die Literatur über Japan und China, für die er grosses Interesse hegte, und die er selbst studirte. Da er auch die übrigen Wissenszweige eifrig pflegte, wurde die Bibl. ein Unicum in ihrer Art. Im Testament vermachte Náprstek das Museum und die Bibl., die einen Theil desselben bildet, der Stadt Prag. Die Bücherei enthält u. a.: eine Sammlung von Photographien (12.807 Stück), Diagramme, Karten, Stadt- und Ortspläne, Ansichten von Städten, Ausstellungen etc. (2590 Stück), Diagramme von Wohlthätigkeitsanstalten in England und Amerika, von Prof. Studnička zu Náprstek's Vorträgen gesammelt (101 St.), eine Sammlung von Tafeln aus den Gebieten der Naturwissenschaften, Erdbeschreibung, Astronomie etc., herausgegeben vom Verein „Working men's educational Union" in London (475 Stück). Eine interessante Abtheilung bildet das Scrap book, eine Sammlung von Ausschnitten aus deutschen, čechischen und fremdsprachigen Zeitungen in 181 Bdn., begonnen 1850 und nach dem Inhalt geordnet (z. B. Frauenfrage, Erziehung, Čechen in der Fremde, Arbeiterfrage, China, Gewerbe, Afrika, Wohlthätigkeit, Ausstellungen, Museen, Naturgeschichte, Japan, Johann Hus etc. Reisehandbücher 627 Bde., Times von 1859 an etc.

520. **[K. k. akademisches Staats-]Gymnasium** (Cís. král. akademický gymnasium). — *a)* Lehrerbibl. 4172 Werke in 8181 Bdn. und 6829 Heften; *b)* Schülerbibl. 3286 Werke in 5858 Bdn. — Dotation für die Lehrmittelsammlung 716 Gulden. — Director: Jaroslav Sobička; Custos für *a)* und *b)* Prof. Antonín Truhlář. — Gegr. 1566 als Jesuitengymn.

Nach dem letzten Jahresberichte gearbeitet, da der Fragebogen nicht beantwortet wurde.

521. **[K. k. deutsches Staats-]Gymnasium auf der Altstadt.** — *a)* Lehrerbibl. 1933 Bde., 204 Hefte, 94 Tafeln, 8178 Programme; *b)* Schülerbibl. 1236 Werke in 1238 Bdn., 55 Heften. — Director: Reg.-Rath Dr. Johann Conrad Hackspiel; Bibliothekar für *a)* Prof. Emil Gschwind; für die Programmsammlung: Prof. Dr. Hugo Ostermann; für *b)* Prof. Moritz Strach. — Gegr. 1871 als Realgymn.

Gschwind, Emil. Katalog der Lehrerbibl. In: 26. Jahresbericht über das Staatsgymn. mit deutscher Unterrichtssprache in Prag-Altstadt. Prag 1898.
Nach dem letzten Jahresberichte gearbeitet, da der Fragebogen nicht beantwortet wurde.

522. **[K. k. deutsches Staats-]Gymnasium auf der Neustadt, Graben.** — *a)* Lehrerbibl. 2624 Werke in 5935 Bdn., 2180 Heften, 13.117 Programme: *b)* Schülerbibl. 1744 Werke in 2408 Bdn., 31 Heften. — Dotation der Lehrmittelsammlungen pro 1897/98 575·68 Gulden. — Director: Dr. Joseph Walter: Verwalter von *a)* Prof. Johann Strohschneider; von *b)* Gymn.-Lehrer Georg Tauber. — 1778 wurde das ehemalige Jesuitengymn. von den Piaristen wieder eröffnet. 1874 verstaatlicht.

Nach dem letzten Jahresberichte gearbeitet, da der Fragebogen nicht beantwortet wurde.

523. **[K. k. Staats-Real- und Ober-]Gymnasium** (Realný a vyšší gymnasium), Neustadt, Křemenecgasse 179. — *a)* Lehrerbibl. 1609 Werke in 3256 Bdn., 251 Heften; *b)* Schülerbibl. 1995 Bde. — Director: Matěj Trapl; Bibliothekar für *a)* Prof. Dr. Jan Novák; für *b)* Gymn.-Lehrer Vladislav Kalousek. — Gegr. 1871. Obergymn. seit 1875.

Novák, Jan. Seznam spisů, chovaných v knihovně učitelské. In: Zpráva o cís. král. realném a vyšším gymnasia v Praze. V. Praze 1897 f.

Nach dem letzten Jahresberichte gearbeitet, da der Fragebogen nicht beantwortet wurde.

524. **[K. k. bömisches Staats-]Gymnasium auf der Neustadt, Tischlergasse** (Cís. král. vyšší gymnasium česky na Novém Městě). — *a)* Lehrerbibl. 2569 Werke in 3024 Bdn. und 497 Heften, 3657 Programme; *b)* Schülerbibl. 2311 Werke in 2843 Bdn. — Dotation für die Lehrmittelsammlung pro 1897/98 801·50 Gulden. — Director: František Sobek; Custos für *a)* Prof. Dr. Matěj Kovář; für *b)* Prof. Dr. Jiří Guth. — Errichtet 1874 als Realgymn. durch Lostrennung der am akadem. Gymn. bestandenen Parallelclassen, seit 1880 Obergymn.

Kovář, Matěj. Seznam knihovny učitelské. In: Výroční zpráva cís. král. vyššího gymnasia českého na Novém Městě v Praze (v Truhlářské Ulici). V Praze 1898.

Nach dem letzten Jahresberichte gearbeitet, da der Fragebogen nicht beantwortet wurde.

525. **[K. k. deutsches Staats-]Gymnasium auf der Neustadt, Stephansgasse.** — *a)* Lehrerbibl. 4219 Werke in 5351 Bdn., 979 Heften. 7519 Programme: *b)* Schülerbibl. 4317 Werke. — Für die Lehrmittelsammlung standen 1897/98 654·81 Gulden zur Verfügung. — Director: Reg.-Rath Dr. Ludwig Chevalier: Verwalter von *a)* Prof. Franz Ullsperger; von *b)* Prof. Gustav Proft. — Eröffnet 1881: Obergymn. seit 1887.

Nach dem letzten Jahresberichte gearbeitet, da der Fragebogen nicht beantwortet wurde.

526. **[K. k. böhmisches Staats-]Gymnasium auf der Neustadt, (Korngasse)** (C. k. vyšší gymnasium), Korngasse Nr. 566—II.

— *a)* Lehrerbibl. 2502 Bde., 923 Hefte; *b)* Schülerbibl. 1313 Bde., 12 Hefte. — Director: Franz Grešl; Custos für *a)* Prof. Franz Ruth; für *b)* Prof. Johann Pintner. — Inventar, Hand- und Zettelkatalog. — Benützbar für Lehrer und Schüler der Anstalt sowie für Lehrer anderer Mittelschulen gegen Empfangsbestätigung. — Entlehnung auf 1 Monat. — Gegr. mit der Anstalt 1881.

527. **[K. k. deutsches] Gymnasium auf der Kleinseite.** — *a)* Lehrerbibl. 8139 Bde. und 15.179 Programme; *b)* Schülerbibl. 3961 Bde. — Lehrmitteldotation 410 Gulden. — Director: a. o. Prof. Dr. Friedrich Schubert; Custos für *a)* Prof. Heinrich Kerbl; für *b)* Prof. Dr. Heinrich Rotter. — Zettel- und Fachkatalog, letzterer neu angelegt. — Benützbar *a)* in der schulfreien Zeit des Bibliothekars; *b)* an bestimmten Tagen. — Entlehnungen an Prof. und andere Personen gegen Empfangsschein. — Keine Versendung. — Die Anstalt wurde 1628 von Albrecht von Waldstein als Jesuitengymn. gegr. — Humanistische und realistische Fächer.

Kerbl, Heinrich. Katalog der Lehrerbibl. In: Programm des k. k. deutschen Obergymnasiums der Kleinseite in Prag. Prag 1898.

528. **[K. k. böhmisches Staats-]Gymnasium auf der Kleinseite** (C. k. český statní gymnasium na malé straně), Josefsgasse 6. — *a)* Lehrerbibl. 2682 Werke in 2756 Bdn. und 143 Heften, 3663 Programme; *b)* Schülerbibl. 2911 Werke in 4760 Bdn. — Dotation ca. 250 Gulden. — Director: Carl Neřásek; Custos für *a)* Prof. Carl Himer; für *b)* Prof. Wenzel Müller. — Ein Band-, ein Zettelkatalog. — Benützbar für Mitglieder des Lehrkörpers täglich von 8—12, 2—4 Uhr. — Entlehnung *a)* an die Mitglieder des Lehrkörpers der Anstalt gegen Bestätigung. — Versendung an andere Mittelschulen gegen Bestätigung der Direction. — Gegr. 1865 als Bibl. des Communal-Realgymnasiums, das 1892 in Staatsverwaltung übernommen und in ein Gymnasium mit obligatem Zeichenunterricht verwandelt wurde. Die bis 1892 angekauften Bücher bleiben auch fernerhin Eigenthum der Stadtgemeinde Prag. — Alle für das Mittelschulwesen wichtigen Wissenschaften.

Bibl.-Katalog wird im Laufe der nächsten zwei Jahre in den Jahresberichten der Anstalt erscheinen.

529. **Böhmisches Handelsmuseum** (České obchodní museum) hat vorläufig nur eine kleine Bibl. von ca. 480 Bdn. — Vorerst nur zu eigenem Gebrauche. — Entlehnungen an dem Handelsmuseum näher stehende und andere Interessenten. Diese Verhältnisse sind jedoch keineswegs definitiv und haupt-

sächlich durch den Mangel an Localitäten begründet. Nach der bevorstehenden Uebersiedlung des Museums wird die Bibl. rasch vermehrt und dem Publicum zugänglich gemacht werden. — Präsident: R. v. Riesenburg; Secretär: Fr. Hlaváček. — Adressbücher, praktisch-kaufmännische und industrielle Publicationen.

530. **Handels- und Gewerbekammer,** II. Purkyňova ulice 6. — 10.200 Bde. nebst einer bedeutenden Anzahl von Zeitschriften, Broschüren und kleineren Publicationen. — Jahresdotation 1500—1600 Gulden. — Präsident: Joseph Wohanka; Secretäre: Kais. R. Dr. Jos. Fört, Dr. Franz Cuhei; Bibliothekar: Adalbert Mottl. — Nebst einem gedruckten Kataloge vom Jahre 1884 besteht ein alphabet. Zettelkatalog. Die Bibl. wird eben nach dem Radiussysteme geordnet und soll einen Schlagwortkatalog in Zetteln erhalten. — Benützbar während der Amtsstunden von 8—2 Uhr in erster Linie für die Mitglieder der Kammer und des Bureaus. — Ebenso Entlehnungen. — Versendungen nur mit besonderer Bewilligung des Secretariates auf Kosten und Gefahr des Adressaten. — Zugleich mit der Kammer 1851 gegr. Das Anwachsen derselben ging anfangs langsam vor sich; im Jahre 1853 zählte sie 326 Bde. 1863: 2073 Bde. Bis Ende des Jahres 1894 versah den Dienst in der Bibl. unter der Leitung des jeweiligen Kammersecretärs ein dazu besonders designirter Kammerbeamter; Anfang des Jahres 1895 Systemisirung einer Bibliothekarstelle. Der Bücherzuwachs erfolgt hauptsächlich durch Anschaffungen und durch Umtausch gegen Kammerpublicationen. — Statistik, Rechts- und Staatswissenschaften, insbesondere Volkswirthschaft und Socialwissenschaft, Finanzwissenschaft, Verkehrswesen, Handelswissenschaft, technisch-industrielle Literatur, fachliches Schulwesen, Ausstellungsliteratur, überdies Philosophie und Geschichte. Zahlreiche Berichte der öst.-ung. Handels- und Gewerbekammern, Programme der gewerblichen und kaufmännischen Fortbildungs- und Fachschulen der Handels- und Verkehrsanstalten.

531. **Handels- und Gewerbekammer. Kunstgewerbliches Museum.** (Umělecko-prumyslové obchodní a živnostenské komory). — Ende 1898: 2344 Werke in 4392 Bdn., überdies eine Vorbildersammlung von 21.105 Blättern in 402 Portefeuilles. — Jahresdotation 3400—4000 Gulden. — Director: Dr. Karl Chytil; Custos: F. A. Borovský; Assistent: Dr. F. X. Jiřík; Official Heinrich Melzer. — Handschriftl. Zettel-, Band-, alphabet. u. Schlagwortkatalog. — Der Lese- und Zeichensaal ist für Jedermann, der ernste Ziele verfolgt, unentgeltlich zugänglich, und zwar täglich mit Ausnahme des Montags von 10—12 und in

den Monaten Januar bis März und October bis December fünfmal wöchentlich von 5—6 Uhr abends; im Monate Juli 10 Tage Reinigungsferien. — Entlehnungen I. ohne Erlag einer Caution: *a)* an die Mitglieder des Curatoriums; *b)* an die Beamten des Curatoriums; *c)* an Professoren und Lehrer der k. k Kunstgewerbeschule und der Fachschulen, Prof. der Prager Hochschulen u. Mitgl. der Česká akademie; *d)* an Schüler der k. k. Kunstgewerbeschule gegen einen vom Director vidirten Empfangsschein; in diesem Falle haftet die Anstalt für richtige Rückgabe oder genügenden Ersatz; *e)* an Künstler und Gewerbetreibende, welche auf ihr Ansuchen vom Curatorium vom Erlag einer Caution auf ein Jahr befreit wurden; II. gegen Erlag einer Caution, deren Höhe die Bibliotheksleitung zu bestimmen hat, werden Jedermann nach Thunlichkeit Bücher oder Vorlagen entlehnt.

Organisationsplan des kunstgewerblichen Museums der Handels- und Gewerbekammer in Prag. - Katalog der Vorbildersammlung des k. M. d. H. u. G.-K. in Prag verfasst von F. A. Borovsky. Prag 1897. — Bericht des Curatoriums f. d. Verwaltungsjahr 1897. Prag 1898. [Erscheint jährlich.]

532. **Deutscher Handwerkerverein,** Charwatgasse 41—II. — Ende 1898: 3042 Bde. — Jahresdotation ca. 200 fl. — Untersteht dem Vereinsausschusse und wird von einem Bibliothekar geleitet. — Handschriftl. Zettel- und alphabet. Kataloge, letzterer zum Druck vorbereitet. — Benützbar nur für Vereinsmitglieder Mittwoch und Samstag von 6—8 Uhr, gegen eine monatliche Lesegebühr von 2—4 kr. per Bd. — Ebenso Entlehnungen. — Keine Versendungen. — Gegr. am 10. Nov. 1884. — Belletristik und gewerbliche Fachliteratur.

Satzungen des deutschen Handwerkervereines in Prag. Genehm. mit h. k. k. Statthalterei-Erl. vom 9. Januar 1892, Z. 143029. — Dreizehnter Jahresbericht des deutschen Handwerkervereines in Prag. Vereinsj. 1897. Erstattet in der ordentlichen Hauptversammlung am 23. Januar 1898.

533. **K. k. technische Hochschulen,** I, Husgasse 5. — Ende 1897/8: 30.680 Bde. — Jahresdotation 4000 Gulden nebst ca. 1500 Gulden Matrikelgebühren. — Vorstand: Adalbert Valenta, k. k. Scriptor; ein Diener. — Alphabet. Zettelkatalog. — Benützbar an Wochentagen von 9—12 und 4—7 Uhr (Mittwoch ausgenommen); an Sonn- und Feiertagen, mit Ausnahme der hohen Festtage, von 9—12 Uhr. — Benützbar nach den für öffentliche Bibliotheken giltigen Normen. — Ebenso Entlehnungen und Versendungen. — Entstand mit der Gründung des ständisch-polytechnischen Institutes 1806 aus der älteren Ingenieurschule, aus welcher die ersten Werke in der Zahl von 601 Bdn. stammten. Mit Schluss 1856 zählte die Bibl. ausser den eben erwähnten 7273 Bde. In Ermangelung eines

geeigneten Lesesaales beschränkte sich ihre Benützung bis 1865 auf das Entlehnen der Bücher nach Hause und erst von diesem Zeitpunkte an, in Folge der Eröffnung eines Lesezimmers und dadurch, dass derselben grössere Geldmittel zu Gebote standen, begann ihr Wachsthum und ihre Bedeutung. Nach der Trennung des utraquistischen Polytechnikums 1869/70 in ein deutsches und ein böhmisches verblieb die Bibl. für beide Lehranstalten gemeinsam in den bisherigen Räumen des ersteren. Mit der Uebernahme der beiden technischen Hochschulen in die Staatsverwaltung i. J. 1874 und der Erhöhung der ständigen Dotation auf die gegenwärtige Summe, sowie durch den Zufluss reichlicher Geschenke wurde die Bibl. in den Stand gesetzt, namhafte Lücken aus der technischen Literatur auszufüllen und sich so anderen gut dotirten und bestellten Bibliotheken zu nähern. — Alle mit dem technischen Studium in Verbindung stehenden Wissenschaften, namentlich die mathematisch-naturwissenschaftlichen.

Katalog der Bibl. der k. k. technischen Hochschule in Prag. Reichend bis 1893. Prag 1898. — Katalog knihovny c. k. vysokých škol technických v Praze. Rokem 1893 zakončen. V Praze 1898.

534. **Böhmische Kaiser Franz Joseph-Akademie der Wissenschaften, Literatur und Kunst** (Česke akademie císaře Františka Josefa pro vědy, slovesnost a umění) II. Wenzelsplatz Nr. 1700, Museumsgebäude. — 5250 Bde. — Jahresdotation 1000 Gulden. — Die Geschäfte leitet die Akademiekanzlei. Kanzleidirector: Jos. J. Kořán; 1 Kanzlist, 1 Diener. — Alphabet. Zettelkatalog. — Täglich von 9—12 und 2—5 Uhr für Mitglieder der Akademie, der kön. böhm. Gesellschaft der Wissenschaften und des Museums des Königreiches Böhmen benützbar; ebenso Entlehnungen in der Regel auf 2 Monate, längstens bis zu den nächsten akademischen Ferien. — Zur Entlehnung nach Orten ausserhalb Prags und der nächsten Umgebung ist besondere Bewilligung des Präsidiums erforderlich. — Keine Versendung. — Die Bibl. verdankt ihre Entstehung dem Schriftenaustausch, den die 1890 gegr. Akademie mit den übrigen Akademien und wissenschaftlichen Gesellschaften einleitete. Die Literatur aus allen in den vier Classen der Akademie vertretenen Wissenschaften und Künsten.

535. **Kaiser Franz Joseph-Kinderspital,** 1359/II. — 5431 Bde. — Jahresdotation je nach Bedarf. — Director: Prof. Dr. Friedrich Ganghofner. — Zettelkatalog. — Keine bestimmten Bibliotheksstunden. — Entlehnungen nur ausnahmsweise an die Mitglieder der Universität. — Begründet von Dr. Joseph Freiherr v. Löscher. — Ausser älteren balneologischen

Schriften vorwiegend Bücher und Zeitschriften aus dem Gebiete der Kinderheilkunde.

536. **Paediatrische Klinik** der Landesfindelanstalt (Vorstand Prof. Dr. Alois Epstein) besitzt nur eine kleine Handbibl., welche aus Archiven, Zeitschriften und wenigen Werken fast ausschliesslich pädiatrischen Inhaltes besteht.

537. **Künstlerverein** (Umělecka Beseda) im Palais der Landesbank des Königreiches Böhmen in Prag, Graben. — *a)* Musikarchiv 1866 Musikwerke; *b)* Bücherei 3101 Werke. 5352 Bde., 45 alte Todesscheine, 292 Theaterzettel, einige städtische Privilegien; königliche Pergamenturkunden und 300 čechische Urkunden; eine grosse Zahl Handschriften čechischer Literatur; 5 Bde. Originalbriefe berühmter Männer und Frauen, Notizbücher. — Ankauf alter, besonders der slavischen Werke; beträchtliche Dotation vom Verwaltungsausschuss des Künstlervereines; zahlreiche Geschenke. Curator und Vorstand: Bohuslav Schnirch; Schriftführer: Dr. Čeněk Klier; Bibliothekar: A. Sova; Archivar: J. Pastejřík.

538. **Landesausschuss des Königreiches Böhmen** (Výbor království Českého). — 2418 Werke in 7043 Bdn. Ein gedruckter Materienkatalog; ein alphabet. Autorenzettelkatalog. — Benützung der Landesausschussbibl. in der Regel nur den Mitgliedern des Landtages des Königreiches Böhmen und den Landesbeamten gestattet. Geöffnet während der für die Beamten des Landesausschusses des Königreiches Böhmen normirten Amtsstunden, wie für die Dauer der Session auch während der Plenar-, beziehungsweise Commissionssitzungen. — Entlehnung nur ausnahmsweise; ausgeschlossen sind von dieser: Gesetzessammlungen, Landtags- und Reichsrathsverhandlungen, Zeitschriften, Nachschlagewerke, Encyklopädien, Repertorien, Hand- und Wörterbücher, Schematismen, Karten und Atlanten, sowie kostbare, schwer ersetzbare oder vielbenützte Werke. — Entlehnung auf 2-4 Wochen gegen Empfangsschein. — Besonders vertreten: Nationalökonomie, Polizei- und Finanzwissenschaft, Landescultur und Bergwesen, Geschichte.

Seznam děl a spisů obsažených koncem června 1898 v knihovně zemského výboru království Českého. Realkatalog über die mit Ende des Monates Juni 1898 in der Bibl. des Landesausschusses des Königreiches Böhmen enthaltenen Werke und Schriften. Prag 1898.

539. **Landesculturrath für das Königreich Böhmen.** II- 799. — An 36.000 Bde. — Jahresdotation durchschnittlich 1000 Gulden. — Bibliothekscomité: Obmann E. Ritter v. Theumer; Mitglieder: Heinrich Maštálka, Dr. G. Scheiner; den Biblio-

theksdienst versieht der L. C. R.-Beamte J. Jeřábek. — Handschriftlich ein alphabet. Zettelkatalog in vier Abtheilungen, und zwar Bücher 8°, Bücher 4°, Zeitschriften 8°, Zeitschriften 4°. Dieser Katalog ist zugleich Standortsrepertorium. — Mittwoch und Samstag von 9—2 Uhr allgemein zugänglich. — Entlehnung gegen Empfangsbestätigung an: *a)* land- und forstwirthschaftliche Unterrichtsanstalten; *b)* land- und forstwirthschaftliche Vereine; *c)* Mitglieder, Beamte und ständige Functionäre des Landesculturrathes; *d)* die vom L. C. R. mit Referaten betrauten Fachmänner; *e)* Landtags- und Reichsrathsabgeordnete aus Böhmen; *f)* Professoren der Prager Hochschulen; *g)* Studirende der Prager Hochschulen, wenn sich dieselben mit ihrer Legitimation ausweisen; *h)* ausnahmsweise auch an andere Corporationen und andere Personen, die sich genügend legitimiren, nach ertheilter schriftlicher Bewilligung des Präsidiums. — Versendung ebenso gegen Ersatz der Versendungskosten. — So weit bekannt, mochte die Bibl. in den Dreissigerjahren durch die bestandene, i. J. 1872 aufgelöste k. k. stat.-ökon. Gesellschaft angelegt worden sein. Im J. 1839 zählte die Bibl. 3110 Bde. Vom J. 1872 übernahm der Landesculturrath für das Königreich Böhmen die Verwaltung der Bibl. — Land- und Forstwirthschaft, landw. Industrie, Statistik und Nationalökonomie, Fachjournalistik. — Der Landesculturrath unterstützt im Wege seiner beiden Sectionen in allen Landestheilen die bei landw. Schulen und landw. Vereinen bestehenden kleineren Bibl.

Im Druck erschien der Hauptkatalog i. J. 1882, dazu der I. Nachtrag 1886, der II. 1898.

540. **Lese- und Redehalle der deutschen Studenten in Prag,** Ferdinandsstrasse 12. — Ende 1897: 45.703 Bde. — Dotation nach Bedarf. — Leiter ist der für ein Semester aus dem Ausschusse des Vereines gewählte Bibliothekar, dem 10—12 „Fachverwalter" zur Seite stehen. — Fachkataloge in Buchform; ein alphabet. Zettelkatalog in Bearbeitung. — Für die Mitglieder des Vereines bestimmt, kann jedoch mit Bewilligung des Ausschusses auch von Nichtmitgliedern benützt werden. — Entlehnung täglich von 9—12 vorm. und von 2—4 Uhr nachm. — Zur Versendung ist die Bewilligung des Ausschusses erforderlich. — Die Bibl. besteht s. d. J. 1848 und wurde durch zahlreiche Geschenke und Legate vermehrt. — Sie pflegt alle Wissenschaften.

Der Bericht der Lese- und Redehalle der deutschen Studenten in Prag enthält einen Bibl.-Bericht, der über das Jahr 1897 auch ein Verzeichniss der in der Bibl. aufliegenden Zeitschriften, nach Fächern und Erscheinungsorten geordnet, bringt.

541. **Deutsches Mädchen-Lyceum.** — *a)* Lehrerbibl. 1195 Werke in 2319 Bdn. und Heften; *b)* Schülerinnenbibl. 1181 Werke in 1573 Bdn. — Director: Ludwig Schlesinger; Custos für *a)* Prof. Hans Bassler; für *b)* Prof. Franz Bardachzi. — Gegr. 1874 von Privaten. Steht unter einem Ausschusse dessen Obmann der Advocat Dr. Carl Claudi ist.

Nach dem letzten Jahresberichte gearbeitet, da der Fragebogen nicht beantwortet wurde.

542. **[Privat-]Mädchen-Mittelschule** (Soukroma střední škola dívča spolku Minervy). *a)* Lehrerbibl. 262 Werke in 419 Bdn., 1060 Programme; *b)* Schülerbibl. 562 Werke in 735 Bdn. — Director: Jilji V. Jahn. — Gegr. 1890, erhalten vom Verein „Minerva".

543. **Minoritenconvent St. Jacob.** — Ca. 8000 Bde., worunter eine Anzahl Druckschriften und Manuscripte aus dem Ende des 15. Jhdts. — Jahresdotation je nach Bedarf. — Guardian: Theol. und Phil. Dr. Ludwig Škrda. — Zettel- und alphabet. Bandkatalog. — Benützbar nur für die Ordensmitglieder. — Ebenso Entlehnungen. — Keine Versendungen. — Kloster gegr. 1226. — Theologie.

544. **Museum des Königreiches Böhmen** (Museum království českého. Museum Regni Bohemiae). — Ca. 200,000 Bde., 3000 Handschriften, 650 Incunabeln. — Jahresdotation für Bücherankauf 3000 Gulden. — Bibliothekar: Adolf Patera; Custos: Georg Wegner; Scriptoren: Johann Lego, Joseph Kuška, Univ.-Doc. Dr. Vincenz Zíbrt und Dr. Wenzel Řezníček; Aushilfsbeamter: Joseph Kolář. — Handschriftliche alphabet. Zettel- und Localkataloge. — Ausgenommen die Sonn- und Feiertage, sowie die Zeit vom 1.—15. August, in welcher die Bibliotheksrevision stattfindet, ist der Lesesaal bis auf weitere Verfügungen von 8 Uhr früh bis 1 Uhr, Mittwoch und Samstag von 3—6 Uhr abends geöffnet. Die Bibl. steht jedem zur wissenschaftlichen Belehrung und Ausbildung offen. — Das Recht, Bücher und Handschriften nach Hause zu entleihen, steht einzig und ausschliesslich zu: *a)* den Mitgliedern der Musealgesellschaft, welche ihre Beiträge ordnungsgemäss leisten; *b)* anderen Personen, denen über schriftliches Ansuchen dieses Recht vom Museumsausschusse auf eine bestimmte Zeit und in einem bestimmten Umfange ertheilt wurde. — Zur Versendung von Büchern und Handschriften an Mitglieder der Museumsgesellschaften, an Bibl. u. s. w. ist stets die Einwilligung des Bibliothekars erforderlich. — Die Entstehung der Museumsbibl. hängt mit der Gründung des vaterländischen Museums in Prag i. J. 1818 zusammen.

Den Grund legte Kaspar Graf Sternberg, welcher dem Museum seine bedeutende Sammlung besonders naturwissenschaftlicher Schriften widmete; dann wurde die Museumsbibl. ausser durch Ankauf und Geschenke von einzelnen Büchern, namentlich durch Widmungen grosser Büchersammlungen vermehrt, welche dem Museum von Gönnern (Jos. Graf Kolovrat-Krakovský, Erzbischof Wenzel Leopold Chlumčanský v. Přestavlk, v. Wunschwitz, Minister Franz Anton Graf Kolovrat Libsteinský, J. Fessl, Franz Graf Klebelsberg, Franz Ritter v. Chanovský v. Langendorf, Graf E. Pálffy, E. Jelínek und Dr. W. Gabler) zukamen. Ausser Dobrovský's Bibl. erhielt das Museum vom Landtage des Königreiches Böhmen die Bibl. des Forschers P. J. Šafařík und von der „Občanská Záložna" in Karolinenthal die Bibl. des Historiographen Franz Palacký. — Hauptsächlich böhmische Literatur, Bohemica, Geschichte und Naturwissenschaften.

Pertz. Aus dem Handschriftenverzeichniss des Böhmischen Museums zu Prag. In: Archiv für ältere deutsche Gesch. IX. 1847 S. 477. — Petters, J. Deutsche Handschriften in Prag. In: Anzeiger f. Kunde d. deutschen Vorzeit. II. 1855. S. 30, 141, 165. — Kelle, J. Altdeutsche Handschriften aus Prager Bibl. VII. In: Serapeum 1868; Zeitschr. für deutsches Alterthum XVIII. — Vokresenskij, G. Die slavischen Handschriften der Bibl. etc. In: Abhandlungen d. Petersb. Akad. XXXI. 1883, S 16. — Zíbrt, Vincenz. Geschichte der Museumsbibl. In: Věstník České Akademie III. Prag 1894, S. 58. — Führer durch die Sammlungen des Museums des Königreiches Böhmen in Prag. Prag 1897. S. 16. Gesch. d. Bibl. u. Bericht über die alten Hand- und Druckschriften. — Patera, Adolf. Verzeichniss der böhmischen Incunabeln. Ebd. S. 203.

545. **Städtisches Museum**, gegründet 1883 zur Veranschaulichung und Sammlung historischer, namentlich die Stadt Prag betreffender Denkmale unter Berücksichtigung der bildenden Künste und des Kunstgewerbes, bringt eine Sammlung von Prager Druckwerken zur Ausstellung und besitzt ausser diesen Werken nur eine zum Amtsgebrauch bestimmte Handbibl. Director: Břetislav Jelínek.

546. **Piaristencollegium** hat eine Privatbibl. aus dem Nachlasse einiger Ordensmitglieder, die lediglich zu Schulzwecken verwendet wird. — Rector: Julian Walter.

547. **Königl. Prämonstratenserstift Strahov.** — Ueber 80.000 Bde., darunter über 600 Incunabeln; über 1200 Handschriften. — Dotation nach Bedarf. Bibliothekar derzeit: Dr. Isidor Th. Zahradník. — Zettel- und Handkatalog; für die theologische Wissenschaft auch ein Fachkatalog; der Zettelkatalog ist alphabet. geordnet; Handschriftenkatalog. — Geöffnet und jedem zugänglich vom 16. Mai bis Ende September täglich von 9–12 Uhr vormittags mit Ausnahme von Sonn- und

Feiertagen. — Bücher und Handschriften werden Gelehrten und Fachmännern nur dann nach Hause geborgt, wenn dieselben dem Bibliothekar als vertrauenswürdige Personen bekannt oder von solchen dem Bibliothekar bekannten Gelehrten anempfohlen werden. Unica, Raritäten und kostbare Sachen werden nicht verliehen, können aber in der Bibl. eingesehen werden. — Versendung an öffentliche Bibl., besonders bei werthvollen Werken. — Geschichte des Stiftes. Bericht des früheren Stiftsbibliothekars Ivan Ad. Wagner. Seine Entstehung verdankt das Stift dem Olmützer Bischof Heinrich Zdik, der 1138 bei Gelegenheit einer Wallfahrt in Palästina in den Prämonstratenserorden eingetreten war. Mit Hilfe des Prager Bischofs Johann I. von Prag und des Herzogspaares Wladislav und Gertrud verwirklichte er seinen Plan, die Prämonstratenser in Böhmen einzuführen; auf dem Berge Strahov oder Sion wurde ihnen ein prächtiges Haus erbaut, das 1140 von Chorherren aus dem Stift Steinfeld am Rhein bezogen wurde. Die Bibl. des königl. Prämonstratenserstiftes Strahov besteht aus mehreren ein harmonisches Ganze bildenden Räumlichkeiten, welche jedoch, da sie nicht aus einer Zeit stammen, sondern nach Bedürfniss im Laufe der Zeit erbaut wurden, auch nicht von gleicher Grösse und gleicher Ausstattung sind. Der älteste Theil der jetzigen Bibl. ist der theologische Saal, welcher auch der kleine Saal genannt wird, wo ausschliesslich Werke theologischen Inhaltes unterbracht sind. Er stammt aus der zweiten Hälfte des XVII. Jhdts. Das königl. Stift Strahov hatte jedoch schon früher ansehnliche Bibliotheken. Die erste ging in den hussitischen Wirren zugrunde, als die fanatischen Horden Žižkas am 8. Mai 1420 das Stift überfielen und Kloster und Kirche in Asche verwandelten. Wo vordem das herrliche Stift stand, da war nun durch eine lange Reihe von Jahren nur ein Schutthaufe. Nach solchen Schicksalsschlägen war freilich an den Bau einer Bibl. nicht zu denken. Eine lange Reihe von Jahren verging, bevor sich das Stift von den harten Schlägen wieder erholte. Erst dem Abte Lohelius, dem nachmaligen Erzbischof von Prag, gelang es, das seiner Leitung und Obsorge anvertraute Stift Strahov nicht nur vom gänzlichen Untergange zu retten, sondern zu seinem künftigen Aufblühen einen festen und dauernden Grund zu legen. Dieser fromme und gelehrte Abt (1586—1612), den das Stift Strahov seiner grossen Verdienste wegen seinen zweiten Gründer nennt, erbaute nach Wiederherstellung der Kirche und klösterlichen Wohngebäude auch eine Bibl., welche er nach und nach mit den werthvollsten Schätzen der Wissenschaft bereicherte. Doch auch dieser Büchersammlung erging es wenig besser als der früheren.

Als nämlich zu Ende des dreissigjährigen Krieges der schwedische General Königsmark am 25. Juli 1648 Prag überfiel und sich des königl. Hradschins und der Kleinseite bemächtigte, wurde, wie die meisten Bibl. in Prag, auch die Bibl. des Stiftes Strahov arg verwüstet und nicht nur aller kostbaren Druckschriften, sondern auch aller werthvollen Handschriften beraubt. Bis heute wird in den berühmten schwedischen Bibl. zu Stockholm und Upsala so mancher Schatz aufbewahrt, der ehemals die Bibl. des Stiftes Strahov zierte. Der Schaden, den die Bibl. mit dem Verluste seiner Bücher erlitten hat, belief sich nach dem Zeugnisse der Stiftsannalen auf mehr als 20.000 Gulden. Nach dem dreissigjährigen Kriege, dessen traurige Folgen auch Strahov fühlen musste, konnte das verwüstete und völlig entkräftete Stift an die Erbauung einer Bibl. freilich nicht denken. Es vergingen viele Jahre, bevor es durch umsichtige Gebarung seiner damaligen Aebte sich von den ihm so zahlreich versetzten Wunden wieder erholte. Deshalb geschieht auch in den Stiftsannalen fast durch 20 Jahre von einer Bibl. nicht die geringste Erwähnung, obzwar man Ursache hat zu glauben, dass es selbst damals im Stifte Strahov an einer Büchersammlung nicht ganz gefehlt hat, weil auch unter den Büchern in der jetzigen Bibl. noch viele vorhanden sind, welche auf den Einbanddeckeln das Wappen des Abtes Lohelius tragen und deshalb noch aus der Zeit vor dem dreissigjährigen Kriege stammen. Und dann ist es fast sichergestellt, dass die Schweden nur die werthvollsten Sachen aus der Bibl. entwendeten und Alles, was für sie keinen Werth hatte, zurückliessen. Den Grund zur jetzigen Bibl. legte erst der Abt Hieronymus von Hirnhaim (1670—79), der sich als Gelehrter und Schriftsteller auch über die Grenzen Böhmens hinaus einen günstigen Ruf erwarb. Gleich nach seiner Erwählung zum Abte machte er Anstalten zum Baue einer Bibl. Schon im Jahre 1672 war ein stattlicher Saal errichtet, der heute der theologische oder kleine Saal genannt wird, und einige tausend Bände werthvoller Bücher angeschafft, welche mit der durch seinen Vorgänger Abt Vincentius Frank (1658—69) von einem gewissen Ritter v. Freisleben angekauften Büchersammlung schon eine bedeutende Sammlung ausmachten. Aus Dankbarkeit wird sein Porträt auch bis zum heutigen Tage in diesem Saale nebst den Bildern anderer um die Bibl. verdienter Männer in Ehren aufbewahrt. Unter seinen Nachfolgern in der Abtwürde bekam dieser Saal ein ernstes und ehrwürdiges Aussehen durch die Stuckarbeiten und Frescomalereien — im Ganzen 20 Bilder —, welche besonders unter Abt Marian Hermann i. J. 1727 von dem Strahover Chorherrn und berühmten Maler Sicard Nosecký*) angebracht wurden. Im Laufe der Zeit nahm aber die Zahl der Bücher so zu, dass die Bibl. sie nicht mehr alle fassen konnte. Bald musste man an ihre Erweiterung denken. Diese Absicht seiner Vorgänger führte Abt Wenzel Mayer (1779—1800) aus, indem er durch Erweiterung oder besser gesagt durch Erbauung einer neuen Bibl. seinen Namen nicht bloss im Stifte Strahov und in Prag, sondern auch in weiteren Kreisen unvergesslich machte. Mit vollem Rechte kann er ein neuer Gründer der Bibl. genannt werden. Schon im dritten Jahre nach seiner Erhebung zur Prälatenwürde machte er sich an die Arbeit und brachte mit einem für die damaligen traurigen Verhältnisse wirklich enormen Aufwande ein Werk zustande, das von Fremden noch jetzt bewundert wird. Parallel mit dem theologischen Saal wurde nämlich ein neuer, aber viel höherer Raum erbaut, der zu den prächtigsten Bibl.-Sälen gehört. Es ist ein 108 Fuss langer und 36 Fuss breiter Saal, der an der Ostseite zwei Reihen übereinander liegender Fenster hat, zwischen denen sich eine reich verzierte Gallerie befindet. Im ganzen Saale sieht man keine blossen Wände, da vom Fussboden bis zur Decke sowohl die Mauern als auch die Fensternischen mit schön geschnitzten, reich vergoldeten Bücherschränken aus Nussbaumholz verdeckt sind. Dieser wird gewöhnlich der philosophische oder auch der grosse genannt, weil die darin eingereihten Werke ihrem Inhalte nach ins philosophische Fach gehören. Der schönste Schmuck dieses herrlichen Saales ist das Gemälde, mit welchem der berühmte kaiserl. Wiener Hofmaler Anton Maulbertsch den Plafond desselben i. J. 1794 zierte. Diesen neuen Saal verband Abt Wenzl mit dem alten theologischen durch zwei weite, lichte Corridore, so dass jetzt die ganze Bibl. ein regelmässiges Viereck bildet, mit einigen kleineren Nebengemächern und einem kleinen Garten in der Mitte zwischen den vier Räumlichkeiten. In dem gegen Süden gelegenen Corridor befindet sich eine Sammlung von meist böhmischen Mineralien, darunter wahre Prachtstücke. In dem nördlichen Corridor werden juridische und medicinische Werke aufbewahrt; diese Abtheilung wird gewöhnlich der medicinische Saal genannt. Der südliche Corridor, in welchem zu beiden Seiten prächtig gearbeitete Kästen stehen, in denen die Mineralien systematisch geordnet aufbewahrt werden, ist geschmackvoll eingerichtet, seine Wände sind mit Tapeten geziert. Der

*) Sicard Nosecký war von Geburt ein Prager und in der ersten Hälfte des XVIII. Jahrhunderts ein berühmter Maler in Böhmen; das Stift Strahov besitzt eine lange Reihe von Erzeugnissen seines Kunstpinsels. Er starb als Provisor des Stiftes am 28. Januar 1753. Sein Porträt wird in dem Saale aufbewahrt.

nördliche entbehrte bis in die letzte Zeit mit Ausnahme der in ihm aufbewahrten wissenschaftlichen Werke jedweder anderer Zier. Die Bücherschränke, nur aus rohen, unangestrichenen Brettern zusammengefügt, bildeten zu den übrigen, so herrlich ausgestatteten Sälen einen argen Contrast, der jedoch auch behoben wurde. Die Bibl. fand in dem jetzigen Generalabt und Landesprälat Sigismund Starý einen freigebigen und opferwilligen Freund und Gönner, der zu ihrer völligen Ausschmückung keine Auslagen scheute, und nun glücklich zu Ende brachte, was seine kunstsinnigen Vorgänger begonnen hatten, aber wegen Ungunst der Zeiten nicht vollenden konnten. Nach Erbauung von vier ganz neuen Pfarrkirchen, nach gründlicher Restaurirung aller (24) Kirchen und Kapellen, nach zeitgemässer Instandsetzung aller Wohn- und Wirthschaftsgebäude auf den stiftlichen Pfarren und Gütern, nahm er sich auch dieser Perle mit der ihm eigenen Energie an; als wahrer Freund der Künste und Wissenschaften wurde er auch ihr ein freigebiger und grossmüthiger Gönner. Alle in dem sogenannten medicinischen Saale aufgestellten und bisher so unansehnlich aussehenden Bücherschränke wurden durch angemessene Zierarbeiten in einen der Pracht der ganzen Bibl. entsprechenden Stand gesetzt, geschmackvoll angestrichen und reich vergoldet. Hiermit ist auch eigentlich erst das grossartige Werk nach Verlauf von 100 Jahren glücklich zu Ende gebracht worden. Nachdem nun im vorigen Jahre auch das Aeussere der Bibl. restaurirt worden, präsentirt sich dieselbe nunmehr sehr gefällig. Das schöne, in Sandstein ausgeführte Portal, der weisse von Ignaz Platzer gearbeitete plastische Schmuck mit Emblemen der Künste und Wissenschaften, die in lateinischer Sprache über dem Portal angebrachte Widmung: „Religioni, Patriae, Sioneorum profectui" mit der Jahreszahl 1783, das vergoldete Reliefbildniss Kaiser Josef II.: alles athmet die heitere Eleganz des 18. Jhdts. Was die Bücherschätze der Bibl. betrifft, so seien von den Handschriften, unter denen sich viele sehr werthvolle befinden, folgende erwähnt: 1. Ein Evangeliarium auf Pergament aus dem 9. Jhdt.: schön erhalten, mit werthvollen Einbanddeckeln, die mit rothem Sammt überzogen sind. Der vordere Deckel ist mit vier Emailmedaillons aus dem 9., mit vier silbernen Figuren aus dem 12. Jhdt. und mit Krystallen und Achaten geschmückt. 2. Gerlaks Chronik oder Codex Strahoviensis: Manuscript aus dem Ende des 12. Jhdts.; enthält die Geschichte Böhmens v. J. 1140–1198 und ist für manches dieser Jahre die einzige Quelle für die Geschichte Böhmens. Der Bibl. des Stiftes schenkte sie i. J. 1828 der böhmische Gelehrte Abbé Josef Dobrovský. 3. Zu den werthvollsten Handschriften der Bibl. gehört unstreitig das von Fachmännern so oft bewunderte, gut erhaltene Pontificale Alberts v. Sternberg, weiland Bischofs von Leitomischl in Böhmen, welches i. J. 1376 von dem böhmischen Maler Hodik geschrieben und mit 43 fein durchgeführten Initialen, darunter Porträte Kaiser Karls IV. und Alberts von Sternberg, geziert ist. 4. Ein altes Testament in böhmischer Sprache von Hanuš, einem Cistercienser aus Sedleč i. J. 1401 auf Pergament geschrieben, in 4°. 5. Lateinische Bibel. Altes und Neues Testament, in fol. auf Papier geschrieben, aus der ersten Hälfte des 15. Jhdts. mit unzähligen illuminirten Initialen und prachtvollen Randverzierungen. 6. Lateinische Bibel. Altes und Neues Testament in fol. auf Pergament geschrieben mit verzierten Initialbuchstaben vom Jahre 1440 in grünem Sammt gebunden. 7. Lateinische Bibel. Altes und Neues Testament in 8° auf feinstem Pergament, überaus klein geschrieben; soll von einer Doxaner Prämonstratenserin aus dem 13. Jahrhunderte herrühren. 8. Böhmische Bibel. Neues Testament a. d. J. 1481. 9. Ein Missale, geschrieben auf Pergament mit vielen sehr fein durchgeführten Miniaturmalereien a. d. J. 1483 von dem Prämonstratenserchorherren Benedictus aus Klosterbruck, dessen Porträt und Namen am ersten Blatte angebracht sind. 10. Handbuch Sächsischer Rechte (Magdeburger). Deutsches Manuscript in fol. auf Papier v. J. 1371. 11. Ein deutsches Epos: „Wilhelm von Brabant". Original auf Pergament in 4° aus dem 13. Jhdt. Der Verfasser war der Minnesänger Rudolf von Dienstmann. Das Werk ist zum Einbande von 8 Foliobänden minoris momenti verwendet worden. Die Blätter wurden vom Bibliothekar Kaspar Baušek sorgsam abgelöst und so in Fragmenten zusammengestellt. 12. Griechische Handschrift auf ägyptischem Papier in fol.: Oppiani de piscatione libri 4. 13. Evangelium Nikodemi. Aus dem Lateinischen ins Böhmische übersetzt, auf Pergament a. d. J. 1442. Von den Incunabeln mögen folgende eine Erwähnung finden: 1. Pražská bible a. d. J. 1488 (4 Exemplare). 2. Kutnohorská bible 1489. 3. Dlabačuv Nový Zákon 1475 (unicum). 4. Pražský missál 1479 fol. (2 Exemplare). 5. Kronika trojánská 1488. 4°. 6. Martiniany (kronika římská) aus d. J. 1488 in kl. fol. 7. Žaltář a. d. J. 1487 in 4°. 8. Životy svatých a. d. J. 1495. 9. Deutsche Bibel vom Buche Genesis an, endigt mit den Psalmen. Nürnberg 1483 in fol. mit illuminirten Bildern. Editio rarissima. 10. S. Hieronymi: Leben der Väter. Nürnberg 1475 fol. mit illuminirten Bildern. 11. Sachsenspiegel. Augsburg 1496 fol. 12. Rechnung auf alle Kaufmannschaft. Leipzig 1490. 13. Brandt Seb. Narrenschiff Strassburg 1494. 14. Aeneae Sylvii: Historia bohemica 1475.

12*

4°. 15. Catalogus Sanctorum. Roma 1467. 16. Julii Caesaris: De bello gallico. Roma 1469. fol. 17. Plinii: Historia naturalis. Venetiis 1472: gr. fol. mit prächtigen illuminirten Initialbuchstaben. 18. Ciceronis Opera. Venetiis 1480. fol. 19. Quintiliani opera. Venetiis 1471. fol. 20. Titi Livii historia. Parnisii 1485. fol. 21. Guilielmi Duranti III. und IV. pars speculi jurid. und Repertorium aureum ejusdem. Venetiis 1488. Arte magistri Paganini de Paganinis. fol. 22. Joan. Calder: Consilia juridica. Roma 1472. fol. 23. Avicennae: Opus medicum. Lugdunae 1498. 4 Bde. in fol. 24. Alberti Magni: Summa de Eucharistia. Winterbergae Bohemor. 1484. fol. Editio rarissima. 25. Nicolai de Lyra, ord. Minor.: Postilla in 4 evangelistas. Venetiis 1482. fol. 26. S. Augustini: De civitate Dei. Venetiis 1470. fol. 27. S. Bernardi: Tractatus de planctu Maria. 1470. Die Jahreszahl ist zu Ende des Opus 7. 28. S. Bernardi: Sermones. Mogunt. 1475 per P. Schoiffer. fol. 29. S. Thomae de Aquino opus. Mogunt. 1471 per P. Schoiffer. fol. 30. Thomae a Kempis. De imitatione Christi. 1485. 31. Eine lateinische Bibel a. d. J. 1478. Aus den werthvollen und seltenen typographischen Werken wollen wir nachfolgende anführen: 1. Böhmische Bibel. Venedig 1506. bei Peter Lichtenstein. fof. (Benátská). 2. Böhmische Bibel. Kralitz 1579—1593. 6 Bde. 8°. Die sogenannte Kralitzer Bibel; ein höchst seltenes typographisches Meisterstück. 3. Biblia polyglotta in 12 Sprachen studio et labore Eliae Hutteri. Nürnberg 1599. fol. 4. Polyglotta regia Philippi II. (hebraice, chaldaice, graece et latine). Antverpiae 1569—1572. Christophor. Plantinus. 7 Bde. gr. fol. 5. Biblia sacra polyglotta Briani Waltoni. Londini 1657 in 9 Sprachen. 6 Bde. fol. Eines der höchst seltenen Exemplare von den sogenannten Republican Copies mit der Zueignung an Cromwell, unter dessen Protectorate die Bibel gedruckt worden ist, als Gegensatz der „Loyal Copies" mit der Dedication an Karl II. 6. Steier Sylvestri: Historia genealogiae Domini nostri Jesu Christi. Francofurti 1594. Dieses Buch ist zu Eger in Böhmen geschrieben und gehört zu den grössten Seltenheiten. 7. Dun Scotus J. Opera omnia. Lugduni 1639. 12 vol. in fol. 8. Neper J. Mirifici Logarithmorum canonis descriptio et usus. Edinburg 1614. Als erstes Werk über Logarithmen merkwürdig und schon selten. 9. Acta sanctorum, quotquot toto orbe coluntur; colleg., digess. und notis illustravit J. Bollandus. Antverpiae 1643. Das Werk ist bis auf Julii tom. II. vollständig in der Bibl. 10. Reinecke Fuchs. Rostock 1662. 11. Theurdank. Augsburg 1519. Dann besitzt die Bibl. auch die Ausgaben v. d. J. 1589 und 1679. 12. Václav Hájek z Libočan. Kronyka česká. V Praze 1541. Mit Holzschnitten. Erste, höchst seltene Ausgabe. 13. Bohuslav Balbin. Seine vielen Werke sind in der Bibl. vollzählig vorhanden. 14. Vocabularium, cui nomen Lactifer. lat.-bohem. Jan Bosák z Vodňan v Plzni 1511. Das erste böhmische Wörterbuch in der höchst seltenen ersten Ausgabe. 15. Jana Husa Postilla 1564; äusserst selten. 16. Ein Koran in der Grösse eines Guldenstückes. — Amos Komenius: Triertium, das einzige bekannte Exemplar des äusserst seltenen Druckes der Konáč's Uebersetzung der böhm. Chronik des Aeneas Sylvius v. J. 1510 u. v. a. — Erwähnen müssen wir noch eines Geschenkes, welches der Bibl. bis zum heutigen Tage zur Zierde gereicht. Es besteht aus zwei Werken in französischer Sprache, welche Maria Louise, zweite Gemahlin Kaiser Napoleon I., der Bibl. gemacht hatte. Die hohe Frau besuchte während ihrer Anwesenheit in Prag i. J. 1812 auch die Bibl. des Stiftes Strahov und schickte ihr zum Andenken zwei kostbare Werke, welche nur sehr selten in einer Bibl. zu finden sind. Es sind dies: Musée „français" 4 Bde. in gr.-fol., eine Sammlung von Stahlstichen aller Bilder, Statuen und Basreliefs, welche Napoleon I. im Louvre zu Paris hatte, und dann ein botanisches Werk über Lilienpflanzen: „Les liliacées par Redouté", 6 Bde. in fol. mit illuminirten Liliengewächsen. Beide Werke sind zu Anfang des 19. Jhdts. zu Paris herausgegeben, in rothen Safian gebunden und äuserst fein vergoldet. Sie stehen im grossen Saale in einem eigenen, zierlich gearbeiteten Kasten, ober welchem die Büste Kaiser Franz I. von Oesterreich, des Vaters der erlauchten Geberin, aus carrarischem Marmor aufgestellt ist. Sehenswerth ist auch das sogenannte Missale des Prager Jesukindleins, das eine interessante Geschichte hat und mit grosser Pietät hier aufbewahrt wird. Das Missale selbst ist in Venedig i. J. 1730 gedruckt, seine Deckel aber sind mit Gold- und Silberfäden reich und fein gestickt und mit rothen Korallen geschmückt. Es ist dies eine Arbeit von Karmeliternonnen in Palermo, die es ihrem Ordensgeneral P. Ildephons, als er i. J. 1737 ihr Kloster visitirte, zum Geschenke machten. Dieser aber spendete es ex voto, dass er bei einem Schiffbruche gerettet wurde, dem Prager Jesukindlein. Als zu Ende des 18. Jhdts. unter Kaiser Josef II. das Karmeliterkloster in Prag aufgehoben wurde, und alles, was zum Gottesdienste in der dortigen Kirche, die zur Pfarrkirche erhoben wurde, nicht unumgänglich nothwendig war, verkauft wurde, traf dieses Schicksal auch das kostbare Missale. Wer es damals bei der öffentlichen Auction erstanden hat, ist nicht bekannt. Für die Bibl. wurde es erst i. J. 1799 käuflich erworben. Und wenn wir endlich zum Schlusse noch beifügen, dass die „Česká akademie císaře Františka Josefa pro vědu, slovesnost a umění v Praze" der Bibl. des Stiftes

Strahov von allen ihren Publicationen, welche jährlich eine ansehnliche Zahl von Bänden repräsentiren und streng wissenschaftlichen Inhaltes sind, in uneigennützigster Weise ein Gratisexemplar zukommen lässt, und dass für dieselbe jedes Jahr alle bedeutenderen Erscheinungen auf dem Gebiete der Wissenschaften, die im Hause Pflege finden, angeschafft werden, so haben wir in gedrängtester Kürze alles gesagt, um ein möglichst klares Bild zu geben und dabei auch gezeigt, dass die Bibl. des Stiftes Strahov, was wissenschaftlichen Werth betrifft, sich gewiss anderen Bibl. ganz gut an die Seite stellen kann.

Weyrauch, E. Geschichte und Beschreibung der kgl. Stift Strahöwer Bibl. Prag 1858. — Kelle, J. Altdeutsche Handschriften aus Prager Bibl. IV. In: Serapeum 1868, S. 177. — Čermák, Dominik Carl. Das Prämonstratenser-Chorherrenstift Strahov oder Berg Sion in Prag. In: Ein Chorherrenbuch: Von Sebastian Brunner. Würzburg 1883.

Privatbibliotheken.

548. Gräflich Harrach'sche Bibliothek enthält Bohemica. — Ein Buchkatalog, in welchem die Bücher nach ihrem Einlaufe eingetragen werden. — Genaue Ordnung ist für die Zukunft beabsichtigt.

Hirsching. Beschreibung sehenswerther Bibl. III. 1. 1788, S. 208.

549. Fürst Kinsky, Grosser Ring 16. — 12.113 Werke in 30.761 Bdn. und 2595 Heften; über 500 Bde. Kupferstiche und sonstige Kunstwerke. Nur wenige Handschriften. — Jahresdotation je nach Bedarf. — Die Beaufsichtigung und Katalogisirung obliegt der fürstl. Kinsky'schen Domänen- und Fabrikendirection in Zlonic (Böhmen). Die locale Aufsicht besorgt der fürstl. Palaisportier Tichý. — Ein Zettelhauptkatalog nach der Reihenfolge des Einlaufes; ein Materienkatalog in 29 Abth., innerhalb dieser alphabet. angeordnet; überdies ein alphabet. Autorenzettelkatalog; für die Kunstwerke ein Bandkatalog. — Benützbar nur mit besonderer Bewilligung des Besitzers in der Weise, dass die gewünschten Bücher in einem Nebenzimmer der Bibl. zur Einsicht aufgelegt werden. — Keine Entlehnungen und Versendungen. — Gegr. von Fürst Ferdinand Kinsky, dem Grossvater des jetzigen Besitzers, zu Beginn des 19. Jhdts. durch Ankauf einer grösseren Büchersammlung aus Deutschland. Mit dieser wurden die meisten älteren und seltenen Werke der Bibl. erworben, insbesondere eine umfassende Collection von Druckwerken über die „Révolution Belgique des Pays-Bas et Française", bestehend aus 17.471 Stücken, die in 1168 indicirten Bdn. vereinigt sind. — Vorzugsweise Bücher aus der 2. Hälfte des 18. und ersten Hälfte des 19. Jhdts. Alle Wissenschaften.

Unter den Kunstwerken befinden sich viele werthvolle alte Kupferstiche von verschiedenen Meistern und Schulen.

550. **Adalbert Ritter v. Lanna.** — Ende 1898: 7617 Werke in 11,051 Bdn., worunter 3910 Werke in 6171 Bdn. die bildenden Künste und Kunstwerke betreffen. Es sind auch einige Handschriften mit Bilderschmuck, sowie mehrere interessante alte Einbände vorhanden. Die mit Kupferstichen und Holzschnitten geschmückten älteren Werke finden sich verzeichnet in „Sammlung Lanna, Prag, das Kupferstichcabinet: wissenschaftliches Verzeichniss von Dr. Hans Wolfgang Singer. Prag 1895". — Handschriftlicher Standort- und Realkatalog nach den einzelnen Fächern und alphabet. nach den Namen der Autoren geordnet. — Die Sammlung, deren Anlage vor ungefähr 40 Jahren begann und die seither besonders auf dem Gebiete der bildenden Künste und des Kunstgewerbes fortwährend vermehrt wird, ist eine rein private, daher dem Publicum unzugänglich.

551. **Fürstl. Lobkowitz'sche Secundogenitur-Fideicommiss-Bibliothek.** (Besitzer Fürst Georg v. Lobkowitz, Oberstlandmarschall des Königreiches Böhmen, k. k. wirkl. geh. Rath etc.) III–347. — 40,000 Werke; 900 Handschriften; Incunabeln sehr zahlreich, aber nicht besonders gezählt. — Bibliothekar: Dr. Anton Vřešťál, k. k. o. ö. Univ.-Prof. und f.-e. geistlicher Rath. — Inventarkatalog in Bandform; Autorenkatalog in Zettelform. — Gegr. von Mitgliedern der Familie Graf Czernin, kam diese Bibl. in der Mitte des 18. Jhdts. sammt dem Palais, in welchem sie sich befindet, und mehreren anderen Besitzungen (durch Heirat) an die fürstlich Lobkowitz'sche Secundogenitur und wurde später durch Ankäufe der Bibliotheken des Grafen Klebelsberg, des Dr. Putzlacher und durch mehrere andere gelegentliche Käufe bedeutend vermehrt. In Ausführung einer testamentarischen Verfügung des Fürsten August Longin Lobkowitz (gest. 1842) wurde die Bibl. sammt dem Palais, in welchem sie sich befindet, und einigen anderen Sammlungen zum Fideicommiss erhoben. — Benützung, Entlehnungen und Versendungen nur mit besonderer Genehmigung des Besitzers.

Pertz, Handschriften der fürstl. Lobkowitz'schen Bibl. zu Prag. In: Archiv f. ält. deutsche Gesch. IX, 1847, S. 478. — Kelle, J. Altdeutsche Handschriften aus Prager Bibl. I. In: Serapeum 1867, S. 305, 321.

552. **[K. k. erste deutsche Staats-]Realschule.** — *a)* Lehrerbibl. 2716 Werke in 7223 Bdn. und 328 Heften, 8383 Programme; *b)* Schülerbibl. 1985 Werke in 3270 Bdn. und 38 Heften. — Director: Reg.-R. Wilhelm Smetaczek (zugleich Bibliothekar für *a)*); Bibliothekar für *b)* Prof. Alfred Goller.

— Gegr. mit 2 Classen 1833 von den böhmischen Ständen; seit 1856 Oberrealschule, 1864 verstaatlicht.

Nach dem letzten Jahresberichte gearbeitet, da der Fragebogen nicht beantwortet wurde.

553. **[K. k. zweite deutsche Staats-]Realschule.** — *a)* Lehrerbibl. 1306 Werke in 2783 Bdn. und 1447 Heften, 4802 Programme; *b)* Schülerbibl. 2387 Werke in 2563 Bdn. — Director: Reg.-R. Carl v. Ott; Custos für *a)* Prof. Ludwig Koffel; für *b)* Johann Weyde. — Gegr. 1873 als Unt.-Realschule, seit 1874 Ob.-R.

Koffel, Ludwig. Katalog der Lehrerbibl. der k. k. II. deutschen Staats-Oberrealschule. Prag 1898.
Nach dem letzten Jahresberichte gearbeitet, da der Fragebogen nicht beantwortet wurde.

554. **[K. k. böhmische Staats-]Realschule in der Gerstengasse** (Cís. král. česká realka Pražská v Ječné Ulici). — *a)* Lehrerbibl. 2164 Werke in 5083 Bdn., 5358 Heften; *b)* Schülerbibl. 3575 Werke in 4237 Bdn. und Heften. — Director: Vincenc Jarolímek; Custos für *a)* Prof. Dr. Jindřich Metelka, für *b)* Prof. František Bílý. — Errichtet 1849 als Unterrealschule; seit 1852 sechs, seit 1873 sieben Classen.

Metelka, Jindřich. Seznam knihovny učitelské. In: Výroční zpráva cís. král. české realky Pražské v Ječné Ulici. V Praze 1898.
Nach dem letzten Jahresberichte gearbeitet, da der Fragebogen nicht beantwortet wurde.

555. **[K. k. böhmische Staats-]Realschule auf der Kleinseite** (C. k. státní česká realka na malé straně). — *a)* Lehrerbibl. 385 Werke in 830 Bdn., 822 Programme; *b)* Schülerbibl. 622 Werke in 705 Bdn. — Director: František Hoza; Bibliothekar für *a)* und *b)* Prof. Vilém Baur. — Entstanden 1892 durch Theilung der ehemaligen combinirten böhmischen Staats-Mittelschule auf der Kleinseite in ein Gymn. und eine Realschule.

Nach dem letzten Jahresberichte gearbeitet, da der Fragebogen nicht beantwortet wurde.

556. **Residenz der Gesellschaft Jesu,** II. Gerstengasse 2. — Ca. 13.000 Bde. — Jahresdotation je nach Bedarf. — Vorstand: der jeweilige Superior des Hauses, derzeit P. Anton Forstner; Bibliothekar: ein zum Hause gehöriger Ordenspriester. — Alphabet. Zettelkatalog in beweglichen Bdn. (gefalzte Blätter, durch Blechschienen zusammengehalten), Fachkataloge in Bdn. nach dem Standorte geordnet. — Für die Benützung existiren keine festen Bestimmungen, da hiefür noch kein Bedürfniss war. — Entlehnung an bekannte Persönlichkeiten gegen Revers. — Versendung nur in seltenen Fällen. — Gründung zugleich mit Beginn dieser Ordensniederlassung unter äusserst schwierigen Verhältnissen i. J. 1866. Den

Grundstock lieferten Schenkungen. — Besonders gepflegt wird Theologie in vollem Umfange, daneben Geschichte, Philosophie, böhmische Literatur.

557. **K. k. öffentliche und Universitäts-Bibliothek** (C. k. veřejná a univers. knihovna). I. Clementinum. Marienplatz 5. — 236.331 Bde., 3888 Handschriften. 1528 Incunabeln, 451 Karten. 28.978 Kupferstiche. 1604 Urkunden. - Jahresdotation 18.000 Gulden und die Matrikeltaxen der beiden Universitäten. 1898: 3000 Gulden. — Bibliothekar: Dr. Richard Kukula; Custoden: Josef Truhlář. Ferdinand Tadra; Scriptoren: Bohuslav Čermák. Dr. Wenzel Tille, Dr. Hugo Gläser; Amanuensen: Dr. Jaromír Borecký. Dr. Bořivoj Prusík. Dr. Anton Schubert. Dr. Spiridion Wukadinović; Praktikanten: Dr. Jaromír Jedlička, der k. k. Studienbibl. in Olmütz zugetheilt. Dr. Zdenko Tobolka. Dr. Johann Novák. Dr. Bohumil Navrátil, Dr. Josef Eisenmeier. Dr. Johann Žmavc; Volontär: Johann Gaudl. Zur Dienstleistung zugetheilt: Der Scriptor der k. k. Studienbibl. in Olmütz Johann Šťastný. 4 Diener. 1 Amtsbote. 7 Aushilfsdiener. 1 Aufseher. — Alter Zettelkatalog: neuer Zettelkatalog. Ende 1898: 24.414 Zetteln; Fachbandkatalog; alter Schlagwortkatalog. nicht fortgeführt; Handschriftenzettelkatalog. derzeit 711 Zetteln, noch nicht vollständig. — Geöffnet an Wochentagen von 9—1 und von 3—8 Uhr, Mittwoch und Samstag von 3—6 Uhr. — Für Benützung, Entlehnung und Versendung gelten die für die k. k. Universitäts- und Studienbibl. bestehenden ministeriellen Verordnungen. Aus der grossen und kleinen Kinskyana, sowie aus der Bibliotheca militaris wird nichts entlehnt. — Die Universitätsbibl. erwuchs aus der Verschmelzung von vier grossen Büchersammlungen: I. Die alte Carolinische Universitätsbibl.; II. die Clementinische Bibl. der Jesuiten, III. die neue Carolinische Bibl.; IV. die Sammlungen der in Böhmen aufgehobenen Jesuitencollegien. I. Im Jahre 1366 erwarb Karl IV. ein Haus „Carolinum" für die Abhaltung von Vorträgen und die Errichtung einer Bibl.: als diese Räume nicht mehr ausreichten, kaufte König Wenzel für die Hochschule und Bibl. ein dem Bürger Jobst Rothlöw gehöriges Gebäude. Dieser Büchersammlung fielen durch Geschenke zu die Bibliotheken: des Wyšehrader Dechants Wilhelm von Hasenburg 114 Bde. i. J. 1370; des 1343 oder 1344 verstorbenen Arztes und Mathematikers Johann Sindel. 200 mathematische und medicinische Werke; 1467 des Niclas Humpolez und des Mag. Th. v. Vratinina. Unter den ca. 12 Collegien ist von zweien ausdrücklich überliefert. dass sie Bibl. besassen: *a)* Bibl. der böhmischen Nation. 1391 von Johann W. von Chotytow gegr.; *b)* Bibl. des Collegiums der

Apostel oder Lauda, 1451 von Math. Lauda v. Chumežan errichtet. Alle drei Bibl. fielen 1622 den Jesuiten zu. — II. Die Clementinische Bibl. entstand, als Ferdinand 1555 die Jesuiten nach Böhmen berief und für ihre Aufnahme das Prager Dominicanerkloster St. Clemens einzuräumen befahl. 1618 mussten die Jesuiten Böhmen verlassen, kehrten jedoch nach der Schlacht am Weissen Berge dahin zurück. Mit Decret vom 9. September 1622 legte Ferdinand II. die Universität mit allen Collegien, Büchern etc. in ihre Hände. 1560 hatte der in dem verlassenen Cölestinerkloster Oibin zurückgebliebene Jesuitenpater Hurtadus Perez seinem Orden die ganze Bibl. nachgeschickt, die im Clementinum Aufstellung fand. Hierzu kamen: 1593 die Bibl. des Domprobstes Valentin Czikan v. Rotenstein, 1600 des Johann v. Pernstein, 1604 der Frau v. Platenstein, 1611 des Pfarrers Hieronymus Codicius, 1622 des Dechants Paul Pistor und des Sigmund Kapr v. Kaprstein, 1730 des Ferdinand Grafen v. Herberstein; 1747 zählte der Bibliothekar Chr. Miklis 15.265 Bde., darunter 1234 Handschriften. Zu dieser Bibl. gehörten noch: *a)* die sogenannte kleine Bibl.; *b)* die 1730 gegr. Herberstein'sche und *c)* die mathematische Bibl. 1773 wurde der Orden aufgehoben und alle diese Sammlungen der neugegr. öffentlichen und Universitätsbibl. zugewiesen. — III. Obgleich Ferdinand III. 1638 die Leitung der Universität den Jesuiten abnahm und das Carolinum wieder in seine Rechte einsetzte, gelang es dem Orden doch, die alte Carolinische Bibl. zurückzubehalten. Die in Folge dessen gegr. „neue" Carolinische Bibl. bereicherte ein Theil der Ignaz Sternberg'schen Sammlung, der ihr bereits 1701 vermacht, aber erst 1726 wirklich einverleibt wurde, 1766 die Bibl. des Schlosscaplans Johann M. Dörfflmayer. Schon 1746 zählte sie 5204 Bde. — IV. Nach Aufhebung der Jesuiten durch die Bulle Clemens XIV. vom 5. October 1773 liess Kaiserin Maria Theresia die sämmtlichen Jesuitenbibl. in Böhmen: Krumau, Neuhaus, Klattau, Eger, Leitmeritz, Mariaschein, Jičin, Kuttenberg, Breznitz, Komotau, Prag-Neustadt und Prag-Kleinseite mit der neuen Carolinischen Bibl. (III.) und den Büchersammlungen des Clementinums (I. und II.) vereinigen, 1777. Vieles, so die „kleine" und die Herbersteinsche Bibl., ging dabei verloren. — Ausserdem fanden in der Bibl. Aufnahme: 1751 die Sammlung des Johann Franz Löv Ritter v. Erlsfeld; 1777 die Kinsky'sche Bibl.; 1780 die Bibl. des Wenzel Wržessowitz, der am 19. Juli 1583 gestorben war, nachdem er seine Bücher der Stadt Prag vermacht hatte; die Bücher fand man erst 200 Jahre später durch Zufall bei Gelegenheit eines Neubaues; 1781 die Sammlungen der übrigen aufgehobenen Klöster Böhmens; 1785 die Bibl.

des Prof. Josef Ignaz Bucek; 1812 die des Arztes Dr. Adalbert v. Zarda. Seit der Verordnung vom 13. December 1782 erhält die Bibl. auch je ein Pflichtexemplar aller in Böhmen erscheinenden Werke. — Gepflegt werden alle Wissenschaften.

Dobrowsky. Pragische Fragmente hebräischer Handschriften. In: Michaelis. Orient. und exeg. Bibl. XII 1777, S. 101. — Spirk, A. Geschichte und Beschreibung der k. k. Universitätsbibl. zu Prag. Wien 1844. — Pertz. Aus dem Handschriftenverzeichniss der k. k. Universitätsbibl. In: Archiv f. ält. deutsche Gesch. IX, 1847, S. 469. — Wattenbach, W. Handschriften der k. k. Universitätsbibl. Prag. Ebda. X. 1851, S. 657. — Hanslik, J. A. Geschichte und Beschreibung der Prager Universitätsbibl. Prag 1851. — Hanuš, J. J. Zusätze und Inhaltsverzeichnisse dazu Prag 1863. — Kelle, J. Die altdeutschen Handschriften der k. k. öffentlichen und Universitätsbibl in Prag. In: Serapeum. 1859. 1861. 1868. — Ders. Die classischen Handschriften bis herauf zum 14. Jhdt. in Prager Bibl. 1. 1. In: Abhandl. d. böhm. Ges. d. Wiss. v. J. 1871—72, 6. Folge, Bd. 5.

Institute, Seminare etc., der k. k. böhmischen Karl Ferdinands-Universität.

558. Geographisches Cabinet (Institut). II.—285 (Karlovo nám. 21part.). — Ca. 4000 Bde. — Jahresdotation seit 1898 200 Gulden (früher 300 Gulden). — Vorstand: Prof. Dr. Jan Palacký; Assistent: Dr. Václav Švambera; 1 prov. Diener. — Inventar- und alphabet. Zettelkatalog. Fachkatalog ähnlich jenem der R. Geographical Society of London mit gewissen Abweichungen für Austriaca und Slavica nach einigen nothwendigen Adaptirungen in Aussicht genommen. — Benützbar fast zu jeder Zeit in erster Linie für die Mitglieder des geographischen Seminars, sonst aber auch für andere bekannte Fachleute und Interessenten. — Ebenso Entlehnungen. — Versendungen nur ausnahmsweise. — Gegr. 1883 von dem jetzigen Vorstande. Zahlreiche Geschenke der Prof. Seit 1894 1 Assistent angestellt. — Geographie auf der breitesten Basis. Angeschafft werden Handbücher und die in anderen Bibl. Prags fehlenden Geographica. Mit der Privatbibl. des Vorstandes hatte das geographische Institut eine bedeutende Collection für biologische Geographie erhalten; leider musste dieselbe später aus verschiedenen Ursachen zersplittert, d. h. theilweise an die Prager Univ.-Bibl. verkauft, theilweise für andere Geographica ausgetauscht werden.

559. Institut für angewandte medicinische Chemie. — 482 Bde. — Jahresdotation für den Bücherankauf 200—250 Gulden. — Vorstand: Prof. Dr. Johann Horbaczewski. — Bandkatalog. — Benützbar zu jeder Zeit besonders für die im Institute arbeitenden Forscher, jedoch auch für sonstige Fachleute. — In der Regel keine Entlehnungen und Versendungen. — Gegr. zugleich mit der Errichtung der böhmi-

schen und medicinischen Facultät i. J. 1883. — Angewandte medicinische Chemie nebst ihren Hilfsfächern.

560. Geologisches Institut, Karlovo náměstí 21. — 1196 Nummern. — Jahresdotation 100—200 Gulden. — Vorstand: Univ.-Prof. Dr. Joh. Nepomuk Woldřich; Assistent: Anton Jelínek; 1 Diener. — Schlagwortbandkatalog und alphabet. Zettelkatalog. — Benützbar täglich von 9—11 Uhr gegen Anmeldung beim Vorstande. — Keine Entlehnungen und Versendungen. — Gegr. 1882 anlässlich der Theilung der Karl Ferdinands-Universität. — Geologie, Paläontologie, Urgeschichte.

561. Pharmaceutisch-chemisches Institut. II—284. — 89 Werke in 216 Bdn. — Jahresdotation je nach Bedarf. — Vorstand: Univ.-Prof. Dr. August Bělohoubek. — Handschriftliches Bücherinventar. — Entlehnungen nur an persönlich bekannte Prof. und Studirende. — Versendungen an staatliche Bibl., wo möglich durch die k. k. Univ.-Bibl. in Prag. — Gegr. 1891. — Pharmaceut. Chemie und Pharmakognosie, gerichtliche Chemie, nebenbei angewandte Chemie überhaupt.

562. Physikalisches Institut. — Ca. 500 Bde. — Jahresdotation ca. 200 Gulden. — Vorstand: Prof. Dr. Vincenz Strouhal. — Chronologischer Band- und Zettelkatalog. — Nur zu internem Gebrauche. — Gegr. 1882. — Physik, insbesondere Experimentalphysik sammt Elektrotechnik.

563. Seminar für slavische Philologie. — 345 Bde. — Keine bestimmte Jahresdotation; bisher Beträge von Fall zu Fall. — Vorstände die jeweiligen Seminardirectoren (Prof. Dr. Jan Gebauer, Jiří Polívka, František Pastrnek). — Inventarkatalog. — Nur für die Mitglieder des Seminars benützbar, welche auch Bücher entlehnen können. — Keine bestimmten Bibl.-Stunden. — Gegr. zugleich mit dem Seminare 1880. — Vergleichende Sprachforschung und slavische Philologie.

564. Germanistisches Seminar. — Ca. 500 Bde. — Von Fall zu Fall bewilligte Dotation von 100—300 Gulden. — Vorstand: Prof. Dr. Václav Emanuel Mourek. — Inventar. — Benützbar von 8—6 Uhr nur für Mitglieder des Seminars und Proseminares. — Keine Entlehnungen und Versendungen. — Gegr. 1888. — Altdeutsche Texte, grammatisch-literarhistorische Hilfsmittel.

565. Historisches Seminar. — 1600 Bde. — Jahresdotation, ord. 300 Gulden; überdies ausserordentliche Beiträge. — Director: Prof. Dr. Jaroslav Goll. — Inventar-

und Zettelkatalog (alphabet.) — Benützbar täglich von 2 bis 6 Uhr für Seminarmitglieder, aber auch für andere Studirende. — Ebenso Entlehnungen. — Versendungen nur in Ausnahmsfällen. — Begründet 1882 bei der Zweitheilung der Prager Universität. — Die ersten Directoren waren Prof. Dr. J. Goll und Dr. Jac. Emler (seit 1898 im Ruhestande), ferner 1890—1896 Prof. Dr. Anton Rezek, seit 1897 Privatdocent und Supplent der österreichischen Geschichte Dr. Joseph Pekař. Seit der 1895 erfolgten Gründung der wissenschaftlichen Zeitschrift „Český Časopis Historický" werden die Recensionsexemplare und die durch Austausch gewonnenen Zeitschriften der Bibl. einverleibt. In den letzten Jahren bedeutender Zuwachs durch Schenkungen (Čechische Akademie, Böhm. Gesellschaft d. Wissenschaften, Krakauer Akademie u. s. w.).

Institute, Seminare etc. der k. k. deutschen Karl Ferdinands-Universität.

566. Archäologisches Institut. I. Clementinum. — 611 Bde. — Jahresdotation 300—400 Gulden: arch.-epigr. Seminar 200 + (100—200) Gulden von der Dotation (900 Gulden) des archäolog. Institutes. — Vorstand: Prof. Dr. Wilhelm Klein; Assistent: cand. phil. Rudolph Schlägl; 1 Diener. — Bandkatalog. — Benützbar zu jeder Zeit für Seminarmitglieder, für andere Studirende nur mit besonderer Genehmigung des Vorstandes. — Ebenso Entlehnungen. — Keine Versendungen. — Gegr. zugleich mit dem Institute. — Archäologie, Epigraphik, Philologie, alte Geschichte.

567. Botanisches Institut, II. Weinberggasse. — Ca. 2000 Bde. — Jahresdotation ca. 200 Gulden. — Vorstand: Prof. Dr. R. v. Wettstein. — Zettel- und Bandkatalog. — Gegen Anmeldung beim Vorstande jederzeit benützbar. — Entlehnungen und Versendungen an Fachmänner. — Gegr. zugleich mit dem Institute; enthält die Bibl. Prof. M. Willkomm und F. Kosteletsky. — Botanik.

568. Geologisches Institut. — Ca. 650 Bde. — Jahresdotation ca. 200 Gulden. — Vorstand: Universitätsprof. Dr. Gustav Carl Laube. — Alphabet. Zettelkatalog. — Benützbar täglich ausser der Ferienzeit gegen Anmeldung beim Vorstand. — Entlehnungen und Versendungen nur an Institute; letztere gegen Ersatz des Portos. — Gegr. mit dem Institute 1877. — Geologie, Paläontologie und Petrographie.

569. Medicinisch-chemisches Institut, im sogenannten chemischen Institutsgebäude Nr. C. 478. — Ueber 1000 Bde.

— Jahresdotation, aus der allgemeinen entnommen, ca. 350 Gulden. — Vorstand: Prof. Dr. Carl Hugo Huppert. — Bandkatalog, welcher die Zeitschriften in alphabet. Reihenfolge, die Werke nach der Zeit ihrer Einverleibung enthält. — Benützbar für die Mitglieder von 9—12 und 2—6 Uhr. — Entlehnungen nur ganz ausnahmsweise an verlässliche, dem Institutsvorstande persönlich bekannte Personen, und zwar nur auf einige Tage. — Keine Versendungen. — Die Bibl. wurde zugleich mit dem Institute 1872 gegr. und seither durch regelmässige Ankäufe erweitert. — Reine Chemie, physiologische Chemie und wenige in das Fach einschlagende Werke der Physiologie.

570. Mineralogisches Institut. — Ca. 2750 Bde. — Jahresdotation ca. 100 Gulden. — Vorstand: Universitätsprof. Dr. Gustav Carl Laube. — Band-, beziehungsweise Zettelkatalog für die Separatabdrücke. — Benützbar täglich ausser der Ferienzeit gegen Anmeldung beim Vorstande. — Entlehnungen nur an andere Institute. — Keine Versendungen. — Gegr. 1863. — Mineralogie, Chemie, Physik, Petrographie, Geologie.

571. Pathologisch-anatomisches Institut. — Ca. 1000 Nummern. — Die Kosten werden je nach Bedarf der allgemeinen Dotation entnommen. — Vorstand: Prof. Dr. Hans Chiari. — Ein numerisch angelegter und ein nach Autoren geordneter alphabet. Zettelkatalog. — Benützbar nur mit Genehmigung des Vorstandes. — Ebenso Entlehnungen und ganz ausnahmsweise Versendungen. — Gegr. zugleich mit dem Institute. — Pathologische Anatomie und Medicin überhaupt.

572. Physiologisches Institut, Wenzelsgasse 29 II. — 1034 Bde. — 400—500 Gulden, der allgemeinen Jahresdotation entnommen. — Vorstand: Prof. Dr. Johannes Gad. — Alphabet. Inventarkatalog. — Benützbar während der Amtsstunden. — Entlehnungen nur an die übrigen k. k. Institute der deutschen Universität und die Mitglieder des Lehrkörpers der Hochschule. — Keine Versendungen. — Gegr. zugleich mit dem Institute 1870 und seither durch regelmässige Ankäufe vermehrt. — Fachliteratur.

573. Staatswissenschaftliches Institut. — Mehrere hundert Bde.; genaue Zahl derzeit unbekannt. — Jahresdotation 1000 Gulden. — Vorstände: Hofr. Prof. Dr. Joseph Ulbrich, Prof. Dr. Friedrich Frh. v. Wieser, Dr. Heinrich Rauchberg, Dr. Robert Zuckerkandl; prov. Assistent: Dr. Engländer; 1 Diener. — Zettelkatalog in Ausarbeitung. —

Benützbar für die Mitglieder in den Nachmittagsstunden. — Entlehnungen nur mit besonderer Genehmigung eines Vorstandes. Keine Versendungen. Gegr. 1897 s. Aufnahme fanden die staatswissenschaftlichen Werke der Seminarbibl. — Staatswissenschaften.

574. **Geburtshilflich-gynäkologische Klinik.** — Ca. 300 Bde. — Jahresdotation je nach Bedarf. — Vorstand: Prof. Dr. Alfons v. Rosthorn. — Alphabet. Autorenkatalog. — Nur zu eigenem Gebrauche. — Entlehnungen an Aerzte der Klinik und wissenschaftliche Institute. — Keine Versendungen. — Gegr. von dem jetzigen Vorstande 1892 und durch seine und des Prof. Dr. R. Chrobak Geschenke vermehrt. — Geburtshilfe und Gynäkologie.

575. **Oto-rhinologische Klinik.** — Ca. 600 Bde. — Jahresdotation ca. 150 Gulden, der allgemeinen Dotation entnommen. — Vorstand: Dr. Emanuel Zaufal. — Handschriftlicher Katalog in Ausarbeitung. — Entlehnung vorwiegend an die Docenten der deutschen medicinischen Facultät. — Die jetzige Bibl., welcher die Privatbibl. des Prof. Dr. E. Zaufal einverleibt wurde, bildet nur den Grundstock für eine weitere Vergrösserung. — Vorwiegend Fachliteratur.

576. **Pädiatrische Klinik** besitzt keine eigene Bibl., doch ist die Bibl. des unter dem Protectorate der deutschen medic. Facultät, respective des Decans stehenden Kaiser Franz Joseph-Kinderspitales (vgl. dieses) den Studirenden zur Verfügung.

577. **Lehrkanzel für Thierheilkunde.** — 801 Bde. — Jahresdotation je nach Bedarf. — Vorstand: Prof. Dr. Hermann Dexler. — Inventarkatalog. — Entlehnungen nur mit Genehmigung des Vorstandes, sonst nur zum internen Gebrauche. — Entstand als Theil der Lehrmittelsammlung und enthält durchwegs auf die Veterinärmedicin Bezug habende Werke.

578. **Seminar für deutsche Philologie**, I. Obstmarkt 7. — Mehrere hundert Bde. — Jahresdotation 100 Gulden. — Vorstände: Hofr. Prof. Dr. Johann Kelle und Prof. Dr. August Sauer. — Zettel- und Inventarkatalog. — Benützbar nur für die Mitglieder des Seminars zu bestimmten Stunden. — Ebenso Entlehnungen. — Keine Versendungen. — Deutsche Sprache und Literatur.

579. **Archäologisch-epigraphisches Seminar.** — Bibl. vereinigt mit jener des k. k. archäologischen Institutes der deutschen Karl Ferdinands-Universität.

580. Rechts- und staatswissenschaftliches Seminar, I. Obstmarkt 5, 3. Stock. — 976 Bde. — Jahresdotation 50 Gulden (§ 17 des Stat.). — Vorstand der jeweilige Decan der rechts- und staatswissenschaftlichen Facultät; Bücherausgabe: stud. jur. Wenzel Raph. Czermak. — Drei alphabet. Bandkataloge: Zettelkatalog in Ausarbeitung. — Benützbar laut Bibl.-Ordnung des jur. Decanates vom 10. Nov. 1891 nur für Seminarmitglieder, derzeit Samstag von 5—7 Uhr abends, sonst je nach Bedarf. bei vorangegangener Anmeldung täglich von 12—1 Uhr mit Ausnahme der Sonntage. — Ebenso Entlehnungen. — Keine Versendungen. — Gegr. 1873.

581. K. k. Sternwarte. — Ende 1898: 109 Nummern in fol., 656 in 4°, 1213 in 8°. — Jahresdotation 300 Gulden. — Director: Prof. Dr. Ladislaus Weinek. — Ein handschriftlicher Bandkatalog mit den Abtheilungen für F, Q und O, ferner ein Zettelkatalog nach Autoren und Orten. — Dient wesentlich den Zwecken der Sternwarte. Der grössere Theil ist abgesperrt, ein kleinerer als Handbibl. ins Rechenzimmer der Sternwarte eingestellt. Bücher werden auch an andere wissenschaftlich arbeitende Personen in Prag. Prof., Studenten etc., soferne dieselben der Sternwarte persönlich bekannt sind, gegen Revers entlehnt, wobei die Dauer der Entlehnung nicht beschränkt wird. — Astronomie, Meteorologie, Erdmagnetismus, Mathematik, Physik, Geographie.

582. **Verein der čechischen Mediciner** (Spolek českých mediků), II. Kateřinská ul. 36. — 3500 Werke in 7000 Bdn., ferner 5000 veraltete Werke. — Dotation je nach Bedarf, 250 bis 300 Gulden. — Jährlich gewählt werden zwei Bibliothekare: derzeit Josef Šebor und Jaromir Frus und ein Zeitschriftenverwalter: K. Spilka; 1 Diener. — Benützbar für die Mitglieder dieses, sowie des Vereines čechischer Aerzte in Prag. Im Lesezimmer liegen die neuesten Zeitschriftennummern auf; im Studirzimmer eine Handbibl. Täglich von 8 Uhr früh bis 8 Uhr abends, an Sonntagen von 8—12 Uhr geöffnet. — Gegr. 1892, besonders vermehrt durch die Bibl. der čechischen Aerzte, die vollständig übernommen wurde. — Alle medicinischen Wissenschaften.

Průvodce akademickým životem. 1895. — Hanza, Fr. Dějiny českých mediků. 1895.

583. **Verein für Geschichte des Deutschen in Böhmen**, Altstadt, Liliengasse 7. — Vereinsbücherei, abgesehen von den Handschriften, Flugblättern und Landkarten, am Schlusse des Vereinsjahres 1897/98 21.121 Bde. — Obmann: Dr. Ludwig Schlesinger; Obmannstellvertreter: Hofr. Univ.-Prof. Dr. Josef

Schindler; Geschäftsleiter: Univ.-Prof. Dr. Gustav Carl Laube; Geschäftsleiterstellvertreter: J. U. Dr. Albert Werunsky; Zahlmeister: Univ.-Prof. Dr. Ottokar Weber; 15 Ausschussmitglieder. Die Verwaltung der Bibl. besorgt eine dreigliedrige Bibliothekscommission, bestehend aus den Univ.-Prof. Dr. Hans Lambel, Dr. Joseph Neuwirth und Gymn.-Prof. Dr. Albert Horčička, sowie einem Bücherwart, derzeit Fr. Wiechowski; die Schreibgeschäfte besorgt ein Vereinsdiener. Handschriftlich ein alphabet. Zettelkatalog. — Benützbar für Vereinsmitglieder an Wochentagen von 10—1 und 1—6 Uhr, nach Rücksprache mit dem Geschäftsleiter aber auch ausser dieser Zeit. — Ebenso Entlehnungen und Versendungen. — Gegr. zugleich mit dem Vereine 1862 von Dr. Ludwig Schlesinger, Julius Lippert, Dr. Alexander Wiechowski, Univ.-Prof. Dr. Volkmann, Hofr. Univ.-Prof. Dr. Constantin Ritter v. Höfler und Prof. Dr. Alois Brinz. Besonders Bohemica, daneben zahlreiche wissenschaftliche Zeitschriften historischen Inhaltes.

Vorschriften über das Entlehnen von Büchern aus der Bücherei des Vereines für Geschichte der Deutschen in Böhmen. Genehmigt in der Ausschussitzung vom 18. Februar 1896.

585. **Verein zur Ermunterung des Gewerbsgeistes in Böhmen**, vulgo „Böhmischer Gewerbeverein" (Jednota k povzbuzení průmyslu v Čechách), Rytířská ulice 31. — Schluss 1898: 10.583 Werke mit ca. 40.000 Bdn. - Jahresdotation 1100 bis 1200 Gulden. — Präses des Bibl.-Comités: Josef Reiter, Civilingenieur; Bibliothekar und Secretär: Johann Lier, Schriftsteller; Bibl.-Adjunct: Johann Slechta, Schriftsteller; 1 Diener.

a) Zettelinventarkatalog; *b)* Buchinventarkatalog; *c)* alphabet. Zettelkatalog; *d)* Realindicationskatalog in Buchform, zugleich Repositoriumkatalog. Dieser Katalog ist im Drucke erschienen und zwar der Stammkatalog i. J. 1864, das erste Supplement i. J. 1879; das zweite Supplement wird zum Drucke vorbereitet. — Freier Zutritt in die öffentlichen Lesezimmer täglich und zwar an Wochentagen von 4—8, an Sonn- und Feiertagen von 9—12 Uhr. Entlehnungen an die Mitglieder und Beamten des Vereines, und zwar nicht bloss an die in Prag und dessen Vororten wohnenden, sondern auch an auswärtige Vereinsmitglieder. - Ebenso Versendungen. — Gegr. mit dem Vereine 1828, besass die Bibl. bereits 1835 ca. 1000 Bde.; am 2. August 1835 wurde die Lesehalle zum freien Besuche für Jedermann eröffnet. Johann Partl wurde zum Bibl. (bis 1851) ernannt, der den i. J. 1839 gedruckten Materienkatalog ausarbeitete; hierzu erschienen bis 1847 sechs Nachträge. 1863 musste ein zweites Lesezimmer eröffnet werden. — Gewerbekunde, Nationalökonomie, chemische und mechanische Technologie, Bauwesen, Handelswissenschaften, sowie alle Hilfswissenschaften der Industrie und des Gewerbes.

Katalog der Bibl. des Vereines zur Ermunterung des Gewerbsgeistes in Böhmen. Prag 1864. Erstes Supplement. Prag 1879. — Bibl.-Ordnung des Vereines zur Ermunterung des Gewerbsgeistes in Böhmen. Prag 1892. — Šedesát let veřejné bibliotéky jednoty ku povzbuzení prumyslu v čechách 1835—1895. Prag 1895.

585. **Deutscher Verein „Frauenfortschritt"**, Krakauergasse 20. — 5610 Bde. — Vorsitzende: Wilhelmine Miechowski; Vorsitzenderstellvertreter: Prof. Dr. Max Grünert; Bibliothekar: Dr. Emil Wiesmeyer. — Je ein alphabet. Zettel- und Bandkatalog. — Benützbar Montag, Mittwoch, Donnerstag, Samstag von 3—5, Dienstag, Freitag von 6—8 Uhr abends; Samstag von 11—12 Uhr. — 20 kr. Jahresbeitrag; für jedes Buch, respective für je zwei Bände eines Werkes 1 kr.; Entlehnfrist bei Werken 14 Tage, bei Zeitschriften 4 Wochen. — Ebenso Entlehnungen. — Keine Versendungen. — Gegr. 1893. — Populärwissenschaftliche Werke aller Gebiete.

[Erster-Sechster] Jahresbericht des Deutschen Vereines „Fortschritt" in Prag über das Vereinsjahr [1893—1898], verlesen in der Vollversammlung. [1894—1899] Prag.

586. **Militär-wissenschaftlicher Verein**, Smetanagasse 26. — 6000 Bde. und Hefte. — Jahresdotation 1000 Gulden. — Präses: FML. Moriz Venus v. Elbringen; Secretär und Bibliothekar: Major d. R. Ignaz Suchánek; 1 Vereinsdiener. — Handschriftlicher Fachkatalog in Bandform. — Benützbar täglich von 3—4 Uhr. — Ebenso Entlehnungen auf 4 Wochen. — Keine Versendungen. — Gegr. 1875. — Sämmtliche Wissenschaften, besonders militärische.

587. **Städtische öffentliche Volksbibliothek** (Městská obecní knihovna), Spalená ulice 74, II. — 17.612 Werke in ca. 30.000 Bdn. — Jahresdotation 2000 Gulden: für das Einbinden 1000 Gulden. — Bibliothekar: Anton Sova, Schriftsteller; Unterbibliothekar: Josef Houdek; Hilfskräfte: František Řehoř, Schriftsteller, und Frau Anna Paštika: 2 Diener. — Standortsrepertorium für die einzelnen Wissenschaften; alphabet. Zettelkatalog, nach Wissenschaften geordnet, in Ausarbeitung; für das Publicum ein gedruckter Katalog v. 1895 und lithogr. Ergänzungskataloge. — Geöffnet an Wochentagen von 9—1, nur Mittwoch von 9—12 und von 2—6 Uhr. — Benützungs- und Entlehnrecht hat jeder über 16 Jahre alte Bewohner von Prag. — Entlehnung unter folgenden Bedingungen: 1. Nachweis der Zuständigkeit und Bürgschaftsschein des Gemeinde-

rathes; oder 2. Erlag einer Caution von 1 Gulden, bei werthvolleren Büchern eines entsprechend höheren Betrages; 3. Empfangsbestätigung. Entlehngebühr für ein Werk in 8° bis zu 150 Seiten 1 Kreuzer, darüber 2 Kreuzer; in Lexikonformat und 4° 5 Kreuzer, immer für 14 Tage; in fol. 10 Kreuzer pro Monat. — Keine Versendung. — Eröffnet mit 1800 Werken am 1. Juli 1891 auf Vorschlag des Prager Stadtrathes und aus Gemeindemitteln mit Werken der böhm. Literatur, besonders der Belletristik, Poesie, Geschichte, Geographie, sowie belehrenden und unterhaltenden Zeitschriften versehen. — Erster Bibliothekar: Jan Paštika. Die Bibl. befand sich erst auf dem Zderaz 329, später in der Trinitarierkaserne, seit dem 1. Mai 1894 am jetzigen Orte. Ueber 50 Jahre alte Werke wurden ausgeschieden und anderen Bibl. angeboten. Wichtige Bücher in bis zu 3, böhm., russ., franz. Schriften in bis zu 10 Exemplaren vorhanden. Im J. 1898 wurden 41.768 Werke in 55.003 Bdn. entlehnt.

Vertreten alle Wissenschaften, besonders Belletristik, Geschichte, Culturgeschichte, Musikwissenschaft.

Prerau (Přerov, Mähr.).

588. **[K. k. Staats-]Gymnasium** (C. k. vyšší státní gymnasium). — *a)* Lehrerbibl. 1931 Werke in 3277 Bdn. und 1099 Heften, 4321 Programme; *b)* Schülerbibl. 1765 Werke in 2191 Bdn. — Jahresdotation für *a)* ca. 200 Gulden. — Director: Jan Veselý; Bibliothekar für *a)* Prof. Pavel Krippner; für *b)* Prof. Jan Kabelík. — Bandkatalog für den Amtsgebrauch mit fortlaufender Zahl der angekauften Werke, für die Benützer ein Bandkatalog nach einzelnen Fächern geordnet, wie es in den Programmen d. J. 1896/97 und 1897/98 angegeben ist. — Benützbar nach Uebereinkommen mit dem jeweiligen Bibliothekar an bestimmten Tagen, aber auch sonst nach Bedarf. — Entlehnungen *a)* nur an Mitglieder des Lehrkörpers. — Versendungen nur an Staats- und Privatmittelschulen, tauschweise nach Verlangen, ohne besondere Bedingungen. — Gegr. zugleich mit der Anstalt 1870. Eine grössere Schenkung stammt vom k. k. Generalintendanten Franz Repka. — Alle Wissenschaften, die am Gymn. gelehrt werden.

Fischer, Alois (und Pavel Krippner). Katalog učitelské knihovny. In: XXIII. und XXIV. program c. k. vyššího státního gymnasia v Přerově. V Přerově 1897 und 1898.

Pressbaum (Nieder-Oesterr.).

589. **Waisenasyl Norbertinum** hat eine Privatlehrerbibl. mit 2808 und eine Schülerbibl. mit 811 Bdn. — Director: Fr. Anselm Georg Mauser. — Gegr. 1880.

Příbram (Böhmen).

590. **K. k. Bergakademie.** — 3309 Werke in 8840 Bdn., 521 Atlanten, 335 Karten. — Dotation für Bücher 1100 Gulden, für Zeitschriften 400 Gulden. — Vorstand: Der jeweilige Rector, derzeit Josef v. Ehrenwerth; Bibliotheksleiter derzeit Rudolph Wambera, k. k. Bergakademieadjunct; 1 Gehilfe. — 1 Zettelkatalog, 1 Hauptkatalog, 1 Autorenkatalog, 1 Kartenkatalog und 9 alphabet. Fachkataloge. — Den Lehrpersonen stets, den Hörern nur an Wochentagen, Montag bis Freitag von 4—7, Samstag von 2—6 Uhr nachm. zugänglich. — In der Regel keine Entlehnung; Versendung auch an bekannte Personen oder Aemter. — 1849 zugleich mit der Akademie gegr.; 1890 wurden neue Kataloge angelegt. — Vertreten: Physik, Mathematik und Geometrie, Chemie, Ingenieurwissenschaften und Baukunde, Aufbereitung, Bergwesen, Hüttenwesen. — Jede der folgenden derzeit bestehenden Lehrkanzeln besitzt ihre eigene Handbibl., die dem betreffenden Prof. untersteht: Für Hüttenwesen, Bergwesen, Berg- und Hüttenmaschinen, technische Mechanik, Physik und Mathematik, Chemie, darstellende Geometrie und Geodäsie, Mineralogie und Geologie.

591. **[K. k. Real- und Ober-]Gymnasium** (C. k. realní a vyšší gymnasium). — *a)* Lehrerbibl. wissenschaftliche Werke: 2019 Werke in 3192 Bdn., 30 Heften, 3 Blättern; Handbibl. 431 Werke in 629 Bdn., 9 Heften, 2 Blättern; 3380 Programme; *b)* Schülerbibl. 1898 Werke in 2473 Bdn. — Director: Antonín Škoda; Custos für *a)* Edvard Volek; für *b)* Prof. Matěj Mařík. — Gegr. 1871 als Communal-Real-Gymn. durch Umwandlung der unselbständigen Unterrealschule. 1884 verstaatlicht.

Volek, Edvard. Katalog bibliotheky professorské. In: XVIII. program c. k. realného a vyššího gymnasia v Příbrami. V Příbrami 1897.

Nach dem letzten Jahresberichte gearbeitet, da der Fragebogen nicht beantwortet wurde.

Prossnitz (Prostějov, Mähr.).

592. **[Deutsche Landes-]Realschule.** — *a)* Lehrerbibl. 1094 Werke in 2247 Bdn.; *b)* Schülerbibl. 411 Werke in 1090 Bdn.; *c)* Schulbücherbibl. (besteht seit 1893) 119 Werke in 180 Bdn. — Director: Franz Scheller; Bibliothekar: Prof. Joseph Hirsch. — Gegr. 1873. — Besonders vertreten: Deutsche Sprache, Geschichte, Physik, Naturgeschichte.

Nach dem letzten Jahresberichte gearbeitet, da der Fragebogen nicht beantwortet wurde.

593. **[Böhmische Landes-]Realschule** (Zemská vyšší realná škola). – *a)* Lehrerbibl. 951 Werke in 1703 Bdn., 351 Heften, 3833 Programme; *b)* Schülerbibl. 1239 Werke in 1401 Bdn. — Jahresdotation 270 Gulden. Director: Bartol. Navrátil; Bibliothekar für *a)* Prof. Karel Beneš; für *b)* Prof. Tomáš Stětka. — Gegr. 1871 als Unterrealschule vom Vorschussverein; 1872 vom Verein „Matice školská", 1880 vom Lande übernommen.

Beneš, Karel. Katalog knihovny učitelské. In: XXV. výroční zpráva zemské vyšší realné školy s českým jazykem vyučovacím v Prostějově. V Prostějově 1898.

Nach dem letzten Jahresberichte gearbeitet, da der Fragebogen nicht beantwortet wurde.

Przemyśl (Galizien).

594. **Militärwissenschaftlicher und Casinoverein**, Grodzkagasse 8. — 4378 Bde. — Jahresdotation ca. 400 Gulden. — Obmann des wissenschaftlichen Comités: Karl Lukas, Major des Generalstabscorps und Generalstabschef der 24. Inft.-Truppendivision; Bibliothekar: Anton Toft, Oberlehrer der k. k. Militär-Volksschule; 1 Diener. — Wissenschaftlicher Bandkatalog nach 20 Gruppen. — Entlehnungen nur an Vereinsmitglieder Montag und Donnerstag von 5—6 Uhr. — Keine Versendungen. — Die Bibl. wurde Ende der Achtzigerjahre gegr. und war früher in der Divisionskanzlei untergebracht. — Alle Wissenschaften, besonders Taktik, Kriegsgeschichte und Kriegswesen.

Ein gedruckter alphabet Katalog erschien 1894, s. Ergänzungen 1895, 1896; Neuaufl. des gesammten Kataloges 1898. (Abthlg. I. militärwiss. Abth. II. belletrist. Theil.)

595. **[K. k. erstes Staats-]Gymnasium** (C. k. gimnazyum I.). — *a)* Lehrerbibl. 4405 Werke in 7094 Bdn., 164 Broschüren, 447 Heften, 3988 Programme; *b)* Schülerbibl. 703 Werke in 995 Bdn. (poln. Abth.); 467 Werke in 749 Bdn. (deutsche Abth.): 28 Werke in 29 Bdn. (ruthen. Abth.). — Director: Stanisław Piątkiewicz; Custos für *a)* Prof. Stanisław Goliński; für *b)* Prof. Jan Kossowicz (für die poln. Abth.); Gymn.-Lehrer Juliusz Ippoldt (für die deutsche Abth.). — 1617 von den Jesuiten gegr., seit 1773 mit weltlichen Lehrern besetzt, 1849 mit der 1820 eröffneten philosophischen Lehranstalt vereinigt.

Nach dem letzten Jahresberichte gearbeitet, da der Fragebogen nicht beantwortet wurde.

596. **[K. k. zweites Staats-]Gymnasium** (C. k. II. gimnazyum) besitzt eine Lehrer- und eine Schülerbibl. (ruthen., poln.

und deutsche Abth.) — Director: Gregor Ceglinski; Custos der Lehrerbibl.: Prof. Severin Zarzycki; der Schülerbibl.: Prof. Demetrius Lewkiewicz (für die ruthen. Abth.), Prof. Kasimir Johann Zimmermann (für die poln. Abth.), Prof. Johann Malinowski (für die deutsche Abth.). — Aus den seit 1888 bestandenen ruthenischen Parallelclassen des I. Staatsgymn. entstanden und 1895 eröffnet.

Nach dem letzten Jahresberichte gearbeitet, da der Fragebogen nicht beantwortet wurde.

597. **K. k. Lehrerinnenbildungsanstalt.** — *a)* Lehrerbibl. 1230 Werke in 1400 Bdn.; *b)* Schülerbibl. 286 Bde. in polnischer und 343 in deutscher Sprache. — Jahresdotation *a)* 100 Gulden; *b)* 120 Gulden. — Director: Joseph Fałat; Custos: Prof. Wilhelm Przybylski. — Ein Bandkatalog. — Benützbar zu jeder Zeit. — Entlehnungen *a)* an Mitglieder des Lehrkörpers; *b)* an Schüler. — Keine Versendungen. — Gegr. zugleich mit der Anstalt 1871.

Puchheim (Ober-Oesterr.).

598. **Redemptoristencollegium** hat nur eine zum grössten Theile aus theologischen Werken bestehende Hand- und Hausbibl.

Pürglitz (Křivoklat, Böhmen).

599. **Fürstl. Fürstenberg'sche Fideicommissbibliothek.** — Ca. 22.000 Bde. — Jahresdotation je nach Bedarf. — Unter der Verwaltung der fürstl. Fürstenberg'schen Centraldirection. — Alphabet. und Handkatalog. — Nur zu eigenem Gebrauche.

Pulkau (Nieder-Oesterr.).

600. **Volksbibliothek,** im Rathhause. — 615 Bde. — Jahresdotation 25—50 Gulden. — Vorstände die Directoren der Sparcasse: Hermann Dechant, Ludwig Knell und Sebastian Bachzelt; Bibliothekar: Ludwig Steininger, Buchhalter; Bibliothekarstellvertreter: August Merighi, Cassier der Sparcasse. — Autorenkatalog. — Benützbar jeden Montag von 2—4 Uhr nachm. — Entlehnungen gratis an alle der Schulpflicht entwachsenen Bewohner von Pulkau und Umgebung. — Keine Versendungen. — Gegr. aus Anlass des 40jährigen Regierungsjubiläums Sr. Majestät des Kaisers am 2. December 1888 mit Erlass der k. k. n.-ö. Statthalterei vom 23. November 1888, Z. 57957. — Belletristik, classische, landwirthschaftliche Werke, Reisebeschreibungen.

Radautz (Bukowina).

601. **[K. k. Staats-]Gymnasium.** — *a)* Lehrerbibl. 1621 Werke in 3739 Bdn., 28 Blätter, 5000 Programme; *b)* Schülerbibl. 563 Werke in 900 Bdn.; *c)* die Sosnowicz'sche Bibl. 661 Werke in 661 Bdn. — Director: Gabriel v. Mor Edler zu Sonnegg und Morberg; Bibliothekar: Gymn.-Lehrer Dr. Hugo Herzog.

Nach dem letzten Jahresberichte gearbeitet, da der Fragebogen nicht beantwortet wurde.

Ragusa (Dubrovnik, Dalmatien).

602. **Dominicanerkloster.** — 6000 Bde., 100 Handschriften, 100 Incunabeln. — Keine bestimmte Dotation. — Bibliothekar: P. Ambrosius Bačić. — Ein alter Katalog aus dem vorigen Jhdt., ein neuer Materienkatalog. — Allgemein benützbar, aber keine Entlehnungen oder Versendungen. — Gegr. 1190, bei der Einnahme Ragusas durch die Franzosen fast gänzlich ausgeplündert. — Theologie.

603. **Franciscanerconvent** (Biblioteka Malebrace). — 14.000 Bde., 1100 Handschriften, 80 Incunabeln. — Dotation nur gering. — Bibliothekar: P. Urbanus Talija. — Ein gedruckter alphabet. Katalog; ein handschriftlicher für die in jenem nicht aufgenommenen Wissenschaften. — Täglich von 9—12 Uhr allgemein benützbar. — Keine Entlehnung. — Versendungen nur an einige grosse, öffentliche Bibl. — Stammt aus dem 15. oder vielleicht schon 14. Jhdt. 1667 wurde das Kloster fast ganz durch Feuer zerstört. Die gegenwärtige Bibl. wurde im 17. Jhdt. gegr. — Eine bedeutende Vermehrung bedeutete die Aufnahme der werthvollen Bücher- und Handschriftensammlung P. J. Culić. — Besonders Theologie und slavische Literaturgeschichte.

Biblioteca di fra Innocenzo Ciulich nella libreria dei PP. Francescani di Ragusa. Zara 1860.

604. **[K. k. Staats-]Gymnasium** (C. k. veliki gimnazijum). — *a)* Alte Bibl., Gymnasium, 1. Stock. — 4793 Bde., 12 Handschriften, 11 Incunabeln. — Director: Anton Vučetić; Bibliothekar: Prof. Dr. Joseph Posedel; 1 Diener. — Alphabet. Classenkatalog. — Täglich während der Unterrichtsstunden im Einvernehmen mit dem Bibliothekar benützbar. — Entlehnungen an den Lehrkörper gegen Unterschrift. — Versendungen von Büchern an Mittelschulen; von Handschriften nur mit Bewilligung des Landesschulrathes. — Bestand wahrscheinlich schon gegen Ende des 16. Jhdts., ging aber durch das Erdbeben von 1667 und eine Feuersbrunst zugrunde.

Neugründung wahrscheinlich gleichzeitig mit der Erbauung eines neuen Gymnasialgebäudes (jetzt Militärspital). — Theologie, classische und ital. Literatur. Geschichte und Medicin. Seit 1868/69 wird die Bibl. nicht mehr vermehrt. — *b)* Neue Bibl., Gymnasium, 1. Stock. — 2250 Bde. — Director: s. oben; Bibliothekar: Gymn.-Lehrer Stefan Lucianović: der Schülerbibl.: Gymn.-Lehrer Rafo Janni; 1 Diener. — Alphabet. Katalog; Zettelkatalog in Ausarbeitung. — Benützung, Versendung, Entlehnung wie oben. — 1868/69 gegr., als das von den Jesuiten geleitete Gymnasium in Staatsverwaltung überging. — Alle Gymnasialfächer, besonders Philologie und Literatur.

Katalog erscheint im Jahresberichte 1898/99.

Raigern (Mähren).

605. **Benedictinerstift.** — 70.000 Bde. und Broschüren, 820 Handschriften vom 9. Jhdt. an, 398 Incunabeln (bis 1510), 2300 Landkarten. — Jahresdotation 600 Gulden. — Stiftsarchivar und Bibliothekar: P. Maurus Kinter, O. S. B., f. e. g. R. etc.; Amanuensis: Moriz Janeczek. — Zettelkatalog; Katalog der Incunabeln, Handschriften, Landkarten etc. — Benützbar täglich von 9—12 und $2^1/_2$—4 Uhr. — Entlehnungen und Versendungen nur gegen Revers an vollkommen vertrauenswürdige oder gut empfohlene Personen. — Die Geschichte der Bibl. ist mit der des Benedictinerstiftes selbst im innigsten Zusammenhange, wie schon daraus hervorgeht, dass die ältesten vorhandenen Handschriften noch über das Gründungsjahr (1048) desselben hinaufreichen. Die Bibl., die durch mehrmalige Verwüstungen arg gelitten hatte, wurde durch den Ankauf der Sammlung des verstorbenen Brünner Bischofs Mathias Graf v. Chorinsky und durch das Legat des Propstes Beck zu Eisgarn, sowie durch Neuanschaffungen wieder stark vermehrt. — Gepflegt werden zumeist Geschichte und die theologischen Lehrfächer.

Wolny, G. Bericht über den histor. Vorrath im Archiv des Benedictinerstiftes Raigern in Mähren. In: Archiv f. österr. Gesch. I. 5. 1849, S. 117. — Wattenbach, W. Handschriften des Klosters Raygern bei Brünn. In: Archiv f. ält. dtsche. Gesch. X. 1851, S. 689. — Raigern in Mähren. In: Ein Benedictinerbuch. Von Seb. Brunner. Würzburg [1881].

Raitz (Mähren).

606. **Fürstlich Salm'sche Schlossbibliothek.** — 35.000 Bde. — Jahresdotation je nach Bedarf. — Zettelkatalog in Ausarbeitung. — Benützbar nur mit besonderer Bewilligung des Besitzers. — Ebenso Entlehnungen und Versendungen. —

Gegr. vom Erbauer des Schlosses, dem Fürsten Carl Salm (geb. 1750, gest. 1838), wesentlich vermehrt durch dessen Sohn, den Altgrafen Hugo Franz Salm (gest. 1836). Geschichte, Naturwissenschaften, Mathematik.

Wankel, Heinrich. Bilder aus der mährischen Schweiz und ihre Vergangenheit. Wien 1882.

Rakonitz (Böhmen).

607. **[K. k. Staats-]Realschule** (Vyšší škola reálná). *a)* Lehrerbibl. 1710 Werke in 3097 Bdn., 1111 Programme; *b)* Schülerbibl. 1317 Werke in 2006 Bdn. — Director: František Wurm; Custos: Prof. Václav Hampl. — Eröffnet 1833; seit 1864 Oberrealschule. Zuerst mit Piaristen, seit 1850 mit Prämonstratensern von Strahov, seit 1872 mit weltlichen Lehrern besetzt; 1892 verstaatlicht.

Nach dem letzten Jahresberichte gearbeitet, da der Fragebogen nicht beantwortet wurde.

Raudnitz a. E. (Roudnic, Böhmen).

608. **[K. k. Staats-]Gymnasium** (C. k. státní vyšší gymnasium). *a)* Lehrerbibl. 2037 Werke in 2768 Bdn., 109 Heften, 3487 Programme; *b)* Schülerbibl. 2101 Werke in 2250 Bdn. — Für die Lehrmittelsammlungen standen 1897/98 410 Gulden zur Verfügung. — Director: Josef Černy; Custos für *a)* Prof. Karel Procházka; für *b)* Gymn.-Lehrer František Svoboda. — Errichtet 1877 als Communal-Realgymn.; Obergymn. seit 1881; verstaatlicht 1893.

Procházka, Karel. Seznam knihovny učitelské. In: Třináctý program c. k. státního vyššího gymnasia v Roudnici. V Roudnici 1898.
Nach dem letzten Jahresberichte gearbeitet, da der Fragebogen nicht beantwortet wurde.

609. **Privatbibliothek. Fürst Moriz v. Lobkowitz'sche Fideicommissbibliothek.** — 60.000 Bde., 600 Handschriften, 1200 Incunabeln. — Jahresdotation 1000 Gulden. — Bibliothekar und Archivar: Max Dvořák. Ein Zettel-, Stand- und Nominalkatalog. — Besuchsstunden in den Sommermonaten von 9—12 und 3—6 Uhr. — Zur Benützung der Handschriften ist die besondere Bewilligung des Besitzers erforderlich. Keine Entlehnungen und Versendungen. — Die älteste Grundlage der Bibl. bildete die Büchersammlung des gelehrten Bohuslav v. Lobkowitz auf Hassenstein (gest. 1510), welche derselbe 1491 auf seiner Burg Hassenstein bei Kaaden in Böhmen angelegt hatte. Von da kam die Bibl. im 16. Jhdt. nach Komotau in Böhmen, wo ein Theil derselben

abbrannte. Schliesslich kam sie unter dem obersten Kanzler des Königreiches Böhmen Zdenko Adalbert Fürsten v. Lobkowitz (gest. 1628), der sie mit seinen eigenen reichen Bücherschätzen vereinigte, nach Raudnitz. Die Bibl. nahm im Laufe der Zeiten durch Erbschaft noch andere Lobkowitz'sche Hausbibl. auf, ferner durch Ankauf die Büchersammlungen des Arztes Dr. Mathias Borbonius v. Borbenheim (gest. 1629), des Genealogen Michael Adam Frank de Frankenstein (lebte in der zweiten Hälfte des 18. Jhdts. in Prag), des Bergrathes Med. u. Phil. Dr. Franz Ambros Reuss in Bilin (gest. 1830). — Alle Wissenschaften, besonders aber Geschichte und Kunstgeschichte. — In Verbindung mit der Bibl. (10 Säle) steht ein Musikarchiv mit 4835 Werken und kostbaren Instrumenten, sowie in drei Räumen die Schatz- und Rüstkammer und ein Conchyliencabinet. Das fürstliche Familienarchiv nimmt vier Räume in Anspruch und enthält ausser den Familienurkunden und -Schriften zahlreiche Staatsschriften und Correspondenzen des 16. und 17. Jhdts.

Dworzak, J. J. Merkwürdigkeiten der fürstl. v. Lobkowitz'schen Schlossbibl. zu Raudnitz a. d. Elbe in Böhmen. In: Serapeum 1843. S. 1.
Petters, J. Deutsche Handschriften zu Raudnitz. In: Anzeiger für Kunde d. deutschen Vorzeit. 1857. Sp. 6. 77.

Reichenau a. d. Kn. (Rychnov, Böhmen).

610. **[K. k. Staats-]Gymnasium.** — *a)* Lehrerbibl. 3765 Werke in 4960 Bdn. und 5070 Programme; *b)* Schülerbibl. 2319 Werke in 2351 Bdn. und 83 Heften. — Dotation aus den Schülerbeiträgen 150 Gulden. — Director: Andreas Franta; Custos: Prof. Johann Skákal. — Bandkatalog nach Fächern. — Den Personen des Lehrkörpers jederzeit zugänglich; Büchertausch mit dem Gymn. in Königgrätz. — Gegr. 1714 mit der Stiftung des Piaristencollegiums, dessen Büchersammlung den Grundstock der Bibl. bildet; seit 1881 vom Staate übernommen. — Besonders vertreten: classische und slavische Philologie, Geschichte und Geographie, Naturgeschichte.

Reichenberg (Böhmen).

611. **Gabelsberger Stenographenverein,** Kaiser Franz Joseph-Schule. — 819 Bde. — Obmann: Prof. Franz Hübler; Bücherwart: Lehrer Joseph Richter. — Bandkatalog. — Ausleihestunden Mittwoch und Samstag von 7—7½ Uhr. — Stenographie und Sprachwissenschaft.

612. **Nordböhmisches Gewerbemuseum.** — Ca. 6000 Bde. — Jahresdotation ca. 2000 Gulden. — Custos: Dr. G. E. Pa-

zaurek; Assistent: Wilhelm Augst; Praktikant: Heinrich Schindler. — Zettelkatalog in Ausarbeitung. — Benützbar an Wochentagen, ausser Montag, von 9—1 und 2—4 Uhr; an Sonn- und Feiertagen, mit Ausnahme der höchsten Fest-, sowie der Normatage, von 9—1 und 7—8 Uhr. — Entlehnungen auf vier Wochen an die Curatoren, Stifter, corresp. und ord. Mitglieder, sowie die Museumsbeamten; an sämmtliche gewerbliche Fach- und Fortbildungsschulen, zumal die im Reichenberger Handelskammerbezirke gelegenen, überhaupt alle staatlichen und öffentlichen Anstalten; an einzelne Lehrkräfte und Schüler dieser Institute, insoferne sie sich entsprechend legitimiren können; an gewerbliche Vereine und Corporationen. An alle anderen Personen nur von Fall zu Fall gegen Caution, Empfehlung oder Bürgschaft. — Ebenso Versendungen gegen Ersatz des Portos. — Die Bibl. bildet seit der 1873 erfolgten Gründung des Nordböhmischen Gewerbemuseums eine der mannigfaltigsten Bildungsstätten dieses Institutes. An grösseren Büchereien fand die Bibl. des Gewerbevereines der Stadt Reichenberg Aufnahme. — Alle Wissenschaften, die mit der Förderung des Kunstgewerbes im Zusammenhange stehen.

Bibl.-Katalog von 1888 und Nachtragskatalog von 1896. — Bibl.-Ordnung des Nordböhmischen Gewerbemuseums, genehm. vom Curat. unterm 7. Juni 1896.

613. **[K. k. Staats-]Gewerbeschule.** — Ca. 9000 Bde. — Dotation bei 1850 Gulden. — Director: Reg.-R. Franz Richter; Vorstände: Die Prof. Franz Kuhn, Rudolf Fiedler, Franz Heisinger. — Zettelkatalog. — Für Mitglieder des Lehrkörpers in Anwesenheit eines der Vorstände stets benützbar. — Ebenso Entlehnungen; an andere Personen nur mit Bewilligung der Direction. — Ebenso Versendung. — Mit der Anstalt 1876 gegr. — Vertreten: Pädagogik, deutsche Sprache und Geschichte, Architektur und Bauingenieurfächer, Gewerbe, Handel, Industrie und Volkswirthschaft, elementares und kunstgewerbliches Zeichnen und Modelliren, Naturgeschichte und Physik, Chemie und chem. Technologie, Mathematik und constructive Geometrie, Mechanik, Maschinenbau und mechanische Technologie, Belletristik (Schülerbibl.). Besonders gepflegt: Architektur und Bauingenieurfächer, Chemie und chem. Technologie, Mechanik, Maschinenbau und mechanische Technologie.

614. **[K. k. Staats-]Mittelschule.** — *a)* Lehrerbibl. 1101 Bde., 1520 Hefte, 3833 Programme; *b)* Schülerbibl. 2172 Bde. — Director: Josef Grünes; Verwalter für *a)* Prof. Friedrich Schuberth; für *b)* Prof. Leopold Tertsch. — Gegr. 1837 als

dreiclassige Reallehranstalt: Oberrealschule seit 1850, 1872 verstaatlicht, wobei die vier unteren Classen als Realgymn. eingerichtet wurden; von 1883 an die Classen der Oberrealschule aufgehoben.

Schuberth, Friedrich. Katalog der Lehrerbibl. In: XXVI. Jahresbericht der k. k. Staatsmittelschule in Reichenberg. Reichenberg 1898.

Nach dem letzten Jahresberichte gearbeitet, da der Fragebogen nicht beantwortet wurde.

Reichersberg (Ober-Oesterr.).

615. **Augustinerstift.** — 20.000 Bde. Handschriften und Incunabeln beim Stiftsbrande 1624 verbrannt. Nur mehr 8 Pergamentcodices des Propstes Gerhoch (1132, gest. 1169). — Jahresdotation 400 Gulden. — Bibliothekar: P. Konrad Meindl.

Alphabet. Zettelkatalog und gebundener Fachkatalog. — Benützbar jederzeit im Einvernehmen mit dem Bibliothekar. — Keine Entlehnungen und Versendungen. — Gegr. zugleich mit dem Stifte 1084. Successives Anwachsen. Gänzliche Zerstörung durch den erwähnten Stiftsbrand. Grosse Verluste während der französischen Invasionen 1800—1810. — Theologie und Geschichte.

Handschriftliche Kataloge über die verbrannte Bibl. von 1599 und 1611 auf der Staatsbibl. in München. — Appel, Bernhard. Geschichte des Chorherrenstiftes zu Reichersberg. Linz 1857. — Meindl, Conrad. Regul. Augustiner-Chorherrenstift Reichersberg. In: Ein Chorherrenbuch. Von Sebastian Brunner. Würzburg 1883.

Rein (Steiermark).

616. **Cistercienserstift.** — 22.500 Werke in ca. 40.000 Bdn.; überdies 213 Nummern Handschriften und 302 Incunabeln in 250 Bdn. — Jahresdotation je nach Bedarf. — Bibliothekar: P. Anton Weiss. — Hauptkatalog in Bänden; Fachkatalog in Zetteln; alphabet. Katalog in Zetteln; Standkatalog in Heften; Incunabelnkatalog in 1 Bd.; gedruckter Manuscriptenkatalog. — Benützbar gegen Anmeldung beim Bibliothekar jeden Wochentag von 9—12 und 3—5 Uhr. — Entlehnungen an vertrauenswürdige Personen gegen Revers. — Ebenso Versendungen zur Benützung in den Räumen einer öffentlichen Bibl. — Gegr. zugleich mit dem Stifte 1129. Einverleibt sind ein in Graz verbliebener Theil der Bibl. des Erzherzogs Ferdinand, nachmaligen Kaisers Ferdinand II., und die Joseph Heippel'sche Bergwerksbibl. in Deutsch-Feistritz, welche beide angekauft wurden; durch Geschenk die Bibl. Sr. Excellenz Joseph Reichsfreiherrn v. Werner, k. k. Gesandten i. R. Besonders verdient machten sich in neuerer Zeit um die Bibl.

die Aebte: Marian Pittreich (1745–1771), Ludwig Crophius Edler v. Kaiserssieg (1823–1861), Vincenz Knödl (1861–1890).
Sämmtliche Fächer, besonders Theologie, Geschichte, Kunst und Literatur.

Polsterer, A. J. Gräz und seine Umgebungen. Gräz 1827, S. 357. — Schreiner, Gustav. Grätz. Grätz 1843, S. 196. — Wattenbach, W. Handschriften des Cist.-Stiftes Rein unweit Grätz. In: Archiv für ält. deutsche Gesch. X. 1851, S. 625. — Weiss, P. Anton. Das Archiv des Stiftes Reun. In: Beiträge z. Kunde steierm. Geschichtsquellen II. 1865, S. 10. — Ders. Das älteste Reun. In: Mittheilungen d. hist. Ver. f. Steierm. XIV. 1866, S. 118. — Beiträge z. Kunde steierm. Geschichtsquellen. XII. 1875. — Malis, Gabriel. Die Abtei Rein in Steiermark. In: Ein Cistercienserbuch. Von Seb. Brunner. Würzburg 1881. — Gasparitz, P. Ambros. Reun im 12. Jhdt. In: Mitth. d. hist. Ver. f. Steierm. XXXVIII. 1890, S. 3. — Weiss, P. Anton. Handschriftenverzeichniss der Stiftsbibl. z. Rein. Xenia Bernardina II, 1.

Retz (Nieder-Oesterr.).

617. **Dominicanerconvent,** gegr. 1300, hat nur eine kleine Bibl. theologisch-ascetischen Inhaltes.

Reutte (Tirol).

618. **Franciscanerconvent.** — Ca. 2000 Bde. — Jahresdotation je nach Bedarf. — Bibliothekar: P. Joseph a Cup. Kern. O. Fr. M. — Nur zu eigenem Gebrauche. — Gegr. zugleich mit dem Kloster 1628, wurde die Bibl. sammt dem Kloster in den Vierzigerjahren des laufenden Jhdts. beinahe vollständig ein Raub der Flammen, was die auffallenden Mängel erklärt. — Meistens theologische Wissenschaften: Moral, Dogmatik, Kanzelberedsamkeit und Katechetik.

Ried (Ober-Oesterr.).

619. **[K. k. Staats-]Gymnasium.** — *a)* Lehrerbibl. 1113 Werke; *b)* Schülerbibl. — Director: Joseph Palm; Custos für *a)* und *b)* Prof. Ernst Sewera. — Gegr. 1871.

Sewera, Ernst. Katalog der Lehrerbibl. In: XXVII. Jahresbericht des k. k. Staatsgymnasiums Ried. Ried 1898.
Nach dem letzten Jahresberichte gearbeitet, da der Fragebogen nicht beantwortet wurde.

Römerstadt (Mähr.).

620. **[Landes-Unter-]Realschule.** — *a)* Lehrerbibl. 764 Werke in 862 Bdn. und 3042 Heften; *b)* Schülerbibl. 123 Werke in 510 Bdn. — Dotation für *b)* ca. 20 Gulden. — Director: Albin Niemetz, Schulrath; Custos für *a)* Prof. Franz Nejezchleba,

für *b)* Prof. Arnold Kornfeld. — *a)* ein neuangelegter, alphabet. Bandkatalog und ein altes Inventar; *b)* Zettelkatalog. — *a)* Entlehnung an den Lehrkörper; *b)* an Schüler. — Keine Versendungen. — Gegr. mit der Anstalt 1873. — *a)* alle Wissenschaften der Realschule; besonders moderne Philologie, allgemeine Sprachwissenschaft, Geschichte und Geographie, Naturwissenschaften; *b)* Jugendlectüre.

Rohrau (Nieder-Oesterr.).

621. **Gräfl. Harrach'sche Fideicommiss-Bibliothek.** Siehe Wien: Privatbibliotheken. Gräfl. Harrach'sche Bibliothek.

Roveredo (Tirol).

622. **[K. k. Staats-]Gymnasium** (J. r. ginnasio superiore) besitzt eine Lehrerbibl. (ca. 3000 Werke) und eine Schülerbibl. — Director: Alberto Casagrande; Bibliothekar: Prof. Silvio Battelli. — Gegr. 1672, seit 1850 Obergymn.

Catalogo della Biblioteca dei professori (I.). In: Programma dell' J. r. ginnasio superiore di Rovereto. Rovereto 1898.

Nach dem letzten Jahresberichte gearbeitet, da der Fragebogen nicht beantwortet wurde.

623. **Städtisches Museum** (Museo civico). — Ca. 3000 Werke und bei 50 Zeitschriften. — Ohne bestimmte Dotation. — Director: Prof. Giovanni de Cobelli; Bibliothekar: Dr. Ruggero de Cobelli. — Alphabet. Zettelkatalog. — Benützung nur in den Räumen des Museums. — Gegr. mit dem Museum von dessen Stifter Fontaneto Zeni 1878. — Naturwissenschaften, Archäologie, Numismatik, heimische Geschichte.

624. **[K. k. Staats-]Realschule** (J. r. scuola superiore Elisabettina) besitzt eine Lehrer- und eine Schülerbibl. — Director: Lorenzo Müller. — Errichtet 1855; Oberrealschule seit 1870.

Nach dem letzten Jahresberichte gearbeitet, da der Fragebogen nicht beantwortet wurde.

625. **Stadtbibliothek** (Biblioteca civica). — Ca. 28.000 Werke in 32.000 Bdn., gegen 1000 Handschriften und 20 Incunabeln. — Dotation: 50 Gulden. — Die Bibl. untersteht dem Museo civico. — Ein Materien- und ein Autorenkatalog; ein Autorenzettelkatalog. — Geöffnet Montag, Mittwoch, Donnerstag und Samstag (Feiertage ausgeschlossen) October bis März von 9—12 und 2—4 Uhr; April von 9—12 und 3—6, Mai-Juli von 9—12 und 4—7, August und September von 9—12 und 3—6

Uhr; geschlossen zu einer vorher nicht bestimmbaren Zeit im August und September, ferner am Donnerstag vor Fastnacht, den beiden Faschingstagen, den vier Tagen vor dem Osterfest, 2. November, 24. und 31. December. Für die Benützung und Entlehnung sind die Statuten der Bibl. massgebend; Handschriften sind von der Entlehnung ausgeschlossen. Gegr. 1762, als das Municipio vom städtischen Spital den Nachlass des Girolamo de Tartarotti-Serbati kaufte. — Besonders vertreten Literatur und Geschichte, besonders vaterländische.

Rudolfswert (Krain).

626. **Franciscanerconvent.** — Ca. 8000 Bde., 60 kleinere Handschriften, 1 Incunabel und ca. 1500 Duplicate. — Jahresdotation ca. 80 Gulden. — Bibliothekar: P. Gotthard Podgoršek, O. S. Fr. — Haupteclassen- und alphabet. Katalog. Benützbar für Fremde nur mit besonderer Erlaubniss des Guardian. — Ebenso Entlehnungen in aussergewöhnlichen Fällen an Bekannte gegen Revers. — Gegr. 1472, wurde das Kloster sammt der Bibl. zweimal, 1580 und 1664, ein Raub der Flammen. — Meistentheils nur Bücher religiösen Inhaltes, doch auch andere aus allen Wissenschaften, Geschichte, Geographie, Linguistik.

627. **[K. k. Staats-]Gymnasium.** — *a)* Lehrerbibl. 3687 Bde., 1024 Hefte, 12.301 Programme; *b)* Schülerbibl. 1591 Bde., 500 Hefte. — Dotation ca. 150 Gulden. — Director: Dr. Franz Detela; Bibliothekar der Lehrerbibl.: Prof. Alois Virbnik; der Schülerbibl. Prof. Dr. Caspar Pamer (für die deutsche Abth.). Gymn.-Lehrer Michael Markič (für die sloven. Abth.). — Alphabet. Zettel- und Bandkatalog. — *a)* Im Schuljahr von 8—12 und von 2—6 Uhr täglich für den Lehrkörper zugänglich; Lehrer können ohne Weiteres, andere Beamte nach Ansuchen beim Vorstande entlehnen; ebenso Versendung. — Gründung 1746. — Philosophie, Pädagogik, Theologie, Philologie, Geschichte, Mathematik, Naturgeschichte, Physik, Zeichnen, Landwirthschaft, besonders classische Philologie und Geschichte.

Petelin, Martin (und Alois Virbnik). Katalog der Lehrerbibl. In: Jahresbericht des k. k. Obergymn. in Rudolfswert. Rudolfswert 1897 und 1898

Rumburg (Böhmen).

628. **Capucinerconvent.** — 2000 Bde. — Jahresdotation je nach Bedarf. — Guardian und Bibliothekar: P. Hilarius Franciscus Pokorný. — Zwei vollständige und ein unvoll-

ständiger Bandkatalog, alphabet. geordnet. — Zu jeder Stunde für Mitglieder und die von denselben eingeführten Gäste benützbar. — Keine Entlehnungen und Versendungen. — Graf Eusebius Poetting bestimmte bei Gründung des Klosters 1684 testamentarisch seine Bücher den Capucinern. Die Bibl. wurde im Laufe der zwei Jahrhunderte durch verschiedene Schenkungen und Anschaffungen vergrössert; anno 1884 fand Aufnahme die Bibl. des verstorbenen Pfarrers Julius Schmidt, ca. 800 Bücher. — Hauptsächlich Theologie, Philosophie und Geschichte.

Rzeszów (Galizien).

629. **[K. k. Staats-]Gymnasium** (C. k. wyższi gimnazyum). *a)* Lehrerbibl. 5844 Werke in 9588 Bdn. und 3251 Heften; *b)* Schülerbibl. — Director: Władysław Lercel; Bibliothekar für *a)* Prof. Józef Sanojca; für *b)* Prof. Stanislaw Babiński (poln. Abth.), Gymn.-Lehrer Emanuel Roszka (deutsche Abth.). — Bis 1818 fünf, bis 1858 sechs Classen, seit 1858 vollständiges Gymn.

Nach dem letzten Jahresberichte gearbeitet, da der Fragebogen nicht beantwortet wurde.

Saaz (Böhmen).

630. **[K. k. Staats-]Gymnasium.** — *a)* Lehrerbibl. 2470 Werke in 5329 Bdn. und 303 Heften, 11.600 Programme; *b)* Schülerbibl. 1134 Werke in 1610 Bdn. — Director: Joseph Hollub; Bibliothekar für *a)* Prof. Joseph Merten; für *b)* Prof. Joseph Schiepek. — Im 14. Jhdt. als Saazer Schule errichtet. 1779 aufgehoben, 1807 wieder eröffnet; seit 1852 Obergymn., 1873 verstaatlicht.

Nach dem letzten Jahresberichte gearbeitet, da der Fragebogen nicht beantwortet wurde

Salzburg.

631. **Deutscher und österreichischer Alpenverein,** Section Salzburg. Sigmund Haffnergasse 1. — Ca. 100 Bde., Manuscripte und Broschüren. — Jahresdotation 50 Gulden. — Bibliothekar: Rudolph Weizner, Sparcassebuchhalter. — Katalog in Ausarbeitung. — Entlehnungen nur an Vereinsmitglieder. — Gegr. zugleich mit der Section 1870. — 1898 erfolgte die Einverleibung des Nachlasses des Dr. A. von Ruthner. — — Rein alpine Werke und Zeitschriften, sodann Reisebeschreibungen und Meteorologie.

632. **Benedictinerkloster St. Peter.** — Ca. 70.000 Bde., 1100 Bde. Handschriften (vielfach Sammelbde.), 1700 Bde. Incunabeln bis 1500. Jahresdotation je nach Bedarf. — Bibliothekar: P. Willibald Hauthaler, k. k. Schulrath und f.-e. Gymnasialdirector. — Alphabet. Autorenkatalog, theilweise verbunden mit einem gebundenen Schlagwortkatalog. — Benützbar nach specieller Uebereinkunft mit dem Bibliothekar. — Ebenso Entlehnungen. — Versendungen nur ausnahmsweise und mit Erlaubniss der Stiftsvorstehung an öffentliche Institute. — Gegr. durch Erzbischof Arno (785 bis 821) und seitdem stetig erweitert. Aeltester Handschriftenkatalog aus dem Ende des 12. Jhdt. (Cod. S. P. a. IX. 3.) 1583 wurde die Bibl. des Benedictinernonnenklosters der Petersfrauen nach deren Aufhebung einverleibt. 1435 die Bibl. des gelehrten Pfarrers Jodoc Gessolt von Mühldorf. 1639 jene des Juristen Heinrich Knoll, 1663 (1628) über 100 Bde. des Grafen Johann Jacob v. Königsegg. 1703 die Bibl. des Prof. Digestorum Anton Lindner, 1825 die Büchersammlung des Joseph Fellner. 1801 musste das Stift 15 Codices an die Franzosen ausliefern; dieselben sind jetzt in München. — Die Bibl. zerfällt in drei Abtheilungen: eine allgemeine, eine theologisch-ascetische Handbibl. und der übrige Bücherbestand. — Besonders vertreten theologische Disciplinen, Kirchen- und Staatsrecht, Geschichte, Ascetica und Naturwissenschaften.

Chmel, J. Handschriften in österr. Bibl. In: Der österr. Geschichtsforscher. II. 2. 1841. Not. Bl., S. 54. — Pertz. Aus dem Handschriftenverzeichniss des St. Peterstiftes zu Salzburg. In: Archiv f. ältere deutsche Gesch. IX. 1847. — Wattenbach, W. Handschriften des Benedictinerstiftes St. Peter in Salzburg. Ebenda X. 1851, S. 614. — Foltz, Carl. Geschichte der Salzburger Bibl. Wien 1877. — St. Peter in Salzburg. In: Ein Benedictinerbuch von Seb. Brunner. Würzburg 1881. — Huemer, J. Iter Austriacum. I. In: Wiener Studien. IX, 1887, S. 83.

633. **Capucinerconvent,** Capucinerberg 6. — Ca. 10.000 Bde., darunter ca. 700 Foliobde. und ca. 200 Incunabeln bis 1500. — Jahresdotation je nach Bedarf. Eine alte Klosterregel heisst: 1. Sorge für die Kirche, 2. für die Bibl. und 3. für die übrigen Bedürfnisse. Als Richtschnur gilt auch die Stelle in den Verordnungen des Generalcapitels S. 16: „Die Bibl. sollen dem heutigen Stande der Wissenschaft angepasst und nach Kräften mit den vorzüglichsten Werken alter und neuer Zeit ausgestattet werden." — Vorstand der Bibl. ist unter Wahrung der Rechte des Guardian, derzeit P. Dam. Mair, seit 1898 P. Valer. Vieider, Lector der Phil. im theol. Hausstud. — Realkat. in 2 Bdn. ca. 600 S., wobei die eine Seite für Neuanschaffungen leer bleibt, geht der Vollendung entgegen. Alphabet. Autoren- und Schlagwortbandkatalog, einseitig beschrieben, in Vorbereitung.

Bibl.-Ordnung des P. Angelicus Eberle. München 1898, S. 41: „Bezüglich des Ausleihens unserer Bücher nach Auswärts steht es unbestritten fest: 1. Dass unsere Klosterbibl. keine Leihbibl. sind, und 2. dass die einschlägigen kirchlichen Bestimmungen das Ausleihen nicht bloss nicht billigen, sondern kurzweg streng verbieten (Bullarium Capuc. in I. S. 97 und 107)." — Benützbar in Gegenwart des Bibl. von 8—11 und 12—5 Uhr. — Gegr. mit dem Einzuge ins Kloster 1599. 1898 Neueinrichtung und Neukatalogisirung. — Meistens theologische Werke, doch sind auch andere Wissenszweige vertreten.

634. **Fürsterzbischöfliches Collegium Borromaeum,** Dreifaltigkeitsstrasse 17. — Ueber 20.000 Bde. — Jahresdotation 200 Gulden. — Director: Schulrath P. Willibald Hauthaler; Bibliothekar: Prof. Dr. Sebastian Pletzer. — Alphabet. Fachkataloge in Bdn., zum Theile in Zetteln. — Benützbar nach Uebereinkommen mit dem Bibliothekar. — Ebenso Entlehnungen und Versendungen. — Gegr. zugleich mit dem Collegium 1836 (nach Foltz, Geschichte der Salzburger Bibl. 1845); allmählich ergänzt durch Ankauf und durch Legate von verstorbenen Diöcesangeistlichen. — Vertreten sämmtliche Fächer des Gymn., dann systemat. und praktische Theologie, wie insbesondere Kunstgeschichte. — Die Grundlage für die Geschichte der Bibl. bilden die seit 1851 ausgegebenen Ausweise und Programme der Lehranstalt, beziehungsweise des f.-e. Collegiums.

635. **[K. k. Staats-]Gymnasium** besitzt eine Lehrer- und eine Schülerbibl. — Director: Adalbert Fäulhammer; Custos für *a)* Prof. Olivier Klose; für *b)* Prof. Georg Bayer. — Bestand als schola Sti. Petri 697—1615; 1617 als Gymn. publicum von Benedictinern von St. Peter und Ottobeuern wieder eröffnet. 1810 säcularisirt, 1816 mit Benedictinern von St. Peter und Michelbeuern besetzt, 1850 mit dem Lyceum als Staatsgymnasium vereinigt.

Nach dem letzten Jahresberichte gearbeitet, da der Fragebogen nicht beantwortet wurde.

636. **K. k. Landwirthschaftsgesellschaft.** — Ca. 1500 Nummern. fast durchwegs landwirthschaftlichen Inhaltes. — Jahresdotation je nach Bedarf. — Präsident: Hofrath Georg Lienbacher. — Nur zu eigenem Gebrauche.

637. **Handels- und Gewerbekammer,** Sigmund Haffnergasse 8, I. Stock. — 1277 Bde., 1000 Broschüren und kleine Schriften. — Jahresdotation ca. 300 Gulden. — Präsident:

Ludwig Zeller; Secretär: Dr. Alexander Schüller. Ein handschriftlicher Katalog, welcher jährlich durch Nachträge ergänzt wird. — Benützbar während der Amtsstunden von 8—12 und 3—6 Uhr. — Entlehnungen nur an bekannte und vertrauenswürdige Persönlichkeiten gegen Empfangsbestätigung. — Keine Versendungen. — Gegr. 1851. — Nationalökonomie, Sociologie, Finanzwissenschaft, volkswirthschaftliche, sociale und finanzwirthschaftliche Statistik.

638. **K. k. Landesregierung.** Mozartplatz 1. — 2170 Werke in ca. 7900 Bdn. und Heften. — Jahresdotation je nach Bedarf. — Archivdirector: Friedrich Pirckmayer, kais. Rath; Archivpraktikant: Dr. Andreas Mudrich. — Ein nach Schlagworten alphabet. geordneter, ein noch unvollständiger Zettel- und ein systematisch angelegter Hauptkatalog. — Benützbar täglich, Sonntage ausgenommen, von 9—12 und 3—6 Uhr. — Entlehnungen nur ausnahmsweise an dem Amte bekannte, vertrauenswürdige Personen. — Versendungen nur an Bibl. — Die heutige Bibl. entstand aus der i. J. 1880 erfolgten Vereinigung der administrativen Bibl. der Landesregierung, bestehend aus 2974 Bdn., beziehungsweise Heften, mit der Bibl. des Archives, die damals ca. 100 Bde. enthielt. Seitdem wuchs sie durch officielle Zusendungen, Widmungen seitens Privatpersonen und durch Ankäufe um fast 5000 Bde., respective Hefte. — Rechtswissenschaft, besonders mit Hinsicht auf das Verwaltungsrecht, ferner Volkswirthschaftslehre, Geschichte, Geographie, vorzugsweise des Landes Salzburg und die für den Archivdienst erforderlichen Wissenschaften.

639. **K. k. Lehrerbildungsanstalt.** — 1500 Bde. — Director: Adolph Beck. — Die Anstalt gegr. 1790, die Bibl. 1870.

Foltz, Carl. Geschichte d. Salzb. Bibl. Wien 1877.

Nach dem letzten Jahresberichte gearbeitet, da der Fragebogen nicht beantwortet wurde.

640. **[Privat-]Lehrerinnenbildungsanstalt der Ursulinerinnen** (mit Oeffentlichkeitsrecht). — 1049 Bde. — Je ein alphabet. und Schlagwortkatalog. — Entlehnungen nur an Zöglinge der Anstalt auf dreiwöchentlichen Termin. — Director: Carl Ebmer. — Gegr. 1892. — Das Kloster der Ursulinerinnen, die 1699 nach Salzburg kamen, besass bereits 1815 eine, wenn auch nicht bedeutende Bibl. — Belehrende und unterhaltende Literatur.

Foltz, Carl. Geschichte der Salzb. Bibl. Wien 1877.

641. **Museum Carolino-Augusteum.** — *a)* Bibl. ca. 53.000 Bde.; *b)* Archiv 2500 Bde. und Fascikel, sowie ca. 2000 Ur-

14*

kunden. — Neuordnung und Locirung im Zuge. — Dotation je nach Bedarf (1897 für *a)* und *b)* 340·59 Gulden). — Die Bibl. untersteht der Leitung des Gesammtinstitutes. Director: Dr. Alexander Petter; Hilfsbeamte: Carl Kollmann und Alphons Haupolter. — Ein alphabet. und nach Schlagworten geordneter vollständiger Bandkatalog der Salisburgensia. Die Abtheilungen für Emigration, Gastunensia, Mozartiana und Paracelsiana besitzen überdies noch je einen Zettelkatalog. Ferner Zettelkataloge der einzelnen Abtheilungen der allgemeinen Bibl. — Benützbar während des ganzen Jahres gegen vorherige Meldung beim Director während der Amtsstunden, d. h. vom 1. April bis 31. October von 8—12 und 2—6 Uhr. Vom 1. November bis 31. März von 8—12 und von 2—4 Uhr. An Sonn- und Feiertagen während der Saison von 9—12 und 2—4 Uhr. Im Winter (November bis inclusive März) von 1—4 Uhr. — Entlehnungen in Ermanglung eines eigentlichen Lesezimmers; bei nicht bekannten Benützern gegen Erlag einer Caution von 10 Gulden. — Versendungen von Büchern und Handschriften nur an öffentliche Bibl. und Aemter unter deren Bürgschaft und Verantwortung. — Die Bibl. ist ungefähr so alt als das 1834 gegründete Institut selbst. Den Grundstock bildeten Schenkungen. Die erste durchgreifende Ordnung erfolgte 1880. — In erster Linie Salisburgensia, die stets für Bibl. und Museum angekauft werden.

Katalog über die in der Bibl. des städtischen Museums Carolino-Augusteum vorhandenen Salisburgensia. Salzburg 1870. Jahresbericht des städtischen Museums Carolino-Augusteum zu Salzburg. 1872 ff. Salzburg.

642. **[K. k. Staats-]Realschule.** — *a)* Lehrerbibl. 3366 Werke in 7089 Bdn. und 6020 Heften; *b)* Schülerbibl. 852 Bde. für die unteren, 930 Bde. für die oberen Classen der Anstalt. — Director: Dr. Eduard Kunz; Bibliothekar für *a)* Prof. Johann Schöller; für *b)* Prof. Joseph Adametz. — Die Anstalt 1851, die Bibl. 1867 gegr. Besonders vertreten deutsche Literatur und Sprache, Mathematik und Naturwissenschaften, Geographie und Geschichte.

Foltz, Carl. Geschichte der Salzb. Bibl. Wien 1877.
Nach dem letzten Jahresberichte gearbeitet, da der Fragebogen nicht beantwortet wurde.

643. **K. k. öffentliche Studienbibliothek.** — 85.200 Bde., 1159 Handschriften, 1717 Incunabeln bis 1500, 2909 Incunabeln 1501—1536. Jahresdotation 1200 Gulden. — Vorstand: Custos Richard Ritter v. Strele-Bärwangen; Scriptor: Dr. Ludwig Mayr; Amanuensis extra statum: Franz Wachter; Praktikant: vacat. — Alte Bandkataloge. Mit dem Zettelkataloge begonnen und bei Salisburgensien, Geschichte und den Neu-

anschaffungen durchgeführt, ein Zettelkatalog in 4°; wissenschaftliche Kataloge durchgeführt wie der vorhergehende, Zetteln in 8°. — Geöffnet im Schuljahre Montag, Dienstag, Donnerstag, Freitag von 9—2, Samstag von 9—12 und 2—4 Uhr; Sonn- und Feiertage, sowie Mittwoch sind die Lesezimmer geschlossen. — August und September dreimal wöchentlich von 9—12 Uhr geöffnet. — Entlehnungen und Versendungen unter den für öffentliche Bibliotheken geltenden Bestimmungen. — Erzbischof Marx Sittich von Hohenems gründete mit dem Domcapitel und dem Kloster St. Peter am 20. September 1617 in Salzburg eine höhere Lehranstalt, deren Erweiterung zu einer Universität gleich damals vorgesehen war. Sein Nachfolger Paris v. Lodron erwirkte hierzu die kaiserliche Genehmigung, 9. März 1620, und stellte am 1. September 1623 die Stiftungsurkunde der Universität aus; zugleich räumte er dieselbe durch Vertrag mit den Aebten von Niederaltach, St. Peter, Ottobeuern, Andechs und Schniern dem Benedictinerorden ein. Das Domcapitel widmete in einer Urkunde vom 31. October 1619 der Schule „zu Bestellung einer Bibliotheca anjetzo zu einem Anfang" 500 Gulden bar. 1623 ist zuerst auf einer Handschrift eingetragen: Emptus a P. P. professoribus Salisburgensibus 27. Maii 1623. So sammelten sich Bücher, welche dem Professorencollegium gehörten. Von einer Universitätsbibl. kann man aber erst reden, seit sich Rector P. Alphons Stadelmayr der Sache annahm. Er legte 1649 eine gute Grundlage durch den Ankauf der Sammlung des Prof. Chr. Besold in Ingolstadt, welche u. a. viele Bücher des Tübinger Osiander enthielt (3820 Bde.), erwirkte 1658 vom Erzbischof eine Verordnung über die Ablieferung von je drei Pflichtexemplaren an die Universitätsbibl. und erbaute im selben Jahre den Bibliothekssaal. Im Jahre 1793 wurde die Bibl. zur öffentlichen Benützung eingerichtet und in das jetzige Local verlegt. Nachdem die Salzburger Hofbibl. einen Theil ihrer Bücher nach Wien abgegeben hatte, vereinigte man den noch immer bedeutenden Rest mit der Universitätsbibl. i. J. 1807. Die bayerische Regierung hob durch Decret vom 25. November und factisch am Weihnachtsabend 1810 die Salzburger Universität auf: an ihre Stelle trat ein Lyceum. Die Universitätsbibl. blieb als Lyceumsbibl. mit dieser Anstalt verbunden. Von grosser Bedeutung für die Entwickelung dieser Bibl. ist das Studien-Hofcommissionsdecret vom 23. Juli 1825, Z. 2930, intimirt durch die Landesregierung zu Linz am 6./28. September 1825, Z. 21547, und die ah. Entschliessung über die Bibliotheksdotation vom 23. Juli 1826. Seit dieser Zeit führt die Bibl. den Namen „Salzburger Studienbibliothek", und hat die noch heute bestehende Organisation. Von grösseren

Büchersammlungen kamen folgende an die k. k. Studienbibl.: Chr. Besold i. J. 1649, Johann Nep. Ignaz Kuchardscheck 1768, die Bibl. der ehemaligen fürstlichen Propstei Berchtesgaden wahrscheinlich 1807, die Klosterbibl. der Cajetaner oder Theatiner in Salzburg 1809, die Maria Plainer-Bibl., die Bibl. Seningen 1822, die Chiemseer Sammlung 1853; grössere Geschenke 1853—1870 von Prof. Dr. Aberle, Dr. Storch, aus dem Nachlasse des Bibliothekars und Directors Thanner etc. etc. — Hauptsächlich vertreten Theologie, besonders ältere, Kirchenrecht, Salisburgensia. Bei dem beschränkten Staatszuschusse ist die Pflege eines bestimmten Gebietes ausgeschlossen. Vorhandenes wird ergänzt und die wichtigsten Zeitschriften erworben.

Wattenbach, W. Bibl. des Lyceums in Salzburg. In: Archiv f. ält. deutsche Gesch. X. 1851, S. 618. — Foltz, Carl. Geschichte der Salzburger Bibl. Wien 1877. — Huemer, J. Iter Austriacum I. In: Wiener Studien IX. 1887, S. 86. — Hammerle, Alois Joseph. Die Salzburger k. k. öffentliche Studienbibl. in historisch-statistischer Beziehung. Salzburg 1889.

644. **Juristischer Verein,** Residenzplatz 9, Mozartplatz 1. — 1587 Bde. — Dotation ca. 120 Gulden aus Mitgliederbeiträgen. — Bibliothekar ein Mitglied des Vereinsausschusses. — Vorstand: Carl Ritter v. Adamek, k. k. Landesgerichtspräsident. — Ein nach Materien geordneter alphabet. Band- und ein Zettelkatalog. — Benützbar nur für Vereinsmitglieder täglich von 8—12, an Wochentagen auch von 2—6 Uhr. — Entlehnungen auf die Dauer von 14 Tagen. — Versendungen nur an ausserhalb Salzburgs wohnhafte Vereinsmitglieder auf die Dauer von 14 Tagen gegen Bestreitung der Versendungskosten. — Bei Gründung des Vereines am 11. Februar 1868 wurde statutengemäss auch die Schaffung einer Bibl. beschlossen. Den Grundstock hierzu bildete die Bibl. der bis dahin bestandenen juridischen Lesegesellschaft und Schenkungen einzelner Vereinsmitglieder; eine grössere Sammlung wurde als Geschenk aus dem Nachlasse des Dr. Max Chiari, k. k. Sectionschef, aufgenommen. — Die verschiedenen Zweige der juridischen Wissenschaft, nebstbei Statistik und Landeskunde. Die ersteren werden besonders in ihrer praktischen Anwendung gepflegt.

Bücherverzeichniss des Juristischen Vereines in Salzburg. Salzburg 1898.

Sambor (Galizien).

645. **K. k. Erzherzogin Elisabeth-Staatsgymnasium** (C. k. gimnazyum arcyksiężnicki Elżbiety). — *a)* Lehrerbibl. 1115 Werke in ca. 3000 Bdn.; *b)* Schülerbibl. (deutsche und poln. Abth.) 1006 Werke. — Jahresdotation ca. 300 Gulden. —

Director: Dr. Franciszek Tomaszewski; Custos für *a)* Prof. Dezyderyusz Ostrowski; für *b)* Prof. Teofil Zosel (für die poln Abth.), Prof. Edward Berger (für die deutsche Abth.). — Bandkatalog. — Benützbar: *a)* an allen Schultagen vormittags für die Personen des Lehrkörpers; *b)* für Schüler an bestimmten Tagen und Stunden. — Entlehnungen gegen Revers. — Keine Versendungen. — Gegr. 1680 als Jesuitengymnasium, 1792—1815 von der Gemeinde erhalten; seit 1815 Staatsanstalt, seit 1853 achtclassig. — Alle Gymnasialfächer.

Katalog biblioteki nauczycielskiej. In: Sprawozdanie dyrekcyi c. k. gimnazyum arcyksiężniczki Elżbiety w Samborze. W Samborze 1898.

St. Florian (Ober-Oesterr.).

646. **Regulirtes Chorherrenstift.** — 80,000 Bde., darunter 900 Cod. Manuscr. und 1000 Incunabelwerke in 821 Bdn. — Jahresdotation 800 Gulden. — Ein alphabet. Katalog. — Bibliothekar: derzeit Albin Czerny, reg. Chorherr. Ein Zettel- und 36 Specialkataloge in Bandform für die wissenschaftlichen Abtheilungen des gesammten Bücherschatzes. — Zugänglich für die Priester zu jeder Stunde nach vorangegangener Meldung und Oeffnung von Seite des Bibliothekars, für die Kleriker der theologischen Hausanstalt zweimal wöchentlich. Ebenso Entlehnungen. - Versendungen nur an Gelehrte oder gelehrte Anstalten gegen Revers. — Gegr. 1071. Gegen Ende des 11. Jhdts. besass das Stift schon eine ziemliche Anzahl Bücher. 12 Handschriften aus diesem und 35 Handschriften aus dem 12. Jhdt sind neben 37 aus dem 13., 156 aus dem 14. und 223 Handschriften aus dem 15. Jhdt. noch heute vorhanden. 1598 bestand die Bibl. aus 386 Bdn. und den Handschriften. Erst Propst Leopold I. (1612—1646) wurde der eigentliche Gründer der Bibl., für welche er ein eigenes Local widmete und einen besonderen Bibliothekar, Wolfgang Rainer, anstellte, der 1637 den ersten Katalog vollendete. Grosse Erwerbungen waren 1725 der Nachlass des Capitularen Johann Jakob Olben und 1726 des Linzer Advocaten Johann Carl Seyringer, mehr als 3000 Bde. meist juristischen Inhaltes. Der gelehrte Propst Johann Georg (1732 1755) erbaute den grossen Bibliothekssaal mit Gallerie 1714—1719, liess denselben mit Fresken von Bartholomäus Altomonte jun. und Antonio Tassi schmücken, erwarb um 20,000 Gulden die berühmte Münzsammlung Apostolo Zenos und liess 1745 einen neuen Katalog (damals über 15,000 Bde.) anfertigen. 1759 erbte das Stift die Bibl. des Baron Wolf Martin Ehrmann v. Falkenau, über 2700 Bde., viele Karten, Bilder und Instrumente. Am meisten förderten später Bibliothekar Michael Ziegler (1769 - 1793) und Probst

Michael Arunth (1823—1854) die grossartige Bibl. 1859—1868 wurden die Bibliotheksräume vergrössert und die ganze Bibl. systematisch neu aufgestellt und katalogisirt. — Besonders gepflegt von jeher Theologie und Geschichte sammt den Hilfswissenschaften, durchaus aber nicht vernachlässigt classische Philologie, deutsche Sprache und Literatur.

Primisser, Alois. Reisenachrichten über Denkmähler der Kunst und des Alterthums in den österr. Abteyen. In: Hormayr, Archiv 1822, S. 160. — Chmel, F. Literarische Notizen aus der Bücher- und Manuscriptensammlung des Stiftes St. Florian. In: Neues Archiv herausg. von Megerle v. Mühlfeld und E. Th. Hohler. II. Wien 1830, S. 812. — Czerny, Albin. Die Handschriften der Stiftsbibliothek St. Florian. Linz 1871. — Ders., die Bibl. des Chorherrenstiftes St. Florian. Geschichte und Beschreibung. Linz 1874. — Pucher, Albert. Das Chorherrenstift St. Florian in Ober-Oesterreich. In: Ein Chorherrenbuch. Von Sebastian Brunner. Würzburg 1883.

St. Lambrecht (Steiermark).

647. **Benedictinerstift.** — Ca. 19.000 Bde., 187 Incunabeln. — Jahresdotation je nach Bedarf. — Bibliothekar: P. Dr. Georg Spari. — Handschriftlich *a)* Incunabeln-, *b)* Fach-(Band-), *c)* Namen-(Zettel-)Katalog. — Benützbar möglichst nach Wunsch und Bedarf. — Entlehnungen und Versendungen nur an vertrauenswürdige Personen mit besonderer Genehmigung der Stiftsvorstehung. — Die Bibl. umfasste i. J. 1786, als das 1066 gegr. Stift aufgehoben wurde, ca. 30.000 Druckbände und 360 Handschriften. Diese Sammlung wurde damals der Lycealbibl. in Graz übergeben, wofür diese nach der Wiedererrichtung des Stiftes (1802) demselben eine grössere Anzahl von Doubletten und die Bücher „soweit sie noch verpackt waren" überliess. So entstand allmählich die jetzige Bibl., um welche Abt Joachim Suppan (1835—1864) die grössten Verdienste hat. — Vorwiegend katholische Theologie, aber auch alle übrigen Fächer, als Geschichte, Topographie, schöne Literatur etc.

Minerva. IV, S. 366. — P. Norbert Zechner. St. Lambrecht in Steiermark. In: Brunner, S. Ein Benedictinerbuch. Würzburg [1881], S. 195 bis 211. — J. v. Zahn. Kleine Quellen zur Geschichte des Klosters S. Lambrecht. Beiträge zur Kunde steierm. Gesch. X. (Graz 1873), S. 129—141. — A. v. Schönbach. Ueber einige Breviarien von St. Lambrecht [jetzt in der k. k. Univ.-Bibl. zu Graz]. Zs. f. deutsches Alterth. XX. (1876), S. 129 bis 197.

St. Paul (Kärnten).

648. **Benedictinerstift.** — Ca. 20.000 Werke, überdies 1300 Handschriften und 600 Incunabeln. — Jahresdotation 400 - 500 Gulden. — Bibliothekar: P. Anselm Achatz. — Ein alphabet. Katalog in 7 Foliobdn. und 1 Fachkatalog in Zetteln. — Für

Fremde in Ermanglung eines geeigneten Locales nur Entlehnungen. — Versendungen gegen Revers an öffentliche Bibl. und Archive zur Benützung in deren Räumen. — Gegr. 1809. Den Grundstock bildet ein Theil der Bibl. des ehemaligen Stiftes St. Blasien im Schwarzwald und die Bibl. des Stiftes Spital am Pyrhn. — Alle Wissenschaften, besonders Geschichte und Theologie. — Hier vorhanden die 42zeilige Gutenberg-sche Bibel auf Pergament in 3 Bdn.

Nur eine kurze handschriftliche Geschichte der Bibl. begonnen von P. Paul Kettenacker, fortgesetzt von P. Vincenz Tschernigg. — Budik, A. Die Stiftsbibl. zu St. Paul in Kärnten. — In: Oesterr. Blätter f. Litt. 1844, S. 217, und in: Serapeum. 1851, S. 104. — Schroll, Beda. St. Paul in Kärnten. In: Ein Benedictinerbuch von Seb. Brunner. Würzburg 1881.

649. **[Stifts- Unter-]Gymnasium der Benedictiner.** — *a)* Lehrerbibl. 3303 Bde. und Hefte, 1960 Programme; *b)* Schülerbibl. 1553 Bde. — Director: f.-b. geistl. Rath Eberhard Katz; Custos für *a)* und *b)* Gymn.-Lehrer Maurus Pototschnig. — 1777 gegr., 1784 aufgehoben, 1809 wieder errichtet. Bis 1827 sechs, seither vier Classen.

Nach dem letzten Jahresberichte gearbeitet, da der Fragebogen nicht beantwortet wurde.

St. Pölten (Nieder-Oesterr.).

650. **Bischöfliches Alumnat,** Wienerstrasse 38. — 11.428 Werke in 19.913 Bdn., 116 Handschriften, 50 Incunabeln. Jahresdotation je nach Bedarf. — Director: Dr. Joseph Gruber, Domcapitular. — Handschriftlicher alphabet. Bandkatalog. — Benützbar für die Prof. und Studirenden der theologischen Diöcesanlehranstalt täglich. — Versendungen nur mit Genehmigung des Bischofs. — Gründer der Bibl. ist der erste Bischof der Diöcese Kerens, unter welchem die aus dem ehemaligen Alumnate zu Gutenbrunn in das Wiener Generalseminar gekommenen Bücher nach Auflösung des letzteren hieher gebracht wurden. Dieser kleine Urbestand erfuhr eine ernste Vermehrung durch Zuweisung einer Anzahl werthvoller Werke (besonders Kirchenväter) sammt den kunstreichen Kästen aus der Bibl. des ehemaligen Chorherrenstiftes. Die Uebertragung der Bibl. in eine grössere Localität erfolgte i. J. 1807, in die jetzigen Räume 1864. Im J. 1815 bestand die Bibl. aus 2919 Werken. Zum Theil durch Ankauf in Zeiten besserer ökonomischer Lage, weit mehr noch durch Geschenke und besonders letztwillige Verfügungen von Gönnern des Alumnates ist die Bibl. zu ihrem jetzigen Bestand herangewachsen. Die beträchtlichsten Spenden, beziehungsweise Legate an Büchern rühren von dem ersten

Director Giehl, Director Ziegenheim, Bischof Ritter v. Dankesreither her; i. J. 1866 wurde ihr die sehr reichhaltige Bibl. des vormaligen Prof. und nachherigen Dompropstes Dr. Franz Werner einverleibt. Bestand 1871: 5789 Werke in 9237 Bdn. und 2162 Heften. Seit dieser Zeit ragen unter den vielen Schenkungen hervor die nachgelassenen Bibl. des Bischofes Dr. Joseph Fessler und des Domdechanten und Consistorialkanzlers Zehengruber. — Hauptsächlich vertreten: Theologie, (besonders Patristik, Kirchenrecht, Synodologie), Kirchen- und Profangeschichte, speciell österreichische.

651. **Francisanerconvent** besitzt nur alte lateinische Werke fast durchgehends theologischen Inhaltes. Die Anzahl der Bde. kann nicht angegeben werden, da sich die Bibl. noch in Unordnung befindet und man sich erst mit dem Gedanken trägt, sie in nächster Zeit radical zu ordnen. — Neue Werke werden schon lange nicht angeschafft, da die Mittel hiezu fehlen. Guardian: P. Petrus Novák. — Gegr. 1477.

652. **[K. k. Landes-Real- und Ober-]Gymnasium.** — *a)* Lehrerbibl. ca. 6000 Bde.; *b)* Schülerbibl. ca. 1000 Bde. — Jahresdotation ca. 700 Gulden. — Director: Wilhelm Henke; Bibliothekar für *a)* und *b)* Prof. Dr. August Herrmann. Ein Bandkatalog nach Nummern und ein Zettelkatalog nach Fächern geordnet, innerhalb derselben alphabetisch. — Benützbar jederzeit für Mitglieder des Lehrkörpers. — Ebenso Entlehnungen. — Versendungen an Landesanstalten auf amtliches Verlangen. — Gegr. zugleich mit der Anstalt 1863. Zahlreiche Geschenke von Privaten und Verlagsbuchhandlungen.

Alle Gymnasialfächer, besonders Naturwissenschaften, Philologie und Geschichte.

Sanok (Galizien).

653. **[K. k. Staats-]Gymnasium** (C. k. gimnazyum). *a)* Lehrerbibl. 1408 Bde.; *b)* Schülerbibl. 878 Bde. — Director: Włodzimierz Bańkowski; Bibliothekar für *a)* Prof. Stanisław Basiński; für *b)* Prof. Adam Pytel. — Eröffnet 1881.

Basiński, Stanisław. Wykaz książek znajdujących się w bibliotece nauczycielskiej. In: XVI. sprawozdanie dyrektora c. k. gimnazyum w Sanoku. W Sanoku 1897.

Nach dem letzten Jahresberichte gearbeitet, da der Fragebogen nicht beantwortet wurde.

654. **Minoritenconvent.** — 1638 Bde. — Dotation unbestimmt, ca. 100 Gulden. — Bibliothekar der jeweilige Guardian, derzeit P. Alois Karwacki. — Ein Standortsrepertorium, ein Fach- und alphabet. Katalog. — Für Conventmitglieder jederzeit benützbar; Entlehnung an Fremde nur in Ausnahmsfällen

und gegen Revers. — Ebenso Versendung. 1873 ging die Bibl. sammt dem Conventgebäude in Flammen auf. — Vorzugsweise Theologie, in geringerem Masse Geschichte.

Schlägl (Ober-Oesterr.).

655. **Stift der Prämonstratenser Chorherren (Norbertiner).** — Ca. 30.000 Bde.; 337 Nummern in 342 Bdn. Handschriften; 242 Nummern (263 Bde., mehr als 300 Werke) Incunabeln bis 1520. — Jahresdotation ca. 700 Gulden, für Buchbinder ca. 200 Gulden. — Stiftsbibliothekar: P. Gottfried Vielhaber, reg. Chorherr des Prämonstratenserstiftes Schlägl. — Handschriftlich ein alphabet. Bandkatalog; alphabet. Fachkataloge, darunter ein Incunabelkatalog; ein Handschriftenkatalog; ein Zettelkatalog in Ausarbeitung. — Für Mitglieder des Stiftes zu jeder Zeit, für andere Personen täglich, ausser an Sonn- und Feiertagen, von 3/4 11 — 3/4 12 vorm. zu besichtigen und eventuell zu benützen. — Bücher und Handschriften werden mit Erlaubniss des Abtes zur Benützung in feuersicher gebauten Räumen oder Bibliotheken entlehnt und auch versendet. — Die Gründung der Bibl. fällt mit der Gründung des Stiftes zusammen (1218), doch erscheint erst seit 1667 ein ständiger Bibliothekar. — Grössere Sammlungen, welche aufgenommen wurden, sind: Im 15. Jhdt. die Sammlung des Joannes de Rabenstein, Dompropst am Wyssehrad in Prag (grösstentheils juridische und philologische Handschriften); am Anfange des 19. Jhdts. die Bibl. des k. k. Regierungsvicepräsidenten und Hofrathes in Linz, Joseph Innocenz Steinherr Edlen v. Hohenstein (ältere deutsche Geschichte) und 1818 die Bibl. des Anton Freiherrn v. Berchem, Pfarrers in Günskirchen (besonders reich an Flugschriften der Zeit Josephs II. und katechetischer Literatur). — Vertreten alle Wissenschaften, namentlich gepflegt Profan- und Kirchengeschichte, Germanistik, sowie Liturgik.

Balbinus. Bohemia docta III. S. 197. — Pröll, Lorenz, Geschichte des Prämonstratenserstiftes Schlägl. Linz 1877. — Ders., Geschichte des Prämonstratenserstiftes Schlägl in Ober-Oesterreich. In: Ein Chorherrenbuch. Von Sebastian Brunner. Würzburg 1883.

Schlan (Slan, Böhmen).

656. **[K. k. Staats-]Gymnasium** (C. k. vyšší gymnasium). — *a)* Lehrerbibl. 1566 Werke in 1724 Bdn., 1869 Heften, 3872 Programme; *b)* Schülerbibl. 1731 Werke in 1804 Bdn. und 485 Heften. — Dotation: 440 Gulden. — Director: Johann Říha; Bibliothekar: Prof. František Pavlásek. — Ein Bandkatalog.

— a) Jederzeit, b) zweimal wöchentlich benützbar. — Ebenso Entlehnungen. — Versendung an benachbarte Mittelschulen (Rakonitz, Raudnitz, Jung-Bunzlau). — Gegr. mit der Anstalt 1667: bestand mit Unterbrechungen 1667—1777, 1810—1832, 1859 ff. Der ältere Bestand stammt aus dem Piaristenarchiv, ist aber nicht katalogisirt. — Alle Wissenschaften des Gymn.; gepflegt werden: classische und moderne Philologie, Geschichte, Geographie, Mathematik und Naturwissenschaften.

Pavlásek, František. Seznam knih učitelské bibliotheky. Im Programme der Anstalt 1897.

Schlierbach (Ober-Oesterr.).

657. **Cistercienserstift.** — 23.000 Bde. (in zwei Sälen). 102 Handschriften. — Keine Jahresdotation. — Prior: P. Bened. Hofinger; Bibliothekar und Archivar: P. Petrus Schreiblmayr. — Handschriftlich je ein Zettel-, Band-, alphabet. und Fachkatalog. — Benützbar vorm. von 8—11 und nachm. von 1—5 Uhr. — Entlehnungen von Büchern und Handschriften nur an bekannte Personen. — Den Grundstock der Stiftsbibl. bildet die Baron Euenkl'sche Bibl.; Zuwachs aus den hinterlassenen Büchern einzelner Stiftscapitulare. — Vertreten sind alle Wissenschaften, besonders die Kirchenväter, Profan- und Kirchengeschichte.

Egger, Alois. Die Abtei Schlierbach in Ober-Oesterreich. In: Ein Cistercienserbuch von Seb. Brunner. Würzburg 1881. — Hofinger, Benedict. Verzeichniss der Handschriften der Bibl. des Stiftes Schlierbach. In: Xenia Bernardina II. 2. — Xenia Bernardina III.

Schönborn (Nieder-Oesterr.).

658. **Gräflich Schönborn-Buchheim'sche Familien-Fideicommissbibliothek.** — 6627 Werke mit 10.929 Bdn., darunter 42 Incunabeln. Die vorhandenen Familienhandschriften sind der Bibl. bisher nicht eingereiht. — Vorstand: Ad. Rubner, Secretär. — Die Bibl. wird seit ca. 40 Jahren nicht vermehrt, doch wurden Neuerscheinungen in einer Handbibliothek gesammelt, die möglicherweise einmal der Fideicommissbibl. einverleibt wird. — Ein Zettelkatalog; doch sind auch die Vorarbeiten für die Anfertigung eines wissenschaftlichen Kataloges bereits abgeschlossen. — Für Fremde unbenützbar, daher auch Entlehnungen und Versendungen ausgeschlossen.

Schwarzbach (Mähr.).

659. **Redemptoristencollegium** hat nur eine kleine, nicht einmal genau geordnete Hausbibl. — Bestand derzeit noch

unbekannt. — Jahresdotation je nach Bedarf. — Vorstand ist der Rector, derzeit P. Joseph Tomášek, dem der P. Bibliothekar untersteht. — Alphabet. Katalog in Ausarbeitung. Nur für die Mitglieder des Collegiums. — Keine Entlehnungen und Versendungen. — Entstanden zugleich mit dem Hause 1860 nach und nach durch Geschenke und kleine Ankäufe vermehrt. — Theologie.

Schwaz (Tirol).

660. **Franciscanerconvent.** — Ca. 20.000 Bde., 203 Handschriften, 500 Incunabeln. — Jahresdotation je nach Bedarf. — Bibliothekar: P. Johannes Lechthaler. — Alphabet. Zettelkatalog. — Nur zu eigenem Gebrauche. — Keine Entlehnungen und Versendungen. — Gegr. zugleich mit dem Kloster i. J. 1507, theils durch Geschenke, theils durch Kauf entstanden. — Vertreten alle Wissenschaften, besonders katholische Theologie.

Seebarn (Nieder-Oesterr.).

661. **Exc. gräfl. Wilczek'sche Bibliothek.** — Ueber 24.000 Bde., darunter gegen 400 Handschriften und 200 Incunabeln, nebst einer Sammlung von über 10.000 Kunstblättern. — Für die Erhaltung und Vermehrung der Bibl. ist kein bestimmter Betrag festgestellt. — Bibliothekar: Dr. Carl Mandl; Adjunct: Dr. Arthur Goldmann, k. u. k. Haus-, Hof- und Staatsarchivsconcipist und Universitätsarchivsassistent. — Neben einem gebundenen Register, in dem die Neuerwerbungen chronologisch verzeichnet sind, ein alphabet. geordneter Zettelkatalog. — Die Bibl. ist principiell privaten Charakters, doch pflegt der Besitzer derselben wissenschaftliche Arbeiten durch leihweise Ueberlassung einschlägiger Werke zu fördern. — Der gegenwärtige Besitzer erhielt als väterliches Erbe nur eine geringe Anzahl von vorwiegend theologischen und juristischen Werken des 16. und 17. Jhdts., die bei einem Brande des gräfl. Wilczek'schen Schlosses zu Königsberg in Oesterr.-Schlesien aus der dortigen, ziemlich umfangreichen Bibliothek gerettet wurden; alles Uebrige wurde in der späteren Zeit durch Kauf erworben. — Werke über Geographie, Geschichte, namentlich Culturgeschichte, Austriaca, Viennensia, darunter eine bedeutende Sammlung von 1848er Flugblättern, sowie Werke über Kunstgeschichte, besonders die mittelalterliche, bilden die Hauptbestandtheile der Bibl. Unter den Kunstblättern ist die reichhaltige Porträtsammlung und das Werk Ridinger's hervorzuheben, welches in 1553 Blättern unter Glas und Rahmen die Corridore des Schlosses schmückt. —

Aus der Seebarner Bibl., die eben in Umstellung begriffen ist, werden die Manuscripte, Incunabeln und Drucke des 16. Jhdts. ausgeschieden und in einer zweiten Bibl. auf Burg Kreutzenstein zur Aufstellung gelangen; von den Kunstblättern sind über 2500 alter Holzschnitte und Kupferstiche ausgewählt, um als Wandschmuck in den Gemächern der erwähnten Burg zu dienen.

Seelau (Želio, Böhmen).

662. **Prämonstratenserstift.** — Ca. 12.000 Bde., 40 Handschriften (die meisten aus der Neuzeit) und 37 Incunabeln. Noch nicht vollständig katalogisirt. — Jahresdotation je nach Bedarf. — Bibliothekar: P. Method Nýolt. — Je ein handschriftlich nach Materien alphabet. geordneter Band- und Schlagwortkatalog. — Benützbar für Ordensmitglieder von 9–11 Uhr, im Bedarfsfalle auch nachm., für Fremde nur mit Erlaubniss des Abtes. — Keine Entlehnungen und Versendungen. — Obwohl das Kloster schon 1139, beziehungsweise 1149 gegr. worden, datirt doch der Anfang der jetzigen Bibl. erst aus dem 17. Jhdt., da das Kloster in den hussitischen Unruhen eingegangen und erst 1622 neu erstanden ist. Die meisten Bücher stammen aus dem 17. und 18. Jhdt. und wurden theils durch Kauf, theils durch Schenkungen erworben. — Vorzugsweise vertreten und gepflegt Theologie und Geschichte. — Eine kleine Abteibibl. untersteht direct dem Abte.

Bezděka, Victor. Prämonstratenser-Chorherrenstift Seelau. In: Ein Chorherrenbuch. Von Sebastian Brunner. Würzburg 1883.

Seitenstetten (Nied.-Oesterr.).

663. **Benedictinerstift.** — Ueber 60.000 Bde., 320 Handschr., 600 Incunabeln. Jahresdotation 1800–2000 Gulden. — Bibliothekar: Prof. P. Godfried Ed. Friess; Adjunct: Prof. P. Dr. Anselm Salzer. — Ein alphabet. geordneter Katalog in 12 Foliobdn.; ein Zettelkatalog in Vorbereitung. — In erster Linie für die Prof. des Stiftsobergymn. und die Stiftscapitulare benützbar. Im Uebrigen bedarf die Benützung der Bibl. der ausdrücklichen Erlaubniss des Abtes. — Entlehnung gegen Revers auf längstens vier Wochen; Manuscripte werden unter Garantie an Bibl. und Archive, in deren Räumen sie allein benützt werden dürfen, mit Genehmigung des Abtes ausgeliehen und versendet. — Die Bibl. des i. J. 1112 gegründeten Klosters entstand aus der alten Klosterbücherei, wurde im 15. Jhdt. durch den Abt Kilian Heumader mit vielen

Druckwerken bereichert, erlitt in den nachfolgenden Zeiten grosse Verluste und wurde vom 18. Jhdt. ab namentlich durch den Abt Dominik v. Gussmann (1717—1777) mit den seltensten, oft schwer zu erlangenden Werken auf das reichlichste ausgestattet, welchem Vorgang die Aebte der Neuzeit, insbesondere der jetzt dem Stifte vorstehende Prälat Dominik II. Hönigl und dessen Vorgänger Ludwig Ströhmer (1852—1867) in munificenter Weise folgten. — Besonders Theologie.

Primisser, Alois. Reisenachrichten über Denkmahle der Kunst und des Alterthums in den österr. Abteyen. In: Hormayer's Archiv 1822, S. 143. Friess, Godfried Ed. Seitenstetten in Nied.-Oesterr. In: Ein Benedictinerbuch. Von Seb. Brunner. Würzburg 1881. — Huemer, J. Iter Austriacum I. In: Wiener Studien. IX. 1887, S. 69.

664. **[K. k. Stifts-]Gymnasium der Benedictiner.** — Die Lehrerbibl. ist mit der Stiftsbibl. vereinigt, die Schülerbibl separat aufgestellt. — Director: Schulrath Udiscalc Sigl; Stiftsbibliothekar: Consistorialrath Prof. Dr. Godfried Friess; Bibliothekar der Schülerbibl.: Prof. Robert Weissenhofer. — Gegr. 1112; seit 1778 Privatanstalt; seit 1814 sechsclassiges Gymn.; seit 1850 Untergymn., seit 1866 Obergymn.

Sign (Sinj, Dalmatien).

665. **Franciscanerkloster.** — 8100 Bde., 40 Handschriften. — Jahresdotation je nach Bedarf, mindestens jedoch 300 Gulden. — Bibliothekar: P. Dr. Joannes Markovic; Guardian: P. Petrus Perković. — Alphabet. Materienkatalog. — Jedermann zu jeder Zeit zugänglich. — Keine Entlehnungen und Versendungen. — Gegr. 1715 zugleich mit dem Convent. — Besonders historisch-theologische Werke.

Smečna (Böhmen).

666. **Gräflich Clam-Martinitz'sche Schlossbibliothek.** — 5300 Werke, 72 Incunabeln. — Alphabet. Bandkatalog. — Benützung mit specieller Erlaubniss des Besitzers. — Keine Entlehnungen und Versendungen.

Smichov (Böhmen).

667. **[K. k. deutsches Staats-]Gymnasium.** — *a)* Lehrerbibl. 2498 Bde., 394 Hefte, 4641 Programme; *b)* Schülerbibl. 975 Bde., 2 Hefte. — Director: Fridolin Schimek; Verwalter von *a)* Prof. Alois Hell; von *b)* Prof. Ferdinand Braungarten. — Errichtet 1871 als Realgymn.; seit 1896 Obergymn.

Nach dem letzten Jahresberichte gearbeitet, da der Fragebogen nicht beantwortet wurde.

668. **[K. k. Staats-Real- und Ober-]Gymnasium** (C. k. reálný a vyšší gymnasium). — *a)* Lehrerbibl. 497 Bde.; *b)* Schülerbibl. 1044 Bde. — Jahresdotation 200 Gulden aus den Schülertaxen. — Director: Carl Doucha; Custos: Prof. Wilhelm Kačerovský. — *a)* und *b)* je ein handschriftl. Band-, Schlagwort- und alphabet. Zettelkatalog. — Benützbar zu jeder Zeit nach Anmeldung beim Custos. — Ebenso Entlehnungen. — Versendungen nur an k. k. Staatsanstalten mit Genehmigung des Directors. — Gegr. zugleich mit der Anstalt 1883. — Alle an der Anstalt vertretenen Fächer.

Katalog wird im Programm der Anstalt 1900 gedruckt werden.

Spalato (Spljet, Dalmatien).

669. **Dominicanerconvent.** — Die Bibl. wurde durch die Türken angezündet und vernichtet: jetzt unbedeutend. Prior: Fr. Angelus Novak. — Gegr. 1247.

670. **Franciscanerconvent.** — Ca. 4000 Bde. und das Archiv des Convents. — Jahresdotation ca. 80 Gulden. — Bibliothekar: Guardian P. Vincentius Catrambone. — Alphabet. Katalog. — Benützbar mit Erlaubniss des Guardian. — Keine Entlehnungen und Versendungen. — Die Bibl. ist erst jüngeren Datums; der Convent gegr. 1736. — Dogmatik, Moral, Kirchenrecht, Philosophie, Predigten, Ascetik, Kirchengeschichte etc.

671. **[K. k. Staats-]Gymnasium.** — *a)* Lehrerbibl. 2134 Werke; *b)* Schülerbibl. — Director: Ivan Kos; Bibliothekar für *a)* Prof. Ivan Pivčević; für *b)* Prof. Vid Petričevic. — Gegr. 1817; Obergymnasium seit 1856.

Pivčević, Ivan. Katalog Učiteljske Knjižnice. In: Program c. k. velike gimnazije u Spljetu. U Spljetu 1898.

Nach dem letzten Jahresberichte gearbeitet, da der Fragebogen nicht beantwortet wurde.

672. **Archäologisches Museum.** — 1877 Werke in 2576 Bdn., ausserdem 188 Zeitschriften mit 1738 Jahrgängen, einige Incunabeln und Handschriften. — Dotation ca. 500 Gulden aus der Dotation des Museums. — Archivdirector und Bibliothekar: Reg.-R. Msgr. Francesco Bulić, Gymn.-Director i. R. — Zwei alphabet. Kataloge, einer in Band-, einer in Zettelform, Musealkatalog im Druck. — Jederzeit allgemein zugänglich und im Arbeitsraume des Vorstandes benützbar. — Entlehnung und Versendung. — Vom Gründungsjahr 1827 bis 1863 hatte die Bibl. ungefähr 100 Bde.; von da an wuchs sie allmählich. — Archäologie, Epigraphik, Geschichte, Numismatik u. ä.; vaterländische Geschichte.

Catalogus bibliothecae c. r. musei archaeologici Spalati. Spalati 1898.

673. **[K. k. Staats-]Realschule** (C. k. velika realka) besitzt eine Lehrerbibl. (ca. 1200 Werke) und eine Schülerbibl. Director: Lovro Borčić; Bibliothekar der Lehrerbibl. Prof Melko Lucianović; der Schülerbibl. Realschul-Lehrer Dr. Josip Aranza. — Eröffnet 1862.

Lucianović, Melko. Katalog učiteljske biblioteke. In: Program c. k. velike realke u Spljetu. U Spljetu 1898.

Nach dem letzten Jahresberichte gearbeitet, da der Fragebogen nicht beantwortet wurde.

674. **Residenz des Ordens der Gesellschaft Jesu** hat nur eine kleine Bibl. von theologischen, rhetorischen und ascetischen Büchern, die zu eigenem Gebrauche dienen und überdies noch nicht recht katalogisirt sind. — Superior: P. Giuseppe Lombardini.

Stams (Tirol).

675. **Cistercienserstift.** — 22.000 Bde., 200 Handschriften und 250 Incunabeln. — Jahresdotation 200 Gulden ohne die Dotation für Zeitschriften. — Bibliothekar: P. Ingenuin Hechenberger. — Alphabet. Zettelkatalog für die theologischen Wissenschaften, für die einzelnen Fächer auch ein alphabet. Bandkatalog; die übrigen Fächer werden nach dem Muster der Innsbrucker Universitätsbibl. soeben geordnet und katalogisirt. Zu besichtigen an Wochentagen von 9½—11 und ausnahmsweise auch nachmittags von 2—3 Uhr. — Entlehnungen und Versendungen nur in besonderen Fällen mit Erlaubniss des Prälaten und gegen Revers. — Kloster gegr. 1272, Bibl. gegr. 1481 vom Abt Kaspar Maerkel; früher sehr reich, 1525 durch die Bauern, 1552 durch die Schmalkaldener und 1807 durch die bayer. Reg.-Commission, welche Bücher in ganzen Wagenladungen fortschaffte, geplündert. — Theologie und Geschichte.

Spielmann, Fortunat. Die Abtei Stams in Tirol. In: Ein Cistercienserbuch. Von Seb. Brunner. Würzburg 1881. — Verzeichniss der Handschriften der Bibl. des Stiftes Stams. In: Xenia Bernardina. II. — Xenia Bernard III.

Stanislau (Stanisław, Galizien).

676. **Militärwissenschaftlicher und Casinoverein.** — 260 Werke in 380 Bdn. — Jahresdotation je nach Bedarf. — Bibliothekar: Kassian Kunicki, k. u. k. Militärcaplan. — Handschriftlicher Bandkatalog. — Benützbar nur für Vereinsmitglieder. — Ebenso Entlehnungen. — Keine Versendungen. — Gegr. 1895. — Vorzugsweise Militärwissenschaften.

677. **[K. k. Staats-]Gymnasium** (C. k. gimnazyum). *a)* Lehrerbibl. 8075 Bde., 4573 Hefte, 111 Mappen, 223 Tafeln;

b) Schülerbibl. 836 poln. Werke in 1141 Bdn., 359 ruthen. Werke in 468 Bdn., 368 deutsche Werke in 709 Bdn. — Director: Paweł Świderski; Custos für *a)* und die deutsche Abth. von *b)* Prof. Teofil Erben; für die poln. Abth.: Prof. Józef Batycki; für die ruthen. Abth.: Prof. Andrzej Szachnowicz. — Gegr. im 18. Jhdt. als Jesuitengymn., seit 1850 Obergymn.

Katalog biblioteki nauczycielskiej. In: Sprawozdanie dyrekcyi c. k. gimnazyum. Stanisławów 1898.

Nach dem letzten Jahresberichte gearbeitet, da der Fragebogen nicht beantwortet wurde.

678. **[K. k. Staats-]Realschule** (C. k. wyższa szkoła realna). — *a)* Lehrerbibl. 1442 Werke in 1727 Bdn.; *b)* Schülerbibl. 1. 927 Werke in 1239 Bdn. (poln. Abth.); 2. 129 Werke in 145 Bdn. (ruthen. Abth.); 3. 56 Werke in 56 Bdn. (französ. Abth.); 4. 224 Werke in 510 Bdn. (deutsche Abth.). — Director: Josef Czaczkowski; Bibliothekar für *a)* und *b)* 1.—3. Prof. Jan Eiselt; für *b)* 4. Prof. Edmund Bączalski. — Errichtet 1874 durch Erweiterung der unselbständigen Unterrealschule.

Nach dem letzten Jahresberichte gearbeitet, da der Fragebogen nicht beantwortet wurde.

Stein (Krain).

679. **Franciscanerconvent.** — 6654 Bde., 23 Handschriften, 32 Incunabeln. — Jahresdotation 30—40 Gulden. — Guardian: P. Angelus Mlejnik; Bibliothekar: P. Ezechiel Jurinic, Lector der Theologie. — Alphabet. Zettel- und Bandkatalog. — Entlehnungen nur gegen Revers. — Keine Versendungen. — Kloster gegr. 1493, aber 1804 total eingeäschert, wodurch Vieles in Verlust gerieth. — Homiletik, überhaupt Theologie für den 1. und 2. Curs.

Sternberg (Mähren).

680. **[Landes-]Realschule.** — *a)* Lehrerbibl. 623 Werke in ca. 1100 Bdn.; *b)* Schülerbibl. 953 Bde. — Director: Joseph Riedl; Bibliothekar: Prof. Carl Riedl. — Errichtet als Communalunterrealschule 1862; 1870 vom Lande übernommen. Seit 1891 Oberrealschule.

Nach dem letzten Jahresberichte gearbeitet, da der Fragebogen nicht beantwortet wurde.

Steyr (Ober-Oesterr.).

681. **Archiv der Stadt Steyr** besitzt eine Sammlung von Steyrer Buchdrucken, die 366 Bde. und Hefte zählt. — Vorstand: E. Schmidel.

682. **Reichsgräflich Lamberg'sche Fideicommissbibliothek.** — 5545 Werke, 10.176 Bde., 66 Manuscriptbde., 12 Incunabeln. Jahresdotation je nach Bedarf. Handschriftl. Zettel- und alphabet. Bandkatalog. — Gegr. von Georg Sigismund Freiherrn v. Lamberg († 1632), hauptsächlich vermehrt durch dessen Sohn Johann Max Reichsgrafen v. Lamberg († 1682). Besonders vertreten rechtswissenschaftliche Werke des 17. Jhdts.

683. **Gabelsberger Stenographenverein** „Schloss Steyr". 577 Werke in 725 Bdn. — Vorstand: J. Schmied; Bibliothekar: Franz Eybl. — Benützbar für active Mitglieder über Ansuchen beim Bibliothekar. — Stenographie, Geographie, Geschichte, Naturwissenschaften.

684. **[K. k. Staats-]Realschule.** — *a)* Lehrerbibl. 897 Werke; *b)* Schülerbibl. Jahresdotation für *a)* und die Lehrmittelsammlung 560 Gulden; für *b)* wurden 1897/98 537·78 Gulden ausgegeben. — Director: Edmund Aelschker; Custos für *a)* und *b)* Prof. Dr. Joseph Schuhbauer. — 1849 als unselbständige Unterrealschule errichtet, 1862 selbständig; seit 1872 Oberrealschule.

Katalog der Lehrerbibl. der k. k. Staatsoberrealschule in Steyr nach dem Stande vom 1. Juni 1898. In: XXVIII. Jahresbericht der k. k. Staatsoberrealschule in Steyr. Steyr 1898.

Nach dem letzten Jahresberichte gearbeitet, da der Fragebogen nicht beantwortet wurde.

Stockerau (Nieder-Oesterr.).

685. **[Landes-Real- und Ober-]Gymnasium.** — *a)* Lehrerbibl. Ende 1897/98: 3664 Bde. und 1069 Hefte; *b)* Schülerbibl. 729 Bde. — Jahresdotation 400 Gulden. — Director: August Plundrich; Bibliothekar für *a)* Prof. Dr. Eugen Lammer; für *b)* Prof. Adolf Schneider. — Band-(Schlagwort-)Katalog. — Entlehnungen *a)* in der Regel nur an Mitglieder des Lehrkörpers, *b)* an Schüler. — Versendungen an verwandte Anstalten. — Begründet zugleich mit der Anstalt 1864. — Vorwiegend die mit den Lehrgegenständen zusammenhängenden Wissenschaften.

Katalog der Lehrerbibl. I. In: XXXII. Jahresbericht des niederösterr. Landes-Real- und Obergymn. und der damit in Verbindung stehenden gewerblichen Fortbildungsschule zu Stockerau. Stockerau 1897.

Strobnitz (Böhmen).

686. **Deutsche Volksbibliothek,** Schulgebäude. — 496 Bde. — Dotation je nach Bedarf; Vermehrung meist durch Geschenke. — Vorstand und Bibliothekar: Franz Steinko, Schul

15*

director. — Handschriftlicher Katalog. — Entlehnung ohne Entgelt täglich von ½1—1 Uhr. — Gegr. 1882 von dem gegenwärtigen Vorstand.

Stryj (Galizien).

687. **[K. k. Staats-]Gymnasium** (C. k. gimnazyum). — *a)* Lehrerbibl. 1444 Werke in 3609 Bdn.; *b)* Schülerbibl. (poln. Abth. 642 Werke in 979 Bdn.; deutsche Abth. 408 Werke in 558 Bdn.; ruthen. Abth. 271 Werke in 277 Bdn.; zusammen) 1321 Werke in 1814 Bdn. — Director: Dr. Karol Petelenz; Custos für *a)* Prof. Wojciech Grzegorzewicz; für *b)* Prof. Jan Tralka. — Gegr. 1873 als Realschule; seit 1880 allmählich in ein Gymn. verwandelt.

Nach dem letzten Jahresberichte gearbeitet, da der Fragebogen nicht beantwortet wurde.

Sucha (Galizien).

688. **Gräfl. Alexander und Anna Branicki'sche Bibliothek.** — 23.000 Werke; Archiv über 10.000 Stück, etwa 300 Pergamenturkunden, 1500 Handzeichnungen, 8000 Kupferstiche, ca. 2000 Münzen, 500 ägyptische Alterthümer, über 400 Handschriften. Gesammtsumme über 45.000 Nummern. — Jahresdotation je nach Bedarf. — Bibliothekar seit 1882 Dr. Michael v. Zmigrodzki; 1 Diener. — Entlehnung der wichtigsten Werke nur an die Akademie der Wissenschaften in Krakau; das handschriftliche Material darf nur in der Bibl. benützt werden, und zwar auf Grund einer besonderen schriftlichen Erlaubniss des Besitzers. — 1852 wurde die alte Bibl. von Andreas Kozmian in Piotrowice angekauft und 1868 nach Sucha transportirt; 1869 käuflich erworben die Sammlung der Kupferstiche und Handzeichnungen des Schriftstellers Josef Kraszewski; 1876 die Bibl. des Warschauer Gerichtscommissionsdirectors Laski, 1883 die Bibl. des früheren Bibliothekars in Sucha und poln. Literaten Dr. Franz Nowakowski, 1883 das Archiv von Mieleszkiewicz in Gitomir. Die Bibl. ist sehr wichtig für die poln. Literaturgeschichte des 16.—18. Jhdts.; sehr interessant sind drei illustrirte Handschriften aus dem 13., 14. und 15. Jhdt.

Zmigrodzki. Katalog der Handschriften der gräfl. Branicki'schen Bibl. zu Sucha.

Suczawa (Bukowina).

689. **[Griechisch-orientalisches] Gymnasium** besitzt eine Lehrer- und eine Schülerbibl. — Director: Stephan v. Repta;

Custos der Lehrerbibl.: Prof. Dr. Animpodist Daszkewicz, der Schülerbibl.: Prof. Victor Nussbaum. — Gegr. 1860.

Nach dem letzten Jahresberichte gearbeitet, da der Fragebogen nicht beantwortet wurde.

Szczyrzyc (Galizien).

690. **Cistercienserkloster.** — 1500 Bde., 100 Diplomata (13. bis 17. Jhdt.), 10 Handschriften (17. und 18. Jhdt.), 16 Incunabeln. (Nach Pizzala 1870: 2149 Werke in 3103 Bdn., 58 Handschriften.) — Jahresdotation 100 Gulden. — Bibliothekar: P. Theodor Magiera. — Ein Materienkatalog a. d. J. 1826 in einem Bde. (Nach Pizzala vier Kataloge.) — Allgemein und zu jeder Zeit benützbar. — Entlehnung und Versendung von Büchern und Handschriften gegen Bestätigung, jedoch nur nach eingeholter Erlaubniss der Klostervorstehung. — Gegr. im 16. Jhdt. und wiederholt durch Brände beschädigt; auch wurden, besonders im 18. Jhdt. zahlreiche Werke nach St. Petersburg, Warschau und Lemberg verschleppt. — Dogmatik und Moraltheologie, canon. Recht, Kirchengeschichte, Ascesis, bürgerliches Recht, Dichtung, Geschichte, Rhetorik.

Kolor, Vincenz. Das Priorat Szczyrzyc in Galizien. In: Ein Cistercienserbuch. Von Seb. Brunner. Würzburg 1881. — Xenia Bernardina. III. Beiträge zur Geschichte der Cistercienserstifte. Wien 1891.

Tabor (Böhmen).

691. **[K. k. Staats-]Gymnasium** (C. k. vyšší gymnasium). *a)* Lehrerbibl. 1905 Werke in 8034 Bdn., 2314 Programme; *b)* Schülerbibl. 3213 Werke in 4417 Bdn. — Jahresdotation 170 Gulden. — Director: Johann Šulc; Bibliothekar für *a)* Prof. Josef Prošek; für *b)* Prof. Josef Staněk. — Band- und Schlagwortkatalog. — Entlehnungen gegen Revers. Ebenso Versendungen an Aemter und verlässliche Personen. — Gegr. mit der Anstalt i. J. 1862 von der Stadtgemeinde Tabor, mit 1. Januar 1869 in die Verwaltung des Staates übernommen; 1861 Einverleibung der Bibl. des Privaten Johann d. Arbeiter und des eh. Neuhauser Gymn.-Directors J. M. Růžička. — Alle Wissenschaften, namentlich diejenigen, welche die Grundlage des Gymn.-Unterrichtes bilden.

692. **Höhere landwirthschaftliche Landes-Lehranstalt** (Vyšší hospodářský ústav zemský). — *a)* Schulbibl. 6378 Bde.; *b)* Schülerbibl. 1000 Bde. — Jahresdotation *a)* 600—800 Gulden, *b)* 50—100 Gulden. — Director: Franz Farský; Bibliothekar für *a)* ausserord. Prof. Franz Hájek; für *b)* ein Hörer der Anstalt. — Materien- und Autorenkatalog in Bandform für

a) und *b)*. Entlehnungen an bestimmten Tagen. — Versendungen nur mit Einwilligung des Curatoriums. — Gegr. *a)* zugleich mit der Anstalt; *b)* auf Veranlassung des Directors 1879 als Eigenthum der Rozpravy. — Vertreten *a)* Naturwissenschaften, Mathematik, Landwirthschaft, Nationalökonomie, Culturtechnik, Technologie, Baukunde, Geodäsie; in erster Linie schöne Literatur, sodann landwirthschaftl. Werke.

Tarnopol (Galizien).

693. **Collegium des Ordens der Gesellschaft Jesu.** — Mehrere tausend Bde., derzeit in Neuordnung. — Jahresdotation nach Bedarf. — Rector: P. Felix Zosel; Bibliothekar: P. Anton Kuczek, S. J. — Zettelautorenkatalog. — Bloss zu eigenem Gebrauche; ausnahmsweise für Fremde. — Ebenso Entlehnungen und Versendungen. — Alle Wissenschaften, zumeist Theologie und Philosophie.

694. **[K. k. Staats-]Gymnasium** (C. k. wyższe gimnazyum). — *a)* Lehrerbibl. 2898 Werke in 7439 Bdn., 4456 Programme; *b)* Schülerbibl. 767 Werke in 1204 Bdn. (poln. Abth.), 565 Werke in 674 Bdn. (deutsche Abth.), 453 Werke in 488 Bdn. (ruthen. Abth.). — Director: Dr. Maurycy Maciszewski; Custos für *a)* Prof. Edward Strutyński; für *b)* Gymn.-Lehrer Józef Gebhardt (für die poln. Abth.), Prof. Konstanty Dmytrów (für die deutsche Abth.), Gymn.-Lehrer Jan Kopacz (für die ruthen. Abth.). — Errichtet 1820 als Jesuitengymn.; seit 1850 achtclassiges Obergymn. mit weltlichen Lehrern.

Nach dem letzten Jahresberichte gearbeitet, da der Fragebogen nicht beantwortet wurde.

695. **[K. k. Staats-]Realschule** (C. k. wyższa szkoła realna). — *a)* Lehrerbibl. 1077 Werke in 1819 Bdn.; *b)* Schülerbibl. 558 Werke in 737 Bdn. (poln. Abth.); 179 Werke in 289 Bdn. (deutsche Abth.); 57 Werke in 57 Bdn. (ruthen. Abth.); 16 Werke in 18 Bdn. (französ. Abth.); zusammen 810 Werke in 1101 Bdn. — Director: Michał Rembacz; Bibliothekar für *a)* Realschullehrer Andrzej Procyk; für *b)* Prof. Maryan Staniewicz. — Gegr. 1860; Oberrealschule seit 1895.

Nach dem letzten Jahresberichte gearbeitet, da der Fragebogen nicht beantwortet wurde.

Tarnów (Galizien).

696. **Bischöfliches Diöcesanseminar.** 5173 Werke in 9367 Bdn.; 40 Incunabeln. bis 1500 gerechnet. — Jahresdotation 2520 Gulden, als Interessen der Stiftung des gewesenen

Seminarrectors Rainer. — Rector: Dr. Joseph Baba. — Zettel- und Bandkatalog. — Nur zum Gebrauche der Cleriker, Prof. und Seminarvorsteher. — Keine Versendungen. — Gegr. zugleich mit dem Tyniecer Bisthum 1785; den Grundstock bildet ein Theil der Bibl. des ehem. Benedictiner Stiftes in Tyniec, das von Kaiser Joseph II. aufgehoben wurde. Mit dem Sitze des Bisthums wanderte auch die Bibl. nach Tarnów in das 1835—1838 neu aufgeführte Seminargebäude. Ihren Zuwachs verdankt sie grösstentheils Schenkungen des Diöcesanclerus. — Alle Wissenschaften, besonders Theologie, classische Philologie.

697. **[K. k. Staats-]Gymnasium** (C. k. gimnazyum). — *a)* Lehrerbibl. 3701 Werke in 4536 Bdn., 3526 Programme; *b)* Schülerbibl. 966 Werke in 1237 Bdn. (poln. Abth.). 637 Werke in 699 Bdn. (deutsche Abth.). — Director: Dr. Karol Benoni; Custos für *a)* Prof. Dr. Jan Leniek; für *b)* Gymn.-Lehrer Jan Jędrzejowski. — Errichtet 1784; seit 1849 Obergymn.

Nach dem letzten Jahresberichte gearbeitet, da der Fragebogen nicht beantwortet wurde.

Tarvis (Kärnten).

698. **Volksbücherei des Vereines „Südmark".** — 702 Werke. — Jahresdotation von der Gemeinde 10 Gulden, vom Vereine „Südmark" 20 Gulden. — Bibliothekar: Adolph Ruckensteiner, k. k. Forstassistent; Bücherausleihgeschäft von Karl Klement, Gemeindesecretär, besorgt. — Handschriftl. Fachkatalog in Bandform. — Entlehnungen an Einheimische Samstag von 4—6, an Sommerfrischler täglich von 10—11 Uhr. Ausleihgebühr für bemittelte Einheimische pro Buch und Woche 5 Kreuzer, für unbemittelte Einheimische 2 Kreuzer; für Fremde und Sommergäste 2 Kreuzer pro Buch und Tag. Fremde haben eine Caution von 50 Kreuzern bis 3 Gulden zu leisten. Entlehnungsfrist 4 Wochen. — Keine Versendungen. — Gegr. 1896 vom Obmanne der Ortsgruppe des Vereines „Südmark" Adolf Ruckensteiner. — Populäre Wissenschaften, Belletristik.

Taus (Domažlie, Böhmen).

699. **K. k. Staats-Gymnasium** (C. k. vyšší gymnasium). — *a)* Lehrerbibl. 1153 Werke in 1533 Bdn. und 916 Heften (wissenschaftliche Bibl.), 309 Werke (Schulbibl.), 3793 Programme; *b)* Schülerbibl. 1817 Werke in 1994 Bdn. (čechische Abth.), 242 Werke in 187 Bdn. (deutsche Abth.), zusammen 2059 Werke in 2181 Bdn. — Dotation für die Lehrmittelsammlung pro 1897/98 778·39 Gulden. — Leiter: Prof. P.

Jakub Janda; Custos für *a)* Prof. Dr. Edvard Štolovský; für *b)* Prof. Vojtěch Kebrle. — Gegr. als Communal-Realgymn. 1871 durch Umwandlung der unselbständigen Unterrealschule. Seit 1875 Obergymn., seit 1879 reines Gymn., seit 1890 verstaatlicht.

Štolovský, Edvard. Seznam spisů v knihovně učitelské. Část' I. In: XXVII. výroční zpráva c. k. vyššího gymnasia v Domažlicích. Domažlice 1898. Nach dem letzten Jahresberichte gearbeitet, da der Fragebogen nicht beantwortet wurde.

Teltsch (Telč, Mähren).

700. **[Landes-]Realschule** (Zemská vyšší škola realná). — *a)* Lehrerbibl. 3601 Werke, 3848 Programme; *b)* Schülerbibl. 1500 Werke in 1571 Bdn. — Jahresdotation 300—400 Gulden. — Director: Karel J. Maška; Custos für *a)* Prof. František Strašírybka; für *b)* Prof. Anton Žanta. — Zettelkatalog; ein Theil des gedruckten Kataloges der Lehrerbibl. im Jahresberichte der Anstalt 1897/98. — Benützung gegen Anmeldung beim Director oder Custos. — Entlehnungen an vertrauenswürdige Personen. — Versendungen nur an öffentliche Lehranstalten und Bibliotheken. — Gegr. zugleich mit der Anstalt 1870. — Vertreten beinahe alle Wissenschaften, besonders gepflegt böhmische Literatur, Geographie und Geschichte sammt Nebenwissenschaften.

Strašírybka, František. Seznam spisu učitelské knihovny. In: Výroční zpráva zemských vyšších škol realných v Telči. V Telči 1898.

Tepl (Böhmen).

701. **Prämonstratenserstift.** — 60.000 Bde., 200 Incunabeln, 500 Handschriften, darunter die geschriebenen Kirchen- und Chorbücher sowie 15 Manuscripte auf Pergament. — Jahresdotation je nach Bedarf. — Bibliothekar: P. Milo Nentwich, O. Praem. — Handschriftlich ein Real- oder Schlagwortkatalog aus dem J. 1832, zugleich als älterer und Hauptkatalog in 15 Bdn., und ein neuerer (aus 1812) alphabet. Katalog als Index zum Hauptkatalog; dieser Index in einem Bde. — Benützbar nur für die Ordensmitglieder täglich von 8 bis 12 und 3—5 Uhr. — Ebenso Entlehnungen und Versendungen. — Wahrscheinlich von Herzog Groznata, dem Gründer des Stiftes i. J. 1197 mit diesem angelegt. Das „Bibliotheksgewölbe wurde geschlossen" 1666, wie die Annalen berichten; 1778 wurde die Kotz'sche Bibl. angekauft. — Literatur, Philologie, Naturkunde, Philosophie, Geschichte, Theologie und Rechtslehre.

Die Prämonstratenserabtei Tepl. In: Ein Chorherrenbuch. Von Sebast. Brunner. Würzburg 1883.

Teplitz (Böhmen).

702. **Handelslehranstalt.** — 632 Bde. — Jahresdotation ca. 200 Gulden. — Director: Heinrich Eisenkolb; Bibliothekar: Prof. Dr. Johann Greinecker. — Bandkatalog. — Nur zu eigenem Gebrauche. — Gegr. zugleich mit der Anstalt 1892.

Teplitz-Schönau (Böhmen).

703. **[Communal-Real- und Ober-]Gymnasium.** — *a)* Lehrerbibl. 1461 Werke in 2064 Bdn., 2336 Programme; *b)* Schülerbibl. 800 Werke in 855 Bdn. — Dotation für die Lehrmittelsammlungen pro 1897/98 845·80 Gulden. — Director: Hermann Gärtner; Custos für *a)* Gymn.-Lehrer Eduard Reichelt; für die Programmsammlung Gymn.-Lehrer Dr. Joseph Rüffler; für *b)* Prof. Caspar Wunderlich und Gymn.-Lehrer Dr. Richard Siegmund. — Gegr. 1875 als Realgymn. Seit 1892 Obergymn.

Nach dem letzten Jahresberichte gearbeitet, da der Fragebogen nicht beantwortet wurde.

Teschen (Schlesien).

704. **Propst Leopold Scherschnik'sche Bibliotheksstiftung,** Scherschnikgasse 3. — 20.000 Bde., u. a. 180 Handschriften, 200 Incunabeln. — Jahresdotation 150—200 Gulden. — I. Curator: Dr. Gustav Burghauser, Director des k. k. Staatsgymn. in Teschen; II. Curator: Dr. Leonhard Demel Ritter v. Elswehr, Bürgermeister von Teschen; prov. Cassier und Schriftführer: Prof. Dr. Johann Witrzens; 1 Diener. — 30 handschriftliche alphabet. angelegte Kataloge und ein Hauptinventar. — Benützbar für Jedermann Mittwoch und Samstag von 2—4 Uhr mit Ausnahme der Feiertage. — Entlehnungen und Versendungen nur in besonderen Fällen und mit ausdrücklicher Bewilligung des Curatoriums an öffentliche Bibl. des In- und Auslandes. — Begründer dieser Bibl. war Propst Leopold Scherschnik, geb. 3. März 1747 zu Teschen, wo sein Vater Anton Scherschnik als Stadtsyndicus wirkte. Nach Beendigung der humanistisch-philosophischen Studien in Olmütz trat er daselbst in den Jesuitenorden ein, verlebte die Jahre 1768 und 1769 an der Prager Universität, um schliesslich, 1770 zum Grammatikprofessor ernannt, bis 1772 am Egerer Gymn. zu wirken. Nach der 1773 erfolgten Aufhebung des Jesuitenordens hielt er sich abermals in Prag auf und wandte sich ganz dem Lehrfache zu. 1776 kehrte er als Prof. der Rhetorik und Poetik in seine Vaterstadt zurück, wurde 1784 zum Vorsteher des gräfl. Tenczin'schen Convictes und 1787 zum Gymnasialpräfect ernannt. 1802 kaufte er das alte Gym-

nasialgebäude, errichtete darin die nach ihm benannte Bibl. und stattete sie mit einem Stiftungscapitale von 12.187·13 Gulden W. W. aus. Mit dieser Bibl. verband er noch ein Naturaliencabinet, in welchem 5000 Stück Mineralien, 600 Stück Conchylien, 350 Stück in- und ausländischer Vögel, aber auch 300 Münzen und Kunstgegenstände aufbewahrt werden. Für seine wissenschaftlichen Verdienste mit der Propstwürde und dem goldenen Verdienstkreuze ausgezeichnet, starb Scherschnik von Allen hochgeachtet 1814 in Teschen. — Alle Wissenschaften, besonders reichhaltig Werke geschichtlichen Inhaltes.

705. **[K. k. (vereinigtes) Staats-]Gymnasium.** — *a)* Lehrerbibl. 5746 Bde., 7793 Hefte; *b)* Schülerbibl. 1224 Bde., 37 Hefte. — Director: Dr. Gustav Burghauser; Custos für *a)* Gymn.-Lehrer Dr. Carl Werber; für *b)* Prof. Eduard Bottek. — Gegr. 1674, seit 1850 Obergymn.; 1873 mit dem seit 1703 bestandenen evangelischen Gymn. vereinigt.

Nach dem letzten Jahresberichte gearbeitet, da der Fragebogen nicht beantwortet wurde.

706. **[Privat-]Gymnasium** der „Macierz szkolna dla księstwa cieszyńskiego" (Prywatni gimnazyum polski). *a)* Lehrerbibl. 2120 Werke in 3387 Bdn. und Heften; *b)* Schülerbibl. 368 Werke in 465 Bdn. (poln. Abth.), 225 Werke (deutsche Abth.). Director: Piotr Parylak. — Gegr. 1895.

Nach dem letzten Jahresberichte gearbeitet, da der Fragebogen nicht beantwortet wurde.

707. **[K. k. Staats-]Realschule.** — *a)* Lehrerbibl. 2092 Bde. und 1032 Hefte, 12.995 Programme; *b)* Schülerbibl. — Jahresdotation für *a)* ca. 340 Gulden, für *b)* ca. 60 Gulden. — Director: Johann Januschke; Bibliothekar für *a)* Prof. Johann Králík; für die Programmsammlung: Prof. Dr. Carl Klatovský. — Ein Grundbuch, ein nach Fächern geordneter Katalog und ein Zettelkatalog. — Entlehnungen für die Mitglieder des Lehrkörpers zu jeder Zeit. — Versendungen an das Teschener Gymn. und die Bielitzer Realschule. — Gegr. 1873. — Alle an der Anstalt vertretenen Fächer.

Králík, Johann. Katalog der Lehrerbibliothek. In: XXIV. Jahresbericht der k. k. Staats-Ober-Realschule in Teschen. Teschen 1897.

708. **Verein der Buchdrucker in Oesterr.-Schlesien.** — 486 Bde. Siehe Troppau, Verein der Buchdrucker in Oesterr.-Schlesien.

Tetschen (Böhmen).

709. **Gräfl. Thun'sche Schlossbibliothek.** — 65.211 Bde., 288 Handschriften, 79 Incunabeln. Jahresdotation je nach Bedarf. Bibliothekar: Edmund Langer, zeitweilig unterstützt von einem Kanzlisten. — Zettelkatalog: *a)* nach Ordnung der Signaturen; *b)* alphabet. nach Autoren; *c)* alphabet. sachlich. Ueberdies fortlaufendes Eintrageregister in Bogenform. — Benützbar mit Genehmigung des Besitzers täglich von 9½—12 Uhr in Gegenwart des Bibliothekars. — Entlehnungen nur mit besonderer Genehmigung des Besitzers an bestimmte Personen oder Institute. — Versendungen unter den von Fall zu Fall zu bestimmenden Bedingungen. — Der erste Grund zur Bibl. wurde im 18. Jhdt. unter Johann Joseph Anton Reichsgrafen von Thun und Hohenstein, dem langjährigen Besitzer aller drei böhmischen Majorate (1720—1788) gelegt, dessen fleissige Benützung der Bücher die von ihm eingetragenen Notizen noch heute beweisen. Unter seinem Nachfolger Graf Wenzel erfuhr die Bibl. besonders in militärischer Richtung eine bedeutende Vermehrung. Unter Graf Franz Anton sen. (1808—1873) wurde nicht nur die früher offene Südaltane des Schlosses als Bibliotheksraum adaptirt, sondern auch die Bibl. selbst bedeutend vermehrt, sowohl durch Anschaffung einzelner neu erschienener Werke als auch grösserer Sammlungen. Mit einem gewissen George Fischer auf Helfenberg in Dresden wurde am 26. April 1813 ein Kaufcontract auf Ueberlassung einer Bibl. meist englischer und französischer Bücher, sowie Kupferwerke um 3000 Reichsthaler geschlossen. 1814 erfolgte der Ankauf des Bücherbestandes des böhmischen Patrioten und Geschichtsschreibers Franz Pelczel (Quittung über 799·30 Gulden, d. d. Prag 8. Juli 1814). 1827 wurde einem Engelshofen auf der Herrschaft Stockern bei Horn eine Bibl. um 700 Gulden C.-M. abgekauft, die 14 Kisten füllte und nahezu 71 Wr. Ctr. wog. — Vertreten sind alle Wissenschaften; besonders gepflegt werden Geschichte, Staatswissenschaften, sowie Kunstwerke.

Trautenau (Böhmen).

710. **Gabelsberger Stenographenverein** hat eine gegenwärtig nur aus 100 Inventarnummern bestehende Bibl. — Bibliothekar: Karl Turba. — Fachliteratur.

711. **[K. k. Staats-]Realschule.** — *a)* Lehrerbibl. 2191 Bde., 499 Hefte, 5305 Programme; *b)* Schülerbibl. 1130 Bde., 51 Hefte. — Für die Lehrmittelsammlung standen 1897/98: 561·63 Gulden zur Verfügung. — Director: Joseph Wurm; Custos für *a)* und

b) Prof. Anton Lediger. — Als unselbständige Unterrealschule 1872 in eine selbständige Communal-Unterrealschule umgewandelt; 1873 Oberrealschule, 1876 verstaatlicht.

Nach dem letzten Jahresberichte gearbeitet, da der Fragebogen nicht beantwortet wurde.

712. **Deutsche Volksbibliothek für den polit. Bezirk Trautenau,** städt. Sparcassegebäude. — 1627 Bde. — Jahresdotation 75 Gulden, und zwar 50 Gulden von der Sparcasse, 25 Gulden von der Stadtgemeinde. — Die Bibl. ist Eigenthum des Bezirkslehrervereines. Obmann: Gustav Settmacher, Oberlehrer in Petersdorf; Bibliothekar: Alois Thuma, Lehrer in Trautenau; überdies zur Dienstleistung bei der Bücherausgabe: Lehrer Andreas Hornik. — Fachkatalog nach Nummern geordnet. — Entlehnungen Sonntag von 9—11 Uhr auf 14 Tage unentgeltlich: darüber hinaus pro Bd. und Woche 2 Kreuzer. — Keine Versendungen. — Gegr. 1889 vom Bezirkslehrerverein als Bibl. und Lesehalle, welch letztere aus finanziellen Gründen nach einjährigem Bestande aufgelassen wurde. — Populärwissenschaften.

Bibliotheksordnung vom Jänner 1889.

Trebitsch (Třebič, Mähren).

713. **[K. k. Staats-]Gymnasium** (C. k. státní gymnasium). — *a)* Lehrerbibl. 2070 Werke in 2667 Bdn., 1385 Heften, 5 Tafeln, 4307 Programme; *b)* Schülerbibl. 1738 Bde., 52 Hefte, 1 Tafel. — Dotation für *a)* 191·50 Gulden; für *b)* 71·31 Gulden. — Director: Jan Reichert; Custos für *a)* Gymn.-Lehrer Adolf Ustupský; für *b)* Gymn.-Lehrer Ignát Kusala. — 1871 als böhm. Untergymn. gegr.; seit 1873 deutsches Untergymn. mit böhm. Parallelclassen; 1885 böhm. Untergymn. mit deutschen Parallelclassen, 1886 Obergymn. 1887 wurden die deutschen Parallelclassen aufgehoben.

Ustupský, Adolf. Katalog učitelské knihovny. In: XXI. program c. k. státního gymnasia v Třebíči. V Třebíči 1898.

Nach dem letzten Jahresberichte gearbeitet, da der Fragebogen nicht beantwortet wurde.

Trient (Trento, Tirol).

714. **Militärwissenschaftlicher und Casinoverein.** — 985 Bde. — Jahresdotation 400 Gulden. — Vorstand ist der jeweilige Bibliothekar des Vereines, ein Officier, derzeit GM. Eduard Pierer; Bücherausgabe besorgt ein Custos, derzeit Hauptmann d. R. Roman v. Chiusole. — Schlagwortkatalog. — Benützbar Montag, Mittwoch und Samstag nachm. für die

Vereinsmitglieder. Ebenso Entlehnungen. Keine Versendungen. — Gegr. zugleich mit der Constituirung des Vereines i. J. 1882. — Hauptsächlich Militärwissenschaften; daneben Belletristik.

715. **Theologische Diöcesananstalt.** — 11.686 Bde., überdies 96 Incunabeln und 17 Handschriften. — Jahresdotation aus dem Religionsfond 63 Gulden. — Bibliothekar der jeweilige Vicerector, derzeit P. Martin Innerhofer. — Benützbar zu jeder Zeit in Anwesenheit des Bibliothekars. — Entlehnungen nur an die Mitglieder des Lehrkörpers und Studirende der Anstalt. — Ebenso Versendungen; sonst nur mit Erlaubniss des Bischofs. — Entstanden aus der Bibl. des aufgehobenen Jesuitenklosters, des aufgehobenen Dominicanerklosters in Trient, aus Bücherwidmungen von Privaten, besonders mehreren Priestern, und aus Ankäufen. — Theologie in allen ihren Zweigen, Philosophie im weitesten Sinne, Medicin und Jus.

716. **[K. k. Staats-]Gymnasium** (J. r. ginnasio superiore) besitzt eine Lehrer- und eine Schülerbibl. Für beide je eine deutsche und italienische Abth. — Deutsche Abth. Leiter: Prof. Josef Damian; Bibliothekar: Prof. Dr. Hans Schmölzer. Ital. Abth. Director: Beniamino Andreatta; Custos: Prof. Leonardo Leveghi. — Gegr. 1622 von Jesuiten; 1774—1807 bischöfliches Gymnasium; 1807—1810 bayerische Lehranstalt; 1811—1817 Communalgymn.; seither Staatsanstalt und seit 1850 Obergymn.

Leveghi, Leonardo. Catalogo dei libri della Biblioteca dell' J. R. Ginnasio Superiore di Trento wird im Programm der Anstalt für 1898/99 veröffentlicht werden.

Nach dem letzten Jahresberichte gearbeitet, da der Fragebogen nicht beantwortet wurde.

717. **K. k. Handelsmittelschule** (J. r. scuola media di commercio) besitzt eine Lehrer- und eine Schülerbibl. von nur geringem Umfange, die für interne Zwecke bestimmt sind.

718. **Minoritenconvent** (Conventus s. Bernardini Senensis Fratrum Ordinis Minorum). — 17.325 Bde., 11 Handschriften, 430 Incunabeln. — Keine bestimmte Dotation; zum grössten Theile abhängig von öffentlicher Freigebigkeit. — Bibliothekar: P. Marcus Morizzo, O. M. — Ein alphabet. Zettelkatalog, ein Materienkatalog, ein Standortskatalog. — Täglich, doch nur für Männer, mit Erlaubniss des Superiors und in Gegenwart des Bibliothekars benützbar. — Entlehnungen nur an Ordensbrüder. — Keine Versendungen. — Gegr. 1452, zugleich mit der Gründung des Conventes. Dieser wurde durch Ueberschwemmung zerstört, 1691—94 wieder erbaut. Hier

fand auch die Bibl. wieder Aufnahme, die 1725 neu errichtet wurde. Bei Auflösung des Conventes i. J. 1810 kam seine Büchersammlung an die Stadtbibl. in Trient, wurde ihm aber 1815 bei seiner Restituirung wieder zurückgegeben. 1880 Neuordnung und Katalogisirung durch den jetzigen Bibliothekar, der die Bibl. von dieser Zeit bis heute um 8000 Bde. vermehrte. Die Bibl. enthält u. a. alle Handschriften des Trientiner Historiographen P. Giovanni Chrisostomo Tovazzi, ferner des P. Benedetto Bonelli und des P. Giuseppe Ip. Hippoliti. — Vertreten: Theologie in ihrem ganzen Umfange und Geschichte.

Ambrosi, Francesco. Guida di Trento.

719. **Stadtbibliothek** (Biblioteca comunale), Palazzo Municipale. — Ca. 50.000 Bde. 593 Incunabeln, 4000 Handschriften. — Jahresdotation 500 Gulden. — Bibliothekar: Prof. Dr. Lodovico Oberziner; 1 Diener. — Ein Zettelkatalog; ein alphabet. Bandkatalog. — Allgemein benützbar an Wochentagen von 9—12 und von 3—6 Uhr, an Sonntagen vorm. Im Juli und August geschlossen. — Entlehnungen an die städtischen Beamten, an die Professoren der Stadt und Gelehrte, die sich mit vaterländischer Geschichte befassen. — An diese Personen auch Versendungen. — 1725 machte Bischof Giovanni Benedetto Gentilotti seine Bibl. zum Fideicommiss seiner Familie; sein Bruder Giambattista überliess später die im Laufe der Zeit stark vermehrte Sammlung der Stadt zu allgemeinem Gebrauche. Das erste Local der Bibl. lag in der Via San Benedetto, den ersten Katalog verfasste can. Borzati. 1807 kam sie in das bischöfliche Priesterseminar. Mit dieser Bibl. wurde auch das Legat des Ambrogio de' Schrek vereinigt und mit ihr zusammen wieder Eigenthum der Stadt. Für die ganze Sammlung wurde 1845 der Palazzo Saracini, jetzt Rossi, auf der Piazza della Mostra erworben. 1849 starb Graf Camillo Sizzo de Noris, der ein Capital von 20.000 Gulden zur Besoldung eines Bibliothekars und Erweiterung der Sammlung stiftete. 1853 wurde die Bibl. eröffnet und allgemein zugänglich gemacht. Sie kam dann in die Via S. Trinità, gegenüber dem Staatsgymn., und endlich 1774 in den Palazzo municipale in der Via Larga. Ausser der Stiftung des Gründers und des de' Schrek sind folgende Schenkungen zu erwähnen: Im Testamente vom 6. September 1835 vermachte der Baron Antonio Mazzetti, Präsident des Appellationsgerichtes für die Lombardei († 1841), seine Bücher- und Handschriftensammlung der Stadt; 1846 Graf Benedetto Giovanelli, 1858 Taddeo Tonelli, 1861 Baron Simone Turco, 1869 Legat des Federico Sartori, 1872 Prof. Don Giuseppe Giorgio Sulzer, 1874 Bernardino

Manci, 1881 Dr. med. Pietro Redaelli, 1881 Graf Giovanni Martini. — Alle Wissenschaften, besonders Geschichte, Literatur und Kunst.

Cenni della raccolta patria legata alla città di Trento da S. E. il Bar. Mazzetti. Rovereto 1843. — Ambrosi, Francesco. La Biblioteca di Trento. In: Strenna Trentina. Trento 1890. — Brentari, O. Guida del Trentino: Trentino orientale. Bassano 1891.

Triest (Trieste, Küstenland).

720. **K. k. Handels- und nautische Akademie** (J. r. accademia di commercio e di nautica), Piazza Lipsia 1. — Ca. 13.000 Bde. — Jahresdotation 300 Gulden und die jährlichen Inscriptionstaxen der Schüler. — Bibliothekar: Prof. Dr. Michael Stenta. — Alphabet. Bandkatalog nach 30 Fächern. — Die Bibl. ist eigentlich öffentlich, verleiht jedoch Bücher an Personen, die sich mit wissenschaftlichen Studien befassen, nach von Fall zu Fall festzustellenden Bedingungen. — Versendungen nur an Bibl. — Ursprünglich waren nur einige hundert Werke mathematischen Inhaltes vorhanden, die nach 1754 die Sammlung der von Maria Theresia gegr. nautischen Schule bildeten. Seitdem wächst die Bibl. durch Ankauf von Werken, durch die Pflichtexemplare, die bis 1897 an die ärarische Abtheilung der Bibliotheca civica abgeliefert wurden, und durch Geschenke. — Alle Fächer, besonders Mathematik und Naturwissenschaften.

Gedruckter Generalkatalog erschien 1882; es folgen jährlich Supplementhefte in den Akad.-Progr.

721. **Capucinerconvent Pondares.** — Die Bibl. ist wie das Kloster selbst jüngsten Datums und nur nothdürftig mit den wichtigsten theologischen Werken ausgestattet. Die Werke sind zumeist aus den Bibl. anderer Klöster als Doubletten ausgeschieden worden. — Jahresdotation je nach Bedarf. — Guardian: P. Fortunat.

722. **[K. k. Staats-]Gymnasium.** — *a)* Lehrerbibl. ca. 3500 Werke; *b)* Schülerbibl. mit einer deutschen, einer ital. und einer sloven. Abth. — Director: Dr. Alois Perner; Bibliothekar für *a)* Prof. Robert Drexl; für *b)* und zwar für die deutsche Abth. Prof. Marcus Guggenberger; für die ital. Abth. Prof. Oscar Edl. v. Hassek; für die sloven. Abth. Prof. Dr. Carl Glaser. — 1792 eröffnet und den Franciscanern übergeben, 1814 geschlossen. 1842 wurde das Gymnasium von Capodistria nach Triest verlegt, seit 1850 Obergymn.

Katalog der Lehrerbibl. In: Jahresbericht über das k. k. Gymn. in Triest. Triest 1898.

Nach dem letzten Jahresberichte gearbeitet, da der Fragebogen nicht beantwortet wurde.

723. **[Communal-]Gymnasium** (Ginnasio comunale superiore) besitzt eine Lehrer- und eine Schülerbibl. — Director: Giuseppe Vettach; Bibliothekar der Lehrerbibl.: Prof. Cesare Cistofolini; der Schülerbibl.: Prof. Dr. Riccardo de Luyck. — Gegr. 1863.

Nach dem letzten Jahresberichte gearbeitet, da der Fragebogen nicht beantwortet wurde.

724. **Ingenieur- und Architektenverein** (Società di ingegneri ed architetti). — 1530 Bde. — Jahresdotation je nach Bedarf, ca. 450 Gulden. — Ein aus der Vereinsleitung gewählter Bibliothekar. — Ein chronol. und ein Sachkatalog. — Benützbar den ganzen Tag für Vereinsmitglieder. — Ebenso Entlehnungen auf einen Monat. — Keine Versendungen. — Gegr. zugleich mit dem Vereine 1878. — Technische Werke.

725. **Städtisches naturhistorisches Museum** (Museo civico di storia naturale Ferdinando Massimiliano). — 11.000 Bde. — Jahresdotation je nach Bedarf; Gesammtdotation 1200—1800 Kronen. — Director: Dr. Carl v. Marchesetti; Adjunct: Anton Valle; 2 Diener. — Zettelkatalog. — Benützbar täglich von 9—1 und 3—6 Uhr für Studirende. — Ebenso Entlehnungen und Versendungen. — Gegr. zugleich mit dem Museum im Jahre 1846 und fortwährend durch Geschenke und Ankäufe vergrössert. Eine erhebliche Bereicherung erfuhr die Bibl. durch die Einverleibung der botanischen Bibl. des Hofr. M. Ritter v. Tommasini aus dessen Nachlass und durch den Tausch der von dem Museum veröffentlichten „Atti" mit den Publicationen von 130 anderen Museen, Akademien und gelehrten Gesellschaften. — Hauptsächlich Naturwissenschaften, und zwar Zoologie, Botanik, Mineralogie, Geologie und Anthropologie mit Einschluss der Urgeschichte.

726. **[K. k. Staats-]Realschule.** — *a)* Lehrerbibl. 1128 Werke; *b)* Schülerbibl. 1208 Bde. (deutsche Abth.), 149 Bde. (ital. Abth.). — Lehrmitteldotation pro 1898 600 Gulden. — Director: Justus Hendrych; Custos für *a)* Prof. Peter Widmann; für *b)* Prof. Adolf Thannabaur. — Gegr. 1870.

Nach dem letzten Jahresberichte gearbeitet, da der Fragebogen nicht beantwortet wurde.

727. **[Communal-]Realschule** (Civica scuola reale superiore). — 1897 Werke in 3102 Bdn., 329 Heften und 16 Karten. — Jahresdotation 200 Gulden. — Director: Dr. Francesco Fridrich. — Gegr. 1863 als Unterrealschule; seit 1867 Oberrealschule.

Nach dem letzten Jahresberichte gearbeitet, da der Fragebogen nicht beantwortet wurde.

728. **Stadtbibliothek** (Biblioteca civica), Piazza Lipsia 1. 85.000 Bde., 200 Handschriften, ca. 300 Incunabeln. — Dotation 2000 Gulden für den allgemeinen Theil, 200 Gulden für die Raccolta patria, 105 Gulden für die Petrarchesca-Piccolominea. — Director: Dr. Attilio Hortis; Adjunct: Antonio Brumati; 1 Assistent, 1 Diener. — Handschriftlich ein topographischer Bandkatalog. Je ein alphabet. und ein wissenschaftlicher Zettel- und Bandkatalog. — Täglich von 10—1 und 5—8 Uhr geöffnet. — Entlehnung, ausser von Handschriften, gegen Erlagschein. — Versendung nur ausnahmsweise. — Gegr. 1796 bei Gelegenheit eines Büchergeschenkes der Arcadi-Romano-Sonziaci. Aufnahme fanden ferner: Die Petrarchesca-Piccolominea des Domenico di Rossetti, die Sammlung des Giacomo Senigaglia, die Bodoniana des Baron de Parente, die mathematische Sammlung des Prof. Davide Besso, die griechische Bibl. des Dionisio Therianò, zwei Autographensammlungen des Carlo Usigli und der Witwe Zaiotto.

„Raccolta delle leggi ordinanze e Regolamenti speciali per Trieste" pubbl. da Kandler nei „Cenni statistici sulle scuole comunali di Trieste durante gli anni 1878—79 e 1879—80." — Ueber die Bibl. zwei Schriften von Bugnani und De Fiori.

729. **K. k. zoologische Station,** Passeggio di S. Andrea 2. 838 Inventarnummern. — Jahresdotation ca. 700 Gulden. Leiter der zoologischen Station: Univ.-Prof. Dr. Carl Isidor Cori; Inspector: Dr. Eduard Graeffe; Assistent: Dr. Adolph Steuer; 2 Diener. — Inventarkatalog mit fortlaufenden Nummern; Zettelkatalog alphabet. nach Autoren geordnet. — Bibl. benützbar von 8 Uhr früh bis 7 Uhr abends. — Keine Entlehnungen und Versendungen. — Gegr. zugleich mit dem Institute 1875. — Zoologie, Botanik, Physiologie.

730. **Militär-wissenschaftlicher Verein** in der grossen Infanterienothkaserne, 1. Stock. — 2184 Werke in 1046 Bdn. — Jahresdotation 600—700 Gulden. — Vereinspräsident ist derzeit ein activer Generalmajor, welchem ein Vereinsausschuss von 10 Mitgliedern zur Seite steht. Bibliothekar und Vereinsdirigent: Horny, Major d. R.; 2 Infanteristen als Vereinsdiener. — Alphabet. Autoren- und Schlagwortkataloge. — Benützbar an allen Wochentagen von 10—1 und 4—7 Uhr. — Entlehnungen auf 4 Wochen. — Keine Versendungen. — Der Verein wurde in Folge a. h. Entschliessung vom 11. und 27. August 1871 mit Reichskriegsministerialrescript vom 21. September 1871 Abth. 5, Nr. 2827 mit einer Staatssubvention gegründet. Ausserdem leistet jedes Mitglied einen Monatsbeitrag von 5 Kreuzern pro Gagegulden. — Die Bibl.-

Werke sind theils Widmungen, theils durch Kauf erworben. — Alle Wissenschaften, besonders militärische Werke.

Troppau (Opava, Schlesien).

731. **Katholisch-politisches Casino**, im Hause des kathol. Gesellenvereines. — 505 Bde. — Keine bestimmte Dotation, je nach Bedarf; zahlreiche Schenkungen. — Vorstand: Joseph Schum, päpstlicher Hausprälat und apostolischer Protonotar etc.; Vorstandstellvertreter: Joseph Lorenczuk, Hausbesitzer; Bibliothekar: Richard Franz, Oberconducteur i. R.; Cassier: Wenzel Schwarz. — Handschriftlicher Inventarkatalog. — Benützbar an den statutenmässigen Vereinsversammlungen, gewöhnlich Donnerstag. — Entlehnungen gegen eine Leihgebühr von 1 Kreuzer pro Band. Keine Versendungen. — Gegr. 1870 nach Auflösung des Lesevereins, der in das kath.-polit. Casino überging; seither durch Schenkungen vermehrt. — Meistens religiöse Bücher, Belletristik, Geschichte und Naturwissenschaften.

732. **Convent des Deutschen Ritterordens** hat nur eine kleinere in zwei Zimmern untergebrachte, 1866 gegr. Hausbibl. — Prior: P. Maximilian Fink.

733. **[K. k. Staats-]Gymnasium.** — *a)* Lehrerbibl.; *b)* Schülerbibl. — *a)* 5300 Bde. — Jahresdotation für *a)* 200 Gulden. — Director: Dr. Rupert Schreiner; Custos für *a)* Prof. Franz Waněk; für *b)* Prof. Dr. Heinrich Schefczik. — Schlagwortkatalog. — *a)* für Lehrer der Anstalt jederzeit, ausnahmsweise auch für Fremde benützbar. — Gegr. 1642 als Jesuitengymn. von Herzog Karl Eusebius; seit Aufhebung des Ordens Staatsgymn. — Der Anstalt untersteht auch das Gymnasialmuseum unter Leitung des Bibliothekars Prof. Alois Beyerle. — Das Gymn. erhält auch je ein Pflichtexemplar aller in Schlesien gedruckten Werke.

734. **[Privat-]Gymnasium der „Ústřední Matice školská"** (Český gymnasium). — *a)* Lehrerbibl. 5900 Werke in 6835 Bdn. und 58 Heften, darunter 2186 Programme; *b)* Schülerbibl. 911 Werke in 1026 Bdn., deutsche Abth.: 182 Bde. — Dotation je nach Bedarf bis zu 50 Gulden jährlich. — Director: Josef Fürst; Custos für *a)* Prof. Antonín Karásek; für *b)* (čech. Abth.): Prof. Václav Hauer; (deutsche Abth.): Prof. Vincenc Kopr. — Ein Zettel- und ein Bandkatalog nach Fächern und Schlagworten. — Entlehnung an Mitglieder des Lehrkörpers und bekannte Personen. — Gegr. 1883. —

Besonders vertreten: Zeitschriften, cechische und classische Philologie.

Katalog erscheint im Jahresprogramme der Anstalt für 1898/99.

735. **Handels- und Gewerbekammer für Schlesien.** — 2100 Bde. und Handschriften. — Jahresdotation 300 Gulden. Präsident: Heinrich Janotta; erster Secretär: Dr. Julius Mattern; zweiter Secretär: Dr. Pretzlik. — Ein nach Materien geordneter Bandkatalog. — Benützbar in den Amtsstunden von 9—12 und 3—6 Uhr. — Entlehnungen an bekannte Personen gegen Revers. — Gegr. 1851. — Alle Wissenschaften, insbesondere Geographie, Geschichte, Naturwissenschaften, Technologie, Rechtswissenschaft, Gesetzgebung, Volkswirthschaft, Verwaltung.

736. **Kaiser Franz Joseph-Museum für Kunst und Gewerbe** hat eine Bibl. von 1500 Bdn. Jahresdotation 600—700 Gulden — Director: Dr. Edmund Wilhelm Braun, k. k. Conservator der Centralcommission; 1 Diener. — Alphabet. und systematischer Zettelkatalog. — Lesezimmer geöffnet täglich von 10—1 und 3—6 Uhr, Mittwoch sowie Samstag von 3—8 Uhr. — Entlehnungen und Versendungen. — Gegr. zugleich mit dem Museum 1885 [seit 1895 Kaiser Franz Joseph-Museum, seit 2. December 1898 Kaiser Franz Joseph I. Jubiläumsstiftung betitelt]. — Kunstgeschichte, Kunstgewerbe und Gewerbe.

737. **Oesterreichisch-schlesische Land- und Forstwirthschaftsgesellschaft.** — 1536 Bde. und Broschüren. Jahresdotation je nach Bedarf. — Präsident: Excellenz Heinrich Graf Larisch-Mönnich, k. k. Landeshauptmann. — Handschriftlicher Fachkatalog. — Benützbar nur für die Mitglieder. — Ebenso Entlehnungen. — Keine Versendungen. — Gegr. zugleich mit der Gesellschaft 1863. — Land- und Forstwirthschaft.

738. **Matice Opavská**, Rybí trh c. 7. — *a)* Volksbibl. (Lidová knihovna); *b)* Museumsbibl. (Musejní knihovna). *a)* 1324 Bde.; *b)* 3028 Bde., 158 Blätter, Autographen, Patente etc. — Jahresdotation 200 Gulden. — Bibliothekar: Prof. A. Karásek; 1 Diener. — 3 Schlagwort-(Band-)Kataloge. — Allgemein benützbar. — Entlehnungen, aber keine Versendungen. — Gegr. 1883.

739. **Minoritenconvent.** — 7980 Werke in 8611 Bdn. — Jahresdotation je nach Bedarf. — Verwalter der Bibliothek ist der Guardian P. Dominik Hackenberg, O. Min. — Ein Fachkatalog entworfen von P. Karl Vodička, O. Min., derzeit in Krumau (Böhmen). — Benützbar von 10—12 Uhr und 1—6 Uhr. — Entlehnung nur an vertrauenswürdige Personen.

16*

— Keine Versendung. — Gegr. zugleich mit dem Kloster im Jahre 1234 und später durch verschiedene Unglücksfälle und Brände vernichtet. Der jetzige Bestand stammt aus den letzten zwei Jhdtn., und zwar aus Geschenken von Civilpersonen und weltlichen in Troppau verstorbenen Geistlichen. — Die Neuordnung der Bibl. erfolgte 1891 durch P. Karl Vodička. — Vertreten alle Wissenschaften, besonders Katechetik (650 Bde.), Jus civile (642 Bde.), Humanistica und Lexica (684 Bde.), Theologie (1168 Bde.), Ascesis und Mystica (775 Bde.), deutsche Predigten (1224 Bde.), Kirchengeschichte (697 Bde.), Geographie und Geschichte (599 Bde.).

740. **Museumsbibliothek** im Minoritenkloster, Herrengasse. — 35.997 Bde., 821 Hefte, 722 Stücke (Satzungen und Jahresberichte von Vereinen, schlesische Zeitungen) und 32 Handschriften. Die Zahl der Incunabeln ist unbekannt. — Jahresdotation 120—150 Gulden. — Bibliothekar: Prof. Alois Beierle, dem ein Gymnasiast und eine Bedienerin zur Seite stehen. — Alphabet. und Zettelkataloge, sowie Verzeichnisse auf Bogen. — Lesestunden Mittwoch und Samstag von 2—4 Uhr. — Entlehnungen nur mit Genehmigung des Bibliothekars. Anspruch darauf haben in erster Linie Personen, welche dem Lehrstande angehören. — Versendungen an öffentliche Bibliotheken, an Private nur gegen Caution. — Gegr. 1814 von Faustin Ens, k. k. Gymn.-Prof., Franz Mükusch v. Buchberg, k. k. pens. Hauptmann, und Joseph Schössler, Bürgermeister von Troppau. Eröffnet 1817. Der Grundstock der Bibl. besteht aus geschenkten Büchern und Zeitschriften, 1848 wurden vom Hofr. Dr. Joseph Witteczek 3086, i. J. 1860 6842 Bde. der Bibl. geschenkweise überlassen, 1879 aus der k. k. Fideicommissbibl. in Wien 166 Bde., welche als Doubletten ausgeschieden worden waren, nach der Auflösung des Werner-Vereines in Brünn einige hunderte Bde. gespendet. — Vertreten beinahe alle Disciplinen, besonders gepflegt deutsche Literatur, Geschichte, Geographie, Naturgeschichte, Pädagogik, Silesiaca.

Ens, Faustin. Das Oppaland oder der Troppauer Kreis. Wien 1835 bis 1837. 4 Bde. — Derselbe. Ueber das Troppauer Museum und ein Manuscript in demselben. In: Der österreichische Geschichtsforscher. II. 1. 1841. Not.-Bl., S. 23. — Zukal, J. Aus der Troppauer Museumsbibl. In: Jahresber. der Ober-Realschule. Troppau 1881.

741. **[K. k. Staats-]Realschule.** — Lehrer- und Schülerbibl. 8200 Bde. und 6746 Programme. — Lehrmitteldotation (für 1897/98) 700·36 Gulden. — Director: Rudolf Bartelmus; Bibliothekar: Prof. Franz Baecker. — Gegr. 1851 als Unterrealschule; seit 1857 Oberrealschule.

Nach dem letzten Jahresberichte gearbeitet, da der Fragebogen nicht beantwortet wurde.

742. **Verein der Buchdrucker in Oesterr.-Schlesien.** 834 Werke, mit Sectionen in Freiwaldau (310 Werke), Bielitz (36 Werke), Teschen (486 Werke) 1666 Werke. — Ein gedruckter alphabet. Katalog. — Jahresdotation je nach Bedarf von der Generalversammlung bestimmt. — Vorstand: Adolph Feiler; je ein gewählter Bibliothekar. — Benützbar nur für Vereinsmitglieder. — Ebenso Entlehnungen auf vier Wochen und Versendungen. Jedes Mitglied hat das Recht, auch aus einer anderen Section Bücher zu entlehnen.

Bibl.-Katalog des Vereines der Buchdrucker in Oesterr.-Schlesien. Troppau 1898.

743. **Naturwissenschaftlicher Verein,** Engelsbergpark, Promenaderestauration. — 563 Bde. — Keine bestimmte Jahresdotation. — Obmann: Joseph Kurz; Schriftführer: Max Schäffer; Bibliothekar: Emil Rzehak. — Katalog nach Einlauf der Werke. — Benützbar jeden ersten und dritten Freitag im Monate. — Entlehnungen und Versendungen (gegen Ersatz des Portos) nur an Vereinsmitglieder. — Gegr. 1895. — Naturwissenschaften.

744. **Troppauer Kaufmännischer Verein** hat eine nicht allzu grosse Bücherei, welche zumeist aus kaufmännischen Lehrbüchern und Belletristik besteht; seit zehn Jahren in Folge Theilnahmslosigkeit der Mitglieder stationär. Obmann: Josef Plavky.

745. **Erste österr.-schles. deutsche Volksbibliothek.** — 6035 Bde. — Dotation 300—400 Kronen; sonst Geschenke. — Obmann des Verwaltungsausschusses: Prof. Dr. Ferdinand Maria Wendt; erster Bücherwart: Lehrer Franz Jilg; zweiter Bücherwart: Lehrer Franz Funiok; Lesezimmeraufseher: Josef Lyko; 1 Diener. — Je ein handschriftlicher Zettel- und ein gedruckter Katalog nach Materien geordnet, innerhalb derselben alphabet. nach Autoren. — Sammt dem Lesezimmer Sonntag von 2–4 und Mittwoch von 6–8 Uhr, im Winter von 7–9 Uhr abends benützbar. — Entlehnungen gegen Empfangsschein auf 14 Tage. — Versendungen aus der mit der Bibl. verbundenen Büchersammlung der Louise Otto- und Auguste Schmidt-Sammlung auf die Dauer von vier Wochen gegen Erlag des Portos. — Eröffnet im März 1887 und unterstützt von der Troppauer Stadtgemeinde, welche im Sparcassengebäude ein grosses Bibliotheks- und ein geräumiges Lesezimmer unentgeltlich beistellte. Durch Geschenke, den Ankauf einer Privatbibl und durch günstige Gelegenheitskäufe rasch emporgewachsen. Erfreut sich einer starken Benützung (jährl. 7000—8000 Bde.). Der Verwaltungsausschuss,

dessen Mitglieder meist dem Volksbildungsvereine seit seiner Gründung angehören, sorgt auch für die Bildung des Volkes durch Veranstaltung von Volksconcerten und Freivorstellungen im Stadttheater unter Betheiligung der ersten Kunstkräfte der Landeshauptstadt. Die Verwaltungskosten werden durch die Mitgliederbeiträge (240 Mitgl.), sowie durch Subventionen des Landes, der Stadt und der Sparcasse bestritten. – Unterhaltungs- und Bildungsschriften, namentlich für die arbeitenden Classen. Besonderes Augenmerk wird der reiferen Jugend zugewendet, für welche eine besondere Abtheilung besteht und geeignete Zeitschriften aufliegen. — Der Volksbibl. untersteht noch die Louise Otto- und Auguste Schmidt-Stiftung, eine kleine Bibl. von 100 Bdn., welche sämmtlich entweder von Frauen oder für Frauen geschrieben sind. Dieselbe ist insbesondere dem Troppauer Frauen-Bildungsvereine zur Verfügung gestellt, welcher 400 Mitglieder zählt und dessen Obmannstellvertreter zugleich Leiter der Volksbibl. ist.

Jilg, Franz und Maria Theresia May. Bücherverzeichniss der Troppauer Volksbibl. Troppau 1896. — „Decennal-Jahresbericht von 1897" enthält Geschichtliches über den Verein, namentlich über die Benützung der Bibl., Concerte und Theatervorstellungen.

Ung.-Brod (Uh. Brod, Mähren).

746. **[Landes-]Realschule** (Zemská vyšší realka). — *a)* Lehrerbibl. 199 Werke in 342 Bdn., 53 Heften, 160 Programme; *b)* Schülerbibl. 351 Werke in 377 Bdn. — Jahresdotation ca. 500 Gulden. — Director: Jan Rain; Custos für *a)* Realschullehrer František Nerad; für *b)* Realschullehrer Ondřej Mentberger. — Errichtet 1896.

Nach dem letzten Jahresberichte gearbeitet, da der Fragebogen nicht beantwortet wurde.

Ung.-Hradisch (Mähren).

747. **[K. k. Staats-Real- und Ober-]Gymnasium.** — *a)* Lehrerbibl. 1833 Werke in 2586 Bdn., 705 Heften, 13.515 Programme; *b)* Schülerbibl. 910 Werke in 1113 Bdn. und 291 Heften. — Jahresdotation für *a)* ca. 100 Gulden. — Director: Wilhelm Perathoner; Bibliothekar für *a)* Gymn.-Lehrer Johann v. Vintschger von Altenburg zu Neuberg; für die Programmsammlung: Prof. Heinrich Götzl; für *b)* Prof. Wilhelm Pokorny. — Bandkatalog nach Materien. – Benützbar *a)* nur für den Lehrkörper. — Ebenso Entlehnungen. — Keine Versendungen. — Gegr. 1854 als selbständige Communal-Real-Anstalt, diese 1864 in ein Real-Gymn. umgewandelt und 1869 als Real-Obergymn.

eingerichtet, seit 1872 in die Verwaltung des Staates übernommen.

Vintschger von Altenburg zu Neuberg, Johann v. Katalog der Lehrerbibl. In: Programm des k. k. Staats-Real- und Obergymn. zu Ungarisch-Hradisch. Ungarisch-Hradisch 1898.

718. **[K. k. Staats-]Gymnasium** (Cís. král. český vyšší gymnasium). — *a)* Lehrerbibl. 1331 Werke in 2695 Bdn., 2770 Programme; *b)* Schülerbibl. 1108 Werke in 1606 Bdn. — Dotation für *a)* 134·54 Gulden, für *b)* 65·88 Gulden. Director: Josef Zahradník; Custos für *a)* Prof. Ignát Hrozek; für die Programmsammlung: Prof. Jan Petráček; für *b)* Prof. Václav Kubelka. — Von der „Ústřední Matice školská" in Prag 1884 als Untergymn. eröffnet; 1891 verstaatlicht.

Hrozek, Ignát. Seznam spisu, chovaných v knihovně učitelské. I. část. In: XIV. výroční zpráva cís. král. českého vyssího gimnasia v Uh. Hradisti. V Uh. Hradisti 1898.

Nach dem letzten Jahresberichte gearbeitet, da der Fragebogen nicht beantwortet wurde.

Urfahr (Ober-Oesterr.).

749. **[Bischöfl. Privat-]Gymnasium am „Collegium Petrinum".** — 5070 Bde. — Director: P. Lambert Guppenberger; Custos der Lehrerbibl.: Johann N. Paul. — 1897 eröffnet an Stelle der bis dahin vom Collegium der Gesellschaft Jesu auf dem Freinberge geleiteten Privat-Lehranstalt für die Gegenstände des Gymn. am bischöfl. Knabenseminar.

Nach dem letzten Jahresberichte gearbeitet, da der Fragebogen nicht beantwortet wurde.

Villach (Kärnten).

750. **Deutscher und Oesterreichischer Alpenverein, Section Villach,** Josefsplatz 1, Kanzlei des k. k. Notars J. Fresacher. — 595 Bde. und Hefte. — Jahresdotation 25—30 Gulden. — Bibliothekar: Ein Ausschussmitglied. — Ein Bandkatalog; alphabet. Zettelkatalog in Ausarbeitung. — Entlehnungen an Mitglieder während der Kanzleistunden. — Ebenso Versendungen gegen Ersatz des Portos. — Gegr. zugleich mit der Section: meist Zeitschriften durch Geschenk und Tausch. Geordnet durch Prof. Estioner.

751. **Bezirkslehrerbibliothek,** Mädchen-Volks- und Bürgerschulgebäude. — 1930 Bde. — Jahresdotation 282 Gulden. — Obmann der Bibliothekscommission: Johann Gritschacher, Oberlehrer; Obmannstellvertr. und Bibliothekarin: Johanna Delami,

Lehrerin; Schriftführer: Karl Sebastian, Lehrer; 1 Dienerin. — Katalog in losen Bogen, nach Fachgruppen geordnet. — Täglich benützbar. — Entlehnungen auf zwei Monate an die Lehrpersonen des Schulbezirkes Villach. — Gegr. 1873 auf Grundlage der erflossenen gesetzlichen Bestimmungen. Bis 1. Juni 1898 die Kosten allein bestritten durch Abzug von 0·5 Procent des Diensteinkommens der Lehrer und Lehrerinnen. Laut Gesetz vom 7. Mai 1898 hat das Land Kärnten die Dotation zu leisten. — Besonders vorhanden und gepflegt die sogenannten pädagogisch-didaktisch-methodischen Wissenschaften.

752. **Franciscanerconvent St. Nicolai.** — Ca. 800 Bde. — Bibliothekar: P. Mathias Offenzeller, O. Fr. M. — Alphabet. Zettelkatalog in Ausarbeitung. — Nur zu eigenem Gebrauche. — Das Kloster ist jüngsten Datums. — Theologie, Predigt, Katechese.

753. **[K. k. Staats-]Gymnasium.** — *a)* Lehrerbibl. 3483 Bde., 12.481 Hefte und Programme; *b)* Schülerbibl. 1757 Bde. — Jahresdotation 200 Gulden. — Director: Andreas Zeche; Custos für *a)* Prof. Gottfried Vogrinz; für *b)* Director Andreas Zeche. — Handschriftlich ein Bandkatalog nach Materien, innerhalb dieser alphabet., und ein Zettelkatalog. — Keine bestimmten Bibliotheksstunden. — Entlehnungen an den Lehrkörper und bekannte Persönlichkeiten gegen Revers. — Gegr. zugleich mit der Anstalt 1869.

Vogrinz, Gottfried. Katalog der Lehrerbibl. I. In: XXIX. Jahresschrift des k. k. Staatsgymn. in Villach. Villach 1898. (Aus Ersparungsrücksichten sind hier nur die bedeutenderen Werke aufgenommen.)

754. **Städtisches Museum,** besitzt nur eine verhältnissmässig geringe Anzahl älterer Druckwerke, die vorzugsweise die Geschichte Kärntens behandeln und aus Geschenken herrühren.

755. **Volksbücherei des Vereines „Südmark"**, Mädchenvolksschule. — 1200 Bde. — Jahresdotation 100 Gulden. — Obmann: Dr. med. Hans Hock. — Alphabet. Kataloge nach Materien geordnet, ein Autorenkatalog. — Geöffnet Samstag von 6—7 Uhr. — Entlehnungen gegen Erlag von 50 Kreuzern Jahresbeitrag oder 5 Kreuzern pro Band. — Keine Versendung. — Gegr. 1897. — Belletristik, Geschichte, Naturwissenschaften, Politik.

Vorau (Steiermark).

756. **Chorherrenstift der Augustiner.** — 18.000 Bde.: 115 Handschriften, 112 Incunabeln. — Bibliothekar: Theodorich

Lampel, Chorherr. Jahresdotation je nach Bedarf. Band- und Zettelkatalog. Beide doppelt vorhanden: von den Bandkatalogen der eine alphabet., der andere als „Standortskatalog" nach den Kästen und Signaturen geordnet: von den Zettelkatalogen der eine alphabet., der andere nach Fächern und innerhalb derselben wiederum alphabet. Ein Handschriften- und Incunabelnkatalog in Ausarbeitung. — Zur Besichtigung geöffnet vom 15. Mai bis 30. September an Werktagen von 2—3 Uhr, zu anderen Zeiten nach Massgabe der verfügbaren Zeit des Bibliothekars. — Benützung, Entlehnung und Versendung nur mit besonderer Genehmigung des Prälaten. Die ersten Anfänge der Stiftsbibl. dürften mit der Gründung des Stiftes zusammenfallen. Beweis dessen Codex 261 (eine Psalmenerklärung saec. XII), welcher auf dem 1. Blatte am oberen Rande den Vermerk von einer gleichzeitigen Hand trägt, dass diese Handschrift vom Archidiacon Ottokar dem Markgrafen Ottokar und von letzterem dem Stifte gespendet worden sei. Da nun dieser Archidiacon Ottokar bei der Gründung intervenirte, so dürfte der Codex bei der Gründung selbst hierher gekommen sein. Die Prälaten am Ausgange des 12. und im ganzen 13. Jhdt. waren sehr bemüht, den Stand der Bücherei zu vermehren, so namentlich Bernard I. (Codex 11, neu 276, enthaltend die Kaiserchronik, die mittelhochdeutschen Gedichte Gesta Friderici imperatoris und Codex 12, neu 257), Conrad II., wie dies vielfach aus den Aufzeichnungen in den Codices selbst hervorgeht, in welchen diese und andere Prälaten als Besitzer, Käufer, Auftraggeber, ja Conrad II. sogar als Schreiber bezeichnet werden. Den grossen Werth, welchen man damals im Stifte den Büchern beilegte, beweist die historische Thatsache, dass Prälat Bernard II. beim Stiftsbrande i. J. 1237 in den Flammen umkam, da er aus den Fenstern des schon brennenden Gebäudes Urkunden und Bücher hinauswarf, um diese zu retten. Den vollgiltigen Beweis für den Bestand einer Bibl. in dem ersten Säculum des Bestehens des Stiftes erbringt der Codex 83 [neu 17, saec. 12.], in welchem von einer gleichzeitigen Hand die Bücher angeführt sind, welche die „fratres forowenses" besassen. Aus dem Anfange des 14. Jhdts. stammt ein Verzeichniss von Paramenten und Büchern, welches der Stiftsgusterer Dietrich bei seinem Antritte der Prälatur 1302 verfasste. Im 15. Jhdt. waren es besonders die beiden Prälaten Andreas v. Prombek und Leonhard aus Horn, welche nicht nur viele Bücher, theils Handschriften, theils Wiegendrucke ankauften, sondern auch überhaupt das wissenschaftliche Leben im Stifte zu einer solchen Höhe hoben, dass um diese Zeit mehrere gelehrte Männer, wie Leonhard Frisching oder

Leonardus rasoris v. Leoben, Johann Freymunt v. Murau, Georg v. Eggenburg. Johannes Schenkenhaym, notarius des Archidiacon von Gradwein, und Andere dem Stifte ihre Bücher schenkten oder testamentarisch vermachten. Auch den folgenden Prälaten im 16. Jhdt. hat die Bibl. trotz der Wirren der Reformation manche Bücherschätze zu verdanken. Mit Ende des 17. Jhdts. begann eine besonders günstige Zeit für die Bibl. Drei aufeinanderfolgende Prälaten Joannes Philippus Leisl, Sebastian Graf v. Webersberg, und Laurentius Leitner haben für die Bibl. sehr viel geleistet, ersterer durch Anschaffung von werthvollen, heutzutage noch sehr geschätzten Büchern aus den verschiedensten Fächern, Webersberg durch den Bau und Leitner durch die geschmackvolle und stilgerechte Ausstattung der Bibliotheksräume. In diesem Jhdt. verdankt die Bibl. sehr vieles dem wissenschaftlich gebildeten Prälaten Theophilus Kerschbaumer. Der derzeitige Prälat Isidor Allinger liess neue Räume zur Vergrösserung und Unterbringung der Bibl. schaffen, da der grosse Bibl.-Saal nicht mehr ausreichte, um alle Bücher geordnet aufzustellen. — Theologica, Historica und Topographica.

Wattenbach, W. Handschriften des Chorherrenstiftes zu Vorau in Steiermark. Nach dem Katalog des Julius Franz Gusmann von Wien, vom Jahre 1733 und eigener Untersuchung. Archiv für ältere deutsche Gesch. X. (1851), S. 626. — Pangerl, M. Die Handschriftensammlung des Chorherrenstiftes Vorau. Beiträge zur Kunde steiermärk. Gesch. IV. 1867, S. 85. — Wattenbach, W. Bericht über eine Reise durch Steiermark im August 1876. N. Archiv f. ält. deutsche Gesch. II. 1877, S. 397. — Reissenberger, C. Ein literarischer Klosterschatz in der Steiermark. Montagsrevue Wien 1884, Nr. 15. — Rathofer, Augustin. Das Chorherrenstift Vorau in Steiermark. In: Ein Chorherrenbuch. Von Seb. Brunner. Würzburg 1883.

Wadowice (Galizien).

757. **[K. k. Staats-Ober-]Gymnasium.** — *a)* Lehrerbibl. 3154 Werke in 8049 Bdn.; *b)* Schülerbibl. 615 Werke in 816 Bdn. — Jahresdotation 200 Gulden. — Director: Seweryn Arzt; Custos für *a)* Prof. Michał Frąckiewicz; für *b)* Prof. Józef Kurowski. — Handschriftlicher Zettelkatalog. — Jederzeit benützbar für Mitglieder des Lehrkörpers. — Ebenso Entlehnungen. — Keine Versendungen. — Gegr. zugleich mit der Anstalt 1866. — Pflegt alle Wissenschaften des Gymn.

Frąckiewicz, Michał. Wykaz książek znajdujących się w bibliotece nauczycielskiej. In: Sprawozdanie dyrekcyi c. k. gimnazyum w Wadowicach. W Wadowicach 1898.

Waidhofen a. Th. (Nieder-Oesterr.)

758. **Bezirkslehrerbibliothek.** — Juli 1898: 1561 Werke in 2506 Bdn. — Dotation bisher 250 Gulden vom B.-L.-Rathe.

respective Landesschulrath oder Landesausschuss. — Bibliothekscomité: Obmann, derzeit Carl Starkl; Bibliothekar und drei Mitglieder, jährlich erwählt; 1 Schuldiener. — Ein broschürter Materienkatalog; die Fortsetzungen werden jährlich im Amtsblatt der k. k. Bezirkshauptmannschaft veröffentlicht. Die Handkataloge sind im Besitze jeder Schule des Bezirkes. — In der Regel jeden Donnerstag von 1—2 Uhr geöffnet, doch werden jeder Lehrperson über Wunsch jederzeit, sobald der Bibliothekar dienstfrei ist, Werke ausgefolgt. — Entlehnungen an Lehrpersonen auf 3—6 Monate. Nähere Bestimmungen in der „Ordnung für Bezirkslehrerbibl." (L.-S.-R. 24. I. 1872, Z. 5288). — Von den 21 vertretenen Fächern besonders gepflegt: Pädagogik, Sprachwissenschaft, Geographie, Geschichte, Naturwissenschaften.

759. **Casinoverein.** — 500 Werke, 100 Zeitschriften und sonstige Lieferungswerke. — Jahresdotation ca. 100 Gulden. — Vorstand: K. k. Rechnungsrevident Balihar; Bibliothekar: Bürgerschullehrer Carl Ille. — Benützbar nur für Mitglieder gegen monatliche Lesegebühr von 30 Kreuzern. — Ebenso Entlehnungen. Gegr. 1895.

Bibl. des Casinovereines in Waidhofen a. d. Thaya. [Bücherverzeichniss. Stand mit Ende October 1896]; I. Nachtrag. Stand der Bibl. Ende October 1897; II. Nachtrag zum Bibl.-Verzeichnisse 1898.

760. **[Nied.-österr. Landes-Real-]Gymnasium.** — *a)* Lehrerbibl. Ende 1897/98 3466 Werke in 5783 Bdn., 4533 Heften, darunter 1280 Programme; *b)* Schülerbibl. 818 Werke. — Jahresdotation 200 Gulden. — Director: Dr. Richard Edl. v. Muth; Bibliothekar für *a)* und *b)* Prof. Ferdinand Heinlein. — Zettel- und Bandkatalog, letzterer nach Fächern, aber gegenwärtig in Umarbeitung. — Benützbar jederzeit mit Ausnahme der Lehrstunden. — Ebenso Entlehnungen. — Versendungen und Austausch mit dem Landes-Real- und Obergymn. in Horn. — Gegr. zugleich mit der Anstalt 1869. — Die gesammten philosophischen Disciplinen, besonders classische Philologie, deutsche Sprache, Geographie und Geschichte, Mathematik und Physik.

Schmit, Karl. Geschichte des niederösterr. Landesrealgymnasiums in den ersten 25 Jahren seines Bestandes. Waidhofen a. d. Thaya 1894—1895. Jahresbericht der Anstalt 1894 und 1895. — Heinlein, Ferdinand. Katalog der Lehrerbibl. In: Jahresbericht des niederösterr. Landesrealgymn. zu Waidhofen a. d. Thaya. Waidhofen a. d. Thaya 1897 f.

Waidhofen a. Y. (Nieder-Oesterr.).

761. **[Landes-Unter-]Realschule.** — *a)* Lehrerbibl. 3650 Bde., 1700 Hefte; *b)* Schülerbibl. 499 Werke. — Jahresdotation für

a) 200 Gulden, für *b)* ca. 140 Gulden. — Director: Alois Buchner; Custos: Prof. Ferdinand Ruff. — Zettelkatalog, Inventar, nach Wissenschaften alphabet. geordneter Katalog. — Benützbar für den Lehrkörper zu jeder Zeit, dem auch das Recht der Entlehnung zusteht. — Versendung an andere Lehrerbibl. — Gegr. zugleich mit der Anstalt 1852. — Vertreten alle Wissenschaften, besonders die an der Anstalt vorgetragenen.

Wal.-Meseritsch (Mähren).

762. **[K. k. Staats-]Gymnasium** (C. k. státní vyšší gymn.). — *a)* Lehrerbibl. 2192 Bde., 605 Hefte und 3695 Programme; *b)* Schülerbibl. 1526 Bde., 273 Hefte. — Jahresdotation ca. 200 Gulden. — Director: Franz Werner; Bibliothekar für *a)*: Prof. Dr. Franz Kovář; für die Programmsammlung: Prof. Veit Hřivna; für *b)* Prof. Franz Čapek. — Handschriftliche Schlagwortkataloge. — Benützbar für Mitglieder des Lehrkörpers in Anwesenheit des Bibliothekars jederzeit, die unversperrte Handbibl. jedoch ausnahmslos. — Ebenso Entlehnungen; an Schüler durch Vermittlung des betreffenden Lehrers für Zwecke der altclassischen Privatlectüre zu bestimmter Tagesfrist. Fernstehende haben die Einwilligung der Direction einzuholen. Entlehnungen im Dienstwege an alle anderen, Schriften- und Zeitschriftentausch mit vier Anstalten. — Gegr. zugleich mit der Anstalt 1871. — Vorzugsweise Historiographie.

Píbl, František. Dějiny pětadvacetiletého trvání c. k. českého státního vyššího gymnasia ve Valašském Meziříčí od r. 1871—1896. V Meziříčí Valašském 1896. Programm des Gymn. 1895/96.

Walpersdorf (Nieder-Oesterr.).

763. **Gräfl. Falkenhayn'sche Schlossbibliothek.** — 32.000 Bde., 30 Incunabeln, 64 Handschriften. — Jahresdotation je nach Bedarf. — Bibliothekar und Archivar: Martin Kroissmayr, gräfl. Schlosscaplan. — Bandkataloge: ein alphabet. Schlagwort-, ein alphabet. Autorenkatalog mit Angabe der Werke, ein Standort-, ein alphabet. Autorenkatalog mit Angabe der Werke und des Standortes. Zettelkataloge: ein alphabet. nach Autoren; ein zweiter nach Disciplinen, in jeder Disciplin wieder alphabet. nach Autoren. — Nicht öffentlich benützbar. — Verschiedene Wissenschaften, besonders Geschichte.

Weidenau (Schlesien).

764. **[K. k. Staats-]Gymnasium.** *a)* Lehrerbibl. 3345 Bde., 12.496 Programme. — Jahresdotation 200 Gulden. — Director:

Dr. Georg Lukas; Bibliothekar seit 1873: Prof Julius Neugebauer. — Ein chronologischer, ein Handkatalog für die Lehrer, geordnet nach Fächern, und ein Nummernkatalog. Täglich von 10—12 Uhr für die Lehrer der Anstalt benützbar. — Ebenso Entlehnungen; überdies auch an andere der Anstalt nahestehende Personen. — Versendungen an die beiden deutschen Gymnasien in Jägerndorf und Troppau und an die Realschule in Troppau. — Errichtet zugleich mit der Anstalt 1871. Werthvolle Schenkungen von Seite des ersten Directors Joseph Ludwig Christ, Hofrath Linder in Wien, dem gegenwärtigen Director. Bei der Auflösung des Freudenthaler Gymn. wurde ein Theil der Bibl. einverleibt. — Vertreten alle, besonders gepflegt classische Wissenschaften. — *b)* Schülerbibl 651 Bde. — *c)* Frauenbibl. 60 Bde., für die Frauen des Lehrkörpers begründet von dem verstorbenen Landesschulinspector Heinrich Schreier.

Neugebauer, Julius. Katalog der Lehrerbibl. I. In: Programm des k. k. Staatsobergymn. in Weidenau. Freudenthal 1898.

Kgl. Weinberge (Král. Vinohrad, Böhmen).

765. **[K. k. Staats-]Gymnasium** (C. k. státní gymnasium). — *a)* Lehrerbibl. 440 Werke in 820 Bdn. und 73 Heften, 1433 Programme; *b)* Schülerbibl. 703 Werke in 932 Bdn. — Dotation für die Lehrmittelsammlungen pro 1897/98 874·30 Gulden. — Director: Dr. Josef Bernhard; Custos für *a)* Gymn.-Lehrer Vavřinec Dušek; für *b)* Gymn.-Lehrer Vincenc Kočvara. — Eröffnet 1892.

Nach dem letzten Jahresberichte gearbeitet, da der Fragebogen nicht beantwortet wurde.

766. **[K. k. deutsches Staats-]Gymnasium,** erst 1898 gegr., daher die Bibl. kaum nennenswerth ist. - Director: Franz Nestler.

767. **[K. k. Staats-]Realschule** (C. k. státní česká realka). — Lehrerbibl. 396 Bde. — Dotation veränderlich. — Director: Wenzel Starý; Custos ein Mitglied des Lehrkörpers. Alphabet. Zettelkatalog, Bandkatalog nach Fächern geordnet. Benützbar für Mitglieder des Lehrkörpers zu jeder Zeit während der Unterrichtsstunden. — Ebenso Entlehnungen. — Versendungen an Anstalten derselben Gruppe. — Gegr. 1895. — Alle Fächer der Realschule.

Weissenstein (Kärnten).

768. **Servitenconvent.** — Ca. 1400 Bde. - Jahresdotation je nach Bedarf. — Bibliothekar: P. Pacificus Beirer. - Ein

handschriftl. alphabet. Katalog. — Für Auswärtige gewöhnlich nicht benützbar. — Entlehnungen selten. — Keine Versendungen. — Gegr. zugleich mit dem Kloster 1718. Da der Aufhebung durch Kaiser Joseph II. auch die Bibl. zum Opfer gefallen war, musste erst in den Vierzigerjahren nach Rückgabe der Klöster wieder an die Gründung einer solchen gedacht werden, und zwar grösstentheils durch Erwerbung von ziemlich werthlosen Duplicaten aus anderen Bibl. — Fast ausschliesslich theologische und ascetische Werke.

Wieliczka (Galizien).

769. **Franciscanerconvent.** — Ca. 6000 Bde., davon 5449 katalogisirt. 17 Incunabeln. — Jahresdotation je nach Bedarf, ca. 50 Gulden. — Guardian und Bibliothekar: P. Joachim Maciejczyk. — Handschriftlicher Bandkatalog nach Wissenschaften geordnet. Alphabet. Katalog in Ausarbeitung. — Benützbar zu jeder Zeit für Mitglieder des Ordens, für Fremde nur ausnahmsweise mit besonderer Bewilligung des Guardian. — Keine Entlehnungen und Versendungen als den Ordensgesetzen und Statuten widersprechend. — Gegr. 1626 zugleich mit dem Kloster. Zur Gründung derselben hat Sigismund III., König von Polen, wie auch die Bürger und andere Wohlthäter viel beigetragen. 1718 wurde das Kloster sammt der Kirche ein Raub der Flammen, die Bibl. jedoch gerettet; sie gerieth aber hierbei in Unordnung und wurde erst seit 1873 von dem gegenwärtigen Guardian und Bibliothekar allmählich geordnet. — Vorzugsweise theologische Wissenschaften, ohne dass jedoch die anderen Fächer vernachlässigt werden. (Sacra script. 66 Bde., Patres et Expositores 189, Lat. Prediger 350, poln. in fol. 176, in 8⁰ und 4⁰ 526, deutsche 181, Universalgeschichte 195, Kirchengeschichte 306, Dogm. 259, Belletristik 312, Moraltheologie 300, Ascet. 891, Classiker 305, Philos. und Med. 125, Zeitungen 218 Bde. u. s. w.)

Wien (Nieder-Oesterr.).

770. **Niederösterr. Advocatenkammer,** I. Rothenthurmstrasse 15. — 1100 Werke. Anzahl der Bde. unbekannt. — Jährliche Dotation früher 400 Gulden, seit zwei Jahren 500 Gulden. — Das Amt eines unbesoldeten Kammerbibliothekars versieht ein Advocat; seit 1875 Dr. Franz Ostermeyer. — Ein handschriftlicher Acquisitions- und ein handschriftlicher alphabet. Zettelkatalog. — Den Kammermitgliedern an Wochentagen von 9—5, an Sonn- und Feiertagen von 10—12 Uhr zugänglich. — Entlehnung an Advocaten

gegen Recepisse; ausgenommen eine Reihe speciell bezeichneter Gesetzeswerke, welche nur im Kammerlocale benützt werden können. In besonderen der Berücksichtigung werthen Fällen auch Versendung. — Die Bibliothek wurde anfangs 1872 begründet und besteht ausschliesslich aus Werken der Rechts- und Staatswissenschaften, insbesondere aber aus Gesetzessammlungen des In- und Auslandes.

Katalog der Bibl. der niederösterr. Advocatenkammer. Wien 1890.

771. **K. k. Akademie der bildenden Künste**, I. Schillerplatz 3. — 18.200 Bde., 65.000 Kupferstiche und Radirungen, Holzschnitte, Lithographien etc., 21.360 Handzeichnungen, 8600 Photographien. — Jahresdotation 6000 Gulden. — Bibliothekar: Simon Laschitzer; Scriptor: kais. Rath Dr. Josef Dernjač; Amanuensis: Moriz Warmuth; 2 Diener und 1 Aushilfsdiener. — Handschriftliche Kataloge: Inventar-(Band-)Katalog, alphabet. Grundzettelkatalog, Ergänzungs-(Band-)Katalog zum gedruckten systematischen Kataloge. — Mit Ausnahme der Ferien und Feiertage, der Faschingstage, Weihnachts- und Osterwoche, an den fünf ersten Wochentagen im Winter von 3—7, im Sommer von 3—6 Uhr. Samstag von 9—1 Uhr geöffnet. — Professoren, Docenten und Beamte der Akademie haben das Recht, die Sammlungen der Bibl. sowohl im Locale selbst als auch, so weit dies nach § 12 des Regl. f. d. Bibl. zulässig ist, durch Ausleihen von Werken nach Hause gegen eigenhändige Empfangsbestätigung zu benützen. Im Uebrigen benützbar für Personen, welche vom Bibliothekar Eintrittskarten erhalten (Studirende etc.). Zur einmaligen Benützung werden Interimskarten verabfolgt. — Entlehnungen an Personen, die dem Verbande der Akademie und anderer öffentlicher Anstalten und Behörden nicht angehören, nur gegen entsprechende Caution. Werthvolle Werke, Nachschlagebücher, kostbare Stiche, Aquarelle und ähnl. sind unentlehnbar. — Die Bibl. der 1692 von Kaiser Leopold I. gegr., 1711—1726 sistirten und dann wiedereröffneten Anstalt stammt aus der Zeit Maria Theresia's, die 1774 auf Vorschlag des Fürsten Kaunitz dem Secretärsgehilfen und ersten Custos der Bibl. Wenzel Tassara eine Gehaltszulage bewilligte. 1783 besass die Bibl. 13 Werke in 75 Bdn. 1786 übersiedelte die ganze Anstalt aus der alten Universität in ihr heutiges Local; 1799 wurde ein eigenes Lesezimmer eingerichtet (333 Bde. und 2800 Stiche) und 1801 seiner Bestimmung übergeben. Durch Schenkung kamen in die Bibl.: Doubletten aus der Privatsammlung des Kaisers Ferdinand 1837 (über 700 Bücher, gegen 600 Stiche), über 800 Aquarelle und Zeichnungen Thomas Ender's 1817—18; ca. 1000 Stiche, Zeichnungen und

Bücher des Reg.-R. v. Remy 1838—40; die Sammlung des Architekten Franz Jäger, gegen 10.000 Stück, 1829—40; das Legat des Vincenz v. Eyssen, über 17.000 Stiche und illustrirte Werke. 1841; die Bibl. des Hofbaurathes Peter v. Nobile von ca. 1200 Bdn. und Portefeuillen 1848. Durch Ankauf: Die Blumenabbildungen von M. M. Daffinger 1850; die Naturstudien und Entwürfe Friedrich Gauermann's 1863; der Nachlass Josef Anton Koch's 1865; die Handzeichnungen des J. C. Endris in Wien 1868; der Nachlass des Bonaventura Genelli 1870; die Husgen'sche Dürer-Sammlung 1873; das Porträtbuch des J. Schnorr v. Carolsfeld 1874.

Weinkopf, Anton. Beschreibung der k. k. Akademie der bildenden Künste. Wien 1783; neu abgedruckt und mit einem II. Theil (1790) vermehrt. Wien 1875. — Katalog der Bibl. der k. k. Akademie der bildenden Künste. Wien 1876. — Reglement für die Bibl. und die mit ihr vereinigten Sammlungen von Handzeichnungen, Kupferstichen und sonstigen Reproductionen. Wien 1898.

772. **Kaiserliche Akademie der Wissenschaften,** I. Universitätsplatz. besitzt in zwei Sälen ca. 15.000 Bde., davon 8000 bis 10.000 Bde. gebunden. — Curator: Se. k. u. k. Hoheit Erzh. Rainer; Curatorstellvertreter: Karl Ritter v. Stremayr, Präsident des obersten Gerichtshofes; Präsident: Prof. Dr. Eduard Suess; Vice-Präsident: Exc. Dr. Wilhelm R. v. Hartel, k. k. Sectionschef; Actuar: kais. Rath Joseph Kaller. Die Ordnung der Bibl. obliegt seit 1896 dem Akademiebeamten Dr. Emil Kohl. — Vorläufig nur ein (ziemlich vollständiger) Zettelkatalog. Es ist jedoch ein neuer vollständiger Katalog unter Vornahme einer gründlichen Revision geplant. Nur Entlehnungen, da die beiden Säle nicht als Lesesäle eingerichtet und weder heizbar sind, noch Beleuchtung besitzen. Eigentlich nur Handbibl. der Akademiker. — Diese allein haben das Recht zu jederzeitiger unbeschränkter Benützung derselben. — Entlehnung auf Empfehlung dieser auch an andere Personen, sowie an anerkannte, namhafte Forscher; besonders an gelehrte Anstalten, Bibliotheken etc. Besondere Vorschriften bestehen hierüber nicht. — Einverleibt werden nur periodische Druckschriften, Akademieschriften im weitesten Sinne. — Grundsätzlich sollten eigentlich nur die Publicationen solcher Gesellschaften aufbewahrt werden, welche mit der Akademie im Schriftentausche stehen und im „Almanach" verzeichnet sind; doch werden nach Ermessen des Bibliothekars bei Prachtwerken etc. Ausnahmen gemacht. Die nicht periodischen, sogenannten Autorwerke werden von Zeit zu Zeit laut Sitzungsbeschluss an die Universitätsbibl. in Wien abgegeben. Aus diesem Grunde setzt auch die Akademie (wenigstens bis jetzt) keinerlei Geldmittel für den nothwendig ge-

wordenen Ersatz aus. Leider sind im Laufe der Zeit durch Postverluste und Entgang entlehnter Werke bei Todesfall der Mitglieder zahlreiche, recht fühlbare Lücken entstanden. Gegr. zugleich mit der Akademie 1849.

Huber, Alphons. Geschichte der Gründung und Wirksamkeit der kais. Akademie der Wissenschaften während der ersten 50 Jahre ihres Bestandes. Wien 1897.

773. **K. k. Theresianische Akademie,** IV. Favoritenstr. 15. — Ende 1898: 38.760 Bde., 5910 Broschüren. 128 Handschriften. — Jahresdotation 600 Gulden. — Bibliothekar: Dr. Heinrich Schüller, k. k. Gerichtsadjunct und Juristenpräfect. — 10 alphabet. gebundene Fachkataloge nach Autoren, ein nach Schlagworten und ein nach Autoren geordneter Zettelkatalog. — Zugänglich für Angehörige der Akademie an 2 Tagen der Woche, Dienstag und Freitag, von 11—12 Uhr, für Fremde zu jeder Zeit mit Bewilligung der Direction. — Entlehnung nur mit Bewilligung der Akademie. — Keine Versendung. — Nach der Wiederherstellung der Akademie 1797 befahl Kaiser Franz I., dass die damals an verschiedenen Orten entbehrlichen unbenützten Büchervorräthe an die Theresianische Akademie abgegeben werden sollten. Das Theresianum erhielt 6300 Duplicate aus den Bibl. der aufgehobenen Klöster, gegen 5000 Bde. aus dem aufgehobenen Benedictinerstifte Mondsee, 4200 Bde. aus dem Carmeliterkloster auf der Laimgrube zu Wien, 3700 Bde. aus dem Nachlasse des Propstes Blumenstein und 1000 Bde. aus der Sammlung des akadem. Bibliothekars J. v. Sartori. — Alle Fächer mit Ausnahme der Medicin gleichmässig gepflegt.

Hradil, Ig. Nachrichten über das k. k. Theresianum und über die Entstehung der daselbst befindlichen Bibl. Wien 1866.

774. **Albertina, Kunstsammlung Sr. k. u. k. Hoheit des Herrn Erzherzogs Friedrich,** I, Augustinerbastei 6, Palais Erzherzog Friedrich. — 20.119 Werke mit 18.032 Bdn.; jährlicher Zuwachs ca. 250 Werke mit ca. 400—450 Bdn. Codex besitzt die Bibl. nur einen (Gesetze der Stadt Wien von Albrecht II. v. J. 1340, Abschrift auf Papier v. J. 1469), sonst nur verschiedene Werke in Manuscripten, sowie einige Autographa von Th. Körner, J. Grimm u. A. Die Incunabeln wurden zumeist an die erzherzogliche Kunstsammlung abgegeben, in deren Cimelienkasten sich 40 aus der Zeit von 1468—1525 befinden. — Jährliche Dotation 2500 Gulden. — Die erzherzogliche Bibl. steht mit der erzherzoglichen Kunstsammlung „Albertina" unter einheitlicher Verwaltung. Director: Joseph Schönbrunner; Bibliothekar und Archivar: Dr. Richard Müller; Custos der Kunstsammlung: Dr. Josef Meder;

Official: Dr. Julius Tomaseth; 3 Galleriediener. — Ein systematischer Zettelkatalog, nach Wissenschaften geordnet, in 105 Cartons; ein alphabet. Katalog in 4 Bdn. gebunden; ein Localkatalog in Bogen; sämmtliche handschriftlich. — Die Bibl. ist im Allgemeinen privaten Charakters, steht jedoch während der gewöhnlichen Amtsstunden von 9—2 Uhr jedem gebildeten Besucher offen. — Entlehnung und Versendung von Büchern in der Regel nur an Personen des erzherzoglichen Hofstaates, in Ausnahmsfällen auch an Gelehrte und andere Personen. — Die Bibl. wurde von Herzog Albert von Sachsen-Teschen (1738—1822) gegr., fiel dann an dessen Adoptivsohn und Erben Erzherzog Carl, darauf an dessen Sohn Erzherzog Albrecht und ist seit 1895 im Besitze des Neffen des Letztgenannten, Erzherzogs Friedrich. — Vertreten fast alle Wissenschaften, besonders gepflegt Kunstgeschichte und Kunstwissenschaften, Kriegsgeschichte und -Wissenschaften, allgemeine und österreichische Geschichte, deutsche Literatur, Memoiren. Möglichste Vollständigkeit wird für die Literatur über das Revolutionszeitalter 1792—1815 erstrebt. — Zur erzherzoglichen Bibl. gehört das erzherzogliche Haus- und Familienarchiv, zur Kunstsammlung eine Landkarten- und Plansammlung. Der jeweilige Bibliothekar ist zugleich Archivar.

Thausing, M. La Collection „Albertine". In: Gazette des beaux-arts 1870; Schönbrunner, J. Die Albertina. In: Berichte und Mittheilungen des Alterthumsvereines in Wien, Bd. 24. 1887.

775. **Deutscher und Oesterreichischer Alpenverein. Section Austria.** I. Wallnerstrasse 13. — 2450 Werke in 3145 Bdn.; 200 Photographien und 150 Handzeichnungen. — Jahresdotation 250 Gulden. — Obmann: Hofrath Adolph Ritter v. Guttenberg; Bibliothekare: Dr. Carl Stoi, Dr. Fritz Benesch. — Alphabet. Zettelkatalog; systematischer Katalog in Bandform; Standortsverzeichniss; Schlagwortkatalog der Reisehandbücher und Führer. — Benützbar für alle Mitglieder des Vereines Montag, Mittwoch, Freitag von 5—7 Uhr; vom Juli bis September nur einmal wöchentlich. — Entlehnungen von Büchern nur an die Mitglieder (auf 4 Wochen). — Versendungen nur ausnahmsweise mit Genehmigung des Ausschusses.

Die Bibl. besteht 1. aus der Bibl. des ehemaligen Oesterreichischen Alpenvereines, 2. der alpinen Gesellschaft „Wilde Banda", 3. aus grösseren Schenkungen der Herren Dr. Carl Göttmann, Dr. Barth v. Wehrenalp, gew. Centralpräsidenten, und Hofrath Kurzmayer. — Fachliteratur, überdies Geographie und Naturwissenschaften.

Haas, Wilhelm. Katalog der Bibl. der Section Austria des Deutschen und Oesterreichischen Alpenvereines. Wien 1882.

776. **Apothekerhauptgremium,** IX. Spitalgasse 31. — Ca. 3000 Bde. — Ein eigener Bibl.-Fond. — Vorstand: Dr. Othmar Zeidler; Ehrenvorstand: Anton Schürer Ritt. v. Waldheim; Mitvorstände: Dr. Robert Grüner und Hugo Bayer. — Zettelkatalog nach Materien und Autoren geordnet. — Benützbar täglich vormittags. — Entlehnungen nur an Mitglieder des Gremiums und eventuell an wissenschaftliche Institute, sonst nur mit besonderer Bewilligung der Vorstände. — Keine Versendungen. — Gegr. im vorigen Jhdt. — Vorwiegend Pharmacie, Chemie, Pharmakognosie, Botanik, Mikroskopie, Pharmakopöen und einschlägige Zeitschriften.

777. **Allgemeiner österreichischer Apothekerverein,** IX. Spitalgasse 31. — Ca. 3000 Bde. — Jahresdotation je nach Bedarf. — Präsident: Anton Schürer Ritter v. Waldheim; Bibliothekar: Carl Glücksmann, mag. pharm., Leiter der pharmac. Schule und des chemischen Laboratoriums des Vereines. — Zettelkatalog. — Benützbar von 9—12 Uhr. — Entlehnungen und Versendungen mit Bewilligung des Präsidiums. — Gegr. 1862. — Chemie, Botanik, Pharmakognosie, Pharmakopöen etc.

778. **Barnabitencollegium St. Michael,** I. Habsburgergasse. — 19.172 Bde., darunter 12 Handschriften und 61 Incunabeln. — Propst: Don Pius Prandtner; Bibliothekar: Don Vincenz Pekař. — Nur zu eigenem Gebrauche. — Alle Wissenschaften, besonders Theologie.

779. **Benedictinerstift,** I. Freiung. — Ca. 100.000 Bde. und 760 Handschriften, die in 152 Schränken eingestellt sind; darunter sehr werthvolle und als Unica hochgeschätzte Incunabeln und Codices. — Neuanschaffungen nach Massgabe der verfügbaren Geldmittel. — Bibliothekare: P. Cölestin Wolfsgruber und P. Albert Hübl. — Als Grundkatalog ein alphabet. Zettelkatalog in zweierlei Tinten, Name des Verfassers und ein den Hauptinhalt des Werkes andeutendes Schlagwort in rother Tinte. Auszüge daraus bilden die zwei in Buchform angelegten Kataloge, einer davon in 3 Bdn., der andere, von P. Vincenz Knauer besorgte, in 10 Bdn. Ausserdem ein Incunabelkatalog mit 173 Nummern bis z. J. 1500, und ein Katalog der Wiener Drucke bis z. J. 1560, 161 Nummern umfassend; beide 1876 vom Bibliothekar P. Joh. Ress angefertigt. Endlich ein Handschriftenkatalog des P. Albert Hübl, dessen Drucklegung dem Abschlusse nahe ist. — Entlehnung von Büchern und Handschriften nur mit Erlaubniss des Abtes. Der Bibliothekar ist an die von Abt Helferstorfer gegebene Instruction, die im Druck erschienen ist, gebunden. — Die

17*

Geschichte der Bibl. hängt mit der des Klosters zusammen; (über diese siehe die Geschichte des Stiftes Schotten von Dr. Ernst Hauswirth). 1838 übernahm P. Othmar Helferstorfer die unmittelbare Leitung der Bibl., der er bis zu seiner Abtwahl 1861 seine volle Arbeitskraft widmete. Er führte die Ordnung und Neubeschreibung der ganzen Bibl. mit grossem Fleiss durch. Zur Bibl. gehört auch das numismatische Cabinet, in dem die münzwissenschaftlichen Werke zusammengestellt sind. — Alle Hauptfächer vertreten, die Sammlung patristischer und exegetischer Werke mit den prachtvollen Bibeln bezeichnete Döllinger als einzig in ihrer Art. Sorgfältige Pflege finden auch Werke der bibliographischen, historischen und philosophischen Literatur. Hervorzuheben sind ferner eine Sammlung von Broschüren aus dem Ausgange des vorigen und Anfange dieses Jhdts., in 70 Cartons aufgestellt, eine Collection von 864 juridischen Dissertationen und Disputationen in 41 Bdn., unter den Handschriften 30 Bde. juridischen Inhalts — eine Schenkung des Univ.-Prof. Folzmacher.

Wattenbach, W. Handschriften des Schottenstiftes zu Wien. In: Archiv f. ält. deutsche Gesch. X. 1851, S. 592. — Bayer, Berthold. Schottenstift in Wien. In: Ein Benedictinerbuch von Seb. Brunner. Würzburg 1881. — Huemer, J. Iter Austriacum. I. Wiener Studien. IX. 1887, S. 90.

780. **„Betha-Midrasch"-Verein,** s. Israelitische Cultusgemeinde.

781. **Biblioteka polska,** I. Dorotheergasse 5. — Ca. 12.000 Werke in mehr als 14.000 Bdn. — Jahresdotation aus dem Vereinsvermögen. — Präsident: Florian Freih. v. Ziemialkowski; Bibliothekar: Witold Hausner.

782. **Bibliotheca Rossiana,** S. J., XIII. Lainzerstrasse 136. — Anzahl der Bde. ca. 10.000, der Handschriften ca. 1200, der Incunabeln über 2500. — Die Bibl. ist nur Liebhaberbibl. und wird nicht fortgeführt. — Bibliothekar: P. Karl Anschütz, S. J. — An einem alphabet. Zettelkatalog, sowie einem Incunabelnkatalog wird gearbeitet, letzterer wird auch im Druck erscheinen. Derzeit nicht benützbar; später soll die Benützung öffentlich und bestimmte Stunden für dieselbe festgesetzt werden. Sie hat den Namen von ihrem Begründer Commendatore Francesco Rossi, dem zweiten Gemahl der Prinzessin Carola Ludovica von Bourbon, die ihrerseits eine Tochter der Königin von Etrurien war (ihr erster Gemahl war Prinz Max von Sachsen). Das fürstliche Vermögen setzte ihn in den Stand unter Beihilfe von Sachverständigen wie Graesse, Poiters in Paris, Falkenstein in Dresden prächtige Bücherschätze zu erwerben, darunter Handschriften mit kunst-

vollen Miniaturen, mehrere heute noch unbekannte Incunabeln: über die Hälfte der reichlich 2500 Incunabeln datirt vor 1480. Als Rossi 1854 in Venedig an der Cholera starb, fand die Sammlung ihren Abschluss. 1855 wurde die Bibl. von der Witwe der Gesellschaft Jesu geschenkt, wie eine erhaltene Widmungstafel in Marmor bezeugt. 1857 starb die Herzogin und bestimmte in ihrem Testamente, dass die Bibl., falls sie dem Orden genommen werden sollte, vom regierenden Kaiser von Oesterreich reclamirt werden könne. Derselbe machte auch von diesem Rechte Gebrauch, als die Bibl., die bis dahin im Collegium Romanum in Rom aufbewahrt lag, vom italien. Staate bereits annectirt worden war. Eine Zeit lang stand die Sammlung im Palazzo Veneziano der österr. Botschaft und wurde 1877 nach Wien geschafft, hier einstweilen in dem Hause Universitätsplatz Nr. 1 untergebracht und, da diese Räume sich als zu klein erwiesen, 1895 nach Lainz geschafft, wo mit der Aufstellung und Katalogisirung begonnen wurde. — Bei Anschaffung dieser Sammlung wurde auf systematische Bevorzugung einer oder der anderen Wissenschaft keine Rücksicht genommen.

783. **Bibliothek und historisches Museum der Stadt Wien,** I. Rathhaus. Beide sind unter der Bezeichnung „Städtische Sammlungen" vereinigt. — Ende 1897: 31.461 Werke in 55.454 Bdn; an Handschriften: literarische Nachlässe von Grillparzer, Bauernfeld, Raimund, Anzengruber und Nissel. — Jahresdotation 5000 Gulden. — Director der städtischen Sammlungen: Dr. Carl Glossy, k. k. Reg.-R.; Custoden: Dr. Carl Schalk, Eduard Seis; Scriptoren: Eugen Probst, Dr. Wilhelm Englmann; Adjuncten: Ludwig Böck, Dr. Hugo Kosch; Assistent: Alois Trost; zugetheilter Manipulationsbeamter: Official Theobald Kanka; 3 Diener. — Ein Nominal- und ein Materienkatalog, beide in Zettelform. — Täglich von 9–2, in den Wintermonaten auch von 5–7 Uhr abends geöffnet. — Entlehnung an die Mitglieder des Gemeinderathes, Gemeindefunctionäre und -Beamten, Lehrer und Professoren von Wiener Schulen, Staats-, Landes- und Militärbeamten. Andere Personen bedürfen der Bewilligung des Bürgermeisters. Als unentlehnbar werden betrachtet: Bilder und Prachtwerke, Wörterbücher, Encyklopädien, Gesetzsammlungen, Journale, Handschriften, Karten, Pläne und Musikalien. — Versendung an Personen, die ausserhalb Wiens ihren Wohnsitz haben, nur mit ausdrücklicher Genehmigung des Bürgermeisters. — Die Bibl. wurde 1858 gegr. und ging aus einer Handbibl. des Magistrates hervor. Von grösseren Sammlungen, die in der Bibl. Aufnahme fanden, sind hervor-

zuheben: jene des Touristen und Reiseschriftstellers Josef Kyselak, des Wiener Localgeschichtsforschers Franz Haydinger, des Bürgermeisters Dr. Andreas Zelinka, des Dechanten P. Albert Wiesinger und ein Theil der hinterlassenen Bibl. des Lexikographen Dr. Constantin R. v. Wurzbach. — Geschichte und Topographie von Wien, österr. Geschichte, Theatergeschichte und Literatur, Städtegeschichte und Städteverwaltung.

[Weiss, K.] Katalog der Bibl. der Reichshaupt- und Residenzstadt Wien. Wien 1865. — I. Nachtrag. Wien 1868.

784. **K. u. k. militärärztliche Bibliothek,** im Gebäude der ehem. Josephs-Akademie in Wien, IX. Währingerstrasse 25. — Ca. 23.000 Bde. — Jahresdotation 1256 Gulden. — Vorstand: Dr. Paul Myrdacz, k. u. k. Stabsarzt; 1 Armeediener. — Ein alphabet. Zettel- und ein Bandkatalog in Abfassung begriffen. — An Wochentagen von 8—12 und 2—4 Uhr, in erster Linie für Militärärzte, ausnahmsweise auch für andere Personen benützbar; regelmässige Lesestunden werden erst nach Vollendung der Neukatalogisirung eingeführt. — Entlehnung gegen Empfangsbestätigung. — Versendung wird erst in späterer Zeit gegen schriftliches Ansuchen und auf Kosten des Entlehners gestattet werden. — Gegr. von Kaiser Joseph II. 1785 anlässlich der Gründung der Josephs-Akademie; Kaiser Joseph II. stiftete auch den Fond für die obenerwähnte Jahresdotation. — Naturwissenschaften und alle Zweige der Medicin, hauptsächlich Medicin, dann Militärsanitätswesen.

785. **Bibliotheksabtheilung des k. u. k. Kriegsarchivs,** I. Am Hof, Kriegsgebäude. — 62.000 Bde.; die Handschriften befinden sich in der Schriftenabtheilung des Kriegsarchivs. — Jahresdotation für Bücher-, Schriften- und Kartenankauf 7000 Gulden. — Vorstand: Major Ferdinand Neuwirth mit drei Officieren als Referenten, 1 Schreiber, 1 Armeediener. — Ein Zettelgrundbuchskatalog, alphabet. geordnet nach Autor oder Schlagwort, handschriftlich; ein gedruckter Katalog in 6 Bdn., nach Materien geordnet und innerhalb derselben chronologisch zusammengestellt, sammt einem hierzu gehörigen Autorenregister; überdies ein in Bearbeitung befindlicher Hilfszettelkatalog über wichtige Aufsätze aus Sammelwerken. — Entlehnung und Benützung für alle in Wien anwesenden Officiere und Militärbeamten des Heeres, der Kriegsmarine und der beiden Landwehren ohne weitere Bewilligung; für Staatsbeamte, Gelehrte etc. nur mit Bewilligung des Archivdirectors. Amtsstunden von 9—2½ Uhr. — Versendung über Bewilligung der Kriegsarchivdirection und gegen Ausstellung einer

Quittung, beziehungsweise gegen Haftpflicht. Encyklopädien, Lexika, Prachtausgaben oder sehr kostspielige Werke dürfen nur im Bibl.-Locale benützt werden. — Die Gründung der Bibl.-Abtheilung des k. u. k. Kriegsarchivs fällt in das Jahr 1776 und basirt auf der durch FM. Graf Hadik als Präsident des „Hofkriegsrathes" am 21. December 1776 für das „Hofkriegsräthliche Archiv" ausgegebenen Instruction. Im Sinne derselben bildeten die aus der Verlassenschaft des FZM. Paul v. Bohn angekauften militärischen Werke über Geniewesen, dann einige Exemplare des Polybius, im Ganzen 150 Bde., den Stamm der Bibl. Diese Sammlung wurde in Folge ihrer Geringfügigkeit und einseitigen Inhaltes der topographischen Abtheilung des Kriegsarchivs einverleibt. Die Ende 1801 von Erzherzog Carl angeordneten kriegsgeschichtlichen Arbeiten waren Anlass zur ersten Vermehrung. Schon Ende 1802 zählte die Bibl. 1500 Bde. Im J. 1808 hatte sich der Bücherbestand so vermehrt, dass eine Trennung dieser Büchersammlung von der topographischen Abtheilung zur Nothwendigkeit wurde. Hauptmann Aigner war der erste Bibliothekar dieser neuen Abtheilung des Kriegsarchivs. Die Benennung „Kriegsbibl." erhielt sie erst 1811, als die bereits auf ca. 5000 Bde. angewachsene Sammlung über Anordnung des FML. Radetzky nach wissenschaftlichen Materien geordnet aufgestellt wurde. Entsprechend der Idee, ein militärisches Centralarchiv zu schaffen, die alle Instructionen Radetzky's in dieser Hinsicht durchzieht, sollte auch die Kriegsbibl. alle Zweige des Wissens umfassen. Ausserdem wurde auch der Tagesliteratur der Zutritt in die Kriegsbibl. geöffnet. Im J. 1818 wies dieselbe einen Bücherbestand von fast 10,000 Bdn. aus. Auf Grund der 1817—1818 mit dem Kriegsarchiv vorgenommenen Reform wurde auch die Kriegsbibl. auf die rein militär-wissenschaftliche Sphäre beschränkt, beziehungsweise es musste ein Theil des Bestandes an die medicinische Josephs-Akademie abgetreten werden. Sämmtliche Werke wurden in vier Hauptgruppen eingetheilt, die zugleich den Umfang der Kriegsbibl. in scientifischer Hinsicht bezeichneten: I. Kriegswissenschaft, II. Geschichte und Politik, III. Geographie und Statistik, IV. Hilfswissenschaften. Obwohl schon 1810 eine Katalogisirung vorgenommen worden war, wurde in Folge obiger Reform eine Neukatalogisirung nothwendig. Fast gleichzeitig mit diesem eigentlichen „Grundbuche" der Kriegsbibl. erschien 1825 auch der erste gedruckte Bücherkatalog, jedoch ohne alphabet. Ordnung und ohne Index. Ein alphabet. geordneter Bücherkatalog, begonnen vom Bibliotheksvorstand Major Schels, wurde i. J. 1853 veröffentlicht (20,813 Bde.). Den ersten vollständigen Bücherkatalog (erschienen 1869) verfasste Oberstlieutenant Appel, von dem auch die Anlage eines Standortskataloges herrührt. Unter dem Einflusse früherer ungünstiger Verhältnisse litt die Entwickelung der Bibl. insoferne, als der Bücherankauf im Allgemeinen beschränkt wurde. Desgleichen konnte sich die Bibl. wegen Mangels entsprechender Ubicationen nicht entfalten; sie war genöthigt, ihre Bestände zu restringiren und einen Theil an die Militärakademie in Wr.-Neustadt (1838), an die Kriegsschule (1872), dann fallweise an einzelne Regimentsbibl. abzutreten. Der seither auf allen Gebieten sich bemerkbar machende Fortschritt, sowie das Anwachsen der Bücherbestände musste jedoch im Bibliothekswesen seine Berücksichtigung finden, daher sowohl eine neue Dienstinstruction, wesentliche Vereinfachung der Manipulation, eine auf Erfahrungssätzen basirte Neuordnung der Bibl. als auch der Druck des nunmehr vollständigen Kataloges durchgeführt werden musste (1888—1896). An grösseren Sammlungen wären zu erwähnen: Die aus der Verlassenschaft des Generals Vacani angekaufte Bibl., die ehem. Veroneser Garnisonsbibl., die Donationen Hauptmann Homola und FML. v. Wetzer; überdies werden fallweise seitens einzelner Bureaux des Generalstabes sowie des Reichs-Kriegsministeriums ausser Gebrauch gesetzte Werke der Bibl. einverleibt. — In der Bibl. sind hauptsächlich die militärischen, historischen und kriegsgeschichtlichen Fächer, sowie die einschlägigen Hilfswissenschaften vertreten.

Ausser den oben erwähnten Katalogen ist eine Geschichte der Bibl.-Abtheilung in der „Geschichte und Monographie" des k. k. Kriegsarchivs (1878) im Druck erschienen; eine Neuauflage derselben steht bevor. Katalog der Bibl.-Abtheilung des k. u. k. Kriegsarchivs. Wien 1896.

786. **K. k. Blinden-Erziehungsinstitut,** II/2 Wittelsbachstrasse oder Valeriestrasse Nr. 5. — 12.257 Bde., davon 99 geschriebene Compositionen blinder Musiker, 1034 Manuscripte in Blindenschrift, 1352 Bde. in Blindendruck. — Dotation 250 Gulden. — Vorstand: Reg.-R. Alexander Mell, Director, Leiter der Fachbibl. des Blindenwesens (2711 Bde., davon ca. 2000 Jahresberichte von Blindenanstalten) und der 788 Bde. umfassenden historischen Bibl. des Blindenwesens (davon 551 in Blindendruck): Vorsteherin der übrigen Bibl. in Schwarzdruck mit Ausschluss der Musikalien: Hauptlehrerin Marie Vock; Vorstand der Musik.-Bibl., 1225 Bde.: Musiklehrer Carl Lafit. Institutsdrucker Carl Satzenhofer (blind) ist Vorstand der Bibl. in Blindendruck und der Leihbibl. in Blindendruck, 798, respective 1034 Bde. — Accessionsfachkataloge; Zettelkatalog der „Hofrath Ritt. v. Zsishman'schen Stiftungsbibl.", von der auch ein alphabet. Katalog abgefasst wird. — Geöffnet in den Tagesstunden der Werktage während des Schul-

jahres. — Entlehnung gegen Empfangsbestätigung. Bei Entlehnungen aus der Leihbibl. in Blindenschrift Einsatz von 2 Gulden und für jeden Bd. wöchentliche Leihgebühr von 5 Kreuzern. — Versendung gegen Empfangsbestätigung, bei der Bibl. in Schwarzdruck nur auf amtlichem Wege. — Die Geschichte der Anstaltsbibl. fällt mit jener der 1804 von Johann Wilhelm Klein gegr. Anstalt zusammen. Der i. J. 1893 verstorbene Universitätsprof. Hofr. Joseph R. v. Zsishman schenkte eine Sammlung von über 3000 Bdn. Der Beginn der Herstellung von Büchern in Blindendruck fällt zwar ins Jahr 1786, doch waren bis zur Mitte des 19. Jhdts. so wenig Bücher vorhanden, dass selbst manche Blindenlehrer gegen den Leseunterricht Blinder ihre Stimme erhoben. Ausser an der Pariser Anstalt und dem Wiener k. k. Blinden-Erziehungsinstitute waren zu dieser Zeit fast nirgends Blindenbibl. und diese besassen fast nur Lehrbücher. Mit der Ausbreitung des sogenannten Braille'schen Punktdruckes mehrten sich die Druckwerke, wozu die Druckerei der Wiener Anstalt wesentlich beitrug. Von den seit 1786 erschienenen Druckwerken enthält die Anstaltsbibl. das Nennenswerthe aller Sprachen, darunter auch Unica. Die Leihbibl., deren Ertrag zur Herstellung von Druckwerken für Blinde verwendet wird, wurde 1893 gegr. — Blindenwesen, Rechtswissenschaften, (orientalisches) Kirchenrecht, Geschichte, Pädagogik.

Katalog der Fachbibl. des Blindenwesens in den Jahresberichten der Anstalt von 1890 und 1894.

787. **Israelitisches Blindeninstitut,** XIX. Hohe Warte 32. hat nur eine nicht allzu grosse Sammlung von Werken über Blindenpädagogik und Lehrbüchern. — Director: Simon Heller.

788. **Wiedener Büchereiverein,** IV. Karolinenplatz 7, Mädchenschule. — 4100 Bde. — Keine Jahresdotation. — Präses des Vereines: Director August Janotta; Bibliotheksverwalter: Rudolph Morawetz. — Je zwei gedruckte und handschriftliche Kataloge. — Geöffnet Montag und Donnerstag 6—8 Uhr abends. — Entlehnung gegen eine Caution von 50 Kreuzern und eine monatliche Lesegebühr von 5 Kreuzern. Keine Leseräume und keine Versendung. — Gegr. von dem aus Wiener Bürgern bestehenden Vereine in Gemeinschaft mit dem „Wiener Volksbildungs-Verein", von welchem sie sich jedoch im Laufe der Zeit vollständig emancipirt hat, verdankt die Bibl. ihre Entstehung und Fortbildung nur grösseren und kleineren Schenkungen.

Bücherverzeichniss. Enthält die Nummern von 1—2084. Wien 1893.

789. **Capucinerconvent.** I. Neuer Markt. — 1327 Bde. — Jahresdotation je nach Bedarf. — Guardian: P. Vitalis Lukács. — Bandkatalog. — Benützbar nur für die Conventualen. — Gegr. 1623. — Ausschliesslich theologisch-ascetische Werke.

790. **Militärwissenschaftlicher und Casinoverein,** I. Strauchgasse 4. — Die Bibl. theilt sich *a)* in die wissenschaftliche und *b)* in die belletristische Abtheilung. Die erstere zählte, abgesehen von den officiellen Publicationen Ende 1897: 7445 Bücher und Kartenwerke mit 12.267 Bdn.; die letztere 7002 Werke mit 11.408 Bdn. — Dotation pro 1898 für *a)* 1100 Gulden. für *b)* 650 Gulden; ausserdem zahlt jeder Benützer der letzteren Abtheilung 1 Gulden Jahresbeitrag, wodurch der für den Ankauf verwendbare Betrag auf circa 1350 Gulden anwächst. — Obmann gewöhnlich ein höherer Stabsofficier; 2 aus dem Ausschusse des wissenschaftlichen Comités gewählte Mitglieder, 1 vom Vereine bestellter Bibliothekar, derzeit Johann Pfersmann v. Eichthal, k. u. k. Major d. R.; 1 Diener. — Ein Bibl.-Katalog und ein Zettelkatalog der wissenschaftlichen Werke, sowie ein Bibl.-Katalog der belletristischen Werke. Der Bibl.-Katalog der wissenschaftlichen Werke enthält das Verzeichniss der Bücher nach Fächern und innerhalb derselben in alphabet. Reihenfolge nach Autornamen, ausserdem ein Autorenregister; er wird von Fall zu Fall ergänzt. Der Zettelkatalog dient als Vorbereitung für einen Neudruck des Kataloges, beziehungsweise für den Druck der Ergänzungen. Die belletristischen Werke sind in dem für sie bestimmten Kataloge nach Sprachen gesondert und alphabet. nach den Verfassern geordnet; dieser Katalog wird jährlich durch ebenso geordnete, auf einzelne Bogen gedruckte Verzeichnisse ergänzt, die zu Beginn der Wintersaison ausgegeben werden. — Ausgabe der Bücher erfolgt an Wochentagen Dienstag, Donnerstag und Samstag von 9—12 und von 3—6 Uhr. Benützung der Bücher im Lesezimmer ist allen Vereinsmitgliedern täglich während der Bibl.-Dienststunden gestattet; in derselben Weise auch den auf der Durchreise in Wien weilenden Officieren und Beamten des Heeres, der beiden Landwehren und der Kriegsmarine. — Entlehnung an die Vereinsmitglieder, die bei Benützung der belletristischen Abtheilung eine Jahresgebühr von 1 Gulden zu entrichten haben, gegen Recepisse. Ausgabe von Bibl.-Werken an ausserhalb des Vereines stehende Personen, Behörden und Corporationen nur ausnahmsweise auf Grund eines schriftlichen Ansuchens, über welches nach Begutachtung durch die Obmänner der Bibl. das Präsidium die Entscheidung fällt. — Die Bibl. wurde 1868 aus der von Verona dem Wr. Militär-

casino zur Benützung überlassenen Büchersammlung gegr. — Die wissenschaftliche Abtheilung pflegt in erster Linie sämmtliche militärische Gebiete und deren Hilfsfächer, nebenbei aber auch andere Literaturzweige, z. B. Sprachwissenschaften, Naturwissenschaften, Philosophie, Aesthetik, Mythologie, Pädagogik etc. In der belletristischen Abtheilung gute Lectüre in den vier Weltsprachen: deutsch, französisch, englisch und italienisch.

791. **K. k. Centralcommission für Kunst- und historische Denkmale**, I. Gauermanngasse 4. — 800 Werke mit 1300 Bdn. — Keine bestimmte Jahresdotation. Die Bücher werden grösstentheils im Wege des Tausches gegen die von der Centralcommission herausgegebenen Publicationen erworben, weshalb auch nur die von ihr vertretenen Disciplinen, Archäologie, Architektur, Plastik, Malerei, Archivwesen zu finden sind. — Präsident: Exc. Joseph Alexander Freiherr v. Helfert; Bureau: *a)* Conceptsdienst: Dr. Max Bauer; *b)* Kanzlei: Karl Heidrich, Kanzleiofficial; Ludwig Hacker, Kanzlist. — Ein Zettelkatalog in alphabet. Ordnung. — Entlehnung in der Regel nur an Organe der Centralcommission, ausnahmsweise auch an andere Personen über schriftliches Ansuchen beim Präsidium. Obwohl nicht üblich, unterliegt es jedoch keinem Anstande, die Bibl., gleichfalls nach Genehmigung des Präsidiums, während der Amtsstunden, d. i. im Winter von 9—4, im Sommer von 9—3 Uhr zu benützen.

792. **K. k. statistische Centralcommission**, I. Schwarzenbergstrasse 5. — Ca. 13.000 Werke in 85.000 Bdn., über 5000 Karten und eine „Redensammlung". — Keine bestimmte Dotation; gegenwärtig jährlich 1500—2000 Gulden. — Die Bibl. bildet einen Theil des Bureaus der statistischen Centralcommission, untersteht daher dem Präsidenten dieser Commission, derzeit Sectionschef Dr. Carl Theodor v. Inama-Sternegg; Bibliothekar: Dr. Hermann Schullern zu Schrattenhofen; 1 Amtsdiener als Bibl.-Diener. — Ein Bandkatalog nach fortlaufenden Nummern, der zugleich als Standortsrepertorium dient; ein Generalzettelkatalog, sowohl alphabet. nach Autoren als nach den wichtigsten im Titel vorkommenden Schlagworten; ein alphabet. geordneter Continuantenkatalog; ein nach sachlichen Gesichtspunkten angelegter Kartenkatalog in Bandform. — Geöffnet in den Amtsstunden an Wochentagen von 9—3 Uhr. Als Amtsbibl. in erster Linie den Beamten und Behörden zugänglich; ausserdem den Professoren der Wiener Hochschulen, sowie den Besuchern des statistischen Seminars der Wiener Universität; sonstigen Privaten nur mit Bewilligung des Bibliothekars. — Ent-

lehnungen an Private nur ausnahmsweise mit Bewilligung des Präsidenten. - Versendungen in der Regel nur an Behörden und Bibl. — Mit Errichtung des statistischen Bureaus i. J. 1829 wurde auch eine Bibl. dieses Amtes ins Leben gerufen. Dieselbe blieb jedoch unbedeutend, bis das statistische Bureau in die „Direction für administrative Statistik" umgewandelt und der Leitung des Freiherrn v. Czoernig unterstellt wurde. Dieser, sowie die folgenden Chefs der Direction für administrative Statistik und der statistischen Centralcommission, welcher die Direction mit ihren Attributen i. J. 1884 einverleibt wurde, haben stets ihre besondere Sorgfalt der Ergänzung und Vervollständigung der Büchersammlung zugewendet. Diese erfährt namentlich dadurch alljährlich einen besonderen Zuwachs, dass sie im Wege des Austausches die statistischen Publicationen fast aller Culturstaaten erhält und ihr überdies die wissenschaftlichen Zeitschriften zugetheilt werden, welche im Austausche an die Redaction der „statistischen Monatsschrift" gelangen. Der Bibl. wurde i. J. 1884 die von dem Freih. v. Reden angelegte, aus Zeitungsausschnitten, Abschriften und Acten aus der ersten Hälfte dieses Jhdts. bestehende Sammlung statistischer Materialien einverleibt. — Staatswissenschaften im weiteren Sinne, insbesondere Statistik, Demographie, Geographie, politische Oekonomie, Verwaltungslehre, Rechtswissenschaft und Geschichte. — Die Bibl. vermittelt den Austausch der officiellen Publicationen Oesterreichs mit den analogen Publicationen der Vereinigten Staaten von Amerika und sorgt für die Aufstellung und Ordnung dieser letzteren in ihren Räumen. Ebenso vermittelt sie den Tauschverkehr der österreichischen gelehrten Gesellschaften mit der Smithsonian Institution in Washington im Namen der kaiserlichen Akademie der Wissenschaften.

793. **K. k. Civilmädchenpensionat,** VIII. Josefstädterstrasse 41. — 1851 Werke mit 2389 Bdn. in deutscher, 478 Werke in französischer, 124 in englischer, 42 in italienischer Sprache. — Jahresdotation vom Unterrichtsministerium aus dem Gebarungsüberschuss des k. k. Schulbücherverlages 100 Gulden. — Vorsteherin: Marie Bańkowsky; Custos: Franz Branky. — Ein Bandkatalog; ein Zettelkatalog in Ausarbeitung. — Benützung und Entlehnung für den Lehrkörper. - Keine Versendung. — Nachdem Kaiser Franz I. i. J. 1812 den Antrag des damaligen Lehrers Müller zur Aufstellung einer kleinen Handbibl. abgelehnt, legte der Curator der Anstalt, Graf Dietrichstein, selbst den Grund zu einer solchen, indem er den hierzu erforderlichen Betrag von 150 Gulden aus eigenen Mitteln

beisteuerte. — Vorzugsweise Pädagogik, deutsche Sprache und Geschichte.

794. **Fürsterzbischöfliches Clericalseminar (Alumnat),** I. Stefansplatz 3. — 16.300 Bde. — Leiter der jeweilige Subrector, derzeit Franz Kamprath, Weltpriester, unterstützt von zwei Studirenden der Theologie. — Ein alphabet. Zettelkatalog und ein nach Fächern geordneter Bandkatalog. — Zugänglich nur den Vorstehern und den Alumnen des fürsterzbischöfl. Clericalseminars. Keine Versendung. — Näheres über die Gründung ist unbekannt. Doch dürfte diese zugleich mit der Errichtung des Seminars durch Cardinal Migazzi i. J. 1758 erfolgt sein. Die werthvollsten Theile der Bibl. sind die dem Seminare testamentarisch vermachten Büchersammlungen des 1875 als apostolischer Feldvicar verstorbenen ehem. Seminardirectors und Universitätsprofessors Dr. Dominik Mayer und des 1877 gestorbenen Domcapitulars Dr. Joseph Columbus. — Zumeist Theologie.

795. **Wissenschaftlicher Club,** I. Eschenbachgasse 9. — 1145 Werke in 5168 Bdn.; überdies 1028 Bde. Zeitschriften, 212 Autographen, sowie eine grössere Collection von Photographien. — Jahresdotation für Bücherankauf 400 Gulden, für Zeitschriften 2000 Gulden. — Präsident: Exc. Carl v. Stremayr; Vicepräsidenten: Hofr. Brunner v. Wattenwyl, Eugen Freih. v. Poche; Generalsecretär: k. Rath Felix Karrer; Bibliothekar: Custos Joseph Anderle; 2 Diener. — Einlaufsprotokoll; handschriftlicher Zettelkatalog nach Autoren und Materien geordnet, sowie ein hektographirter Handkatalog zum Gebrauche der Mitglieder. — Benützbar von 9—10 Uhr abends nur für die Mitglieder. — Ebenso Entlehnungen auf 14 Tage und Versendungen. — Gegr. zugleich mit dem Vereine 1876. — Alle Disciplinen, insbesondere Zeitschriften.

Jahresbericht des Wissenschaftlichen Clubs. Wien 1877 ff.

796. **Concordiaclub,** I. Helferstorfergasse 1. — 5500 Bde. — Bibliothekare: Gustav Frieberger und Julius Stern. — Jahresdotation je nach Bedarf. — Handschriftliche Kataloge. — Benützbar jederzeit für Mitglieder. — Alle Wissenschaften.

797. **K. u. k. Consularakademie,** IV. Favoritenstrasse 15. — Ca. 4500 Druckwerke mit 7000 Bdn. (Ueber Zahl der Handschriften und Dotation wurde keine Auskunft gegeben.) Bibliothekar: Leopold Pekotsch, zugleich Präfect und Correpetitor der türkischen und persischen Sprache. Alphabet. Nominalzettelkatalog; systematischer Bandkatalog; gebundener

alphabet. Nominalkatalog und Inventar. — Nur zu eigenem Gebrauche. — Ebenso Entlehnungen. — Die orientalische Akademie besteht seit 1754. Die erste Ausstattung der Bibl., zumal mit orientalischen Werken dürfte ohne Zweifel von Seiten der k. k. Internuntiatur in Constantinopel erfolgt sein, bei welcher bis dahin das Knabensprachinstitut zur Heranbildung von Dolmetschen bestand. Jedenfalls ist die Bibl. auch später noch von Seiten der Internuntiatur, sowie durch Schenkungen und Vermächtnisse ehemaliger Zöglinge bereichert worden. Den grössten Theil ihrer orientalischen Sammlungen verdankt jedoch die Bibl. den Bemühungen des einstigen Akademiedirectors Franz Höck, Abt von Lekér und Rács. Der Zuwachs der Bibl. seit den Siebzigerjahren und die gegenwärtige, den neuen Bedürfnissen entsprechende Completirung desselben bestehen fast nur aus käuflich erworbenen Werken. — Rechts- und Staatswissenschaften, sowie Linguistik.

Weiss Edler v. Starkenfels, Victor. Die k. k. orientalische Akademie zu Wien, ihre Gründung, Fortbildung und gegenwärtige Einrichtung. Wien 1839.

798. **Israelitische Cultusgemeinde,** I. Seitenstettengasse 4, 3. Stock. — 9758 Bde. Da aber nach einem früheren, jetzt aufgegebenen Modus nahezu 400 Bde. eine grosse Anzahl von Adligaten aufweisen: ca. 12.000 Werke, 22 Handschriften, 71 Incunabeln; dazu kommen noch 951 Bde. Bibel- und Talmudausgaben, sowie liturgische Werke. — Jahresdotation 750 Gulden; die Buchbinderrechnungen aus der Gemeindecassa bestritten. — Bibliothekar: Samuel Hammerschlag, em. Religionslehrer der israel. Cultusgemeinde; Scriptor: Dr. Bernhard Münz; 1 Bibl.-Diener. — Ein alphabet. Katalog, ein Realkatalog, je in 2 Foliobdn.; ein Zettelkatalog. — Zugänglich jedem erwachsenen Besucher. Lesestunden Dienstag, Mittwoch, Donnerstag von $4^1/_2$—7 Uhr, Freitag von 11—1 Uhr, Sonntag von 10—12 Uhr. — Entlehnungen und Versendungen nur mit Erlaubniss des Vorstandes. Entstanden April 1814 durch eine Schenkung des k. k. priv. und landschaftl. Buchdruckers Anton Edl. v. Schmidt, der je ein Exemplar seiner 133 Verlagswerke der Cultusgemeinde spontan übersendete. Grössere Legate fielen der Bibl. zu: von Hermann Dukes, Joseph Ritter v. Wertheimer, Gerson Wolf, Leopold Kompert, Salo Cohn, sowie die Bibl. S. J. Halberstamm. — Vorzugsweise Hebraica, Bibelexegese, Religionsphilosophie, jüdische Literaturgeschichte, Geschichte der Juden und des Judenthums, sowie Einzelforschungen.

Bericht der II. Section (Unterrichtswesen) über die Entstehung und Entwickelung der Bibl. der israel. Cultusgemeinde in Wien zufolge des Beschlusses des Vorstandes vom 12. Januar 1896. Wien 1896.

799. **Katholischer Damenleseverein**, I. Wollzeile 32, 1. Stiege, 2. Stock. — 11.800 Bde. — Jahresdotation ca. 300 Gulden. — Präsidentin: Baronin Sophie Schloissnigg, geb. Gräfin Capriani; Vicepräsidentin: Gräfin Marietta Szechényi, geb. Gräfin Hoyos; Consulent: Prof. Alois Oberhumer; Bibliothekarin: Sophie Görres; Bibl.-Assistentin: Gisela Achhammer. — Je ein handschriftl. alphabet. Zettel- und Nummernfachkatalog, welch letzterer fortgesetzt wird, sowie zwei gedruckte Kataloge. — Benützbar nur für Mitglieder (Mitgliedsbeitrag monatlich 50 Kreuzer und 2 Gulden Caution), von 8—1 und 3—7 Uhr. — Ebenso Entlehnungen und Versendungen gegen Ersatz des Portos. — Belletristik und populäre Wissenschaften, Theologie etc. (5270 in deutscher, 1941 in französischer, 1255 in englischer, 269 in italienischer, 62 in spanischer Sprache). — Gegr. zugleich mit dem Vereine 1861.

XXVII. Jahresbericht über die Thätigkeit des Katholischen Damenlesevereines vom 1. Mai 1897 bis 30. April 1898.

800. **Wiener medicinisches Doctorencollegium**, I. Rothenthurmstrasse 21—23, Van Swieten-Hof. — Ca. 16.000 Bde. — Jahresdotation je nach Bedarf. — Bibliothekar: Dr. Franz v. Brennerberg, k. k. Hofburgtheaterarzt. — Ein Zettel-, ein Bandkatalog, geordnet nach Autoren und den behandelten Themen; Grundbuch, enthaltend das fortlaufende Verzeichniss der als Schenkungen einlangenden Werke und der Namen ihrer Spender. Benützbar für die Mitglieder während der Amtsstunden, d. i. täglich vormittags. — Ebenso Entlehnungen. — Den Grundstock der Bibl. legten die Erben des i. J. 1846 verstorbenen Hofrathes und Referenten der Studienhofcommission Dr. Ludwig Freih. v. Türkheim, welche die reiche Büchersammlung dieses um das medicinische Studienwesen Oesterreichs verdienten und durch eine vielseitige literarische Bildung ausgezeichneten Mannes über Anregung des k. k. Stadtarmenarztes Dr. Nadler der medicinischen Facultät der Wiener Universität unter der Bedingung zuwendeten, dass diese Sammlung als „Bibliotheca Türkheimiana" für alle Zeiten aufbewahrt werde und den Facultätsmitgliedern zur Benützung offen stehe. Nach der i. J. 1849 vollzogenen Scheidung der Facultät in Professoren- und Doctorencollegien fiel die Bibl. letzterer Corporation zu, als deren Rechtsnachfolger endlich das jetzige, 1873 constituirte Collegium in den Besitz derselben gelangte. Stets in den Kanzleien dieser Corporation aufbewahrt und mit ihnen das Domicil wechselnd, ist die Bibl. nach sieben Umzügen, seit 1898 im jetzigen Locale untergebracht. Als Bibliothekare fungirten 1849—1850: Ober-Sanitätsrath Dr. J. Schneller, welcher die erste Ordnung mit-

telst Zettelkataloges vornahm und später (1854—1855) auch noch einen festen, in 178 Fächer getheilten Realkatalog anlegte und vollendete; 1850—1856: Sanitätsrath Dr. A. Witlačil; 1856—1859: Prof. Dr. H. Beer; 1859—1864: Dr. L. Schlager; 1864—1877: Dr. J. Zauchi de Callo et Linchenburg; 1877—1898: Dr. Gustav v. Pernhofer, welcher die Bibl. nach modernem Muster ordnete, einrichtete und einen neuen (1881 gedruckten) Katalog verfasste; seit 1898: Dr. Franz v. Brennerberg. — Ein beträchtlicher Theil der Bibl. entfällt auf die zumeist noch der „Bibliothek Türkheim" entstammenden Dissertationen, ferner auf die Zeitschr. und die Badeliteratur. Unter den grösseren Werken sind namentlich jene der österr. Universitätslehrer des vorigen und der ersten Hälfte des laufenden Jhdts. vertreten. Eben diesem Zeitraume gehören die meisten Dissertationen an, welche mit geringen Ausnahmen von den Universitäten Wien, Prag, Pest, Pavia und Padua herrühren; hierher gehören auch einige grössere Sammlungen ausgewählter, mitunter sehr alter, zum Theile commentirter und kritisirter Dissertationen österreichischer und deutscher Hochschulen. — Von Zeitschriften sind nebst den in Oesterreich und vielen in Deutschland erscheinenden oder bereits eingegangenen, auch solche aus England, Nordamerika, Frankreich, Belgien, Holland, Holländisch-Indien, der Schweiz, Italien, dem Orient, Algier, Norwegen, Finland und Russland in grösserer Auswahl vorhanden. Die Badeschriften behandeln vorwiegend österreich.-ungarische Curorte; namentlich die ältere Literatur erscheint nahezu complet. — Naturwissenschaften, besonders Medicin.

Katalog der Bibl. des Wiener medicinischen Doctorencollegiums bearbeitet von Dr. Gustav v. Pernhoffer herausgegeben vom Wiener medicinischen Doctorencollegium. Wien 1881.

801. **Dominicanerconvent**, I. Postgasse 4. — Ca. 30.000 Bde., 217 Incunabeln, 320 Handschriften. — Jahresdotation je nach Bedarf. — Bibliothekar für drei Jahre gewählt, derzeit: P. Bertrand Žižlavský. — Neukatalogisirung im Zuge, bisher bei über 20.000 Bdn. bereits durchgeführt; Zettelkatalog. Der älteste Bandkatalog ist i J. 1513 von Martinus Purlwasser (Purlrawser) angelegt. Ein zweiter, späterer, zweibändiger Katalog (I. „authores", II. „materiae") wurde 1758 von Hermann Männlich verfasst. Ein dritter Bandkatalog stammt aus 1803 („authores"). — Nach rechtzeitiger Anmeldung beim Bibliothekar und mit Zustimmung des Priors ist die Bibl., die im Grunde reine Privatbibl. ist, in beschränkter Weise auch für Nichtconventmitglieder benützbar. — Entlehnung von Handschriften und Incunabeln unstatthaft; von Büchern ausnahmsweise gegen Revers und

Bürgschaft. — Die Sammlung ist Hausbibl. Die ältesten Codices sind aus dem Ende des 13. Jhdts., zahlreicher sind die aus dem 14., die meisten aus dem 15. Jhdt. Der älteste Bestand stammt zum grössten Theile aus Geschenken der Conventmitglieder, zum anderen aus Käufen. Zahlreiche Codices sind im 15. Jhdt. von gelehrten Conventmitgliedern als Verfassern selbst geschrieben worden. — Hauptsächlich Theologie, Sancti Patres, Interpretes S. Scripturae, Theologi speculativi, dogm., morales, polemici, Hist. eccles., Concionatores, Canonistae etc. Nicht unbedeutend ist auch der Bestand aus Jus civile. Medici, Philosophi, Historici, Politici, Philologi.

802. **K. k. evangelisch-theologische Facultät,** IX. Türkenstrasse 1. — 7190 Werke in 11.611 Bdn. und Broschüren. — Jahresdotation 500 Gulden. — Bibliothekar jährlich aus dem Prof.-Collegium gewählt, derzeit a. ö. Prof. Dr. Ernst Sellin; Bibl.-Scriptor: Hugo Reichel. — Alphabet. Zettel- und Fachkatalog. — Zugänglich vormittags an jenen Tagen, an denen Vorlesungen stattfinden. — Entlehnung an Hörer und Mitglieder der k. k. evang.-theol. Facultät; an andere Personen nur, wenn sie dem Bibliothekar bekannt sind, oder gegen Erlag einer Caution. — Versendungen ausnahmsweise an vertrauenswürdige Persönlichkeiten oder gegen Caution, bei Ersatz der Spesen. — Gegr. zugleich mit der Facultät i. J. 1821. — Evangelische Theologie sammt ihren Hilfswissenschaften.

803. **K. u. k. Familien-Fideicommissbibliothek,** I. Hofburg. — 11.200 Werke, 4038 Landkarten, 810 Incunabeln (bis 1530) 2212 Handschriften, darunter zahlreiche Huldigungsschreiben, 90.000 Porträte, 6000 Kupferstiche, Lavatersammlung über 22.000, Kunstwerke und Sammelmappen 1000 Stück, Aquarelle 500, Ansichten 5000, naturwissenschaftliche Bilder 13.000, Adressen 4000 Stück; Privatbibl. 8601 Werke, 451 Landkarten, 300 Adressen. — Dotation aus dem allerh. Familienfond. — Vorstand: Dr. Alois Theodor Karpf, Custos; Scriptoren: Johann Jureczek, Dr. Franz Schnürer; Amanuensis: Dr. Antal Hodinka; Hilfsarbeiter: Johann Bapt. Janku; Kanzlist: Ferdinand Ritt. v. Geisinger; 2 defin., 1 prov. Diener. — Die Bibl. ist privat, jedoch nach Anmeldung beim Vorstande ausnahmsweise auch öffentlich benützbar. — Entlehnungen an Hofämter. — Gegr. von Kaiser Franz I., der 1806 den ersten Bibliothekar Peter Thomas Young anstellte; 1835 wurde die Bibl. laut Testament des genannten Herrschers Fideicommissgut (Urkunde darüber von 1819), 1878 mit der Privatbibl. des Kaisers Franz Joseph I. vereint. Aufnahme fanden: 1810 die Bibl. der Erzherzogin

Maria Elisabeth in Innsbruck, 2174 Werke: 1819 die Sammlung (juridischen Inhaltes) des Reichsfreih. Peter Anton v. Frank, 5827 Werke: 1824 Bibl. des Freih. v. Ulm. 600 Incunabeln: 1828 die Lavatersammlung, 22.000 Kunstblätter: 1836 die Porträtsammlung des Banquiers Ritter v. Franck; 1871 die Bibl. des Ritter v. Schneid. 950 Bde.; 1875 die Privatbibl. des Kaisers Ferdinand. 8166 Werke, 351 Landkarten, 393 Aquarelle, 9591 Handzeichnungen; 1878 die Privatbibl. des Kaisers Franz Joseph I.: 1888 die Göesy'sche Porträtsammlung; 1891 die Privatbibl. des Kronprinzen Erzherzog Rudolf. — Ausser den alten Katalogen: Für alle Abtheilungen Einlaufsjournale; für die Büchersammlung: Standortsrepertorium; Localrepertorium nach den einzelnen Schränken; Schlagwortkatalog in Zettelform (ca. 60.000); ein Vormerkkatalog über biographische und ikonographische Literatur (ca. 40.000 Zetteln). Für die Landkarten: Zettelkatalog; für die Porträtsammlung gebundene Kataloge in 47 Bdn.; alphabet. Zettelkatalog für die „übrigen Stände": Zettelkataloge für die in den Bücherwerken enthaltenen Porträte. Für die Kunstsammlung, und zwar für die Kunstwerke: Alphabet. Zettelkatalog, Standortsrepertorium. Spiegel: für die Kupferstiche: Alphabet. Zettelkatalog, Standortsrepertorium; für die Aquarelle: Alphabet. Zettelkatalog: für die Ansichten und die Pflanzenabbildungen je ein ebensolcher; für die Adressen: Kataloge in Heften. — Vertreten sind alle Wissenschaften.

Sammlungen, Die, der vereinten Familien- und Privatbibl. Sr. Majestät des Kaisers. Wien 1873 1882. — Balbi, A. Essai statistique sur les bibliothèques de Vienne. Vienne 1835. Francisceische Curiosa. Wien 1849. Realis. Die kaiserliche Burg in Wien. Wien 1853. Karpf, Alois. Die Landkartensammlung des Kaisers. In: Neue Freie Presse. 3. Nov. 1882. Schaffer, Wenzel. Unseres Kaisers Bibl. In: Illustr. Oberösterreichischer Volksbildungskalender f. d. J. 1885. I. Ried 1885. Karpf, Alois. Die alten handschriftlichen Schifferkarten in der k. u. k. Familien-Fideicommissbibl. In: Mitth. der geogr. Gesellsch. in Wien. Wien 1891. Die Familienbibl. des Kaiserhauses. In: Fremdenblatt vom 11. Juli 1893. — Zeichnungen aus der kais. Fideicommissbibl. Ebenda. 3. December 1895. — Jureczek. Johann Die Porträtsammlung der k. u. k. Familien-Fideicommissbibl. in Wien. In: Biographische Blätter. I. Wien 1895. — Die kaiserliche Privatbibl. i. d. J. 1809 und 1813. In: Wiener Zeitung vom 14. und 15. December 1897. The Private Library of His Imperial and Royal Majesty Francis Joseph. In: Life. A social and financial journal vom 19. Juli 1898. Bohatta, H. Die Familien-Fideicommissbibl. in Wien. In: Mittheilungen d. österr. Vereines f. Bibl.-Wesen III. 1899.

805. **Freibibliothek und Freilesehalle des „Gemeinnützigen Vereines Alsergrund"**, IX. Nussdorferstrasse 3, wurde i. J. 1879 von Sr. Exc. Dr. Wilh. Freih. v. Schwarz-Seeborn ins Leben gerufen, zählte nominell im Jahre 1899 11.000 Bde., entlehnte jährlich etwa 15.000 Bde., während 100.000 bis 120.000 im

Lesesaal benützt wurden (16.000—17.000 Besucher). Die Bibl. war an Wochentagen abends von 6—9 und Sonntag nachmittag geöffnet. In den letzten Zeiten wurden monatlich 5—10 Kreuzer als Benützungsgebühr eingehoben. Trotz dieser Beiträge der Leser und trotz der grossen Opfer, welche der Präsident Ludwig Lohner und der Cassier Travnitschek seit Jahren brachten, konnte keine kräftige Entfaltung des Institutes erzielt werden; für Bücherankäufe wurde seit Jahren nichts aufgewendet. Am 27. Juni 1899 löste sich der Verein auf und übergab die Bibl. und das Vereinsvermögen an den Verein „Centralbibl.". Mit einem Aufwande von ca. 3000 Gulden soll die Bibl. reorganisirt und zum Theile neu (IX. Währingerstrasse 50) ausgestattet werden.

805. **Gabelsberger Stenographen-Centralverein,** I. Weihburggasse 16. — 2460 Bde. — Jahresdotation 100 Gulden. — Vereinsvorstand: Karl Weizmann, k. k. Revisor des reichsräthlichen Stenographenbureaus; Bibliothekar: Alexander Pusiccelli. — Zettelkatalog. — Benützbar Sonntag 9—11 Uhr vorm. — Entlehnungen nur an Vereinsmitglieder. — Versendungen an auswärtige Mitglieder nur mit besonderer Genehmigung der Vereinsleitung. — Gegr. zugleich mit dem Vereine 1849. — Stenographie.

Gedruckter Bibl.-Katalog v. J. 1879.

806. **K. u. k. Garnisonsspital Nr. 2,** III. Rennweg 89. — 2150 Bde. — Ohne bestimmte Jahresdotation. — Vorstand ist der Spitalscommandant, Verwalter der Bibl. der jeweilige Militärcurat. — Ein handschriftlicher, nach dem Inhalte der Bücher angelegter Katalog. — Jeden Tag nach dem Spitalsgottesdienst von $7^1/_2$—8 und von 10—12 Uhr für die kranken und reconvalescenten Personen des obigen Spitales benützbar. — Versendung ausgeschlossen. — Eine geschichtliche Darstellung der Gründung und Vergrösserung der Bibl. liegt nicht vor; allem Anscheine nach wurde dieselbe, wie aus den Bücherspenden ersichtlich ist, nach und nach von Wohlthätern gegr. und vergrössert. — Grösstentheils Belletristik, aber auch Militärwissenschaften und Theologie.

807. **K. k. Gartenbaugesellschaft,** I. Parkring 12. — Ca. 2000 Bde. — Jahresdotation 200 Gulden. — Präsident: Exc. Johann Graf Harrach; Generalsecretär: Privatdocent Dr. Alfred Burgerstein. — Zettelkatalog. — Benützbar von 9—1 Uhr. — Entlehnungen nur an Mitglieder der Gesellschaft. — Gegr. 1837.

808. **K. k. oberster Gerichts- und Cassationshof,** I. Schmerlingplatz 10, Justizpalast. — Ca. 10.000 Bde. und 50 italie-

nische Statutarrechte in Handschrift, zum Theile Originalmanuscripte, zum anderen Copien. — Jahresdotation 400—500 Gulden. — Die Bibliotheksgeschäfte werden von einem Mitgliede des oberstgerichtlichen Secretariates, einem Hofsecretär oder Rathssecretärsadjunct, derzeit Hofsecretär Dr. Anton Freiherr v. Pachner-Eggenstorff, besorgt. — Ein systematischer Bandkatalog und ein alphabet. Zettelkatalog. — Während der Amtsstunden des obersten Gerichtshofes von 9—2 Uhr für die Mitglieder desselben benützbar; ausnahmsweise mit besonderer Bewilligung des Präsidiums auch für andere Personen, Richter, Advocaten, Rechtsgelehrte etc. — Ebenso Entlehnung gegen Empfangsbestätigung; Handschriften werden nur mit besonderer Bewilligung verabfolgt. — Versendungen nur ausnahmsweise über besondere Ermächtigung. — Die Bibl. wurde i. J. 1829 als Bibl. der damaligen obersten Justizstelle (seit 1848 oberster Gerichtshof) über Veranlassung des Vicepräsidenten Freiherrn v. Ulm gegr. Derselbe liess ein Verzeichniss der vorräthigen inländischen Gesetzsammlungen und der wenigen von den Autoren gespendeten Werke anlegen, wies in einem ah. Vortrage auf die Nothwendigkeit der Anschaffung neuer Bücher hin und bat um Anweisung eines entsprechenden Geldbetrages. Kaiser Franz bewilligte zunächst 400 Gulden, für die folgenden Jahre je 200 Gulden C.-M. Im J. 1845 wurde dieser Betrag auf 300 Gulden erhöht. Bedeutend vermehrt wurde die Bibl. i. J. 1834 durch den Ankauf der juridischen Werke aus dem Nachlasse Prof. Wagner's. Die Wahl der neu anzuschaffenden Werke wird gegenwärtig vom Präsidium getroffen, das hierbei den von den Senatspräsidenten und Hofräthen des obersten Gerichtshofes geäusserten Wünschen Rechnung trägt. Seit Aufhebung des sogenannten Veroneser Senates 1850 wurden der Bibl. die obgenannten italienischen Statutarrechtssammlungen einverleibt. — Gepflegt werden die Rechts- und Staatswissenschaften mit besonderer Berücksichtigung des österreichischen Rechtes.

Maschek v. Maasburg, M. Friedrich. Geschichte der obersten Justizstelle in Wien (1749—1848). Zweite Auflage. Prag 1891.

809. **„Germania". Lese- und Redeverein der deutschen Hochschüler in Wien,** VIII. Josefstädterstrasse 9. — 1242 Bde., und zwar 1017 belletristischen und 225 wissenschaftlichen Inhaltes. — Jahresdotation 40—50 Gulden. — 3 jedes Semester vom Ausschusse neugewählte Bücherwarte, derzeit Bücherwart: stud. phil. Karl Fees; 1. Stellvertreter: stud. phil. Robert Mayr; 2. Stellvertreter: stud. jur. Theodor Härdtl. — Ein Zettel- und ein alphabet. Katalog. — Benützbar während der gewöhnlichen Amtsstunden des Ausschusses von 9—12 und

2—8 Uhr für diejenigen Vereinsmitglieder, welche einen besonderen Bücherschein (30 Kreuzer pro Semester) lösen. — Entlehnung, aber keine Versendung. — Gegr. 1892. Die Bücherei wurde zum Theile aus der Bibl. der seinerzeit polizeilich aufgelösten „Akademischen Lesehalle" übernommen. Auch fand eine Büchersammlung von ca. 400 Bdn., die Dr. Moriz Weitlof geschenkweise überliess, hier Aufnahme. — Sämmtliche an der Universität vorgetragenen Wissenschaften.

810. **K. k. Gesellschaft der Aerzte,** IX 3 Franckgasse 8. — 35.000 Bde., und zwar 12.800 Einzelwerke, 550 Zeitschriften, zahlreiche Handschriften (darunter Billroth's Autobiographie in 2 Exemplaren, 3 Briefe S. k. H. des Kronprinzen Rudolf, 17 Briefe S. k. H. des Herzogs Carl Theodor von Bayern und 308 Briefe anderer Persönlichkeiten), ca. 700 Porträts, 3 Mappen, 22 Autographen, Ansichten. — Jahresdotation 2000—3000 Gulden. — Präsident: Prof. Hofr. Dr. Rud. Chrobak; Vicepräsident: Prof. Dr. Siegmund Exner. Zwei gewählte Bibliothekare, derzeit Dr. Ludwig Unger und Privatdoc. Dr. Heinrich Paschkis; 1 Bibliotheksdiener. — Handschriftliche Kataloge, und zwar 1 alphabet. Zettelkatalog, 1 Materienzettelkatalog, 1 alphabet. Bandkatalog, 1 Inventarkatalog mit fortlaufender Numerirung, 1 Doublettenbandkatalog. — Nur für Mitglieder der Gesellschaft benützbar, täglich an Wochentagen von 10—2 Uhr mittags und von 5—9 Uhr abends, an Sonn- und Feiertagen von 10—12 Uhr. — Entlehnungen von Büchern in der Regel auf 30 Tage, von Zeitschriften auf 8 Tage. Nicht ausgeliehen werden umfangreiche Nachschlagewerke, Wörterbücher und neu angeschaffte Werke innerhalb eines Monates nach ihrer Beschaffung. Verschickt werden weder Werke noch Zeitschriften. Die Bibl. verdankt ihr Entstehen dem collegialen Streben der Gründer der Gesellschaft und schöpfte ihren ersten Bücherbestand aus der medicinischen Journalistik. Grössere Legate wuchsen derselben später zu: durch die Witwe nach Feuchtersleben, v. Hoffmannsthal, L. W. Mauthner v. Mauthstein, Malfatti, Ludwig Türk, Ferd. Arlt, Joffé, Dittel, M. v. Zeissl und schliesslich in besonders munificenter Weise durch Theodor Billroth, welcher der Gesellschaft nebst zahlreichen Werken seine umfangreiche Autographen- und Porträtsammlung noch bei Lebzeiten überliess. Ueberdies geht der Bibl. jährlich eine grosse Anzahl von Werken durch den jeweiligen Schriftentausch und durch die Redaction des Gesellschaftsorganes, derzeit „Wiener klinische Wochenschrift", zu. — Medicin und Naturwissenschaften.

Katalog der Büchersammlung der k. k. Gesellschaft der Aerzte zu Wien. Wien 1866, sammt dem Ergänzungskatalog I. v. J. 1878 durch die inzwischen erfolgte Neukatalogisirung ungiltig. — Hyek, S. Geschichte der k. k. Gesellschaft der Aerzte in Wien von 1837—1888. Wien 1889. — Bericht der k. k. Gesellschaft der Aerzte in Wien über das Gesellschaftsjahr 51. Wien 1890 ff.

811. **Gesellschaft der Musikfreunde,** I. Canovagasse 4, Halbstock. — Archiv: 30.000 Tonwerke, praktische Musik, Partituren, Clavierauszüge, Stimmen. Bibl.: über 4000 Werke theoretischen, historischen und sonstigen Inhaltes über Musik. Museum: Etwa 1500 Handschriften der hervorragendsten Tonkünstler der letzten 3 Jhdte., theils Compositionen, theils Briefe und andere Werke. Etwa 2000 Porträts von Tonkünstlern und Künstlerinnen, sowie von hervorragenden, um die Musik besonders verdienten Personen aus dem 17.—19. Jhdt. Ferner eine Sammlung historischer Musikinstrumente (16.—19. Jhdt.), über 100 Nummern. — Jahresdotation 1000 Gulden. — Archivar und Bibliothekar: Dr. Eusebius Mandyczewski; Bibliotheksadjunct Carl Kehlendorfer; mit der Neukatalogisirung betraut: Dr. Hugo Botstiber; 1 Bibliotheksdiener. — Für das Archiv: 1 Nummernkatalog und 17 alphabet. Fachkataloge, für die Bibl.: 1 Nummernkatalog, 1 allgemeiner, alphabet. Katalog und 20 alphabet. Fachkataloge; sämmtlich Bandkataloge. Die Ausarbeitung eines Zettelkataloges hat im September 1898 begonnen. Für das Museum besondere Verzeichnisse. — Bibl., Archiv und Museum vom 15. September bis 15. Juli an allen Wochentagen von 10—1 Uhr für jedermann zugänglich. — Bücher und Musikalien werden nur nach Massgabe des persönlichen Vertrauens des Vorstandes verliehen oder an öffentliche Bibl. verschickt. Handschriften können weder entlehnt noch verschickt werden. Den Grundstock der ausschliesslich Musik und Musikwissenschaften pflegenden Bibl. bildet die Privatbibl. des 1819 in Sondershausen verstorbenen Ernst Ludwig Gerber.

Pohl, C. F. Die Gesellschaft der Musikfreunde des österreichischen Kaiserstaates und ihr Conservatorium. Wien 1871.

812. **K. k. geographische Gesellschaft,** I. Universitätsplatz 2. — Allgemeine Geographie 2362 Werke; besondere Geogr. 1225 Werke; andere Wissensch. 583, zusammen 7170 Werke. — Jahresdotation 200—300 Gulden. — Bibliothekar: Prof. Dr. Theodor Cicalek, Stellvertreter: Dr. Franz Heger, Custos des k. u. k. naturhistorischen Hofmuseums; Constantin Kapuscha, Beamter der Centralanstalt für Meteorologie und Erdmagnetismus, führt die Einläufe. — Materienkatalog, innerhalb der einzelnen Fächer chronologisch; Zettelkatalog; alphabet. Autorenkatalog. — Dienstag, Donnerstag und Samstag von 3—6 Uhr, an letzterem Tage eventuell auch bis 8 Uhr für

Mitglieder der Gesellschaft geöffnet. Vom 1.—31. August geschlossen. — Entlehnung nur an Mitglieder auf einen Monat. — Versendungen nur ausnahmsweise. — Gegr. gleichzeitig mit der Gesellschaft. Einen bedeutenden Zuwachs erhielt die Bibl. durch Aufnahme der Büchersammlung des Afrikaforschers Dr. W. Junker. — Geographie.

Bibl.-Ordnung. Wien 1899. — Katalog der Bibl. der k. k. geographischen Gesellschaft. Wien 1899.

813. **K. k. heraldische Gesellschaft „Adler"**, I. Rosengasse 4. — 1962 Werke. — Jahresdotation 200 Gulden. — Präsident: Exc. Dr. Ed. Gaston Graf Pöttickh v. Pettenegg; Vicepräsident: Friedr. Frh. v. Haan, Rathssecretär; Bibliothekare: Kaplan Johann Ev. Kirchberger, Controlor Guido Ehrenfried Bauernfeld; Custoden: Bez.-Hauptm. Arthur Graf v. Wolkenstein-Rodenegg, Archivsconcipist Alfred Ritter Anthony v. Siegenfeld; Archivare: Min.-Vicesecr. Anton Peter R. v. Schlechta-Hrochow-Wssehrdsky, Prof. Dr. Hermann R. v. Schullern zu Schrattenhofen. — Ein Zettel- und ein Standortskatalog. — Mittwoch von 6—8 Uhr abends für die Mitglieder, eingeführte Gäste und Mitglieder jener Vereine benützbar, mit denen ein Schriftentausch besteht. — An Mitglieder der Gesellschaft Entlehnung und Versendung gegen Empfangsschein; bei gewissen Werken ist die specielle Bewilligung des Vorstandes erforderlich. — 1870 Gründung der Bibl. 1890 wurde der Katalog (Materienkatalog) durch Josef Klemme verfasst und in Druck herausgegeben. Der Sphragistiker Eduard Melly († 22. Oct. 1854) hinterliess eine ansehnliche Siegelsammlung, die in den Besitz des Grafen v. Pettenegg gelangte; dieser machte sie der Gesellschaft im December 1889 zum Geschenke (über 3000 Gypsabgüsse und Lackabdrücke). — Heraldik, Genealogie, Geschichte, Sphragistik, Numismatik, Topographie, Rechts- und Adelswesen, Archiv- und Urkundenwesen, Local-, Kirchen- und Culturgeschichte.

Bibl.-Katalog erschien Wien 1890.

814. **Numismatische Gesellschaft**, I. Universitätsplatz 2. — Ca. 2000 Bde., 2 Manuscripte. — Jahresdotation je nach Bedarf. — Bibliothekar: Dr. Joseph Scholz. — Ein gedruckter alphabet. Katalog aus dem Jahre 1896, überdies ein Zettelkatalog. — Geöffnet jeden Mittwoch von 6—8 Uhr abends. — Entlehnungen an Mitglieder auf 14 Tage. — Versendungen derzeit unmöglich. — Gegr. 1870, im Wesentlichen durch Schenkungen und Schriftentausch vermehrt. — Numismatik, in zweiter Linie Geschichte und Alterthumswissenschaft.

815. **Photographische Gesellschaft**, II. Karmelitergasse 7. — 1165 Nummern mit ca. 2500 Bdn., überdies: 18 Jahrbücher

und ca. 100 Zeitschriften. — Vorstand der Gesellschaft: Hofrath Ottomar Volkmer; Cassier: Reg.-R. Ludwig Schrank. — Bandkatalog. — Benützbar nur für Mitglieder Mittwoch und Samstag von 1—7 Uhr. — Ebenso Entlehnungen und Versendungen. — Entstanden aus Schenkungen und allmählichen Nachschaffungen seit der 1861 erfolgten Gründung der Gesellschaft. — Photographie, Chemie, Photochemie und verwandte Fächer.

816. **Wiener pädagogische Gesellschaft,** I. Johannesg. 4a. 669 Bde. — Ohne Dotation. — Von gewählten Bibliothekaren, derzeit Moriz Baumann, verwaltet. — Ein handschriftl. Katalog. — Benützung nach Anmeldung bei den Bibliothekaren, von denen einer im Hause wohnt. — Gegr. 1873. — Vorzugsweise Pädagogik, Naturgeschichte, Physik und Chemie.

817. **K. k. zoologisch-botanische Gesellschaft,** I. Wollzeile 12. — 12.000—15.000 Bde. Zeitschriften: 6650 selbständige Werke und Separatabdrücke. — Jahresdotation 300 Gulden: für Ergänzung der Serien 300 Gulden, für Buchbinderkosten 300, zus. 900 Gulden. — Das Bibliothekscomité besteht aus: Joseph Brunnthaler, Dr. Alexander Zahlbruckner und dem verwaltenden Secretär A. Handlirsch. — Für die selbständigen Werke und Separatabdrücke ein alphabet. geordneter Zettelkatalog, für die Zeitschriften ein älterer Bandkatalog: ein Zettelkatalog in Ausarbeitung. — Entlehnungen nur an Vereinsmitglieder an allen Wochentagen von 3—7 Uhr. — Ebenso Versendungen gegen Ersatz der Kosten. — Gegr. zugleich mit der Gesellschaft i. J. 1851; die Bibl. erhielt seinerzeit die Bücher des Botanikers Neilreich. — Zoologie und Botanik, vereinzelt andere Wissenschaften; die meisten Zeitschriften deutscher und sehr vieler auswärtiger naturwissenschaftlicher Gesellschaften durch Schriftentausch.

818. **K. k. Technologisches Gewerbemuseum,** IX. Währingerstrasse 59; die Institutsbibl. ist gegenwärtig wegen Platzmangel IX. Eisengasse 5 untergebracht. — 3312 Werke mit 5139 Bdn.; Lehrmittel: 223 Werke mit 7750 graphischen Blättern: hiervon besitzt die Centralbibl. 1796 Werke mit 2535 Bdn., das übrige die vier Sectionen. Ausserdem 95 technische und gewerbliche Fachzeitschriften, sowie Tauschexemplare von Handelskammer-, Schul- und Vereinsberichten. — Jahresdotation 700 Gulden. — Bibliothekar und Custos der Sammlungen: Moriz Volke. — Handschriftliche Fachkataloge mit Namenregister für jede Section der Anstalt, ein Katalog der allgemeinen Bibl. gleichfalls mit Autorenregister und ein Katalog für ältere Werke des Museums der Geschichte

der österreichischen Arbeit. — Die Bibl. war durch 1½ Jahre öffentlich, ist jedoch derzeit nur Anstaltsbibl., zu der die Schüler der Anstalt Zutritt haben. — Entlehnungen nur an den Lehrkörper. — Werthvollere Werke befinden sich als Handbibl. bei den Vorständen der Sectionen und Versuchsanstalten. — Durch grössere Schenkungen machten sich verdient: Das k. k. Ackerbauministerium, Architekt Horky und Stummer R. v. Traunfels. Die Bibl. des Museums der Geschichte der österreichischen Arbeit besitzt ferner eine grosse Anzahl Originalmanuscripte von Josef Ressel, Freih. v. Reichenbach etc. — Besonders Werke, welche als Unterrichts- oder Nachschlagewerke der einzelnen Sectionen Verwendung finden; sehr reich ist die Abtheilung der statistischen Abhandlungen. — Die Bibl. enthält eine selbständig geführte Abtheilung für das „Museum der Geschichte der österreichischen Arbeit" unter derselben Verwaltung.

819. **Wiener Goethe-Verein**, I. Eschenbachgasse 9. — 726 Werke in 1098 Bdn. — Dotation im letzten Jahre 73 Gulden.
Mit der Verwaltung der Bibl. ist derzeit der zweite Schriftführer des Vereines und Redacteur der „Chronik des Wiener Goethe-Vereines", Rudolph Payer v. Thurn, Official in der Cabinetskanzlei Sr. Majestät, betraut. — Je ein nach Autoren wie nach Realien und Schlagwörtern geordneter Zettelkatalog; überdies ein numerisch geordnetes Zuwachsverzeichniss. — Zugänglich für Vereinsmitglieder; für andere Forscher nur gegen entsprechende Legitimation und vorherige schriftliche Anmeldung beim Bibliothekar. — Ebenso Entlehnungen und Versendungen, letztere gegen Ersatz des Portos. Den Grundstock der Bibl. bildete eine munificente Widmung der Frau Marie Walther, welche die von ihrem Gatten Sectionsrath P. Fr. Walther hinterlassene Goethe-Bibl. dem Vereine zum Geschenke machte. — Ausschliesslich Goethe-Literatur.

Katalog der Bibl. des Wiener Goethe-Vereines. In alphabet. Reihenfolge. Wien 1879. — „Chronik des Wiener Goethe-Vereines", Wien 1887 ff. (worin die neuen Erwerbungen von Zeit zu Zeit veröffentlicht werden).

820. **[K. k. akademisches] Gymnasium**, I. Christinengasse 6. — *a)* Lehrerbibl. 6011 Werke in 14.815 Stücken; 17.559 Programme; *b)* Schülerbibl. 807 Werke in 1172 Bdn. oder Heften. — Jahresdotation ca. 600 Gulden. — Director: Reg.-R. Friedrich Slameczka; Custos für *a)* Prof. Franz Hanna; für *b)* Prof. Engelbert Neubauer. — Alphabet. Zettelkatalog. — Bestimmte Lesestunden nicht festgesetzt. Entlehnung und Versendung an Lehrpersonen auf Grund eines mündlichen oder schriftlichen Ansuchens bei der Direction, respective beim Custos; an Fremde nur gegen entsprechende Sicherstellung.

Wahrscheinlich gegr. mit der Anstalt 1552 im Dominicanerkloster von den Jesuiten; 1555 kam das Gymn in das ehemalige Carmeliterkloster am Hof, 1622 in das Universitätsgebäude; seit 1773 Staatsanstalt, seit 1850 Obergymn. und mit weltlichen Lehrkräften besetzt.

Katalog erscheint im Jahresberichte für 1899.

821. **K. k. Gymnasium der Benedictiner zu den Schotten,** I. Freiung 6. — *a)* Lehrerbibl. 2173 Bde.; *b)* Schülerbibl. — Director: Dr. Andreas Borschke; Bibliothekar: Prof. Dr. Ferdinand Kotek. — 1650 von FM. Graf Rudolf v. Teuffenbach gegr.; 1773 mit dem akadem. Gymn. vereinigt; 1775 als kaiserl. Gymn. zu St. Anna wieder eröffnet; 1807 von den Benedictinern übernommen. Seit 1849 Obergymn.

Nach dem letzten Jahresberichte gearbeitet, da der Fragebogen nicht beantwortet wurde.

822. **[K. k. Franz Joseph-Staats-]Gymnasium,** I. Hegelgasse 3. — *a)* Lehrerbibl. 1655 Werke; *b)* Schülerbibl. 687 Werke. — Jahresdotation 500 Gulden. — Director: Reg.-R. Dr. Ignaz Wallentin; Custos für *a)* Prof. Anton Linhart; für *b)* Prof. Hermann Scherff. — Alle Wissenschaften, mit Ausnahme der rein technischen.

Linhard, Anton. Katalog der Lehrerbibl. I. Th. In: XXIV. Jahresbericht über das k. k. Franz Joseph-Gymn. in Wien. Wien 1898.

823. **[K. k. erstes Staats-]Gymnasium im II. Bezirke,** II. Taborstrasse 24, vom Schuljahre 1899/1900 an Circusgasse 46 und 48. — *a)* Lehrerbibl. 5798 Bde., 250 Hefte; *b)* Schülerbibl. 1253 Werke. — Jahresdotation für *a)* 400 Gulden. — Director: Reg.-R. Dr. Gustav Waniek; Bibliothekar für *a)* und *b)* Prof. Vincenz Hammerle. — Ein Band- und sechs Fachkataloge in alphabet. Ordnung. — Benützbar nur für Mitglieder des Lehrkörpers. — Ebenso Entlehnungen. — Keine Versendungen. — Gegr. 1877 zugleich mit der Anstalt und durch Geschenke sowie jährliche Anschaffung aus den verfügbaren Geldmitteln erweitert; seit der Gründung, mit kurzer Unterbrechung von zwei Jahren, von dem gegenwärtigen Bibliothekar verwaltet. — Alle Fächer der Anstalt; besonders gepflegt classische Philologie, Pädagogik, Germanistik und Mathematik.

824. **[K. k. zweites Staats-]Gymnasium im II. Bezirke,** Kleine Sperlgasse 2. — *a)* Lehrerbibl. 5461 Bde., 1212 Hefte; *b)* Schülerbibl. 948 Bde. — Director: Leopold Eysert; Custos für *a)* und *b)* Prof. Adolf Julius Seidl. — Gegr. 1864 als Realgymn., seit 1867 Obergymn., 1897 verstaatlicht.

Nach dem letzten Jahresberichte gearbeitet, da der Fragebogen nicht beantwortet wurde.

825. **[K. k. Staats-]Gymnasium im III. Bezirke,** Sophienbrückengasse 22. — *a)* Lehrerbibl. ca. 5500 Bde. und 17,000 Hefte; *b)* Schülerbibl. ca. 1000 Bde. — Jahresdotation bei 600 Gulden. — Director: Josef Zycha; Custos: Prof. Christian Jänicke. — Für *a)* Fachkataloge in Bdn. nach den Gymnasialfächern und ihren Unterabtheilungen geordnet und ein alphabet. Zettelkatalog; für *b)* ein Bandkatalog nach den 12 Classenabtheilungen, ein Fachbandkatalog, der auch die Namen derjenigen Professoren enthält, die für die Einstellung in die Schülerbibl. verantwortlich sind, und ein alphabet. Zettelkatalog. — Benützbar für die Professoren des Gymn. und der Staatsrealschule im III. Bezirke während der Unterrichtszeit an Wochentagen. Die Benützung der Bücher in der Bibl. ist wegen Raummangels unmöglich. — Ausnahmsweise auch Versendung im Wege der Direction an einzelne Herren, die ehemals Supplenten der Anstalt waren und dann anderswo fest angestellt wurden. — Beide Bibl. wurden zugleich mit der Anstalt i. J. 1869 gegr.

Ein Bibl.-Katalog der Lehrerbibl. wird im Programme 1900 veröffentlicht werden.

826. **Gymnasium der k. k. Theresianischen Akademie,** IV. Favoritenstrasse 15. — *a)* Lehrerbibl.; *b)* deutsche Schülerbibl. 1348 Bde., ungar. Schülerbibl. 114 Werke mit 272 Bdn. — Director: Reg.-R. Carl Ziwsa; Bibliothekar für *a)* Präfect Dr. Wenzel Johann Koutný; für *b)* Prof. Franz Prix. — 1746 zugleich mit der Theresianischen Akademie gegr.

Nach dem letzten Jahresberichte gearbeitet, da der Fragebogen nicht beantwortet wurde.

827. **[K. k. Elisabeth-Staats-]Gymnasium im V. Bezirke,** Rainergasse 33. — *a)* Lehrerbibl. 1339 Werke mit 2271 Bdn. und 608 Heften, 3531 österr.-ungar., 1568 deutsche Programme; *b)* Schülerbibl. 517 Werke in 681 Bdn. und Heften. — Jahresdotation 100—150 Gulden. — Director: Dr. Franz Strauch; Custos für *a)* Prof. Dr. Carl Kreipner; für *b)* Prof. Dr. Franz Lauczizky. — Ein Bandkatalog und zwei Zettelkataloge, einer alphabet., der andere nach Wissenschaften geordnet. — *a)* für die Lehrer der Anstalt benützbar zur Einsichtnahme an Ort und Stelle in Gegenwart des Bibliothekars täglich vorm. in den freien Stunden desselben. — Entlehnung gegen Empfangsbestätigung. — Die Bibl. besteht seit Gründung des Gymn. i. J. 1879 und umfasst alle Gymnasialfächer; *b)* Jugendliteratur.

Die Drucklegung eines Kataloges ist in Vorbereitung.

828. **[K. k. Staats-]Gymnasium,** VI. Amerlingstrasse 6. — *a)* Lehrerbibl. 5550 Bde., 1873 Hefte; *b)* Schülerbibl. — Jahresdotation 300 Gulden. — Director: Dr. Victor Thumser; Custos der Lehrerbibl.: Prof. Clemens Dipold; der Schülerbibl.: Prof. Carl Ehart. — Zettel- und Inventarkatalog. — Benützbar *a)* nur für Mitglieder des Lehrkörpers jederzeit; *b)* für Schüler an bestimmten Tagen und Stunden. — Keine Versendungen. — Gegr. zugleich mit der Anstalt 1864 von der Commune.

829. **[K. k. Staats-]Gymnasium im VIII. Bezirke,** Piaristengasse 45. — 9930 Bde. — Jahresdotation ca. 600 Gulden. Director: Reg.-R. Pius Knöll; Bibliothekar: Dr. Anton Becker. — Zettelkatalog und Bandkatalog, noch nicht vollständig. — Benützbar täglich zu den vom Bibliothekar angegebenen Stunden. — Entlehnung nur an Mitglieder des Lehrkörpers. — Versendung nur im Wege des Austausches mit der Staatsrealschule im I. Bezirke. — Gegr. 1701. — Vertreten sind alle Wissenszweige nach Massgabe der verfügbaren Mittel. Ausserdem eine Schülerbibl., deren Bibliothekar Gymn.-Lehrer Siegmund Brief ist.

Aschauer, Josef. Katalog der Lehrerbibl. I. Theil. In: XLVIII. Jahresbericht über das k. k. Staatsgymn. im VIII. Bezirke Wiens. Wien 1898.

830. **[Langer'sches Privat-]Gymnasium,** VIII. Buchfeldgasse 4. — 507 Bde., 117 Hefte. — Keine bestimmte Jahresdotation. Bibliothekar derzeit Ignaz Tkač, k. k. Prof. i. R. — Handkatalog nach Fächern und ein Zettelkatalog. — Benützbar für den Lehrkörper zu jeder Zeit. — Gegr. i. J. 1863 von dem früheren Inhaber Franz Meixner, pflegt die Bibl. Geschichte, deutsche Sprache und Literatur, Mathematik und Physik.

831. **[K. k. Maximilians-]Gymnasium,** IX. Wasagasse 10. — *a)* Lehrerbibl. 3085 Bde., 3519 Hefte, 15.431 Programme; *b)* Schülerbibl. — Jahresdotation *a)* 400—500 Gulden. Director: Anton Stitz; Bibliothekar für *a)* Prof. Leopold Weingartner; für die Programmsammlung: Prof. Joseph Meisel; für *b)* Supplent Dr. Carl Prinz. — Neben dem Inventar ein Bandkatalog nach Fächern geordnet, ferner ein Zettelkatalog gleichfalls nach Fächern und alphabet. geordnet. — Keine bestimmten Bibl.-Stunden; benützbar jederzeit für die Mitglieder des Lehrkörpers der eigenen Anstalt und jene des Döblinger Gymn. — Ebenso Entlehnungen. — Keine Versendungen. — Gegr. zugleich mit der Anstalt 1871. — Vertreten alle an der Anstalt gelehrten Fächer. Besonders gepflegt: Pädagogik und lateinische Syntax.

Weingartner, Leopold. Bibl.-Katalog der Anstalt. I. Theil. In: Jahresbericht des k. k. Maximiliansgymn in Wien. Wien 1898.

832. **[K. k. Carl Ludwigs-]Gymnasium,** XII. Rosasgasse 1. — *a)* Lehrerbibl. 3101 Bde., 362 Hefte; *b)* Schülerbibl. 839 Bde., 122 Hefte; *c)* Sammlung der Programme 6290 Bde. — Jahresdotation *a)* 300 Gulden; *b)* 70 Gulden. — Director: Johann Wastl; Bibliothekar für *a)* Prof. Hans Koppensteiner; für *b)* Prof. Franz Michalek; für *c)* Prof. Dr. Carl Immanuel Burkhard. — *a)* Inventar- und Zettelkatalog. Gedruckter Katalog im Anstaltsprogramm für 1899; *b)* Inventar- und Bandkatalog; *c)* Bandverzeichniss der österr. Programme nach Ländern, der reichsdeutschen alphabet. — Benützbar *a)* und *c)* für die Mitglieder des Lehrkörpers der eigenen Anstalt und der Staatsrealschule im XV. Bez. jederzeit. Ebenso Entlehnungen; *b)* an Schüler dreimal wöchentlich, gruppenweise Entlehnungen. — Keine Versendungen. — Vertreten alle an Gymnasien gelehrten Disciplinen, insbesondere classische Philologie. — Gegr. zugleich mit der Anstalt 1883.

833. **[K. k. Staats-]Gymnasium im XVII. Bezirke (Hernals),** Calvarienberggasse 31. — *a)* Lehrerbibl. 1606 Werke; *b)* Schülerbibl. bei 800 Werke. — Jahresdotation ca. 250 Gulden. — Director: Georg Kotek; Bibliothekar: Prof. Arthur Wiskotschil. — Benützbar *a)* in erster Linie für den Lehrkörper; *b)* für die Schüler der Anstalt. — Errichtet 1872 als Realgymn.; seit 1877 Untergymn., seit 1879 Obergymn.

Wiskotschil, Arthur. Katalog der Lehrerbibl. I. Theil. In: XXIV. Jahresbericht des k. k. Staatsgymn. im XVII. Bezirke von Wien. Wien 1898.

834. **[K. k. Staats-]Gymnasium im XIX. Bezirke (Ober-Döbling),** Gymnasiumstrasse 83. — *a)* Lehrerbibl. 628 Nummern mit 1906 Bdn.; *b)* Schülerbibl. 413 Nummern mit 171 Bdn. — Jahresdotation ca. 300 Gulden. — Director: Karl Woksch; Bibliothekar für *a)* Prof. Wenzel Wild, für *b)* Prof. Eduard Janěik. — Alphabet. Zettelkatalog; Band-(Haupt-)Katalog alphabet. nach Materien in 18 Gruppen; Journalkatalog. — Benützbar *a)* für den Lehrkörper zu jeder Zeit. — Ebenso Entlehnungen. — Gegr. zugleich mit der Anstalt 1885. — Alle für den Gymn.-Unterricht vorgeschriebenen Gegenstände.

835. **Handelsakademie,** I. Akademiestrasse 12. — 6412 Bde. — Dotation 900 Gulden. — Director: Reg.-R. Rudolf Sonndorfer; Bibliothekar: Prof. Dr. Hans Pischek. — Ein alphabet. Autoren-(Zettel-) und ein numer. Bandkatalog. — Für die Schüler der Anstalt täglich von 11—½12, für das Lehrpersonale jeden Vormittag zugänglich. — Entlehnungen gegen Empfangsbestätigung, keine Versendung. — Gegr. 1857. — Commercielle Fachgegenstände, Cameralistik, Nationalökonomie, Mathematik, politische Arithmetik, Physik, Chemie, chemische

Technologie, Waarenkunde. Geschichte, Geographie, Reisebeschreibungen, Literaturgeschichte, schöne Literatur.

Borowski, Max. Bibliothekskatalog der Wiener Handelsakademie. Wien 1891.

836. **K. k. österreichisches Handelsmuseum**, IX. Berggasse 16. — Ca. 4000 Bde. — Jahresdotation 1000—1500 Gulden. — Director: Hofr. Moriz Ritter v. Roessler; der Bibl.-Dienst wird derzeit vom Museumsbeamten Fr. Bayer versehen. — Handverzeichnisse, welche die auf einzelne Länder bezüglichen Publicationen umfassen; ein Zettelkatalog in Ausarbeitung begriffen; auch ein alphabet. Bandkatalog soll angefertigt werden. — Benützbar an Wochentagen von 9—3 Uhr, Donnerstag überdies von 4—7 Uhr abends und jeden zweiten Sonntag von 9—12 Uhr unter den sonst üblichen Bedingungen. — Entlehnungen mit Genehmigung seitens der Direction. — Ebenso Versendungen. — Gegr. 1874. Die grossartige Betheiligung des nahen und ferneren Orients an der Weltausstellung in Wien 1873 hatte die ausserordentliche wirthschaftliche Bedeutung des Orients insbesondere für die österreichisch-ungarische Monarchie erwiesen. Behufs praktischer Verwerthung der bei diesem Anlasse gewonnenen Erfahrungen und Anbahnung eines näheren wissenschaftlichen Contactes mit dem Orient wurde i. J. 1874 das „Orientalische Museum" gegr. und in demselben eine den damaligen Bestrebungen entsprechende Bibl. angelegt, wobei namentlich auch das orientalische Kunstgewerbe im Hinblick auf die für den Orient bestimmte kunstgewerbliche Massenproduction Europas Berücksichtigung fand. Dank der Munificenz des k. k. Ministeriums des Aeusseren, des k. k. Handelsministeriums, des k. k. Ministeriums für Cultus und Unterricht, des k. k. Ackerbauministeriums, des India Office in London, der chinesischen Seezollbehörde u. a., verfügte die Bibl. alsbald über ein reichhaltiges Material, dessen Werth durch die wichtigsten den Orient betreffenden periodischen Publicationen erhöht wurde. Im J. 1886 wurde das Orientalische Museum auf breiterer, nicht ausschliesslich orientalisch-wirthschaftlicher und kunstgewerblicher Basis unter dem Namen „K. k. österr. Handelsmuseum" zu einem allgemeinen Handelsmuseum ausgestaltet und erfuhr auch die Bibl. eine dem neuen Wirkungskreise angemessene Erweiterung. Im J. 1897 wurde die bisher gepflegte kunstgewerbliche Action aus den Agenden des k. k. österr. Handelsmuseums ausgeschieden und wird gegenwärtig auch mit Rücksicht auf die im Vorjahre ins Leben getretene Handelsfachschule „Exportakademie" des k. k. österr. Handelsmuseums ausschliesslich eine umfassende Ergänzung

und Erweiterung der vorhandenen Bestände des wirthschaftspolitischen Materiales durchgeführt. — Vorzugsweise volkswirthschaftliche Literatur, sowie die über das orientalische Kunstgewerbe.

837. **Handels- und Gewerbekammer für das Erzherzogthum Oesterreich u. d. Enns,** I. Wipplingerstrasse 34. — 6754 Werke in 15.302 Bdn., 1970 Heften, 408 Karten und Plänen und 23 statist. Tabellen. — Jahresdotation 2000 Gulden. — Die Geschäfte der Bibl. besorgt mit Hilfe der jeweilig verfügbaren Kanzlei- und Dienstkräfte: Moriz Schwarz, Kanzleidirectionsadjunct. — Für die Jahre 1881—1898 ein handschriftlicher alphabet. Zettelkatalog; für den ganzen Bestand ein nach Formaten getrennter, chronologisch geordneter Bandkatalog; ein Schlagwortregister in Ausarbeitung. — An Wochentagen von 9—3 Uhr gegen Legitimation zugänglich. — Entlehnung an Mitglieder oder Beamte der Kammer, ausnahmsweise und nur gegen entsprechende Legitimation auch an andere Personen. — Die Bibl. entwickelte sich aus den seit der Gründung der Kammer i. J. 1849 vorgenommenen Bücherkäufen und zufliessenden Geschenken. — Alle Wissensgebiete, die mit Handel und Gewerbe in Beziehung stehen; bevorzugt jene Erscheinungen, welche Handels- und Gewerberecht, Handels- und Gewerbepolitik, industrielles Urheberrecht und Nationalökonomie behandeln.

Katalog der Bibl. der H.- u. G.-Kammer f. Oesterr. u. d. E. Wien 1857. — Alphabet. Katalog der Bibl. der H.- u. G.-Kammer f. d. Erzherzogth. Oesterr. u. d. E. Wien 1881. — Sachkatalog der Bibl. der H.- u. G.-Kammer f. d. Erzherzogth. Oesterr. u. d. E. Wien 1881. — Alphabet. Katalog der Bibl. der H.- u. G.-Kammer f. d. Erzherzogth. Oesterr. u. d. E. Wien 1898.

838. **K. u. k. Haus-, Hof- und Staatsarchiv,** I. Hofburg. — Gegen 20.000 Bde., über 1600 Handschriften. — Jahresdotation 700 Gulden. — Director: Hofr. Dr. Gustav Winter; Bibliothekar: Haus-, Hof- und Staatsarchivar Arpád György de Nádudvar. — Für die Handschriften ein gedruckter Katalog; für die Bücher ein handschriftlicher alphabet. Zettelkatalog, ein ebensolcher gebundener und ein gebundener Schlagwortkatalog. — Da die Bibl. eigentlich nur Handbibl. des Staatsarchivs ist, so steht sie während der allgemeinen Amtsstunden von ½10—½3 Uhr den Beamten dieses Institutes und den Benützern desselben zur Verfügung. — Die Benützung durch Fremde ohne gleichzeitige archivalische Arbeit in der Anstalt ist nicht gestattet. — Entlehnung gegen Recepisse auf kurze Zeit. — Versendung von Handschriften zur Benützung durch Private nur an öffentliche Archive und Bibl.

— Die Bibl. nahm ihren Ursprung mit der Errichtung des Haus-, Hof- und Staatsarchivs, also mit dem Jahre 1749. Sie erfuhr namentlich durch Zuwendung eines Theiles der erzbischöfl. salzburgischen Bibl., von Büchern aus der Bibl. des Ministeriums des Aeussern und verschiedener auswärtiger Missionen, dann der Privatbibl. des Hofr. Reinhardt, des ehemaligen niederländ. „Chef de la Chambre héraldique" Beydaels de Zittaert u. A. eine wesentliche Bereicherung. — Geschichte und deren Hilfswissenschaften finden hier hauptsächlich ihre Pflege.

Böhm, Constantin Edler v. Die Handschriften des k. u. k. Haus-, Hof- u. Staatsarchivs. Wien 1873. 1 Bd. und Suppl. (1874).

839. **K. k. Hochschule für Bodencultur,** XIX. Hochschulstrasse 24. — Ca. 22.000 Bde., 4 Incunabeln. — Jahresdotation 1300 Gulden; ausserdem die Matrikeltaxen ca. 750 Gulden. — Vorstand: Dr. Ignaz Stich, Amanuensis; 2 Diener. — 1 Zettelgrundkatalog; 1 systemat. Zettelkatalog; 1 alphabet. Zettelkatalog; 1 Zettelschlagwortkatalog. — Bibliotheksstunden jeden Wochentag von 9—6 Uhr, Samstag von 9 - 12 Uhr; benützbar unter den für die öffentlichen k. k. Bibl. Oesterreichs geltenden Bedingungen. Ebenso Entlehnungen und Versendungen. — Den Grundstock bildet die nach Auflassung der k. k. Forstakademie in Mariabrunn an die 1872 neugegründete Hochschule für Bodencultur abgegebene Bibl. der gen. Anstalt. Im J. 1893 wurde die Bibl. für öffentlich erklärt und nach der sinngemäss geänderten allgemeinen Bibliotheksinstruction v. J. 1827 neu organisirt. — Besonders gepflegt Land- und Forstwissenschaft. Naturwissenschaften, Rechts- und Verwaltungswissenschaften, Mathematik.

840. **K. k. technische Hochschule,** IV. Technikerstrasse 13. Ende Sept. 1897: 81.044 Bde. und 8858 Schulprogramme. - Dotation 7000 Gulden und ca. 2500 Gulden Matrikeltaxen. — Vorstand: vacat; Custos: Dr. Eduard Fechtner; Scriptor: Johann Mayrhofer; Amanuensen: Dr. Robert Daublebsky v. Sterneck, Dr. Carl Maria Tomaschek Edl. v. Stratowa; 4 Bibliotheksdiener, 1 Aushilfsdiener. — Ein alphabet. Zettelkatalog, ein Realkatalog in Zettelform und ein 14 Bde. umfassender Auszug aus dem letzteren für die Benützung im Lesesaale; ausserdem ein nach Nummern geordnetes Bücherinventar (Nummernrepertorium) und ein Accessionsprotokoll. — Allgemein benützbar und im Winter (Mitte October bis Ende März) täglich von 9—12 und 4—8, im Sommer (April bis Juli) täglich von 9- 12 und 3 - 6 Uhr geöffnet; an Samstagen und Sonntagen entfallen im Winter

und Sommer die Nachmittagslesestunden. In den Ferienmonaten August u. Sept. ist der Lesesaal Dienstag und Freitag von 9—12 geöffnet, vom 1.—15. Oct. täglich von 9—12 Uhr. — Für die Entlehnung und Versendung von Büchern und Zeitschriften gelten dieselben Bestimmungen wie f. d. Universitäts- und Studienbibl. — Die Bibl. wurde i. J. 1815 gegr. und setzte sich in ihrem ersten Bestande zusammen aus der Büchersammlung des i. J. 1815 dem polytechnischen Institut einverleibten Fabriksproductencabinets; der Bibl. der ehemaligen Realakademie bei St. Anna; den im a. h. Auftrage Sr. Maj. Kaiser Franz I. vom Reg.-R. J. J. Prechtl in Paris für das polytechnische Institut angeschafften Werken. Die Bücher wurden von Anfang an nach dem Numerus currens aufgestellt. An grösseren Schenkungen erhielt die Bibl. i. J. 1876 die Büchersammlung des aufgelösten „Athenaeums" und die Bibl. des Reg.-R. R. v. Hornig, i. J. 1883 ein Legat des Frh. v. Hingenau, durch eine Reihe von Jahren zahlreiche Zeitschriften und Werke aus der Bibl. des Ministerrathspräsidiums. Ferner tritt der Verein zur Verbreitung naturwissenschaftlicher Kenntnisse gegen eine Erhöhung seiner ihm vom k. k. Ministerium f. C. u. U. gewährten Subvention um 100 Gulden seine sämmtlichen Tauschschriften an die Bibl. ab. — Die exacten Wissenschaften und technischen Fächer.

Der Katalog der Bibl. erschien 1868, ein Nachtrag hierzu 1873 im Druck.

841. **K. k. Hofbibliothek,** I. Josefsplatz, k. k. Hofburg. — Ca. 600.000 Bde., davon bei 7000 Incunabeln, bei 24.000 Handschriften, über 3000 Karten, 300.000 Blatt Kupferstiche. Jahresdotation 31.225 Gulden. — Director: Hofr. Dr. Joseph Karabacek; Vicedirector: Alfred Göldlin v. Tiefenau: Custoden: Karl Göttmann, Moriz Cammerloher; Scriptoren: Ferdinand Menčík, Heinrich v. Lenk, Dr. Rudolf Geyer, Franz Schöchtner, Johann Kluch; Amanuensen: Privatdocent Dr. Alexander R. v. Weilen, Lector Dr. Rudolf Beer, Dr. Theodor Gottlieb, Alfred Daubrawa, Othmar Doublier, Dr. Josef Mantuani; Assistenten: Friedrich Dörnhöffer, Dr. Wenzel Vondrák, Dr. Rudolf Brotanek, Dr. Anton R. v. Premerstein; wissenschaftliche Hilfsarbeiter: Dr. Robert Franz Arnold, Dr. Friedrich R. v. Egger-Möllwald; Rechnungsofficial: Johann R. v. Vieten; 7 Diener. — Ein Zettel- und ein Bandkatalog, beide alphabet. geordnet; ein Realkatalog in Ausarbeitung. — Ausser Sonn- und Feiertagen, Palmsonntag bis Ostermontag, 23. December bis 1. Januar, 1. August bis 15. September täglich von 9—4 Uhr geöffnet und allgemein zugänglich; Handschriften, Musikalien und Kupferstiche von 9—2 Uhr benützbar. Die in den Brief-

kasten beim Eingange der Bibl. bis zum Abend eingelegten Bestellzettel sind am nächsten Morgen 9 Uhr erledigt. — Entlehnung gegen eigenhändige Unterschrift der Empfangsbestätigung an die Mitglieder der kaiserl. Familie, ihre Lehrer und die Würdenträger des Hofes; die Ministerien und Centralstellen; die wirklichen und correspondirenden Mitglieder der wissenschaftlichen Akademien und ihnen gleichstehenden wissenschaftlichen Gesellschaften; die Mitglieder der beiden Häuser des Reichsrathes; die ordentlichen und ausserordentlichen Prof. der Wiener Hochschulen, der Akademie der bildenden Künste, der evang.-theolog. Facultät; an die Beamten der Hofämter und Hofinstitute, der öffentlichen Archive, Bibl. und Museen, die diplomatischen Vertreter der fremden Mächte. Gegen Empfangsschein mit Unterschrift des Amtsvorstandes oder Stampiglie des Instituts an: die Beamten der Ministerien, politischen und Justizbehörden; die Officiere und Militärbeamten der k. u. k. Armee; die Angehörigen geistlicher Corporationen und Klöster; die Mitglieder der Institute und Seminare der Hochschulen, sowie auch andere mit wissenschaftlichen Arbeiten beschäftigte Personen, wie Lehrer der Mittelschulen u. dgl. Von der Entlehnung sind ausgeschlossen (nur in besonderen Fällen kann die Direction hier eine Ausnahme gestatten): Incunabeln, seltene Drucke und Musikalien, Manuscripte und Miniaturwerke; die im Lesesaal und Handschriftenzimmer aufgestellten bibliographischen und literarischen Nachschlagewerke und Wörterbücher; Landkarten, Atlanten, Kunstblätter, Flugblätter oder kostbar ausgestattete Bilderwerke; Werke, die häufig gebraucht werden oder für die Arbeiten der Beamten unentbehrlich sind; Bücher, welche im Lesesaale benützt werden oder für Leser reservirt sind; einzelne Bde. vielbändiger Werke, Zeitschriften, Zeitungen etc.; Werke pornographischen Inhalts. — An Bibl. des In- und Auslandes werden Bücher, wenn die verleihende Bibl. nichts anderes bestimmt, auf 6 Wochen, Handschriften im gleichen Falle auf 3 Monate verliehen, doch ist daran die Bedingung der Benützung in den Bibliotheksräumen geknüpft; nur bei Druckwerken kann unter Verantwortlichkeit der entleihenden Bibl. die auswärtige Benützung gestattet werden. Zu Nachbildungen ist, wenn mehr als eine Schriftprobe oder ein einzelnes Blatt nachgebildet werden soll, besondere Erlaubniss erforderlich. — „Zu gleicher Zeit, als die Buchdruckerei entstand, sammelten Aeneas Sylvius, kaiserl. Secretär und nachmaliger Papst Pius II., nebst Georg Pur- oder Peurbach, damals Lehrer der Mathematik an der hohen Schule zu Wien, i. J. 1440 für Kaiser Friedrich IV. Handschriften, und nachher die in Deutschland zuerst gedruckten Bücher. Kaiser

Maximilian I. vermehrte diesen väterlichen Bücherschatz mit seinem eigenen und einigen aus den Klöstern erhaltenen Handschriften, und übergab die Aufsicht hierüber i. J. 1495 dem ersten in Deutschland gekrönten Dichter Conrad Meissel (Celtes)." Ihm folgten 1508—1529 Spiesshammer (Cuspinianus), 1529—1557 Caspar v. Nydpruck, 1557—1565 der Arzt Wolfgang Laz, nach dem die Vorstandstelle 10 Jahre lang unbesetzt blieb. 1575—1608 Hugo Bloz (Blotius), der Rechtsgelehrte und Redner; er führte als erster den Titel eines kaiserl. Bibliothekars. 1608—1636 war Sebastian Tengnagel, 1636—1651 Wilhelm Rechberger, 1651—1663 Matthäus Mauchter, 1663—1680 Peter Lambeck (1663 kam die Bibl. aus dem Minoritenkloster in die Hofburg), 1680—1699 Daniel Nessel Bibliothekar, dem nach sechsjähriger Unterbrechung, 1705 bis 1723, Johann Benedict Gentilotti v. Engelsbrunn, der spätere Bischof von Trient folgte; dieser legte ein Verzeichniss der Handschriften an. 1723—1745 der kaiserl. Leibarzt Pius Nicolaus Garelli; unter ihm wurde die Hofbibl. der öffentlichen Benützung eröffnet und der Beamtenstand vermehrt (1 Präfect, 2 Custoden, 4 Bibliotheksschreiber). In der neuesten Zeit standen der Bibl. vor: Eligius Freih. v. Münch-Bellinghausen (Halm) 1845—1871, der die Erhöhung der Dotation auf 19,000 Gulden durchsetzte und die Anlegung eines Zettelkataloges anordnete; 1871—1890 Hofr. Ernst Birk; 1891—1896 Hofr. Wilhelm R. v. Hartel, welchem die Bibl. die Einführung der Bestellkarten für am nächsten Tage bereitzustellende Bücher und die Anlegung eines Realkataloges — 1893 begonnen und gegenwärtig über 40,000 Zettel stark — verdankt; 1896—1899 leitete Hofr. Heinrich R. v. Zeissberg die Bibl. — Grössere Schenkungen: 1508 die Bibl. des Conrad Celtes, unter Cuspinianus die Bibl. des Königs Mathias Corvinus aus Ofen, unter Nydpruck die Bibl. des Bischofs von Wien, Johann Faber, 1541 die Sammlung des Johann Dernschwamm von Hradiczin, 1608 die Bibl. des Wolfgang Laz, 1584 die des kaiserl. Historiographen Johann Sambuk, die Bibl. des Richard Strein v. Schwarzenau (Hilfsbibliothekar) und des Hugo Blotius, 1636 des Sebastian Tengnagel; unter Rechberger die Raimund Fugger'sche Sammlung, unter Mauchter die Sammlung des Tycho Brahe, 1674 die erzherzoglichen Handschriften und Bücherschätze von Ambras in Tirol und die spanische Bibl. des Marquis v. Gabrega, 1680 die Bibl. des Peter Lambeck, die erzherzogl. Bibl. aus Innsbruck, in den Jahren 1711—1740 die Baron Hohendorf'sche Handschriften- und Büchersammlung aus den Niederlanden, die Bibl. des Erzbischofs von Valenz aus dem Hause Cordona und die Prinz Eugen'sche Handschriften-, Bücher- und Kupfer-

19*

stichsammlung sammt der Peutinger'schen Karte: unter van Swieten die Starhemberg'sche Bibl. des Kaisers Franz I., 1772 die Bibl. des Gerard van Swieten, 1779 800 Bde. Disputationen und Dissertationen des Freih. v. Senckenberg, 1786 Bücher und Stiche des Grafen Camus de Limare. 1792 die Kupferstichsammlung des Chevalier Denon, 1794 Kupferstiche des Fürsten Carl v. Ligne, 1802 Erstdrucke aus der Bibl. von San Marco, 1802 orientalische Handschriften, die Joseph Freih. v. Hammer-Purgstall auf seinen Reisen gesammelt hatte. 1810 die Handschriftensammlung des Marquis Rangone: 1814 kamen die 1809 nach Paris entführten Handschriften und Druckwerke wieder nach Wien zurück. 1814 die Bibl. des geh. Rathes Freih. v. Spielmann. 1826 und 1829 die mit der Kirchenmusik in keiner Verbindung stehenden Musikalien des k. k. Musikarchivs, 1830 10.000 medicinische Dissertationen aus dem Nachlasse des Grafen C. v. Harrach, 1831 der Nachlass des Bischofs Münter in Copenhagen, 1832 die Bibl. des L. Tieck, des Buchhändlers und Hofbibliotheksantiquars M. Kuppitsch, 1852 die Sammlung des Geschichtsforschers von Enzenbühl, 1850 Legat des Musikschriftstellers Raphael Georg Kiesewetter Edl. v. Wiesenbrunn (Partituren), 1857 Geschenk des Carl Czerny (Originalhandschriften von Beethoven, op. 61. 115.), des Univ.-Prof. Hofr. Robert Zimmermann (nachgelassene Schriften des 1848 in Prag verstorbenen Mathematikers Bolzano und 337 Originalbriefe Herbart's und seiner Freunde). 246 arabische und 3 persische Handschriften aus der Glaser'schen Sammlung als Geschenk des Unterrichtsministeriums; Bibl. des Generalconsuls Haas in Shanghai durch Ankauf, über 1000 Werke aus der classischen Philologie als Geschenk Hofr. Hartel's; 1899 Papyrussammlung Erzh. Rainer (Gesch. des Erzh.). — Ausserdem seit 1808 ein Pflichtexemplar von jedem in Oesterreich erscheinenden Druckwerke. — Alle Wissenschaften vertreten; besonders gepflegt: Bibliographie, Geschichte und Geographie, Kunstgeschichte, Philologie.

Nessel, D. de. Catalogus sive recensio specialis omnium codicum msc. Graecorum necnon linguarum Orientalium augustiss. bibliothecae Caesareae Vindob. Vindob. 1690. — Richard, Bartholomäus Christian. Historia bibliothecae caesareae Vindobonensis ad nostra tempora deducta. Jenae, J. F. Bielckius 1712. — Bibliotheca acromatica, theologica, juridica, medica, philosophica, comprehendens recensionem specialem omnium codicum ms. Graecorum . . . augustissimae bibliothecae Caes. Vindobonensis olim a duumviris P. Lambecio et Dan. Nesselio congesta, nunc autem . . . in hanc concinnam epitomen redacta . . . a Jac. Frid. Reimanno. Hannoverae 1712. — Brückmann. Epistola itineraria I. de bibliothecis Vindobonensibus praecipuis. Wolfenbuttelae 1728. — Dilucida repraesentatio magnificae et sumptuosae bibliothecae Caesareae iussu . . . Caroli VI . . . (curante Gundaccoro S. R. T. comite ab Althann). Viennae 1737. — Bibliotheca antiqua Vindob. civica seu catal. librorum antiquorum qui in bibl.

Vindob. civica asservantur. Viennae 1750. — Balbinus, Bohemia docta III, S. 192. — Denis, M. Codices mss. theolog. bibliothecae Palat. Vindob. latini aliarumque occidentis linguarum. Vindob. 1793–99. — Hammer, Joseph v. Catalogus codicum arab. pers. turc. bibliothecae Caes. R. Vindob. In: Fundgruben des Orients. II. — Leon, Gottlieb v. Kurzgefasste Beschreibung der k. k. Hofbibl. in Wien. Wien 1820. — Verzeichniss von Hammer's handschriftl. Sammlung orient. Werke über osman. Geschichte. In: Hammer, Gesch. d. osman. Reiches IX, 1833. — Mosel, J. Freiherr v. Gesch. der k. k. Hofbibl. z. Wien. Wien 1835. — Catalogus codicum msc. bibliothecae Palat. Vindob. Vindobonae 1836–1851. — Hammer's morgenländ. Handschriften. In: Wiener Jahrb. d. Litt. LXI–LXXXVIII, 1833–1839. — Chmel, J. Die Handschriften der k. k. Hofbibl. in Wien im Interesse der Geschichte, bes. der österr. verzeichnet und excerpirt. Wien 1840–1841. — Chmel, J. Handschriften in österreich. Bibl. nachgewiesen von Mone. In: Der österreich. Geschichtsforscher. II. 2. 1841. Not. Bl. 54. — Hoffmann von Fallersleben. Verzeichniss der altdeutschen Handschriften der k. k. Hofbibl. zu Wien. Leipzig 1841. — Flügel, Gustav. Die neuerworbenen orientalischen Handschriften der k. k. Hofbibl. zu Wien. In: Wiener Jahrbb. der Litt. 97. 1842. Anz. Bl. — Deutsch, S. Die hebräischen Manuscripte der k. k. Hofbibl. zu Wien. In: Oesterr. Blätter f. Litt. 1846. 1847. — Wattenbach, W. Handschriften der k. k. Hofbibl. In: Archiv f. ältere deutsche Gesch. X. 1851, S. 447. — Tabulae codicum ms. praeter Graecos et orientales in bibliotheca Palat. Vindob. asservatorum ed. Acad. Caes. Vindob. Vindobonae 1863 ff. (Bd. 8 erschien 1893.) — Flügel, Gustav. Die arab., pers. und türk. Handschriften der k. k. Hofbibl. zu Wien, herausg. und in Correctur besorgt durch die k. k. Oriental. Akademie zu Wien. Wien 1865–1867. — Waagen, G. W. Die vornehmsten Kunstdenkmäler in Wien. Wien 1867, Bd. 2. — Valdek, R. Die k. k. Hofbibl. in Wien. In: Neue Freie Presse, 31. Mai 1871. — Modern, Heinrich. Die Zimmern'schen Handschriften der k. k. Hofbibl. In: Jahrb. der kunsthistor. Sammlungen XX. — Beer, Rudolf. Die k. k. Hofbibl. 1848–1898. In: Schnitzer, Ignaz. Franz Joseph I. und seine Zeit. Wien 1898. Bd. 1.

842. **K. k. Hofburgtheater**, I. Franzensring. — Die sogenannte „Bibliothek des Theaters" umfasst 2825 Bde., während die eigentliche Bühnenbibl. 2816 Nummern enthält, und zwar „altes Repertoire" 1509 Handschriften und 832 gedruckte Werke; „neues Repertoire" 485 Nummern, Druckwerke und Handschriften. Ausserdem eine Handbibl. — Neukatalogisirung im Zuge. — Director: Dr. Paul Schlenther; Secretär: Dr. Richard Rosenbaum. — Gegr. zugleich mit dem Theater 1776. — Nur zu eigenem Gebrauche.

843. **K. k. Hofoperntheater**, I. Opernring. — Das gesammte Musikmateriale von 150 Opern und über 130 Balleten, Orchesterpartituren von 480 älteren Opern und Balleten, Partituren und Stimmen von 180 Concertwerken und über 300 verschiedenen Arien, Gesängen u. dgl. Zahlreiche Musikwerke. — Nur zu rein internem Gebrauche für das Theater und dessen Künstler. — Director: Gustav Mahler; Directionskanzlist und Archivar: Alois Hartmann.

844. **Oesterreichischer Ingenieur- und Architektenverein**, I. Eschenbachgasse 9. — 39,870 Bde. — Jahresdotation 1150

Gulden. — Die Bibl. verwaltet der Vereinssecretär kais. Rath L. Gassebner. — Ein alphabet. gedruckter Zettelkatalog. — Benützung nur für Vereinsmitglieder, und zwar an Wochentagen von 2—7 Uhr abends, während der Wintermonate auch an Sonntagen von 9—12 Uhr. — Ebenso Entlehnung aller Werke mit Ausnahme der Wörterbücher, Repertorien und anderer Nachschlagebücher, der beiden letzterschienenen Nummern von Zeitschriften und periodischen Druckschriften, sowie seltener oder kostspieliger Werke. Näheres in der gedruckten „Bibliotheksordnung". — Die Gründung erfolgte in Folge von Schenkungen. — Alle technischen Wissenschaften sind vertreten.

845. **K. k. militär-geographisches Institut,** VIII. Landesgerichtsstrasse 7. — 2557 Werke mit 9861 Bdn. und 117 Heften, in der Kartensammlung 3565 Werke mit 71.033 Blättern. — Dotation nach Bedarf. — Provis. Leiter: Oberlieut. Adolf Freyer; 2 Unterofficiere und 1 Armeediener. — Handschriftliche und gedruckte Kataloge, auch Zettelkataloge, durchwegs nach Materien, sowie alphabet. geordnet. — Grundsätzlich nur für dienstliche Zwecke bestimmt, daher der Oeffentlichkeit nicht zugänglich, sowie keine Entlehnung und Versendung. — Das Archiv besteht seit der Errichtung des militär-geogr. Institutes i. J. 1839; demselben wurden die Karten- und Büchersammlungen des Deposito della guerra in Mailand, sowie des später ebendort befindlichen J. R. Istituto geografico militare einverleibt. — Alle Zweige der in das kartographische, topographische und geographische Fach einschlagenden Wissenschaften. Astronomie, Geodäsie, Geographie, Geologie, Mathematik, Naturgeschichte, Meteorologie, Physik, Vervielfältigungsverfahren.

Katalog der im Archive des k. u. k. militär-geogr. Institutes vorhandenen Bücher. Wien 1899.

846. **Kloster der unbeschuhten Carmeliter,** II. Taborstrasse 19. (Im Bau begriffen das neue Kloster XIX. Silbergasse und Paradisgasse.) — 8165 Werke in 12.859 Bdn. — Jahresdotation je nach Bedarf. — Prior: P. Anastasius Stadler; Bibliothekar ein Ordensmitglied. — Handschriftlicher Zettel- und Bandkatalog. — Benützung nur mit Genehmigung des Haus-Obern. — Ebenso Entlehnungen gegen Revers. — Keine Versendungen. — Gegr. zugleich mit dem Kloster 1628 durch Kaiser Ferdinand II. — Meist theologische und philosophische Werke in lateinischer Sprache.

847. **K. u. k. Kriegsarchiv.** Siehe Wien, Bibl.-Abtheilung des k. u. k. Kriegsarchivs.

848. **Kunstgewerbeschule des k. k. Oesterreichischen Museums für Kunst und Industrie,** I. Stubenring, besitzt eine Schülerbibl., deren Kosten durch die von den Schülern der Anstalt zu entrichtenden Lehrmittelbeiträge und Aufnahmstaxen im Betrage von ca. 800 Gulden jährlich bestritten werden. Nur den Professoren und Kunstgewerbeschülern unentgeltlich und zu jeder Zeit zugänglich. Ausserdem besitzen die Professoren eigene Bibl., für die denselben jährliche Dotationen zugewiesen sind.

849. **Niederösterreichische Landesbibliothek,** im niederösterr. Landhause, I. Herrengasse 13. — Ende Juli 1898: 17,179 Bde.; 130 Handschriften gehören ihrem Inhalte nach zum niederösterr. Landesarchiv. — Vom niederösterr. Landtag bewilligte Jahresdotation 3000 Gulden. — Vorstand: Niederösterr. Landesarchivar und Bibliothekar Dr. Anton Mayer; Custos: Dr. Max Vancsa; Concipist I. Cl.: Dr. Victor Bibl. — Ein Acquisitionsjournal, dessen fortlaufende Nummer zugleich Standortsnummer ist, ein alphabet. und ein systemat. Zettelkatalog. Im Druck ist erschienen: „Katalog der niederösterr. Landesbibl. in Wien. Wien 1871" mit zwei Supplementen von 1879 und 1891. — Geöffnet an Wochentagen täglich von 9—2, an Sonntagen von September bis Mai von 9—12 Uhr. Für Benützung, Entlehnung und Versendung sind die Bestimmungen in der „Ordnung für das niederösterr. Landesarchiv und die niederösterr. Landesbibliothek. Wien 1896" enthalten. — Die Bibl. ist aus den Bibl. des 1848 aufgelösten Herren- und Ritterstandes hervorgegangen. In Folge Landtagsbeschlusses vom 5. Januar 1886 ist die „Bibliothek des Vereines für Landeskunde von Niederösterreich" der niederösterr. Landesbibl. einverleibt worden. Die Anzahl der Bde. der letzteren Bibl. ist in der oben angegebenen Zahl inbegriffen, im gedruckten Katalog sind aber diese Werke mit * bezeichnet. Zur niederösterr. Landesbibl. gehören ausserdem: *a)* Topographische Ansichten aus Niederösterreich. 6118 Nummern; *b)* Ansichten von Denksäulen und Marterln. 128 Nummern; *c)* Porträts, 837 Stück. Besonders gepflegt jene Literatur, deren Anschaffung der interne Dienst des niederösterr. Landesausschusses erfordert, dann vorwiegend Geschichte (Niederösterreich) und deren Hilfswissenschaften.

Die Handschriftensammlung der niederösterr. Stände zur vaterländischen Geschichte und Topographie. In: Oesterr. Zeitschr. f. Gesch. und Staatskunde 1835.

850. **K. k. Landwirthschafts-Gesellschaft,** I. Herrengasse 13. — Ca. 8000 Bde. Jahresdotation ca. 400 Gulden. — Bibliotheksreferent: Prof. Dr. Alto Arche. — Ein Zettelkatalog.

alphabet. und fachwissenschaftlich. bis 1881 geführt, aber nicht fortgesetzt. Es wird jetzt ein neuer Zettelkatalog nach dem Dewey'schen System angelegt. der auch alle von 1881 bis jetzt hinzugekommenen Werke umfassen wird. — Jeden Dienstag und Samstag nachmittags von 3—6 Uhr nach vorheriger Meldung beim Bibliotheksreferenten benützbar. - Entlehnung und Versendung auf 14 Tage nur an Mitglieder der Gesellschaft. — Gegr. zugleich mit der Gesellschaft i. J. 1807. — Vertreten besonders Landwirthschaft und deren Hilfswissenschaften.

Verzeichniss der in der Bibl. der k. k. Landwirthschafts-Gesellschaft in Wien derzeit vorhandenen Werke (herausg. von Gruber). Wien 1813. — Bibliothekskatalog der k. k. Landwirthschafts-Gesellschaft in Wien. Wien 1864. Nachtrag zum Bibl.-Kataloge bis zum Schlusse des Jahres 1867. Wien 1868.

851. **Lazaristencongregation der Missionspriester vom heil. Vincenz von Paul,** VII. Kaiserstrasse 5. — Ca. 3000 Bde. — Bibliothekar: P. Kraemer. — Ein Accessionskatalog, ein Fach- und ein alphabet. Katalog. — Nur Hausbibl., daher weder Entlehnung noch Versendung. — Gepflegt werden ausser der Theologie und ihren Zweigwissenschaften: Profangeschichte, schöne Literatur. Jus, Geographie und Philosophie.

852. **Israelitisch-theologische Lehranstalt,** II. Tempelgasse 3. — Ca. 8000 Bde.. 180 Handschriften, 15 Incunabeln. — Dotation 1000 Gulden. — Vorstand: Prof. Dr. Adolph Büchler; Amanuensis: Ein reiferer Hörer der Lehranstalt; 1 Diener. — Zettelkatalog; alphabet. Katalog in Ausarbeitung. — Geöffnet vom 15. October bis 15. Juli für jedermann täglich mit Ausschluss der jüd. Festtage von 8—1 Uhr. — Entlehnungen an Hörer. an Andere nur nach Erlag einer Caution, von der jedoch bei bekannten Persönlichkeiten abgesehen wird. — Ebenso Versendungen. — Gegr. zugleich mit der Lehranstalt i. J. 1893. Der grösste Theil wurde von Dr. Adolph Jellinek. Prediger in Wien. erworben; die Bibl. hat in jüngster Zeit durch die Sammlung J. H. Schorr's in Brody eine werthvolle Ergänzung erfahren. — Jüdische Fächer. Bibel und ihre Commentare. Geschichte der Juden. Talmud und seine Nebenfächer, Homiletik. doch auch allgemeine Philosophie und Geschichte, sowie deutsche Literatur.

853. **Lehrerpädagogium der Commune Wien,** I. Hegelgasse 12. — 3811 Werke, sowie eine grössere Anzahl von Landkarten und Bilderwerken. — Jahresdotation 500 bis 600 Gulden. — Vorstand provis.: Director a. D. Dr. Anton Kauer; ihm zur Seite stehen zwei Uebungsschullehrer, Anton Weiss und Emil Richter. — Alphabet. Kataloge nach

6 Fachgruppen, sowie je ein grösserer und kleinerer Zettelkatalog. — Zugänglich während der Collegien von 5—8 Uhr abends für Hörer und Hörerinnen, denen auch das Entlehnrecht, in der Regel auf mehrere Wochen, zusteht. — Versendung findet nicht statt. — Gegr. 1868 zugleich mit dem Pädagogium. — Alle Wissenschaften, am stärksten vertreten Pädagogik mit ihren Hilfs- und Theilwissenschaften.

854. **K. k. Lehr- und Versuchsanstalt für Lederindustrie**, III 1, Linke Bahngasse 5, besitzt eine Handbibl. von ca. 200 Bdn. chemischen und chemisch-technischen Inhaltes. — Keine bestimmte Jahresdotation; die Bibl. wird aus dem laufenden Budget je nach Massgabe des Bedarfes und der verfügbaren Mittel ergänzt und ist nur zum Gebrauche der Beamten der Anstalt bestimmt.

855. **K. k. graphische Lehr- und Versuchsanstalt**, VII. Westbahnstrasse 25. — Fachbibl. 2620 Werke mit 7880 Bdn. und eine graphische Sammlung (graphische Reproductionen, Photographien, Heliogravuren, Kupferstiche, Lithographien etc.), 12,740 Werke mit 25,486 Bdn. und Blättern. — Dotation aus den von den Schülern der Anstalt eingehobenen Lehrmittelbeiträgen und den Zuschüssen aus den Dotationen. — Die Verwaltung besorgen einige Herren des Lehrkörpers. — Für beide Abtheilungen je ein alphabet. Zettelkatalog; die Drucklegung desselben ist in Vorbereitung. — Die Fachbibl. ist jeden Dienstag von 5—½8 Uhr, die graphische Sammlung Mittwoch von 9—½12 und von 5—½8 Uhr den Schülern der k. k. graphischen Lehr- und Versuchsanstalt zugänglich, aber ausnahmsweise nach Massgabe des vorhandenen Raumes und nach persönlicher Meldung beim Custos oder dessen Stellvertreter auch für andere Personen benützbar; an Feiertagen geschlossen. — Entlehnung nur in besonders berücksichtigenswerthen Fällen mit Zustimmung der Direction und des Custos. — Ebenso Entlehnungen an Behörden, Bibl. etc., über amtliches Ansuchen. — Die Bibl. wurde mit der i. J. 1888 unter der Bezeichnung „K. k. Lehr- und Versuchsanstalt für Photographie und Reproductionsverfahren in Wien" eröffneten Anstalt gegr.; als dieselbe durch Anschluss einer Section für Buch- und Illustrationsgewerbe i. J. 1897 sich erweiterte und den Titel erhielt, den sie heute führt, wurde die Bibl. besonders durch die vom Unterrichtsministerium angekauften Sammlungen lithographischer Werke von Kan in Wien (Preis 6000 Gulden) und der Gesellschaft für vervielfältigende Kunst (Preis 1200 Gulden) bedeutend vermehrt. — Photochemie, Photographie, chemi-

sche Technologie, Physik, photographische Optik, Spectralanalyse, Stereoskopie, mechanische Druckverfahren, Steindruck und Lithographie, Lichtdruck, Heliogravure, graphische Aetzverfahren, Buchdruck, Galvanoplastik, Stereotypie.

856. **Deutsch-akademische Lese- und Redehalle,** VIII/1 Kochgasse 9. — 4225 Bde. — Bücherwart: Richard Eberwein, stud. phil.; Ersatzmann: A. Michaleky. — Alphabet. Fachkatalog, innerhalb der Fächer nach Autoren geordnet. — Für alle Mitglieder während der Dienststunden der Ausschussmitglieder zugänglich. — Entlehnung an Mitglieder auf 14 Tage, resp. 1 Monat. — Gegr. im Sommersemester 1895. In letzter Zeit besonders vermehrt durch die wissenschaftliche Bibl. des verstorbenen Hofr. Prof. Dr. Robert Zimmermann. — Alle Wissenschaften und schöne Literatur.

857. **Deutsche Lesehalle an der technischen Hochschule,** IV/1 Karlsgasse 6. — 1761 Bde., wovon 1040 belletristischen und 721 technisch-wissenschaftlichen Inhaltes. — Jahresdotation 120 Gulden. — 1. Bücherwart: stud. ing. Joh. Koriehert, ausserdem drei andere Bücher-, sowie drei Zeitungswarte. — Je ein handschriftl. Band- und alphabet. Zettelkatalog. — Benützbar für Mitglieder während der Amtsstunden. — Ebenso Entlehnungen. — Keine Versendungen. — Gegr. 1872 als wesentlicher Bestandtheil der damaligen „Deutschen Lese- und Redehalle an der technischen Hochschule in Wien. — Alle technischen Wissenschaften mit Einschluss gewisser philosophischer.

858. **Leseverein der Beamten des k. k. Hauptzollamtes,** III/2 Vordere Zollamtsstrasse 3, Hauptzollamtsgebäude. — 700 Bde. — Jahresdotation durchschnittlich 150 Gulden. — Vorstand: Joseph Kolař, k. k. Zolloberamtscontrolor des k. k. Hauptzollamtes; Bibliothekar: Heinrich Holmes; 1 Vereinsdiener. — Ein handschriftlicher Inventar- und Schlagwortkatalog; ein gedruckter Materienkatalog. — Keine bestimmten Lesestunden, jedoch stets den einzelnen Vereinsmitgliedern nach früher erfolgter Anmeldung zugänglich. — Entlehnungen nur an Vereinsmitglieder, und zwar von gewöhnlichen Werken auf vierwöchentlichen, von Verordnungsblättern auf dreitägigen Termin. — Keine Versendungen. — Gegr. von einigen Zollbeamten am 7. April 1887, vergrösserte sich die Bibl. allmählich durch Mitgliederbeiträge und Schenkungen. Das Bibl.- und Lesezimmer wird seit September 1888 vom Präsidium der k. k. Finanzlandesdirection dem Vereine unentgeltlich zur Verfügung gestellt. — Ausser Gesetzesausgaben vorzugsweise Zoll- und Warenkunde, Technologie und Chemie.

Interessante Musterwarensammlung behufs Studium zur Ablegung der Zollfachprüfung.

Statuten des Lesevereines der Beamten des k. k. Hauptzollamtes in Wien. Geändert l. h. Statthaltereierl. vom 7. Mai 1889. — Rechnungsabschluss f. d. J. 1892 ff. — Katalog der Bibl. des Lesevereines der Beamten des k. k. Hauptzollamtes Wien. Nach dem Stande vom 1. October 1897. Katalognummer 1—182. Zweite Auflage. Wien 1897.

859. **Akademisch-romanischer Leseverein,** I. Universitätsgebäude, Romanisches Seminar. — 701 Bde. — Jahresdotation 50 Gulden. — Vorstand: Dr. Emanuel Joubert. — Zwei handschriftliche Bandkataloge. — Nur für Mitglieder des Vereines zu den vom jeweiligen Bücherwart zu Anfang jedes Halbjahres bekanntgegebenen Stunden benützbar. — Entlehnung nur an Mitglieder; keine Versendung. — Die Geschichte der Bibl. fällt mit jener des Vereines zusammen; dieser wurde 1878 als „Akademisch-französischer Leseverein an der Universität Wien" gegr., 1898 aber mit dem 1894 gegr. „Akademisch-italienischen Leseverein an der Universität Wien" unter dem oben angegebenen Titel vereinigt. — Moderne Belletristik sämmtlicher romanischen Literaturen.

860. **Juridisch-politischer Leseverein,** I. Rothenturmstr. 15. — Ca. 30.000 Bde. — Jahresdotation 500 Gulden. — Vorstand des Vereines: Univ.-Prof. Dr. Emanuel Hoffmann; Bibliothekar: Joseph Stammhammer; 2 Diener. — Ein Zettelkatalog, ein alphabet. Katalog und Fachkataloge. — Geöffnet von 9 Uhr früh bis 10 Uhr abends. — Entlehnung nur an Vereinsmitglieder. — Keine Versendung. — Gegr. 1841, pflegt die Bibl. zum überwiegend grössten Theile durch Ankauf: Rechts- und Staatswissenschaften, Geschichte, Philosophie und schöne Literatur; zahlreiche Zeitschriften.

861. **Aerztliches Lesezimmer des k. k. allgemeinen Krankenhauses,** IX. Alserstrasse. — Ca. 12.000 Bde. — Jahresdotation je nach Bedarf, ca. 2000 Gulden. — Vorstand: Prof. Dr. Alexander Kolisko; Cassier: Doc. Dr. Heinr. Albrecht; erster Bibliothekar: Doc. Dr. Carl Ewald; zweiter Bibliothekar: Assistent Dr. Friedr. Pineles. — Zettel- und alphabet. Bandkatalog; Materienkatalog. — Benützbar nur für Mitglieder (Aerzte des Hauses gegen Jahresbeitrag von 6 Gulden und Gründungsbeitrag von 1 Gulden) in den Wintermonaten von 9 Uhr, in den Sommermonaten von 8 Uhr morgens bis 10 Uhr abends. — Jedes Mitglied des ärztlichen Lesezimmers, dessen Conto keine Rückstände seiner Mitgliedsbeiträge aufweist, kann dem Ausleiheverkehr durch Ausfüllung der beim Diener aufliegenden Beitrittserklärung gegen Erlag einer Einlage von 2 Gulden

und Erstehung eines Ausleiheblockes beitreten. Entlehnung an Mitglieder für die Zeit von 8 Uhr abends bis 8 Uhr früh des nächsten Tages und für die Nachmittage der Sonn- und Feiertage bis 8 Uhr früh des darauffolgenden Tages. Ausgenommen hiervon sind die Wochenschriften der laufenden Woche. Ein und dasselbe Mitglied kann höchstens zwei Bücher und in maximo vier Nummern einer Zeitschrift zugleich entlehnen, wobei für jedes Buch je ein Coupon, für vier Nummern einer Zeitschrift zusammen ebenfalls nur ein Coupon abgenommen wird. — Nichtmitgliedern steht gegen Vorausentrichtung von 10 Gulden pro Semester oder von 3 Gulden pro Monat der Eintritt in das Lesezimmer und die Benützung des Lesemateriales als Theilnehmern frei, jedoch ist das Comité berechtigt, die Zahl derselben nach Massgabe der jeweiligen Raumverhältnisse zu beschränken. — Besteht in Gemässheit des hohen Statthaltereierlasses vom 23. Juli 1869, Z. 17.939. — Nur medicinische Wissenschaften.

Bücherkatalog der k. k. allgemeinen Krankenhausbibl. zu Wien. Wien 1853. — Hausordnung für das ärztliche Lesezimmer des k. k. allgemeinen Krankenhauses in Wien [1890] — Bücherausleihordnung des ärztl. Lesezimmers des k. k. allgem. Krankenhauses in Wien [1890].

862. **Literaturinstitut Ludwig und Albert Last** (Leihbibl.). I. Kohlmarkt 7. — Ca. 400.000 Bde. Gegr. October 1847. — Entlehnung, auch Versendung gegen Bezahlung des festgesetzten Abonnementspreises. Schöne Literatur aller Art in deutscher Sprache. Originale und Uebersetzungen, französische, englische, italienische Autoren, Biographie und Memoiren, Länder- und Völkerkunde. — Die Bibl. besitzt in Wien drei Filialen. I. Wollzeile 14, I. Operngasse 14, I. Franzensring 24.

„Lesebedingungen. Wegweiser zur Erleichterung der Auswahl." Wien 1896. — „Literaturinstitut Ludwig und Albert Last. Verzeichniss ausgewählter Werke. Mit besonderer Berücksichtigung der neueren und wichtigeren Erscheinungen." Wien 1896. Nachtrag 2. (1897); 3. (1897); 4. (1898); 5. (1898).

863. **Mechitharistencongregation**, VII$_2$ Mechitharistengasse 1. 30.000 Bde. nicht armenische Werke mit ca. 25 Incunabeln; 7000 Bde. armenische Werke, unter welchen fast alle älteren Drucke seit 1512 als dem ältestbekannten, enthalten sind. Ausserdem eine reiche Sammlung von verschiedenen armenischen Zeitschriften und Journalen. 650 armenische und 60 arabische und türkische Handschriften. — Jahresdotation je nach Bedarf. Zuwachs durch Gelegenheitskäufe, Geschenke, und hinterlassene Bücher von verstorbenen Ordensmitgliedern. — Bibliothekar: P. Barnabas Bilesikdjian; zuweilen ein jüngeres Ordensmitglied zur Aushilfe. — Ursprüng-

lich nach den Autoren alphabet. geordneter Zettelkatalog. Nach diesem wurde dann 1847 ein handschriftlicher Bandkatalog in derselben Anordnung verfasst. Der Zuwachs wird jetzt wieder in einem Zettelkatalog eingetragen. Ein nach Schlagworten verfasster Katalog ist ein schon lang empfundenes, aber bisher leider nicht realisirtes Bedürfniss. — Benützbar nach Vereinbarung nur für Bekannte. — Keine Entlehnungen und Versendungen. — Den Grundstock bildet die alte Capucinerbibl., welche die Congregation bei ihrer Uebersiedlung aus Triest nach Wien 1810 übernommen hatte. Der diesbezügliche nach Autoren alphabet. geordnete handschriftliche Bandkatalog aus dem J. 1732 wird in der gegenwärtigen Bibl. aufbewahrt. Wie die Bücher in der Capucinerbibl. aufgestellt waren, ist unbekannt, wahrscheinlich nach dem Formate. Es war jedoch eine gewisse sinnreiche Einrichtung getroffen; auf dem Rücken der Bücher waren am unteren Ende grosse lateinische Majuskeln (von A—Z) aufgeschrieben, welche einem Schlagworte entsprachen. Diese Schlagworte waren am Anfange des Capucinercatalogus angeführt. So bedeutet A Heilige Schrift, B Commentar der heiligen Schrift, C Heilige Väter. D Predigtwerke u. s. w. Die Majuskeln auf den alten Büchern sind jetzt noch zu sehen, die Einrichtung aber aufgegeben. — Alle Wissenschaften, vorherrschend jedoch religiöse und theologische Werke; jetzt werden vorzugsweise Armeniaca gekauft. Die Mechitharistenbibl. besitzt gegenwärtig die reichste und vollständigste Sammlung von armenischen Zeitschriften. Journalen sowie armenischen Druckwerken.

Wetzer und Welte. Kirchenlexicon. 2. Aufl. 1893. Bd. VIII, S. 1122. Hunanian, Paulus. Mechitharistencongregation von Triest-Wien In: Brunner, Sebastian. Ein Benedictinerbuch. Würzburg 1880, S. 256. — Dashian, Jacobus. Katalog der armenischen Handschriften in der Mechitharistenbibl. zu Wien. Wien 1895.

864. **Metropolitanconvent der Barmherzigen Brüder**, II. Taborstrasse 16 (gegr. 1614), hat eine nur zum Privatgebrauche der Ordensmitglieder bestimmte Hausbibl.

865. **K. u. k. Technische Militärakademie**, VII. Stiftgasse 2. — 24.718 Bde., darunter eine geringere Anzahl von Handschriften und Incunabeln. — Jahresdotation 350 Gulden. — Bibliothekar: Major-Auditor Anton Schupp; 1 Feldwebel, 1 Armeediener. — Zweierlei Bandkataloge; ein allgemeiner alphabet. und 25 Specialkataloge, in denen die übernommenen Werke in chronologischer Reihenfolge eingetragen sind. — Benützbar jeden Vormittag von 9—12 Uhr, Feiertage ausgenommen. Anspruch auf Benützung haben bloss: der Lehr- und Verwaltungskörper der Akademie und die der Anstalt an-

gehörigen Zöglinge. Innerhalb der Räume der Bibl. Benützung seitens der Anspruchsberechtigten während der angegebenen Stunden ohne besondere Bedingungen. — Entlehnungen, wovon Handschriften ausgeschlossen. Keine Versendungen. — Gegr. um die Mitte des 18. Jhdts. als Bibl. der „Ingenieurakademie", die seit 1851 „Genieakademie" genannt wurde. Dazu kam 1869 die Bibl. der in diesem Jahre mit der „Genieakademie" vereinigten „Artillerieakademie". Derzeit führen die vereinigten Akademien die Bezeichnung: „Technische Militärakademie". — Artillerie- und Waffenwesen, Strategie und Taktik, Fortification, Pionnierwissenschaft. Terrainlehre und Messkunst, Kriegsgeschichte, Militärverfassung, Staatswissenschaften im Allgemeinen, Sanitätswesen, Unterrichts- und Bildungswesen, Mathematik, Physik, Chemie, Bergbau und Hüttenkunde, Baukunde u. zw. Strassen-, Brücken-, Eisenbahnbau, darstellende Geometrie, Geographie, Astronomie, Statistik, Länder- und Völkerkunde, allgemeine Geschichte, Pferdewesen, Veterinärkunde. Besonders gepflegt die Militärwissenschaften.

866. **K. und k. technisches Militärcomité.** VI. Getreidemarkt 9. — 9957 Werke mit 24.272 Bdn., Heften, Planheften und Karten. — Jahresdotation 1800 Gulden. — Bibliothekar ein Hauptmann des Armeestandes; 1 Feuerwerker für den Manipulations-, 1 Soldat für den Ordnungsdienst. — Ein handschriftlicher Grundbuchkatalog; ein handschriftlicher Zettelkatalog in Bearbeitung, ein gedruckter Fachkatalog. als Schlagwortregister nach Materien geordnet: ein gedruckter Autorenkatalog, alphabet. geordnet und aus dem Fachkatalog zusammengestellt. — An Wochentagen von 9—$^1/_2$3 Uhr geöffnet. — Benützbar ausschliesslich für Officiere, beziehungsweise Militärbeamte. und zwar sämmtliche Mitglieder des Militärcomités, die Professoren und Hörer der technischen und administrativen Facheurse, für die Beamten des k. u. k. Reichs-Kriegsministeriums. die Generalinspectoren und die an der technischen Militärakademie angestellten Officiere und Professoren ohne Beschränkung. Für die übrigen Officiere des Generalstabes, der Artillerie- und Pionnierwaffe nur dann. wenn sie hierzu über ihr schriftliches, vom vorgesetzten Commando vidirtes Ansuchen vom Präsidenten des Militärcomités die Bewilligung erhalten. Der Entlehntermin im Allgemeinen 3 Monate. Benützung von Encyklopädien, grösseren Wörterbüchern. Nachschlage- und Handbüchern in der Regel nur in den Bibliotheksräumen. — Ueber Ansuchen auch Versendung. — Die Bibl. entstand aus der Vereinigung der einstigen Bibl. des Artillerie-, beziehungsweise Geniecomités i. J.

1869. Sie wurde durch das k. u. k. Reichs-Kriegsministerium und Privatpersonen geschenkweise, sowie durch Tausch gegen die „Mittheilungen auf dem Gebiete des Artillerie- und Geniewesens" erheblich bereichert. — Die im Militärcomité vertretenen wissenschaftlichen Fächer. Hierbei wird vorzüglich eine literarische Vollständigkeit auf dem Gebiete des Artillerie- und Geniewesens angestrebt. Ausserdem aber auch Werke von allgemein wissenschaftlichem und militärwissenschaftlichem Inhalt. Besonders vertreten: Artilleriewissenschaft, Baukunst, Chemie und Physik, Fortification, Kriegsgeschichte und Kriegswissenschaften. Mathematik, Mechanik und Maschinenlehre, Heeresorganisationen. Reglements. Statistik. Sanitätswesen, Verpflegswesen und Sanitätsdienst.

1870 erschien der erste Katalog im Druck; Katalog der Bibl. des k. k. technischen und administrativen Militärcomité. Wien 1870. — 1. Ergänzung (Zuwachs vom Jahre 1870 und 1871). Wien 1872. — 2. Ergänzung (Zuwachs vom Jahre 1872). Wien 1873. — 1884 eine Neuauflage desselben; seither jährlich zweimal die Nachträge hierzu unter dem Schlagworte „Neues vom Büchermarkte" in den „Mittheilungen über Gegenstände des Artillerie- und Geniewesens."

867. **K. u. k. Militär-Thierarzneiinstitut und thierärztliche Hochschule,** III. linke Bahngasse. — 12.156 Bde. Jahresdotation 800 Gulden. — Rector: Hofr. Dr. Joseph Bayer. Zettel- und Bandkatalog, alphabet. und nach Fächern geordnet. — Nur zu eigenem Gebrauche. — Keine Entlehnungen und Versendungen. — Gegr. zugleich mit dem Institute 1776. — Besonders thierärztliche und medicinische Werke.

Ministerien.

868. K. u. k. Ministerium des k. u. k. Hauses und des Aeussern. I. Ballhausplatz 2. — Ca. 15.000 Bde. — Leiter: Min.-Secr. Baron Theodor Pirquet v. Cesenatico. — Ein Grundkatalog in Zettelform; ein systematischer Katalog in Bearbeitung. — Besonders vertreten: Diplomatik, Staatsverträge, Geschichte, Völkerrecht und internationales Privatrecht. — Die Bibl. ist rein intern.

869. K. k. Ministerrath. I. Herrengasse 7, hat eine Amts-Bibl. mit ca. 7000 Bdn., zumeist österreichische officiell-legistische und parlamentarische, sowie staats- und verwaltungsrechtliche. politische und sonstige auf Oesterreich bezügliche Literatur. dann auch Nationalökonomie. Socialpolitik u. s. w. 1896 einer kritischen Sichtung unterzogen und durch Ausscheidung des älteren überflüssigen und zum grossen Theile incompleten Materiales reducirt. wird die Bibl weitergeführt und nimmt die dem k. k. Ministerrathspräsidium

zukommenden Pflichtexemplare auf, so weit sie in ihren neuen Rahmen passen. Sie hat auch einen vollständig neuen, sowohl den bibliothekarischen wie den dortigen dienstlichen Anforderungen entsprechenden gemischten Autoren- und Materienkatalog erhalten. — Verwaltet durch einen Conceptsbeamten des Ministerrathspräsidiums.

870. Administrative Bibliothek des k. k. Ministeriums des Innern. I. Marc Aurelstrasse 5, Mezzanin; Einreichung von Pflichtexemplaren, Ansichtssendungen der Buchhändler: I. Vorlaufgasse 2. — Bde. und Handschriften ca. 100,000. — Jahresdotation: 2500 Gulden. — Director: Joseph Calasanz Poestion; Bibliothekar: Dr. August Kalus; Bibliotheksconcipist: Dr. Camillo Susan; Praktikant: Dr. Carl Huffnagl; Kanzlist: August Böhm; Hilfsbeamter: Johann Topolovšek; 1 Amts- und 1 Aushilfsdiener. — Drei Zettelkataloge, und zwar ein alphabet. Autoren-, ein alphabet. Schlagwort-(Materien-)Katalog und ein separater alphabet. Titelkatalog der österreichischen periodischen Druckschriften. — Die Bibl. des k. k. Ministeriums des Innern ist eine interne Amtsbibl. Benützbar an Wochentagen von 9—3, an Feiertagen von 10—1 Uhr (an Sonntagen, am Neujahrs-, Frohnleichnams- und ersten Weihnachtsfesttage geschlossen) zunächst für die Beamten des Ministeriums des Innern, doch zu dienstlichen Zwecken auch für die Beamten der anderen Ministerien und Centralstellen, der Hofämter, sowie für die Reichsrathsabgeordneten. Für andere Personen nur mit besonderer Bewilligung des Directors, eventuell des Präsidiums des Ministeriums des Innern. — Ebenso Entlehnung auf zwei Monate. — Keine Versendung. — Begründet mit ah. Entschliessung vom 18. April 1849. Den Grundstock bildete mit der unbedeutenden, bereits in der allgemeinen Hofkanzlei vorhanden gewesenen Büchersammlung eine stattliche Anzahl aus der Bibl. der aufgelösten Polizeihofstelle ausgewählter Werke, wozu bald auch die Bücherbestände der Ministerconferenz und der vereinigten Hofkanzlei kamen. Bereits unter Minister Bach wurden dieser Bibl., die hauptsächlich Werke der österreichischen Legislatur und Jurisprudenz umfasste, durch Vereinbarung mit den betreffenden Regierungen auch die Gesetzsammlungen und Parlamentsdruckschriften der wichtigsten fremden europäischen Staaten zugeführt und die regelmässige Zuwendung derselben auch für weiterhin gesichert. Die Pflege fremdländischer Gesetzsammlungen und Parlamentsdruckschriften bildet auch heute noch eine der speciellen Aufgaben der Bibl. Einen weiteren regelmässigen und sehr bedeutenden Zuwachs erhält dieselbe seit d. J. 1852 aus den auf Grund des § 1 der Pressordnung

vom 27. Mai 1852 und des § 18 des Pressgesetzes vom 17. December 1862 an das Ministerium des Innern (später Staatsministerium, seit 1867 wieder Ministerium des Innern) abgelieferten Pflichtexemplaren von allen in den österreichischen Kronländern verlegten oder gedruckten und zum Verkaufe bestimmten Druckschriften. Nach der i. J. 1870 erfolgten Uebertragung der Agenden der öffentlichen Sicherheit in das Ministerium für Landesvertheidigung und öffentliche Sicherheit (früher Polizeiministerium) auf das Ministerium des Innern wurde verfügt, dass von den Pflichtexemplaren, welche bis dahin auch an das Ministerium für Landesvertheidigung und öffentliche Sicherheit einzusenden waren, künftighin und bis auf Weiteres alle Druckschriften mit alleiniger Ausnahme der in Wien erscheinenden periodischen (d. h. wenigstens einmal monatlich erscheinenden) an das Ministerrathspräsidium, diese letzteren aber auch an das Ministerium des Innern zugleich mit den für diese Behörde bereits bestimmten Exemplaren abzuliefern sind. (Vgl. den Polizeidirectionserlass vom 6. Juni 1871, Z. 25136, an die Genossenschaft der Buch- und Kunsthändler, der Buch-, Stein- und Kupferdrucker.) Im J. 1897 wurde noch dieser längst über den Rahmen eines Hilfsinstitutes für ein einzelnes Ministerium hinausgewachsenen Anstalt der grösste Theil des aus der Bibl. des k. k. Ministerrathspräsidiums ausgeschiedenen Materiales älterer „dort entbehrlicher", zumeist der Bibl. der ehemaligen obersten Polizeibehörde entstammender Werke, ca. 30.000, behufs Ergänzung des eigenen Standes einverleibt. — Die Bibl. umfasst die gesammte officielle legistische, normative und parlamentarische, sowie auch die private staatswissenschaftliche und juristische Literatur des Inlandes mit besonderer Berücksichtigung des Verfassungs- und Verwaltungsrechtes, ferner die Gesetzsammlungen und Parlamentsacten, dann viele sonstige officielle Publicationen der meisten fremden Staaten, wie auch die wichtigsten Erscheinungen ihrer rechts- und staatswissenschaftlichen Literatur. Besondere Pflege finden ausserdem: österreichische Politik, Geschichte, Biographie, Topographie, Ethnographie, Statistik u. s. w., überhaupt die meisten Disciplinen, insoweit sie sich auf Oesterreich beziehen, ferner Nationalökonomie und Socialpolitik, die encyklopädische Literatur, Conversations-, Fachlexica, Wörterbücher etc.

Anzeiger f. Bibliogr. u. Bibl.-Wissenschaft, herausg. von J. Petzholdt, Jahrg. 1851, Nr. 217, 382 („Die administr. Bibl. des k. k. Ministeriums des Innern in Wien"). — Hugelmann, C. Verhältniss d. Wr. Univ.-Bibl. zu den Mittelschul- und Amtsbibl. Wien 1879, S. 6.

871. Bauarchiv im k. k. Ministerium des Innern, I. Hoher Markt 5. — *a)* Bibl. 2300 Werke in mehr

als 5000 Bdn.; *b)* Sammlung von Bauentwürfen, Plänen, Karten und Handzeichnungen. — Jahresdotation 400—500 Gulden. — Bibliothekar: Rainer Sopuch, k. k. Oberingenieur. — Für die Bibl. ausser dem chronologisch geführten Inventarkataloge noch je ein alphabet. Autoren- und Schlagwortkatalog. — Benützbar nur für das Personale des k. k. Ministeriums des Innern. — Vorwiegend technische Wissenschaften. — Entstand seinerzeit im ehem. Ministerium für Handel, Gewerbe und öffentliche Bauten und kam später durch Reorganisirung des Staatsbaudienstes in das Ministerium des Innern, als oberste Bauverwaltungsbehörde.

872. K. k. Oberster Sanitätsrath des k. k. Ministeriums des Innern, I. Wipplingerstrasse 8. — Ende 1898: 3824 Werke in ca 10.000 Bdn. — Jahresdotation je nach Bedarf. Bibliothekar: Dr. Gottlieb Markl, k. k. Bezirksarzt. — Alphabet. Zettel-, und zwar ein Haupt- und ein Materien-(Schlagwort-) Katalog. — Benützbar während der Amtsstunden von 9 bis 3 Uhr; für Fremde nur mit Bewilligung des Vorstandes des Sanitätsdepartements im Ministerium des Innern. — Ebenso Entlehnungen. — Keine Versendungen. — Gegr. 1889 durch Ausscheidung der Fachzeitschriften und Fachwerke aus der administrativen Bibl., sowie durch Geschenke auswärtiger Regierungen. — Werke und Zeitschriften medicinischen, hygienischen und statistischen Inhaltes.

873. K. k. Ministerium für Cultus und Unterricht, I. Minoritenplatz 7. — *a)* Amtsbibl. 23.000 Bde.; *b)* die mit ihr verbundenen Departementsbüchersammlungen 5000 Bde., zusammen 28.000 Bde. — Dotation 500 Gulden. — Archivsdirector, gleichzeitig Bibliotheksleiter: Jur. Dr. Wilhelm Pötzl; Archivsconcipist: Ph. Dr. Wilhelm Ritter v. Ambros; Archivsadjunct: Franz Staub; 1 Diener. — Inventarkatalog; alphabet. Grundkatalog in Zettelform; Schlagwortkatalog theils in Band- theils in Zettelform. — Amtsstunden an Wochentagen von ½10—3 Uhr. — Benützbar zunächst nur für die Beamten des Ministeriums. — In besonders berücksichtigungswürdigen Fällen Entlehnungen auch an andere k. k. Behörden. — Keine Versendung. — Gegr. am 27. Februar 1849 erhielt die Bibl. Theile der Amtsbibl. der i. J. 1848 aufgelösten k. k. vereinigten Hofkanzlei und der k. k. Polizei- und Censurhofstelle, zu welcher später noch die Bücherbestände des Gymnasial-Organisirungsdepartements kamen. Seit der i. J. 1895 erfolgten Organisirung des Archivs dieses Ministeriums bildet die Amtsbibl. einen Bestandtheil des Archivs, dessen Vorstand gleichzeitig mit ihrer Leitung betraut ist. In neuerer Zeit wurden der Amtsbibl. die Büchersammlungen des Departements

für Volksschulen, für Gewerbeschulen und für Mittelschulen zugewiesen, welche getrennt aufgestellt und katalogisirt sind. — Besonders gepflegt die in das Ressort des Ministeriums einschlägige Literatur.

Eine Skizze über die Gründung der Amtsbibl. enthält Wolf, G. Geschichte der k. k. Archive in Wien. Wien 1871.

874. K. k. Justizministerium. I. Schillerplatz 4. — Anzahl der Bde. derzeit nicht festgestellt (nach Pelzholdt ca. 13,000; nach Pizzala 12,939). — Jahresdotation 1000 Gulden. — Bibliotheksvorstand einer der Departementchefs, derzeit Ministerialrath Dr. August Pitreich; 1 Kanzleibeamter; 1 Diener. — Handschriftlicher Zettelkatalog: älterer Bestand in einem alphabet. Autoren-Bandkataloge. — Der öffentlichen Benützung nicht zugänglich. Entlehnungen und Versendungen nur mit specieller Erlaubniss. — Entstanden zugleich mit der 1719 erfolgten Gründung der obersten Justizstelle. Als diese sich i. J. 1848 in zwei gesonderte Behörden, das Justizministerium und den obersten Gerichtshof, trennte, verblieb der grösste Theil des vorhandenen Bestandes der Bibl. dem Justizministerium. Seither erfuhr die Bibl. einen regelmässigen jährlichen Zuwachs. Sie umfasst insbesondere einen ziemlich reichen Bestand rechts- und staatswissenschaftlicher Fachblätter und vollständige Sammlungen der officiellen Gesetzblätter vieler europäischer Staaten. — Rechts- und Staatswissenschaften, die einschlägigen philosophischen Doctrinen, sowie Rechts- und Staatengeschichte.

875. K. k. Finanzministerium, I. Himmelpfortgasse 8. — Ca. 50,000 Bde. — Jahresdotation 1500 Gulden. — Director: Univ.-Prof. Dr. Alexander Budinszky; Concipisten: Dr. Victor Hofmann v. Wellenhof, Dr. Ludwig Witting, Dr. Carl Giannoni; Conceptsadjunct: Dr. Adolph Zawrzel; Assistent: Dr. Rudolf Sallaba; 1 Diener. — 1898 ist ein Katalog im Druck erschienen. Zwei Zettelkataloge: ein alphabet. Schlagwortkatalog nach den Schlagworten des gedruckten Kataloges und ein alphabet. Nominalkatalog; ausserdem ein Standortsinventar. An Wochentagen von 9—½3, an Feiertagen von 9—12 Uhr geöffnet, an Sonntagen, am Neujahrs-, Frohnleichnamstage und in den Weihnachtsferien geschlossen. Das Lesezimmer ist an Wochentagen von 9—6 Uhr geöffnet. — Benützung und Entlehnung grundsätzlich nur für die Beamten des k. k. Finanzministeriums und der demselben untergeordneten Behörden. Mit specieller Erlaubniss auch für andere Personen. — Den Grundstock bildet die Bibl. der allgemeinen Hofkammer, die nach Auflösung dieser Hofstelle zugleich mit ihrem Archiv

20*

von dem 1848 geschaffenen Finanzministerium übernommen wurde. Das Gründungsjahr der bereits 1810 erwähnten Hofkammerpräsidialbibl. ist ungewiss. Als Behelf für die Herausgabe einer Handelszeitung durch die Commerz-Hofcommission wurde 1818 eine besondere commerzielle Abtheilung der Bibl. errichtet, die 1832 auf 2400 Bde. herangewachsen war: beide Abtheilungen wurden 1831 vereinigt. Hofr. Anton Edler v. Krauss liess 1835 einen lithographirten Katalog anfertigen. Als das 1848 ins Leben getretene Ministerium für Landescultur und Bergwesen 1853 wieder aufgelöst wurde und die Centralleitung des Montanwesens an das Finanzministerium überging, kam an dasselbe auch die Fachbibl. der ehemaligen Hofkammer im Münz- und Bergwesen, wurde jedoch getrennt von ihr aufgestellt und katalogisirt. 1871 zählte die Finanzbibl. 20.091 Bde., die Montanbibl. 12.130 Bde. Im Mai 1890 wurde der grösste Theil der Montanbibl., 9093 Bde. und 952 Karten und Pläne, an das Ackerbauministerium übergeben. — Vorzugsweise Nationalökonomie und Finanzwissenschaft, politische, finanzielle und sociale Gesetzgebung Oesterreich-Ungarns und der übrigen Hauptstaaten.

Katalog der Bibl. des k. k. Finanzministeriums, hrsg. v. A. Budinszky. Wien 1898.

876. K. k. Handelsministerium, I. Postgasse 8. — Die Bibl. ist dem Departement Vb (Leiter: k. k. Ministerialsecretär Dr. Hugo Wolf; mit der Führung der Bibl.-Geschäfte betraut: Phil. Dr. Moriz Hofmann) unterstellt. — Ende December 1898: 6250 Werke. — Jahresdotation je nach Bedarf. Erhält die meisten Werke unentgeltlich von verschiedenen in- und ausländischen Stellen, zum Theile im Tauschwege gegen eigene Publicationen. — Je ein nach Materien, Schlagworten und Autoren geordneter handschriftlicher Bandkatalog. — In den Amtsstunden, d. i. von 9—3 Uhr, ausschliesslich zu internen amtlichen Zwecken geöffnet. — (Handels-)Statistik, Volkswirthschaft, Socialpolitik, ferner umfangreiche in- und ausländische Gesetzsammlungen, sowie eine reiche Ausstellungsliteratur.

877. Arbeitsstatistisches Amt des k. k. Handelsministeriums, I. Postgasse 8. — Fachbibl. im Entstehen.

878. Amtsbibliothek des k. k. Eisenbahnministeriums. — 8017 Werke in 19.565 Bdn. — Gedruckter Katalog. Die Bücher sind nach Materien und innerhalb derselben nach fortlaufenden Ordnungsnummern und Formaten aufgestellt. — Die Verwaltung obliegt dem Departement 6. — Geöffnet während der Amtsstunden. — Entlehnung an die Beamten gegen

Empfangsschein. — Den Grundstock bildete die Bibl. der bestandenen k. k. Generaldirection der österreichischen Staatsbahnen, die ihrerseits hauptsächlich aus den Büchersammlungen der in das staatliche Bahnnetz aufgenommenen Bahnen entstanden war. Ende 1885 zählte die Bibl. 5370 Bde. — Fachliteratur in ihrem ganzen Umfange.

Katolog der Amtsbibl. des k. k. Eisenbahnministeriums. I. Wien 1899.

879. K. k. Ackerbauministerium, I. Liebiggasse. — Ueber 16.000 Bde.: Abth. I—II (Landwirthschaft) 9000 Bde., 3000 Broschüren; Abth. III (Montanwissenschaft) 3000 Bde. und 1000 Broschüren. — Jahresdotation 2000 Gulden. — Bibliothekar: ein Beamter, derzeit provis. Dr. Carl Hoffmeister. — Ein alphabet. Zettelkatalog nach Autoren, ein Zettelkatalog nach Materien und innerhalb dieser alphabet. Ein alphabet. lithograph. Gesammtrealkatalog von Dr. Heinrich Kretschmayer angefertigt (für die Abth. I u. II). — Zur Benützung seitens der Beamten des Ackerbauministeriums bestimmt, ausnahmsweise auch für andere Behörden im Wege der Entlehnung gegen Empfangsschein benützbar. — Gegr. 1868. Grössere Schenkungen von Sectionschef Frh. Weis v. Teuffenstein (1870) und von Exc. R. v. Chlumecky.

Bibl.-Ordnung für die Amtsbibl. des k. k. Ackerbauministeriums. [Wien 1894].

880. **Museum der Geschichte der österr. Arbeit.** Siehe Wien, K. k. Technologisches Gewerbemuseum.

881. **K. k. österr. Museum für Kunst und Industrie,** I. Stubenring 5. — Ca. 28.000 Bde., ferner 15.000 Ornamentstiche, 14.000 Druckinitialen, 29.000 Blätter Originalzeichnungen, Photographien u. dgl. — Jahresdotation für den Ankauf von Büchern 5400 Gulden, für die Erwerbung von Ornamentstichen 2000 Gulden, für den Ankauf von Originalzeichnungen und Photographien 2000 Gulden. — Vorstand: Custos Franz Ritter; Amanuensis: Dr. Friedrich von Schönbach; Diurnist: Heinrich Stiasny; 3 Diener. — Ein alphabet. Zettelkatalog, ein Realkatalog. — Benützbar für jedermann; Eintritt an den Besuchstagen frei. Vom 21. März bis 20. October an Wochentagen mit Ausnahme des Montags von 9—2, an Sonn- und Feiertagen von 9—1 Uhr geöffnet; vom 21. October bis 20. März an Wochentagen, mit Ausnahme des Montags, von 9—1 und von 6—8½, an Sonn- und Feiertagen von 9—1 Uhr. — Entlehnung gegen Empfangschein; jedes entlehnte Werk ist auf Verlangen des Bibliotheksvorstandes sofort zurückzustellen. Bücher und Blätter der Ornamentstichsammlung, Originalzeichnungen und werthvolle, im Buchhandel ver-

griffene Werke der Bibl. dürfen nur im Bibl.-Locale benützt werden. — Versendung nach auswärts durch die Direction des Museums.

Ritter, Franz. Die Bibl. des Oesterr. Museums. In: Centralblatt für das gewerbliche Unterrichtswesen. Bd. IV. — Chmelarz, Eduard und Franz Ritter. Katalog der Bibl. des k. k. Oesterr. Museums. Wien 1883. — Schestag, Fr. Illustrirter Katalog der Ornamentstichsammlung des k. k. Oesterr. Museums. Wien 1871. Mit Initialen und 20 Illustrationen. — Ritter, Franz. Illustrirter Katalog der Ornamentstichsammlung des k. k. Oesterr. Museums. Erwerbungen seit dem Jahre 1871. Mit 130 Illustrationen Wien 1889.

882. **Griechisch-orientalische Nationalschule,** I. Fleischmarkt 13. 2. Stock. — Ca. 2000 Bde. — Keine bestimmte Jahresdotation. — Custos der Bibl. ist Director Dr. phil. Eugen Zomarides. — Gedruckte alphabet. Kataloge a. d. J. 1820, 1826, 1816 und 1860. — Geöffnet jeden Dienstag von 9—11 Uhr. — Entlehnungen nur ausnahmsweise bei Leistung der nöthigen Sicherheit. — Gestiftet von den Gründern der griechisch-orientalischen Gemeinde zur heiligen Dreifaltigkeit und seither bereichert durch Spenden verschiedener Wohlthäter. — Hauptsächlich: Griechische Sprache, Literatur, Geschichte und Landeskunde.

883. **K. u. k. Officierstöchter-Erziehungsinstitut,** XVII. Hernals, Calvarienberggasse 28. — *a)* Lehrerbibl. 1796 Werke in 2855 Bdn. und 2065 Heften; *b)* Schülerbibl. 2020 Werke in 2788 Bdn. und 20 Heften. — Jahresdotation 600 Gulden. — Die Obervorsteherin des Institutes, derzeit Bertha Gräfin v. Geldern-Egmond zu Arcen, betraut nach ihrer Wahl eine Untervorsteherin des Institutes, derzeit Emma v. Czedik, mit der Führung der Bibliotheksgeschäfte. — Für *a)* und *b)* je ein Hauptinventar, ein Zettelkatalog und ein nach wissenschaftlichen Gruppen geordneter, alphabet. Fachkatalog. — Zugänglich dem Lehrkörper, den Zöglingen, eventuell auch ehemaligen Zöglingen zu den von der Bibliothekarin festgesetzten Stunden. — Entlehnung, aber keine Versendung. — Die ersten Anfänge der Bibl. reichen auf die im Jahre 1775 erfolgte Gründung des Institutes zurück. — Vertreten alle Wissenszweige. — Die Schulbücher sind in Verwaltung einer eigenen Untervorsteherin.

884. **K. k. Patentamt,** VII. Guttenberggasse 1, hat eine im Entstehen begriffene grössere Fachbibl. mit einer completen Sammlung von Patentschriften, darunter auch Report of the commissioner of patents. Washington, 1811 ff. — Leiter: Ing. Gustav Scherer, k. k. Commissär.

885. **Oesterreichischer Philatelisten-Club**, I. Tiefer Graben 11/13, Mezzanin. — Ca. 90 Zeitschriften mit 400 Bdn.; ca. 250 Kataloge und Monographien. — Jahresdotation ca. 100 Gulden. — Ein gewählter Bibliothekar, derzeit Carl Regelsperger. — Zettelkatalog. — Zugänglich für Mitglieder jeden Donnerstag von 8—9 Uhr abends. — Gegr. 1883. Ausschliesslich philatelistische Literatur.

886. **Postbeamtenverein**, I. Postgasse 10. — Ca. 3000 Bde. Jahresdotation ca. 300 Gulden. — Ein Bibliothekscomité, dessen Vorstand zugleich Vorstand des Vereines: Oberpostrath Eduard Birnögger. — Gedruckter Realkatalog, innerhalb der einzelnen Abtheilungen alphabet. — Dreimal wöchentlich zu bestimmten Stunden geöffnet. — Entlehnungen an Vereinsmitglieder. — Gegr. um die Mitte der Siebzigerjahre. Zahlreiche Geschenke. — Postfachliche, kartographische und belletristische Literatur.

Bibl.-Katalog mit jährlich erscheinenden Nachträgen in Druck herausgegeben.

Privatbibliotheken.

887. Graf Harrach, I. Freiung 3. Theilt sich in eine Fideicommissbibl. und eine Privatbibl. des jeweiligen Majoratsherrn. Die Fideicommissbibl. in Wien zählt an 10.000 Bde. und 300 Handschriften; die Fideicommissbibl. in Bruck a. L. (Prugg), einschliesslich der ehem. Fideicommissbibl. Rohrau, 14.000 Bde.; auch in Prag, Hrádek in Böhmen und Starkenbach befinden sich Bibl. dieser Familie, von denen die Prager hauptsächlich Bohemica umfasst. Die Privatbibl. zählt bei 400 Bde; der jährliche Zuwachs, respective die in der Privatbibl. nicht unterzubringenden Werke, wird in die Fideicommisbibl. eingereiht. — Bibliothekar und Archivar: Ferdinand Menčik, Scriptor der k. k. Hofbibl. in Wien. — Für die Wiener Fideicommissbibl. ein Zettel- und ein Bandkatalog, für die Prugger theils Zettel-, theils Bandkataloge, für die übrigen je ein Bandkatalog. — In der Regel keine Entlehnung; nur in besonderen Fällen über schriftliches Ansuchen gestattet. Schon Leonhard Freiherr v. Harrach besass eine Bibl., in der sich Bücher grösstentheils juridischen Inhaltes befanden; diese blieb bis zum J. 1886 in der älteren Linie des Geschlechtes (Rohrau). Die Wiener Bibl. geht auf den Grafen Ferdinand Bonaventura Harrach zurück, der sie mit spanischen, historischen, theatergeschichtlichen Werken und französischen Schriftstellern bereicherte. Auch sein Sohn Graf Alois Thomas Harrach vermehrte sie theils durch die gräflich Thannhausen'sche Bücherei (die Werke derselben

sind durch ein Ex libris bezeichnet), theils durch den Nachlass seiner Brüder. — Die Wiener Bibl. umfasst Historica und Theologica, wahrscheinlich Nachlass zweier Cardinäle und eines Bischofs, die Prugger naturgeschichtliche und geschichtliche Werke.

Das Handschriftenverzeichniss wird in Kurzem erscheinen.

888. Graf Lanckoroński, III/4 Fasangasse 20, Mezz. — Ca. 4000 Bde. — Keine bestimmte Dotation; 1896 wurden bei 1200 Gulden für den Bücherankauf verwendet. — Bibliothekar: Custos Franz Fuchs, zugleich Custos der Gemäldesammlung. — Kein Katalog. — Ist nur Privatbibl., daher für Fremde unbenützbar. — In erster Linie Prachtwerke der Kunstgeschichte und geographische, ethnologische und erzählende Reisewerke. Beachtenswerth ist ein Gypsabguss des von Bildhauer Schwerzek reconstruirten Parthenonfrieses in verkleinertem Massstabe. — Mit der Bibl. vereint ist die Handzeichnungen-, Stich- und Photographiensammlung desselben Besitzers, von der sich jedoch der grössere Theil auf Schloss Rozdol befindet.

889. Fürstlich Liechtenstein'sche Majorats- (oder Fideicommiss-) Bibliothek, I. Herrengasse 6. — Ca. 100.000 Bde., ohne Broschüren, 180 alte Handschriften, 252 Wiegendrucke. — Jahresdotation für Bücherkauf und Einbände 1000 Gulden. — Bibliothekar: Lucas Haug, Archivrath; 1 Bibliotheksdiener. — Ein systemat. Zettelkatalog in 16°, ein alphabet. Autorenkatalog in fol. — Täglich geöffnet, Sonn- und Festtage ausgenommen; trotz ihres streng privaten Charakters kann die Bibl. für wissenschaftliche Zwecke benützt werden. In Ermangelung eines Lesesaales stellt der Bibliothekar in solchen Fällen sein Bureau zur Verfügung. Bei grösseren, längere Benützung erfordernden Arbeiten ist die Einreichung eines Gesuches an Se. Durchlaucht den regierenden Fürsten Johann II. von und zu Liechtenstein nothwendig. — Keine Entlehnungen und Versendungen. — Als Gründer der Bibl. gilt Herr Hartmann II. von Liechtenstein von Nikolspurg (im 16. Jhdt.). Von Einverleibung grösserer Büchersammlungen ist nichts bekannt. 1791 wurde die Bibl. in die Räumlichkeit, in der sie jetzt untergebracht ist, übertragen. Sie nimmt hier den oberen Theil der in zwei Stockwerke getheilten ehem. Reitschule ein (im unteren Stockwerke befindet sich der sogenannte „Bösendorfer-Saal") und füllt ausser diesem prachtvollen Saale noch drei kleinere Räume, die zugleich dem Bibliothekar als Arbeitsraum dienen. — Griechische und römische Autoren sind auffallend bevorzugt, von denen einige in 30 und mehr verschiedenen älteren

Ausgaben vertreten sind. In zweiter Linie steht italienische und französische Belletristik, in dritter französische und englische Geschichte, Memoiren; nach diesen kommen Literatur- und Culturgeschichte, grösstentheils in neueren Werken vertreten, Philosophie, Astronomie, Physik, Heilkunde, Theologie — besonders Kirchengeschichte, Kirchenrecht und Moral Rechtswissenschaft, Kriegskunst, Fortificationswesen und Baukunst überhaupt — doch fast alles nur in älteren Werken. — Hauptpflege finden derzeit Natur- und Geschichtswissenschaft. — Auch die „Hauslabsammlung" (ca. 12.000 Bde.) wurde vom Fürsten Liechtenstein erworben, ist jedoch nur zum Theil der Fideicommissbibl. einverleibt, der übrige, über 5000 Bde., wurde an öffentliche Bibl. (Univ.-Bibl. in Wien u. a.) verschenkt.

890. Hofrath Prof. Carl Menger, IX. Währingerstrasse 12. — 12.000—15.000 Bde., darunter einige Incunabeln und viele ältere Werke in allen modernen Sprachen. — Je ein handschriftlicher Band- und Zettelkatalog. — Die Benützung ist von der Bewilligung des Eigenthümers abhängig, die an Gelehrte in liberalster Weise ertheilt wird. — Ebenso Entlehnungen und Versendungen. — Besteht seit 1873. — Fast ausschliesslich politische Oekonomie (ältere und neuere Literatur); daneben Philosophie und Statistik.

891. Prof. Dr. Heinrich Obersteiner, XIX. Billrothstr. 69. — Rein neurologischen Inhaltes (Anatomie, Physiologie, Pathologie des Nervensystems und verwandte Fächer, Psychologie, forensische Medicin u. s. w.). Dieselbe umfasst gegenwärtig ca. 20.000 Bde. und steht Fachgenossen gern zur Benützung offen. — Neurologische Literatur der Vergangenheit und der Gegenwart in möglichster Vollständigkeit. — Besitzer Univ.-Prof. Dr. Heinrich Obersteiner.

892. J. Karl Proksch, VII. Mariahilferstrasse 108. — Ca. 5000 Bde. aus den verschiedensten Gebieten des Wissens, grösstentheils Heilkunde und ihre Geschichte; darunter ca. 1700 Nummern in ca. 2000 Bdn. und Heften über venerische Krankheiten, besonders die einschlägige Literatur des 16., 17., 18. und der ersten Hälfte des 19. Jhdts. ist beinahe vollständig vertreten. Zahlreiche seltene Werke, welche jedem Arzte und medicinischen Historiker über Ansuchen in der liberalsten Weise zur Verfügung gestellt werden. — Ebenso Entlehnungen und Versendungen; grössere Partien oder die ganze Sammlung für Fachmänner täglich von 10—5 Uhr benützbar. — Zettelkatalog und Materienregister. — Auskünfte über die Sammlung, sowie über einzelne Fragen der Literatur und Geschichte der venerischen Krankheiten, soferne solche

nicht allzu grosse Zeit in Anspruch nehmen, werden gern beantwortet.

893. Prof. Dr. Samuel Leopold Schenk, IX 3 Schwarzspanierstrasse 7. Siehe Wien, Embryologisches Institut der k. k. Universität.

894. **[K. k. Staats-]Realschule im I. Bezirke,** Schottenbasteigasse 7. 4000 Bde. Dotation 500 Gulden. — Director: Dr. Franz Wallentin; Bibliothekar: Prof. Dr. Engelbert Nader. Handschriftlich ein Zettel- und ein Bandkatalog. Täglich für die Mitglieder des Lehrkörpers benützbar. Ebenso Entlehnungen. — Versendungen an Schwesteranstalten und bekannte Persönlichkeiten gegen Revers. — Gegr. mit der Anstalt 1861. — Alle Wissenschaften, insbesondere die neueren Sprachen und die realistischen Fächer.

Bibliothekskatalog erscheint in Fortsetzungen im Jahresberichte der k. k. Staats-Realschule im ersten Gemeindebezirke Wiens. Wien 1897 ff.

895. **[K. k. erste Staats-]Realschule im II. Bezirke,** Vereinsgasse 21. *a)* Lehrerbibl. 11.858 Bde. und Hefte, 7020 Programme; *b)* Schülerbibl. 1057 Bde. und Hefte. — Jahresdotation ca. 600 Gulden. — Director: Reg.-R. Wilhelm Kukula; Bibliothekar: Professor Moriz Husserl. — Zettel- und Bandkatalog. — Zugänglich *a)* nur für staatlich angestellte Mitglieder des Lehrkörpers zu den gewöhnlichen Lehrstunden. — Ebenso Entlehnungen. — Keine Versendungen. — Der Bücherbestand der ehem. Leopoldstädter Unterrealschule wurde seit 1871 alljährlich durch Kauf aus der Dotation vermehrt; 1879 erhielt die Bibl. geschenkweise 165 französische Werke. — Vertreten sind alle Wissenschaften, die an der Anstalt gelehrt werden.

Willomitzer, F. Katalog der Lehrerbibl. Wien 1898. In: XXVII. Jahresbericht über die I. Staatsrealschule in dem II. Bezirke von Wien. Wien 1898.

896. **[K. k. zweite Staats-]Realschule im II. Bezirke,** Glockengasse 2. — *a)* Lehrerbibl. 2600 Bde., 57 Blätter; *b)* Schülerbibl. 903 Bde., 12 Hefte. — Jahresdotation 400 Gulden. — Director: Richard Trampler; Bibliothekar für *a)* Prof. Ernst Lindenthal; für *b)* Prof. Dr. Johann Ellinger. — Zettelkatalog; Fachgruppenverzeichniss. — Nur Entlehnungen, und zwar an die Mitglieder des Lehrkörpers der Realschule und verwandter Anstalten. — Keine Versendung. — Gegr. zugleich mit der Anstalt i. J. 1875. — Vorhanden alle an der Schule vertretenen Fächer.

Bücherkatalog wird demnächst im Druck erscheinen (Programm der Anstalt)

897. **[K. k. Staats-]Realschule im III. Bezirke,** Radetzkystrasse 2. — *a)* Lehrerbibl. 4995 Bde., 1539 Hefte und eine reiche Programmsammlung; *b)* Schülerbibl. 2243 Bde. und 311 Hefte. — Jahresdotation für *a)* ca. 550 Gulden; für *b)* ca. 100 Gulden. — Director: Reg.-R. Alexander Lamberger; Bibliothekar für *a)* Prof. August Milan; für *b)* Prof. Ferdinand Lorenz. — Inventar und Zettelkatalog. — Benützbar *a)* für den Lehrkörper stets mit Ausnahme der Ferien in Anwesenheit des Bibliothekars; *b)* zu bestimmten Stunden für die Schüler. — Ebenso Entlehnungen. — Versendungen über Verlangen an andere Directionen; Tauschverkehr mit dem k. k. Gymn. im III. Bez. — Gegr. zugleich mit der Anstalt 1851. — [Neu-] Philologisch-historische und mathem.-naturhistorische Fächer (incl. Chemie) fast gleichmässig.

Katalog der Lehrerbibl. I. Theil. Zusammengestellt von August Milan. In: XXXXVII. Jahresbericht über die k. k. Staatsrealschule und die Gewerbliche Fortbildungsschule im III. Bezirke (Landstrasse) in Wien. Wien 1898.

898. **[Rainer'sche Privat-Unter-]Realschule,** III. Rasumoffskygasse 21. — *a)* Lehrerbibl. 451 Bde., 31 Hefte, 1015 Programme; *b)* Schülerbibl. 394 Bde., 4 Hefte. — Dotation ca. 100 Gulden. — Director: Carl Rainer. — Gedruckter Katalog. — Geöffnet Freitag von 2—3 Uhr. — Entlehnung nur an Lehrer und Schüler der Anstalt. — Gegr. 1867. — Alle Fächer der Realschule.

Gedruckter Katalog im Jahresberichte der Anstalt für 1897/98.

899. **[K. k. Staats-]Realschule im IV. Bezirke,** Waltergasse 7. *a)* Lehrerbibl. 5602 Bde., 2396 Hefte, 1022 Programme; *b)* Schülerbibl. 1284 Bde., 25 Hefte. — Director: Johann Fetter; Bibliothekar: Prof. Dr. Carl Ullrich. — Gegr. 1855, verstaatlicht 1891.

Nach dem letzten Jahresberichte gearbeitet, da der Fragebogen nicht beantwortet wurde.

900. **[K. k. Staats-Unter-]Realschule im V. Bezirke,** Rampersdorffergasse 52. — *a)* Lehrerbibl. ca. 1200 Werke; *b)* Schülerbibl. — Für Vermehrung und Erhaltung der Lehrmittelsammlungen standen 1897/98 1195·08 Gulden zur Verfügung. — Director: Franz Charwat; Verweser der Bibl.: Prof. Leopold Hirsch. — Gegr. 1875.

Hirsch, Leopold. Bibl.-Katalog. (Nach dem Stande vom 15. Juli 1897.) In: XXIII. Jahresbericht der k. k. Staats-Unterrealschule im V. Bezirke (Margarethen) von Wien. Wien 1898.
Nach dem letzten Jahresberichte gearbeitet, da der Fragebogen nicht beantwortet wurde.

901. **[K. k. Staats-]Realschule im VI. Bezirke,** Marchettigasse 3. — *a)* Lehrerbibl. 4278 Bde., 521 Hefte und eine grössere Sammlung von Programmen; *b)* Schülerbibl. — Director: Johann Dechant; Bibliothekar für *a)* Prof. Joseph Sturm; für *b)* Prof. Ferdinand Ginzel. — Bandkatalog, fortlaufend nach der Zeit der Anschaffung. Alphabet. Katalog in Ausarbeitung. — Benützbar zu jeder Zeit nur für die Lehrer der Anstalt. — Ebenso Entlehnungen und Versendungen. — Gegr. zugleich mit der Anstalt 1851. 1897 wurde die Bibl. des verstorbenen Prof. Nicolaus Fialkowski in 544 Bdn. und 84 Heften der Anstaltsbibl. geschenkt. — Die mit den Lehrfächern in Beziehung stehenden Wissenschaften.

902. **[K. k. Staats-]Realschule im VII. Bezirke,** Neustiftgasse 95, 97, 99, besitzt eine Lehrer- und eine Schülerbibl. — Director: Carl Klekler; Bibliothekar der Lehrerbibl.: Prof. Dr. Joseph Egermann; der Schülerbibl.: Prof. Wilhelm Duschinsky. — Entstanden 1851 aus der seit 1815 mit dem k. k. polytechn. Institute vereinigt gewesenen Realschule.

Nach dem letzten Jahresberichte gearbeitet, da der Fragebogen nicht beantwortet wurde.

903. **[K. k. Staats-Ober-]Realschule,** XV, Henriettenplatz 6. — *a)* Lehrerbibl. 2561 Bde.; *b)* Schülerbibl. — Dotation aus den jährlichen Einschreibegebühren, somit variabel, durchschnittlich pro Jahr 300—400 Gulden. — Director: Franz Hübner; Prof. Franz Gassner, Bibliothekar der Lehrbibl.; Prof. Siegmund Alois Fuchs, Bibliothekar der Schülerbibl. — Ein Zettelkatalog und ein gedruckter Katalog; letzterer dem XXIV. Jahresberichte der Anstalt pro 1898 beigebunden und geordnet in der durch Erlass des k. k. Ministeriums für Cultus und Unterricht vorgeschriebenen Weise. — Eine sogenannte Handbibl. steht zum augenblicklichen Gebrauche der Mitglieder des Lehrkörpers im Bibl.-Raume bereit; an einem Tage der Woche, der je nach der Amtsbeschäftigung des Bibliothekars jährlich wechselt, geöffnet. — Entlehnungen an die Mitglieder des Lehrkörpers, seit einem Jahre auch an jene des Karl Ludwigs-Gymn. im XII. Bezirke. — Gegr. gleichzeitig mit der Anstalt i. J. 1872, erweitert theils durch Kauf, theils durch Geschenke. — Vertreten sind alle Disciplinen, besonders die mathematisch-naturwissenschaftlichen Fächer.

Gassner, Franz. Katalog der Lehrerbibl. In: XXIV. Jahresbericht der Staats-Oberrealschule im XV. Bezirke von Wien (Fünfhaus). Wien 1898.

904. **[K. k. Staats-]Realschule im XVIII. Gemeindebezirke,** Schopenhauerstrasse 19. — *a)* Lehrerbibl. 1263 Bde., 682 Hefte, 31 Blätter, 2884 Programme; *b)* Schülerbibl. 962 Bde. und

58 Hefte. — Jahresdotation durchschnittlich 300 Gulden. Director: Dr. Titus Ritter v. Alth; Bibliothekar: Prof. Ferdinand Neidel. — Ein alphabet. Zettel- und ein nach Fächern geordneter Bandkatalog. — Nur für Lehrer und Schüler der Anstalt benützbar, doch werden die Bücher nicht in der Bibl. benützt, sondern nur nach Hause entlehnt. — Sie wurde bald nach Gründung der Anstalt (October 1879) angelegt und von Prof. Neidel seit ihrer Begründung verwaltet. Im ersten Jahre schenkte das k. k. Ministerium für Cultus und Unterricht der Anstalt eine Sammlung von über 400 Akademieschriften. Seither erfolgen die Nachschaffungen nach Massgabe der von den Fachlehrern geäusserten Wünsche. — Alle Realschulfächer.

Neidel, Ferdinand. Katalog der Lehrerbibl. (Gruppe I). In: XIII. Jahresbericht der Staats-Realschule im XVIII. Gemeindebezirke von Wien. Wien 1898.

905. **Reconvalescentenhaus der Barmherzigen Brüder**, XIII. Hütteldorferstrasse 466. — 1352 Nummern, darunter mehrere werthvolle Handschriften. — Dotation je nach der Höhe der zufliessenden Spenden. — Bibliothekar ist der jeweilige Prior des Convents, zugleich Vorstand des Reconvalescentenhauses, derzeit Johann Sobel. — Die Bibl. ist nur Hausbibl., daher weder Entlehnung noch Versendung. — Ein alphabet. Katalog. — 1753 gegr. — Vorzüglich medicinische Literatur.

906. **Redemptoristencollegium bei Maria am Gestade**, I. Salvatorgasse 12. (Congregation vom a. h. Erlöser.) — Lediglich Handbibl. für die Patres als Prediger und Beichtväter. — Seit Entstehung des Collegiums i. J. 1820 zu ungefähr 20.000 Bdn. herangewachsen. In Folge der Vertreibung der PP. i. J. 1848 sind jetzt viele Werke unvollständig. Nur wenige Incunabeln. — Neben allen theologischen Fächern zum überwiegend grössten Theile Philosophie.

907. **K. k. Geologische Reichsanstalt**, III/2 Rasumoffskygasse 23. — 44.000 Bde. und Hefte, wovon 17.000 auf Einzelwerke und über 27.000 auf periodische Schriften entfallen. — Jahresdotation 1000 Gulden. — Director: Hofr. Dr. Guido Stache; Bibliothekar: Dr. Anton Matosch; Diurnist: Wilhelm Kotscher; 1 Diener. — Alphabet. Zettelkatalog nach dem System Pinçon; Fachgruppenkataloge für die periodischen Schriften. — Benützbar für Fachgenossen und Interessenten von 9—12 und 2—4 Uhr. — Ebenso Entlehnungen und Versendungen nur ausnahmsweise mit Genehmigung des Directors. — Fachbibl. ersten Ranges, zumal wegen ihres Reichthums an Fach- und fachverwandten Zeit- und Gesellschaftsschriften, welcher bei

1000 Nummern beträgt und fast ausschliesslich im Tauschverkehr gegen die Schriften der Anstalt zufliesst. Diesem Schriftentausch, welchen die geologische Reichsanstalt seit ihrer Gründung (November 1849) mit allen hervorragenderen verwandten Instituten und Gesellschaften des In- und Auslandes unterhält, verdankt sie auch ihre Entstehung. Den Grundstock der Bibl. bildete eine Schenkung von über 1000 Bdn. und Heften, mit welchen Dr. Wilhelm Ritter v. Haidinger die k. k. geologische Reichsanstalt als deren erster Director bedachte. Der Zuwachs der Bibl. wird quartalweise in den „Verhandlungen der k. k. geologischen Reichsanstalt" vom Bibliothekar ausgewiesen.

908. **Oesterr. Reichsrath,** I. Reichsrathsgebäude. — Ca. 15.000 Bde. — Jahresdotation 4000 Gulden. — Vorstand: Dr. phil Siegfried Lipiner, k. k. Regierungsrath und Bibliothekar; Amanuensen: Dr. phil. Johann Ladislaus Merklas, Dr. jur. Karl Renner: 3 Bibliotheksdiener. — Ein gedruckter Nominalkatalog; ein Materienkatalog handschriftlich in Zettelform. — Zugänglich für die Mitglieder beider Häuser des österr. Reichsrathes und die Mitglieder des Reichsgerichtes täglich von 9—2 Uhr, während der Reichsrathstagung ausserdem von 5—8 Uhr abends und permanent während der Dauer der Plenar- und Ausschuss-(Commissions-)Sitzungen eines der beiden Häuser und der österr. Delegationen. — Von der Entlehnung sind ausgeschlossen: Gesetz- und Urkundensammlungen. Entscheidungen, Parlamentsverhandlungen, Zeitschriften, Zeitungen, Nachschlagewerke, Karten, Atlanten und sonstige erfahrungsmässig vielbenützte Bücher. Entlehnungsfrist 2—4 Wochen. — In der Regel keine Versendung. — Die durch Ueberweisung der Bibl. des österr. Staatsrathes (1861—1868) an den Reichsrath entstandene Bibl. pflegt Rechts- und Staatswissenschaften, insbesondere Politik, Parlamentarismus und Administrativstatistik, daneben politische Geschichte.

Nominalkatalog der Reichsrathsbibl Wien 1896.

909. **Wiener freiwillige Rettungsgesellschaft,** III. Radetzkystrasse 1. — 3997 Bde. — Dotation je nach Bedarf. — Chefarzt: Dr. Heinrich Charas; Secretär: Moriz Wortmann; 1 Diener. — Zettel- und systematischer Katalog. — Benützbar nur für die Functionäre der Gesellschaft. den ganzen Tag über. — Keine Entlehnungen und Versendungen. — Gegr. von Dr. Freih. Jaromir v. Mundy, dessen ganze Privatbibl. später in das Eigenthum der Gesellschaft überging. — Vorzugsweise medicinische Wissenschaften, Rettungswesen, Militärsanitäts-, Irrenwesen und freiwill. Hilfsvereinswesen.

910. **Kunsthistorische Sammlungen des Allerhöchsten Kaiserhauses,** kunsthist. Hofmuseum, I. Burgring 5, Tiefparterre. — Enthält 16,800 Inventarnummern in ca. 21,500 Bdn., darunter einige Handschriften, Incunabeln, Urkunden, Flug- und sonstige Einzelblätter, die jedoch wegen ihrer verhältnissmässig geringen Anzahl nicht in besonderen Verzeichnissen geführt werden. — Jahresdotation vom Oberstkämmereramte 2000 Gulden. — Vorstand: Dr. Heinrich Zimmermann, k. u. k. Custos I. Cl.: Arthur Burda, k. u. k. Assistent; 1 Museumsdiener. — Handschriftliche, alte gebundene alphabet. und Realkataloge, theilweise auch ein alter alphabet. Zettelkatalog. Ein genauer neuer Zettelkatalog in Arbeit und zur Hälfte fertig. — Täglich während der vorgeschriebenen Amtsstunden von 9—2 Uhr, an Sonn- und Feiertagen, ausser wenn das Museum überhaupt vollständig geschlossen ist, von 9—1 Uhr geöffnet. In erster Linie als Hausbibl. für die Beamten des Hauses bestimmt, doch auch für Fachleute, so weit diese den Bibliotheksbeamten persönlich bekannt, durch einen Museumsbeamten oder sonst eine vertrauenswürdige Persönlichkeit eingeführt sind, zu den angegebenen Stunden benützbar. — Entlehnungen und Versendungen gegen Ausstellung eines Ausleihscheines, mit der einzigen Verpflichtung, das entlehnte Werk, falls es im Museum benöthigt wird, sofort wieder zurückzustellen. — Die Bibl. ist durch die Vereinigung und in den Jahren 1889—1891 successive erfolgte Uebernahme der früher getrennten Handbibl. des kaiserl. Münz- und Antikencabinets, der Ambrasersammlung und kaiserl. Gemäldegallerie entstanden und enthält daneben die i. J. 1838 von dem k. k. Major Joseph Kraushaar der Ambrasersammlung testamentarisch vermachte sogenannte „Maximiliansbibl." — Aegyptologie, Philologie, Archäologie, Geschichte, Kunstgeschichte und verwandte Disciplinen, die für das Studium und die Erklärung der im Museum verwahrten Kunstschätze von Werth sind, und wird nach Massgabe der vorhandenen Mittel namentlich für die Numismatik möglichst vollständig erhalten und ergänzt.

Das genaue neue Inventar der Bibl. v. J. 1897 liegt im Manuscript gedruckt vor; die Herausgabe eines wissenschaftlichen Bibliothekskataloges ist nach dem Muster jener der Bibl. des k. k. österr. Museums für Kunst und Industrie und der k. k. Akademie der bildenden Künste in Wien geplant.

911. **Städtische Sammlungen.** Siehe Wien, Bibliothek und Historisches Museum der Stadt Wien.

912. **St. Vincenz-Leseverein,** VI 2 Stumpergasse 31. — 8000 Bde. Jahresdotation 600—700 Gulden. — Vorstand:

Martin Derler, Superior der Missionspriester; Stellvertreter: Johann Legerer. Missionspriester: Verwaltungsräthe: Joseph Kendler, k. k. Postcontrolor, Karl Maria Langaschek, Bürgerschullehrer und sechs Ausschussmitglieder. — Ein gedrucktes Bücherverzeichniss. — Geöffnet an allen Wochentagen von 5–8 Uhr abends. — Entlehnung gegen einmalige Erlegung eines Betrages von 10 Gulden oder Jahresbeitrag von 1 Gulden und Caution von 1 Gulden. — Die Bibl. wurde i. J. 1868 vom Missionspriester H. Peter Krämer gegr. — Alle Wissenschaften, hauptsächlich populärwissenschaftliche Werke. Besonders gepflegt religiöse Literatur, Apologetik, katholische Belletristik. Ergänzungen nach Wunsch der Theilnehmer und nach Massgabe der vorhandenen Mittel.

Verzeichniss der Bücher des St. Vincenzlesevereines in Wien. Wien 1890. — Hierzu 1., 2., 3. Fortsetzung des Bücherverzeichnisses des St. Vincenzlesevereines.

913. **Servitenconvent.** — Ca. 30.000 Bde., einige Handschriften und Incunabeln. — Jahresdotation je nach Bedarf. — Prior: P. Benignus M. Huber; ein Mitglied des Conventes als Bibliothekar. — Bandkatalog und zwar Namen- und Sachkatalog nebst Specialkatalog über Austriaca. — Benützbar in den Vormittagsstunden. — Entlehnungen nur in den seltensten Fällen mit besonderer Genehmigung. — Keine Versendungen. — Entstand zugleich mit dem Kloster i. J. 1639 und wuchs theils durch Ankauf theils durch Einverleibung der Privatbibl. verstorbener Conventualen. Manche werthvolle Handschriften, Incunabeln etc. wurden 1810 und 1811 aus Noth verkauft, viele Bücher, namentlich Folianten durch die Ueberschwemmung i. J. 1830 vernichtet. — Vorzüglich Theologie, Geschichte, auch Heraldik, Numismatik etc. etc.

Chmel, J. Handschriften in österreichischen Bibl. nachgewiesen von Mone. In: D. österr. Geschichtsforscher. II. 2. 1841. Notizenbl., S. 51 f.

914. **„Sič". Ruthenisch-ukrainischer Verein**, XVII. Veronikagasse 37, Hochparterre 6. — 5000 Bde. und 60 Handschriften. — Jahresdotation ca. 120 Gulden. — Obmann: Roman Sembratowycz; Bibliothekar: Orest Rozankowskyj. — Alphabet. Katalog. — Benützbar Montag, Donnerstag und Samstag. — Entlehnungen an Vereinsmitglieder ohne Weiteres, an Fremde mit Genehmigung des Vereinsobmannes. — Ebenso Versendungen. — Gegr. 1876; in der Bibl. fanden u. a. die Sammlungen ruthenischer, deutscher und russischer Werke von M. Drahomanow und O. Terleckyj Aufnahme. — Alle Wissenschaften; besonders gepflegt Literatur und Geschichte der Slaven, am meisten die der Ruthenen.

Eine kurze Geschichte der Bibl. enthält der ruthenische Almanach „Sič" 1898 „Čir" 1898. Lemberg. S. 1.

915. **K. k. niederösterreichische Statthalterei,** I. Herreng. 11. 1169 Bde. — Die Bibliotheksleitung wird von dem Personale des k. k. Archivs für Niederösterreich bei der Statthalterei in Wien besorgt. Archivar: Dr. Albert Starzer; Archivsconcipist: August Schestag; 1 Diener. — Ein alphabet. Zettelkatalog nach Autoren und ein Schlagwortkatalog. — Entlehnung während der Amtsstunden der k. k. niederösterr. Statthalterei nur für deren Beamte, ausnahmsweise auch für Private (§ 10 der Bibliotheksordnung). — Gegr. 1893, pflegt dieselbe fast ausschliesslich Verwaltungsgesetzgebung und Verwaltungsgeschichte.

Katalog der Bibl. der k. k. niederösterr. Statthalterei. Wien 1895.

916. **Wiener Stenographenverein,** I Christinengasse 6. — 975 Bde. und Broschüren. — Jahresdotation je nach Bedarf. — Bibliothekar: Hermann Lasser. — Alphabet. Katalog. — Benützbar nur für Mitglieder Dienstag und Samstag von 7—9 Uhr abends. — Ebenso Entlehnungen gegen eine Caution von 1 Gulden. — Keine Versendungen. — Gegr. auf Grund der Vereinsstatuten 1872. — Nur Stenographie.

Bibl.-Katalog erscheint demnächst im Druck.

917. **Allgemeines österreichisches israelitisches Taubstummeninstitut,** III. Rudolfsgasse 22. — 2906 Werke. — Director: Dr. Moriz Brunner. — Benützbar nur für Mitglieder des Lehrkörpers der Anstalt. — Ebenso Entlehnungen. — Keine Versendungen. — Gegr. 1890 vom ersten Director des Institutes, kais. Rath Joel Deutsch, welcher die Anstalt mit zahlreichen Geschenken bedachte. — Alle Wissenschaften, insbesondere Literatur des Taubstummen- und Blindenunterrichtes.

918. **Thierschutzverein,** I. Rauhensteingasse 4. — Ca. 700 Werke. — Präsident: Richard Tunkler Edler v. Treuinfeld; Secretär: Gustav R. v. Henriquez. — Entlehnung an Vereinsmitglieder jeden zweiten Donnerstag des Monats von 5—6 Uhr nachmittags.

Verzeichniss der Bibl.-Werke des Wiener Thierschutzvereines. Wien 1897.

919. **Ungarnverein** (Bécsi magyar egyesület). I. Teinfaltstrasse 4, Mezzanin. — 1003 Bde., grösstentheils belletristischen Inhaltes. — Die Vermehrung der Bibl. beruht hauptsächlich auf Geschenken der Vereinsmitglieder. — Präsident: Franz Ritter Regenhart v. Zápory; Bibliothekar: Franz Bálinth v. Lemhény; Beamter, zugleich Kanzleileiter: Emil Gömöry; 1 Diener. — Ein alphabet. Autorenkatalog in

Druck erschienen. — Mit Ausnahme der Sonn- und Feiertage täglich von 5—8 Uhr geöffnet. — Entlehnung von Büchern und Zeitungen an Vereinsmitglieder unentgeltlich. Keine Versendungen. — Die Bibl. stammt theilweise von einem früher bestandenen ungarischen Vereine, der grösste Theil jedoch von Spenden der Autoren und Vereinsmitglieder. — Ungarische Literatur.

Könyvjegyzék. Bécsben 1897.

920. **K. k. Universitäts-Bibliothek,** I. Franzensring 1. — 540.660 Bde. darunter 685 Handschriften und 396 Incunabeln. Jahresdotation 30.000 Gulden und die Matrikelgelder der Universität (über 5000 Gulden). — Bibliothekar: Reg.-R. Dr. Ferdinand Grassauer; Custoden: Dr. Johann Fuchshofer, Joseph Meyer, Dr. Albert Gessmann (beurlaubt), Dr. Franz Simonič (provis.); Scriptoren: Dr. Isidor Himmelbaur, Dr. August Weisz, Priv.-Doc. Dr. Theodor R. v. Grienberger, Dr. Salomon Frankfurter, Dr. Joseph Donabaum (provis.); Amanuensen: Dr. Alfred Schnerich, Dr. Friedrich Arnold Mayer, Dr. Carl Kaukusch, Dr. Michael Maria Burger, Dr. Johann Bohatta, Dr. Joseph Fasser, Dr. Michael Holzmann, Dr. Adolf Dressler (prov.); Praktikanten: Dr. Friedrich Benesch, Dr. Hugo Makas, Dr. Jaroslav Sutnar, Dr. Albin Wolfram, Dr. Heinrich Röttinger, Dr. Oscar Daublebsky v. Sterneck, Dr. Gottlieb August Crüwell, Dr. Miron Korduba, Carl Lorenz, Friedrich Hohenauer, Dr. Sever Schilder; 7 Bibliotheksdiener, 1 Hausdiener, 17 Aushilfsdiener. — An Katalogen wird derzeit geführt: 1. das Inventar in Bdn. zu 10.000 Nummern, gegenwärtig 21 Bde.; 2. der Zettelkatalog, ca. 400.000 Zetteln in 503 Cartons im „oberen Katalogzimmer" und „Sitzungszimmer" aufgestellt; 3. der alphabet. Bandkatalog, in dem der Bestand vor 1850 streng alphabet., der spätere Zuwachs in kleinen alphabet. Gruppen („Spatien") eingetragen erscheint, 22 starke Bde. in fol., die im „unteren Katalogzimmer" aufliegen; 4. das jährlich abgeschlossene Zuwachsverzeichniss, nach Wissenschaftszweigen geordnet; 5. Bandkataloge für die Bücher der Handbibliothek, die im Lesesaale zur Benützung des Publicums aufliegen. Ausserdem ein Verzeichniss der im Katalogzimmer, ein anderes der im Lesesaal aufgestellten Bücher, der abhanden gekommenen Werke, der in mehreren Exemplaren in allen Leseräumen aufliegende gedruckte Generalkatalog der laufenden periodischen Zeitschriften. Alte Kataloge: ein alphabet. aus den Jahren 1775—1810 in 12 Bdn.; ein systematischer von 1810—1820 in 13 Bdn.; ein alphabet. 1810—1850, 8 Autoren- und 2 Supplementbde., 2 Anonymen- und 1 Supplementbd.; 1 systemat. Katalog 1828—1850, 22 Bde.

Standortsrepertorien, der früheren Aufstellung entsprechend nach Disciplinen geordnet. Der grosse Lesesaal mit drei Abth.: medicinische, theologisch-philosophische, juridische mit zusammen 344 Sitzplätzen, der kleine Lesesaal, zugleich Handschriften- und Zeitschriftenzimmer mit 36 Sitzplätzen und das Professorenzimmer mit 16 Plätzen an Wochentagen täglich in der Zeit vom 1. October bis 30. Juni von 9—8 Uhr, in der Zeit vom 1. Juli bis 30. September von 9—5 Uhr geöffnet; ausgenommen sind die Feiertage, die beiden Faschingstage, die Osterwoche von Mittwoch vor Ostern bis Dienstag nach Ostern, Pfingstdienstag, die Ferienzeit vom 16. August bis 16. September und die Weihnachtsferien vom 24. December bis 1. Januar. Zutritt in den grossen Lesesaal hat jeder Erwachsene; in den kleinen Saal, zu dem besondere Eintrittskarten ausgegeben werden, Benützer von Handschriften, Personen, die mit grösseren wissenschaftlichen Arbeiten beschäftigt sind, oder solche, die bei ihren Arbeiten einen grösseren Bücherapparat zu benützen benöthigt sind; in das Professorenzimmer nur Angehörige des Wiener Universitätslehrkörpers. Entlehnt werden Bücher (mit Ausnahme der Handbücher, Wörterbücher, Encyklopädien, seltenen oder besonders werthvollen Werke) auf 4 Wochen. Das Recht der Entlehnung besitzen gegen Lösung eines Bibliotheksscheines, aber ohne Caution: Die Mitglieder des Lehrkörpers der Universitäten und höheren Studienanstalten; die Vorsteher des höheren Weltpriester-Bildungsinstitutes in Wien; die Mitglieder der Doctorencollegien an der Universität in Wien; die Ministerien und öffentlichen Behörden zum Amtsgebrauche; die Mitglieder der kais. Akademie der Wissenschaften in Wien; die Bibliotheksbeamten; die Mitglieder der Lehrkörper an Mittelschulen, Lehrer- und Lehrerinnen-Bildungsanstalten, der staatlichen Gewerbeschulen, der Handelsakademie in Wien (U. M. E. v. 8./1. 1886, Z. 13.574), der seit 1885 neu errichteten, eventuell in Zukunft neu zu errichtenden höheren Handelsschulen (U. M. E. v. 18./4. 1897, Z. 9177), der zweiclassigen Handelsschulen (U. M. E. v. 27./9. 1897, Z. 23.941), jene Mitglieder des Dominicaner-Ordensconventes in Wien, welche als Schriftsteller oder Lectoren thätig sind (U. M. E. v. 28./7. 1883, Z. 14.077), die Mitglieder der rechts- und staatswissenschaftlichen Prüfungscommission (U. M. E. v. 2./9. 1893, Z. 18.874), die Präfecte der k. k. theresianischen Akademie (U. M. E. v. 21./1. 1896, Z. 509), die Beamten des k. k. naturhist. Hofmuseums (U. M. E. v. 5./5. 1896, Z. 10.642), die ordentlichen Mitglieder des historischen, philologischen, französischen und englischen, des rechts- und staatswissenschaftlichen (U. M. E. v. 22./12. 1873, Z. 17.181), sowie des Seminars für deutsche

21*

Philologie (U. M. E. v. 18./4. 1897, Z. 9177); die Doctoranden und die im Prüfungsstadium befindlichen Candidaten des Lehramtes an Mittelschulen (U. M. E. v. 17./5. 1884, Z. 12.038) gegen Erlag des Maturitätszeugnisses und Absolutoriums, eventuell einer Decanatsbestätigung. Gegen Caution (10·50 Gulden) erhalten Bibliotheksschein und damit das Recht der Entlehnung: Die immatriculirten, ordentlichen Hörer der Universität und der evangelisch-theologischen Facultät in Wien (U. M. E. v. 27./2. 1897, Z. 1127), Studirende der Pharmacie, dann jene ausserordentlichen Hörer der Universität, die auf Grund eines an der Realschule erlangten Maturitätszeugnisses behufs Vorbereitung für die Lehramtsprüfung aus den mathematisch-naturwissenschaftlichen Fächern an Realschulen inscribirt sind, Fachschriftsteller, die eine Entlehnbewilligung von der Bibliotheksdirection, andere Personen, die eine solche von der k. k. n. ö. Statthalterei erhalten haben; soferne diese jedoch Bezüge aus öffentlichen Cassen geniessen, sind auch sie von der Caution befreit. Die ordentlichen Hörer der Hochschulen befreit ein Maturitätszeugniss mit Auszeichnung gleichfalls vom Erlage der Caution. Versendungen auf Grund eines schriftlichen Ansuchens an Bibl., Anstalten und Behörden ausserhalb Wiens, sowie an Personen, an deren Wohnsitz sich keine öffentliche Bibl. befindet und denen zu directer Entlehnung ministerielle Bewilligung ertheilt worden ist.

Die alte Universitätsbibl., die seit Gründung der Universität bestand, wurde 1756, da es an einem geeigneten Locale dafür fehlte, auf Senatsbeschluss dem allerh. Hofe zur Verfügung gestellt und aufgelöst. Ihr Bestand von 1386 Bdn. Druckwerke, 364 Incunabeln, 1037 Handschriften wurde von der Hofbibl. in Wien übernommen. Am 13. Mai 1777 wurde die neue Bibl. als „k. k. Bibl.", „öffentliche" oder „Hauptbibl." eröffnet. Ihren Grundstock bildeten die Büchersammlungen der in Niederösterreich aufgehobenen Jesuitencollegien, und zwar des akademischen in Wien, des Professhauses am Hof, des Probehauses bei St. Anna und der Collegien in Wr.-Neustadt und Krems, die 1775 in das Eigenthum der Universitätsbibl. übergingen und im alten Bibl.-Saale der Jesuiten und dessen Nebenräumen aufgestellt wurden; hier verblieben sie bis 1884, in welchem Jahre die Bibl. in das neue Universitätsgebäude am Franzensring übersiedelte. Als Kaiser Joseph II. eine Anzahl von anderen Klöstern aufhob, kamen 1782 auch die Sammlungen dieser mit Ausnahme der Werke, welche die Hofbibl. zur Aufnahme auswählte, an die Universitätsbibl. 1787 wurden ihr durch Hofdecret die gräflich Windhag'sche und die freiherrlich Gschwind'sche Stiftung einverleibt. Die erstere war von Johann Joachim Entzmüller Reichsgrafen von und zu Windhag mit Testament vom 31. October 1670 gestiftet und 1678 den Dominicanern übergeben worden; sie blieb im Dominicanerkloster bis z. J. 1784, wo sie geschlossen und dann mit der Universitätsbibl. vereinigt wurde. In demselben Kloster war auch die 1719 von Johann Martin Gschwind Freiherrn v. Pöckstein testamentarisch gegründete öffentliche Bibl. untergebracht, bis sie ebenfalls an die Universitätsbibl. kam. Mit der Windhag'schen Bibl. war seit 1764 auch die von Graf Otto v. Volkera der Landschaftsakademie geschenkte Büchersammlung verbunden. Der Katalog der Windhag'schen Sammlung aus d. J. 1733 wies ca. 30.000 Bde., der der Gschwind'schen aus d. J. 1735 ca. 15.000 Bde. aus; doch kam lange nicht der ganze Bestand an die Universitätsbibl. Als hierzu 1791 noch die Bücherei der 1768 errichteten und von Kaiser Joseph II. aufgehobenen niederösterreichisch-ständisch-ökonomischen und Ackerbaugesellschaft an die Universitätsbibl. fiel, wies diese einen Bestand von ca. 80.000 Bdn. auf. 1827—1828 blieb die Bibl. geschlossen, da die Baufälligkeit der Räume, sowie der Platzmangel Umbau und Vergrösserung erheischten. Diese Zeit benützte der damalige Vorstand J. W. Ridler zu einer Neuaufstellung, indem er die Bücher, die bis dahin nur nach wenigen Gruppen getrennt standen, nach 16 Hauptdisciplinen und zahlreichen Unterabtheilungen und innerhalb dieser nach Formaten getrennt alphabet. aneinanderreihte (im Ganzen 96 Gruppen). Auch die Aufstellung einer Handbibl. für den Lesesaal stammt aus dieser Zeit. Am 24. Mai 1848 erlitt die Bibl. einigen Schaden durch die Nationalgarden, welche den Lesesaal besetzten und die darin befindlichen Bücher als Verschanzungsmittel verwendeten. Als 1874 Friedrich Leithe die Leitung der Bibl. übernahm, begann er die Neubeschreibung des Bibl.-Bestandes und führte sie bei ca. 20.000 Werken durch; doch mussten auch diese später umgearbeitet werden. Im J. 1884 erfolgte unter der Leitung Ferdinand Grassauer's die Uebersiedlung in das neue Universitätsgebäude am Franzensring (vom 1.—15. September). Hier ist ihr der rückwärtige Tract mit folgenden Räumlichkeiten eingeräumt. Im ersten Stock befindet sich der mit Oberlicht versehene grosse Lesesaal (16·5 × 17·7 Meter) mit 344 Sitzplätzen und den oben erwähnten drei Abtheilungen für die Leser; an den Wänden und zwischen den Säulen ist die Handbibl. in zwei Stockwerken, im dritten ein Theil des übrigen Bestandes untergebracht. Den Hauptsaal entlang befinden sich an der gegen den Arcadenhof liegenden Seite die Bureaux, das Katalogzimmer und Professorenzimmer, sowie — etwas weiter nach vorne zu — das Bibl.-Amt, wo die zurückzustellenden Bücher entgegengenommen werden. Unterhalb des Lesesaales. zu ebener Erde ist das „Parterre-Büchermagazin" (3 Etagen), das in dem hinter dem Lesesaal angebauten „Thurmmagazin" (9 Stockwerke) — beide Magazine in Eisenconstruction — eine Fortsetzung findet. Bald erwiesen sich diese Räume als zu klein. 1892 musste ein neues Professoren-Lesezimmer errichtet werden, zu welchem Zwecke man den früheren philosophischen Hörsaal Nr. 34 adaptirte: als im März 1895 das Professorenzimmer an seine alte Stelle neben dem Katalogzimmer zurückverlegt wurde, fand der Saal als „kleiner" Lesesaal, Zeitschriften- und Handschriftenzimmer seine Verwendung. Auch der grosse Lesesaal, der ursprünglich nur 300 Plätze enthielt, erwies sich trotz der Verlängerung der Lesezeit als zu klein und musste in den Herbstferien 1892 um 14 Sitzplätze vergrössert werden. 1893 endlich wurden die für die Beamten bestimmten Räume um 7 Bureaux, 2 Katalog- und 1 Handschriftenzimmer vermehrt, indem die auf der Juristenseite des Gebäudes liegenden Dienerwohnungen im zweiten Stockwerke dieser neuen Bestimmung entsprechend umgebaut wurden. 1884 wurde auch die Neuaufstellung nach dem Numerus currens angeordnet, was eine Umsignirung der Bücher und vollständige Umarbeitung des Titelcopienbestandes zur Folge hatte. Gegenwärtig geht diese Arbeit ihrem Ende entgegen und soll Ende 1900 abgeschlossen werden. Das Bibl.-Jahr 1887/88 brachte die Einführung einer fachwissenschaftlichen Vertheilung der Referate und gemeinsamer Sitzungen am 1. und 16. jeden Monates, bei denen über den Ankauf neuer Bücher referirt und entschieden wird. Dem sich stets steigernden Lesebedürfnisse der studirenden Jugend entsprach auch die immer weitergehende Vermehrung der Lesestunden. Von 1824 an war die Bibl. im Winter von 9—2, im Sommer von 8—2 Uhr geöffnet, von 1851 an im Winter von 9—1, im Sommer von 9—5 Uhr, von 1859 an im Winter von 9—1 und 5—8, im Sommer von 9—5 Uhr; seit dem J. 1872 musste die Bibl. auch an Sonn- und Feiertagen von 9—12 Uhr eröffnet werden. Seit dem 1. Januar 1892 gilt die derzeit bestehende Ordnung (October bis Juni von 9—8, Juli bis September von 9—5 Uhr). Einen bedeutenden Zuwachs erhielt die Bibl. durch Bücherspenden, unter denen ausser den bereits erwähnten folgende hervorzuheben sind. 1809 Legat des Dr. Gregor Ueberlacher (851 grössere und viele kleinere Werke), 1834 Geschenk des Weltpriesters Joffroy (Werke zum gallicanischen Kirchenstreite), 1833 Reg. R. Benjamin Scholz. 1841 Hofrath Freih. v. Reinhart (196 spanische Werke), 1857 120 Bde. der auf Kosten der Regierung für die Prager Universität angekauften Büchersammlung des Philologen Gottfried Hermann,

1862 die Bibl. des Freih. v. Reden aus Geschenk des Unterrichtsministeriums (5991 Werke), 1868 über 1000 Bde. juridischer Werke aus der Bibl. des Prof. Ritter v. Haimerl und über 4000 Bde. theologischer Schriften als Legat des Prälaten Dr. Johann Scheiner, 1875 die medicinische Sammlung des Prof. Hieronymus Beer, 1876 Geschenk der Olmützer Studienbibl. (107 Stück Incunabeldoubletten), 1886 Geschenk des Unterrichtsministeriums — das jedes Jahr in der Schenkerliste eine hervorragende Stelle einnimmt — (über 100 durch Hofr. Bühler in Indien erworbene indische Handschriften), 1886 Geschenk des Professorencollegiums der medicinischen Facultät (mehrere tausend Bde.), 1886 Geschenk des VII. Orientalistencongresses in Wien (mehrere Hundert Bibeln und Gebetbücher in aussereuropäischen Sprachen), 1889 Geschenk des Abtes von Seitenstetten Dominik Hönigl (432 Bde.) und des Hofr. Leopold Freih. v. Neumann (314 Bde.), 1891 Geschenk des Hofr. Georg Bühler (über 100 indische Handschriften). Legat des Prof. Matzka (mehrere Hundert Bde.), 1897 Geschenk des Dr. Manfred Ritter v. Vivenot (Bibl. seines Grossvaters Rudolf Ritter v. Vivenot), 1898 Legat des Prof. Krob, der der Universitätsbibl. und dem philologischen Seminar seine Sammlung von über 700 Bdn. vermachte, ein Theil der Ministerrathsbibl., sowie die Pestbibl. des Dr. Hermann Franz Müller als Geschenk seines Vaters (über 200 Bde.) u. s. w. Eine zweite Art des Zuwachses ist die durch Ablieferung eines Pflichtexemplares von jedem in Niederösterreich gedruckten oder verlegten Druckwerke, die bereits mit Hofdecret vom 21. Dec. 1781 angeordnet, 1807. 1808, 1811 und 1812 von neuem in Erinnerung gebracht und 1815 auch auf die Kupferstiche, Musikalien, Landkarten, und Steindrucke ausgedehnt wurde. Eine dritte Art ist die Beschaffung der Bücher durch Kauf, zu welchem Zwecke der Universitätsbibl. heute eine Dotation von über 35.000 Gulden zur Verfügung steht. Auch hier liess der Beginn die kommende Entwickelung kaum ahnen. Durch die oben erwähnte Vereinigung der Windhag- und Gschwind'schen Sammlungen mit der Universitätsbibl. kamen auch ihre Fonds an die letztere. deren Einkünfte sich dadurch von jährlich 1000 Gulden auf 3555 Gulden erhöhten; heute bestehen diese Fonds nicht mehr. Die Dotation, die auch jetzt noch 1000 Gulden betrug. wurde dann erhöht: 1826 auf 2500 Gulden (wozu von 1831 an eine jährliche ausserordentliche Dotation von 2000 Gulden kam), 1869 auf 7000 Gulden, 1877 auf 15.000 Gulden, 1890 auf 20.000 Gulden, 1894 auf 25.000 Gulden, 1895 auf 28.000 Gulden, 1896 auf 30.000 Gulden. Ausserdem wurden 1862 die Matrikelgelder gleichfalls der Universitätsbibl. zugewiesen. Zur Aufarbeitung des in dieser

Weise einlaufenden Bücherschatzes sind seit der Verordnung vom 3. April 1784 eigens angestellte Beamte in Verwendung. Diese Verordnung bestimmte den Status mit: 1 Bibliothekar, 2 Custoden, 2 Scriptoren und 1 zeitweilig beigegebenen Titularscriptor, ein Stand, den die ah. Entschliessung vom 12. Mai 1832 nur zum Theile abänderte: 1 Bibliothekar, 2 Custoden, 2 Scriptoren und ein zeitliches „Aushilfsindividuum" (Amanuensis). Die Aushilfsstellen wurden dann in feste Amanuensisstellen umgeschaffen und vermehrt, bis der Stand v. J. 1877: 1 Bibliothekar, 2 Custoden, 2 Scriptoren und 5 Amanuensen aufwies. Hierzu kam 1886 1 Scriptor-, 1 Amanuensis- und 5 Praktikantenstellen (2 adjutirte und 3 nichtadjutirte), 1894 eine dritte Custosstelle, 1894 2 weitere Amanuensis-, 1895 2 neue Scriptorstellen. Die Vorstände der Universitätsbibl. waren: 1775—1785 Hofr. Dr. Stefan Rauttenstrauch; 1786—1792 Paul Strattmann; (1792—1795 unbesetzt); 1796—1804 Propst Franz Hofstätter; 1805—1813 Hofr. Dr. Anton Spendon; (1814 unbesetzt); 1814—1834 Reg.-R. Dr. Johann Wilhelm Ridler; (1835—1837 unbesetzt); 1838—1851 Franz Lechner; 1851 bis 1869 Reg.-R. Dr. Joseph Diemer; 1870—1873 Reg.-R. Johann Wussin; 1874—1884 Reg.-R. Dr. Friedrich Leithe; seit 1884 (ernannt 1885) Reg.-R. Dr. Ferdinand Grassauer.

Leithe, Friedrich. Die k. k. Universitätsbibl. in Wien. Eine historisch-statistische Skizze. Zur Säcularfeier ihrer Eröffnung am 13. Mai 1877. Wien 1877. — Bühler, Georg. Ueber eine kürzlich für die Wiener Universität erworbene Sammlung von Sanskrit- und Prakrithandschriften. In: Sitzungsberichte der Wr. Akademie d. Wiss. 99, 1882, S. 563. — Grassauer, Ferdinand. Handbuch für österreichische Universitäts- und Studienbibl., sowie für Volks-, Mittelschul- und Bezirkslehrerbibl. Wien 1883. — Haas, Wilhelm. Die Uebersiedlung der k. k. Universitätsbibl. zu Wien im September 1884. In: Centralblatt für Bibliothekswesen II, 1885. — Jahrbuch der k. k. Universität Wien. Wien 1891–1896. — Führer an der k. k. Universität zu Wien von Isidor Himmelbaur. Wien 1894. — [Grassauer, Ferdinand.] Universitätsbibl. In: Geschichte der Wiener Universität von 1848 bis 1898. Wien 1898. — Generalkatalog der laufenden periodischen Druckschriften an den österreichischen Universitäts- und Studienbibl. .. Hrsg. von der k. k. Universitätsbibl. in Wien unter der Leitung von Dr. Ferdinand Grassauer. Wien 1898.

Universitätsinstitute, Seminare etc.

921. K. k. Centralanstalt für Meteorologie und Erdmagnetismus, XIX. Hohe Warte 38. — Director der Anstalt: Univ.-Prof. Dr. Jos. M. Pernter; Assistenten: Dr. Franz Wařéka, Dr. Wilhelm Trabert. — Die Bibl., die ca. 10,000 Bde. und ebenso viele Abhandlungen enthält, ist eine Handbibl. für Meteorologen und Erdmagnetiker, hat daher kein eigenes Personal. — Zwei alphabet. Zettelkataloge nach Materien und Autoren geordnet. — Bestimmte Benützungsstunden nicht

festgesetzt, doch werden die Bücher auch an Fachgenossen und Beobachter verliehen.

922. Botanischer Garten und botanisches Museum, III. Rennweg 14. 10,920 Inventarnummern, ca. 20,000 Bde, resp. Stücke, Hefte und Handschriften. — Dotation 800 bis 900 Gulden. — Vorstand: (vacat); Adjunct: a. o. Prof. Dr. Carl Fritsch; Assistent: Dr. Carl Rechinger; im Sommersemester ein Demonstrator: Dr. Carl Ritter v. Keissler; 2 Diener. — Alphabet. Band- und Zettelkatalog. — Benützbar an Wochentagen von 9–2 Uhr für Studirende, alle Fachmänner, sowie für andere Personen, von denen angenommen wird, dass sie die Bibl. mit Erfolg benützen können. — Entlehnungen der Bücher gegen Ausfüllung eines Scheines; Handbücher und Bildwerke nur in besonders berücksichtigungswürdigen Fällen für kurze Zeit. — Ebenso Versendungen. — Gegr. 1780. Kaiser Franz I. spendete werthvolle Werke aus der ah. Privatbibl. Einverleibt wurden die Bibl. des Freih. Joseph Franz v. Jaquin, Reg.-R. Prof. Eduard Fenzl, sowie des Lichenologen Karl Eggerth in Wien. Bis zum J. 1879 war auch die Bibl. des botanischen Hofcabinets mit dieser Bibl. verbunden, wurde jedoch dann in das neue naturhistorische Hofmuseum übertragen. — Hauptsächlich vertreten: Werke, welche mit der beschreibenden Botanik (Systematik) in Zusammenhang stehen, also Monographien, Fachzeitschriften, pflanzengeographische Werke, ferner alle, welche sich auf die Anatomie und Physiologie der Pflanzen, Pflanzenkrankheiten, oder auf die praktische Verwendung der Pflanzen, auf Pharmakologie und Pharmakognosie beziehen. Besonders reichhaltig ist die Linnée'sche Zeit durch werthvolle und seltene Bilderwerke vertreten.

923. Institut für allgemeine und experimentelle Pathologie, IX. Alserstrasse 4. — Ca. 100 Werke in ca. 600 Bdn. und ca. 1500 Separatabdrücken. — Jahresdotation ca. 200 Gulden. — Vorstand: Hofr. Prof. Dr. Philipp Knoll; Assistent: Dr. Arthur Biedl. — Katalog in Ausarbeitung. — Benützbar für Institutsmitglieder, mit besonderer Erlaubniss auch für Fremde. — Ebenso Entlehnungen. — Entstanden aus den aus der Dotation angekauften Büchern, sowie aus der Schenkung des früheren Vorstandes Prof. Dr. Salomon Stricker. — Physiologie und Pathologie.

924. Institut für Anatomie und Physiologie des Centralnervensystems, hat nur eine ganz kleine, kaum nennenswerthe Handbibl. für den Gebrauch der Arbeitenden;

dagegen hat der Vorstand (Prof. Dr. Heinrich Obersteiner) eine grosse Privatbibl. (Siehe diese.)

925. Institut für österreichische Geschichtsforschung im Universitätsgebäude, I. Franzensring. — 8000 bis 9000 Bde., ausserdem eine Urkundensammlung zum Lehrgebrauch. — Jahresdotation 1000 Gulden. — Vorstand: Univ.-Prof. Dr. Engelbert Mühlbacher; Bibliothekar: Privatdocent Dr. Heinrich Kretschmayer. — Das Ausleihegeschäft besorgt ein alle zwei Jahre dafür bestimmtes ordentl. Mitglied, für die J. 1897/98, 1898/99: Dr. Ludwig Bittner; Kanzlist: Joseph Kurz; 1 Diener. — Ein Materien-, ein Real- und ein Zettelkatalog. — Geöffnet für die Mitglieder des Institutes täglich von 8 Uhr früh bis 8 Uhr abends. Nicht dem Institute angehörige Personen müssen vorher die Bewilligung der Institutsleitung erhalten. — Entlehnung von Büchern nur an die Mitglieder des Institutes. — Ausnahmsweise auch Versendung. — Die ersten Anfänge der Institutsbibl. reichen bis in das J. 1856 zurück. — Geschichte und historische Hilfswissenschaften.

Theodor Sickel. Das k. k. Institut für österreichische Geschichtsforschung in den „Mittheilungen für österr. Geschichtsforschung." Redigirt von E. Mühlbacher. Innsbruck 1880. Bd. I, S. 1.

926. Embryologisches Institut, IX/3 Schwarzspanierstrasse 7. — 42 Nummern. — Jahresdotation ca. 300 Gulden. — Vorstand: Univ.-Prof. Dr. Samuel Leopold Schenk; Assistent: Dr. Franz Haimel; 1 Diener. — Alphabet. Zettelkatalog. — Benützbar täglich während der Studienzeit gegen Anmeldung beim Vorstande oder beim Assistenten. — Keine Entlehnungen und Versendungen. — Gegr. 1873. — Entwicklungsgeschichte und verwandte Wissenschaften. — Mit dem Institute verbunden ist auch die 1855 gegr., ca. 2000 Nummern umfassende Bibl. des Vorstandes, die wie die obige einen alphabet. Zettelkatalog besitzt und unter denselben Bedingungen benützbar ist.

927. Geographisches Institut. — Ende 1898: 6000 Bde. und Hefte; 7600 Kartenblätter, 106 Atlanten, 260 Panoramen und Gebirgsansichten, 2150 photographische Landschaftsbilder. — Jahresdotation für das Institut 1000 Gulden, wovon 800 Gulden auf die Bibl. entfallen. — Vorstände: Prof. Dr. Wilhelm Tomaschek und Prof. Dr. Albrecht Penck; Assistent: Dr. Adolf E. Forster. — Je ein Accessions- und Zettelkatalog, welch letzterer allmählich zu einem Materienkatalog umgewandelt wird. — Benützbar an Wochentagen von 9—1 Uhr, ausgenommen die gesetzlichen Feiertage, gegen Anmeldung bei

einem der Institutsvorsteher; in erster Linie für Studirende und Lehramtscandidaten der Geographie bestimmt. — Entlehnungen und Versendungen nur mit besonderer Genehmigung eines der Institutsvorsteher. — Die Bibl. entstand bald nach Schaffung der Professur für Geographie an der Wiener Universität i. J. 1852. Beim Rücktritte vom Lehramte übergab 1885 Hofr. Prof. Dr. Friedrich Simony den grössten Theil seiner Privatbibl. der Institutsbibl., wodurch der Grundstock für ihren heutigen Bestand gelegt wurde. Ihre hauptsächlichste Vermehrung erfuhr sie i. d. J. 1886 bis 1898. — Nur Geographie mit ihren Hilfswissenschaften. Zahlreiche Zeitschriften, darunter die der Pariser und Londoner geographischen Gesellschaft in completen Exemplaren. Zahlreiche interessante und wichtige Kartenwerke.

928. Gerichtlich-medicinisches Institut, IX 3 Spitalgasse. — Ca. 700 Bde. — Jahresdotation je nach Bedarf. — Vorstand: Prof. Dr. Alexander Kolisko; Assistenten: Prof. Dr. Albin Haberda, Dr. Max Richter; 1 Demonstrator; 1 Diener. — Alphabet. Katalog. — Benützbar nach vorheriger Anmeldung während der Tagesstunden. — Keine Entlehnungen und Versendungen. — Gegr. 1875 durch Hofr. Eduard Ritter v. Hofmann. — Gerichtliche Medicin, pathologische Anatomie und Hilfswissenschaften.

929. Histologisches Institut. — 170 Werke und ca. 200 Broschüren. — Jahresdotation je nach Bedarf der Dotation des Institutes entnommen. — Vorstand: Hofr. Prof. Dr. Victor Ebner Ritter v. Rofenstein; Assistenten: Prof. Dr. Joseph Schaffer, Dr. Hans Rabl. — Zettel- und Inventarkatalog. — Ausschliesslich zum Gebrauche der im Institute Arbeitenden bestimmt. — Gegr. zugleich mit dem Institute. — Histologie, histologische Technik, Anatomie, Zoologie, Entwicklungsgeschichte; periodische Zeitschriften und Archive; Sammlung älterer Handbücher und Separatabdrücke aus dem Nachlasse Hofr. Carl Wedl's.

930. Mineralogisch-petrographisches Institut. — Ca. 600 Bde. — Jahresdotation je nach Bedarf. — Nur zu eigenem Gebrauche. — Entlehnungen und Versendungen nur in Ausnahmsfällen. — Vorstand: Hofr. Dr. Gustav Tschermak; Demonstrator: Dr. Friedrich Focke. — Fachliteratur.

931. Orientalisches Institut. — Ca. 700 Werke, überdies eine grössere Anzahl von Abklatschen orientalischer Inschriften, arabische, persische, türkische und armenische Codices. — Jahresdotation 500 Gulden, für die indogermanische Abtheilung 300 Gulden. — Vorstände: Hofr. Prof. Dr.

Leo Reinisch, Hofr. Prof. Dr. Joseph Karabacek, Prof. Dr. David Heinrich Müller. — Handschriftlicher Katalog. — Benützbar jederzeit für Mitglieder des Institutes. — Ebenso Entlehnungen. — Vergleich. Sprachforschung, indogermanische, semitische, hamitische, iranische, ural-altaische Linguistik, Drawidasprache.

932. Paläontologisches Institut, I. Franzensring 1. — 20 periodische Zeitschriften, 267 Einzelwerke. — Jahresdotation ca. 250 Gulden. — Vorstand: Prof. Dr. Wilhelm Waagen; Adjunct: Privatdoc. Dr. Gustav Edl. v. Arthaber. — Benützbar nur zu eigenem Gebrauche. — Entlehnungen in seltenen Fällen. Nur geologisch-paläontologische Schriften.

933. Pathologisch-chemisches Institut, IX 3, besitzt eine ausschliesslich für Institutsmitglieder bestimmte Handbibl. von 945 Bdn. — Jahresdotation je nach Bedarf jener der Lehrkanzel entnommen. — Vorstand: Hofr. Prof. Dr. Ernst Ludwig; Assistenten: Dr. Richard Ritter v. Zeynek, Dr. Theodor Robert Offer, Dr. Theodor Panzer. — Keine Entlehnungen und Versendungen. — Nur chemische Werke. — Gegr. zugleich mit dem Institute i. J. 1874.

934. Pflanzenphysiologisches Institut, I. Franzensring 1. — 1300 Werke. — Jahresdotation je nach Bedarf ca. 100 Gulden. — Vorstand: Hofr. Prof. Dr. Julius Wiesner; Assistent: Karl Linsbauer; Demonstrator: Alois Jenčic; 2 Diener. — Alphabet. Bandkatalog. — Benützbar an Wochentagen von 9 – 1 Uhr mit specieller Genehmigung des Vorstandes. — Ebenso Entlehnungen und Versendungen gegen Revers. — Die Gründung der Bibl. fällt zusammen mit der Berufung des gegenwärtigen Vorstandes, welcher von seinem Amtsvorgänger Prof. Dr. Karsten bloss die Botanische Zeitung von 1813 bis 1871 und ca. 24 Bücher und Hefte übernahm. — Alle wichtigeren Publicationen aus dem Gebiete der Anatomie, Morphologie und Physiologie der Pflanzen, sowie die wichtigsten Handbücher der Pflanzenteratologie, Paläontologie, Systematik und anderer Hilfswissenschaften.

Burgerstein, Alfred. Das pflanzenphysiologische Institut der k. k. Wiener Universität von 1873 1884. In: Oesterr. botanisch. Zeitschrift XXXIV. Jahrg. 1884, S. 418, XXXV. Jahrg. 1885, S. 18. — Molisch, Johann. Das botanische Studium an der Wiener Universität. II. Die Lehrkanzel für Anatomie und Physiologie der Pflanzen. In: Oesterr.-Ungar. Revue 1889, S. 355. — Wettstein Ritter v. Westerheim, Richard. Die botanischen Anstalten Wiens. Wien 1894, S. 20.

935. Pharmakologisch-pharmakognostisches Institut, I. Franzensring 1. — 2188 Werke. — Dotation je

nach Bedarf aus dem Institutspauschale bestritten. — Vorstand: Hofr. Prof. Dr. August Ritter v. Vogl; Assistent: Phil. und Med. Dr. Josef Hockauf. — Zettel- und alphabet. Katalog. — Benützbar nur für die im Institute Arbeitenden. — Ebenso Entlehnungen. — Versendungen an Gelehrte und gelehrte Corporationen nach Ansuchen beim Vorstand. — Botanik, Chemie, Pharmakognosie und Pharmakologie, experimentelle Pathologie.

936. Physikalisch-chemisches Institut, IX. Türkenstrasse 3. — 300 Einzelwerke, 12 Zeitschriften. — Jahresdotation 300—400 Gulden. — Vorstand: Prof. Dr. Franz Exner; Adjunct: Dr. Hans Benndorf. — Inventar-Katalog. — Benützbar während des ganzen Jahres mit Ausnahme der Sonntage für die im Institute Arbeitenden. — Ebenso Entlehnungen. — Keine Versendungen. — Gegr. zugleich mit dem Institute 1875. — Physik.

937. Physiologisches Institut, IX/3 Schwarzspanierstrasse 17. — Ca. 6580 Nummern, darunter zahlreiche Sep.-Abdr. — Jahresdotation je nach Bedarf. — Vorstand: Hofr. Prof. Dr. Siegmund Exner; Assistenten: Prof. Dr. Siegmund Fuchs und Privatdocent Dr. Alois Kreidl, zugleich Bibliothekar. — Autoren- und Fach-Katalog in Zettelform. — Benützbar während des ganzen Tages von 9—5 Uhr. — Entlehnungen auf drei Tage. — Keine Versendungen. — Alle Sep.-Abdr. aus dem Besitze und zahlreiche Bücher aus dem Nachlasse Hofr. Prof. Dr. Ernst Ritter v. Brücke und Prof. Dr. Ernst Ritter v. Fleischl-Marxow fielen der Bibl. geschenkweise zu. — Physiologie sammt deren Hilfswissenschaften.

938. Staatswissenschaftliches Institut, I. Franzensring 1. — 792 Nummern, ca. 1600 Bde. — Dotation: 250 Gulden. — Vorstand der jeweilige Inhaber einer der Lehrkanzeln für polit. Oekonomie, derzeit Prof. Dr. Eugen Philippovich von Philippsberg. — Zettel-Katalog. — Benützbar von 8 Uhr früh bis 8 Uhr abends für Mitglieder des Institutes, deren Aufnahme von dem Ermessen des Vorstandes abhängt. — Entlehnungen und Versendungen nur ausnahmsweise. — Gegr. 1890. — Politische Oekonomie und Verwaltungslehre.

939. Zoologische Institute, I. Franzensring 1. — 4200 Bde. und Hefte. — Dotation 1200 Gulden. — Vorstände: Prof. Dr. Carl Grobben und Prof. Dr. Berthold Hatschek; Bibliothekar: Conservator Dr. Theodor Pintner. — Alphabet. Autoren-Katalog. — Die Bibl. hat rein internen Charakter. — Benützung innerhalb der Institutsräume. — Entstanden aus der Ver-

einigung der Bibl. des ehemal. zoolog.-vergleichend-anatomischen Institutes des zoologischen Museums und des zootomischen Institutes der Wiener Universität. — Zoologie, besonders Morphologie und Entwicklungsgeschichte.

940. I. Chemisches Laboratorium, IX. Währingerstrasse 10. — 149 Lehrbücher, 27 encyklop. Werke, 17 Zeitschriften, 30 Broschüren, 20 Wandtafeln. — Jahresdotation, der allgemeinen entnommen, 250—300 Gulden. — Adjuncten: Prof. Dr. Joseph Herzig, Dr Rudolph Wegscheider; Assistenten: Dr. Jacques Pollak, Dr. Franz Wenzel. — Inventarkatalog. — Nur zu eigenem Gebrauche. — Nachdem bis zum J. 1876 Hofr. Prof. Dr. Franz Carl v. Schneider, 1876—1890 Hofr. Dr. Ludwig Barth v. Barthenau, 1890 Prof. Dr. Guido Goldschmidt als Vorstände thätig gewesen waren, fungirt gegenwärtig seit 1891 in dieser Eigenschaft Prof. Dr. Hugo Weidel.

941. II. Chemisches Laboratorium, IX. Währingerstrasse 10. — 33 Zeitschriften, 231 neuere Werke, 178 ältere Werke chemischen, 47 Werke anderen Inhaltes. — Inventarkatalog. — Jahresdotation je nach Bedarf. — Vorstand: Hofr. Prof. Dr. Adolph Lieben; Adjuncten: Dr. Conrad Natterer, Dr. Cäsar Pomeranz; Assistenten: Dr. Adolph Franke, Dr. Armin Hochstetter. — Gegr. ca. 1872. — Chemie.

942. Lehrkanzel für Kunstgeschichte, im Institute für österr. Geschichtsforschung, I. Universität, enthält etwa 800 Bde. kunsthistorischen Inhaltes und wird von dem Assistenten der genannten Lehrkanzel in Ordnung gehalten. — Ein handschriftlicher Zettel- und ein alphabet. Bandkatalog. — Nur für ordentliche und ausserordentliche Mitglieder des Institutes für österr. Geschichtsforschung benützbar.

943. Anatomisches Museum und anatomische Bibliothek, IX/3 Währingerstrasse 13. — 3696 Nummern. — Dotation 500 Gulden. — Vorstände: Hofr. Prof. Dr. Carl Toldt und Prof. Dr. Emil Zuckerkandl; die laufenden Geschäfte führt einer der Assistenten, derzeit Dr. Gustav Alexander. — Ein Accessionskatalog nach dem Numerus currens und ein Zettelkatalog. — Zunächst nur für die Bedürfnisse der anatomischen Anstalt in Hinsicht auf Forschung und Unterricht bestimmt. Von Fall zu Fall wird die Benützung auch Mitgliedern des Lehrkörpers der med. Facultät von den Vorständen bewilligt. — Grundsätzlich keine Entlehnungen und Versendungen. — Begründet durch Prof. C. Hyrtl und seither nach Massgabe der vorhandenen Mittel durch C. Langer und

die beiden gegenwärtigen Vorstände erhalten und vermehrt. — Nur Anatomie, einschliesslich Embryologie, und theilweise Histologie.

944. Mineralogisches Museum. — 596 Inventarnummern in 1010 Bdn. — Jahresdotation ca. 200 Gulden. — Vorstand: Prof. Dr. Friedrich Becke; Assistent: Dr. Joseph Mrha. Handschriftlicher alphabet. Bandkatalog. — Nur zu eigenem Gebrauche. — Mineralogische Literatur und Hilfswissenschaften der Mineralogie.

945. Geologische Sammlung, I. Franzensring 1. 35 periodisch erscheinende Werke in ca. 500 Bdn., ca. 126 Einzelwerke in ca. 140 Bdn.; ausserdem ca. 120 Kartenwerke und zahlreiche Photographien. — Jahresdotation ca. 250 Gulden. — Vorstand: Prof. Dr. Eduard Suess; Assistent: Dr. Othenio Abel; 1 Diener. — Bandkatalog mit fortlaufenden Nummern, Lieferungswerke (Z), Einzelwerke (E) und Kartenwerke (K) getrennt. — Die Bibl. ist ausser für Docenten nur für die am paläontologischen und geologischen Institute arbeitenden Hörer benützbar. In anderen Fällen nur mit besonderer Genehmigung des Vorstandes. — Entlehnungen nur in besonders berücksichtigungswerthen Fällen. — Keine Versendungen. Gegr. zugleich mit dem geologischen Museum. — Ausschliesslich geologische, paläontologische, mineralogische und petrographische Zeitschriften, Einzel- und Kartenwerke.

946. Seminar für deutsche Philologie, I. Franzensring 1. — 2450 Bde. — Jahresdotation 300 Gulden. — Vorstände: Hofr. Prof. Dr. Richard Heinzel und Prof. Dr. Jac. Minor; Bibliothekar: stud. phil. Egon v. Komaczinsky; 1 Diener. — Acquisitionskatalog mit fortlaufenden Nummern, alphabet. Zettelkatalog, Buchkatalog nach Materien. — Benützbar täglich für die Mitglieder des Seminars während der Dienststunden des Bibliothekars oder seines Stellvertreters. — Ebenso Entlehnungen an die älteren Mitglieder. — Keine Versendung. — Den Grundstock bildete die Sammlung des Germanistenvereines, der 1876 von Studenten der Wiener Universität begründet wurde und seine Bibl. dem 1880 gegr. Seminare überliess. — Geschichte der deutschen Sprache und Literatur. Gekauft wird, was dauernden Werth besitzt, alte Texte in wissenschaftlichen Ausgaben, Briefwechsel, Memoiren; ferner Werke, die zu den jeweiligen Uebungen erforderlich sind, Compendien, Wörterbücher, Nachschlagebücher, Zeitschriften, einiges für Schule und Unterricht, von Monographien nur das Nöthigste und an der Universitätsbibl. fehlende Schriften.

947. Seminar für englische Philologie, I. Franzensring 1. — 800 Bde. — Jahresdotation 150 Gulden. — Vorstand: Hofr. Prof. Dr. Jacob Schipper; Bibliothekar: derzeit cand. phil. Eduard Siegert. — Je ein Band- und Zettelkatalog. — Benützbar nur für Mitglieder des englischen Seminars zu den von dem jeweiligen Bibliothekar festgesetzten Stunden. — Ebenso Entlehnungen und Versendungen. — Gegr. 1872. — Nur englische Philologie.

948. Seminar für romanische Philologie, I. Franzensring 1. — Ca. 1200 Bde. — Jahresdotation 600 Gulden. — Vorstände: Hofr. Prof. Dr. Adolf Mussafia und Prof. Dr. Wilhelm Meyer-Lübke; ein jährlich gewählter Bibliothekar: derzeit stud. phil. Otto Klob; 1 Diener. — Ein fortlaufender und ein alphabet. Zettelkatalog. — Zugänglich nur für Seminarmitglieder zu den vom jeweiligen Bibliothekar festgesetzten Stunden, derzeit Montag, Dienstag, Donnerstag von 9—10 Uhr. Ebenso Entlehnungen und Versendungen, letztere nach besonders erfolgter Erlaubniss der Vorstände, auf längstens sechs Wochen. — Gegr. 1869 als französisches Seminar, seit 1892 auf sämmtliche romanische Sprachen ergänzt. — Romanische Grammatiken und Literaturen, insbesondere französische und italienische.

949. Seminar für slavische Philologie, I. Franzensring 1. — 3846 Inventarnummern, paläographische Hilfsmittel 25 Inventarnummern. — Jahresdotation 500 Gulden. — Vorstand: Hofr. Prof. Dr. Vatroslav Jagić; Bibliothekar: R. Nachtigall; 1 Diener. — Je ein alphabet. Zettel- und Bandkatalog. — Benützbar an Wochentagen für Mitglieder von 8—1 und 3—7 Uhr. Nichtmitglieder haben sich beim Vorstande anzumelden. — Entlehnungen allein an Mitglieder in besonders berücksichtigungswerthen Fällen. — Versendungen nur an gleichartige Institute. — Gegr. wurde das Seminar i. J. 1886, eröffnet 1887. — Zahlreiche Schenkungen verschiedener Vereine und Redactionen. — Slavische Philologie im weitesten Sinne, auch slavische Geschichte und Alterthumswissenschaft.

950. Archäologisch-epigraphisches Seminar, I. Franzensring 1. — 3126 Bde. — Jahresdotation 1300 Gulden. — Vorstände die Directoren des Seminars: Prof. Dr. Eugen Bormann und Prof. Dr. Emil Reisch. Zum Bibliothekar wird von den Vorstehern unter ihrer speciellen Aufsicht ein Studirender aus den Reihen der Theilnehmer an den Uebungen bestellt, derzeit Julius Bankó; 1 Diener. — Ein Bücherinventarium und Accessionsjournal; ein Local-

repertorium; ein alphabet. Zettelkatalog. — Zugänglich von 8 Uhr früh bis 8 Uhr abends mit Erlaubniss der Vorsteher. — Entlehnungen gegen Meldung beim Bibliothekar, mit Ausschluss von Tafelwerken, Lexicis und Zeitschriften. — Versendungen nur ausnahmsweise mit besonderer Erlaubniss der Vorsteher. — Gründung eines archäologischen Apparates i. J. 1869, der i. J. 1876 in die Bibl. des im nämlichen Jahre gegr. archäologisch-epigraphischen Seminars überging. In erster Linie classische Archäologie, alte Geschichte und Epigraphik, in zweiter Linie classische Philologie.

951. Historisches Seminar, I. Franzensring 1. — 1850 Bde. — Jahresdotation ca. 200 Gulden. — Vorstände: Hofr. Prof. Dr. Max Büdinger und Prof. Dr. Oswald Redlich. — Benützbar nur für die Mitglieder des Seminars. — Entlehnungen nur mit Bewilligung der Vorstände. — Ausschliesslich Geschichtswissenschaft, besonders vertreten Geschichte des Alterthums (710 Bde.) und des Mittelalters (100 Bde.); zahlreiche Zeitschriften, ausserdem Kartenwerke sowohl für Geschichte als auch Geographie.

952. Mathematisches Seminar, I. Franzensring 1. — 840 Nummern. — Jahresdotation 200—640 Gulden. — Vorstände: Prof. Dr. Gustav Ritter v. Escherich, Prof. Dr. Leopold Gegenbauer, Reg.-R. Prof. Dr. Franz Mertens. — Handschriftl. Bandkataloge, alphabet. nach Autoren. — Zugänglich täglich mit Erlaubniss der Vorstände. — Ebenso Entlehnungen. — Keine Versendungen. — Mathematik und Physik.

953. Philologisches Seminar, I. Franzensring, Universitätsgebäude. — 6150 Bde. — Jahresdotation 300 Gulden. — Vorstand ist der jeweilige Director des philologischen Seminars, derzeit Hofr. Prof. Dr. Karl Schenkl; Bibliothekar ein ordentliches Mitglied des Seminars, derzeit cand. phil. Joseph Hirnich. — Zettelkatalog nach Schlagworten geordnet. — Zugänglich nur für Studirende der Philologie täglich von 9—12 Uhr. — Entlehnung nur an ordentliche Mitglieder des Seminars; an andere Studirende mit Bewilligung des jeweiligen Directors. — Keine Versendungen. — Beinahe ausschliesslich classische Philologie.

954. Rechtswissenschaftliches Seminar, I. Franzensring 1. — 1611 Druckwerke. — Jahresdotation 300 Gulden. — Vorstand: ein Mitglied des rechts- und staatswissenschaftlichen Professorencollegiums, derzeit Prof. Dr. Siegmund Adler; Bibliothekar: ein Hörer oder Seminarmitglied, derzeit Dr. Robert Ritter v. Mayr, k. k. Auscultant; 1 Diener. — Ein

handschriftl. alphabet. Zettel- und ein nach Nummern geordneter Bandkatalog. — Entlehnungen an ordentliche Seminarmitglieder auf die Dauer eines Monates je einmal in der Woche. — Gegr. im Anschlusse an die Einführung der Seminarien durch ah. Entschliessung vom 23. September und Ministerialverordnung vom 27. September 1873. Einverleibt wurde die Bibl. des verstorbenen Hofr. Prof. Dr. Adolph Exner (ca. 1000 Werke). — Rechtswissenschaft mit Ausnahme des Staats- und Verwaltungsrechtes und der ökonomischen Wissenschaften, also: römische und deutsche Rechtsgeschichte, canonisches Recht, Civilrecht, Civilprocess, Strafprocess, Strafrecht und österreichische Rechtsgeschichte.

Lemayer, Carl. Die Verwaltung der österreichischen Hochschulen von 1868—1877. Wien 1878, S. 188.

955. Staatswissenschaftliches Seminar. I. Franzensring 1. — Ca. 2500 Bde. — Jahresdotation 250 Gulden, überdies a. o. Subventionen von Seite des k. k. Min. f. C. u. U. — Vorstand: Hofr. Prof. Dr. Carl Menger. — Handschriftlich ein alphabet. Bandkatalog. — Benützbar für die Seminarmitglieder während des Studienjahres täglich mit Ausnahme der Ferialtage. — Ebenso Entlehnungen. — Keine Versendungen. — Gegr. zugleich mit dem staatswissenschaftlichen Seminare 1873. — Fast ausschliesslich politische Oekonomie.

956. Universitätssternwarte. XVIII/1 Türkenschanzstrasse (Spöttelgasse 1). — 9600 Bde.; 3000 Broschüren und 80 hauptsächlich astronomische Kartenwerke. — Jahresdotation 600 Gulden. — Vorstand der Bibl. ist der Director der Sternwarte Hofr. Prof. Dr. Edmund Weiss; als Bibliothekar fungirt der von der Direction dazu bestimmte Adjunct der Sternwarte Dr. Johann Holetschek. — Ausser dem Kataloge mit fortlaufenden Nummern ein alphabet. Namen- und Sachregister als Zettelkatalog. — Zunächst nur zur Unterstützung der wissenschaftlichen Thätigkeit der Astronomen der Sternwarte bestimmt; doch auch für andere Gelehrte oder Studirende der Astronomie während der Amtsstunden zugänglich. — Entlehnungen und Versendungen ausschliesslich an wissenschaftliche Institute. — Vertreten in erster Linie Astronomie; ausserdem Mathematik, Physik, Meteorologie und mathematische Geographie. Einen besonders werthvollen Zuwachs erhält die Bibl. durch den Schriftentausch mit allen grösseren Sternwarten der Erde und mit einigen gelehrten Gesellschaften (Akademie der Wissenschaften etc.).

In Vorbereitung ist ein Katalog zur Publication in den Annalen der Anstalt.

957. **Verein „Bibliothek".** Centralbibl. I. Rothgasse 8; Filialen: II. Lilienbrunngasse 11, IV. Floragasse 6, VI. Mariahilferstrasse 101, VII. Lerchenfelderstrasse 9, IX. Höferg. 1 (Bibl. mit Lesesaal). Vier weitere Filialen in Vorbereitung. Ca. 72.000 Bde. — Für die Zukunft lässt sich derzeit noch kein Budget feststellen. — Ehrenpräsident: Generalconsul Dr. Carl Ritter v. Scherzer; Obmann: Univ.-Prof. Dr. Max Gruber; Referent: Univ.-Prof. Dr. Eduard Reyer; 15 weibliche Beamten besorgen den Dienst in der Centrale und in den 5 Filialen. Ein Diener besorgt mittelst Dreirades täglich den Transport der wissenschaftlichen Werke von der Centrale zu den Filialen in den Vorstädten und umgekehrt. — Alphabet. Zettel- und gedruckter Schlagwortkatalog. — Bibliothekstunden an Wochentagen von 9—1 und 3—8 Uhr. An Sonn- und Feiertagen ist der Lesesaal IX. Höfergasse 1 vormittags geöffnet; an hohen Festtagen alles geschlossen. — Die Bücher werden mit Ausnahme der Pracht- und Nachschlagewerke des Lesesaales gegen Vorweisung einer Legitimation nach Hause entlehnt. Auf 8000—10.000 Werke entfällt bisher ein unersetzter Verlust. Leihgebühr 20 kr. pro Monat, überdies für belletristische Werke 2 kr. pro Band, für illustrirte Zeitschriften 2 kr. pro Bd.; Centrale: Leihgebühr 40 kr. pro Monat: für wissenschaftliche Werke 20 kr. pro Monat. Solange das Werk nicht zurückgestellt ist, muss die Monatsgebühr entrichtet werden. Für die Benützung des Lesesaales 2 kr. — Vorläufig keine Versendungen. — Der Verein wurde 1897, die Centrale sammt 5 Filialen 1898 eröffnet. Die Centrale cooperirt mit den Bibl. der Handels- und Gewerbekammer, des „Juridisch-politischen Lesevereines" und des „Volksbildungsvereines". Die cooperirenden Vereine verfügen zusammen über 200.000 Bde. — Alle Fächer, welche für einen grösseren Lesekreis wichtig sind. Die Centrale führt die wichtigsten Lehrbücher in 10—20 Exemplaren und bezweckt eine Entlastung der gelehrten Bibl., welche in der Folge in noch höherem Masse als bisher dem eigentlichen Fachstudium dienen sollen.

[Schlagwort-]Katalog der Centralbibl. Wien 1898. — Katalog der Centralbibl. Liter. Abth. Wien 1898. — Katalog der Centralbibl. Belletr. Abth. Nachtr. Wien 1899. — Katalog der Centralbibl. Franz. u. Engl. Liter. Wien 1898. — Auch für jede der Filialen literarische Kataloge mit Nachtrag.

958. **Verein der Buchdrucker und Schriftgiesser Niederösterreichs,** VII. Zieglergasse 25. — 7537 Bde., und zwar: 1712 Bde. Unterhaltungs- und poetische Literatur, 2161 Bde. wissenschaftliche Literatur, 631 Bde. Fach- (graphische) Literatur. — Jahresdotation 500 Gulden. — Vorstand ist der jeweilige Obmann der Bildungssection, derzeit J. Gerlich,

22*

ausserdem 4 Bibliothekare und 10 Ersatzmänner. — Der alphabet. Autorenkatalog ist in jüngster Zeit neu angelegt worden. — Jeden Dienstag und Freitag von 7—½9 Uhr abends, an Sonntagen, sowie an Feiertagen, die auf einen Dienstag oder Freitag fallen, von 10—½12 Uhr vormittags geöffnet. — Entlehntermin 4 Wochen. Die im Kataloge mit fetten Ziffern bezeichneten Werke werden nur gegen Erlag einer Caution oder specielle Bewilligung des Ausschusses, die fachliterarischen Werke nur gegen Revers entlehnt. Wörterbücher können nur im Vereinslocale benützt werden. In besonderen Fällen auf Grund eines Ansuchens an den Ausschuss auch Versendung. — Die Bibl. wurde am 5. Juli 1864 der Benützung übergeben; mit 300 Bdn. beginnend, vermehrte sich die Bibl. bis Ende 1864 auf mehr als 900 Bde., welche theilweise von dem damaligen Fortbildungsvereine für Buchdrucker angekauft, theils von anderer Seite gespendet wurden. 1864—1892 wurden für Bibl. und Lesecirkel über 11.000 Gulden ausgegeben; um die Gründung derselben bemühte sich besonders: Wilh. Otto. Ed. Popel, später auch Troitzsche.

959. **Verein der Geographen an der k. k. Universität,** I. Grillparzerstrasse 2. — 1950 Bde. und 300 kleinere Schriften. — Jahresdotation ca. 80 Gulden. — Zwei gewählte Bibliothekare, derzeit Ernst Werthgarner erster Bibliothekar. — Ein handschriftlicher Zettel- und ein Bandkatalog. — Keine bestimmten Lesestunden. — Entlehnungen nur an Mitglieder täglich von 10—12 Uhr in der Regel auf einen vierwöchentlichen Termin. — Keine Versendungen. — Die Bibl. wurde zugleich mit dem Vereine i. J. 1874 gegr. Im J. 1896 fiel ihr in Folge einer testamentarischen Bestimmung die ca. 1500 Bde. zählende Bibl. des Prager Univ.-Prof. Dionysius Ritter v. Grün zu. — Vertreten sind nur die geographischen Wissenschaften.

Statuten des Vereines der Geographen an der Universität Wien. Wien 1897. — Bibl.-Ordnung des Vereines der Geographen.

960. **Verein der Jugendfreunde,** IV. Heumühlgasse 3, besitzt eine allgemein zugängliche, in erster Linie jedoch für Benützung durch Vereinsmitglieder bestimmte Bibl. von über 6000 Bdn. — Entlehnung nach Anmeldung beim Bücherwart, doch hat die Vereinsleitung das Recht der Ablehnung. — Keine Versendung. — Geöffnet zweimal wöchentlich zu bestimmten Abendstunden; an Feiertagen geschlossen.

Bücherverzeichniss. Ausgegeben im September 1891. Wien 1891. — Berichtigungen und Nachtrag zum Bücherverzeichniss vom J. 1891. Wien 1893. — 2. Nachtrag zum Bücherverzeichniss vom J. 1891. Wien 1895.

961. **Verein der Lehrerinnen und Erzieherinnen in Oesterreich,** I. Wipplingerstrasse 8, Altes Rathhaus, 3. Stock. 1500 Bde. Jahresdotation 50 Gulden aus Vereinsmitteln. — Bibliothekarin: Karoline Blondein, Volksschullehrerin. Nach Autoren alphabet. geordneter Bandkatalog. Geöffnet täglich während der Amtsstunden von 3—5 Uhr nachmittags für die Vereinsmitglieder und die Bewohnerinnen des „Heims". — Entlehnungen an Vereinsmitglieder auf die Dauer von 3 Monaten. — Die Gründung der Bibl. erfolgte zugleich mit der Gründung des Vereines i. J. 1870. Den Grundstock lieferten zahlreiche Schenkungen; erst später erfolgten solche Ankäufe, wie sie dem Wesen und den Tendenzen des Vereines entsprachen. — Insbesondere Pädagogik und Literatur in allen modernen Sprachen.

962. **Verein der österreichisch-ungarischen Buchhändler,** I. Himmelpfortgasse 9. — Ca. 1200 Werke in 2000 Bdn. Ausserdem die Verhandlungen der ersten Versammlung österreichischer Buchhändler in Wien 1845 in Handschrift, sowie das Archiv des Vereines seit seiner Gründung 1869. — Ein nicht endgiltig geordneter Zettelkasten enthält die österr. Literatur seit Ende des vorigen Jhdts. (begonnen von Moriz Bermann, fortgesetzt von A. Einsle). Räumlich mit der Bibl. verbunden ist das Archiv der Corporation der Wiener Buch-, Kunst- und Musikalienhändler, enthaltend Documente seit 1780. — Jahresdotation je nach Bedarf. — Bibliothekar: Carl Junker, Vereinssecretär. — Handschriftlich ein Inventarkatalog in einem Fol.-Band und ein systematisch geordneter Zettelkatalog. — Entlehnungen an Vereinsmitglieder und Fachleute in den Amtsstunden des Secretariates täglich von 11—1 Uhr. — Ebenso Versendungen ausnahmsweise mit besonderer Bewilligung des Vorstandes. — Begründet in Folge Beschlusses der Generalversammlung vom 2. August, neu organisirt November 1886. — Geschichte des Buchhandels, sowie die Bibliographie des österreichischen Kaiserstaates.

Oesterreichische Buchhändlercorrespondenz Nr. 48. 1886.

963. **Verein des Deutschen Volkstheaters.** Siehe Wien. Deutsches Volkstheater.

964. **Verein für Landeskunde von Nieder-Oesterr.** Siehe Wien. Niederösterreichische Landesbibl.

965. **Verein zur Erhaltung, Vermehrung und Benützung der Privatbibliothek der Wiener Justizbeamten,** k. k. Landesgericht in Strafsachen, VIII. Landesgerichtsstrasse 21, 2. Stock. 3300 Werke mit 7900 Bdn. — Jahresdotation ca. 650 Gulden.

— Vereinspräsident: Eduard Graf Lamezan-Salins; Bibliothekar: Dr. Otto Granichstädten; Bibliothekarstellvertreter: Landesgerichtsrath Dr. Gustav Ritter v. Grohmann; 1 Vereinsdiener. — Zwei gedruckte und zwei autographirte Kataloge seit dem Gründungsjahre 1823; ausserdem ein handschriftlicher alphabet. Zettelkatalog und zwei Bandkataloge. — Benützbar für die bei einer Justizbehörde in Wien oder Umgebung angestellten Beamten, die Wiener Gerichtsärzte, die in der Vertheidigerliste des k. k. Wiener Oberlandesgerichtes aufgeführten, in Wien wohnenden Personen, die Professoren und Docenten der juridischen Facultät der Universität in Wien gegen Entrichtung eines Jahresbeitrages von 5 Gulden, sowie die k. k. Gerichtsauscultanten gegen jährlichen Beitrag von 2 Gulden, und zwar täglich in der Zeit von 9—2 Uhr. — Entlehnungen auf 3 Monate. — Keine Versendung. — Die Anregung zur Gründung gab Criminalrath Georg Heiss, der am 14. Januar 1823 die Beamten des damaligen Criminalsenates des Wiener Magistrates zur Anschaffung einer Fachbibl. aus privaten Mitteln aufforderte. Sofort traten 29 Mitglieder zu einer Bibl.-Gesellschaft zusammen; jeder Eintretende leistete einen Beitrag von 20 Gulden C.-M., der zur Bücheranschaffung verwendet wurde. Als diese Quelle nach und nach immer spärlicher floss, versammelte sich am 5. März 1843 über Antrag des Criminalgerichtspräsidenten Hollan der Ausschuss, der im Juni 1843 den Mitgliedern vorschlug, die Bibl. in die Aufsicht und Haftung des Rathes Kysselak zu übergeben, und einige Verbesserungsvorschläge machte. Noch energischer nahm sich Criminalgerichtspräsident Florian Philipp der Bibl. an, auf dessen Anregung hin eine Statutenänderung vorgenommen wurde (4. Januar 1845); nach derselben wurde ein auf 2 Jahre gewählter rechenschaftspflichtiger Ausschuss, 1 Bibliothekar und 1 Cassier zur Leitung eingesetzt, die Benützungsbestimmungen geregelt, die Beitragsleistung geordnet u. s. w. Als die Einführung der neuen Gerichtsorganisation die Auflösung des Criminalgerichtes in Aussicht stellte, brachten die neuen Statuten vom 2. Januar 1850 nur die nothwendigsten Aenderungen der früher geltenden Bestimmungen und fanden eine abermalige Abänderung durch die Anpassung an das neue Vereinsgesetz vom 26. November 1852. In dieser Fassung bestehen die Statuten vom 19. Februar 1858 noch heute zurecht. Im J. 1857 beschenkte der Senatspräsident Florian Philipp die Gesellschaft mit einem Legate von 3000 Gulden, dessen Zinsen zu einem Drittel dazu verwendet werden sollten, minder bemittelten Beamten des Strafgerichtes die Benützung der Bibliothek zu ermöglichen. Hauptsächlich juridische Werke.

966. **Aerztlicher Verein im II. Bezirke**, Taborstrasse 22. — 1100 Bde. — Dotation ca. 200 Gulden. — Bibliothekare derzeit Dr. Isidor Fischer und Dr. Armin Neufeld. — Zettel-, Fach- und Inventarkatalog. — Benützbar für Vereinsmitglieder von 6—8 Uhr abends. — Ebenso Entlehnungen. — Keine Versendungen. — Gegr. 1880. — Praktische Medicin.

Chronik des ärztlichen Vereines im II. Bezirke. Herausg. aus Anlass seines 25jährigen Bestandes. Wien 1899.

967. **Akademischer Verein „Kadimah"**, IX. Rögergasse 3. — 935 Bde. — Jahresdotation, Ord. 200 Gulden, Extraord. 100 Gulden, im Ganzen 300 Gulden. — 1 gewählter Bibliothekar, derzeit stud. techn. Joseph Bing. — Ein Zettel- und ein alphabet. Katalog. — Ausschliesslich für Mitglieder der Verbindung Samstag abends benützbar. Journale u. Nachschlagewerke liegen im Vereinslocale auf. — Entlehnungen nur an Mitglieder in der Regel auf einen vierwöchentlichen Termin. Keine Versendung. — Gegr. i. J. 1885, erfuhr die Bibl. eine bedeutende Vermehrung durch die von der Witwe des Vereinsgründers, Schriftstellers Perez Smolensky, aus dessen Nachlasse gemachten Schenkungen. Das Grundprincip ist die Schaffung einer Bibl., welche die jüdische Literatur mit besonderer Berücksichtigung der modernen jüdischen Schriftsteller, insbesondere aber eine Sammlung der jüdisch-nationalen und zionistischen Werke umfasst.

968. **Čechischer Verein für Verbreitung von Volksaufklärung** (Český spolek pro šiření lidové osvěty), VIII. Trautsohngasse 8. — 3800 Bde. — Jahresdotation aus den Mitgliedsbeiträgen; für Bücher und Einbinden i. J. 1898: 377·82 Gulden. — Vorstand: Václav Stejskal. — Der angegebene Bücherbestand vertheilt sich auf folgende Büchereien: 1. Volksbibl. in Poštorna; 2. im Verein „Rastislav" in Wien II. Bez.; 3. Schülerbibl. in der Sprachschule in Wien III.; 4. und 5. Volksbibl. in Wien X. und III.; 6. Bibl. für Fabriksarbeiter in Weigelsdorf; 7. Schülerbibl. in Poštorna; 8. Volksbibl. im Verein „Žerotín" in Mödling; 9. und 10. im Turnverein in Wien II. und X.; 11. Volksbibl. im I. čechischen Vereinshause in Wien XV.; 12. im Verein „Vlastimil" in Ebergassing; 13. im slavischen kaufmännischen Verein in Wien XV.; 14. im Verein „Svatopluk Čech"; 15. in der Section des Clubs der österreichischen Nationalitäten in Wien VIII.; 16. in Wien XVI. und XVII.; 17. Volksbibl. für die Ziegelarbeiter auf dem Wiener Berg in Wien X.; 18. im Verein „Neruda" in Wien X.; 19. im čechoslavischen Arbeiterverein „Barák" in Wien II; 20. und 21. Schülerbibl. in den Sprachschulen in Wien V. und IX.; 22. Volksbibl. im Ortsausschuss für den X. Bezirk in X. Bezirksverein „Barák".

969. **Kaufmännischer Verein,** I. Johannesgasse 4. — 15.215 Bde. — Seit den 29 Jahren des Bestandes 13.807·22 Gulden, somit im Durchschnitte pro Jahr ca. 480 Gulden. — Vorstand der Bibl.-Abtheilung des Vereines ist derzeit Ludwig Horch; besoldete Beamte: Bibliothekar August Joseph Strohmeyer; 2 Unterbeamte zur Ausgabe der Bücher; 1 Diener. — Ein Zettelkatalog in arithmetischer Reihenfolge der einzelnen Nummern, ein Standortskatalog. — Geöffnet täglich für Mitglieder mit Ausnahme der Dienstage und Sonntage von 10—2 und 5—8 Uhr. — Entlehnung an die Vereinsmitglieder nach den Bestimmungen des Reglements. — Keine Versendung. — Die Geschichte der Bibliothek fällt mit der Geschichte des Vereines zusammen (gegr. 17. Juni 1870). — Belletristische Schriften, daneben in erster Linie Handelswissenschaften.

Statistischer Ausweis über die Benützung der Bibl. des Wiener Kaufmännischen Vereines in den Vereinsjahren 1870—1898. Wien 1898. — Reglement für die Bibl. des Wiener Kaufmännischen Vereines. Wien 1890. — Gedenkschrift des Wiener Kaufmännischen Vereines zur Feier seines 25jährigen Bestandes. Wien 1895. — Katalog der Bibl. des Wiener Kaufmännischen Vereines. Wien 1893. 1. Nachtrag. Wien, October 1895. — 2. Nachtrag. Wien 1898.

970. **Naturwissenschaftlicher Verein an der Universität,** I. Reichsrathsstrasse 4. — Ca. 400 Werke, 500 Broschüren und Separatabdrücke; ca. 1000 in- und ausländische Vereinspublicationen, 15 laufende Zeitschriften. — Jahresdotation nach Massgabe der jährlichen Vereinseinkünfte. — Obmann: (vacat); Obmannstellvertreter: cand. jur. Max Fitzia; Bibliothekar: stud. techn. Heinrich Hübel. — Zettelkatalog in Ausarbeitung. — Benützbar für Mitglieder Donnerstag ab 6 Uhr abends. — Ebenso Entlehnungen. — Keine Versendungen. — Naturwissenschaften, Mathematik und Philosophie.

971. **Volksbibliothek der Congregation der Frommen Arbeiter,** XV. Tellgasse 7. — Generalminister: P. Anton M. Schwartz. — Gegen 900 Bücher, Zeitschriften und Broschüren, theils belehrenden, theils unterhaltenden Inhaltes; insbesondere Bücher vom österr. Volksschriftenverein zur Hebung der Vaterlandsliebe. — Die Bücher dieser 1892 gegr. Volksbibl. werden unentgeltlich und zu jeder Zeit entlehnt.

972. **Wiener Volksbildungsverein.** Obmann: Prof. Dr. Friedrich Jodl; Obmannstellvertreter: Dr. Eduard Leisching und Dr. Emil Ritter v. Fürth; Bibliotheksreferenten: Adolf Bachofen v. Echt, Dr. Emil Ritter v. Fürth, Dr. Isidor Himmelbaur, Dr. Albert Schwab. — 1. Volksbibliothek Nr. 1, Simmering, Hauptstrasse 76. — 4561 Bde. — Jahresdotation

ca. 300 Gulden. — Bibliothekar: Carl Weidschacher, städt. Lehrer. — Alphabet. Zettelkatalog. — Geöffnet an Wochentagen von 6—8 Uhr abends (wie bei den folgenden Bibl.). Entlehnung nach Hause (wie bei den folgenden Bibl.) gegen eine monatliche Gebühr von 10 Kreuzern. — Keine Versendung; ebenso bei den folgenden Volksbibl. — Eröffnet 1. August 1887. — Belletristik und populärwissenschaftliche Werke (ebenso bei den folgenden Bibliotheken). Systematische Kataloge sind im Druck erschienen. Für alle Bibl. gilt die Bibl.-Ordnung für die Bibl. des Wiener Volksbildungsvereines. — 2. Volksbibliothek Nr. 2, Währing, Martinsstrasse 92. — 5351 Bde. — Jahresdotation ca. 300 Gulden. — Bibliothekar: R. Brandstetter, städt. Lehrer. — Alphabet. Zettelkatalog. — Eröffnet am 1. März 1888. — Systematischer Katalog im Druck erschienen. — 3. Volksbibliothek Nr. 3, X. Keplerplatz 5. — 4721 Bde. Jahresdodation ca. 300 Gulden. — Bibliothekar: Adolph Pinka, Magistratsbeamter. — Alphabet. Zettelkatalog. — Eröffnet am 15. April 1888. — 4. Volksbibliothek Nr. 1. Floridsdorf, Donaufelder Hauptstrasse 20. — 7250 Bde. — Jahresdotation ca. 200 Gulden. — Bibliothekar: Othmar Zeisberger, Lehrer. — Alphabet. Zettelkatalog. — Eröffnet am 19. Mai 1889. — 5. Volksbibliothek Nr. 5, Meidling, Pohlgasse 19. — 3530 Bde. — Jahresdotation ca. 200 Gulden. — Bibliothekar: Wilhelm Zörkler, städt. Lehrer. — Eröffnet am 22. Juni 1890. — 6. Volksbibliothek Nr. 6. Döbling, Hardtgasse 35. — 4700 Bde. — Jahresdotation ca. 255 Gulden. — Bibliothekar: August Andél, städt. Lehrer. — Eröffnet am 29. Juli 1890. — 7. Volksbibliothek Nr. 7, Kaiser-Ebersdorf, Münnichplatz 5. — 742 Bde. — Jahresdotation ca 100 Gulden. — Bibliothekar: Conrad Heese, städt. Lehrer. — Eröffnet im Januar 1893. — 8. Volksbibliothek Nr. 8. II. Volkertstrasse 6. — 9000 Bde. — Jahresdotation ca. 800 Gulden. — Bibliothekar: Richard Kronstorfer, städt. Lehrer, sowie dessen Gattin. — Eröffnet am 31. Juli 1893. — 9. Volksbibliothek Nr. 9. XVII. Hernals, Rötzergasse 22. — 5495 Bde. — Jahresdotation ca. 400 Gulden. — Bibliothekar: Joseph Heindl, städt. Lehrer. — Gegr. nach Uebernahme der Vereinsbibl. eines Lehrervereines am 1. Juni 1894. — 10. Volksbibliothek Nr. 10, III. Erdbergerstrasse 15. — 7745 Bde. Jahresdotation ca. 300 Gulden. — Bibliothekar: August Löw, städt. Lehrer. — Gegr. nach Uebernahme der Bibl. des Landstrasser Bürgervereines am 1. October 1894. — 11. Volksbibliothek Nr. 11. Nussdorf. — 2123 Bde. Jahresdotation ca. 150 Gulden. Bibliothekar: Khaelss v. Khaelssburg. — Eröffnet am 1. December 1894. — 12. Volksbibliothek Nr. 12, XVI. Ottakring, Neumayergasse 21. —

13.170 Bde. — Jahresdotation 1000—1200 Gulden. — Bibliothekar: Carl Bulwas, sowie dessen Gattin. — Ausser dem alphabet. Autorenzettelkatalog besteht auch ein gebundenes Standortsrepertorium. — Geöffnet vom 1. October bis 30. April von 6—9, vom 1. Mai bis 30. September von 6—8 Uhr abends. — Eröffnet am 1. September 1895 mit 2495 Bdn. — 13. Volksbibliothek Nr. 13, V. Rampersdorferstr. 32, „Leop. Auspitz-Bibl." — 4800 Bde. — Jahresdotation ca. 400 Gulden. — Bibliothekar: Eschberger, Gerichtsbeamter. — Eröffnet am 1. Sept. 1897. — 14. Krankenhausbibliotheken: *a)* an der dritten medicinischen Klinik des Hofr. Prof. Dr. Leopold Schrötter R. v. Kristelli (eröffnet am 25. April 1893); *b)* an der ersten chirurgischen Klinik des Hofr. Prof. Dr. Eduard Albert (eröffnet am 30. October 1893); *c)* an der Klinik des Hofr. Prof. Dr. Hermann Nothnagel (eröffnet am 5. August 1894). — 15. Lehrlingsbibliotheken: *a)* im IV. Bezirk, Waltergasse 7, in der Realschule; *b)* im VII. Bezirk, Neustiftgasse 95 in der Realschule; beide eröffnet am 30. October 1893; *c)* im II. Bezirk, Staudingergasse 6, in der städt. Bürgerschule; *d)* im XVI. Bezirk, Abelegasse 29, in der Volksschule; diese beiden eröffnet Ende December 1893. — 16. Garnisonsbibliotheken: *a)* im k. u. k. Arsenal, eröffnet am 15. April 1890; *b)* in der k. u. k. technischen Militärakademie, eröffnet im April 1895; *c)* in der Marinesection des k. u. k. Reichskriegsministeriums, eröffnet am 29. Mai 1895; *d)* beim k. u. k. Artillerieregiment Nr. 6, eröffnet im Juni 1895; *e)* beim k. u. k. Infanterieregiment Nr. 4, eröffnet am 1. August 1895. — 17. Strafhausbibliotheken bei den k. k. Bezirksgerichten in Simmering und Floridsdorf und beim k. k. Landesgerichte in Wien; eröffnet 1893—97.

973. **Deutsches Volkstheater,** VII. Museumstrasse. — 1125 dramatische Werke in 2136 Bdn., 38 Partituren, sowie Orchestermateriale von 362 Concertstücken. — Director: Emerich v. Bukovics; Dramaturg: Dr. Richard Fellner; Bibliothekar: Ludwig Heiter. — Zwei handschriftliche alphabet. Kataloge. — Entlehnungen nur an Mitglieder mit Genehmigung der Direction. — Dramaturgie und Dramatik. — Neben obiger Directions-Bibl. besitzt der „Verein des Deutschen Volkstheaters" ebenfalls eine eigene Bibl., worin nur die am Deutschen Volkstheater aufgeführten Stücke aufgenommen werden. — Custos: Dr. Robert Steinhauser, Ausschussmitglied des „Vereines des Deutschen Volkstheaters".

974. **Freiherr Max Springer'sches Waisenhaus für israelitische Knaben,** XIV. Goldschlagstrasse 84. — Gegr. 1890, hat eine

Fachbibl. von ca. 200 Werken nur zu eigenem Gebrauche. Jahresdotation je nach Bedarf. — Director: Alexander Hecht.

Wiener-Neustadt (Nieder-Oesterr.).

975. **Cistercienserstift Neukloster.** — Ca. 20,000 Bde., 81 Handschriften und 94 Incunabeln. — Jahresdotation je nach Bedarf; ausserdem Zuwachs durch Einverleibung der Bibl. verstorbener Mitglieder. — Katalog a. d. J. 1725: alphabet. Fachkatalog; Zettelkatalog in Ausarbeitung. — Bibliothekar: P. Max Fellegger. — Keine bestimmten Bibliotheksstunden. — Entlehnungen und Versendungen an vertrauenswürdige Personen, bei werthvollen Handschriften nur mit Zustimmung des Abtes. — Gegr. 1444, erhielt die Bibl. eine namhafte Vergrösserung unter den Aebten Benedict Hell (1729—1746); Josef Stübicher (1746—1775) und Alberik Stingel (1775—1801). Die vom Abte Benedict angekauften Bücher sind hauptsächlich Mauriner Ausgaben der heil. Väter. Predigtbücher und Werke ascetischen Inhaltes; Abt Joseph liess unter anderem zugleich mit dem Convente den grossen Bibliothekssaal bauen und erwarb durch Ankauf viele monumentale Werke; so verausgabte er z. B. am 2. October 1769 für den Ankauf der bischöflichen Bibl. 6812 Gulden. — Abt Alberik erwarb viele Handschriften. — Hauptsächlich Theologie.

Kluge, Benedikt. Das Neukloster in Wiener-Neustadt. In: Ein Cistercienserbuch. Von Seb. Brunner. Würzburg 1881. — Xenia Bernardina. II. p. 276—288 (Handschriftenkatalog von Prof. P. Eugen Bill.). — Xenia Bernardina III.

976. **Club der Buchdrucker,** Brodtischgasse, Hauer's Gasthaus. — Ca. 300 Bde. — Jahresdotation 25 Gulden. — Obmann: Josef Geiblinger; Schriftführer: Gustav Prager; Cassier: Franz Mattausch: Bibliothekar: Andreas Kiessner. — Handschriftl. Schlagwortkatalog. — Benützbar für jedes Mitglied, welches den monatlichen Beitrag von 10 Kreuzern leistet, Sonntag von 10—12 Uhr. — Ebenso Entlehnungen. — Keine Versendungen. — Gegr. zugleich mit dem Vereine 1893 durch freiwillige Spenden. — Speciell Fachzeitschriften und Fachliteratur.

977. **Gabelsberger Stenographenverein.** — 270 Bde. — — Jahresdotation ca. 80 Gulden. — Ein gewählter Bibliothekar. — Alphabet. Autoren- und Inventarkatalog. — Benützbar für die Mitglieder an den Vereinsabenden (Dienstag). — Ebenso Entlehnungen. — Gegr. mit dem Vereine 1890. Gabelsberger Stenographie.

978. **[K. k. Staats-]Gymnasium.** — *a)* Lehrerbibl. 1511 Bde., 698 Hefte, 12.088 Programme *b)* Schülerbibl. — Jahresdotation

ca. 150 Gulden. — Director: Franz Wanner; Bibliothekar für *a)* Prof. Franz Kunz; für die Programmsammlung: Prof. Robert Schewezik; für *b)* Prof. Johann Hörtnagl. — Inventar- und Fachkataloge. — Zugänglich für Mitglieder des Lehrkörpers, doch nur in Anwesenheit des Bibliothekars; ebenso Entlehnungen. In Betreff der Versendungen besteht keine besondere Verfügung. — Gegr. 1666, ging bei Verstaatlichung der Anstalt ein Theil der sogenannten „Neuklosterbibliothek" an das Staatsgymnasium über. — Vertreten sind alle Fächer.

Kunz, Franz. Katalog der Lehrerbibl. I. In: Programm des k. k. Staats-Ober-Gymnasiums zu Wiener-Neustadt. Wiener-Neustadt 1898.

979. **N.-Oe. Landes-Lehrerseminar**, Herrengasse 29. — 3014 Werke in 5341 Bdn. und 506 Heften. — Director: Dr. Joseph Mayer. — Handschriftliche Fachkataloge in Bandform. — Lesestunden für Zöglinge der Anstalt Mittwoch und Samstag von 2—5 Uhr, zu welcher Zeit auch Bücher von denselben entlehnt werden können. An die Mitglieder des Lehrkörpers und andere vertrauenswürdige Personen Entlehnungen während der ganzen Schulzeit (von 8—11 und 2—4 Uhr). — Keine Versendung. — Die zugleich mit der Anstalt i. J. 1872 entstandene Bibl. leitete vorerst der erste Director der Anstalt Dr. Emanuel Hannak, seit 1878 Prof. Leopold Schick (derzeit Director der k. k. deutschen Lehrerbildungsanstalt in Brünn) und seit 1890 Prof. Karl Steiger. — Alle Wissenschaften, die in den Lehrerbildungsanstalten gelehrt werden. — Der Direction untersteht auch die Bibl. der Uebungsschule und eine Bibl. für Schulkinder.

In dem XXII. u. XXIII. Jahresbericht (1894/5 u. 1895/6) sind die Fachkataloge zum Abdrucke gebracht; in den folgenden Jahresberichten werden die jemaligen Zuwächse veröffentlicht.

980. **K. u. k. Theresianische Militärakademie.** — 21.455 Bde. — Jahresdotation 350 Gulden. — Bibliothekar: Karl Zappe, k. u. k. Majorauditor; 1 Feldwebel als Hilfsarbeiter; 1 Hausdiener. — Zettelkatalog. Benützbar nur für den Lehrkörper und die Zöglinge der Akademie. — Ebenso Entlehnungen und Versendungen; an andere Personen nur mit specieller Bewilligung des Akademiecommandanten. — Gegr. nach der eingelangten Auskunft am Anfange des 19. Jhdts., nach Pizzala 1752, nach Leitner (s. u.) 1766, in welchem Jahre Kaiserin Maria Theresia auf eine Eingabe des Localdirectors General-Feldwachtmeisters Carl Freih. v. Hannig zur Unterstützung des Unterrichtes in „Briefstellung und Histori" eine Anzahl Doubletten aus ihrer eigenen Bibl. der 1752 gegr. Neustädter Militärakademie überliess. Diese bildeten die Grundlage der Bibl., die in der Folge durch Nachschaffungen und Schenkungen aus dem Kriegs-

archive i. J. 1852 bereits auf 10,000 Bde. angewachsen war. Besonders der Oberdirector FML. Franz Joseph Graf Kinsky v. Chinitz und Tettau (1785—1805) wandte ihr seine Fürsorge zu, ergänzte sie, regelte ihre Benützung durch Lehrer und Zöglinge und sorgte für die Erhaltung ihrer Schätze durch Anordnung einer jährlichen Revision derselben. — Weltgeschichte, Literaturgeschichte, Naturwissenschaften, Philosophie, Mathematik und Rechtswissenschaften; besonders gepflegt Kriegsgeschichte, Taktik, Heerwesen, Waffenlehre, Militärgeographie, Befestigungslehre, Pionnierdienst, Terrainlehre und französische Sprache.

Leitner v. Leitnertreu, Th. Ig. Ausführliche Geschichte der Wiener-Neustädter Militärakademie. Nebst einem Anhange über die Leistungen derselben durch ihre Zöglinge in der Armee und vor dem Feinde. Hermannstadt 1852.

981. **[N.-Oe. Landes-]Realschule, verbunden mit einer höheren Gewerbeschule mechanisch-technischer Richtung.** 16,761 Bde. Jahresdotation 500 Gulden und die Hälfte der jeweiligen Aufnahmstaxen. — Director: Robert Kirchberger; Bibliothekar für die Lehrerbibl.: Prof. Julius Beneš; für die Schülerbibl.: Prof. Wenzel Schmeisser. — Ein Inventarkatalog mit fortlaufender Numerirung und 9 Fach-(Band-)Kataloge mit alphabet. Reihenfolge der Verfasser. Ein eigener gedruckter, nach Fächern geordneter Katalog gemäss dem vom hohen k. k. Unterrichtsministerium ausgegebenen Entwurf in Ausarbeitung. — Zugänglich je nach Bedarf und nach der freien Zeit des Bibliothekars für die Mitglieder des Lehrkörpers. Ebenso Entlehnungen. — Versendungen an andere Anstalten. — Die Bibl. wurde bei der am 19. 10. 1863 stattgehabten Eröffnung der mit Landtagsbeschluss vom 11. 3. 1863 errichteten Anstalt von der 1811—1863 in Wr.-Neustadt bestandenen k. k. Unterrealschule übernommen und wird jährlich durch Schenkungen und durch die oben angeführten Geldmittel vermehrt und ausgestaltet.

Beneš, Julius. Katalog der Lehrerbibl. Gruppe I—III. In: Jahresbericht der niederösterreichischen Landes-Oberrealschule. Wiener-Neustadt 1898.

Wilhering (Ober-Oesterr.).

982. **Cistercienserstift.** — 14.000 Bde., 221 Handschriften, 200 Incunabeln. — Jahresdotation je nach Bedarf. — Bibliothekar: P. Raimund Kloiber. — Je ein Zettel- und Bandkatalog. — Benützbar in der Regel nur für Bekannte von 9—7 Uhr, ausnahmsweise auch für Fremde. — Ebenso Entlehnungen und Versendungen. — Die Benützung der Hand-

schriften ist nur in den Räumen der Bibl. gestattet. Gegr. zugleich mit dem Stifte 1146. Die Wiederherstellung des im Laufe des 16. Jhdts. fast in Ruinen zerfallenen Klostergebäudes, der Bau und die Ausschmückung einer Bibl. ist das Werk des Abtes Georg II. Grill (1614—1638). — Theologie, Philosophie, Philologie, Geschichte, Mathematik, Naturwissenschaften.

Chmel, J. In: Archiv f. ält. deutsche Geschichte. VIII. 1839, S. 892. — Stülz. Jodoc. Geschichte des Cistercienserklosters Wilhering. Linz 1840. — Sollinger, Bernhard. Die Cistercienserabtei Wilhering (Hilaria) in Oesterreich ob der Enns. In: Ein Cistercienserbuch von S. Brunner. Würzb. 1881, S. 498. — Grillnberger, Otto. Die Handschriften der Stiftbibl. In: Xenia Bernardina. II. 2, S. 1. — Huemer, I. Iter Austriacum I. In: Wiener Studien. IX. 1887, S. 76.

Wilten (Tirol).

983. **Stift der Prämonstratenserchorherren.** — 25,000 Bde., 70 Handschriften, 220 Incunabeln. — Jahresdotation je nach Bedarf. — Bibliothekar: Philipp Matzgeller, Chorherr. — Je ein alter und neuer Schlagwortkatalog. — Keine eigentlichen Bibliotheksstunden, Benützung je nach Bedürfniss. — Entlehnungen und Versendungen nur an öffentliche Bibl., Aemter und Institute unter deren Haftung. — Gegr. wahrscheinlich zugleich mit dem Kloster 1128; die Bibl. entstand neu 1807, nachdem die alten Bücherbestände durch die bayerische Regierungscommission grösstentheils fortgeschafft worden waren. — In neuester Zeit, d. h. seit Einführung des theologischen Hausstudiums vorzugsweise Theologie berücksichtigt.

Zacher, Adrian. Das Prämonstratenserstift Wilten in Tirol. In: Ein Chorherrenbuch. Von Sebastian Brunner. Würzburg 1883.

Wittingau (Třebon, Böhmen).

984. **Fürstlich Schwarzenberg'sches Archiv** hat nur eine Handbibl. von ca. 1000 Bdn. und 122 Handschriften. — Archivar: Franz Mareš.

985. **[K. k. Staats-Unter-]Gymnasium** (C. k. nižší gymnasium). — *a)* Lehrerbibl. 1711 Werke in 1021 Bdn., 3915 Programme; *b)* Schülerbibl. 1241 Werke in 1878 Bdn. — Director: Dr. Antonín Decker; Bibliothekar für *a)* Gymn.-Lehrer Ignác Charvát; für *b)* Prof. Václav Veverka. — 1852 wurde die unselbständige Unterrealschule errichtet, die 1867 in ein Staats-Real-Gymn. umgewandelt, 1885 aufgehoben, von der Commune als Communal-Real-Gymn. weitergeführt und seit 1891 in ein reines Untergymn. verwandelt wurde. 1894 verstaatlicht.

Nach dem letzten Jahresberichte gearbeitet, da der Fragebogen nicht beantwortet wurde.

Wotitz (Votic, Böhmen).

986. **Franciscanerconvent.** — 3000 Bde., einige Handschriften und mehrere Incunabeln. — Jahresdotation je nach Bedarf. — Bibliothekar ist der P. Guardian des Conventes. Alphabet. Katalog. — Vorzugsweise zu eigenem Gebrauche; aber auch in besonders berücksichtigenswerthen Fällen für andere Personen benützbar. — Keine Entlehnungen und Versendungen. — Gegr. 1601 (nach Jordan 1627). Theologie, Medicin, Philosophie, Oratorik u. s. w.

Zara (Dalmatien).

987. **Städtische Bibliothek „Paravia"** (Biblioteca civica „Paravia"). — 30.500 Bde., 390 Handschriften, 4 Incunabeln (bis 1500). — Jahresdotation 300 Gulden. — 3 Direttori; Bibliothekar: Vitale Brunelli; 1 Diener. Ein systematischer, ein alphabet. Zettelkatalog, ein alphabet., ein topographischer Bandkatalog, ein Inventar. — Geöffnet für jedermann täglich von 11—2 und von 5—7 Uhr, geschlossen an Feiertagen und vom 15.—31. December. — Keine Entlehnung oder Versendung. — Eröffnet am 18. August 1857 und nach dem Begründer, dem Turiner Univ.-Prof. P. A. Paravia, der seine Bibl. dieser Anstalt legirte, benannt. — Classische, italienische, französische Literatur, Geschichte und Geographie, besonders die dalmatinische, in welches Fach auch fast alle Handschriften — die ältesten darunter sind aus dem 12. Jhdt. gehören.

Per la inaugurazione della Biblioteca comunale Paravia di Zara nel XVIII. Ag. 1857. — Il Dalmata 1897, Nr. 56.

988. **Collegium des Ordens der Gesellschaft Jesu** hat i. J. 1893 die Direction des Knabenseminars dem Ordinariat zurückgegeben, das eigentliche Collegium auf eine Residenz reducirt und die Bücher bis auf eine kleine Handbibl. an andere Ordenshäuser ausgetheilt. — Subprior: Isidor Giberti, S. J.

989. **[K. k. Staats-]Gymnasium** (I. r. ginnasio superiore) mit der I. r. biblioteca ginnasiale-provinciale. — 19.435 Bde., 195 Handschriften. — Jahresdotation 200 Gulden. — Director des Gymn.: Stefano Škariza; Bibliothekar: Prof. Vitaliano Brunelli; Schuldiener. — Ein Band-, ein Zettelkatalog. — Täglich und bedingungslos für jedermann geöffnet. — Von der Entlehnung sind nur die Handschriften und seltenen Werke ausgenommen. — Versendung an Universitäts- und Gymnasialbibl. — Gegr. 1803 nach Aufhebung des Dominicanergymn. Seit 1859, in welchem Jahre die „Patria"-Bibl

zuwuchs, empfängt die Bibl. ein Pflichtexemplar von jedem in Dalmatien erscheinenden Druckwerk. -- Vorzugsweise dalmat. Geschichte, latein., griech., ital. und slav. Literatur. — Ausser der Abtheilung, in der die Pflichtexemplare übernommen und verwaltet werden, besitzt das Gymn. eine Lehrerbibl. (809 Werke; Custos: Prof. Lorenzo Benevenia) und eine Schülerbibl. (Custos: Prof. Matteo Fradelić).

Danilo et Jac. Boglić. Catalogus librorum typis editorum et msc., qui in bibliotheca patria archigymnasii Jadrensis asservantur. In: Gymn.-Progr. Zara 1860—1862. — Benevenia, Lorenzo. Catalogo dei libri della biblioteca dei professori. In: Progr. dell' i. r. ginn. sup. di Zara. Zara 1898.

990. [**K. k. Staats-Unter-]Realschule** (I. r. scuola reale inferiore di Zara). *a)* Lehrerbibl. 809 Werke. — Dotation für Ankauf und Instandhaltung der Bücher und Karten 100 Gulden. -- Director: Antonio Nisoteo; Bibliothekar: Prof. Lorenzo Benevenia. — Handschriftlicher alphabet. Katalog; gedruckter Materienkatalog s. u. — Entlehnungen an die Mittelschullehrer Zaras gegen Empfangsbestätigung. — Keine Versendungen. — Gegr. mit der Anstalt 1853. — Alle Fächer der Anstalt. — *b)* Schülerbibl. 164 Werke. — Seit 1892/93 keine bestimmte Dotation. — Bibliothekar: Prof. Lorenzo Benevenia. - Handschriftlicher alphabet. Katalog. — Täglich nach den Schulstunden benützbar. — Entlehnungen gegen Revers. — Keine Versendungen. — Gegr. 1886. — Didaktik. Belletristik.

Benevenia, Lorenzo. Catalogo dei libri della biblioteca dei professori dell' I. R. Scuola Reale Inferiore di Zara. In: Programma dell' I. R. Ginnasio Superiore di Zara 1897/98. XLI. Zara 1898.

991. **K. k. Statthalterei** (I. r. luogotenenza), Palazzo Governiale, Zara-Civico Nr. 601. — 10.000 Bde., 50 Handschriften, 2 Incunabeln. — Jahresdotation je nach Bedarf aus der Präsidialdotation. — Archivar und Bibliothekar: Sebastian Böttner; beigegeben: Enrico Böttner, Official. — Allgemeiner Katalog in 3 Bdn.; ein alphabet., ein topographischer und nach Materien geordneter Zettelkatalog. — Für Beamte der Statthalterei täglich mit Ausnahme der Feiertage von 9—2 Uhr benützbar. — Bestimmungen über Entlehnung und Versendung werden in der erst auszuarbeitenden Instruction gegeben werden. — Gegr. 1895 auf Initiative des Hofraths Niccolò Nardelli. Politische Rechtswissenschaft und dalmatinische Geschichte.

Złoczów (Galizien).

992. [**K. k. Staats-]Gymnasium** (C. k. gimnazyum), Gymnasialgebäude. — *a)* Lehrerbibl. 2013 Werke in 3510 Bdn.;

b) Schülerbibl. 1232 Werke; in der Abtheilung Zeichnenunterricht 39 Werke; Abtheilung Musik 20 Werke; Mappen und Bilder 164; ferner 2580 Programme. — Dotation ca. 200 Gulden. — Director: Dr. Przemyslaw Ritter v. Niementowski; Bibliothekar: Prof. Jan Sanocki; Verweser der polnischen Jugendbibl.: Prof. Zygmunt Uranowicz; der ruthen. Jugendbibl.: Prof. Jan Rużycki; der deutschen Jugendbibl., der Mappen und Bilder für den Anschauungsunterricht: Prof. Dr. Jan Chrapek. — Ein Inventar- und ein Schlagwortkatalog. — Gilt in der Regel als Anstaltsbibl., doch kann die Direction Ausnahmen gestatten. — Entlehnung und Versendung für Fremde durch den Landesschulrath und die Direction. — Gegr. 1873 als Untergymn.; seit 1881 Obergymn. — Alle Fächer des Gymn.

Znaim (Mähren).

993. **Capucinerconvent.** — 2448 Bde., mehrere Handschriften. — Jahresdotation 20—25 Gulden. — Guardian: P. Paulinus Krkoška. — Materienkatalog; Katalog nach Autorennamen; catalogus secundum cognomen auctoris; alle drei in 1 Bde. — Benützbar zu jeder Zeit mit Erlaubniss des Guardian. — Entlehnungen nur an Bekannte, meistens Geistliche. — Gegr. zugleich mit dem Kloster 1642 [nach Jordan 1628]. — Theologische Wissenschaften.

994. **Dominicanerconvent,** hat eine noch nicht ganz geordnete Bibl. — Jahresdotation ca. 200 Gulden. — Bibliothekar: P. Hyacinth Maria Kristinus, Ordenspriester. — Alphabet. Katalog in Ausarbeitung. — Nach kirchlichen und Ordenssatzungen darf nichts entlehnt oder versendet, d. h. aus der Bibl. herausgenommen werden. — Theologie, Philosophie, auch Kunst, Literatur und Geschichte.

995. **[K. k. Staats-]Gymnasium.** *a)* Lehrerbibl. 1523 Werke in 4881 Bdn. und Heften, 14.422 Programme; *b)* Schülerbibl. 1080 Werke in 1718 Bdn. und 196 Heften. — Director: Wilhelm Saliger; Verwalter von *a)* Prof. Julius Wisnar; von *b)* Prof. Franz Katholnigg. — Als Jesuitengymn. 1624 begründet.

Wisnar, Julius. Katalog der Lehrerbibl. I. Th. In: Jahresbericht des k. k. Gymn. in Znaim. Znaim 1898.

Nach dem letzten Jahresberichte gearbeitet, da der Fragebogen nicht beantwortet wurde.

996. **[Landes-]Realschule.** — *a)* Lehrerbibl. 1187 Werke; *b)* Schülerbibl. — Director: Carl Seeberger; Bibliothekar:

Prof. Carl Trenkler. — Errichtet 1870 durch Erweiterung der früher bestandenen unselbständigen Unterrealschule.

Trenkler, Carl. Katalog der Lehrerbibl. Beil. zu: XXVII. Jahresbericht der Landesoberrealschule in Znaim. Znaim 1898.

Nach dem letzten Jahresberichte gearbeitet, da der Fragebogen nicht beantwortet wurde.

997. **Volksbibliothek.** — Ende 1898: 2753 Werke in 6144 Bdn., darunter mehrere Handschriften, Diplome, die bis ins 15. Jhdt. zurückreichen. — Jahresdotation ca. 400 Gulden. — Vorstand: Rudolf Wanbacher, Privatier und I. Vorstandstellvertreter des Znaimer deutschen Bürgervereines; 16 Bibliotkekare; 1 Diener. — Handschriftl. Grundkatalog, Nummern-, Zettelkatalog, alphabet. Autorenkatalog, mehrere Specialkataloge, gedruckter Materienkatalog. — Zweimal wöchentlich, Mittwoch und Samstag von $6^1/_2$—8 Uhr geöffnet und gegen Erlag der Gebühr für den Leserkatalog (sammt Nachträgen 72 Kreuzer) allgemein benützbar. — Entlehnung gegen Vorweisung des Lesecontrolbuches; Handschriften oder werthvolle historische Werke können nur im Bibl.-Locale eingesehen werden. — Versendung nur ausnahmsweise. — Gegr. vom deutschen Bürgerverein und dem deutschen Verein der Liberalen in Znaim, von denen der erstere eine Räumlichkeit seines Vereinslocales im Mäural'schen Bräuhause zur Verfügung stellte; eröffnet am 26. December 1873 mit 532 Werken in 996 Bdn. Seit 1883 ist der deutsche Bürgerverein alleiniger Eigenthümer der Bibl., da der Verein der Liberalen sich in den deutschen Verein für Stadt und Land umwandelte. Der jetzige Vorstand fungirt seit 17 Jahren. Zahlreiche Schenkungen und Geldspenden. — *a)* wissenschaftliche Literatur: alle Wissenschaften, Alterthümer; *b)* Belletristik.

Katalog der Znaimer Volksbibl. 1883. Znaim. — I.—XIII. Nachtrag (1884—1898). Znaim. — Generalbericht über die verflossene 25jährige Thätigkeit der Znaimer Volksbibl. Znaim 1898.

Zuckmantel (Schlesien).

998. **Gabelsberger-Stenographenverein,** „Gasthaus zur gold. Sonne". — 339 Bde. — Jahresdotation je nach Bedarf. — Obmann: J. C. Hoffmann, Stadtsecretär; Archivar: Wilhelm Kausch. — Inventarkatalog. — Benützbar vom 1. October bis Ende März während der Unterrichtsstunden des Fortbildungscurses Freitag von 8—9 Uhr abends, während der Sommermonate nach vorhergehender Anmeldung zu jeder Zeit. — Ebenso Entlehnungen auf 4 Wochen unentgeltlich; nach dieser Zeit gegen eine Gebühr von 5 Kreuzern pro Bd. und Woche. — Stenographie.

999. **Leseverein.** Vereinslocal: Nr. 28. — 1500 Bde. — Jahresdotation 80 Gulden. — Obmann: Dr. Alois Schindler; Obmannstellvertreter: J. C. Hoffmann. — Ein Inventar- und ein gedruckter alphabet. Autorenkatalog. — Entlehnungen jeden Donnerstag, und zwar von October bis April von 7—9 Uhr abends und von Mai bis September von 8—9 Uhr abends. Entlehnungsfrist 14 Tage unentgeltlich, sodann bis 8 Wochen gegen eine Leihgebühr von 2—3 Kreuzern pro Woche. — Keine Versendungen. — Gegr. März 1886. — Alle Wissenschaften, besonders Belletristik.

Zwettl (Nieder-Oesterr.).

1000. **Bezirkslehrerbibliothek** im Bürgerschulgebäude. — December 1898: 1875 Bde. — Jahresdotation 120 Gulden. — Obmann der Bibl.-Commission: Benno Mengele, Bürgerschullehrer; Obmannstellvertreter: Josef Traxler, Oberlehrer. — Alphabet. Bandkatalog. — Benützbar jederzeit nur für Lehrpersonen. — Ebenso Entlehnungen und Versendungen auf 3 Monate. — Gegr. in Ausführung des § 11 des Reichsvolksschulgesetzes vom 14. Mai 1869. — Fast alle Wissenschaften, besonders Pädagogik.

1001. **Cistercienserstift.** — 60.000 Bde., 420 Handschriften, 512 Incunabeln. — Normale Jahresdotation 600 Gulden. — Bibliothekar und Archivar: P. Benedict Hammerl. — Alphabet. Bandkatalog und Realkatalog. — Benützbar für Gelehrte zu jeder Zeit. — Keine Entlehnungen und Versendungen. — Ueber die Handschriften s. Geschichte und Katalog in Xenia Bernardina, Pars II. 1. 293. — Die Bücherbestände wuchsen im Laufe der Jahrhunderte durch Kauf, zum geringen Theile auch durch Schenkungen seitens des benachbarten Adels (Windhag, Klingenberg) und Clerus auf ihren heutigen Stand an. Der Zuwachs hielt gleichen Schritt mit den Schicksalen des Stiftes: glückliche Perioden eines regen Geisteslebens unter den grossen Aebten des 17. und 18. Jhdts. (s. Rössler in Brunner's Ein Cistercienserbuch, S. 581) kennzeichnen sich auch in der Bibl. durch das Vorhandensein der Literatur jener Zeiten besonders aus der Theologie, Ascese und Geschichte. Aus den Jahren 1670—1760 sind uns für die Geschichte der Bücherpreise werthvolle Rechnungen erhalten. Die Bibl. als Verwahrungsort der Codices tritt uns schon in Quellen des XIV. Jhdts. entgegen, obwohl andererseits gewisse Hss. bis ins XVII. Jhdt. hinein auch an dem Orte ihrer praktischen Verwendung beim Abt, Prior, Custos aufbewahrt worden sind. Der nachweisbar älteste, ins 16. Jhdt. zurückreichende Büchersaal ist ein an das Capitelhaus anstossender Raum: seine

23*

Unzulänglichkeit bewog i. J. 1704 den Abt Robert Schöller in der Fortsetzung des von ihm seit 1701 aufgeführten Conventtractes auf der Kampflussseite ein geräumiges und entsprechendes Bibliotheksgebäude aufzuführen. Nach Robert's Tode (1706) vollendete sein Nachfolger Abt Melchior v. Zaunack durch die innere Ausschmückung und Einrichtung diesen Bau; 1727 entzog er denselben seiner bisherigen Bestimmung, adaptirte ihn zum Noviziate und baute auf der entgegenliegenden Seite von Grund aus neu die heutige Bibl. nach den Vorbildern seiner Zeit, einen hochgewölbten, lichtvollen Prachtsaal, dessen Ausschmückung die Wiener Stuccadörer Tencala, der Wiener Marmorirer Haggenmüller und der Maler Paul Troger und dessen Einrichtung zwei in der Bildhauerei- und Intarsiaarbeit kunstgeübte Laienbrüder besorgten. Wie alle Bibliothekssäle der Barocke ist auch die Zwettler Bibl. vom Kunststandpunkte aus lobens- und bemerkenswerth, ebenso unzulänglich aber vom Standpunkte der Bibliothekstechnik. — Theologie, Philosophie. Jus civile (die Gesetzessammlungen des ehemaligen stiftlichen Landgerichtes), Ascese; Homiletik; besonders gepflegt wird für die Bedürfnisse des an Inediten reichhaltigen Stiftsarchives Geschichte. — Ein Specificum im vollsten Sinne wuchs i. J. 1898 der Stiftsbibliothek in der an specieller und seltener Cistercienserliteratur reichhaltigen Bibliothek des verstorbenen Stiftscapitularen und Ordenshistoriographen Dr. Leopold Janauschek zu.

Rössler, Stephan. Die Abtei Zwettl in Niederösterreich. In: Ein Cistercienserbuch. Von Sebastian Brunner. Würzburg 1881. — Ders., Verzeichniss der Handschriften der Bibliothek des Stiftes Zwettl. In: Xenia Bernardina II. 1. — Xenia Bernard. III. — Rössler, Stephan. Das Stift Zwettl, seine Geschichte und Sehenswürdigkeiten. Zwettl 1893.

Zwittau (Mähren).

1002. **[Landes-]Realschule.** — *a)* Lehrerbibl. 157 Werke in 204 Bdn. und 7 Heften, 386 Programme; *b)* Schülerbibl. 158 Werke in 170 Bdn. — Dotation 250—300 Gulden. — Director: Alois Gamroth; Bibliothekar: Prof. Josef Zimmermann. — Je ein Journal- und Schlagwortkatalog. — Benützbar nur für die Mitglieder des Lehrkörpers. — Ebenso Entlehnungen und Versendungen an die Landesoberrealschulen in Prossnitz und Sternberg. — Gegr. 1895. — Alle an der Anstalt vertretenen Fächer.

1003. **Ottendorfer's freie Volksbibliothek.** — October 1898: 13.180 Bde. — Keine bestimmte Dotation, bisherige Jahresausgabe über 1600 Gulden. — Vorstand: Ein vom Gemeindeausschuss gewähltes 12gliederiges Curatorium, an dessen Spitze der jeweilige Bürgermeister der Stadt steht. Bibliothekarin: Frl. Marie Klar; Assistentin: Frl. Bertha Menschik; für die Correspondenz, Buchführung und Gebäudeaufsicht: Bürgerschullehrer Ferdinand Kubiena, Secretär und Hausverwalter; 1 Diener. Ein Zettelkatalog für das Publicum in 4 Abtheilungen: 1. schönwissenschaftl. Werke *a)* nach Autoren, *b)* nach Titeln; 2. wissenschaftliche Werke *a)* nach Titeln, *b)* nach Schlagworten geordnet; ein ähnlicher für den internen Gebrauch: ein Standortskatalog (Blattkatalog, lose gebunden) nach Dewey's System als Inventar; ein Accessionsbandkatalog. — Geöffnet an Wochentagen von 9—12 und 1—8, an Sonn- und Feiertagen von 9—12 und — mit Ausnahme der Monate Mai bis September — von 2—6 Uhr. — Ausleihstunden 11—12 und 6—8, an Sonn- und Feiertagen 9—12 Uhr. Geschlossen Oster- und Pfingstsonntag, Frohnleichnams- und Christtag. — Geöffnet für jedermann. — Entlehnung an alle über 14 Jahre alten Bewohner von Zwittau und Umgebung, an Minderjährige, Dienstleute oder Unbekannte gegen Stellung eines Garanten (Hausherr, Arbeitsgeber etc.). — Versendung nur an die (17) Sammelstellen in den Dörfern, sonst ausgeschlossen. — Gegr. am 21. August 1891 unter den Auspicien des Stifters Oswald Ottendorfer und seither in der von ihm vorgezeichneten Weise geleitet. — Alle Literaturzweige mit Berücksichtigung des Populären, besonders schöne Literatur.

Jahresberichte I—VI. Hauptkatalog (nach dem Stande vom 1. Juli 1894) und Ergänzungskatalog Nr. 1 (nach dem Stande vom 1. Septb. 1897).

II.

UNGARN.

(Die mit * bezeichneten Auskünfte verdanken wir directer Einsendung.)

Abony (Ungarn).

1. **Bürgerverein** (A polgári kör könyvtára). — 340 Werke in ca. 500 Bdn. — Bibliothekar: Hints József. — Alphabet. Katalog. — Benützbar für Vereinsmitglieder. — Entlehnungen Donnerstag und Sonntag von 5—6 Uhr. — Keine Versendungen. — Gegr. 1858; durch Geschenke vermehrt. — Belletristik.

Agram (Zagreb, Croatien).

* 2. **Königl. Banaltafel**, Opatièkagasse 18. — Ca. 1300 Bde. — Jahresdotation bis zu 500 Gulden. — Vorstand der Bibl. ist der Präsident der königl. Banaltafel; Bibliothekar: Ein Beamter des Secretariates. — Schlagwortkataloge und ein alphabet. Autoren-Zettelkatalog. — Geöffnet während der Amtsstunden von 8—12 und 3—6 Uhr; benützbar nur für die Beamten der Banaltafel. — Entlehnung gegen Revers. — Keine Versendung. Bis 1884 waren die Bücher nur im gemeinsamen Inventar der Banaltafel verzeichnet. 1884 wurde eine eigene Bibl. gegr., eine eigene Dotation dafür bestimmt und ein besonderer Bibliothekar bestellt. — Zeitschriften und Einzelwerke aus dem Gebiete der Rechts- und Staatswissenschaften, judicielle Fächer.

* 3. **Militärwissenschaftlicher und Casinoverein.** — 2221 Werke mit 3992 Bdn. (1298 wissenschaftliche mit 2433, 923 belletristische mit 1559 Bdn.). — Jahresdotation 500 Gulden. — Bibliothekar: Hauptmann i. R. Peter Matica. — Nach Materien angelegter alphabet. Katalog. — Benützbar nur für Mitglieder des Vereines mit Ausnahme der Sonn- und Feiertage von 9—12 und 3—6 Uhr. — Ebenso Entlehnungen Montag, Donnerstag, Samstag von 9—12 und 3—6, bei wissenschaftlichen Werken auf vier Wochen, bei belletristischen auf

14 Tage. — Versendungen nur ausnahmsweise. — Militärische und Hilfswissenschaften.

Katalog im Druck erschienen.

Akna Szlatina (Ungarn).

4. **K. ung. Oberbergamt** (A m. kir. föbányahivatali könyvtára). — 2564 Bde. — Jahresdotation nach Massgabe der vorhandenen Mittel. — Inventar. — Jederzeit benützbar; reine Amtsbibl. — Keine Versendungen. — Gegr. 1776. — Bergbau, Hüttenkunde, Maschinenbau, Geologie.

Alsó-Kubin (Ungarn).

5. **Csaplovics-Bibliothek des Comitates Árva** (Árva vármegyei Csaplovicsféle könyvtár). — 38.908 Bde., darunter 17 Incunabeln, 137 Handschriften, 11 alte ungarische Druckwerke. — Untersteht einer Bibliothekscommission des Comitatsausschusses. — Bibliothekar: Pázmány Lajos. — Geöffnet täglich von 9—12 Uhr für die Bewohner der Stadt Alsó-Kubin; benützbar gegen Caution von 2 Gulden. — Entlehnung, aber keine Versendung. — Lorenz Csaplovics, Advocat der gräfl. Familie Zichy, ein in Pressburg wohnhafter Sohn des Comitates, schenkte i. J. 1839 seine Bibl. von ca. 30.000 Bdn. dem Comitate. Die Widmung wurde mit Freude angenommen und mit der Uebernahme der Bibl. der erste Schriftführer, Notar des Comitates Szontagh Daniel, der bekannte Gelehrte, betraut. Er brachte die übernommene Bibl. nach Alsó-Kubin, stellte sie in einem von dem Comitate zu diesem Zwecke aufgenommenen Locale auf, inventarisirte und katalogisirte die Bücher von 1 bis 20.000. In den Fünfzigerjahren wurde die Bibl. — da die Regierung auch sie zum Staatsvermögen rechnete und als solche von Alsó-Kubin wegzuführen beabsichtigte — von dem Comitate einer Actiengesellschaft überlassen, welche unter Szontagh's Leitung im Interesse der Bibl. grosse Thätigkeit entwickelte. Er verfasste damals mehrere Artikel über die Bibl. für Pesti Napló und Vasárnapi Ujság; ihm ist es zu verdanken, dass die ung. Akademie sämmtliche in ihrem Verlage erscheinenden Publicationen der Bibl. kostenlos zusendet. Nach der Herstellung der Constitution wurde sie vom Comitate zurückgenommen und von einer eigenen Bibliothekscommission des Comitatsausschusses verwaltet. Die Bibliothekarstelle wurde, weil nur kärglich besoldet, stets mit alten Comitatsofficialen besetzt, die dieses Amt nur nebenher versahen. Vor zwei Jahren wurde die Bibl. auf Anregung des Commissionspräsi-

denten Nikolaus Kubinyi in die im neuen Comitatsgebäude ihr zugewiesenen Localitäten transferirt und neu aufgestellt. Der Bibl.-Fond wurde auf den neuen Aufbau des abgebrannten Comitatsgebäudes verwendet; in Folge dessen ist die jährliche Dotation sehr gering.

6. **[K. u. höhere Staats-]Handelsschule** (A m. kir. áll. felső kereskedelmi iskola könyvtára). — 366 Bde. — Director: Riszányi József; Bibliothekar: Mészáros Sándor. — Alphabet. Katalog. — Entlehnungen jeden Samstag von 12—1 Uhr auf 1 Woche. — Alle Fächer der Schule und Jugendliteratur.

Alsó-Lendva, siehe Unter-Limbach.

Altsohl (Zólyom, Ungarn).

7. **[Staats-]Elementarschule** (Állami elemi iskola tanitói és ifjúsági könyvtára). — 612 Bde. — Director: Heeser János; Bibliothekar: Inderszt K. — Zettelkatalog. — Mittwoch und Samstag benützbar für Lehrer; von 1—2 Uhr für Schüler. — Gegr. 1880. — Alle Fächer der Schule, Pädagogik, Jugendliteratur.

Alvincz, siehe Winzendorf.

Andocs (Ungarn).

8. **Franciscanerkloster** (A ferenczrendi zárda könyvtára). — 1049 Bde. Alphabet. und Realkatalog. — Keine Versendungen. — Gegr. zugleich mit dem Kloster 1718. — Alle Wissenschaften.

Arad (Ungarn).

9. **Städtische Bürgerschule** (Arad sz. kir. város polgári iskolai tanári és ifjusági könyvtára). — Lehrer- und Schülerbibl. 2953 Bde. — Jahresdotation 100 (50 + 50) Gulden. — Bibliothekar ein Mitglied des Lehrkörpers. — Zettel- und alphabet. Katalog. — Entlehnungen, aber keine Versendungen. — Gegr. zugleich mit der Schule 1872. — Die Fächer der Anstalt.

10. **[K. u. Staats-Ober-]Gymnasium** (A kir. fögymnasium tanári és ifjusági könyvtára). — *a)* Lehrerbibl. 3283 Bde., *b)* Schülerbibl. 3936 Bde. — Jahresdotation *a)* 450 Gulden; *b)* 300 Gulden. — Director: Burián János; Bibliothekar für *a)* Prof. Rieger Imre; für *b)* Prof. Kövesdi Ignácz. — Zettel- und alphabet. Kataloge. — Benützbar *a)* täglich von 8 bis

12 Uhr; *b)* wöchentlich zweimal. — Entlehnungen *a)* an Lehrer; *b)* an Schüler der Anstalt. — Keine Versendung. — Gegr. 1873. — *a)* Fächer des Gymnasiums; *b)* Jugendliteratur.

Az aradi kir. fögymn. tanári könyvtárának 1897 decz. 31-en lezárt alapleltára, össz. Rieger Imre. Arad 1898.

11. **Kölcsey-Verein** (Kölcsey-Egyesület könyvtára). — 4268 Bde. — Jahresdotation 300 Gulden. — Bibliothekar: Kara Győző; 1 Diener. — Gedruckter Katalog. — Wöchentlich dreimal benützbar. — Entlehnungen an die Mitglieder. — Keine Versendungen. — Gegr. mit dem Vereine 1879. Pálfy Sándor bereicherte die Bibl. mit einem Geschenke von 400 Bdn.; 1897 1200 Bde. aus dem Besitze des Atzél Péter. — Alle Wissenschaften.

1896 erschien ein von dem früheren Bibliothekar Prof. Lankó Albert verfasster Katalog.

12. **Orczy-Vásárhelyi-Bibliothek am k. u. Staatsgymnasium** (A kir. fögymnasium „Orczy-Vásárhelyi" könyvtára). — 25.000 Bde., 15 Incunabeln, viele Handschriften. — Bibliothekar: Kara Győző. — Keine Entlehnung oder Versendung. — Gegr. 1873 von der Stadt Arad.

* 13. **[K. ung. Staats-Ober-]Realschule** (Az állami föreáliskola tanári és ifjusági könyvtára). — *a)* Lehrerbibl. 2005 Bde.; *b)* Schülerbibl. 1778 Bde. — Jahresdotation *a)* 500 Gulden, *b)* 150 Gulden. — Director: Boros Vide; Bibliothekar für *a)* Prof. Lauki Albert; für *b)* Prof. Pólgár János. — *a)* Zettelkatalog; *b)* Materienkatalog. — *a)* für die Lehrer der Anstalt jederzeit, mit besonderer Bewilligung der Direction und unter Verantwortlichkeit des Bibliothekars auch für andere Personen zugänglich; *b)* für Schüler einmal wöchentlich benützbar. — Entlehnungen *a)* an den Lehrkörper, *b)* auch an Schüler. — Versendungen *a)* nur ausnahmsweise. — Gegr. mit der Anstalt 1871. Bis 1892 mit der Arader Gymnasialbibl. vereinigt, welche seit dieser Zeit besonders verwaltet wird. — Alle Wissenschaften der Anstalt, in *b)* auch Jugendliteratur.

Aszód (Ungarn).

14. **[Evang. Unter-]Gymasium** (Az ág. hitv. ev. algymnasium tanári könyvtára). — Lehrerbibl. 1938 Bde. — Dotation 100 Gulden. — Director: Bolla Lajos; Bibliothekar: Prof. Dévény József. — Zettel- und Realkatalog. — Täglich benützbar. — Entlehnungen in der Regel nur an die Prof. — Keine Versendungen. — Gegr. zugleich mit der Anstalt. — Alle Fächer der Schule.

Attala (Ungarn).

15. **Pfarrbibliothek** (Attalai plebániai könyvtár). 819 Bde. — Bibliothekar: Pfarrer Melhárd Gyula. — Zettelkatalog nach Materien. — Keine Entlehnung oder Versendung. — Aus den Nachlässen der Pfarrer entstanden. Der am 5. April 1896 verstorbene Pfarrer Szabó Vilmos vermachte der Bibl. 183 Bde. — Theologie.

Baja (Ungarn).

16. **[Ober-]Gymnasium der Cistercienser** (A Ciszterci fögymnasium tanári és ifjusági könyvtára). — *a)* Lehrerbibl. 5072 Bde.; *b)* Schülerbibl. 538 Bde. — Jahresdotation 350 Gulden. — Vorstand ist der Abt: Bibliothekar: P. Székely Károly. — Zettelkatalog, Materienkatalog. — Benützbar *a)* für den Lehrkörper, *b)* für die Schüler der Anstalt. — Keine Entlehnung oder Versendung nach auswärts. — Gegr. 1879, wo die Bibl. vom Staate erworben wurde. — Alle Fächer des Gymn.

A könyvtárak ismertetése és teljes jegyzéke megjelent a bajai fögymnasium 1893—1894 évi iskolai értesitöben.

Bakonybél (Ungarn).

17. **Benedictinerabtei** (Az apátság könyvtára). — 4000 bis 5000 Bde. — Bibliothekar: P. Véransz Bálint. — Alphabet. Realkatalog. — Nur für die Mitglieder der Abtei zugänglich. — Keine Entlehnungen und Versendungen. — Vorzugsweise Theologie.

Labach, Berthold. Martinsberg, Erzabtei in Ungarn, mit Bakonybél, Dömölk und Tihany. In: Ein Benedictinerbuch. Von Seb. Brunner. Würzburg 1881.

Balassa-Gyarmat (Ungarn).

18. **Bürgerschule** (Polgári iskolai könyvtár). — 2218 Bde. — Jahresdotation 50 Gulden. — Bibliothekare: Mitsky Aladár, Lehrer; Steierleinné Lassner Gizella, Lehrerin. — Alphabet. und Realkatalog. — Die Abtheilung für Lehr- und Hilfsbücher ist an jedem Schultage, jene für Belletristik jeden Samstag zugänglich. Für Mitglieder des Lehrkörpers jederzeit benützbar. — Keine Entlehnung. — Gegr. 1875. — Alle Fächer der Bürgerschule.

Balázsfalva (Ungarn).

19. **Erzdiöcese** (Föegyházmegyei könyvtár). — 5727 Bde., 103 Handschriften, 4 Karten. — Jahresdotation 60 Gulden. —

Bibliothekar: Dr. Marcu Izidor. — Entlehnungen im Bedarfsfalle. — Keine Versendungen. — Gegr. im 18. Jhdt. durch den Basilianerorden. Grössere Geschenke von Sinlutin († 1867), Vancea († 1892), Micu († 1895) und Dr. Grama († 1896). In den Jahren 1848 und 1849 ging ein Theil der Bibl. zu Grunde und wurde 1851 als Erzdiöcesanbibl. wieder in Ordnung gebracht.

Bartfa, siehe Bartfeld.

Bartfeld (Bártfa, Ungarn).

20. **[K. ung. Staats-]Gymnasium** (A m. kir. állami gymnasium tanári és ifjusági könyvtára). — *a)* Lehrerbibl. 463 Werke in 733 Bdn.; *b)* Schülerbibl. 295 Bde. und 3 Karten. — Jahresdotation für *a)* 100 Gulden; für *b)* aus den Beiträgen der Schüler, ca. 40 Gulden. — Bibliothekar für *a)* Prof. Dr. Fas Antal; für *b)* Prof. Dr. Mikó Pál. — Zettel- und alphabet. Kataloge. — *a)* täglich für den Lehrkörper. *b)* Mittwoch von 2—3 Uhr für die Schüler benützbar. — Ebenso Entlehnungen. — Keine Versendungen. — Gegr. 1896. — *a)* Alle Fächer des Gymn.; *b)* Jugendliteratur und Populärwissenschaften.

Beczkó (Ungarn).

21. **Franciscanerconvent** (A szt. Ferenczrendü zárda könyv- és levéltára). — 2300 Bde., 3 Incunabeln, mehrere altungarische Drucke (bis 1711). — Bibliothekar: P. Hunka Emmanuel. — Fachkatalog. — Benützbar nur für die Conventmitglieder. — Gegr. 1696 zugleich mit dem Convent. — Alle Wissenschaften.

Katalog im Drucke.

Békés (Ungarn).

22. **Casino** (A kaszinó könyvtára). — 2282 Bde. — Dotation 100 Gulden. — Bibliothekar: Bányai Imre. — Alphabet. und Realkatalog. — Mittwoch und Samstag von 5—7 Uhr für Mitglieder benützbar. — Keine Entlehnungen. — Gegr. 1858. Die Bibl. der 1832 gegr. und 1849 aufgelösten „Békési olvasó Társaság" ging in den Besitz des Casinos über. — Alle Wissenschaften.

Katalog erscheint alle 10 Jahre. — Hajnal István. A békési kaszinó története. (Im Erscheinen.)

23. **Ev. ref. Gymnasium** (Az ev. ref. gymnasium tanári könyvtára). — Lehrerbibl. 6965 Bde., 5 Handschriften. —

Jahresdotation 200—300 Gulden. — Bibliothekar: Sébei Péter. — Fachkatalog. — Entlehnungen an die Lehrer der Anstalt. — Gegr. 1860. Als Geschenk erhielt die Bibl. 1883 von Hajnal Abel 231 Bde., von Asztalos István 331 Bde. — Alle Wissenschaften.

Békés Csaba (Ungarn).

24. **Casinoverein** (A B.-Csabai casinoegylet könyvtára). — 2092 Werke in 3613 Bdn. — Jahresdotation 150 Gulden. — Bibliothekar: Donner Lajos. — Zettel- und alphabet. Katalog. — Jeden Mittwoch und Samstag von 1/26—7 Uhr geöffnet. — Entlehnung nur an Vereinsmitglieder. — Keine Versendung. — Gegr. 1845. — Belletristik, Geschichte, Naturwissenschaften.

Bisher sind drei Kataloge erschienen.

25. **[Evang. Rudolfs-]Gymnasium A.-C.** (Az ág. hitv. evang. Rudolf-gymnasium tanári és ifjusági könyvtára). — *a)* Lehrerbibl. 3729 Bde.; *b)* Schülerbibl. 871 Bde. — Jahresdotation für *a)* 280 Gulden; für *b)* 150 Gulden. — Director: Bukovszky János; Bibliothekar für *a)* Prof. Babich Pál; für *b)* Prof. Bielek Dezsö und Prof. Dr. Rell Lajos. — *a)* Materienkatalog; Zettelkatalog in Ausarbeitung; *b)* alphabet. und Real-Zettelkatalog. — *a)* für den Lehrkörper (gegen Bestätigung); *b)* wöchentlich einmal für Schüler benützbar. — Keine Entlehnung oder Versendung nach auswärts. — Gegr. 1865 von Csorba Mihály, hatte die Bibl. anfangs nur geringe Mittel zur Verfügung, wurde dann aus der Kirchencasse, seit dem Schuljahre 1871/72 durch Beiträge aus dem Schulgelde vermehrt; durch Stiftungen wurde später der Fond bereichert. An Schenkungen sind hervorzuheben: Breznyik János (103 Bde.), Horváth János (218 Bde.), Lippert János (250 Bde.) etc. — Alle Fächer des Gymn.

A békés-csabai ág. h. ev. gymnasium története. Im Jahresberichte des Gymn. 1895/96.

Belényes (Ungarn).

26. **[Ober-]Gymnasium** (Fögymnasiumi könyvtár). — 6819 Bde. — Jahresdotation 200 Gulden. — Director: Butéan János; Bibliothekar: Prof. Dr. Csighi Antal. — Zettel- und Realkatalog. — Dienstag und Samstag für den Lehrkörper benützbar. — Ebenso Entlehnungen. — Keine Versendungen. — Gegr. zugleich mit dem Gymn. 1829 durch den griech.-kath. Bischof Samuel Vielkan von Grosswardein, sodann durch Geschenke und Legate vermehrt. — Alle Fächer der Anstalt.

Der Zuwachs seit 1890 ist in den Jahresberichten des Gymn. veröffentlicht.

Beregszász (Ungarn).

27. **K. u. Gerichtshof-Gefangenhaus** (A kir. törv. fogházának könyvtára). — 369 Bde. — Sachkatalog. — Keine Entlehnung und Versendung. — Sittenlehre.

Besnyö (Ungarn).

28. **Capucinerkloster** (Kapucinus zárda könyvtára). — 2742 Bde., 1 Incunabel, 7 Handschriften, mehrere alte ungarische Drucke. — Vorstand und Bibliothekar: P. Reiner Hugo. — Zettelkatalog. — Benützbar nur für Ordensbrüder. — Keine Entlehnung oder Versendung. — Entstanden und vermehrt aus den Nachlässen der Ordensbrüder. — Alle Wissenschaften, besonders Theologie.

Beszterczc, siehe Bistritz.

Beszterczebánya, siehe Neusohl.

Bistritz (Besztercze, Siebenbürgen).

* 29. **[Ev. Ober-]Gymnasium A. B.** (Az ág. hitv. ev. fögymnasium könyvtára). — *a)* Wissenschaftliche (Lehrer-) Abtheilung 3730 Werke in 8070 Bdn., überdies 9360 Stück Schulprogramme und 697 Bde. Zeitungen; *b)* belletristische Abtheilung 1500 Werke in 3024 Bdn. — Jahresdotation *a)* und *b)* 350—400 Gulden. — Director: Fischer György; Bibliothekar: Prof. Klemens Albert. — *a)* Alphabet. Schlagwort-, beziehungsweise Bandkataloge; *b)* gedruckter alphabet. Katalog. — Benützbar für das Publicum Dienstag und Samstag von 11 bis 12 Uhr. — Entlehnungen nur für Stadt und nächste Umgebung. — Gegr. 1550, namhaft vermehrt aber erst seit 1850. — Für jede Classe des Untergymn., sowie für das ganze Obergymn. existiren Schülerbibl.; erstere vier umfassen 688, letztere 794 Bde. — Theologie, classische Philologie, deutsche Sprache, Philosophie und Pädagogik, Geschichte und Geographie, Transsilvanica, Naturwissenschaften und Mathematik, magyarische Sprache und Literatur.

Budaker, Gottl. Ueber die Entwickelung des Bibl.-Wesens an der Bistritzer Lehranstalt (im Programme für 1860/61). — Katalog der Schüler- und allgem. Lesebibl. am Gymn. zu Bistritz. Hermannstadt 1861. — Katalog der Leih- und Lesebibl. des Bistritzer Gymn. Bistritz 1872. — Hierzu 3 Ergänzungskataloge Bistritz 1875; 1882; 1886. — Katalog der Leih- und Lesebibl. des Bistritzer Gymn. Bistritz 1889.

Boldogasszony, siehe Frauenkirchen.

Bonyhád (Ungarn).

30. **Ev. Gymnasium A. B. mit Staatssubvention** (Az államilag segélyzett ág. hitv. ev. gymnasium könyvtára). — 2523 Bde. — Jahresdotation 150—180 Gulden. — Bibliothekar: Prof. Forberger László. Zettel- und Fachkatalog. — Täglich benützbar. — Keine Versendungen. — Gegr. mit der Anstalt. — Alle Wissenschaften, besonders Pädagogik.

Borsod-Ivánka (Ungarn).

31. **Pronay-Bibliothek** (Prónay József és Endre fivérek könyvtára). — 6240 Bde., 9 Incunabeln, 1 Handschrift, 200 Stiche (u. a. ein Breviarium aus 1480). — Vorstände und Bibliothekare die Eigenthümer. — Realkatalog. — Reine Privatbibl. — Ursprünglich im Besitze des Podmaniczky J., fiel die Bibl. 1870 im Umfange von 1300 Bdn. durch Kauf an die Familie Prónay. — Alle Wissenschaften vertreten.

Brassó, siehe Kronstadt.

Broos (Szászváros, Siebenbürgen).

* 32. **Ev. ref. Kún-Collegium** (Ev. ref. Kún collegium tanári vagy nagy könyvtára). — Lehrer- und grosse Bibl. 5635 Werke in 10.719 Bdn. (ausser den Schulprogrammen), 1 Incunabel, 19 Handschriften, 44 alte ungar. Drucke. — Jahresdotation je nach Bedarf der allgemeinen Dotation von 900 Gulden entnommen, durchschnittlich 200—500 Gulden. — Director: Simon Ferencz; Bibliothekar: Prof. Vitus Lajos. — Handschriftlicher Zettelkatalog, alphabet. geordnet in 10 Abtheilungen. — Keine bestimmten Bibliotheksstunden; doch steht die Bibl. jederzeit nicht nur Prof., sondern auch Studenten und allen vertrauenswürdigen Personen in der liberalsten Weise zur Verfügung. — Ebenso Entlehnungen und in ausserordentlichen Fällen auch Versendungen (Handschriften, Incunabeln ausgeschlossen). — Wahrscheinlich gleich nach der Reformation gegr. und zwar durch Geschenke, denn die Anstalt war im Laufe des 17. und 18. Jhdts. sehr arm. Sehr viele Bücher mit der Aufschrift „Scholae Saxopolit. ab anno 1730" beweisen, dass bereits früher die Bibl. existirte, andere Werke erweisen sich als Spenden der Fürsten Rákóczi I. und Apafi Michael, den beiden Gönnern der Anstalt; jenen zu Ehren wurde dieselbe auch lange als Collegium Rákóczianum

bezeichnet. — Als bedeutendere Spender fungiren noch: Berzétei József und Herepei István (1744, meist Theologie). Kerekes Abel, Subrector (Geschichte) und sein Schwager Demeter Janos (1817, Varia), Brúz Lajos, Sigmund Graf Kún (1832, Geschichte und Jus), Salbek Georg (Belletristik aus den Vierzigerjahren), Várady Michael, gew. Pfarrer aus Broos (1856, Theologie); Gotthard Graf Kún, Obercurator und Gönner des Collegiums (von dessen Namen die Anstalt auch den ihrigen entlehnte), vermehrte vom J. 1861 an, wo er seine eigene Bibl. spendete, bis zu seinem 1895 erfolgten Tode die Bibl. mit sehr werthvollen Werken und Zeitschriften, sowie auch den zahlreichen kostbaren historischen Werken seines gelehrten Bruders Gregorius Graf Kún. 1879 spendeten zahlreiche Werke Vitus Lajos, 1881 István Graf Kún und Király Ferencz die Sammlung seines Vaters, des Erzpriesters Király Imre. Jährliche Spenden kommen der Bibl. zu von dem derzeit. Obercurator Dr. Géza Graf Kún sowie in der allerneuesten Zeit von der Witwe Nagy Zsigmond und dem Univ.-Prof. Dr. Szádeczky Lajos. — Alle Wissenschaften, am meisten Theologie (aber ohne nennenswerthen Zuwachs), Geschichte, Natur- und Sprachwissenschaften. — Eine besondere Institution ist die unter der Leitung des Directors stehende Jugendbibl. mit ca. 2000 Bdn.

A Szászvárosi ev. ref. Kún-Collegium Története irta Dósa Dénes. Szászváros 1897. (Darin eine kurze von Vitus Lajos abgefasste Geschichte der Bibl.).

Budapest (Ungarn).

33. **Abgeordnetenhaus** (Képviselőházi könyvtár). — 40,000 Bde., 100 Handschriften. — Jahresdotation 5400 Gulden. — Bibliothekare: Dr. Küffer Béla, Fülöp Áron; 2 Diurnisten, 2 Diener. — Alphabet. Realkatalog, gedruckter Katalog. — Nicht öffentlich; nur für die Abgeordneten benützbar. — Ebenso Entlehnungen auf 30 Tage und Versendungen. — Die Bibl. stammt aus der Zeit der Verfassungsordnung, doch erst mit dem J. 1872, wo Ghyczy Ignácz eine Büchersammlung von 13,000 Bdn. der Bibl. schenkte, brach eine Periode mächtigen Aufschwunges herein. — Parlamentarismus, Rechts- und Staatswissenschaften.

Gedruckter Katalog aus d. J. 1891.

34. **Advocatenkammer** (Az ügyvédi kamara könyvtára). — 1516 Bde. Jahresdotation 600 Gulden. — Bibliothekar: Dr. Tóth Kálmán, Advocat. — Zettel- und Realkatalog. — Wöchentlich zweimal geöffnet. — Ebenso Entlehnungen, aber keine Versendungen. — Gegr. 1875. — Rechtswissenschaft.

Vier gedruckte Kataloge, der letzte aus d. J. 1897.

* 35. **Aerzteverein** (A kir. orvosegyesület könyvtára), VIII. Szentkirályi utcza 21. — 11.450 Bde. und Broschüren, ein altungar. Druckwerk. — Jahresdotation 3200 Gulden. — Bibliothekar: Dr. Temesváry Rezsö; Adjunct: Dr. Hevesi Arthur; 1 Diener. — Ein Zettel- und ein Bandkatalog, letzterer nach Specialfächern geordnet. — Benützbar täglich von 9—2 und 4—8 Uhr. an Sonn- und Feiertagen von 9—1 Uhr. Während der Vereinsferien bleibt die Bibl. an Sonn- und Feiertagen geschlossen. — Ebenso Entlehnungen an Mitglieder. — Keine Versendungen. — Gegr. 1840; verwendet wurden für dieselbe bis 1898 34.118 Gulden. — Grössere Schenkungen stammen von Dr. Ludwig Stessel. Dr. Franz Flór, Dr. Joh. Nep. Tóth, Dr. Franz Xav. Grósz, Dr. Franz Bene und Dr. Ignaz Haschler. — Sämmtliche medicinischen, sowie deren naturwissenschaftlichen Hilfsfächer.

Török Lajos és Temesváry Rezsö. A Budapesti kir. Orvosegyesület Könyvtárának betürendes Katalogusa. Budapest 1896. — Dieselben. Szakkatalogusa. Budapest 1898. — A Budapesti kir. Orvosegyesület évkönyvei 1874—1898, jährlich ein Band.

36. **Ev. ref. theologische Akademie** (Az. ev. ref. theol. akadémiai ifjusági könyvtára). — Schülerbibl. 2000 Bde. — Bibliothekar: 1. Dúzs Dezsö; 2. Makay Sándor. — Fachkatalog. Wöchentlich zweimal benützbar für die ordentlichen und ausserordentlichen Hörer. — Entlehnungen von wissenschaftlichen Werken auf 1 Monat, von belletristischen auf 2 Wochen. — Gegr. 1864. Zahlreiche Schenkungen, so: Nagy József 1889 und 1890 (168 Bde.); Szöts Farkas 1888 (35 Bde.) und 1894 (100 Bde.); Kovács Albert 1895 (100 Bde.) etc. — Vorzugsweise Geschichte und Belletristik, auch Theologie.

* 37. **Kgl. ung. Akademie der Wissenschaften** (A magyar tudományos akadémia könyvtára. Bibliotheca scientiarum academiae hungaricae), V. Akademiegasse 2 (im Akademiepalaste). 1560 Bücherbretter im grossen Bibliotheks-saale à ca. 40 Bde., Doppelreihen; 360 Bücherbretter im kleinen Bibl.-Saale à ca. 50 Bde., Doppelreihen; hierzu zwei kleinere Räume, 1 Kellerraum mit gebundenen Zeitungen. In Summe 150.000—180.000 Bde. Dem letzten Ausweise (Ende 1897) zufolge betrug die Zahl der geordneten Fächer 53, welche 54.784 katalogisirte Werke aufweisen. Incunabeln ca. 500. Manuscripte: 2534 Bde., Theken und Convolute. Darunter 95 Urkundenkapseln mit über 20.000 Urkunden. Hierzu 131 Bde. orientalische Handschriften und 24.000 Briefe in 182 Bdn. — Jahresdotation (seit 2 Jahren, incl. Buchbinder, Kanzleipauschale etc.) 6500 Gulden (davon 5000 Gulden aus

24*

der Regierungsdotation). Eine Reihe von Jahren betrug die Dotation 6000 Gulden, während der Zeit grösserer Katalogisirungsarbeiten 7000—7500 Gulden. — Vorstand: Prof. Dr. Heller Agost, Oberbibliothekar; zwei Unterbibliothekare: Hellebrant Árpád, Lindner Ernst; 3 Diener. — Vorhanden *a)* Generalkatalog in 57.688 Zetteln; *b)* Hand- oder Fachkatalog in 102 Bdn. und 48 Zettelkapseln; *c)* Standortskatalog nach Fächern in 56 Bdn.; *d)* Inventarium (in Ausarbeitung; bezüglich der neuen Einläufe seit Nr. 50.000 regelmässig geführt). — Der Lesesaal ist mit Ausnahme der Sonn- und Feiertage, sowie der Ferialmonate Juli und August jeden Tag von 3—7 Uhr nachmittags geöffnet. Als Leser werden auf Grund eines Eintrittsscheines ausser dem erwachsenen gebildeten Publicum die Hörer der Hochschulen und anderer höherer Fachschulen, sowie die Schüler der beiden oberen Classen der Mittelschulen zugelassen. — Mitglieder der Akademie, Hochschulprofessoren und bekannte Gelehrte in Budapest können Bücher in der Regel auf zwei Monate entlehnen. Versendungen in die Provinz auf Ansuchen von Behörden oder Schuldirectionen; nur Bücher und Handschriften auf Ansuchen von Bibliotheken zur Benützung in deren Räumen. — Gegr. am 7. März 1831, wo die ersten (geschenkten) Bücher zur Aufstellung gelangten. Im J. 1838 erfolgte die Schenkung zweier gräfl. Batthyány'schen Bibliotheken (ca. 33.000 Bde.), hierauf 1844 die Uebernahme der am 17. März 1826 von der gräfl. Familie Teleki der Akademie gespendeten auserlesenen Bibl. von 30.000 Bdn. und einer Stiftung zur Besoldung des Bibliothekars. In Folge dessen steht dem Oberhaupte letzterer Familie für alle Zeiten das Recht der Ernennung des von der Akademie gewählten jeweiligen Oberbibliothekars zu. — Vertreten sämmtliche Wissenschaften. Zahlreich sind die Publicationen der mit der Akademie im Schriftentausch stehenden gelehrten Gesellschaften und Institutionen, ferner die auf Ungarn bezügliche Literatur (geschichtliche, theologische und staatswissenschaftliche Werke). — Eine besondere Abtheilung der Bibl. bildet die von Dr. Balthasar Elischer gegr., von Prof. Dr. Julius Elischer geschenkte, in einem eigenen Saale untergebrachte „Goethe-Sammlung", welche aus ca. 2500 Druckwerken, 178 Handschriften (darunter 34 Goethe-Handschriften), 1063 Bildern und Stichen (darunter 233 Goethe-Bildnissen), 22 Denkmünzen, 366 auf Goethe's Dichtungen bezüglichen Musikstücken etc. besteht.

Jahrbücher der Akademie (A magyar tudom. akadémia évkönyvei), Bd. VII, S. 86. — Hellebrant, A. Catalogus librorum saeculo XV. impressorum quotquot in bibliotheca academiae litterarum Hungaricae asservantur. Budapestini 1886. — Jakab Elek. A magy. tud. Akadémia kéziratttárának ismertetése. Budapest 1892.

* 38. **Königl. ung. geologische Anstalt** (A m. kir. földtani intézet könyvtára), im Palais des königl. ung. Ackerbauministeriums. — 15.000 Bde. — Jahresdotation 1200 Gulden. Vorstand: Boeckh János, kgl. ung. Sectionsrath, Director der kgl. ung. geologischen Anstalt; Bibliothekar: derzeit Bruck József. — Alphabet. Band- und Zettelkatalog. — Jeden Wochentag von 9—2 Uhr benützbar, in erster Linie für die Mitglieder der Anstalt und jene der ung. geol. Gesellschaft. — Ebenso Entlehnungen. — Versendungen nur mit besonderer Genehmigung des Directors. — Gegr. 1868. — Geologie, Paläontologie und Mineralogie.

Farkas, Róbert. A magy. kir. földtani intézet könyv- és térképtárának czimjegyzéke. Budapest 1884. — I.—IV. pót-czimjegyzéke (Bruck József). Budapest 1886, 1889, 1892, 1897.

39. **Arbeiterheim im VIII. Bezirke** (A VIII. ker. munkásotthon könyvtára). — 1439 Bde., 37 Hefte. — Fachkatalog. — Von October bis Mai täglich geöffnet. — Keine Entlehnung oder Versendung. — Gegr. 1896 vom Allgem. Wohlthätigkeitsvereine (Általános közjótékonysági egylet) und durch Spenden vermehrt. — Arbeiterwesen.

A budapesti VIII. ker. munkás-otthon könyvtárának czimjegyzéke. Budapest 1898.

40. **Beamtencoloniecasino** (A tisztviselötelepi casino könyvtára). — 700 Bde. — Dotation 100 Gulden. — Bibliothekar: Zeiller Kálmán. — Alphabet. Katalog. — Wöchentlich zweimal benützbar. — Entlehnungen gegen Jahresbeitrag von 1 Krone. — Gegr. und vermehrt durch Bücherschenkungen: Rózsa Péter, Szabó Kálmán, Szász Károly. — Belletristik, Naturwissenschaften, Geschichte.

41. **Bildungscurs für Eisenbahnbeamte** (A vasuti tisztképzö tanfolyam könyvtára). — 1026 Werke in 2570 Bdn., 15 Karten. — Jahresdotation 1000 Gulden vom Handelsministerium. — Bibliothekar: Hajnal Vilmos; 1 Diener. — Alphabet. Katalog. — Benützbar für den Lehrkörper und die Hörer der Anstalt. — Entlehnung auf 6 Wochen. — Keine Versendung. — Gegr. 1887. — Vorwiegend Eisenbahnwesen.

42. **Theresienstädter Bürgerclub** (A terézvárosi polgári kör könyvtára), VI. Andrássy út 24. — 600 Bde. — Jahresdotation 100 Gulden. — 2 Bibliothekare. — Alphabet. Katalog. — Entlehnungen auf 1 Monat gegen Caution von 1 Gulden. — Keine Versendungen. — Gegr. 1891. — Alle Wissenschaften.

43. **[Communal-Knaben-]Bürgerschule im II. Bezirke** (A II. ker. közs. polg. fiúiskola tanári és ifjúsági könyvtára). —

a) Lehrerbibl. 818 Bde., 864 Hefte; *b)* Schülerbibl. 993 Bde., 105 Hefte. — Jahresdotation für *a)* 254·35 Gulden; für *b)* 226·85 Gulden. — Director: Szenessy Mihály; Bibliothekar: Dr. Patrubány Lukács. — Inventar und alphabet. Katalog. — Benützung und Entlehnung *a)* an den Lehrkörper täglich; *b)* an Schüler. — Keine Versendung. — Gegr. 1873. — Fächer der Bürgerschule.

44. **[Hauptstädtische Mädchen-]Bürgerschule im II. Bezirke** (A székesfővárosi II-ik ker. polgári leány iskola tanári és ifjúsági könyvtára). — *a)* Lehrerbibl. 731 Werke; *b)* Schülerbibl. 628 Werke in zusammen 2325 Bdn. — Jahresdotation *a)* 120 Gulden, *b)* aus den Schultaxen der Schülerinnen, 1 Gulden pro Kopf. — Director: Kozmal Gyula; Bibliothekar für *a)* Dr. Melczer Gusztáv; für *b)* Gyulay Elek. — Realkatalog. — Benützbar *a)* für den Lehrkörper täglich von 8—1 und 3—5 Uhr. — Entlehnung *a)* an die Lehrer der Anstalt; *b)* an Schülerinnen auf zwei Wochen. — Gegr. 1872/73. — Fächer der Bürgerschule; Jugendliteratur.

45. **[Mädchen-]Bürgerschule im VII. Bezirke** (A VII. ker. polg. leányiskola tanári könyvtára), Kazinczy utcza. — Lehrerbibl. 493 Bde. — Dotation 40 Gulden. — Director: Vajdafy Ernö; Bibliothekarin: Rosnerné Fleiszig Matild. — Inventar. — Für den Lehrkörper jederzeit benützbar. — Gegr. mit der Schule 1873. — Alle Schulfächer, besonders Pädagogik.

46. **[Communal-Knaben-]Bürgerschule im VIII. Bezirke der Haupt- und Residenzstadt** (A fő- és székv. VIII. ker. közs. polgári fiúiskola tanári és ifjúsági könyvtára). — *a)* Lehrerbibl. 235 Bde.; *b)* Schülerbibl. 554 Bde. — Bibliothekar für *a)* Laky Vilmos; für *b)* Hortobágyi Antal. — Alphabet. Katalog. — Jederzeit benützbar. — Entlehnungen, aber keine Versendungen. — Gegr. 1894 zugleich mit der Schule. — Alle Fächer der Anstalt.

47. **[Hauptstädtische Communal-Mädchen-]Bürgerschule im VIII. Bez.** (A székes főv. községi polg. leányiskola tanári könyvtára) VIII., Práter u. — Lehrerbibl. 267 Bde. — Dotation nach Bedarf. — Director: Wittinger János. — Inventarkatalog. — Benützbar für den Lehrkörper zu festgesetzten Stunden. — Entlehnungen ausnahmsweise. — Keine Versendungen. — Pädagogik, Fachliteratur.

48. **[Mädchen-]Bürgerschule im X. Bez.** (A X. ker. polgári leányiskola tanári könyvtára), Bánya uteza 2. — Lehrerbibl. 310 Bde. — Dotation 80—90 Gulden. — Director: Vályn Miklós; Bibliothekarin: Jász Margit. — Realkatalog, Inventar.

— Zu den Schulstunden benützbar. — Entlehnungen nur an Mitglieder des Lehrkörpers. — Keine Versendungen. — Gegr. im September 1893. — Alle Fächer der Bürgerschule. Belletristik.

* 49. **Statistisches Bureau der Haupt- und Residenzstadt Budapest** (A székes főváros statisztikai hivatala könyvtára). — 20.185 Bde. — Jahresdotation 250 Gulden von der Stadt. — Vorstand: Dr. Thirring Gusztáv. — Alphabet. und Fachkatalog (beide in Zettelform). — Accessionsverzeichnisse seit 1877 in den Monatsheften des statistischen Bureaus. — Benützbar während der Amtsstunden von 8—2 Uhr für Jedermann. — Keine Entlehnungen und Versendungen. — Gegr. 1870 zugleich mit dem statistischen Bureau. — Alle wissenschaftlichen Fächer, besonders Statistik, Nationalökonomie, Staats- und Socialwissenschaften, Hygiene.

Thirring, Gustav. Geschichte des statistischen Bureaus der Haupt- und Residenzstadt Budapest 1869—1894. Berlin 1894. — Der Zuwachs wird seit 1877 in den Statisztikai Havifüzetek veröffentlicht.

* 50. **Militärwissenschaftlicher und Casinoverein.** — 6146 Bde. — Jahresdotation je nach den verfügbaren Geldmitteln ca. 600 Gulden. — Obmann: Oberst Joseph Tappeiner; Bibliothekar: Oberstlieutenant Hugo Müller v. Mühlwerth; Custos: Gustav Wähner. — Alphabet. Bücherkatalog 1895 neu angelegt, stets mit Nachträgen versehen. — Benützbar Dienstag von 3—6 Uhr, Freitag von 9—12 Uhr. — Entlehnungen nur an Vereinsmitglieder. — Keine Versendungen. — Gegr. zugleich mit dem Vereine 1862. — Militärwissenschaften und Belletristik; vorzugsweise erstere gepflegt.

51. **Centralausschuss der Wanderversammlungen der ung. Aerzte und Naturforscher** (A m. orvosok és természetvizsgálók vándorgyűlései központi választmányának könyvtára). — 87 Bde. — Bibliothekar: Dr. Verebély László. — Keine Entlehnungen oder Versendungen. — Naturwissenschaften.

52. **K. ung. Statistisches Centralbureau.** Oeffentliche Bibliothek und Landkartensammlung (A. m. k. központi statisztikai hivatal nyilvános könyvtára és térképgyűjteménye) I. Bez. Oszlop u. — Ende des Jahres 1898: 20.601 Bde., 11.477 Hefte, 14.093 minutiora; zusammen: 76.171 Werke, 28 Manuscripte, 132 Landkarten und Zeichnungen. — Jahresdotation 2000 Gulden vom k. ung. Handelsministerium. — Bibliothekar: Farkasfalvi Imre; Official: Tettey Emil; 2 Diurnisten, 2 Diener. — Alphabet. und Fachkatalog in Zetteln. — Geöffnet täglich von 10—1 Uhr mit Ausnahme der Sonn- und Feiertage. Den Lesesaal kann jedes dem Bibliothekar be-

kannte Individuum ohne jegliche Legitimation benützen. — Entlehnungen an die Beamten des Bureaus ohne Bedingungen, die Diurnisten nur gegen ein von dem betreffenden Sectionsleiter vidirtes Recepisse; an die Beamten des Nationalmuseums, der Akademie, die Mitglieder der Universität und des Staatsarchivs nur dann, wenn der Director bis auf Weiteres seine Erlaubniss ertheilt hat; sonst ist die Zustimmung des Directors von Fall zu Fall erforderlich. — Ebenso Versendungen. — Den Grund zur Bibl. legte der ehemalige Director Dr. Carl Keleti i. J. 1867 durch Tausch mit auswärtigen statistischen Bureaux. Sie erhielt i. J. 1876 anlässlich des in Budapest abgehaltenen Internationalen Statistischen Congresses einen erheblichen Zuwachs. Im J. 1884 war sie nach der damaligen Bibliotheksstatistik die zweite Fachbibliothek unter allen Amtsbibliotheken. Ihr Statut wurde am 2. October 1890 vom Handelsministerium, Z. 3215, genehmigt, dann durch den Erlass v. J. 1898, Z. 8339, ergänzt. Laut § 4 des Art. XXXV 1897 bekommt sie die Pflichtexemplare aller in Ungarn gedruckten Werke. — Alle Wissenschaften, in erster Linie Statistik.

Hiv. stat. Közlemények I. Jahrg. 3. Heft, S. 193. Ueber den Zuwachs ebenda I. Jahrg. 4. Heft, S. 123. 6. Jahrg. 4. Heft, S. 89. — Der erste gedruckte Katalog von Findura Imre erschien i. J. 1886 in Budapest. — A magyar kir. központi statisztikai hivatal nyilvános könyvtárának és térképgyűjteményének czimjegyzéke. A kereskedelemügyi m. k. miniszter rendeletéből szerkeszti és kiadja a m. k. közp. stat. hivatal. Budapest 1898.

53. **Centralseminar** (A központi papnevelde könyvtára). — 15,000 Bde. — Bibliothekar: Dr. Part Iván. — Hausbibl., daher keine Entlehnung oder Versendung. — Theologie und Philosophie.

54. **Club der serbischen Jugend** (A szerb. ifjusági kör könyvtára), Zöldfa uteza 29 sz. — 350 Bde. — Jahresdotation 150 Gulden. — Bibliothekar: Janikievits Vazul; 1 Diener. — Alphabet. Realkatalog. — Von 10 Uhr vormittags bis 8 Uhr abends geöffnet. — Entlehnungen an Vereinsmitglieder. — Keine Versendungen. — Gegr. 1890. — Alle Wissenschaften, Belletristik.

55. **K. ung. Curie** (A magy. kir. Curia könyvtára). — 5200 Bde. — Staatliche Jahresdotation 1000 Gulden. — Bibliothekar: Vajdafy Emil; 1 Diurnist, 1 Diener. — Zettel- und alphabet. Katalog. — Nur zum Amtsgebrauche. — Entlehnungen gegen Empfangsschein auf 14 Tage. — Keine Versendungen. — Vajdafy Emil, Secretär des Cassationshofes beantragte beim Judex curiae Georg v. Majláth i. J. 1878 die Errichtung einer Fachbibl. Anfangs schien der Plan sich

wegen Mangel an materiellen Mitteln nicht zu verwirklichen. Bei Vereinigung der beiden Abtheilungen der Curie erneuerte Vajdafy seinen Antrag, und es entstand die Bibl., welche später staatlich subventionirt wurde. — Rechtswissenschaft.

56. **Juridische Direction des k. ung. Aerars** (A m. kir. kincstári jogügyi igazgatóság könyvtára), IX. — Ca. 2500 Bde. — Jahresdotation 150 Gulden. — Director und Bibliothekar: Stifft Károly. — Alphabet. Katalog. — Benützung nur in den Räumen der Bibl. — 1885 neu geordnet. — Rechtswissenschaft.

57. **[Knaben-]Elementar- und Bürgerschule der israel. Cultusgemeinde** (Izr. hitközségi elemi és polgári fiúiskolai könyvtár). — 2472 Bde. — Jahresdotation 250 Gulden. — Bibliothekar ein Mitglied des Lehrkörpers. — Realzettelkatalog, alphabet. Katalog. — Entlehnung an die Mitglieder des Lehrkörpers, ausnahmsweise auch an andere Personen. — Gegr. 1832. — Alle Wissenschaften.

58. **[Mädchen-]Elementar- und Bürgerschule der Pester israel. Cultusgemeinde** (A pesti izraelita hitközség elemi és polgári leány iskola ifjusági és tanitói könyvtára). — Schüler- und Lehrerbibl. mit über 1000 Bdn. — Dotation 150 Gulden jährlich. — Aufsicht: Der Director. — Realkatalog. — Mit Ausnahme Samstags alle Tage benützbar. — Gegr. durch den jetzigen Director Halász Nathan im Wege einer Lotterie von Hausarbeiten der Lehrerinnen i. J. 1871. — Alle Fächer.

59. **Röm.-kath. Elementar- und Bürgerschule der St. Margarethen-Erziehungsanstalt** (A szent Margit nevelöintézet róm. kath. elemi és polgári iskolajának tanári és ifjusági könyvtára), IX. ker. Knerits uteza 7. — *a)* Lehrer- und *b)* Schülerbibl. 1265 Bde. — Jahresdotation 60 Gulden. — Realkatalog. — *a)* Für Lehrer jederzeit; *b)* für Schüler an Sonn- und Feiertagen. — Entlehnungen aus *b)* gegen Jahresbeitrag von 1 Gulden. — Keine Versendungen. — *a)* 1890, *b)* 1878 gegr. — Alle Fächer der Schule; Jugendliteratur.

60. **Elisabeth-Krankenhaus des Rothen-Kreuzvereines der Länder der St. Stefanskrone** (A m. szent korona országai vöröskereszt egylete Erzsébet kórházának házi könyvtára), Györi út 15. — 1030 Bde. — Bibliothekar: Vlassek János, Spiritual. — Accessionskatalog. — Benützbar für die Kranken. — Keine Entlehnung oder Versendung. — Gegr. 1884. — Alle Wissenschaften.

61. **Eötvös-Collegium** (Báró Eötvös József-Collegium könyvtár), IX. Csillag u. 8. II. — Ca. 7800 Bde. — Jahresdotation 1000 Gulden. — Zettelkatalog. — Benützbar für die Zöglinge. — Keine Entlehnung oder Versendung. — Es spendeten der Bibl. 1895 Semsey Andor 5000 Gulden, Baron Eötvös Lorand 200 Bde., Dr. Schwimmer Ernö 129 Bde., Dr. Vambéry Armin 45 Bde.; ausserdem Geschenke von Heinrich Gusztáv, Riedl Frigyes, Bartonich Géza. Graf Széchenyi Béla. Lóczy Lajos. — Alle Fächer der Anstalt.

62. **K. ung. Erziehungs- und Lehranstalt für bildungsfähige Blödsinnige und Geistesschwache** (A képezhető hülyék és gyengeelméjüek orsz. m. kir. nevelö- és tanintézetének könyvtára), I. ker. Alkotás utcza 2 b. — 347 Bde. — Jahresdotation 100 Gulden. — Director: Berniza János; Bibliothekar: Caprarin György. — Alphabet. Katalog. — Jederzeit für die Institutsmitglieder benützbar. — Keine Entlehnung oder Versendung. — Gegr. 1897. — Pädagogik.

63. **Franciscanerkloster zum heil. Johannes Kapistran** (A Kapisztráni sz. Jánosról nevezett sz. Ferencz rend szerzeteseinek könyvtára), II. kér. Margitkörút 23 sz. — 7000 Bde., 15 Incunabeln, 70 Bde. Handschriften, 10 Bde. Karten, darunter eine Handschrift. Briefe Gregor's IX. — Keine bestimmte Dotation. — Bibliothekar: Kaizer Nándor. — Alphabet. und Materienkatalog. — Benützung und Entlehnung nur mit Bewilligung der Vorstehung. — Keine Versendung. — Gegr. von P. Jakosich József (1785—1803). — Alle Wissenschaften.

Schams Beschreibung Ofens, S. 323.

64. **K. ung. Gartenbauschule** (A m. kir. kertészeti tanintézet könyvtára), I. Gellérthegy, Ménesi út 45. — 1975 Bde. — Jahresdotation 300 Gulden. — Vorstand: Angyal Dezsö: Bibliothekar: Botta István. — Alphabet. Katalog und Inventar. — An Wochentagen von 8–3 Uhr geöffnet; nur mit Zustimmung des Vorstandes benützbar. — Keine Entlehnung oder Versendung. — Entstanden aus der Bibl. der kön. ung. Winzerschule in Ofen. — Gartenbau, Naturwissenschaften.

65. **K. ung. Gerichtshof I. Instanz für die Pester Umgebung** (Pestvidéki kir. törvényszék könyvtára), Budapest ujvilag utcza 8 sz. a. — 358 Bde. — Jahresdotation 280 Gulden. — Vorstand der Gerichtspräsident. — Alphabet. Katalog. — Täglich für die Beamten benützbar. — Keine Entlehnung oder Versendung. — 1892 gegr., erst aus dem Pauschale, dann vom Ministerium erhalten. — Rechtswissenschaften.

66. **Kön. ung. Gerichtstafel** (A kir. itélö tábla könyvtára). V. Bez., I. 21, Justiz-Palais. — 4345 Bde., 1 Handschrift, 1 Landkarte, 15 Stiche, 23 Photographien. — Jahresdotation 300 Gulden vom Justizministerium und 350 Gulden Zinsen aus eigenen Capitalien. — An der Spitze steht eine Bibl.-Commission. Bibliothekar: Gregorovich Lajos, Concipist. Alphabet. und Zettelkataloge. — Benützbar für die Beamten der Gerichtstafel, für Fremde nur über Empfehlung. — Entlehnung von höchstens 3 Werken auf 3 Monate gegen Recepisse. — In den Siebzigerjahren gegr. auf Anregung des damaligen Präsidenten der Gerichtstafel, jetzigen Präsidenten der kön. ung. Curie. — Rechts- und Staatswissenschaften.

67. **Gesangs- und Selbstbildungsverein „Törekvés"** („Törekvés" dal és önképzö egylet könyvtár). — 1496 Bde. — Jahresdotation 50—100 Gulden. — Vorstand: Müller János; Bibliothekare: Dvorzacsek Ede, Berecz Lajos und Litványi János. — Alphabet. Katalog. — Jeden Donnerstag 1/2 7 Uhr abends und Sonntag nachm. benützbar. — Entlehnungen gegen eine Gebühr von 5 Kreuzern pro Woche. — 1888 zugleich mit dem Vereine gegr. — Alle Wissenschaften, Belletristik.

68. **Ung. ethnographische Gesellschaft** (A magyar néprajzi társaság könyvtára). — 2000 Bde., 2 Handschriften. — Jahresdotation 30—50 Gulden. — Von 1900 an wöchentlich zweimal geöffnet, bis dahin interne Bibl. — Entlehnungen an Mitglieder. — Ebenso Versendungen gegen Ersatz des Portos. — Gegr. 1889 von Dr. Herrmann Antal, der eine grosse Schenkung von Büchern machte; andere Spenden von Dr. Borovszky und besonders dem Sibirienreisenden Dr. Pápai Károly. — Ethnographie.

69. **Ung. geographische Gesellschaft** (A magyar földrajzi társaság könyvtára), Csengery uteza 54. — 2500 Bde. und 500 Karten. — Jahresdotation 200 Gulden. Bibliothekar: Dr. Jankó János. — Zettel-, alphabet. und Realkatalog. — Wöchentlich einmal, Mittwoch von 5—7 Uhr für Mitglieder der Gesellschaft benützbar. — Ebenso Entlehnungen. — Keine Versendungen. — Gegr. zugleich mit der Gesellschaft 1873. — Geographie.

Thirring Gusztáv és Jankó János. A magyar földrajzi társaság könyv- és térképtárának czimjegyzéke. Budapest 1890.

* 70. **Kön. ung. naturwissenschaftliche Gesellschaft** (A kir. magy. természettudományi társulát könyvtára), VII. Erzsébetkörút I. sz. I. emelet. — 30,000 Bde. — Jahresdotation 2800 Gulden. — Bibliothekar: Prof. Arnold Rath. — Zettel- und

alphabet. Katolog, sowie mehrere andere Kataloge. — Benützbar täglich von 9—12 und 3—8 Uhr. — Entlehnungen nur an Mitglieder der Gesellschaft. — Keine Versendungen. — Gegr. 1841. — Naturwissenschaften, Geographie, Culturgeschichte.

Természettudományi Közlöny (Naturwissenschaftliche Mittheilungen als Organ der Gesellschaft).

71. **[Landes-]Gewerbecorporation** (Az országos iparegyesület könyvtár), VI. új utcza 1. — 6365 Bde., 1750 Zeichnungen. — Fachkatalog. — Benützbar für Vereinsmitglieder. — Keine Entlehnung und Versendung. — Nationalökonomie, gewerbliche Literatur.

72. **K. ung. technologisches Gewerbemuseum und staatliche höhere Gewerbeschule** (A m. kir. technologiai iparmúzeum és az áll. felsö ipariskola egyesitett könyvtára). — Vereinigte Bibl. 7572 Bde. — Jahresdotation 2500 Gulden. — Bibliothekar: Grünwald István: 1 Diener. — Zettel- und Realkatalog. — Täglich von 9—12 und 3—5 Uhr (Mittwoch 7—9 Uhr) geöffnet. — Entlehnungen im Bedarfsfalle auf 3 Wochen. — Versendungen an Institute und Aemter. — Gegr. zugleich mit der Anstalt 1883. — Gewerbe, Technologie.

A m. kir. technologiai iparmúzeum és a m. kir. áll. felsö ipariskola egyesitett szakkönyvtárának cimjegyzéke, össz. Grünwald István. Budapest 1898.

73. **[Vereinigtes katholisches Ober-]Gymnasium des II. Bezirkes** (A II. ker. kir. egyes. kath. fögymnasium tanári könyvtára). — Lehrerbibl. 10.477 Bde., 2 Incunabeln, 841 Porträts, 147 Karten, 27 altungar. Drucke. — Jahresdotation 300—500 Gulden. — Director: Dr. Demeczky Mihály; Bibliothekar: Prof. Dr. Herald Ferencz. — Zettelkatalog. — Entlehnungen nur an den Lehrkörper. — Keine Versendungen. — Gegr. 1777. — Alle Fächer der Anstalt.

Jahresbericht des Gymn. für 1881/82 und 1890/91.

74. **[K. ung. Staats-Ober-]Gymnasium** im VII. Bez. (VII. k. m. kir. állami fögymnasium tánari és ifjusági könyvtár), Barcsay utcza 5. sz. — *a)* Lehrerbibl. 5826 Bde.; *b)* Schülerbibl. 4415 Bde. — Jahresdotation für *a)* 600 Gulden, für *b)* 1002 Gulden. — Bibliothekar für *a)* Prof. Hegedüs Béla; für *b)* Prof. Dr. Finály Gábor. — Alphabet. und Materienzettelkataloge. — *a)* Jeden Vormittag geöffnet und nur für den Lehrkörper, *b)* für die Schüler der Anstalt zugänglich. — Ebenso Entlehnungen. — Keine Versendungen. — Gegr. 1881. — Die Fächer des Gymn.: Jugendliteratur.

Jahresberichte der Anstalt für 1883/84 bis 1894/95. — A budapesti VII. ker. állami fögymnasium ifjusági könyvtárának czimjegyzéke. Össz. Finály Gábor. Budapest 1898.

75. **[Ober-]Gymnasium der Piaristen** (A kegyesrendi fö gymnasium gyakorló iskolájának könyvtára). 986 Bde. Jahresdotation 30—40 Gulden. — Bibliothekar: Prof. Pintér Kálmán. — Zettel-, alphabet. Realkatalog. — An Sonntagen benützbar. — Entlehnungen auf 2 Wochen. — Keine Versendungen. — Gegr. 1867. — Alle Fächer des Gymn.

76. **[Ev. ref. Ober-]Gymnasium** (A ref. fögymnasium tanári kézi könyvtára). — Lehrerbibl. 2058 Bde. — Jahresdotation 350 Gulden. — Director: Molnár Sándor; Bibliothekar: Prof. Dr. Fiók Károly. — Realkatalog. — Für den Lehrkörper täglich benützbar. — Ebenso Entlehnungen. — Keine Versendungen. — Gegr. 1831. — Alle Fächer der Anstalt.

77. **[Ev. Ober-]Gymnasium** (Ág. hitv. fögymnasium tanári és ifjúsági könyvtár), Deáktér 4. — *a)* Lehrerbibl. 8508 Bde.; *b)* Jugendbibl. 741 Bde. — Dotation für *a)* 200 Gulden, für *b)* 60 Gulden. — Director: Góbi Imre; Bibliothekar: Prof. Dr. Tóth Kálmán. — *a)* alphabet. und Realkatalog; *b)* gedruckter Katalog. — *a)* Entlehnungen an den Lehrkörper; *b)* einmal wöchentlich Entlehnungen an Schüler auf 3 Wochen gegen Gebühr von 1 Kreuzer pro Band. — Gegr. zugleich mit der Anstalt; durch zahlreiche werthvolle Geschenke vermehrt. — Alle Gymnasialfächer; Jugendliteratur.

Katalog für *b)* erschien 1893.

78. **[Ev. Ober-]Gymnasium.** „Arany János"-Selbstbildungsverein (Az ág. hitv. ev. fögymnasium „Arany-János" önképzökörének könyvtára). — 1061 Bde. — Dotation 120 Gulden. — Alphabet. Katalog (gedruckt 1899). — Wöchentlich einmal für Mitglieder benützbar. — Entlehnungen ebenso auf 2 Wochen. — Keine Versendung. — Alle Wissenschaften.

Gedruckter Katalog.

79. **[Ev. ref. Ober-]Gymnasium.** Selbstbildungsverein der Schuljugend (Az ev. ref. fögymnasium önképzökörének könyvtára), Hányaigasse 4. — 2250 Bde., 15 Porträte ungar. Dichter und Staatsmänner. — Jahresdotation 200 Gulden. — Bibliothekar: Hegedüs Ferencz. — Für Vereinsmitglieder zweimal wöchentlich geöffnet. — Gegr. 1865 gleichzeitig mit dem Vereine. Vorzugsweise ungar. Literatur und Geschichte.

Katalog erschien 1897/98 im Druck.

80. **[Oeffentl. Ober-]Gymnasium des Dr. László Mihály** (Dr. László Mihály nyilvános fögymnasiumának könyvtára). V. Hold u. 19. — 2100 Bde. Director: Dr. László Mihály. — Alphabet. Katalog. — Entlehnungen an die Schüler auf 2 Wochen.

— Keine Versendungen. — Gegr. 1878. — Alle Fächer der Schule.

81. **[Mädchen-]Gymnasium des Landes-Frauenbildungsvereines** (Az országos nőképző egyesület tanintézetének könyvtára). — 630 Bde. — Dotation aus den Lehrmittelbeiträgen. — Director: Pályi Sándor. — Alphabet. Katalog. — Zugleich mit der Anstalt gegr. — Alle Fächer der Anstalt.

82. **Handelsakademie. „Wahrmann-Bibliothek"** (A kereskedelmi akadémia „Wahrmann" könyvtára), V. Alkotmány utcza 11 sz. — 4123 Bde. — Jahresdotation 500 Gulden. — Bibliothekar: Szélba József.

83. **Oriental. Handelslehrcurs** (A keleti kereskedelmi tanfolyam [akadémia] könyvtára). V. Alkotmány utcza 11. — 500 Bde. und 12 Karten. — Dotation 100 Gulden. — Director: Keinos Ignácz. — Zettelkatalog. — Benützbar für Lehrer und Schüler der Anstalt. — Ebenso Entlehnungen. Keine Versendungen. — Gegr. 1891. — Balkanliteratur, Ethnologie.

84. **Ungar. Handels-Museum** (A m. kereskedelmi múzeum kereskedelmi szakkönyvtára). — 2788 Bde. und 3683 Hefte. — Jahresdotation 1500 Gulden. — Bibliothekar: Sarkadi Antal. — Katalog und alphabet. Index. — Entlehnungen, aber keine Versendungen. — Gegr. 1890. — Handelswissenschaft.

Kataloge erschienen 1892 und 1897 im Druck.

85. **[Höhere Communal-]Handelsschule im II. Bezirk** (A II. ker. községi felső kereskedelmi iskola tanári és ifjusági könyvtára), Ponty utcza 3. — *a)* Lehrerbibl. 587 Bde.; *b)* Schülerbibl. 776 Bde. — Jahresdotation *a)* 400 Gulden; *b)* 150 Gulden. Bibliothekar für *a)* Schlachta Lajos; für *b)* Dr. Gesze Károly. — Realkatalog. — *a)* Für den Lehrkörper täglich von 8—1 Uhr, *b)* classenweise wöchentlich je einmal benützbar. — Keine Versendungen. — Gegr. 1895 zugleich mit der Schule. — Alle Fächer der Anstalt.

Berichte über die Bibl. in den Jahresberichten der Handelsschule.

86. **[Höhere Communal-]Handelsschule im VI. Bezirk** (A VI. ker. községi felső kereskedelmi iskola tanári és ifjusági könyvtára). — *a)* Lehrerbibl. 379 Bde, 35 Karten; *b)* Schülerbibl. 885 Bde. — Dotation *a)* 500 Gulden; *b)* 300 Gulden. — Director: Lengyel Sándor; Bibliothekar für *a)* Kelemen Géza; für *b)* Pinterits Károly. — Alphabet. Kataloge. — Entlehnungen *a)* an den Lehrkörper; *b)* einmal alle 14 Tage an die Schüler. — Beide gegr. 1881. — Vorzugsweise Handels- und nationalökonomische Wissenschaften.

Jahresberichte der Anstalt von 1895/96, 1896/97, 1897/98.

87. **Handels- und Gewerbekammer** (A kereskedelmi és iparkamara könyvtára). — 8508 Bde. — Jahresdotation 1000 Gulden. — Vorstand: Dr. Krejcsi Rezsö; Bibliothekar: Heller Armin; 1 Diener. — Zettel- und Realkatalog. — Geöffnet täglich von 9—2 Uhr. — Entlehnungen an die Mitglieder der Kammer. — Gegr. 1851. — Fachliteratur.

Katalog erscheint 1900.

88. **K. ung. Handels- und Wechselgericht** (A kir. kereskedelmi és váltó törvényszék könyvtára). — 1812 Bde. — Jahresdotation ca. 200 Gulden. — Alphabet. und Materienkatalog. — Amtsbibl. Keine Entlehnung oder Versendung. — Handels- und Wechselrecht.

89. **Hilfs- und Selbstbildungsverein der Mediciner an der k. ung. Universität** (A m. kir. tud. egyetemi orvostanhallgatók segélyzö és önképzö egyesületének könyvtára). — 1000 bis 5000 Bde., einige Handschriften. — Jahresdotation 100 Gulden. — Bibliothekare: Lutter Károly, Szilassy Czesar, Szinnyei József. — Zettel- und alphabet. Katalog. — Entlehnungen für Mitglieder auf einen Monat. — Naturwissenschaften, vorzugsweise Medicin.

90. **K. ung. Honvéd-Ludovika-Akademie** (A magy. kir. honvéd Ludovika-Akadémia könyvtára). — 53,813 Bde., 11 Handschriften, 3 Urkunden, 1586 Karten. — Zwei alte ungarische Drucke. — Jahresdotation 1000 Gulden. — Vorstand der jeweilige Commandant der Akademie. — Bibliothekar: Neuwirth Károly; Hilfsbibliothekar: Kiss Mihály; 1 Diener. — Geöffnet täglich von 8—12 und 2—5 Uhr, an Samstagen und Feiertagen nur vormittags. — Entlehnungen an Landwehrofficiere und -Beamte auf 3 Monate; seltene, alte, theuere Werke und Lexika sind unentlehnbar. — Ebenso Versendung gegen Ersatz der Kosten. — Gegr. 1872. — Militärwissenschaften.

1883 erschien der Katalog, 1897 der Nachtrag.

91. **Ingenieur- und Architektenverein** (A magy. mérnök és építész egylet könyvtára), Ujvilág u. 2. — 5501 Bde. — Jahresdotation 1400 Gulden. — Bibliothekare: 1. Czekéliús Aurel; 2. Kossalka János. — Realkatalog. — Für Vereinsmitglieder den ganzen Tag benützbar. — Entlehnungen und Versendungen an Mitglieder. — Gegr. 1867. — Technische Fachliteratur.

Gedruckter Katalog.

92. **K. ung. Geologisches Institut mit allg. Kartenarchiv** (A m. kir. földtani intézet könyv- és általános térképtára) im Palais

des Ackerbauministeriums. — 15.700 Bde., 3700 Karten. — Jahresdotation 1200 Gulden. — Bibliothekar: Bruck József. — Zettelkatalog. — Für Fremde nur ausnahmsweise in der Zeit von 12–1 benützbar. — Entlehnungen auf 4 Wochen. — Versendungen nur ausnahmsweise und mit besonderer Bewilligung der Direction. — Entstanden aus der 1868 gegr. Handbibl. — Naturwissenschaften, Geologie, Mineralogie, Petrographie und Paläontologie.

A m. kir. földtani intézet könyv- és térképtárának czimjegyzéke 1884. — I–IV. pótczimjegyzéke. 1886–1897.

93. **K. ung. Joseph-Polytechnikum** (Kir. József-műegyetem könyvtára). — 57.540 Bde., 137 Landkarten. — Sie ist Ungarns einzige technische und mathematisch-naturwissenschaftliche Bibl. — Jährliche Dotation 10.000 Gulden und ein Theil der Matrikeltaxen. — Vorstand: der von dem kön. ung. Ministerium für Cultus und Unterricht ernannte Bibliothekar, derzeit Prof. Rados Gusztáv; Bibliothekar: Gustáv Andor; Official: Nagy Sándor; 1 Diurnist; 2 Diener. — Ein alphabet. Zettel- und ein Fachkatatog. — Der Lesesaal ist täglich (an Wochentagen) von 3—8 Uhr nachm. geöffnet und für Hörer der Technik, doch mit Erlaubniss des Rectors oder des Bibliothekars auch für Fremde benützbar. — Entlehnung an Professoren der Technik und der Universität, gegen Erlag des Kaufpreises der Bücher als Caution, an Hörer der Technik und mit Erlaubniss des Rectors oder des Bibliothekars auch an Fremde. — Versendung an Gymnasialprofessoren, jedoch nur unter Verantwortlichkeit des betreffenden Directors. — Die Bibliothek war i. d. J. 1846–56, als die Technik nur eine Gewerbeschule war, sehr klein. Ihr erster Bibliothekar war Prof. Weiss (Vész) János, der sie im October 1853 übernahm. Am Ende seines zweiten Dienstjahres, 21. September 1855, verfasste er ein Verzeichniss, welches bloss 351 Werke enthielt. Bis zu seinem Dienstantritt ist diese kleine Büchersammlung höchst wahrscheinlich in einem einzigen Schranke in der Directionskanzlei aufbewahrt worden, denn noch im November 1869 fand sie in einem engen einfensterigen Zimmer bequem Platz, obwohl sie damals schon 2361 Werke umfasste, also beinahe auf das Siebenfache angewachsen war. Im J. 1867 übernahm Prof. Fölser István die Leitung. Unter ihm wurde der Lesesaal eröffnet. Es wurde ihm auch ein Official, derjenige, der heute noch als solcher dient, und 1 Diener beigegeben. Der dritte Bibliothekar war Prof. Wartha V. (1870 bis 1896), der vierte Bibliothekar der jetzige. — Mathematik, Naturwissenschaften.

Katalog aus d. J. 1871. 2. Auflage erschien 1893.

Institute, Sammlungen etc. des k. ung. Joseph-Polytechnikums.

94. Cabinet für allgemeine Baukunde (A középitéstani szertár könyvtára). — 1523 Bde. — Dotation 300 Gulden. — Vorstand: Prof. Tandor Ottó. — Zettel- und alphabet. Katalog. — Zweimal wöchentlich von 4—7 Uhr nachm. benützbar. — Keine Entlehnung oder Versendung. — Einschlägige Handbücher und Kunstwerke.

95. Cabinet für Brückenbau (A hidépitési szertárának külön kézi könyvtára). — 237 Bde. — Jahresdotation 100 Gulden. — Vorstand: Prof. Dr. Kherndl Antal. — Ein Inventar-, ein Accessionskatalog. — Entlehnung an Professoren. — Keine Versendung. — Gegr. 1867. — Brückenbau.

96. Cabinet für Eisenbahnwesen (A vasúti szertárának könyvtára). — 651 Bde. — Jahresdotation 600 Gulden. — Vorstand: Prof. Lipthay Sámor. — Realkatalog. — Benützbar für Mitglieder. — Keine Versendung oder Entlehnung. — Eisenbahnwesen.

97. Cabinet für Elektrotechnik (Az elektrotechnikai szertárának könyvtára). — 500 Bde. Bücher und Zeitschriften. — Vorstand: der Vertreter dieses Faches an der Hochschule. — Alphabet. Katalog. — Benützbar für Professoren und Mitglieder des Institutes. — Keine Entlehnung und Versendung. — Gegr. 1893 zugleich mit der Errichtung des Cabinetes. — Elektrotechnik.

98. Cabinet für Experimentalphysik (A kisérleti fizikai szertár könyvgyüjteménye). — 580 Bde. — Jahresdotation 1000 Gulden. — Vorstand: Prof. Schuller Alajos. — Inventar. — Keine Entlehnung oder Versendung. — Naturwissenschaften, Physik.

99. Cabinet für Kunstbau (A müépitéstani szertár könyvtára). — 2525 Bde. — Jahresdotation 600 Gulden. — Vorstand: Prof. Steindl Imre. — Alphabet. Zettelkatalog. — Wöchentlich zweimal nachm. von 4—7 Uhr benützbar. — Keine Entlehnungen oder Versendungen. — Baukunst.

100. Cabinet für Maschinenconstruction (A gépszerkezettan II szertárának kézi könyvtára). — 490 Bde., 500 Zeichnungen. — Jahresdotation ca. 100 Gulden. — Vorstand: Prof. Bielek Miksa. Bandkatalog. — Keine Entlehnungen oder Versendungen. — Gegr. 1875. — Fachliteratur.

101. Zoologisches Cabinet (Az állattani szertárának könyvtára), VIII. Esterházy utcza 1 b. 2006 Bde. — Dotation aus der des Institutes. — Vorstand: Prof. Dr. Entz Géza. —

Zettel- und Realkatalog. — Naturwissenschaften, besonders Zoologie.

102. Botanisches Institut (A növénytani szertárának kézi könyvtára). Esterházy uteza 1 b. — 838 Bde. — Dotation ca. 200 Gulden. — Vorstand: Prof. Klein Gyula. — Alphabet. Katalog. — Entlehnung an Fachgelehrte gegen Empfangsbestätigung. — Gegr. 1872. — Naturwissenschaften, besonders Botanik.

103. Laboratorium für allgemeine Chemie (Az általános chemiai laboratorium könyvtára). — 1081 Bde. und 351 Hefte. — Jahresdotation 300—400 Gulden. — Vorstand: Prof. Dr. Ilosvay Lajos. — Alphabet. Katalog, Inventar. — Täglich benützbar für den Lehrkörper und die Hörer der Hochschule. — Seit 1847 jährlich vermehrt. — Naturwissenschaften, vorzugsweise Chemie.

104. I. Lehrkanzel für allgemeine Baukunde (A középitéstani I. számu tanszékének könyvtára). — 382 Bde., 102 Photographien, 48 Zeichnungen. — Jahresdotation 300 Gulden. — Vorstand: Prof. Pecz Samu. — Zettel- und Fachkatalog. — Jederzeit benützbar für den Lehrkörper und die Hörer der Hochschule. — Keine Entlehnungen oder Versendungen. — Gegr. 1887. — Baukunst.

105. Lehrkanzel für Wasserbau (A vizépitészeti tánszékének kézi könyvtára). — 829 Bde. — Jahresdotation 200 Gulden. Vorstand: Prof. Kovács Sebestyén Aladár. — Inventar. — Nicht öffentlich benützbar. — Keine Entlehnung und Versendung. — Gegr. 1878. — Mathematik und Naturwissenschaften.

106. Sammlung für darstellende Geometrie (Az ábrázoló geometria gyüjteményének könyvtára). — 33 Bde., 11 Atlanten. — Jahresdotation 50 Gulden. — Vorstand und Bibliothekar: Der jeweilige Vertreter dieses Lehrfaches. — Keine Entlehnungen und Versendungen. — Gegr. 1872. — Darstellende und projective Geometrie.

107. **Juristenunterstützungsverein** (A „Joghallgatók Segély Egyesület" könyvtára). — 598 Bde. — Jahresdotation 400 Gulden. — Oberbibliothekar: Pósch Gyula; Bibliothekare: Szubovits Miklós, Walkó Lajos; 1 Diener. — Realkatalog. — Entlehnung in der Regel gegen Gebühr von 5 Kreuzern pro Bd. und Monat. — Keine Versendungen. — Vorzugsweise Rechts- und Staatswissenschaften.

108. **Staatl. subventionirte Kindergärtnerinnenbildungsanstalt des ungar. Central-Fröbelfrauenvereines** (A magyarországi köz-

ponti Fröbel nöegyesület áll. segélyzett kisdedóvónö-képzöintézet könyvtára), VI. ker. Bajza uteza 27. — 465 Bde. Jahresdotation 50—100 Gulden. — Bibliothekar: Stepanko Albert. — Realkatalog. — Jederzeit benützbar. — Keine Entlehnungen oder Versendungen. — Gegr. 1895. — Alle Wissenschaften.

109. **[Ung. Landes-]Kunstgewerbemuseum und -Schule** (Az országos magy. iparmüvészeti múzeum és iskola könyvtára), Üllöiut 33—37. — 2871 Bde., 39.212 Blätter. — Jahresdotation 2000 Gulden. — Director: Radisics Jenö. — Zettel-, alphabet. Real- und Fachkatalog. — Ausser Juli und August täglich von $^1/_2$7—$^1/_2$9 Uhr geöffnet und für das intelligente Publicum benützbar. — Entlehnungen an wissenschaftliche Institute. — Keine Versendungen. — Gegr. 1874. — Fachliteratur.

110. **K. ung. Landesarchiv** (A m. kir. országos levéltár könyvtára), I. Országház uteza 28 sz. — *a)* Handbibl. 2628 Bde., 2 Handschriften, 450 Karten; *b)* grosse Bibl. 6964 Bde., 160 Handschriften. — Jahresdotation durchschnittlich 800 Gulden. — *a)* alphabet., *b)* Zettelkatalog. — Nur für die Beamten des Archivs benützbar. — Keine Entlehnung oder Versendung. — Gegr. 1875. — *a)* Geschichte und Hilfswissenschaften; *b)* Gesetze, Verordnungen, Reichstagsprotokolle.

111. **Pädagogische Landesbibliothek** (Országos paedagogiai könyvtár). — 3557 Werke in 4461 Bdn., 210 Karten, 240 Tafeln. — Keine bestimmte Dotation. — Director: Gyertyánffy István. — Handschriftlicher Katalog — Gegr. 1876. — Pädagogik.

Gyertyánffy István és Kozocsa Tivadar. Emlékirat az orsz. Tanszermuzeumról és paed. könyvtár. 1893. — Gyertyánffy István. Emlékirat az O. T. M. és paed. könyvtár. 1896.

112. **K. ung. Landesinstitut für Meteorologie und Erdmagnetismus** (A m. kir. országos meteorologiai és földmágnességi intézet könyvtára) II. fö uteza 6. — 1170 Bde., 2089 Hefte. — Jahresdotation 516 Gulden. — Bibliothekar: Kováts Károly; 1 Diener. — Nur Amtsbibl. — Entlehnungen über Bewilligung der Direction. — Keine Versendung. — Gegr. 1870.

113. **K. ung. chemisches Landesinstitut** (Az országos m. kir. chemiai intézet könyvtára) im Palast des Ackerbauministeriums. — 1743 Bde. — Dotation 600 Gulden. — Bibliothekar ein Beamter. — Materienkatalog. — Amtsbibl. — Keine Entlehnung und Versendung. — Gegr. zugleich mit der Anstalt. — Naturwissenschaften, besonders Chemie.

* 114. **Landesverein der ungarischen Beamten** (A magy. tisztviselök országos egyesületének könyvtára), VIII. kerület, Esterházy uteza 4. szám. — 12.643 Bde. in 9976 vols. gebunden. — Jahresdotation ursprünglich 200 Gulden, seit 1890 1000 Gulden. — Bibliothekar: Dr. Kerntler Kálmán, Hilfsconcipist im k. ung. Finanzministerium; Vicebibliothekar: Dr. Knapp Aurelius, Hilfsconcipist im k. ung. Landesvertheidigungsministerium; 1 Diener. — Die gekauften Bücher werden vierteljährig alphabet. im Grundbuche verzeichnet, jedes dritte Jahr ein alphabet. Bandkatalog daraus zusammengestellt. Die Neu-Anschaffungen werden überdies in der Vierteljahrsschrift, dem Vereinsorgane „Ertesitö" veröffentlicht. — Benützbar für Mitglieder gegen eine Caution von 2 Gulden und eine ebenso grosse jährliche Lesegebühr täglich mit Ausnahme Donnerstags und der Sonn- und Feiertage von 5½—6½ Uhr; in den Sommermonaten (Juni—August) bloss Dienstag und Freitag. — Ebenso Entlehnungen von höchstens 2 Bdn. (mit Ausnahme der unentgeltlich zu benützenden sogenannten Handbibl.) auf die Dauer eines Monates. — Keine Versendungen. — Gegr. 1875 in Folge freiwilliger Bücherspenden der Mitglieder. (Legat des Landtagsabgeordneten Kiralyi Pál ca. 400 Werke.) — Belletristik, weniger die übrigen Wissenschaften.

Stammkatalog 3 Bde. [Bd. I: Erwerbungen bis Januar 1891, Bd. II: erster Nachtragskatalog vom Februar 1891 bis Ende April 1894, Bd. III: zweiter Nachtragskatalog vom 1. Mai 1894 bis Ende November 1897].

115. **Staatl. Lehrerinnenbildungsanstalt des II. Bezirkes** (A II. ker. áll. tanitánöképzöintézet tanári és ifjusági könyvtára), Csalogány uteza 43 sz. — *a)* Lehrerbibl. 1150 Bde; *b)* Schülerbibl. 875 Bde. — Jahresdotation für *a)* 200 Gulden. — Bibliothekare je ein Mitglied des Lehrkörpers. — Alphabet. und Materienkataloge. — Täglich benützbar.

116. **Röser's Lehrinstitut.** — *a)* Directionsbibl. (Igazgató könyvtára): *b)* Schülerbibl. (ifjusági könyvtára). — *a)* 1485 Bde.; *b)* 960 Bde. (ung. und deutsche Abtheilung). — Dotation 200 bis 300 Gulden. — Vorstand und Bibliothekar für *a)* Röser János; für *b)* zwei Mitglieder des Lehrkörpers. — Ein handschriftlicher Katalog. — *a)* Für den Lehrkörper, *b)* für die Schüler benützbar. — Entlehnungen auf 8 Tage. — Keine Versendung. — Gegr. *a)* 1867; *b)* 1861. Erziehung und Unterricht, Naturwissenschaften, Belletristik.

117. **Höhere Mädchenschule im I. Bez.** (Az I. ker. felsöbb leányiskola tanári könyvtára), I. Iskolatér 1. — Lehrerbibl. 790 Bde. — Jahresdotation 200 Gulden. — Vorstand und Bibliothekar der Director. — Materienkatalog. — Für das

Lehrpersonale an Vormittagen benützbar. — Ebenso Entlehnungen. — Keine Versendungen. — 1881 gegr. — Alle Fächer der Anstalt.

118. **[K. ung. Elisabeth-Staats-]Mädchenschule** (A m. kir. áll. Erzsébet nöiskola könyvtára), VI. Andrássy út 65. — 6240 Werke in 7896 Bde. — Jahresdotation 400 Gulden. — Bibliothekarin: Pischl Iduna, Lehrerin. — Alphabet. Realkatalog. — Für den Lehrkörper jederzeit, für die Zöglinge dreimal wöchentlich benützbar. — Ebenso Entlehnungen. — Keine Versendungen. — Gegr. 1875. — Alle Fächer der Anstalt.

Jahresberichte der Schule 1877/78—1880/81.

K. ung. Ministerien.

119. K. ung. Ministerpräsidium (M. kir. ministerelnökségi könyvtár). — 8388 Bde. — Jahresdotation 600 Gulden. — Materienkatalog. — Nur für die Beamten benützbar. — Keine Entlehnung oder Versendung nach auswärts. — Rechts- und Staatswissenschaften.

120. K. ung. Finanzministerium (M. kir. pénzügyministeri könyvtár). — 6400 Bde. — Dotation je nach Bedarf. — Zettel- und Materienkatalog. — Nur Amtsbibl. — Keine Versendungen. — Gegr. 1867. — Alle Wissenschaften, besonders Finanz- und Rechtswissenschaft.

Lithographirter Katalog.

121. K. ung. Honvédministerium (Honvédelministeriumi könyvtár). — 8000 Bde. — Alphabet. Katalog. — Nur zum Amtsgebrauche. — Entlehnungen an Beamte. — Keine Versendungen. — Kriegswissenschaften.

122. **K. ung. landwirthschaftl. Museum** (A m. kir. mezögazdasági múzeum könyvtára). (Stadtwäldchen, Geschichtspavillongruppe). — 1215 Bde. und Hefte, 1 Ms., 145 Landkarten. — Vorläufig keine Dotation. — Kein Bibliothekspersonale. — Kataloge in Ausarbeitung. — Für den öffentl. Gebrauch noch nicht eröffnet. — Die Bibl. wurde gleichzeitig mit dem Museum i. J. 1897 gestiftet. Den Grund bildeten die vom k. ung. Ackerbauministerium und vom ung. landwirthschaftl. Verein geschenkten Bücher und Zeitschriften. — Landwirthschaft.

123. **[K. ung. Landes-]Musikakademie** (Orsz. m. kir. zeneakadémia könyv- és zenemütára). — 719 Bde. (Bücher) und 7600 Stück Tonwerke. — Jahresdotation 1200 Gulden. Bibliothekar: Dr. Harrach József. — Zettelkatalog. — Ent-

lehnung an das Lehrpersonale. — Keine Versendung. — 1875 gegr. — Musikwissenschaft, Tonwerke.

124. **[K. ung. Landes-]Musterzeichenschule und Zeichenlehrerpräparandie** (Az országos magy. kir. mintarajziskola és rajztanárképző könyvtára), Andrássy út 71. — 5709 Bde., 52.786 Kunstblätter. — Jahresdotation 1600 Gulden. — Bibliothekar: Várdai Szilárd; 1 Diener. — Alphabet. Zettelkatalog. — Ausser Sonn- und Feiertagen täglich von 3—7 Uhr geöffnet. — Entlehnungen auf 14 Tage. — Keine Versendungen. — Gegr. 1871 zugleich mit dem Institut. — Fachwerke.

Katalog der Bibl. erschien 1883, ein zweiter 1899 im Druck.

125. **Nationalcasino** (Nemzeti Casino könyvtára). IV. Kossuth L. u. 5. sz. — 20.118 Bde. — Dotation 1200 Gulden. — Präsident: Br. Lipthay Béla. — Alphabet. Zettel- und Classenkatalog. — Von 11 - 1 und 3 —7 Uhr für Mitglieder benützbar. — Keine Versendungen. — Gegr. zugleich mit dem Casino 1827. Als Legat fand 1842 die Bibl. des Grafen Dessewffy Aurel Aufnahme. — Politik, Volkswirthschaft, Geschichte, Kunstwerke etc.

126. **Ungarisches Nationalmuseum. Széchenyi-Landesbibliothek** (Magyar nemzeti Múzeum Széchenyi országos könyvtára),VIII. Múzeum körut 14—16. — 167.000 Drucke, darunter etwa 120.000 kleinere Miscellanea: Gelegenheitsgedichte, Dissertationen, alte Flugschriften, Schulprogramme, Schematismen, Statuten, Schlussrechnungen, Geschäftsberichte und Annoncen, Theaterprogramme, Circulare, Partezettel etc.; 17.139 Handschriften, 16.977 Bde. Zeitungen, 256.572 Urkunden und Briefe, darunter 512 Stück aus der Arpadenzeit, 26.182 Stück Antemohacsiana, 2858 Landkarten, 1034 photographische Reproductionen. Besonders interessante Stücke: Ung. Sprachdenkmäler (MS.) 19. Mittelalt. Handschriften 397, darunter 12 Corvina; altung. Druckwerke (bis 1711): 1158, darunter 159 Unica. Ungarländische fremdsprach. Druckwerke (bis 1711): 1214, darunter 416 Unica. Incunabeln (bis 1500): 1031. Besonders hervorzuheben sind: Ung. Sprachdenkmäler: Halotti beszéd, Leichenrede und Gebet, 13. Jhdt. (zwischen 1205—1210). Im Codex Pray (387. Qu. Hung.): Szabács viadala. Die Erstürmung der Burg Szabácz, 15. Jhdt. (1476) (1113. Fol. Hung.): Die Legende der hl. Margarethe von Lea Ráskay, 16. Jhdt. (1510) (106. Qu. Hung.); Bruchstücke aus dem Codex Jordánszky, 16. Jhdt. (1516 19) (198. Fol. Hung.); Codex Gömöry. Die Reden des Paul Tetemy. 16. Jhdt. (1516) (18. Duod. Hung.); Die Lebensgeschichte des hl. Dominik, 16. Jhdt. (1517) (143. Oct. Hung.); Codex Horváth. Kanzelreden, 16. Jhdt. (1522)

(336. Qu. Hung.) etc. — Corvina, sämmtlich auf Pergament: 1. Joannes Damascenus. Sententiae. fol. Attavantes de Florentia pinxit; 2. Jo. Chrysostomus. omeliae in epistolas ad Timotheum. fol. Attavantes pinxit; 3. Domitius Calderinus. Commentarii in Juvenalem, in Epistolam Sapphus etc. fol., Attavantes p.; 4. Hieronymus. Commentariorum liber in epistolas S. Pauli apostoli ad Galathas. fol., Francesco del Cherico p.; 5. Polybius. Opera fol.; 6. Qu. Curtius Rufus. De gestis Alexandri Magni. Scripsit Florentiae Petrus Ceninius 1467. fol.; 7. C. Sallustius Crispus. De conjuratione Catilinae; 8. Plautus. Comoediae. XX. fol.; 9. Georgius Trapezuntius. Rhetorica. (1467). fol.; 10. Joannes Scholasticus Vita et opera. (1470). fol.; 11. S. Augustinus. De civitate Dei libri XXII. fol.; 12. Cyrillus. Contra Hereticos. fol. — Lateinische Handschriften: S. Pauli apostoli Epistolae ad Romanos et Corinthios 9. Jhdt., Perg.; Boethii in Tropica M. T. Ciceronis commentarius, 10. Jhdt., Perg.; Cassiodorus, De quatuor disciplinis mathematicis et Boethius, Arithmetica, geometria et musica. 10. Jhdt., Perg. etc. — 12 deutsche Handschriften, darunter: Das puche baumgart genannt. 13. Jhdt., Schwabenspiegel, 14. Jhdt. etc. — Ferner 3 italienische, 5 holländische, 3 böhmische, 2 altslavische, 2 griechische, 2 armenische, 3 arabische, 3 persische, 4 türkische, 3 hebräische, 1 amharisches und 1 pali-birmesisches Manuscript. — Unter den Incunabeln ist hervorzuheben: Cicero. M. T. De oratore ad Quintum fratrem libri III. Jubiaco (1465), unter den Zeitungen die erste ungarische: Magyar Hirmondó, Pozsonyban 1780 bis 88 und die erste deutsche Ungarns: Pressburger Zeitung seit Juli 1764; ausserdem viele aus dem Jahre 1848 49. (Charivari. Esti Lapok, Komáromi Értesitő, Kossuth Hirlapja. Közlöny, Radicallap. Morgenröthe. Opposition. Pester Zeitung etc.) — Jährliche Dotation 6500 Gulden. für die Zeitungsabtheilung 1200 Gulden vom Minist. f. C. und Unt. Dazu kommen: jährlich 120 Gulden aus dem Széchenyifond. 2500 Gulden für die Buchbinderarbeiten. 88 Gulden aus dem Fond des Grafen Guido v. Korácsonyi, 1200 Gulden für Schreiber. Ausserdem werden die zum Ankaufe ganzer Sammlungen nothwendigen Beträge aus dem Dispositionsfond der Musealdirection, eventuell vom Ministerium selbst bewilligt. — Steht unter dem Minist. f. C. und U. Director: Dr. Fejérpataky László; Custoden: Szinnyei József. Kollányi Ferencz, Horváth Ignácz; Custosadjuncten: Dr. Schönherr Gyula, Kereszty István. Dr. Erdélyi Pál, Dr. Sebestyén Gyula, Dr. Aldássy Antal: Assistenten: Dr. Esztegár László, Dr. Melich János, Havrán Dániel, Kováts László. Dr. Hubert Emil; 5 Schreiber; 7 Diener. — Alphabet. Zettelkatalog (500,000 Zettel in 1090

Schachteln) und Fachkatalog in 131 Fol.-Bdn. Für die Handschriftensammlung: Zettelkatalog (17.000 Zettel in 40 Schachteln); für die Urkunden zu den einzelnen Gruppen verschiedene theils chronologische, theils nach den einzelnen Familien etc. angelegte Inventare. Für die Zeitschriftensammlung: Zettelkatalog (4000 Zettel in 21 Schachteln). — Täglich von 9—1 Uhr geöffnet mit Ausnahme der Sonn- und Feiertage, Gründonnerstag, Charfreitag und Charsamstag und der Zeit vom 1. Juli bis 31. August (Revision und Staubferien). Benützungsbedingungen: In den Lesesaal hat jede über 16 Jahre alte, entsprechend gekleidete Person Zutritt. Beim ersten Besuch muss jeder sein Nationale in das aufliegende Protokoll eintragen, auf Grund dessen ihm eine Legitimationskarte auf die Dauer von 1 Jahre ausgestellt wird. — Entlehnungen gegen Recepisse auf 2 Monate. — Versendungen nur an öffentliche Anstalten, ins Ausland nur bei Gegenseitigkeit. — Den Grund der Bibl. legte Graf Franz v. Széchenyi, indem er seine reiche Bücher- und Handschriftensammlung mit einer vom 25. November 1802 datirten, am 26. November vom König Franz II. genehmigten Urkunde der Nation widmete. Diese Schenkung wurde als „Bibliotheca Hungarica Széchenyiana Regnicolaris" auf dem Landtage 1807 officiell angenommen und seit dieser Zeit führt die Bibl. ihren Namen. Die in Nagyczenk aufbewahrte Bibl. des Stifters bestand aus einer Druckwerkesammlung (11.884 Werke in etwa 15.000 Bdn.), einer Handschriftensammlung (1152 Stück in etwa 2000 Bdn.) und einer bedeutenden Landkartensammlung. Ausserdem gehörten noch verschiedene Antiquitäten, Bilder, Münzen und Wappen dazu. Die Bibl. war sehr reich an Hungaricis. Dieser Umstand und der vom Stifter ausgesprochene Wunsch gaben der Bibl. die Richtung der späteren Entwickelung. Der Zweck der Bibl. war gleich vom Anfange an, alle jene Druckwerke, Handschriften und Urkunden, welche sich irgendwie auf Ungarn beziehen, auszuforschen, zu sammeln und der Wissenschaft zugänglich zu machen. In dieser Hinsicht steht sie als die alleinige Hungaricabibl. einzig und ohnegleichen da. Die Bibl. des Stifters wurde in der grössten Ordnung übernommen. Er ging in seiner Sorgfalt so weit, dass er den Katalog drucken liess (1792—1815, 10 Bde.). Die Ernennung des Bibliothekars, des Bibliotheksschreibers und des Bibliotheksdieners hat er sich und seiner Familie vorbehalten, die Verwaltung der Bibl. aber wurde von ihm dem Palatin und im Falle, dass diese Würde nicht besetzt würde, der Statthalterei anvertraut. Auf seinen Vorschlag wurden vom Palatin Erzherzog Joseph die ersten Beamten ernannt, und zwar zum Bibliothekar: Jakob Ferdinand Miller, Lycealprof. in Grosswardein und zum Schreiber: Ignaz Petrovics, gewesener Hofmeister der gräflichen Familie. Sie wurden am 6. Februar 1803 beeidet und begannen die Aufstellung der mittlerweile auf Kosten des Stifters nach Pest überführten Bibl. Zur Aufstellung wurde der Prunksaal (vielleicht das Refectorium) des ehemaligen Paulinerklosters am tauglichsten befunden; hier wurde sie am 10. December desselben Jahres feierlich eröffnet (täglich 6 Stunden lang zugänglich). Die ersten Jahre der neugegründeten Bibl. waren sehr bewegt. Der werthvollere Theil derselben wurde vor den Franzosen i. J. 1805 nach Temesvár transportirt, von wo er erst spät zurückkam. Das Paulinerkloster wurde inzwischen für Zwecke der Errichtung eines Centralseminars abgegeben; die Bibl. musste daher in dem sogenannten grossen Seminar untergebracht werden, doch auch hier nur für kurze Zeit, da sie schon i. J. 1809 vor den vordringenden Franzosen nach Grosswardein überführt und durch 8 Monate dort aufbewahrt wurde. Von Grosswardein kam sie im März des folgenden Jahres 1810 in ihr altes, unbequemes Local zurück, wo sie noch ziemlich lang bleiben sollte. Im J. 1813 wurde der Grund des jetzigen Museums angekauft. Das darauf stehende alte Batthyányhaus wurde so rasch als möglich hergestellt und adaptirt, so dass die Ueberführung der einzelnen Abtheilungen des Museums noch in demselben Jahre begonnen werden konnte. Die Bibl. kam erst i. J. 1817 hierher. Das alte Haus wurde durch die Ueberschwemmung des Jahres 1838 hart mitgenommen; trotzdem mussten die Sammlungen so lange in demselben aufbewahrt werden, bis das neue noch i. J. 1836 angefangene Palais fertiggestellt war. Deshalb ordnete Erzherzog Palatin ihre Ueberführung in die Ludovicaakademie an. Dort blieben die Bücher in Kisten verpackt 10 Jahre lang, da das Palais erst i. J. 1846 fertig wurde. Dann kam sie in das heutige Local, das jedoch lange unmöblirt war. Durch die väterliche Fürsorge des Erzherzog Palatin, die Munificenz des hochherzigen Stifters und seiner Familie, und die patriotische Opferwilligkeit der Gesetzgebung und des grossen Publicums sind immer neue Bücherschätze in Besitz der Bibl. und der Nation übergegangen. Den ersten wichtigen Zuwachs verdankt die Bibl. dem Gesetze, welches die Zusendung aller inländischen Druckwerke anbefohlen hatte. Durch ein Statthaltereidecret waren die Buchdruckereibesitzer schon i. J. 1804 verpflichtet worden, ein Exemplar sämmtlicher in ihrem Verlage erschienenen Werke der Bibl. einzusenden. Dieses Decret wurde i. J. 1813 erneuert und auf der Landtafel d. J. 1827 wurde dieselbe Verpflichtung nochmals ausgesprochen. doch blieb alles umsonst, bis auf dem

Landtage d. J. 1848 die Verordnung sogar inarticulirt (1048 : § 13) wurde. Diese Inarticulirung war von den besten Folgen: ihr ist ein bedeutendes Anwachsen der Bibl. zu verdanken, obwohl sie weder die Controle, noch die Bestrafung der Unterlassungen ermöglichte und in Folge des eingetretenen Kampfes auch wieder ausser Kraft kam. Obwohl Frh. Karl Geringer, bevollmächtigter Commissär, am 10. November 1849 ein dem Geiste des Gesetzes entsprechendes Edict erliess, entzog ein Statthaltereiedict aus d. J. 1855 die Pflichtexemplare dem Nationalmuseum. Die dafür angebotene Entschädigung durch die sogenannten Probedrucke der Censur war sehr unbedeutend, zumal auch diese Drucke nur mangelhaft zugeschickt wurden. Mit der i. J. 1867 eingetretenen constitutionellen Periode wurde auch das Gesetz vom Jahre 1848 reactivirt und galt bis 1897, in welchem Jahre die ung. Gesetzgebung im § 41 : 1897 ein den modernen Anforderungen entsprechendes Gesetz schuf, durch welches die Bibl. des Nationalmuseums hoffentlich in die Lage gesetzt wird — als wahrhafter Depositenort der literarischen Producte des ungarischen Geistes — ihre nationalen, culturellen und wissenschaftlichen Aufgaben erfüllen zu können. Qualitativ viel mehr als durch die Pflichtexemplare wurde sie bereichert durch die Anschaffungen, Geschenke und Einverleibungen einiger grösserer Sammlungen. Gleich zu Anfang, als eine stabile Dotation noch fehlte, war sie fast ausschliesslich auf Geschenke angewiesen und verdankte viel der Opferwilligkeit sowohl der höheren Behörden wie auch einzelner Personen. Um einen Fond zu schaffen, ermächtigte der Erzherzog Palatin i. J. 1808 sämmtliche kön. Salz- und Mauthämter Nationalgeschenke für einen Musealfond annehmen zu dürfen, welche sie in die Landescentralcasse einzusenden hatten. Der auf diese Weise zusammengebrachte Fond belief sich laut der dem Landtage d. J. 1808 unterbreiteten Rechnungen auf 233.333 Gulden. Im selben Jahre wurde aus diesem Fonde die Handschriften- und Urkundensammlung (mit einem Herbarium) des Joseph Karl Eder um 4500 Gulden gekauft. Als erster der patriotischen Geschenkgeber muss der Erzherzog Palatin genannt werden, der i. J. 1809 um 12.000 Gulden die Manuscriptensammlung des Martin Georg Kovachich ankaufte und mit mehreren werthvollen Stücken seiner eigenen Sammlung der Bibl. schenkte. Im J. 1810 wurden aus dem Musealfond um 3000 Gulden die Handschriften des Anton Szirmay angekauft. 1811 widmeten Martin Georg Nagy, Stefan Marczibányi, Georg Bessenyei, Josef Kovachich, Emmerich Boronkay, ferner die Erlauer und Grosswardeiner Capitel zahlreiche Druckwerke, MS. und Urkunden. 1812 kaufte der Erzherzog Palatin für die Bibl. ein Exemplar des äusserst seltenen Incunabelwerkes: Capitula Concordiae (er zahlte für jedes Blatt 1 Ducaten). Im selben Jahre wurden mehrere kostbare Handschriften, darunter der das älteste Denkmal der ungarischen Sprache enthaltende Codex Pray vom Pressburger Capitel der Bibl. überlassen. 1814 brachte der Erzherzog Palatin persönlich das Geschenk der Stadt Frankfurt: den Codex, enthaltend die Legende des hl. Stefan aus dem 12. Jhdt. (sogenannte Hartviklegende) in die Bibl. 1815 widmeten: der Erzherzog Palatin 8 mittelalterliche Codices, der Gründer der Bibl. 11 Bde. MS. und 2 Druckwerke. 1818 schenkte Graf Franz Széchényi seine Oedenburgische, aus ausländischen, grösstentheils classischen Werken bestehende Bibl., um in der ausschliesslich ungarische und auf Ungarn bezügliche Literatur sammelnden Bibl. auch eine Hilfsbibl. zu gründen, welche dann separat und für sich zu verwalten wäre. Zu ihrer Katalogisirung und Werthbestimmung entsendete der Erzherzog Palatin am 10. November den Custos Stefan Horváth nach Oedenburg. Nach dem von diesem aufgenommenen Katalog zählte die Bibl. 5082 Werke und 6000 Kupferstiche und Landkarten. Im selben Jahre erwarb die Bibl. um 7000 Gulden die MS.-Sammlung sammt Herbarium des Paul Kitaibel. 1821 schenkte Josef Georg Kovachich seine in der Musealbibl. deponirten Bücher. 1821 ging durch testamentarische Verfügung die juridische Fachbibl. des Universitätsprofessors Mathias Vuchetich, bestehend aus 61 MS. und 1264 Druckwerken, in ihren Besitz über. 1825 erwarb der Erzherzog Palatin um 5000 Gulden die grösstentheils Prachtwerke enthaltende Bibl. des Georg Kéler, und übergab sie der Bibl. Die Söhne des Stifters liessen bei dem Wiener Maler Thomas Enders das Bild ihres Vaters malen und widmeten das Porträt für den Festsaal der Bibl., wo es sich heute noch befindet. 3. Mai 1827 machte Graf Ludwig Széchenyi, ein Sohn des Gründers, eine Stiftung von 10.000 Gulden mit der Bestimmung, dass aus deren Zinsen jährlich 100 Gulden zum Ankauf ungarischer Bücher, 100 Gulden zur Gehaltserhöhung des Custos verwendet werden. 1832 votirte der Landtag die zum Ankauf der berühmten Jankovichsammlung erforderlichen 125.000 Gulden. Die Sammlung bestand aus 30.000 Druckwerken und Handschriften, darunter 2 Corvinen, und zwar einen Curtius und einen Sallustius; ferner aus mehr denn 1000 Stück Urkunden, sie konnte jedoch wegen Mangel an nothwendigen Kräften erst i. J. 1840 übernommen werden. Ein kleinerer Theil derselben Sammlung, 1418 Urkunden, 102 mittelalterliche Handschriften und 9 Incunabeln, wurde i. J. 1851 um 8016 Gulden aus dem Musealfond gekauft. 1835 schenkte Graf Stefan Illésházy seine reiche Dubnitzer Bibl., in welcher sich einige Bde. aus der Büchersammlung der altadeligen Familie Thurzó vorfanden, sammt der dazu gehörigen Handschriften- und Landkartensammlung. Diese kostbare Bibl. wurde wegen Raummangels bis zum Jahre 1847 in Kisten verpackt im Ludoviceum aufbewahrt. 1843 kam das erste Druckwerk Ungarns, die 1473 gedruckte Ofner Chronik in den Besitz der Bibl. 1845 kaufte der Erzherzog Palatin in Wien die Augsburger Ausgabe (auf Pergament) der Turóczychronik aus dem Jahre 1488 an, und schenkte sie der Bibl. Auf seine Anregung begann die Bibliotheksdirection Verhandlungen mit der Wolfenbütteler Bibl. wegen Erwerbung — durch Umtausch oder Ankauf — der dort aufbewahrten Corvinen, jedoch vergeblich. 1846 ist die Erwerbung der Bibl. Stefan Horváth durch den Erzherzog Palatin als seine letzte That in der Geschichte der Nationalbibl. verzeichnet. Diese Büchersammlung, deren Werth jener des Jankovich gleichkommt, wurde durch Jahre als Deposit in der Bibl. aufbewahrt. Ihr Ankauf um den Preis von 60,000 Gulden und Einverleibung in die Bibl. wurde erst durch den kais. Commissär Freih. v. Geringer i. J. 1852 durchgeführt. 1851 vermachte Johann Bacsányi seine 1121 Bde. zählende Bibl. dem Nationalmuseum; i. J. 1852 kamen die Bücher und Schriften der aufgelösten „Ung. Handelsgesellschaft" in ihren Besitz, welche für die Verwahrung durch den Bibliotheksdiener einen Fond von 200 Gulden stiftete. 1857 schenkte Se. Majestät dem Museum eine Summe von 50,000 Gulden. Der auf die Bibl. entfallende Betrag wurde zur Ausstattung des Lesesaales und zum Einbinden der älteren Zeitschriften verwendet. 1858 stiftete Graf Guido Karácsonyi einen Fond von 2000 Gulden für Buchbinderarbeiten. 1866 kamen 2935 Bde. aus der Ofner Bibl. des Grafen Moriz Sándor und aus der Verlassenschaft des Franz Kölcsey in den Besitz der Bibl. — 1873 wurde die werthvolle Sammlung des Ludwig Farkas angekauft, welche 1386 seltene Druckwerke und 223 MS., darunter 1 Corvina, zählte. 1871 erwarb das Minist. f. C. und Unt. für die Bibl. um 3000 Gulden die Sammlung des Anton Vörös, früher Secretär Ludwig Kossuth's. In demselben Jahre wurde auch die für Siebenbürgens Geschichte wichtige Sammlung des Josef Tunyogi um die Summe von 2000 Gulden angekauft, ebenso um 200 Ducaten das einzig bekannte Exemplar der ersten ung. Grammatik Sylvester's (Johann Erdösy) „Grammatica ungaro-latina" aus dem Jahre 1539. Im J. 1872 kamen die Sammlungen Hodzsa, Gyurikovics und Liszkay in den Besitz der Bibl. 1875 wurde ein zweites altung. Druckwerk, die Krakauer Ausgabe von Heyden Sebald's

Puerilia colloquia 1531, sowie die berühmte Handschriftensammlung des Stefan Nagy um 7500 Gulden erworben. Diese Sammlung bestand aus 4500 Urkunden aus dem 13.—18. Jhdt. und 52 Handschriften. Im J. 1876 fand die Bibl. eine grosse Bereicherung dadurch, dass das kön. ung. Staatsarchiv, der kön. ung. Rechnungshof, die kön. ung. Curie (oberster Gerichtshof) ihr die bei diesen Aemtern in Verwahrung liegenden Bücher überliessen. So erhielt die Bibl. die mehr als 1000 Bde. zählende Martinovicsbibl., welche bisher bei der Curie sich befunden hatte. In diesem Jahre wurden die ersten Familienarchive in der Bibl. für immerwährende Zeiten deponirt, wodurch sie eine grossartige Erweiterung erfuhr. Die Reihe eröffnete die Familie Kállay, welcher bald andere Familien folgten. Noch in demselben Jahre übergaben auch die Familien der Freiherren Jeszenák und die Handay's ihre Archive: diese 3 Familienarchive allein bargen mehr als 6343 Antemohaesianaurkunden. Es deponirten ferner ihre Archive i. J. 1877 die Familien Danes, Graf Berényi (und die in derselben aufgangene Fhr. v. Hellenbach), Graf Esterházy (Siebenbürger Zweig), Kisfaludy; 1879 Sóos; 1880 Békássy und Máriássy; 1881 Gr. Forgách; 1882 Gr. Rhédey; 1886 Ibrányi; 1887 Gr. Bethlen und Motesiczky; 1888 Dobos und Justh; 1889 Görgey, Boniczky, Kapy; 1890 Péchy, Fhr. v. Mednyánszky, Bónis; 1891 Fejérpataky; 1892 Becsky; 1893 Szent-Iványi; 1893 Döry, Sombory, Ivánka; 1895 Fhr. v. Balassa; 1896 Gr. Széchényi, Gr. Bethlen, Thaly, Zombat, Salamon und Bossányi; 1897 Vidos, Melczer, Dessewffy, Fhr. v. Radák, Török de Várad, Kossuth, Blagay-Ursini und Gr. v. Elemér Teleki; 1898 Bugarin, Horváth; 1899 Szirmay, Tihanyi; — zusammen 45 Familienarchive, die insgesammt 127.000 Stücke enthalten, unter welchen sich 237 Arpadiana und 17.649 Antemohacsiana befinden. Im J. 1877/8 stiess der damalige Custos, Fraknói Vilmos bei Zerlegung der in der Bibl. sich vorfindenden alten Einbanddeckel auf 15 bisher unbekannte altung. Druckwerke, mit welchen die Bibl. bereichert wurde. Damals kamen auch die werthvolle Verlassenschaft Michael Horváth's und die Briefe von Bajza und Fáy in die Bibl. 1879 wurde die für die Epoche der siebenbürgischen Fürsten hochwichtige Urkundensammlung der v. Torma für die Bibl. angekauft, welche aus 541 Stücken bestand. 1884 wurde die Zeitschriftenabtheilung gegr., indem man die in den grösseren Budapester Bibl. befindlichen Zeitschriften in dieser Bibl. vereinigte. Im selben Jahre wurde Johann Mircse's besonders an italienischen Geschichtswerken sehr reiche Büchersammlung käuflich erworben, 1886 eine von Attavantes illuminirte Corvina, welche durch den Mailänder Antiquar Hoepli aus der Bibl. des Markgrafen Trotti erworben worden war, 1889 die aus 587 Briefen bestehende Correspondenz des Grafen Stefan Széchenyi mit seinem Secretär Anton Taschner, 1890 Friedrich Pesty's „Ortslexicon Ungarns" aus dessen Verlassenschaft angekauft. Dieses Werk bestand aus beinahe 10.000 Fragebogen, welche er zur Herstellung eines von ihm geplanten Ortslexicon in ung., deutscher, slovakischer und lateinischer Sprache versandte. Die Fragebogen werden in 93 Fol.-Fascikeln und diese in 63 Bdn. aufbewahrt. 1892 schenkte Graf Ludwig Apponyi einen aus dem 15. Jhdt. stammenden, also gleichzeitigen Codex, enthaltend die Geschichte des Janus Pannonius, Istvánffy's Originalhandschrift und eine Handschrift, enthaltend Wolfgang Bethlen's vermehrte Geschichte von Siebenbürgen. 1893 wurden mehrere tausend Urkunden und über 100 MS. aus Univ.-Prof. v. Wenzell's Verlassenschaft gekauft. 1894 kamen als Geschenke in den Besitz der Bibl. Ludwig Kossuth's Büchersammlung (4303 Bde.) und Ladislaus Walther's handschriftlicher Nachlass. Angekauft wurden: Gr. Bela Kreith's auf den 1848er Kampf sich beziehende Sammlung von 489 St. Schriften und 1404 Drucken, dann Ludwig Kossuth's Schriften und Correspondenz. 1895 wurden Aeneas Lanfranconi's Büchersammlung (4759 Bde.), ferner auf einer Versteigerung in München ein i. J. 1494 in Zengg gedrucktes glagolit. Missale erworben, in demselben J. auch die Verhandlungen in der Angelegenheit des im Münchener Staatsarchive aufbewahrten Hunyadyarchives abgeschlossen. Zu dem dem bayerischen Staatsarchive für die Abtretung dieses Archives ungarischerseits angebotenen Material hatte auch die ung. Nationalbibl. ihrerseits beigesteuert, wofür ihr das k. ung. Staatsarchiv, in dessen Besitz das heimgebrachte Hunyadyarchiv überging, als Recompensation eine werthvolle Urkundensammlung, darunter König Koloman's Urkunde aus d. J. 1109, die älteste unter allen in der Bibl. befindlichen Urkunden, überliess. 1896 schenkte Karl Meszáros die 4000 Bde. umfassende Bibl. des Horvát Arpád unter der Bedingung, dass nach getroffener Auswahl durch das Nationalmuseum die übrigen Werke dem Eötvöscollegium und den an der philosophischen Facultät der Budapester Universität gegr. Seminarbibl. überlassen werden Fernere Geschenke: 1896 74 Stück Schriften der 48er poln. Legion; 1897 Sammlung des Alexander Kisfaludy, von Koloman Darnay gespendet (2119 Druckwerke, 1080 Urkunden, 118 Handschriften); 10 Handschriften des Karl Hugó als Geschenk des Bernhard Frankl; 92 Handschriften des Eduard Szigligeti; 76 Stück auf Fhr. Josef Simonyi bezügliche Urkunden. 1897 wurde eine Corvina „Cyrillus. Contra haereticos" vom Sarajevoer Landesmuseum durch Austausch gegen einen Brief des bosnischen Königs Tvartko aus dem J. 1380 erworben. Im J. 1898 schenkte die Witwe Pulszky die Schriften ihres Mannes (3000 Stück), die k. Hoheiten Erzherzoginnen Gisela und Valerie 43 Stück Gedenkbücher weil. Ihrer Majestät Kaiserin Elisabeth. Durch Kauf erwarb die Bibl. in demselben Jahre 2243 Urkunden von Johann Szendrey und 473 Urkunden aus dem Familienarchiv der Grafen Orssich, 1899 die Urkundensammlung des Desiderius Véghelyi (6000 Stück, darunter über 2000 Antemohacsiana). Der Zuwachs betrug i. J. 1898: 37.000 Druckwerke, 407 Handschriften, 8901 Urkunden, 869 Bde. Zeitschriften. — 1803 hatte die Bibl. nur 2 Beamte und 1 Diener, wozu 1808 noch 1 Diurnist kam. Dieser Status blieb bis 1866; 1821 bis 1860 blieb sogar eine Officialstelle unbesetzt. Erst 1866 wurde zum Zwecke der Handschriften- und Urkundenbearbeitung eine neue Stelle geschaffen; auch wurde das System des Michael Denis eingeführt. Die Bearbeitung der Druckwerke ging nur langsam vor sich, so dass 1868 bloss 58.358 Bde. aufgestellt waren, 86.164 aber noch ungeordnet blieben, während die grösseren Sammlungen dem Bestande der Bibl. nicht einmal einverleibt waren. Zur Sanirung dieser Zustände stellte der damalige Unterrichtsminister Baron Eötvös József 10.000 Gulden ins Budget für 1868 ein und sandte, nach Verwerfung der undurchführbaren Vorschläge des Custos Gabriel Mátray den Official Ferdinand Barna nach München. Das Münchener System wurde angenommen und Barna mit 10 Diurnisten unter Aufsicht eines Ministerialsecretärs i. J. 1869 die Neukatalogisirung übertragen, die er nach 7 Jahren i. J. 1875 unter Ausscheidung von 18.414 Doubletten beendete. Hierauf wurde die Bibl. dem allgemeinen Besuche wieder eröffnet. 1871 wurde eine neue Stelle geschaffen, 1882 1 Custosadjunct für das Archiv und 1 Diurnist für die Druckwerkeabth. angestellt. Die Zeitschriftenabth. wurde 1884 ins Leben gerufen und durch den Custos der Universitätsbibl. Szinnyei József aufgestellt und katalogisirt; er wurde zum Custos der Zeitschriftenabth. und zu seiner Unterstützung 1 Custosadjunct ernannt, so dass (1887) der Personalstand wieder um zwei neue Stellen vermehrt wurde. Weitere Stellenvermehrungen fanden noch sechsmal statt: 1889 und 1891 beim Archiv, 1893 bei der Handschriftensammlung, 1896, 1898 und 1899 bei den Druckwerken, so dass der Stand heute 15 Beamte, 5 Diurnisten (darunter 1 Dame) und 7 Diener beträgt. — Die Bibl. besteht aus 4 Abth.: 1. die eigentliche Bibl. oder Druckwerkeabth., deren Vorstand nach der Gründungsurkunde auf Vorschlag der gräflichen Stifterfamilie vom Unterrichtsminister ernannt wird; 2. Handschriftenabth.; 3. Archiv; 4. Zeitschriftenabth. An der Spitze der ganzen Bibl. steht ein dirigirender Custos (igazgató-őr) — seit U. M. E. vom 12. Februar 1898, Z. 10.498. Die Vorstände der Bibl. waren: Ferdinand Miller 1803—1812, Stefan Horvát 1812—1846, Mátray Gabriel 1846—1875, Fraknói Vilmos 1875—1879, Bela Majláth 1879—1893, Ladislaus Féjerpataky 1893, seit 1898 als dirigirender Custos. — Fachzeitschrift der Bibl. ist die Magyar könyvszemle, die seit 1876 erscheint und von dem damaligen Custos Fraknói Vilmos gegr. wurde.

Catalogus bibliothecae hungaricae Francisci Com. Széchenyi. I. 1. 2. Sopronii 1799. — Suppl. I. Posonii 1803. — II. Sopronii 1807. — Index alter libros bibliothecae hungaricae Francisci Com. Széchenyi duobus tomis comprehensos in scientiarum ordines distributos exhibens. Pesthini 1800. — Suppl. I. Posonii 1803. — II. Pesthini 1807. — [Miller Jac. Ferd.] Catalogus manuscriptorum bibliothecae nationalis hungaricae Széchenyiano-regnicolaris. Vol. I—III. Sopronii 1814—15. — Horváth Ignácz. A magyar nemzeti múzeum könyvtárának ősnyomtatványai. 1465—1500. Budapest 1895. — Nationalmuseum, Das ungarische, zu Pesth. Wien 1814. Auch in: Vaterländ. Blätter für den österreichischen Kaiserstaat. Jg. 1815, S. 579. — Acta litteraria Musei Nationalis. In: Ver. Ofner- und Pesterzeitung. 1816. Nr. 56. 57. 1818. 32. 38. 39. Pressburger Ztg. 1818. 32. 38. — Miller Jac. Ferd. Acta litteraria Musei Nationalis Hungarici. I. Buda 1818. — Mednyansky, Frh. v. Wissenschaftliche Sammlung des Herrn Niklas v. Jankowitz zu Pesth. In: Hormayr, Histor. Taschenbuch, 1821, S. 329. — Was enthält die dem Pesther Nationalmuseum nun schon überlassene Jankovichische Sammlung? In: Wiener Jahrbb. d. Lit. 35, 26. Anz.-Bl., S. 40. — Horvát István könyvtára. (Jelenkor 1846. Nr. 79). — Szóemelés a Horvát gyüjtemény ügyében. Vasvári Páltól. (Társalkodó. 1846. 97). — Kubinyi Ágoston. A. m. n. muzeum, mint intézet és tulajdon örökitése a gr. Ráday könyvtár megvétele érdekében. In: Pesti Napló 1859. — Dudik, Beda. Notaten über die Manuscripte des ungar. Nationalmuseums in Pest. In: Notizenblatt d. hist.-statist. Section d. mähr.-schles. Ges. 1861, S. 23. — A nemzeti muzeum és könyvtár diszterme. In: Vasárnapi Ujság. 1864. — Mátray Gábor. A m. n. muzeum korszakai. Pest 1868. — Szász Károly. Közkönyvtáraink és az orsz. könyvtár. In: Pesti Napló. 1871, S. 285. — Csontosi János. A Farkas Lajos-féle gyüjtemény codexei a magy. n. muzeum könyvtárában. In: Magy. könyvszemle 1876, S. 134. 183. — A Kállay család levéltára. Ebda. S. 166. — A Hanvay család levéltára. Ebda. S. 205. — A báró Jeszenák család levéltára. Ebda. S. 260. — Kohn Sámuel. A m. n. muzeum héber kéziratai. Ebda. 1877, S. 16, 90. — Csontosi János. Adalék az 1848—49 hirlapirodalom bibliographiájához. Ebda. S. 27. — Fraknói Vilmos. A m. n. muzeum könyvtárának magy. tört. és irodalomtörténeti kiállitása. Ebda. S. 261. — Ders., A legrégibb magyar nyomtatvány. Ebda. 1879, S. 169. — A muzeumi könyvtár. In: Pesti Napló. 1879. — Goldziher, Ignácz. A. m. n. muzeumi könyvtár keleti kéziratai. Ebda. 1880, S. 102, 222. — A Magyar Nemzeti Muzeum. In: Magyar Szalon. 1888, S. 449. — Kereszty István. A m. n. muzeum könyvtárának hirlaposztálya. Magy. könyvszemle. 1895, S. 235. — A muzeumi könyvtár czimjegyzéke. In: Nemzeti Ujság. 1895. 7. April. — Jankovich Béla. Magyar nemzeti könyvtár. Budapest 1895. — A m. n. muzeum könyvtára. (1802—1895.) Budapest 1896. — A Magyar Nemzeti Muzeum. In: Magyar Szalon. 1898, S. 517.

127. **Ung. Nationalmuseum. Botanische Abtheilung** (A magy. nemzeti múzeum növénytani osztályának könyvtára), Széchényi

uteza 1 sz. — 10.800 Bde. und Hefte, 115 Handschriften. 126 Karten. — Bibliothekar: Dr. Filarszky Nándor. — Zettel- und alphabet. Katalog. — Ausser an Sonn- und Feiertagen jeden Tag von 9—1 Uhr benützbar. — Entlehnungen an Fachgelehrte und wissenschaftliche Institute. — Versendungen auf höchstens 6 Monate. — Hervorgegangen aus den botanischen Beständen der Bibl. des Grafen Széchényi und grossartig bereichert durch die berühmte Fachbibl. des Cardinals Haynald i. J. 1892. Gegenwärtig wird die Bibl. neu geordnet. — Botanik.

Alphabet. Katalog von Istvánffi Gyula. — Geschichte des Museums von 1802—1895.

128. **Ung. Nationalmuseum. Ethnologische Abtheilung** (A magy. nemzeti múzeum néprajzi osztályának szakkönyvtára). — 650 Bde. — Jahresdotation 200 Gulden. — Alphabet. und Materienzettelkatalog. — Benützbar während der Amtsstunden. — Keine Entlehnungen oder Versendungen. — 1898 erhielt die Bibl. eine ausserordentliche Dotation von 5000 Gulden für 5 Jahre. — Ungar. Ethnographie.

129. **Ung. Nationalmuseum. Mineralog.-paläontologische Abtheilung** (A magyar nemzeti múzeum ásvány és öslénytani osztályanak szakkönyvtára). — 6614 Bde. und 978 Karten. — Jahresdotation 1100 Gulden. — Leiter: Dr. Krenner József. — Zwei Zettelkataloge. — In den Amtsstunden benützbar. — Entlehnungen, aber keine Versendungen. — Naturwissenschaften, vorzugsweise Mineralogie und Paläontologie.

130. **Ung. Nationalmuseum. Zoologische Abtheilung** (A magy. nemzeti múzeum állattári osztályának kézikönyvtára). — Handbibl. 7332 Bde. — Dotation 1200 Gulden. — Vorstand: Dr. Horváth Géza; Bibliothekare: Dr. Kertész Kálmán und Csiki Ernö. — Zettelkatalog. — Dient dem Amtsgebrauche. — Keine Entlehnung oder Versendung. — 1864 kam die Bibl. in den Besitz der Sammlung des Frivaldszky Imre. — Zoologie.

131. **Nationaltheater** (A nemzeti szinház könyvtára). — 8160 Bde. und 6832 Theaterstücke. — Dotation je nach Bedarf. — Bibliothekar: Spady Zsigmond. — Inventar. — Keine Entlehnungen und Versendungen. — Gegr. 1837. — Dramat. Literatur.

132. **K. ung. Ober-Staatsanwaltschaft** (A kir. föügyészség könyvtára). — 1067 Bde. — Alphabet. und Fachkatalog. — Nur für Mitglieder des Instituts benützbar. — Keine Ent-

lehnung oder Versendung. — 1872 zugleich mit dem Amte gegr. — Rechtswissenschaft.

133. **Liberaler Parteiclub des Reichsrathes** (Országgyülési szabadelvü párt-kör), V. Dorothya u. 11. — 502 Bde. — Keine bestimmte Dotation. — Vorstand ist der jeweilige Präsident, Bibliothekar der Secretär des Verbandes. — Keine Kataloge. — Benützbar nur für Mitglieder. — Die für den Gebrauch der Abgeordneten nöthigen Nachschlagewerke.

134. **Pfarre zu St. Anna** (II. k. szt. Anna plebánia könyvtára). — 400 Bde. — Vorstand: der Pfarrer. — Kein Katalog. — Nur zu eigenem Gebrauche. — Seit 1687 durch die Privatbibl. der Pfarrer vermehrt. — Theologie.

135. **Piaristenkloster** (Kegyesrendi könyvtár). — *a*) Haus-, *b*) Centralbibl., zusammen 20.591 Bde., 160 Handschriften, 267 Karten. — Jahresdotation für *a*) 72 Gulden, für *b*) die Zinsen aus dem von Pollon József gestifteten Fond von 1500 Gulden. — Bibliothekar für *a*) Csaplár Benedek; für *b*) Farkas József. — Für *a*) alphabet. Katalog; für *b*) alphabet. und Realkatalog. — Entlehnungen aus *b*) wöchentlich einmal. — Die Hausbibl. wurde um 1711 gegr. und um die weitere Mitte des Jahrhunderts durch gediegene Lehrkräfte des Ordens sehr vermehrt. Später kamen Geschenke, Legate und Ankäufe hinzu. — Alle Wissenschaften.

136. **Allgemeine Poliklinik** (Az által. poliklinika könyvtára). — 1130 Bde., 288 Separatabdrücke. — An der Spitze steht eine Bibliothekscommission. — Materienkatalog. — Entlehnung an die Aerzte und Angestellten des Institutes. — Keine Versendung. — 1895 vermehrt durch den Nachlass des Dr. Takács Endre. — Heilkunde.

137. **K. ung. Post- und Telegraphencurs** (A m. kir. posta és távirdatanfolyam szakkönyvtára). — 1051 Bde. und 38 Karten. — Jahresdotation 500 Gulden. — Bibliothekar: Botás János. — Zettel- und alphabet. Katalog. — Zweimal wöchentlich, Mittwoch von 5—6, Samstag von 6—7 Uhr geöffnet. — Entlehnungen, aber keine Versendungen. — Gegr. 1888. — Post- und Telegraphenwesen, Rechtswissenschaft, Geographie, Naturwissenschaften.

138. **Post- und Telegraphendirection** (A posta és távirdaigazgatóság szakkönyvtára). — 1550 Bde., 5 Karten. — Dotation nach Bedarf. — Bibliothekar: László Lajos. — Alphabet. und chronolog. Katalog. — Täglich von 8—2, Sonntag von 8—12 Uhr benützbar. — Entlehnungen auf

zwei Wochen. — Gegr. 1887. — Post- und Telegraphenwesen, Geographie, Rechtswissenschaft, Geschichte, Statistik, Belletristik.

139. **Privatbibliothek Marczali H.** (Marczali Henrik magán könyvtára). — 3600 Bde. — Dotation je nach Bedarf. — Geschichte, besonders ungarische.

* 140. **[Landes-]Rabbinerschule** (Az országos rabbiképzö-intézet könyvtára), Rökk-Szilard u. 26, im eigenen Gebäude. — 15.556 Bde., 34 Handschriften, 49 Incunabeln. — Jahresdotation für die eigentl. Fachbibl. 1000 Gulden, für ungarische Werke (bereits 1252 vorhanden) 100 Gulden. — Bibliothekar: Prof. Dr. David Kaufmann; Scriptor: Adolph Gestetner; Amanuensis: Weiss Moritz. — Ein Zettelkatalog, besondere Fach- und Standortskataloge. — Geöffnet an Wochentagen von 8—12 Uhr. Zweimal wöchentlich von 12—1 Uhr für Hörer der Anstalt, aber auch für Fremde benützbar. — Entlehnung gegen Bestätigung, an Fremde gegen Gutstehung oder Empfehlung. — 1877 mit der Anstalt durch den Ankauf der Sammlungen Lelio della Torre in Padua und Rabb. David Oppenheim in Gross-Becskerek gegr.; Schenkung der Bibliotheken der Rabb. Ehrlich Eduard in Grosswardein, Abraham Hochmuth in Veszprim und Samuel Brill in Budapest. — Alle in das Gebiet der jüdischen Wissenschaft gehörigen Fächer (25).

Ein Katalog im X. Jahresbericht (1886/87).

141. **[K. ung. Staats-]Realschule im II. Bezirk** (A II. ker. állami reáliskola tanári és ifjusági könyvtára), II. Toldy Fer. uteza 9. — *a)* Lehrerbibl. 5471 Bde., 509 Hefte, 192 Tafeln; *b)* Schülerbibl. 2069 Bde. — Jahresdotation *a)* 500 Gulden; *b)* 200 Gulden. — Bibliothekar für *a)* Prof. Dr. Brózik Károly; für *b)* Prof. Dr. Jánosi Béla und Prof. Dr. Heller Bernát. — *a)* Zettelkatalog; *b)* alphabet. Fachkatalog. — *a)* Für den Lehrkörper; *b)* für die Schüler benützbar. — Ebenso Entlehnungen. — Keine Versendungen. — Gegr. 1854. — *a)* Fächer der Realschule; *b)* Jugendliteratur.

Katalog der Lehrerbibl. in Vorbereitung.

142. **[Communal-Ober-]Realschule im IV. Bezirk** (IV. ker. községi föreáliskola tanári könyvtára). — Lehrerbibl. 9091 Bde., 5828 Hefte. — Dotation 500—600 Gulden. — Bibliothekar: Prof. Berkes Imre. — Zettel- und Materienkatalog. — Entlehnungen an den Lehrkörper auf 30 Tage. — Zugleich mit der Anstalt 1851 gegr. — Wissenschaften der Schule.

A budapesti fö- és székvárosi IV. kerületi községi föreáliskola tanári könyvtárának czimjegyzéke (1851—1895). Budapesten 1897.

143. **[K. ung. Staats-Ober-]Realschule im VI. Bezirk** (A VI. ker. állami föreáliskola tanári könyvtára), VI. Bulyovszky uteza. — Lehrerbibl. 2210 Bde. — Jahresdotation 600 Gulden. — Bibliothekar: Prof. Rados Ignácz. — Zettelkatalog. — Für den Lehrkörper jederzeit benützbar. — Ebenso Entlehnungen. — Keine Versendungen. — Gegr. 1891 zugleich mit der Anstalt. — Fächer der Realschule.

* 144. **K. ung. Rechnungshof** (A m. kir. állami számvevöszék könyvtára). IV. Zöldfa uteza 22 sz. — Ende 1898 3320 Bde., einschliesslich der Handschriften. — Jahresdotation ca. 100 Gulden. — Kein eigenes Personal; derzeit Leiter: Dr. Gerber Ferencz, Rechnungsofficial. — Fachkatalog. — Benützbar nur für das Personal des Rechnungshofes während der Amtsstunden von 9—2 Uhr; für Fremde nur mit Erlaubniss des Präsidiums. — Entlehnung nur ausnahmsweise. — Keine Versendung. — Die Bibl. zugleich mit dem Rechnungshof 1870 gegr., als der bis dahin bestandene Oberrechnungshof aufgehoben und seine aus Werken der Rechnungs-, Finanz-, Creditwissenschaft, Oekonomie, Staatshaushaltung, Statistik u. a. bestehende Büchersammlung der neuerrichteten Bibl. des Rechnungshofes zugewiesen wurde. — Nationalökonomie, Buchhaltung.

145. **Freiwilliger Rettungsverein** (Önkéntes mentö egyesület házikönyvtár). — 700 Bde. — Vorstand: Dr. Kresz Géza; Bibliothekar: Dr. Iványi Ernö. — Zettelkatalog. — Benützbar zu jeder Zeit für Mitglieder. — Gegr. 1890 von Rózsa Péter. — Die einschlägige Literatur.

146. **St. Emerich-Selbstbildungsverein** (Szt. Imre önképzö egylet könyvtár). — 110 Bde. — Bibliothekar: Altmann Gyula. — Alphabet. Katalog. — Benützbar zu den Bibl.-Amtsstunden. — Entlehnungen an die Mitglieder auf einen Monat, über diese Zeit gegen eine Gebühr von 10 Kreuzern. — Keine Versendungen. — Gegr. mit dem Vereine 1888. — Alle Wissenschaften.

147. **St. Stephanverein** (A Szent-István-társulat könyvtára), VIII. Szentkirályi uteza 28 sz. — 6000 Bde. — Jahresdotation 500 Gulden. — Bibliothekar: Kaposi József. — Alphabet. Katalog. — Täglich von 9—1 Uhr für Vereinsmitglieder geöffnet. Entlehnungen von Fall zu Fall. — Keine Versendungen. — Gegr. in den Sechzigerjahren. — Besonders Jugend- und Volks-, auch wissenschaftliche Literatur.

A Szent-István Társulat könyvtárának betürendes czimjegyzéke. Budapest 1889.

148. **Ujlaker Schul- und Volksbibliothek im III. Bezirke** (III. ker. ujlaki iskolai és népkönyvtár). 1746 Bde. – Bibliothekar: Nagy Ede. — Alphabet. und Realkatalog. — Entlehnungen, aber keine Versendungen. — Gegr. 1885. — Alle Wissenschaften.

149. **Servitenkloster** (A szervita társház könyvtára). – 6000 Bde. – Bibliothekar: Gúta M. István. — Alphabet. und Realkatalog. — Keine Entlehnung oder Versendung. — Gegr. 1773 zugleich mit dem Kloster. — Vorzugsweise Theologie.

150. **K. ung. Staatsdruckerei** (A m. kir. államnyomda könyvtára), I. ker. vár Nándor tér 1 szám. — 517 Bde., 6002 Kunstdruckmuster, 3872 Karten. — Jahresdotation 100 Gulden. — Bibliothekare: Sártory László, Bruckner József; 1 Diener. – Materienkatalog. — Geöffnet während der Amtsstunden von 8—2 Uhr. – – Entlehnung an die Beamten — Keine Versendung. — Als Fachbibl. aus kleinen Anfängen entstanden, zählte sie 1872 26 Werke. — Topographie.

151. **[Israel. Landes-]Taubstummeninstitut** (Izr. siketnémák országos intézete könyvtár). — 300 Bde. — Jahresdotation 60 Gulden. — Director: Grünberger Lipót; Bibliothekar: Adler Simon. — Materienkatalog. — Jederzeit benützbar. — Entlehnung an die Lehrer und Zöglinge des Institutes. — Keine Versendung. — Gegr. mit dem Institute. — Alle Wissenschaften, besonders Pädagogik, Taubstummen- und Jugendliteratur.

152. **Ung. Touristenverein** (A magy. Turista-Egyesület könyvtára). — 800 Bde. und 300 Karten. — Jahresdotation 500 Gulden. — Secretär: Dr. Thirring Gusztáv. — An Wochentagen von 6—8 Uhr benützbar. — Entlehnungen nur an Mitglieder. — Keine Versendungen. – Touristik.

* 153. **K. ung. Universitätsbibliothek** (A magy. kir. tudomány egyetem könyvtára), IV. Ferencziek tere 5. — Ende 1897: 220.658 Bde. Druckwerke, 38.143 Stücke Miscellanea. 1606 Stücke und 439 Bde. Handschriften, 2000 Bde. Incunabeln. — Jahresdotation 14.500 Gulden. — Director: vacat; Custoden: Dr. Alexander Máté, Karl Kudora; Officiale: Dr. Crescenz Ludwig Dedek, Dr. Ludwig Dézsi, Lorenz Tetzel; Amanuensen: Anton Jankovich, Elemér Czakó; 1 Portier; 6 Bibliotheksdiener; 1 Heizer. — *A.* Allgemeine Kataloge: *a)* Ueber den ganzen Bestand handschriftlich ein alphabet. Zettelkatalog in 4⁰, welcher in 373 Zettelbehältern verwahrt ist; *b)* dem vorigen entsprechend ein Fachkatalog in 8⁰, welcher in 116 Zettelbehältern aufbewahrt wird. *B.* Specielle handschrift-

liche Kataloge: *a)* Kataloge der Incunabeln bis 1500; *b)* Katalog der Incunabeln von 1500—1520; *c)* Katalog der in Ungarn bis 1711 in ungarischer Sprache erschienenen Druckwerke; *d)* Katalog der in Ungarn bis 1711 in fremden Sprachen erschienenen Druckwerke; *e)* Katalog alter auf Ungarn bezüglicher Druckwerke; *f)* Katalog der Dissertationen nach Fächern geordnet; *g)* Katalog der Flugschriften; *h)* Katalog der Schulprogramme. — Die Benützung der Bibl. im öffentlichen Lesesaale steht von 9—12 und 3—8 Uhr jedem Gebildeten frei, welcher das 16. Lebensjahr überschritten hat. Zum Eintritte in den Lesesaal berechtigt eine vom Bibl.-Amte auf persönliches und mündliches Ansuchen officiell für das laufende Schuljahr ausgestellte Eintrittskarte, welche jedesmal beim Eintritte vorzuzeigen ist. Der Arbeitssaal und andere separate Localitäten der Bibl. sind von 9—12 und 3—6 Uhr zur Benützung geöffnet. In diese Localitäten ist der Eintritt ausser den Universitätsprofessoren nur wissenschaftlich gebildeten Forschern gestattet, im Falle sie vom Senate der k. Universität eine besondere Erlaubniss erhalten. — Die Entlehnung von Druckwerken an Private gegen Caution, ohne Caution ausser an Universitätsprofessoren ausnahmsweise nur an solche Personen, deren gesellschaftliche Stellung volle Garantie bietet, und zwar nach Gutachten des Directors. Seltene oder sonst grösseren Werth repräsentirende Druckwerke, sowie Collectionen nur mit besonderer Erlaubniss des Universitätssenates. — Versendungen von Druckwerken und Handschriften auf amtliches Ansuchen zur Benützung in den amtlichen Localitäten. — Die Gründung der k. ung. Universitäts-Bibl. fällt mit der durch Petrus Pázmány am 13. Mai 1635 erfolgten Gründung der röm.-kath. erzbischöfl. Universität zu Tyrnau (Nagy-Szombat) zusammen, von welcher jene ihren religiösen Charakter entlehnte. Die Bibl. befand sich in dem Flügel „Transylvania" des Collegialgebäudes der Gesellschaft Jesu zu Tyrnau, wo dieselbe in einem grossen Festsaale, in hübschen, aus hartem Holze gefertigten Bücherschränken aufgestellt war und das Eigenthum der Gesellschaft bildete. 1770 wurde die Tyrnauer röm.-kath. Universität verstaatlicht, nach der 1773 erfolgten Auflösung des Jesuitenordens neben anderen Mobilien die Bibl. mit königl. Erlasse vom 19. August 1774 der königl. Universität einverleibt, ihr aber zugleich ausser dem Einkommen der Universitätsdruckerei eine jährliche Dotation von 500 Gulden verliehen. Mittelst königl. Verordnung vom 6. März 1777 wurde die Verlegung der Universität und der Bibl. nach Ofen bestimmt; die Uebersiedlung der letzteren erfolgte Ende September und Anfang October auf sechs in den Kammerwaldungen angefertigten Flössen, die Neu aufstellung im kgl. Schlosse zu Ofen Aug. 1778. Vor dem Umzuge war der grosse Bestand in drei Theile zerrissen worden, ein Theil für den Transport bestimmt, ein Theil an die Akademie in Tyrnau, und der Rest an Parochien und Klöster vertheilt worden. Ueber die Höhe des Gesammtbestandes fehlen alle näheren Angaben, über den Inhalt und literarischen Werth findet man einigen näheren Aufschluss im Berichte der mit der Uebersiedlung betrauten kgl. Commissäre (1778), nach welchem die neue Univ.-Bibl. zumeist aus älteren theologischen und philosophischen Werken bestand, kaum einige medicinische, naturwissenschaftliche und historische Werke aufwies, und zur Ausfüllung der Lücken eine grössere Jahresdotation und eine a. o. Subvention von 10.000 Gulden verlangt wurde. Der Besuch der Bibl. in Ofen war sehr mangelhaft. Die vom Universitätssenate am 10. Juli 1780 eingesetzte Bibl.-Commission bemerkte in ihrem Berichte: „Legendi causa venere pauci catholici, heterodoxi, universim 7 vel 8". Im J. 1784 wurde die kgl. ung. Universität nach Pest verlegt, der Univ.-Bibl. mittelst kgl. Decretes vom 26. Mai 1784 Z. 1398 im Franciscanerkloster ein Platz angewiesen. (Südlicher und südöstlicher Theil, von der an der Ecke der Hatvanergasse, jetzt Kossuth Lajos utcza, und des Franciscanerplatzes liegenden Kirche aus gerechnet.) Der südliche, den Ansprüchen einer Bibl. möglichst entsprechend umgestaltete Theil des Klostergebäudes wurde als Bücherrepositorium eingerichtet (Best. ca. 20.000 Bde.). Hier wurden die Werke mit einer an den Platz gebundenen Signatur versehen, innerhalb 1½ Jahren der noch jetzt vorhandene aus 11 Foliobdn. bestehende Bibl.-Katalog verfasst und die Bibl. ihrer Bestimmung übergeben. Neben dem einzigen geräumigen Büchersaale im südöstlichen Theile des Gebäudes befanden sich ebenerdig zwei Lesezimmer mit je zwei Fenstern auf den Klostergarten, mit denen drei kleinere Zimmer mit nur je einem Fenster in Verbindung standen; eines wurde für den Director reservirt, die beiden anderen dienten als Amtszimmer und zugleich zur Aufbewahrung der Handschriften, Kataloge und der Handbibl. Eines der hervorragendsten Ereignisse in dieser Periode der Entwicklung bildete die Verordnung Kaiser Josefs II., in welcher er die reichen Büchersammlungen der aufgelösten ungarischen und croatischen Klöster der Univ.-Bibl. überantwortete (ca. 2000 Centner). Davon wurden $^3/_{10}$ der Bibl. direct einverleibt, $^2/_{10}$ pfundweise an Greisler und Händler, $^3/_{10}$ einzeln (um 4000 Ducaten) verkauft, $^2/_{10}$ (um 900 Gulden) versteigert, der Gesammterlös aber zur Anschaffung neuer Werke verwendet. Beträchtlich vermehrt wurde der Bestand durch den Ankauf einzelner Büchersammlungen als: Lakics, Plenk, Winterl, Pray (u. A.

werthvolle Handschriften), Hevenessy, Kaprinay (Hungarica), Oberarzt Vezza, Prof. Trnka, sowie durch Geschenke und Legate als: Gräfin Nic. Zichy, Reichspalatin Erzherzog Joseph, Johann Szilasy, Georg Fejér und Carl Nagy. — Ausser der Jahresdotation zahlreiche a. o. Zuschüsse als: 1798 Statthalterei 600 Gulden, 2. Januar 1811 Univ.-Senat 1287·40 Gulden, 19. Februar 1811 Statthalterei 1000 Gulden und sub Nr. 19.554 vom 6. August 1811 zum Ankaufe der für die Prof. zunächst bestimmten Werke 2000 Gulden; 18. Juni 1818 kgl. ung. Ministerium 300 Gulden. — Im Mai 1873 wurde der Neubau eines eigenen Bibl.-Gebäudes vom Baumeister Anton Skalnitzky nach einem von ihm früher ausgearbeiteten und vom Cultus- und Unterrichtsminister Aug. v. Trefort genehmigten Entwurfe auf dem vom alten Bibl.-Gebäude bis zur Realschulgasse reichenden, vom Franciscanerorden unterm 26. Mai 1872 der Universität geschenkweise überlassenen Baugrunde von 2100 m^2 ins Werk gesetzt und im December 1875 vollendet. Die Kosten des Baues sammt gänzlicher Einrichtung beliefen sich auf 712.925 Gulden. Das Gebäude enthält 8 Büchersäle, 7 Zimmer, wovon 5 als Amtszimmer und zur Aufbewahrung der Zettelkataloge und der Hilfsbibl. dienen, 1 Arbeitszimmer für Univ.-Prof., ausschliesslich 2 Lesesäle, deren erster für 30, der zweite für 110 Leser Platz bietet: jener steht den Univ.-Prof. zur Verfügung, dieser dem grossen Publicum offen. Unter diesen Localitäten tritt der grosse Lesesaal hinsichtlich seiner modernen Ansprüchen entsprechenden und zweckmässigen Einrichtung, sowie in Bezug auf künstlerisch-architektonische Ausstattung besonders hervor. Die Länge des Saales beträgt 17·4 *m*, die Breite 12·8 *m*, die Höhe 15·1 *m*. Den Plafond bildet eine Spiegelglaswölbung mit eingeschobenen Lünetten, wobei die Glaswölbung die Beleuchtung des Saales vermittelt. Die Ecken zwischen den Lünetten sind mit Gemälden verziert, welche die Künste und Wissenschaften vorstellen und von dem Frescomaler Carl Lotz stammen. Bei Tag wird der Saal durch drei hohe Fenster und durch das Glasgewölbe am Plafond beleuchtet, abends spenden 58 unbewegliche Gasflammen das nöthige Licht. Die hier befindlichen Bücher, deren Anzahl 1895 12.000 Bde. betrug, sind in den in die Wand hineingewölbten Kasten aufgestellt. Der Umzug begann am 11. October 1875 und ward am 24. Januar 1876 beendigt. Nachdem noch im grossen Lesesaale 9381 Bde. aufgestellt und darüber in kurzer Zeit ein alphabet. Katalog aufgenommen und gedruckt worden, fand die feierliche Eröffnung durch den derzeitigen Rector Karl Than am 26. März 1876 statt. Der Bücherbestand vermehrt sich fortan durch Ankauf, Geschenke und Pflichtexemplare. Die letzteren gebühren der Bibl. laut Statthalterei-verordnung v. 10. Aug. 1780, Z. 5022, welche von der Hofkanzlei wiederholt bekräftigt ward. Die Einsendung erfolgte aber nur sehr gezwungen und nachlässig. Gesetzesartikel XVIII v. J. 1848 erklärte dieses Recht für erloschen. Obgleich dann später die legale Regierung mittelst Verordnung vom 5. Januar 1853 solches der Bibl. aufrecht zu erhalten strebte, wurde es von den Buchdruckern nicht mehr respectirt, und wenn auch Sendungen noch weiter einliefen, wurden dieselben nicht mehr als Pflichtexemplare, sondern als Geschenke überschickt. 1867 betrug die Dotation 2000 Gulden, seit 1870 5000 Gulden, 1880 bis 1881 8000 Gulden, 1882—1891 10.000 Gulden, 1892 1897 12.000 Gulden. Ausserordentliche Dotationen für die J. 1874 und 1875 je 5000 Gulden zur Ergänzung incompleter Werke und Collectionen sowie nöthiger Büchereinbände: 1876—1879 vom Parlamente je 7000 Gulden, 1881—1888 je 3000 Gulden. Seit 1889 wird auch von jedem neu aufgenommenen Hörer der Universität eine Bibl.-Gebühr von 3 Gulden eingehoben. Besondere Credite von Seiten des Reichstages zum Ankaufe einzelner Bibl. als: 6. März 1870 Bibl. des Paul Balogh (10.000 Bde. 12.100 Gulden), 1885 Bibl. „Mircse" (2000 Gulden). 1890 die Basel'sche (5000 Gulden), und die Wenzel'sche (3500 Gulden) Bibl. 1875 spendete die Hauptstadt Budapest die seit 22. Februar 1858 von der Univ.-Bibl. besonders verwaltete, ca. 13.000 Bde. umfassende Bibl. Ignaz Frank's; 1886 der Sohn Theodor Pauler's (der gegenwärtige Director des Landesarchivs) die ca. 4190 Bde. umfassende Bibl. seines Vaters. — Vertreten sind alle Wissenschaften, besonders gepflegt Geschichte und Rechtswissenschaft.

I. Werke über die Geschichte der Bibl. Marki József. Könyvtári nefelejts, vagy a budapesti m. k. tudomány egyetem könyvtárának rövid ismertetése (1778—1874). Budapest 1874. — Máté Sándor. A budapesti magyar királyi tudomány egyetem könyvtára 1774—1895. Budapest 1896.
II. Kataloge im Druck erschienen: A budapesti m. kir. tudomány egyetem, könyvtárának czimjegyzéke. I. Kézikönyvtár. Budapest 1876. II XXII. 1877 bis 1887. Budapest 1878—1898. 21 Bde. — A magyar kir. egyetemi könyvtár codexeinek czimjegyzéke. Budapest 1881. — Catalogus codicum Bibliothecae Universitatis R. Scientiarum Budapestinensis. Budapestini 1881. — A budapesti m. kir. egyetemi könyvtár kéziratainak czimjegyzéke. I. Rész. Budapest 1889. II. Rész. Budapest 1894 (Catalogus librorum manuscriptorum Bibliothecae Universitatis R. Scientiarum Budapestiensis Pars. I. Budapestini 1889. Pars. II. Budapestini 1894). — Catalogus brevis codicum manuscriptorum qui liberalitate S. M. Abdul Hamid II. Imp. Ottomanorum bibliothecae I. R. Hung. Universitatis Budapestinensis novissime donati sunt. In: Neuer Anzeiger f. Bibliogr. 1877, S. 311. 318.
Török, A. v. 35 Handschriften Geschenk des Sultans Abdul Hamid II Nach Csontosi mit erläut. Zusätzen und sonstigen sachlichen Bemerkungen. Budapest 1877. — Abel, E. Die Bibl. des Königs Matthias Corvinus. In: Literar. Berichte aus Ungarn II. 1878. S. 556.

Universitätsinstitute, Seminare etc.

154. Aesthetisches Institut (Az eszthetikai gyüjteményének könyvtára). — 350 Bde., 2600 Photographien und Stiche, 80 Reproductionen von Kunstwerken verschiedener Epochen. — Jahresdotation 300 Gulden. — Vorstand: Prof. Dr. Beöthy Zsolt. — Benützbar während der Vorlesungen. — Aesthetik. Kunstwissenschaft.

155. Botanisches Institut (A kir. magy. tud. egyetemi növénytani intézet és növénykert könyvtára). — 4800 Bde. — Jahresdotation 500—700 Gulden. — Vorstand: Prof. Dr. Mágócsy-Dietz Sándor. — Alphabet. Zettel-, Realkatalog. Inventar. — Ausser an Sonn- und Feiertagen täglich von 9—12 und 3 bis 6 Uhr benützbar für Universitätshörer und Fachgelehrte. — Ebenso Entlehnungen. — Keine Versendungen. — Den Grund zur Bibl. bildeten die zu Anfang des Jhdts. aus der Universitätsbibl. ausgewählten Werke. — Botanik.

Dietz Sándor. A budapesti k. m. tud. egyetem növénytani intézetének könyvtára. Budapest 1881. (In: Magyar könyvszemle. VI. 4. 5.)

156. Geographisches Institut und Seminar (A földrajzi intézetének és szemináriumának könyvtára). — 10.000 Bde. und Karten. — Dotation 300 Gulden. — Vorstand: Prof. Dr. Lóczy Lajos; Adjunct und Bibliothekar: Cholnoky Jenö. — Zettelkatalog. — Geöffnet von 9—11 Uhr für Instituts- und Seminarmitglieder. — Ebenso Entlehnungen. — Gegr. 1890. Durch Kauf wurden 3111 Stücke der Hunfalvy János-Sammlung erworben. - Statistik, Geschichte, Geographie.

157. Geologisches und paläontologisches Institut (A földtani és öslénytani intézetének kezi könyvtára), VIII. Múzeum körút 4. — Handbibl. 2772 Bde. — Dotation 200 Gulden. — Vorstand: Der jeweilige Fachprof. — Alphabet. und Realkatalog. — Geöffnet von 9—1 Uhr. — Benützung und Entlehnung für Fachgelehrte und Institutsmitglieder. — Keine Versendung. — Gegr. 1881 durch Hantken Miksa. — Geologie. Paläontologie.

158. Pharmaceutisches Institut (A gyógyszertani intézetének könyvtára). — 1118 Bde. Jahresdotation 200 Gulden. — Vorstand und Bibliothekar: Prof. Dr. Bikany Árpád. — Zettel- und alphabet. Katalog. — Täglich geöffnet für Institutsmitglieder und den Lehrkörper. — Keine Entlehnung und Versendung. — Gegr. 1891. Medicinische, pharmakologische und chemische Werke.

159. Physiologisches Institut (Az élettani intézetének könyvtára). — 850 Bde. — Jahresdotation 200—300 Gulden.

Vorstand und Bibliothekar der jeweilige Fachprof. — Alphabet. Katalog. — Benützbar an Arbeitstagen des Institutes. Keine Entlehnung oder Versendung. — Gegr. gegen Ende der Vierzigerjahre. — Physiologie.

160. Ophthalmologische Klinik (A szemklinikának könyvtára). VIII. Üllői út 26. — 5312 Bde. — Jahresdotation 431 Gulden. — Vorstand: Prof. Dr. Schulek Vilmos; Bibliotekar: Dr. Leitner Vilmos. — Alphabet. Realkatalog. — Geöffnet von 7 Uhr früh bis 10 Uhr abends. Benützbar für die Professoren und das Personale der Anstalt. — Ebenso Entlehnungen. — Gegr. 1888 von Prof. Dr. Schulek Vilmos. — Augenheilkunde.

Hőszes Endre. Emlékkönyv a budapesti egyetem orvosi karának multjáról és jelenéről. Budapest 1896, S. 517.

161. I. Chemisches Laboratorium (Az I. chemiai intézetének könyvtára), Múzeum körút 1 sz. — 2300 Bde. — Jahresdotation 500—600 Gulden. — Vorstand: Prof. Dr. Buchböck Gusztáv. — Realkatalog. — Jeden Tag von 6 bis 8 für Mitglieder benützbar. — Keine Entlehnungen und Versendungen. — Gegr. von dem Institutsdirector Prof. Dr. Than Károly. — Naturwissenschaften, Chemie.

162. Seminar für classische Philologie und Museum für griechische Philologie (A classica philol. seminárium s görög philol. múzeum könyvtára). — 3086 Bde. — Jahresdotation 400 Gulden für das Seminar, 150 Gulden für das Museum. — Vorstand: Prof. Dr. Ponori Thewrewk Emil. — Zettel- und alphabet. Katalog. — Täglich nur für Mitglieder benützbar. — Keine Versendung. — Das Museum wurde 1874, das Seminar 1887 gegr. — Classische Philologie.

163. Seminar für moderne Philologie (A modern philologiai szemináriumának könyvtára). — 2865 Bde. — Jahresdotation 400 Gulden. — Realkatalog. — Vorstand: Prof. Dr. Gyulai Pál; Bibliothekare: 1. Gedeon Alajos; 2. Lehr Andor. — Materienkatalog. — Für Mitglieder jederzeit benützbar. — Ebenso Entlehnungen nur an Mitglieder. — Keine Versendungen. — Schenkungen von den Prof. Gyulai Pál, Heinrich Gusztáv, Budenz József. 1888 wies die Bibl. 211 Bde. und 275 Hefte auf. — Moderne Philologie.

164. Seminar für Rechtsphilosophie und vergleichende Rechtswissenschaft (A m. kir. tudományegyetem jogbölcseleti és összehasonlító jogtudományi seminráriumának könyvtára). — 120 Bde. — Jahresdotation 150 Gulden. — Vorstand: Prof. Dr. Pikler Gyula. — Ent-

lehnungen an die Mitglieder des Seminars — Keine Versendungen. — Gegr. 1897. — Rechtswissenschaft.

165. Seminar für Röm. Recht (A római jogi szeminariumának könyvtára). — 620 Bde. — Jahresdotation 150 Gulden. — Vorstand und Bibliothekar: Prof. Dr. Vécsey Tamás. — Alphabet. Zettelkatalog. — Wöchentlich zweimal geöffnet. — Entlehnungen gegen Empfangsbestätigung. — Gegr. 1888. — Rechtswissenschaften, besonders römisches Recht.

166. National-ökonomisch-statistisches Seminar (A nemzetgazdasági és statisztikai szemináriumának könyvtára). — 961 Bde. — Dotation 300 Gulden. — Vorstand: Prof. Dr. Földes Béla. — Zettelkatalog. — Benützbar für Seminarmitglieder. — Ebenso Entlehnungen. — Keine Versendungen. — Gegr. 1890. — Nationalökonomie, Statistik.

167. Staatswissenschaftliches Seminar (A tud. egyet. államtud. szeminárium). — 163 Bde. — Jahresdotation 150 Gulden. — Vorstand und Bibliothekar: Prof. Dr. Concha Győző. — Zettelkatalog. — Benützbar für Lehrer und Hörer des Seminars. — Keine Versendungen. — Gegr. mit Staatshilfe 1895. — Rechts- und Staatswissenschaften.

168. Strafrechtliches Seminar (A büntetőjogi szeminárium könyvtára). — 618 Bde. — Jahresdotation 150 Gulden. — Vorstand: Prof. Dr. Fayer László; Bibliothekar: Lengyel Aurél. — Alphabet. Katalog. — An Wochentagen von 10 bis 11 Uhr benützbar für Mitglieder des Seminars und Strafrechtshörer. — Keine Versendung. — Strafrecht.

169. **Verein der Buchdrucker und Schriftgiesser Ungarns** (Magyarországi könyvnyomdászok és betűöntők egylet könyvtár), VIII. Kerepesi út 19 sz. — 6000 Bde. — Jahresdotation 300—400 Gulden. — Obmann: Novitzky N. László; zwei Bibliothekare. — Gedruckter Katalog. — Benützbar dreimal wöchentlich 7—9 Uhr abends. — Ebenso Entlehnungen. — Keine Versendungen. — Gegr. 1863. — Schöne Literatur und populäre Wissenschaften. — Zweigvereine: Arad, Kronstadt, Szegedin, Fünfkirchen, Temesvár, Kaschau, Pressburg, Klausenburg, Hermannstadt, Debreczin, Grosswardein mit je 300 bis 1000 Bdn.

170. **Verein der kaufmännischen Jugend** (A kereskedő ifjak társulata könyvtára), Magyar uteza 3 I. — 5400 Bde. — Jahresdotation 150 Gulden. — Bibliothekare: Nagy Sándor und Libhauser Ferencz. — Gedruckter alphabet. Katalog. — Geöffnet Dienstag und Freitag von 8—9 Uhr. — Entlehnung gegen Caution von 2 Gulden für 2 Bde., 1 Gulden für 1 Bde.

an Vereinsmitglieder. — Keine Versendung. — Gegr. 1866. — Belletristik und Fachliteratur.

171. **Ung. landwirthschaftlicher Verein** (Az országos magyar gazdasági egyesület könyvtára), Üllői út 25. — 11.813 Bde., 110 Handschriften, 51 Karten. — Jahresdotation 850 Gulden. — Vorstand: Torster Géza; Bibliothekar: Kirchner Lajos; 1 Hilfsbeamter; 1 Diener. — Materienzettelkatalog und gedruckter Katalog. — Jeden Wochentag von 12—1 Uhr für Vereinsmitglieder, Lehrer an verwandten Anstalten und die Beamten des Ackerbauministeriums benützbar. — Ebenso Entlehnungen und Versendungen. — Gegr. mit dem Vereine 1837; 1892 neu geordnet. — Oekonomie.

Az Országos Magyar Gazdazági Egyesület könyvtárának czimjegyzéke I. Budapest 1892. — II. Budapest 1896.

172. **K. ung. naturwissenschaftlicher Verein** (A m. kir. természettudományi társulat könyvtára). VII. Erszébet körút 1 sz. — 22.215 Bde., 2 Handschriften. — Jahresdotation 2800 Gulden. — Vorstand: Lengyel István; Bibliothekar: Ráth Arnold; 1 Diener. — Inventar, Zettelkatalog nach Autoren, Gegenständen und Standorten; neuer Katalog im Druck. — Für Mitglieder an Wochentagen von 9—12 und 3—8 Uhr geöffnet. — Ebenso Entlehnungen; an andere Personen nur wenn ein Vereinsmitglied für sie haftet. — Keine Versendungen. — Gegr. zugleich mit dem Vereine 1841, erhielt die Bibl. 1872 1557 Bde. von Dr. Bene Rudolf, 1897 1135 Bde. der Ghyczy-Bibl. u. a. — Naturwissenschaften.

Ueber die Bibl. berichten die jährlichen Vereinsprogramme. — Gedruckte Kataloge aus d. J. 1866, 1871, 1873, 1877, 1886.

173. **Volksbibliothek im II. Bezirke** (II. ker. népkönyvtár). — 5000 Bde. — Bibliothekar: Koncsek Lajos; Hilfsbeamter: Utry Oszkár. — Zettelkatalog und Repertorium. — Benützung und Entlehnungen für Vereinsmitglieder unentgeltlich, für andere gegen Gebühr von 50 Kreuzern für jedes Vierteljahr. — Entlehnungen dreimal wöchentlich. — Gegr. am 17. September 1891. — Belletristik und populäre Wissenschaft.

Czimjegyzéke I—III rész. Budapest 1894—1897. — A Budai könyvtár egyesület évkönyvei 1891—1898.

174. **Volksschule des I. Bezirkes** (I. ker. iskolatéri közs. el. iskola könyvtár. — 1530 Bde. — Vorstand und Bibliothekar der jeweilige Director. — Dem Lehrpersonale jederzeit zugänglich. — Keine Entlehnung oder Versendung. — Die Gegenstände der Volksschule, besonders Pädagogik.

Farkas József. A bud. iskola vázlatos története.

175. **Volks- und Schülerbibliothek in der Soroksárergasse im IX. Bezirke** (A IX. ker. soroksárúti nép és iskolai könyvtára), Soroksári út 37. — Volksbibl. 582 Werke in 787 Bdn.; Schülerbibl. 406 Werke in 414 Bdn.; zusammen 1201 Bde. — Jahresdotation 170 Gulden. Präsident: Pinter Pál; Vicepräsident: Eller Ferencz; Cassier und Bibliothekar: Bacsinszky Ede; Schriftführer: Konkolyi József; 1 Diener. — Realkatalog. — Dreimal wöchentlich von 4–6 Uhr nachm. geöffnet. — Entlehnung an die Vereinsmitglieder auf 4 Wochen. — Keine Versendungen. — Alle Wissenschaften, Belletristik.

176. **Volks- und Schülerbibliothek im X. Bezirke** (X. ker. nép és iskolai könyvtára), X. ker. bányatéri népiskola. — 1864 Bde. — Jahresdotation 120 Gulden. — Präsident: Megyery Géza; Vicepräsident: Krammer Gusztáv; Schriftführer: Erdös Géza; Cassier und Bibliothekar: Tóth Lajos; 1 Diener. — Alphabet. Katalog. — Dienstag von 1–3, Samstag von 3–5 Uhr benützbar. — Entlehnungen an Mitglieder gegen Jahresbeitrag von 1·20 Gulden, an das übrige Publicum gegen eine Gebühr von 10 Kreuzern pro Woche. — Keine Versendungen. — Gegr. 1888 mit 228 Bdn. — Alle Wissenschaften.

Katalog erscheint 1899 im Druck.

177. **K. ung. Winzerschule** (M. kir. felsöbb szölö és borgazdasági tanfolyam könyvtára). 1273 Bde. — Dotation je nach Bedarf. — Realkatalog. — Für Mitglieder des Lehrkörpers jederzeit benützbar. — Entlehnungen auf 4 Wochen. — Fachliteratur.

Csakathurn (Csáktornya, Ungarn).

178. **[K. ung. Staats-]Bürgerschule** (A m. k. állami polgári iskola tanári és ifjúsági könyvtára). — 1254 Bde. — *a)* Lehrerbibl. 639, *b)* Schülerbibl. 615 Bde. — Bibliothekar: Alezeghy Alajos. — Materienkatalog. — Benützbar *a)* für den Lehrkörper zu jeder Zeit, *b)* für Schüler jeden zweiten Donnerstag. Ebenso Entlehnungen. — Keine Versendungen. — Gegr. 1873. — Alle Fächer.

179. **[Communal-]Volksschule** (A községi népiskola könyvtára). — 3151 Bde. — Jahresdotation 96 Gulden. — Bibliothekar: Menesey Károly. Materienkatalog. Täglich benützbar, ausser während der grossen Ferien. — Entlehnungen und Versendungen gegen Caution von 2 Gulden und Benützungsgebühr von 2 Kreuzern pro Bd. Gegr. 1871. — Pädagogik, Naturwissenschaften, Geographie und Geschichte.

Schulbericht von 1888/89.

Csáktornya, siehe Csakathurn.

Csernekhegy (Ungarn).

180. **Basilianerkloster** (A szt. Vazul-rendi monostor könyvtára). — 4680 Bde. — Bibliothekar: P. Homa Joáchim. — Alphabet. Zettel- und Fachkatalog. — Nur für Ordensmitglieder benützbar. — Keine Entlehnung oder Versendung. — Wird vermehrt nach Massgabe der verfügbaren Mittel. — Theologie und Geschichte.

Csiksomlyó (Ungarn).

181. **[Kath. Ober-]Gymnasium** (A róm. kath. főgymnasium tanári könyvtára). — Lehrerbibl. 1338 Bde, 7 Handschriften, 103 Karten, 1206 Programme, 5 altung. Drucke. — Director: Bándi Vaz.; Bibliothekar: Glósz Miksa. — Zettel-, alphabet. Fachkatalog. — Täglich benützbar. — Keine Entlehnungen oder Versendungen. — Zahlreiche Geschenke seit 1851. — Alle Fächer der Anstalt.

Geschichte und Fachkatalog von Glósz Miksa in den Jahresberichten des Gymn. 1886—1887.

Csikszereda (Siebenbürgen).

182. **Landwirthschaftliche höhere Volksschule** (A gazdasági felsőnépiskola ifjúsági könyvtára). — Schülerbibl. 586 Bde. — Jahresdotation 30 Gulden. — Vorstand der jeweilige Director; Bibliothekare: Csiberties Imre und Benedek, Lehrer. — Alphabet. Katalog. — Zweimal wöchentlich benützbar. — Keine Entlehnung oder Versendung nach auswärts. — Gegr. 1871. — Alle Fächer der Schule.

Csongrád (Ungarn).

183. **Staatl. Elementarschule** (Az állami elemi iskolai tanítói könyvtára). — Lehrerbibl. 651 Bde. und 2 Handschriften. — Director und Bibliothekar: Blázsik Mihály. — Alphabet. nach Fächern geordneter Katalog. — Für Lehrer der Anstalt jederzeit benützbar. — Keine Versendung. — In den Sechzigerjahren gegr. — Vorzugsweise Pädagogik.

Csorna (Ungarn).

184. **Propsteibibliothek** (Prépostsági könyvtár). — 7028 Werke in 12.000 Bdn. — Jahresdotation 100 Gulden. — Bibliothekar: P. Soós Mihály. — Zettelkatalog. — Nur Haus-

bibl. – Keine Entlehnungen oder Versendungen. — Durch Nachlässe entstanden und vermehrt.

Die Propstei Csorna. In: Ein Chorherrenbuch. Von Seb. Brunner. Würzburg 1883.

Csurgó (Ungarn).

185. **[Staatlich unterstütztes ev. ref. Ober-]Gymnasium** (Az államilag segélyezett ev. ref. fögymnasium tanári- és közkönyvtára és ifjúsági könyvtára). — *a)* Lehrer- und öffentliche Bibl. 10.000 Bde. und 12 Handschriften; *b)* Schülerbibl. 1767 Bde. — Jahresdotation *a)* 280 Gulden; *b)* 120 Gulden. — Bibliothekar: *a)* Prof. Kondor József; *b)* Prof. Engl Guido István. — Zettel- und alphabet. Kataloge. — Benützbar *a)* zu den Bibliotheksstunden, für Schüler der Oberclassen einmal wöchentlich, sonst gegen Mitgliedsbeitrag von 6 Gulden pro Jahr; *b)* wöchentlich zweimal. — Ebenso Entlehnungen. — Keine Versendung. — Gegr. wurde die öffentliche Bibl. 1792, die Lehrerbibl. 1888, die Schülerbibl. 1887. — *a)* Die Gymnasialfächer und Belletristik; *b)* Jugendliteratur.

Für *a)* ein gedruckter Katalog von Héjas Pál aus den Siebzigerjahren, ein zweiter von Kondor József aus 1892; Geschichte im Programm für 1896 von Kondor József. — Für *b)* erschien ein Katalog i. J. 1897.

186. **Staats-Lehrerpräparandie** (Az állami tanítóképezde tanári könyvtára). — 1847 Bde. — Jahresdotation 80 Gulden. — Realkatalog. — Für Mitglieder des Lehrkörpers und Zöglinge benützbar. — Keine Versendungen. — Gegr. 1869. — Alle Fächer der Anstalt.

Katalog im Jahresberichte für 1895.

Deáki (Ungarn).

187. **Leseverein der ev. ref. Kirche** (Az ev. ref. egyházi olvasókör könyvtára). — 140 Werke in 210 Bdn. — Keine bestimmte Jahresdotation. — Bibliothekar: Földes Lajos, Lehrer. — Im Wintersemester wöchentlich zweimal geöffnet. — Entlehnung an Mitglieder auf zwei Wochen. — Keine Versendung. — Gegr. 1893. — Alle Wissenschaften, besonders Belletristik und Geschichte.

Debreczin (Debreczen, Ungarn).

188. **Ev. ref. Collegium** (Kollégiumi nagykönyvtár). — 75.523 Bde., 90 Incunabeln, 1193 Handschriften. — Jahresdotation 2300 Gulden. – Director: Prof. Ferenczy Gyula; Assistent: Bujdosó Lajos; 1 Kanzlisten; 1 Diener. — Zettel-,

alphabet. Katalog, Localrepertorium. — Vorm. für wissenschaftliche Forschung, nachm. für das allgemeine Lesebedürfniss geöffnet. — Entlehnungen auf höchstens 6 Monate. — Gegr. 1774. Unter den Schenkern sind hervorzuheben: Dr. Cseh Szombati 1000 Bde., Bischof Révész Bálint 385 Bde. (Theologie, Belletristik), Récsei János 864 Bde. (Literatur, Theologie). Kiss Lajos und Sándor 820 Bde. (Geschichte, Literatur), Szönyi Pál 987 Bde. (Naturwissenschaft). Péchi Mihály 800 Bde., Lugossy József 889 Bde. (Linguistik), Balog Imre 528 Bde. (Belletristik, Geschichte, Rechtswissenschaft). Oszterlamm Ernö 379 Bde. (Pädagogik), Szegedi Sándor 207 Bde. (class. Philologie), Ökröss Bálint 457 Bde. (Rechtswissenschaft). — Alle Wissenschaften.

Im Druck erschienen: Doublettenkatalog, alphabet. Bücherkatalog.

189. **[Kath. Unter-]Gymnasium** (A róm. kath. algymnasium tanári és ifjúsági könyvtára). — *a)* Lehrerbibl. 1257 Bde. — Jahresdotation 200 Gulden. — Director und Bibliothekar: Vas Károly. — Alphabet. und Realkatalog. — Jederzeit benützbar für den Lehrkörper. — Ebenso Entlehnungen. — Keine Versendungen. — Gegr. 1850. — Alle Fächer der Schule. — *b)* Schülerbibl. 1300 Bde. — Bibliothekar: Zánk Gérgely. — Accessionskatalog. — Wöchentlich einmal für Schüler benützbar. — Entlehnungen, aber keine Versendung. — Populäre Fächer.

190. **Handelsakademie** (A kereskedelmi akadémia tanári és ifjusági könyvtára). — *a)* Lehrerbibl. 2453 Bde. und 290 Hefte. — Jahresdotation 150 Gulden. — Bibliothekar: Prof. Szojka Gyula. — Alphabet. Katalog und Fachkatalog. — Täglich benützbar für den Lehrkörper. — Ebenso Entlehnungen. — Versendungen an Schulen und Institute. — Die Sammlung der Bücher begann in den Siebzigerjahren. — Handelswissenschaften. — *b)* Schülerbibl. 1880 Werke in 2008 Bdn. — Jahresdotation 100—120 Gulden. — Bibliothekar: Prof. Labancz Mihály. — Alphabet. Katalog; Inventar. — Jeden Tag von 2—4 Uhr benützbar. — Entlehnungen einmal wöchentlich. — Gegr. 1873.

Szojka Gyula. A debreceni Kereskedelmi Akadémia Tanári Könyvtárának ismertetése. Debrecen 1893. Szojka Gyula. A debreceni Kereskedelmi Akadémia Emlékkönyve a nemzet ezredévi ünnepére. Debrecen 1896. — Szojka Gyula. Pótlás a tanári könyvtár czimjegyzékéhez (Im Jahresbericht der Anstalt 1897/98). — Gedruckter Katalog aus den Jahren 1885 und 1896. Nachträge dazu 1898 und 1899.

191. **Ev. ref. höhere Mädchenschule** (Az ev. ref. felsöbb leányiskola tanári könyvtára). — Lehrerbibl. 851 Bde., 25 Karten. — Bibliothekar ein Lehrer. — Alphabet. Katalog. — Benützbar

für Mitglieder des Lehrkörpers. — Ebenso Entlehnungen. — Keine Versendungen. — Alle Fächer der Anstalt.

192. **Piaristenkloster** (A kegyestanitórend házi könyvtára). — 3561 Bde. — Dotation je nach Bedarf. — Director: Vas Károly; Bibliothekar: P. Matirkó Konrád. — Zettelkatalog. — Nur zu internem Gebrauche. Keine Entlehnungen oder Versendungen. — Gegr. 1780.

Alle Wissenschaften.

193. **Privatbibliothek. Farkas Széll de Bessenye** (Bessenyei Széll Farkas könyvtára). 4500 Bde., 135 Handschriften, 2000 Dokumente, 30 Landkarten, 95 Stück altungarische Drucke. — Zettelkatalog. — Entlehnungen und Versendungen. — Gegr. 1868. — Literaturgeschichte.

194. **[Staats-Ober-]Realschule** (Az állami főreáliskola tanári könyvtára). — Lehrerbibl. 3820 Bde. — Jahresdotation 300 Gulden. Director: Fazekás Sándor; Bibliothekar: Prof. Beczner Frigyes. — Inventar und alphabet. Katalog. — Für den Lehrkörper täglich benützbar. — Ebenso Entlehnungen. Gegr. mit der Anstalt 1874. — Alle Fächer der Anstalt.

Alphabet. Bibl.-Katalog im Jahresberichte von 1884.

Deés (Siebenbürgen)

195. **Bürgerschule** (A polgári iskola tanitói könyvtára). Lehrerbibl. 3664 Bde. — Bibliothekar: Kádár József. — Alphabet. und Realkatalog. — Jederzeit für den Lehrkörper benützbar. — Ebenso Entlehnungen. — Keine Versendungen. — Gegr. 1874. Vermehrt durch zahlreiche Geschenke (so 1876 Dr. Torma Károly 141 Bde., 397 Hefte u. A.). Alle Fächer.

Kádár József. Szolnok Dobokavármegye Nevelés és Oktatásügyenek Története. Deés 1896.

196. **Casino** (A kaszinó könyvtára). — 1407 Werke in 2781 Bdn. — Jahresdotation 125 Gulden. — Bibliothekar: Debreczéni István. — Handschriftlicher alphabet. Katalog. — Geöffnet Dienstag von 11—12, Donnerstag und Samstag von 3—4 Uhr. — Entlehnungen an die Mitglieder auf einen Monat; Jahresbeitrag 2 Gulden. — Keine Versendungen. — Gegr. in den Dreissigerjahren dieses Jhdts.

Gedruckter Katalog aus d. J. 1892. — Geschichte der Bibl. von Kádár József aus 1897.

197. **[Ev. ref. Knaben-]Schule** (Az ev. réf. fiúiskola tanári és ifjúsági könyvtára). — *a)* Lehrerbibl. 2287 Werke in 4770

Bdn.: *b)* Schülerbibl. 223 Bde. — Jahresdotation *a)* 800 Gulden. — Director und Bibliothekar: Debreczéni István. — Inventarkatalog. — Entlehnungen nur ausnahmsweise. — Keine Versendungen. — Gegr. *a)* 1828, als Csernátoni W. Sámuel seine ganze Bibl. schenkte; *b)* 1883. — *a)* alle Wissenschaften.

Geschichte der Bibl. von Kádár József erschien 1882 im Druck.

Deregnyö (Ungarn).

198. **Privatbibliothek. Graf Lónyay** (Gróf Lónyay könyvtár). — Ca. 26.000 Bde. — Jahresdotation nach Bedarf. — Besitzer: Graf Lónyay Gábor. — Zettel- und alphabet. Realkatalog. — Keine Entlehnungen oder Versendungen. — Gegr. in den Dreissigerjahren dieses Jhdts. durch Lónyay Gábor. — Alle Wissenschaften.

Deutsch-Bogsán (Német-Bogsán, Ungarn).

199. **Casino** (A német-bogsáni casino egylet könyvtára). — 1079 Bde., 2 Landkarten. — Jahresdotation 50 Gulden. — Bibliothekar: Ondra Geöry. — Alphabet. und Real-Zettelkatalog. — Mittwoch von 5—7 Uhr nur für Casinomitglieder benützbar. — Entlehnungen auf 14 Tage. — Versendungen an Mitglieder. — Aus Geschenken entstanden; i. J. 1870 durch den Stuhlrichter Putnik Adalbert gegr. Um ihr Zustandekommen hat der Stuhlrichter, später Abgeordnete Antonesan István grosse Verdienste. — Alle Wissenschaften.

Könyvjegyzéke a. n. b. casino egylet könyvtárának 1877; ugyanaz 1898. Circularschreiben wegen geschenkweiser Ueberlassung von Büchern für die Bibl. 1895. — Ondra Geöry. Geschichte der N. B. Bibl. in „Krassó-Szörényer Com." 1897/8.

Deutschendorf (Poprad, Ungarn).

200. **Museum des Karpathenvereines** (Magyarországi kárpátegyesületi museumi könyvtár). — 5197 Bde. — Präsident: Wünschendorfer Károly; Bibliothekar: Chodász János. — Zettelkatalog. — Entlehnungen und Versendungen an Mitglieder gegen Empfangsbestätigung. — Gegr. 1886. — Alle Wissenschaften, besonders die Fachliteratur.

Déva, siehe Dimrich.

Dimrich (Déva, Siebenbürgen).

201. **Nationalcasino** (A nemzeti casino könyvtára). — 1814 Bde. — Jahresdotation 350 Gulden. — Bibliothekar:

27*

Likker Rezsö. — Alphabet. Katalog. — Wöchentlich viermal geöffnet. — Entlehnungen an Mitglieder unentgeltlich, an andere Personen auf 4 Wochen gegen jährliche Gebühr von 4 Gulden. — Keine Versendungen. — Gegr. 1817. Alle Wissenschaften, besonders Belletristik.

202. **[K. ung. Staats-Ober-]Realschule** (A m. kir. áll. föreáliskola tanári és ifjúsági könyvtára). — *a)* Lehrerbibl. 6000 Bde., 1 Handschrift. — Jahresdotation 300 Gulden. — Director: Téglás Gábor; Bibliothekar: Prof. Dr. Veress Endre. — Zettel- und Realkatalog. — Entlehnungen, aber keine Versendungen. — Gegr. 1871 zugleich mit der Anstalt. — Alle Wissenschaften. — *b)* Schülerbibl. 4707 Bde. — Jahresdotation 300 Gulden. — Bibliothekar: Prof. Pais Elek. — Alphabet. Zettelkatalog. — Mittwoch und Samstag von 2—4 Uhr benützbar. — Entlehnungen an die Schüler auf 2 Wochen. — Keine Versendungen. — Gegr. im Schuljahre 1872/73. — Alle Fächer der Anstalt.

Berichte über die Bibl. in den Jahresberichten der Realschule.

Dobschau (Dobsina, Ungarn).

203. **Leseverein** (Olvasóegylet könyvtára). — 3986 Bde. — Jahresdotation 50 Gulden. — Bibliothekar: Wiesinger K.; 1 Diener. — Zettelkatalog. — Mittwoch und Samstag geöffnet. — Entlehnung auf 2 Wochen gegen Erlag von 3 Kreuzern pro Band, an Mitglieder gratis. — Versendungen an auswärtige Mitglieder. — Gegr. 1847. — Alle Wissenschaften, besonders Belletristik.

Bücherkatalog des Dobschauer Lesevereines vom Jahre 1873. — A dobsinai olvasó-egylet könyvtárának jegyzéke. Terjed az 1874—1884 évig s kiegésziti az 1873. évben megjelent könyvjegyzéket. 1885. — Id. Terjed az 1885—1894-ik évig s kiegésziti az 1885-ik évben megjelent könyvjegyzéket. 1895.

204. **Volks- und Jugendbibliothek** Nép- és ifjúsági könyvtár). — 3011 Bde. — Jahresdotation 40 Gulden. — Bibliothekar: Melczer Ede, Lehrer. — Geöffnet jeden Sonntag von 8 bis 10 Uhr. — Zettelkatalog. — Entlehnung gegen eine Gebühr von 1—2 Kreuzern pro Band und Woche. — Keine Versendung. — Gegr. 1857.

Dobsina, siehe Dobschau.

Dunaföldvár (Ungarn).

205. **Franciscanerconvent** (A ferencziek könyvtára). — 333 Bde. — Guardian: P. Ville Samuel. — Alphabet. Katalog.

— Jederzeit benützbar. — Entlehnungen, aber keine Versendungen. — Gegr. 1795. — Alle Wissenschaften.

Eger, siehe Erlau.

Eisenstadt (Kismarton, Ungarn).

206. **[Staats-]Bürgerschule** (Az áll. polg. iskola tanári könyvtára). — Lehrerbibl. 1364 Bde. — Dotation 110 Gulden. — Bibliothekar: Leitner Ferencz. — Inventarkatalog. — Für den Lehrkörper jederzeit benützbar. — Gegr. 1882. — Besonders Pädagogik.

207. **Casinoverein** (A casino-egylet könyvtára). — 3662 Bde. — Jahresdotation 250 Gulden. — Bibliothekare: 1. Leitner Ferencz; 2. Heim Ferencz. — Alphabet. Katalog. — Jeden Mittwoch von 1—2 Uhr benützbar. — Entlehnungen an Mitglieder auf 4 Wochen. — Gegr. 1875. — Belletristik.

Alle 3—5 Jahre erscheint ein Katalog; der letzte ist 1899 erschienen.

* 208. **Franciscanerconvent.** — 2039 Bde. — Guardian und Bibliothekar: P. Preecchtiel Maternus. — Handschriftlicher Autorenkatalog. — Keine Entlehnungen und Versendungen. — Gegr. zugleich mit dem Kloster 1630. — Zumeist Theologie und Philosophie.

209. **Geselligkeitsverein** (A társaskör könyvtára). — 1128 Bde. — Jahresdotation 80 Gulden. — Bibliothekar: Wallner János. — Alphabet. Katalog. — Tagsüber geöffnet. — Entlehnungen an Mitglieder auf zwei Wochen. — Keine Versendungen. — Gegr. 1876. — Belletristik, ungar. Literatur.

Alphabet. Katalog im Druck erschienen.

Eperies (Eperjes, Ungarn).

* 210. **Collegialbibliothek am Obergymnasium** (A tiszai ág. hitv. ev. egyház kerület Collegiumának „Szirmay" könyvtára), die mit der Szirmay'schen Bibl. der leitenden Behörde des Collegiums untersteht. — *a)* Collegialbibl. 14,647 Bde., darunter 5 Handschriften, 20 Incunabeln; *b)* Szirmay-Bibl. 11,525 Bde., darunter 1 Incunabel. — Dotation für *a)* 150 Gulden; für *b)* 93·60 Gulden. — Bibliothekar für *a)* Prof. Florian Jakab; für *b)* Prof. Mayer András. — Ein Bandkatalog in *a)*, Zettel- und Bandkatalog in *b)*. — Benützung und Entlehnung ist in *a)* in der Regel nur den Prof. und Hörern aller zum Collegium gehörenden Schulanstalten (theolog. Akademie, jurid. Akademie, Obergymn. und Lehrerpräparandie); in *b)* auch be-

kannten Privatpersonen gegen Erlag einer entsprechenden Caution gestattet. — Wöchentlich einmal Ausgabe der Bücher. Versendung mit Erlaubniss der Schulbehörde. — Gegr. 1534. Aufgenommene Sammlungen: in den Dreissigerjahren Bibl. des Gabriel Bánó, in den Sechzigerjahren Sammlung des A. Szirmay, 1895 Bibl. des Prof. Josef Herfurth. Die Szirmaysche Bibl. wurde 1835 dem Collegium als Fideicommiss für ewige Zeiten übergeben, zugleich mit einem Capital von 1000 Gulden, aus dessen Zinsen die Bibl. erhalten wird. — Alle Wissenschaften vertreten. — Dem Collegium unterstehen noch andere kleinere Büchersammlungen, welche den betreffenden Schülerkreisen zur Verfügung stehen: Die Bibl. der Hörer der juridischen Akademie (796 Bde.); Bibl. der Hörer der theolog. Akademie (2938 Bde. und 227 Hefte); Bibl. der „Ungarischen Gesellschaft" — gebildet aus Schülern des Obergymn. — (1817 Bde.); Bibl. der Lehrerpräparandie (2350 Bde.); Bibl. des stenographischen Vereines (145 Bde.); Bibl. des Untergymn. (198 Bde.).

211. **Diöcesanbibliothek** (Egyházmegyei könyvtár). — 10.763 Bde., darunter 31 Handschriften und 100 Stück Landkarten. — Jahresdotation 250 Gulden aus dem Bibl.-Fond. — Bibliothekar: Kovaliszky Dezsö. — Zettel- und alphabet. Katalog. — Entlehnung an vertrauenswürdige Personen, auch Versendung. — Gründer: Kovács János aus Erlau, Erzieher in mehreren Magnatenfamilien und Lehrer des Kronprinzen Ferdinand in der ungarischen Sprache († Wien 1834). Legate der Bischöfe und Domherren vermehrten den Bestand. — Alle Wissenschaften.

212. **Franciscanerkloster** (Szent ferencz r. zárda könyvtár). — 2711 Bde., 1 Handschrift von 1341, 7 alte ungar. Drucke. — Bibliothekar: P. Kundrich Evariszt. — Bandkatalog. — Nur für Mitglieder des Klosters benützbar. — Gegr. mit dem Kloster 1691. — Alle Wissenschaften.

213. **Geselligkeitsverein** (Az „eperjesi társadalmi egylet" könyvtára). — 1103 Bde. — Jahresdotation 50—100 Gulden. — Bibliothekar: Szánik Ernö. — Alphabet. Katalog. — Benützbar Montag von 1—5 Uhr. — Entlehnung nur an Mitglieder auf zwei Wochen. — Keine Versendung. — Gegr. mit dem Verein 1861. — Alle Wissenschaften.

Ein Katalog ist im Druck erschienen.

214. **[Kath. Ober-]Gymnasium** (A kir. kath. fögymnasium tanári és ifjusági könyvtára). — a) Lehrerbibl. 1082 Bde. — Jahresdotation 300 Gulden. — Director: Schlott Gyula; Biblio-

thekar: Prof. Jakobei Dezsö. — Zettelkatalog. Benützbar für die Mitglieder des Lehrkörpers, die auch das Entlehnrecht besitzen. — Versendungen im Wege der Direction. Gegr. 1677. — Alle Fächer, besonders ungarische Sprache und Literatur, Geschichte und Naturwissenschaften, wie classische Philologie. — *b)* Schülerbibl. 2362 Bde. — Jahresdotation 160 Gulden aus den Beiträgen der Schüler. — Director: Schlott Gyula; Bibliothekar: Prof. Dr. Körösy György. — Zettel-, alphabet. Realkatalog. — Wöchentlich fünfmal geöffnet. — Entlehnungen an Schüler auf 1—2 Wochen. — Keine Versendungen. — Gegr. 1868. — Jugendliteratur.

Gedruckter Katalog aus d. J. 1898.

215. **[Ev. Bezirks-]Lehrerpräparandie** (Az ev. kerületi tanitóképzö könyvtára 1876). — 2160 Bde., 5 Handschriften. — Jahresdotation 25—50 Gulden. — Bibliothekar: Slajchó Mihály. — Materienkatalog. — Einmal wöchentlich benützbar. Entlehnung auf 2 Wochen. — Keine Versendungen. Gegr. 1876. Im J. 1894 schenkte Lehrer Mikolik Gyula eine Sammlung von 300 Bdn. — Besonders vertreten die Schulgegenstände.

216. **Széchenyiclub** (Az „ep. Széchényi-kör" könyvtára). — *a)* Neue Bibl. 2580 Bde.; *b)* Volksbibl. 191 Bde., zusammen 2771 Bde. — Jahresdotation 200 Gulden. — Bibliothekare: 1. Dr. Szlávik Mátyás; 2. Jamniczky János; 3. Jamniczky György. — Alphabet. Katalog. — Sonntag von 2—4 Uhr benützbar. — Entlehnung *a)* an Vereinsmitglieder und an die Intelligenz des Publicums auf 1 Woche; *b)* an alle Einwohner von Eperjes auf 1 Woche. — Keine Versendung. — Gegr. 1878. 1895 schenkte Erdélyi Ferencz bei 700 Bde. — *a)* Belletristik und populäre Wissenschaft; *b)* ungarische Volksliteratur.

Gedruckter Katalog.

217. **Szirmay-Bibliothek,** siehe Collegialbibl.

218. **Landwirthschaftlicher Verein des Comitates Sáros** (A sárosvármegyei gazdasági egyesület könyvtára). — 217 Bde. — Bibliothekar: Lukovits Aladár. — Fachkatalog. — Täglich von 8—12 und von 3—5 Uhr geöffnet für Mitglieder. — Entlehnung auf 2 Wochen. — 1852 gegr. — Landwirthschaft.

Erlau (Eger, Ungarn).

* 219. **Erzbisch. Diöcesanbibliothek** (Érsekmegyei könyvtár), Lyceumgebäude. — 58.000 Bde., 793 Handschriften, 101 In-

cunabeln, 172 altungarische Drucke (vor 1711). — Die Bibl. hat zwar einen Fond, aus dem sie erhalten wird, ist aber zum grössten Theile auf Vermehrung durch Successionen nach den verstorbenen Domherren angewiesen. — Präfect: Stephanovszky Sándor, Domherr; Bibliothekar: Michalek Manó; Probibliothekar: Kerekes Árpád. Es besteht ein alphabet. und ein Localhandkatalog. — Die Bibl. ist von 9—5 Uhr geöffnet und kann ohneweiters benützt werden; zur Entlehnung ist die erzbisch. Erlaubniss erforderlich. — Ihre Gründung geht auf Graf Eszterházy Károly, Bischof von Erlau (Ende des XVIII. Jhdts.), zurück. — Vertreten sind alle Wissenschaften, besonders Geschichte, Theologie und Jus.

„Az egri érsekmegyei könyvtár szakszerü czimjegyzéke." Eger 1893. 2 köt. — Hierzu Ergänzung 1 Bd.: Eger 1894. — Szalay, L. von Altdeutsche Handschriften auf der erzbischöflichen Bibl. zu Erlau in Ungarn. In: Anz. für Kunde der deutschen Vorzeit II, 1855, S. 251.

220. **Diöcesanseminar** (Az egyházmegyei növ. papok irodalmi iskolai könyvtára). — 2622 Bde. — Jahresdotation 70 Gulden. — Bibliothekare: Markovics Pál, Kiszely Imre; 1 Diener. — Zwei alphabet. Kataloge. — Dienstag, Donnerstag und Freitag von 1—3/4 2 Uhr benützbar für Mitglieder der Anstalt. — Ebenso Entlehnungen auf einen Monat gegen Jahresbeitrag von 2 Gulden. — Gegr. 1835. — Theologie, Belletristik, Geschichte.

221. **Franciscanerkloster** (A ferenczrendi zárda magán könyvtára). — 1909 Bde. — Bibliothekar: P. Nagy Róbert. — Privatbibliothek, daher keine Entlehnungen und Versendungen.

222. **Erzbisch. Seminar** (Érseki papnövelde könyvtára). — 6000 Bde., 3 Incunabeln, 600—700 handschriftliche Predigten. — Dotation je nach Bedarf. — Bibliothekar: Nyizsnyay Iván. — Alphabet. Real- und Inventarkatalog. — Im Bedarfsfalle jederzeit benützbar. — Entlehnungen auf drei Monate. — Ebenso Versendungen. — Die Bibl. entstand aus Nachlässen der Geistlichen, Duplicaten, Schenkungen etc. — Theologie.

Esseg (Osijek, Slavonien).

* 223. **[K. Ober-]Gymnasium** (Kr. velika gimnazija). *a)* Lehrerbibl. 3150 Werke in 4765 Bdn. Jahresdotation 100 Gulden. Director: Johann Rabar; Bibliothekar: Prof. Gabriel Lucarić. — *a)* Hauptkatalog (nach Fächern); *b)* Zettelkatalog; *c)* alphabet. Katalog. Benützbar für die Mitglieder des Lehrkörpers immer in den „schulfreien" Stunden. — Ebenso Entlehnungen; an Fremde gegen Revers. — Versen-

dungen nur an gleichstehende Anstalten. — Gegr. zugleich mit dem Gymn. 1766. — Alle Lehrfächer der Schule. — *b)* Schülerbibl. 1262 Werke in 1775 Bdn. — Jahresdotation (aus den Beiträgen der Schüler) 80—90 Gulden.

* 224. **Militär-wissenschaftlicher Verein.** 1150 Nummern. — Jahresdotation 500 Gulden. — Vorstand: Oberst Moriz Ritter v. Auffenberg; Bibliothekar: Hauptmann Carl Schlager. — Gedruckter Materienkatalog (1900 erscheint Neuauflage). — Nur Entlehnungen an Mitglieder. — Meistens Militärwissenschaften, insbesondere Kriegsgeschichte und Taktik. Aber auch Naturwissenschaften, Geographie und Medicin; ausnahmsweise Belletristik.

Katalog der Bibl. des militär-wissenschaftlichen Vereines in Esseg. Esseg 1893. Nachträge I und II.

Esztergom, siehe Gran.

Fehértemplom, siehe Weisskirchen.

Felka (Ungarn).

225. **Tátramuseum** (A f. Tátra-Múzeum könyvtára). — 1592 Bde., 3 Handschriften, 7 alte ungarische Drucke. — Director: Dr. Deits Fele; Bibliothekar: Lehrer Lux Victor. — Realkatalog. — Keine Entlehnung oder Versendung. — Gegr. mit dem Museum 1882. — Naturwissenschaften, Geschichte.

A felkai Tátra-Muzeum jelentése eddigi működéséről. Felka 1884.

Felsölövö, siehe Oberschützen.

Fiume (Ungarn).

226. **K. ung. nautische Akademie** (A m. kir. tengerészeti akadémia tanári könyvtára). — Lehrerbibl. 1228 Bde. — Dotation 300 Gulden. — Bibliothekar: Ein Mitglied des Lehrkörpers. — Chronologischer und Materienkatalog. — Nur für das Lehrpersonale in den Räumen der Bibl. benützbar. — Keine Entlehnung oder Versendung. — Gegr. zugleich mit der Anstalt. — Seewesen.

* 227. **[K. ung. Staats-Ober-]Gymnasium** (A m. kir. áll. fögymnasium tanári könyvtára), Via del Seminario 1. — 1900 Werke in ca. 5000 Bdn. — Jahresdotation 400—500 Gulden. — Director, Oberbibliothekar: Prof. Zambra Peter; Bibliothekare: Die Fachprofessoren. — Handschriftlich *a)*

allgem. Katalog, zugleich Inventarium: *b)* Specialkatalog der einzelnen neun Sectionen: *c)* alphabet. Zettelkatalog der einzelnen Sectionen. — Ausschliesslich für die Mitglieder des Lehrkörpers geöffnet. — Gegr. zugleich mit der Anstalt 1870 (früher Scuola Media, dann Realgymn., seit 1882 Obergymn.) — Alle Wissenschaften (Hungarica, Italica, Germanica. Classica Philologica, Philosophia. Pädagogia, Historia, Geographia, Mathematica, Physica, Historia naturalis, Varia).

* 228. **K. ung. Handelsakademie** (A fiumei m. k. felsö keresk. iskola tanári könyvtára). — 901 Werke. — Jahresdotation 250 Gulden. — Bandkatalog. — Bibliothekar: Riegler. — Nur für die Professoren der Anstalt. — Gegr. 1881. — Handelswissenschaften, Philologie und Naturwissenschaften.

* 229. **Handels- und Gewerbekammer** (Camera di commercio e d'industria). — 3000 Bde. (Fachwerke). — Jahresdotation 200 Gulden. — Präsident: Heinrich Meynier; Secretär: Anton Smoquina. — Schlagwortkatalog. Wegen Zeitmangel ist eine feste und genaue Ordnung der Bücher und Broschürensammlung bisher nicht möglich gewesen. — Benützbar von 9–12, 3–6 Uhr. Entlehnungen gegen Empfangsschein. — Keine Versendungen. — Gegr. 1851. — Nationalökonomie, Gesetzgebung.

230. **Stadtbibliothek** (Biblioteca Civica), Via Ciotta 5. — Ca. 20.000 Bde., 21 Incunabeln. — Jahresdotation 700 Gulden.

Vorstand: Prof. Arturo Dalmartello, Custos; Scriptor: F. Bonetta; 1 Diener. — 1 chronolog. Inventar, 1 alphabet. Zettelkatalog, 20 alphabet. Materienindices. — Täglich von 5–8 für jedermann zugänglich. — Versendung und Entlehnung. — Gegr. 1773 nach Auflösung des Jesuitenordens, dessen Bibl. als „Fundus studiorum" der Stadt übergeben wurde; sie wurde dem königl. Gymn. zugewiesen, welches sie bis 1876 als Privateigenthum verwaltete. Dann wurde die Bibl. auf Gemeindebeschluss vom Gymn. getrennt, als selbständige Bibl. für öffentlich erklärt und 1892 dem Publicum eröffnet. — Theologie, Geschichte, italienische Literatur.

Földes (Ungarn).

231. **Leseverein** („Olvasókör" könyvtára). — 1221 Bde. — Dotation 30 Gulden. — Bibliothekare: 1. Kiss Ferencz; 2. Ary Gyula, Lehrer. — Alphabet. Katalog. — Geöffnet Mittwoch von 4–5, Sonntag von 11–12 Uhr. — Entlehnungen an Mitglieder auf einen Monat. — Keine Versendung. — Gegr. 1871. Belletristik.

Szabó, J. A földesi Olvasókör könyveinek jegyzéke 1887.

Fogaras (Siebenbürgen).

232. **Franciscanerkloster** (A Sz. Ferenczrendi zárda könyvtára). — 1138 Bde., darunter einige Werke aus dem XVII. Jhdt. Vorstand ist der P. Guardian. - Alphabet. Katalog. — Keine Entlehnung oder Versendung. — Gegr. 1730. — Theologie und Geschichte.

Frauenkirchen (Boldogasszony, Ungarn).

233. **Franciscanerkloster** (Zárda könyvtár). — 3834 Bde. — Jahresdotation je nach Bedarf. — Bibliothekar: Der jeweilige Guardian. — Materienkatalog. — Keine Entlehnung oder Versendung. — Gegr. 1672. — Theologie.

Freistadtl (Galgócz, Ungarn).

234. **[K. ung. Knaben- und Mädchen-Staats-]Bürgerschule** (A m. kir. állami polgári fiú- és leányiskola tanári könyvtára). — Lehrerbibl. 612 Werke in 990 Bdn. — Realkatalog. — Benützbar für den Lehrkörper. — Ebenso Entlehnungen. — Keine Versendungen. — Gegr. 1878 zugleich mit der Schule. — Alle Fächer der Anstalt.

235. **Salvatorianer-Franciscanerkloster** (A legszentebb Üdvözitöröl nevezett szt. ferenczrendi zárda könyvtára). — 3899 Bde. — Bibliothekar: P. Piencsák Julián. — Alphabet. und Realkatalog. — Für Mitglieder des Klosters jederzeit benützbar. — Keine Entlehnungen oder Versendungen. — Gegr. zugleich mit dem Kloster i. J. 1492, jedoch in den Religionskriegen zerstört. Bei späterem Neubau des Klosters sorgte man auch für die verloren gegangene alte Bibliothek. — Theologie.

Fünfkirchen (Pécs, Ungarn).

236. **[Kath. Ober-]Gymnasium der Cistercienser** (A cz. róm. kath. fögymnásium tanári és ifjúsági könyvtára). — *a)* Lehrerbibl. 3331 Bde. und 141 Hefte, darunter eine ung. Bibel aus 1626; *b)* Schülerbibl. 2298 Bde. — Dotation für *a)* 300 Gulden; für *b)* 300—400 Gulden. — Bibliothekar für *b)* Prof. Dr. Móes Staniszló. — Zettel- und alphabet. Fachkatalog. — Benützung und Entlehnung für Angehörige der Anstalt. — Keine Versendung. — Gegr. 1853. *b)* vom Selbstbildungsverein. — Alle Wissenschaften der Anstalt, Jugendliteratur.

Jahresbericht des Gymn. für 1893/94. — Berichte über die Bibl. in den jährlichen Programmen.

237. **Hohere Handelsschule Porges** (A „Porges" féle felsökereskedelmi iskola tanári és ifjúsági könyvtára). — Lehrer- und Schülerbibl. 2500 Bde. — Dotation 200 Gulden. — Alphabet. Katalog. — Benützbar für Lehrer und Schüler der Anstalt. — Keine Entlehnung oder Versendung. — Gegr. mit der Anstalt 1875. — Handelswissenschaften.

238. **Handels- und Gewerbekammer** (A kereskedelmi és iparkamara könyvtára). — 2100 Bde., 22 Karten. — Alphabet. Katalog. — Zum Amtsgebrauche. — Keine Entlehnungen oder Versendungen. — Volkswirthschaft.

239. **Bischöfl. Lyceum** (Püspöki lyceumi könyvtár). — 2892 Werke in 5790 Bdn. — Jahresdotation 300 Gulden. — Rector: Dr. Szeredy József; Bibliothekar ein Prof. der Anstalt. — Realkatalog. — Benützung und Entlehnung nur für Prof. und Hörer des Lyceums. — Keine Versendung. — Gegr. zugleich mit Errichtung der Anstalt 1833. — Die Fächer der Anstalt, besonders Rechtswissenschaft.

240. **[K. ung. Staats-Ober-]Realschule** (Az áll. föreáliskola tanári könyvtára). — Lehrerbibl. 3282 Bde. — Jahresdotation 100 Gulden. — Director: Dischka Győző: Bibliothekar: Prof. Kosztka György. — Alphabet. und Realzettelkatalog. — Für den Lehrkörper jederzeit benützbar. — Ebenso Entlehnungen auf 30 Tage. — Keine Versendungen. Gegr. mit der Anstalt. — Alle Fächer der Realschule.

Katalog im Jahresberichte 1893/94.

241. **[Knaben- und Mädchen-]Volksschule der israel. Cultusgemeinde** (Az izr. hitk. fiú- és leányiskola könyvtára). — 313 Bde. — Jahresdotation 50 Gulden. — Director: Klingenberg Jakab. — Realkatalog. — Entlehnungen nur ausnahmsweise. — Gegr. 1851. — Jugendliteratur.

242. **Volksschule der Pécsbányaer Niederlassung der Donaudampfschiffahrtsgesellschaft** (A dunagőzhajózásitársaság pécsbányatelepi népiskolájának könyvtára). — 2691 Bde. — Jahresdotation 30 Gulden. — Bibliothekar: Matyus István: Assistenten: Werb Károly und Leordinay Ilka. — Alphabet. Katalog. — Jeden Sonntag geöffnet. — Entlehnungen 1. an fleissige Schüler; 2. an deren Eltern; 3. an die Bediensteten der Gesellschaft. — Für 14 Tage unentgeltlich, darüber hinaus 2 Kreuzer pro Bd. — Versendungen auf 1 Monat. — Gegr. in den Sechzigerjahren. — Pädagogik, Jugendschriften, Belletristik.

Füred am Plattensee (Balaton-Füred, Ungarn).

243. **„Elisabeth"-Armenhaus** (Az „Erzsébet" szeretetház könyvtára). — 972 Bde. — Dotation je nach Bedarf. — Bibliothekar: Molnár Antal, Lehrer. — Realkatalog und Sachkatalog. — Benützbar und Entlehnungen von 8—10 Uhr an die Mitglieder. — Keine Versendungen. — Gegr. 1870. — Alle Wissenschaften, besonders Pädagogik.

Galgócz, siehe Freistadtl.

Gilau (Gyalu, Siebenbürgen).

244. **Leseverein** (Az olvasó egylet könyvtára). — 1560 Bde. — Jahresdotation 75 Gulden. — Bibliothekar: Fintha Endre. — Alphabet. Katalog. — Täglich geöffnet. — Entlehnungen an die Mitglieder; Jahresbeitrag 3 Gulden. — Keine Versendungen. — 1878 gegr. — Besonders Belletristik.

Katalog im Druck erschienen.

Göllnitz (Gölniczbánya, Ungarn).

245. **Kathol. Jugendbibliothek** (Róm. kath. ifjúsági könyvtár). — Schülerbibl. 82 Bde. — Dotation 3·15 Gulden. — Vorstand und Bibliothekar: Kriesten Ignácz, Pfarrer. — Handschriftlicher Katalog. — Keine Entlehnung oder Versendung. — Gegr. 1886. — Belletristik.

Gölniczbánya, siehe Göllnitz.

Gran (Esztergom, Ungarn).

246. **Erzdiöcese** (Esztergom föegyházmegyei könyvtár). — 101.323 Bde., 738 Incunabeln, 1161 Handschriften; eine Urkundensammlung, Landkarten-, Stich- und Medaillensammlung. Cimelien: Codex Jordánszky, Graduale des Erzb. Bakócz, 1 Corvina. Besondere Stücke: Die Schriften des Mathias Bel, Georg Palkovics, Ignaz Bernkopf, die Schriftensammlung der Erzbischöfe Josef Batthyányi und Josef Kopácsi. Altung. Druckwerke: (bis 1711) 187. — Jährliche Dotation 2000 Gulden aus dem Bibl.-Fond. — Das Aufsichtsrecht üben der Fürstprimas und das Erzcapitel aus. Ein Mitglied des Erzcapitels ist der jeweilige Director der Bibl., derzeit: Der Abt und Domherr Pór Antal; Bibliothekar: Némethy Lajos, Dechant und Pfarrer. — Alphabet. Zettel- und Fachkataloge. — Gegen Anmeldung beim Bibliothekar zugänglich. — Entlehnung

gegen Empfangsschein auf höchstens 2 Monate. — Versendung an alle grösseren Bibl. Ungarns. — Laut einer Canon. Visit. aus d. J. 1397 war der Chronist und Domherr, Johann Küküllöi der Erste, der seine Bücher der Graner Domkirche vermachte. Ihm folgte der Erzbischof Johann Vitéz de Zvedna, der seine an lateinischen und griechischen Classikern reiche Bibl. ebenfalls dem Dom schenkte. Als der Sitz des Erzbisthums von Gran nach Tyrnau verlegt wurde, kam auch die Bibl. dorthin. Cardinal Erzbischof Graf Franz Forgách erliess i. J. 1611 ein Decret, durch das die Erzbischöfe und Domherren ihre Büchersammlungen der Diöcesanbibl. zu vermachen verpflichtet wurden. Erzbischof Georg Lippay erwarb die Büchersammlung (1681 Bde.) des Anton Fugger. Als der Erzbischof Barkóczy den Sitz von Tyrnau nach Pressburg (Pozsony) verlegte, blieb die Bibl. in Tyrnau zurück, in Pressburg aber entstand eine neue, welche der Erzbischof Batthyányi mit einer reichen Handschriftensammlung bedachte. In Tyrnau schuf das Capitel eine eigene Bibl. an, deren Grundstock die Bücherei des i. J. 1641 verstorbenen Domherrn Ladislaus Köszeghy bildete. In Pressburg errichtete man sogar eine Bibliothekarstelle, als deren erster Inhaber Josef Ungerhoffer genannt wird. Unter Fürstprimas Carl Ambrus wurde i. J. 1808 die Bibl. neu aufgestellt und katalogisirt und das Archiv aus der Bibl. ausgeschieden. Vor den herannahenden Franzosen wurde ein Theil der Bibl. nach Ofen transportirt und gerettet, während der in Pressburg zurückgebliebene Theil durch Plünderung litt, im J. 1821 der letztere von Pressburg nach Gran überführt und in der früheren Franciscanerkirche in der Wasservorstadt aufgestellt; damit wurde bald darauf auch die in Tyrnau zurückgelassene Bibl. vereint und 1853 in dem neuen von Fürstprimas Josef Kopácsy errichteten Gebäude untergebracht. Der aus Tyrnau überführte Theil zählte 20.091 Bde., darunter 521 Handschriften; 1855 umfasste die vereinigte Bibl. 54.816 Bde. und 1391 Handschriften. Seit 1860 sind die Priester der Erzdiöcese verpflichtet, ein Exemplar ihrer im Drucke erschienenen Werke an die Bibl. zu übersenden. 1871 wurde die Bibl. vom Tit.-Domherrn Johann Feichtinger neu katalogisirt, 1895 der Zettelkatalog angelegt. — Alle Wissenschaften, besonders Theologie.

1840 veröffentlichte Franz Pribely einen Aufsatz über die Incunabeln; 1855 erschien die Instruction in den „Statuta Memorabilia" E. M. Visitationis (S. 58); 1856 ein Artikel des Bibliothekars Franz Ocsovszky über die Bibl. in der „Religio"; 1870 ein solcher des Ferdinand Krausz über die Ritualbücher der Bibl., 1880 über den Corvin Codex; 1875 veröffentlichte derselbe Autor eine Graner Chronik in „Századok"; 1882 erschien in „Magyar könyvszemle" Index codicum mss. antiquorum in Bibliotheca

V. Cap. Eccl. Metropol. Strigoniensis A. 1811 confectus per Georg. Palkovich. (Mitgetheilt von Csontosi J.)

* 247. **[Ober-]Gymnasium der Benedictiner** (Szt. Ben. rendi fögymnasium könyvtár). — *a)* Lehrerbibl. 5982 Werke in 7857 Bdn., 97 Zeitschriften in 811 Bdn. und 5527 Heften. — Jahresdotation 350 Gulden. — Director: Dr. Vojnits Damianus O. S. B.; Bibliothekar: Prof. Dr. Varkonyi Odilo. — Ein Zettelkatalog. — Benützung der Bibl. und Entlehnung der Bücher ist nur den Professoren der Anstalt gestattet. — Die Bibl. entstand mit der Gründung des Gymn. i. J. 1802 und pflegt alle Fächer des Obergymn. — *b)* Schülerbibl. für die I. IV. Classe 729 Werke mit 1011 Bdn., 22 Duplicate; zu ihrer Erhaltung sind jährlich 50 Gulden bestimmt. Die für das Obergymn. pflegt Literatur, Geschichte, besonders ungarische (139 Werke in 231 Bdn.), Geographie, Naturwissenschaften, Aesthetik und Zeitschriften und hat jährlich 200 Gulden zur Verfügung; ihr Bestand beträgt 1712 Werke in 2780 Bdn., 109 Duplicate in 138 Bdn.

248. **[Kath. Ober-]Gymnasium** (A kath. fögymnasium ifjúsági könyvtára). — 4139 Bde. — Jahresdotation 180 Gulden. — Bibliothekare: Prof. Dr. Bárdos Remig und Bansz Teodorik. — Zettelkatalog. — Benützbar zweimal in der Woche von 1½ bis 3 Uhr. — Entlehnungen auf zwei Wochen. — Keine Versendung. — Alle Wissenschaften.

Acsay Ferencz. Az eszt. kath. fögymn. ifjúsági könyvtárának jegyzéke. Esztergom 1888. — Bárdos Remig. Az eszt. k. fög. ifj. könyvtárának jegyzéke. Esztergom 1897.

249. **Erzbisch. Lehrerbildungsanstalt** (Az érseki tanitóképzöintézet tanári és ifjúsági könyvtára). — *a)* Lehrerbibl. 1120 Bde.; *b)* Schülerbibl. 687 Bde. — Jahresdotation 100 Gulden. — Director: Guzsvenicz Vilmos; Bibliothekar: Dreisziger Ferencz. — Alphabet. Katalog. — *a)* Jederzeit, *b)* wöchentlich einmal benützbar. — Entlehnung *a)* an den Lehrkörper; *b)* an Zöglinge; Bibl.-Beitrag 50 Kreuzer. — Keine Versendung. — Gegr. zugleich mit dem Institut. — Vorzugsweise Pädagogik.

250. **Marianer-Franciscanerkloster** (A sz. Máriáról nevezett sz. Ferenczrendi zárda könyvtára). — 1181 Bde. — Vorstand: P. Lengyel Flávián. Guardian. — Alphabet. und Realzettelkatalog. — Nach Bedarf zugänglich. — Entlehnungen gegen Empfangsbestätigung. — Keine Versendungen. — Gegr. 1717. — Alle Wissenschaften.

251. **Priesterseminar** (Papnevelö intézet könyvtára). — 10,100 Bde., 7 Incunabeln. — Vorstand: Venerek Antal; Bi-

bliothekar: Prohászka Ottokár. — Zettel- und alphabet. Katalog. — Entlehnungen und Versendungen. — Theologie, Socialpolitik, Naturwissenschaften.

Gross-Rauschenberg (Nagy Röcze, Ungarn).

252. **Staatliche Bürger- und höhere Handelsschule** (A m. állami polgári és felsö kereskedelmi tanári könyvtára). — Lehrerbibl. 1320 Bde. — Bibliothekar: Teleky László, Lehrer. — Alphabet. Realkatalog. — An jedem Wochentag für den Lehrkörper benützbar. — Ebenso Entlehnungen. — Keine Versendungen. — Die Bürgerschule wurde 1876, die Handelsschule 1890 gegr.; gleichzeitig die betreffenden Bibl. — Die Schulfächer.

Grosswardein (Nagyvárad, Ungarn).

253. **Alterthums- und Geschichtsverein des Biharer Comitates und von Grosswardein** (A Biharmegyei és Nagyváradi Régészeti és Történelmi Egylet könyvtára). — 1016 Bde. — Bibliothekar: Makkay József. — Inventar. — Entlehnung an Vereinsmitglieder. Keine Versendung. — Gegr. 1872. — Geschenke von Bölöni Sándor 1896 (465 Werke), Jurieskay Dezsö 1897 (1016 Werke). — Geschichte, Alterthumswissenschaft.

254. **[Ober-]Gymnasium der Prämonstratenser von Jászóvár** (A jászóvári prémontrei kanonokrend nagyváradi fögymnásiumának tulajdonát képezö tanári könyvtára). — Lehrerbibl. 2138 Werke in 4832 Bde. — Jahresdotation 600-700 Gulden. Director: Kotunovics Sándor; Bibliothekar: Prof. Dr. Kolosváry Béla. — Fachkatalog, alphabet. Katalog. — Benützbar nur für Mitglieder des Lehrkörpers. — Gegr. 1856. — Alle Wissenschaften. — Daneben besteht eine Bibl. des Schülerbildungsvereines (387 Werke in 725 Bdn.).

Kolosváry, Béla. A jászóvári prémontrei kanonokrend nagyváradi fögymnásiumának tulajdonát képezö tanári könyvtár jegyzéke. Nagyvárad 1897.

255. **Höhere Handelsschule** (A felsö kereskedelmi iskola tanári könyvtára). — Lehrerbibl. 1296 Bde. — Jahresdotation 100 Gulden. — Director: Vidovich Bonaventura; Bibliothekar: Báthory Ferencz. — Fachkatalog. Nur für Lehrer benützbar. — Entlehnungen an den Lehrkörper. Keine Versendungen. Gegr. 1888. — Handelswissenschaften.

256. **Prämonstratenserkloster.** 3099 Werke und viele Predigten. — Die Bibl. ist Privatbesitz des Prämonstratenser-

ordens von Jászó und stammt aus der Zeit, in der der Orden zum zweitenmale nach Grosswardein kam (1808). Seit dieser Zeit hat die Propstei in Jászóvár, zu der das Grosswardeiner Ordenshaus gehört, jährlich eine beträchtliche Summe zur Vermehrung der Bibl. zur Verfügung gestellt, die jedoch mit 1891 abgeschlossen wurde. Die Bibl. dient zur Benützung von Seiten des Professorencollegiums; die hier nicht vorhandenen, benöthigten Werke werden seit 1891 aus der Jászóvárer Centralbibl. entlehnt. Besonders zahlreich vertreten sind Geschichte (802 Werke), ung. (614 Werke) und lateinische Literatur (577 Werke). — Diese Hausbibl. erhielt als Schenkung die Büchersammlungen der verstorbenen Professoren der Anstalt, unter denen die von Makróczy hinterlassene hervorragt.

Vizy, E. Lénárt. A jászóvári prémontrei kanonokrend tulajdonát képező nagyváradi házi könyvtár jegyzéke. In: A jászóvári prémontrei kanonokrend nagyváradi főgymnásiumának értesítő. Nagyvárad 1898.

257. **[Staats-Ober-]Realschule** (Az állami főreáliskola tanári és ifjúsági könyvtára). — *a)* Lehrerbibl. 7575 Bde.; *b)* Schülerbibl. 2481 Bde. — Jahresdotation 520 Gulden. — Bibliothekar *a)* Prof. Krüger Viktor; *b)* Prof. Dr. Denek Győző. — Alphabet. und Realkatalog — Benützbar *a)* während der Schulstunden; *b)* jeden zweiten Samstag nachm. — Entlehnungen *a)* an den Lehrkörper; *b)* an Schüler. — Keine Versendungen. — 1873 gegr. 1896 wurde der neue Katalog für *a)* angelegt. — *a)* Alle Fächer der Realschule; *b)* Jugendliteratur.

Gedruckter Katalog für *a)* aus dem Jahre 1885, verfasst von Endrődi Sándor; für *b)* ein Katalog aus 1881, ein zweiter aus 1897.

258. **K. ung. Rechtsakademie** (A kir. jogakadémia könyvtára). — 10.703 Bde. — Jahresdotation 472 Gulden. — Director: Dr. Bozoky Alajos. — Materienkatalog. — Entlehnungen an die Professoren, Hörer und distinguirte Personen gegen Empfangsbestätigung. — Versendung an vertrauenswürdige Personen. — Gegr. zugleich mit der Akademie; seit 1850 fixe Dotation. — Rechts- und Staatswissenschaft.

Geschichte der Bibl. von Bozoky Alajos in: Magyar könyv-szemle. 1887.

Güns (Kőszeg. Ungarn).

259. **[Staatlich unterstützte Gemeinde-]Bürgerschule für Knaben und Mädchen** (Az államilag segélyezett községi polgári fiú- és leányiskola tanári és ifjusági könyvtára). — 600 Bde. — Jahresdotation 100 Gulden. — Director: Steierlein Gábor. — Für Lehrer nach Bedarf, für Schüler alle 14 Tage benütz-

bar. — Ebenso Entlehnungen. — Keine Versendungen. — Gegr. 1876. — Alle Fächer der Schule; Jugendliteratur.

Jahresbericht 1896.

260. **Kath. Gymnasium der Benedictiner** (A Szent Benedek rendi kath. gymnasium tanári könyvtára). — Lehrerbibl. 10.720 Bde., darunter 1 Incunabel, 3 Handschriften. — Jahresdotation 180 Gulden. — Fachkatalog im Druck. — Für Professoren der Anstalt jederzeit benützbar. — Entlehnung an dieselben gegen Recepisse. — Versendung nur an Ordensmitglieder. — Im 17. Jhdt. von dem Jesuitenorden gegr., nach dessen Aufhebung das Gymnasium sammt der Bibl. an die Piaristen überging. Diese mussten 66 Werke an die Rechtsakademie in Pressburg, 232 Werke in 413 Bdn. an die Budapester Universität abtreten. Im J. 1778 besass die Bibl. 1329 Werke. Als auch die Piaristen Güns verliessen, nahmen sie die Bibl. mit, so dass die Benedictiner dieselbe neu anlegen mussten. Sie erwarben die Büchersammlung der Augustiner zu Léka, erhielten mehrere Geschenke, so von Cseörghö László 1166 Bde. u. a. und ergänzten das Fehlende durch Kauf. — Alle Wissenschaften, besonders Theologie und die Gymn.-Fächer.

Jahresberichte der Anstalt 1896/7 ff.

Güssing (Német-Ujvár, Ungarn).

* 261. **Franciscanerconvent** (A szt. ferenczrendi zárda könyvtára). — Ca. 5000 Bde., 34 Handschriften, 50 Incunabeln. — Jahresdotation je nach Bedarf. — Bibliothekar: P. Maitz Jaczinth, derzeit Guardian und Pfarradministrator. — Alphabet. handschriftlicher Fachkatalog (Neuanlegung und Ordnung leider in Folge Mangels an freier Zeit bisher unmöglich). — Benützbar jederzeit für wissenschaftliche Forschungen. — Ebenso Entlehnungen und Versendungen. — Gegr. zugleich mit dem Kloster am 8. Juni 1648 durch den Grafen Batthyany Adam. Die Bibl. enthält 1. katholische Autoren, 2. protestantische Autoren, welche letztere als im „Index prohibitorum" befindlich nicht verwendet werden können. — Theologie, Astronomie, Heilkunde, Geographie, Jus, Naturwissenschaften u. s. w. — Zur Zeit der Reformation war alles protestantisch und auch eine eigene Buchdruckerei vorhanden, von der jedoch nur wenige Werke noch übrig sind. z. B. Stirpium nomenclator Pannonicus authore Carolo Closio Atrebante. Impressum Nemetvyvvarini per Johannem Manlium. Anno M. D. L. XXXIII.

A Német-Ujvári Ferenczrendi zárda könyvtára. Ismerteti Fejérpataky László (Különlenyomat a magyar könyvszemléből). Budapest 1883.

Gyalu, siehe Gilau.

Gyergyó Szent Miklós (Siebenbürgen).

262. **[Communal-Knaben-]Bürgerschule** (Az államilag segélyezett községi polgári fiú-iskola könyvtára). — 1210 Bde., 54 Karten, 620 Zeichenvorlagen. — Dotation 40 Gulden. — Bibliothekar: Görög Joachim. — Materienkatalog. — Benützbar für den Lehrkörper, ausnahmsweise auch für andere vertrauenswürdige Personen. — Ebenso Entlehnungen. — Keine Versendungen. — Gegr. 1875. — Alle Fächer der Schule.

Geschichte der Bibl. im XX. Jahresbericht der Anstalt. — Katalog im Jahresberichte für 1894/5.

263. **Röm.-kath. Pfarrbibliothek** (A lat. szert. róm. kath. plebánia könyvtára). — 1206 Bde.; 1 Missale von 1425. — Vorstand ist der Pfarrer. — Materienkatalog. — Nur zu eigenem Gebrauche. — Keine Entlehnung oder Versendung. — Aus den Nachlässen der Pfarrer entstanden und vermehrt. — Besonders Theologie.

Gyönk (Ungarn).

264. **[Ev. ref. Unter-]Gymnasium** (Ev. ref. algymn. tanári könyvtára). — Lehrerbibl. 2615 Bde. — Dotation 150 Gulden. — Bibliothekar: Ádám József. — Zettelkatalog. — Nur für das Lehrpersonale benützbar. — Keine Entlehnung oder Versendung. — Gegr. 1808 von Vécsey József. Von Spendern sind hervorzuheben: Nagy István 1860 (200 Bde.), Hollosi János, Jakab Sándor u. A. — Alle Gymnasialfächer.

Györ, siehe Raab.

Gyoma (Ungarn).

265. **Privatbibliothek. Kálmán Farkas** (Kálmán Farkas ev. ref. lelkész könyvtára). — 1224 Bde.; 28 Bde. altung. Drucke. — Dotation nach Bedarf. — Der Eigenthümer begann seine Bibl. i. J. 1860 anzulegen. — Theologie, Geschichte, Philosophie, altung. Literaturgeschichte.

Gyula (Ungarn).

266. **Bürgerverein** (A polgári kör könyvtára). — 2012 Bde. — Jahresdotation 150 Gulden. — Bibliothekar: Székely Zsigmond; 1 Diener. — Alphabet. Katalog. — Mittwoch und Samstag

nachmittags benützbar. — Entlehnungen an Mitglieder auf 14 Tage. — Keine Versendungen. — Belletristik.

Gyulafehérvár, siehe Karlsburg.

Hajdú-Böszörmény (Ungarn).

267. **Bürgercasino** (Polgári kaszino könyvtár). — 1280 Bde. — Jahresdotation 120 Gulden. — Bibliothekare: Fepzei Marton, Komjáthi Antal. — Alphabet. und Materienzettelkatalog. — Wöchentlich zweimal, Mittwoch und Samstag von 2—3 Uhr geöffnet. — Entlehnungen nur an Vereinsmitglieder gegen Benützungsgebühr von 1 Heller pro Tag. — Keine Versendung. — Gegr. 1840. — Belletristik, Geschichte, Geographie. Philologie.

268. **Club der unabhängigen 48er** (A függetlenségi 48as kör könyvtára). — 250 Bde. — Bibliothekar: Tóth András. — Täglich benützbar für Mitglieder. — Gegr. 1870.

269. **Ev. ref. Gymnasium** (A ev. ref. gymn. könyvtára). — 1715 Bde. — Dotation 200 Gulden. — Bibliothekar: Prof. Butyka Boldizsár. — Zettel- und Materienkatalog. — Keine Versendung. — Die Gymnasialfächer.

270. **Lesezirkel der Industriellen** (Iparos olvasó kör könyvtár). — 187 Bde. — Bibliothekar: Pénzeli János. — Sonntag den ganzen Tag, Mittwoch nachmittags für Vereinsmitglieder benützbar. — Keine Versendung.

Hajdú-Szoboszló (Ungarn).

271. **Bürgerschule** (A polg. iskola tanári könyvtára). — Lehrerbibl. 325 Bde. — Director: Szécsi Miklos. — Alphabet. Katalog. — Nur für Mitglieder des Lehrkörpers benützbar. — Ebenso Entlehnungen. — Keine Versendungen. — Gegr. 1886. — Alle Fächer der Schule.

Halász (Ungarn).

272. **[Ev. ref. Ober-]Gymnasium** (Az ev. ref. fögymnasium könyvtára). — 32.362 Bde., 11 Incunabeln, 76 Handschriften, 480 Landkarten, 276 Stiche; Medaillen- und Antikensammlung 11.028 Stück. Altungar. Druckwerke (bis 1711) 36 Stück, darunter 1 Unicum. — Jahresdotation 85 Gulden. — Bibliothekar: Papp Mihály † am 3. April 1899. Sein Nachfolger wird demnächst gewählt werden. Custos der Antikensammlung: Csonto Lajos. — Zettelkatalog, doch nur von 9071 Werken. — Drei-

mal wöchentlich benützbar. Entlehnungen und Versendungen. — Entstand i. J. 1760 mit 7 Werken. Zuwachs bis 1771 97 Stücke. 1825 schenkte Stefan Szüry 94 Bde., 19 Manuscripte; 1826 Josef Kovács 50 Bde.; 1836—1852 die Witwe des Paul Kármán 56 Bde.; Emmerich Gózon 12 Bde., 21 Landkarten (von Karacs gestochen); die Erben des Stefan Szüry 182 Bde.; Tary Gerzson 47 Bde.; Szilády Benjamin 69 Bde.; Paul Szekér 53 Bde.; die Frau des Samuel Csitár 53 Bde.; 1853—1861 Sigismund Béter 150, J. Gyenizse 108 Bde. Im J. 1872 zählte die Bibl. 6460 Bde., 1882 13.679 Bde. Im J. 1880 wurde die Bibl. des Alois Csató, 3904 Bde., i. J. 1885 die des Daniel Szilágyi angekauft, 1894 die Sammlung des Stefan Gyárfás (2016) erworben.

Jährliche Berichte in den Programmen des Gymnasiums.

Herkulesbad (Herkulesfürdö, Ungarn).

273. **Lesehalle und Leihbibliothek** (Olvasó terem és kölcsön könyvtár). — 1480 Bde. — Dotation nach Bedarf. — Alphabet. Katalog. — Täglich von 8—12 und 2—7 Uhr geöffnet. — Leihgebühr 1 Gulden pro Monat. — Keine Versendung. — Besonders Belletristik.

Katalog erschien 1898.

Herkulesfürdö, siehe Herkulesbad.

Hermannstadt (Nagyszeben. Siebenbürgen).

* 274. **Archivamt**, Rathhaus, Fleischergasse 2. — 700 Bde. — Dotation 250 Gulden. — Archivar: Franz Zimmermann; Archivsecretär: Georg Eduard Müller: 1 Diener. — Handschriftlich ein alphabet. Bandkatalog. — Benützbar täglich (Sonn- und Feiertage ausgenommen) von 8—1 Uhr, sonst nur nach vorheriger Anmeldung. — Keine Entlehnungen und Versendungen. — Gegr. 1875. — Historische Hilfswissenschaften, Geschichte und Landeskunde Siebenbürgens, historische Quellenwerke Ungarns.

Zimmermann Franz. Das Archiv der Stadt Hermannstadt und der sächsischen Nation. Hermannstadt 1887 (S. 108 Katalog.)

275. **Ung. Bürgerclub** (A magyar polgári kör könyvtára). — 3019 Bde. — Jahresdotation 100 Gulden vom Club. — Bibliothekar: Dezsö B. Antal. — Zettelkatalog verfasst von B. A. Dezsö. — Alle Mittwoch und Samstag nachmittags benützbar. — Mitgliedsbeitrag 1·20 Gulden. — Entlehnungen an Vereinsmitglieder gegen Jahresgebühr von 2·40 Gulden. —

Bei Gründung des Clubs 1884 ins Leben gerufen und durch die i. J. 1845 vom ung. Leseverein gegr. Bibl. 1887 vermehrt. Seit 1893 im eigenen Hause des Clubs. — Allgemeine Wissenschaften und schöne Literatur.

Gedruckter Katalog 1879.

* 276. **[K. ung. Staats-Ober-]Gymnasium** (A m. kir. állami fögymnasium tanári és ifjúsági könyvtára). — *a)* Lehrerbibl. 8764 Bde. und Hefte, über 10.000 deutsche, ausserdem eine Sammlung ungarischer Programme; *b)* Schülerbibl. 1382 Bde. — Dotation für *a)* 300 Gulden; für *b)* ca. 250 Gulden. — Director: Ferenczy István; Custos für *a)* Prof. Strauch Béla; für *b)* Prof. Sinczky Géza; 1 Diener. — Alphabet. Zettelkatalog, ein Standortsrepertorium. — *a)* Allgemein, *b)* Dienstag und Mittwoch von 2—3 Uhr benützbar. — Versendung im Wege der Direction. — Die alte Lateinschule wurde von Kaiser Josef II. 1780 wieder eröffnet, daher dieses Jahr als Gründungsjahr der Bibl. gelten muss. Ein Inventar aus dem J. 1821 vom Director Eschenbach enthält 113 Werke in 310 Bdn. und 9 Atlanten; 61 Werke davon waren römische Classiker in der Editio Bipontina und deutsche Classiker in der Schrämblischen Ausgabe. 1855 wurden über 700 Bde. aus der Benigni-Bibl. angekauft, botanische Werke durch die Schenkung Baumgartner's erworben. 1868 wurde in der benachbarten katholischen Normalschule ein Zimmer gemiethet: Ende der Achtzigerjahre kam die Bibl. in ein Zimmer zwischen Kirche und Corridor. — Hauptsächlich vertreten: Philologie. Theologie, Naturwissenschaften, ungarische Literatur und Geschichte.

Boros Gábor. A nagyszebenyi állami fögymnasium történelme. Nagyszeben 1896.

* 277. **Evangel. Gymnasium A. B.**, Huetplatz Nr. 5. — Lehrerbibl. 4890 Werke in 10.759 Theilen und 9423 Bdn, ferner 16.000 Programme. — Dotation 300 Gulden (Zeitschriftenabonnement, Programmtausch, Buchbinderkosten). — Bibliothekar: Ein vom Lehrkörper alle fünf Jahre gewählter Prof. (derzeit Prof. Victor Kloss). — An handschriftlichen Katalogen existiren: Ein nach fortlaufenden Nummern geführtes Inventar; ein Zettelkatalog nach Fachgruppen, innerhalb derselben nach Autoren alphabet. geordnet; ein von 1888 an geführter, nach Anschaffungsjahren getrennter, kurzgefasster alphabet. Autorenkatalog als Handkatalog für den Bibliothekar. — Täglich eine Stunde geöffnet (derzeit Montag und Donnerstag von 11—12, Dienstag und Freitag von 10—11, Mittwoch und Samstag von 8—9 Uhr). — Zur Entlehnung sind berechtigt:

Mitglieder der Lehrkörper der beiden Mittelschulen und sonstigen in Hermannstadt bestehenden Lehranstalten, die daselbst wohnenden Geistlichen A. B., sowie Candidaten der Theologie und des Lehramtes, ferner über Empfehlung der Professoren die Schüler der zwei obersten Classen und andere Personen; dem Bibliothekar Unbekannte erlegen eine Caution von 5 Gulden. — Versendung an vertrauenswürdige Personen gegen Erlag der Caution oder gegen Bürgschaft. — Das Gymnasium ist Eigenthümer der Samuel Baron v. Brukenthal'schen Bibl., sowie der derselben als besondere Sammlung einverleibten „Kapellen-Bibl.", die von dem Sachsengrafen Albert Huet 1592 begründet wurde, nach ihrem damaligen und bis 1864 bestandenen Aufbewahrungsort — einer nach den neuesten Entdeckungen dem heil. Jacobus geweihten Kapelle — den Namen erhielt und mit ihrem Bestande von ca. 10.000 Bdn. den Grundstock der Gymn.-Bibl. bildet: die Kapellen-Bibl. ist hinsichtlich ihrer zahlreichen Incunabeln von K. Schwarz im Gymn.-Programm 1860/61, und ausführlicher von dem jetzigen Bischof der evang. Landeskirche A. B. in den siebenbürg. Landestheilen Ungarns, Dr. Friedrich Müller im „Archiv f. siebenbürg. Landeskunde", N. F., Bd. XIV, Heft 2, S. 293 ff., beschrieben worden. — Einverleibt wurden der Gymn.-Bibl. die von weiland k. k. Oberkriegscommissär Fellner 1833 dem Gymn. geschenkte Sammlung von 397 Werken in 986 Theilen und 860 Bdn.; die von weiland Ministerialrath Jacob Rannicher testamentarisch vermachte „Rannicher-Bibl." mit 407 Werken in 825 Theilen und 754 Bdn. — Vertreten sind in der Fellner-Bibl. schöne Literatur der modernen fremden Sprachen; in der Rannicher-Bibl. Rechts- und Staatswissenschaften und Transsilvanica; in der Lehrerbibl. Theologie, classische deutsche und neuere Philologie, Geschichte, Geographie, Philosophie, Naturwissenschaften, Mathematik, Pädagogik.

Kurzgefasster Katalog der Hermannstädter Gymnasiallehrerbibl. I. Theil (die eigentliche Lehrerbibl.). Hermannstadt 1888.

* 278. **Evangel. Landeskirche A. B. in Siebenbürgen,** Sporergasse 4. — Ca. 10.000 Bde., eine kleine Sammlung Handschriften, einige Incunabeln. — Vermehrung zumeist durch Geschenke und Tausch; keine nennenswerthe Dotation. — Vorstand: D. Dr. Friedrich Müller, Bischof der evangel. Landeskirche A. B.; Bibliothekar: Der Secretär der Landeskirche Karl Fritsch, in dessen Vertretung der Archivar der Landeskirche: Dr. Friedrich Orendt. Mit den Bibl.-Geschäften zeitweilig betraut: Wilhelm Weiss, Gymn.-Prof.; 1 Diener. — Alphabet. Zettel- und Standortskatalog. — Das Ausleihen der

Bücher erfolgt an bekannte Personen, welche Mitglieder der Landeskirche sind, in oder ausser Hermannstadt, im Allgemeinen unbeschränkt. Die Entlehnung an Nichtmitglieder der Landeskirche kann, so weit dies nicht stiftungsmässigen Beschränkungen unterliegt, im Allgemeinen ebenfalls anstandslos erfolgen. Der Verkehr mit dem in Hermannstadt und der nächsten Umgebung ansässigen Publicum erfolgt unmittelbar durch den angestellten Bibliothekar in den hierzu ein für allemal angesetzten Bibliotheksstunden (Mittwoch von 11 bis 1 Uhr), oder auch nach etwaiger Vereinbarung mit demselben zu anderen Zeiten. Der Verkehr mit dem auswärtigen Publicum erfolgt unter der Adresse des Landesconsistoriums in Hermannstadt, an welches sowohl alle Ansuchen um Bücher als auch alle Rückstellungen zu richten sind. Jede Zusendung von Büchern nach auswärts und jede Rückstellung derselben an die Bibl. erfolgt unter Haftung, Kosten und Gefahr des Entlehners. — Entstanden aus der Vereinigung der Consistorial- und Superintendentialbibl. Erstere enthält im Wesentlichen die am alten Sitze der Superintendenten in Birthälm gespendeten Bücher, letztere diejenigen, welche in das Eigenthum des evangel. Oberconsistoriums, nachmals Landesconsistoriums, übergegangen sind. Besonders katalogisirt sind noch die grossen Legate J. A. Zimmermann und Franz Gebbel. Joseph Andreas Zimmermann, Präsident des evangel. Oberkirchenrathes A. und H. B. i. R. übergab am 12. Januar 1875 seine bedeutende „Sammlung literarischer Hilfsmittel in die bleibende und unveräusserliche Benützung der Landeskirche A. B. in Siebenbürgen" und hat diese Sammlung seither mit zahlreichen und umfangreichen Ergänzungen versehen. Die Büchersammlung des am 16. Mai 1877 verstorbenen Secretärs der Landeskirche Franz Gebbel war im Sinne des von ihm ausgesprochenen Wunsches von seiner Erbin Maria Arz v. Straussenburg, geborene Gebbel zum grösseren Theil der Landeskirchenbibl. überwiesen worden. Grössere Schenkungen von Büchern überdies: von Martin Reschner, evangel. Pfarrer A. B. in Talmesch, Univ.-Prof. in Czernowitz Dr. Friedrich Schuler-Libloy, Jacob Rannicher, Sectionsrath im k. ung. Unterrichtsministerium, Karl Gebbel, Sectionsrath im k. ung. Ministerium des Innern, Dr. Paul de Lagarde, Prof. an der Universität Göttingen, Dr. G. D. Teutsch (Nachlass). — Besonders vertreten sind und gepflegt werden, so weit davon bei den eigenthümlichen Verhältnissen der Bibl. die Rede sein kann, die Wissenschaften, die mit der Geschichte, Rechtslage und Aufgabe der evangel. Landeskirche in Verbindung stehen.

Katalog der Bibl. der evangel Landeskirche A. B. in Siebenbürgen. Herausgegeben vom Landesconsistorium. Hermannstadt 1889. — Vorschriften über die Ausleihung von Büchern aus der Bibl. der evangel. Landeskirche A. B. in Siebenbürgen. Gen. in der Sitzung des Landesconsistoriums der evangel. Kirche A. B. in Siebenbürgen, Z. 1825 1889.

279. **Evang. Lehrerbildungsanstalt A. C.** (Az ág. hitv. evang. tanitóképző intézet könyvtára). 1350 Bde. — Jahresdotation 200 Gulden. — Zettelkatalog. — Geöffnet nach Bedarf. — Entlehnungen an den Lehrkörper. — Keine Versendungen. — Gegr. 1878. — Vorzugsweise Theologie und Pädagogik.

* 280. **Baron Brukenthal'sches Museum**, Baron Brukenthal-sches Palais, Grosser Ring 10. — Ca. 100.000 Bde., 300 Incunabeln, ca. 1000 Bde. Handschriften. — Jahresdotation 3000 Gulden. — Custos: Prof. M. Csaki; Custosadjunct: Prof. W. Weiss; Diurnisten: Th. Jersche und J. Schmidt; 1 Diener. — Es bestehen: Ein alphabet. Grundkatalog (Zettelkatalog), ein alphabet., ein fachwissenschaftlicher Band-, ein Aufstellungskatalog; gearbeitet wird an einem Sachkatalog (Zettelkatalog); im Druck befindet sich ein alphabet. Katalog. — Im Juli und August ist die Bibl. täglich von 11—1, sonst täglich von 11—1 und 3—5 Uhr geöffnet. Der Vorstand hat das Recht, die öffentliche allgemeine Benützbarkeit bei Nichteinhaltung der Bibl.-Satzungen einzuschränken. Entlehnung von Büchern — in besonderen Fällen auch von Manuscripten — nach Hause wird vom Custos vertrauenswürdigen Personen gestattet; ausgenommen sind unersetzliche und besonders werthvolle Werke und Manuscripte. Eine Gebühr wird nicht eingehoben. — Aehnliche Bestimmungen treffen die Versendung, bei welcher der Entlehner die Kosten zu tragen hat. — Die Bibl. wurde von Baron S. v. Brukenthal, Gouverneur von Siebenbürgen, in der zweiten Hälfte des 18. Jhdts. gegr. und ging nach dessen Tode 1803 als Stiftung in den Besitz des evang. Gymn. A. B. in Hermannstadt über. Für die Bibl. und die übrigen Abtheilungen des Museums hinterliess Baron Brukenthal ein Capital von 36.000 Gulden, das sich seither auf über 120.000 Gulden vermehrt hat. Aus dem Zinsenerträgniss wird die Verwaltung und Vermehrung der Sammlungen bestritten. Der Brukenthal'schen Bibl. wurden zwei grössere Büchersammlungen einverleibt: Die dem evang. Gymn. A. C. gehörige sogenannte „Capellenbibliothek" und nach Auflösung der rechtswissenschaftlichen Akademie in Hermannstadt die Bibl. dieser Anstalt. — Alle Wissenschaften sind vertreten, einheimische Literatur besonders gepflegt.

Csaki, M. Das Baron Brukenthal'sche Museum Skizzen zu einem Führer. Hermannstadt 1895. — Müller, F. Die Incunabeln der Hermannstädter „Capellenbibliothek". Abdruck a. d. Archiv d. Vereines f. siebenbürg. Landeskunde, Bd. XIV. N. F.

281. **Seminar der siebenbürgisch-rumänischen griechisch-orientalischen Erzdiöcese** (Az erdélyi föegyházmegyei görög-keleti román seminárium könyvtára). — 1946 Bde. — Jahresdotation 120 Gulden. — Bibliothekar: Dr. Stroia János. — Alphabet. und Realkatalog. — Geöffnet von 8—11 und 3—4 Uhr nur für Mitglieder des Lehrkörpers und Zöglinge des Institutes. — Keine Entlehnungen oder Versendungen. — Gegr. zugleich mit dem Institute.

282. **Theresia-Waisenhaus** (A Terézárvaházi tanitói és ifjúsági könyvtára). — *a)* Lehrer- und Schülerbibl.; *b)* Pfarrbibl. (A Terézárvaházi plebániai könyvtár). — *a)* 595 Bde.; *b)* 1407 Bde. — Director: Prohupek Samuel. — Fachkatalog. — Entlehnungen an Lehrer und Schüler der Anstalt. — *a)* Gegr. vor ca. 20 Jahren; *b)* 1780. Letztere vermehrt durch die Nachlässe der Pfarrer. — Pädagogik, Theologie, Jugendliteratur.

* 283. **Militärwissenschaftlicher Verein,** Reispergasse 1. — 1452 Werke in ca. 2400 Bdn. — Jahresdotation ca. 200 Gulden, ausserdem für wissenschaftliche Zeitschriften ca. 150 Gulden. — Der jeweilige Präses des militärwissenschaftlichen Vereines ist Vorstand der Bibl., ein Ausschussmitglied Bibliothekar. — Katalog nach Materien und innerhalb derselben in alphabet. Reihenfolge der Autoren. — In Folge der bescheidenen räumlichen Verhältnisse nur Entlehnungen an Vereinsmitglieder. — Gegr. 1875. — Alle Wissenschaften, insbesondere Militaria.

Katalog der Bibl. des militärwissenschaftlichen Vereines zu Hermannstadt. Hermannstadt 1897. Hierzu Supplement I—V (bis December 1898).

Hodmezö-Vásárhely (Ungarn).

* 284. **Evang. reform. Obergymnasium** (Az ev. ref. fögymnasium tanári és ifjúsági könyvtára), im Parterre des neuen Gymnasialgebäudes. — *a)* Lehrerbibl. ca. 13.000 Bde. Handschriften sind noch nicht geordnet. — Jahresdotation bisher 400 Gulden; für 1899 sind nur 200 Gulden präliminirt. — Bibliothekar: Prof. Dr. Ludwig Imre. Drei Mitglieder des Lehrkörpers helfen noch in diesem Jahre (1898/99) die Kataloge fertig stellen; Schuldiener als Bibliotheksdiener. — Drei Wissenschaftsfächer (ungar. Literatur, ausländ. Literatur, moderne Sprachen) haben bereits Kataloge, und zwar 1. alphabet. geordnete Zettelkataloge; 2. Standortskataloge; 3. Fachkataloge, in den Hauptzügen nach Petzholdt's Katechismus der Bibliothekslehre geordnet. — Derzeit Mittwoch von 9—11. Donnerstag von 11—12. Freitag von 11—12 Uhr geöffnet und auch für persönlich bekannte Personen benützbar. An Letztere, sowie Mitglieder des Lehrkörpers werden Bücher

auch verliehen. — Schon 1758 war eine Sammlung von 39 Werken vorhanden, die sich 1799 auf 120 130 vermehrt hatte. Das Gymnasialprogramm über das J. 1853 54 bringt einige Daten über die Bibl. Eine „Lesegesellschaft" schenkte der Bibl. 694, die Erben des Franz Nagy 375 Werke, die Witwe des Ladislaus Szabó 150 Werke, so dass die Bibl. 1851 1679 Bde. aufwies. 1862 schenkte Karl Szikszay, ehem. Gymn.-Prof., 206, 1863 die ungar. Akademie der Wissenschaften alle von ihr herausgegebenen Werke, 1864 Daniel Gaál, ev. ref. Geistlicher, 300, 1870 Josef Bene 350, 1871 der ev. ref. Geistliche Samuel Szél 202, Ignaz Nagy (Grossmann) 45, 1874 die Erben des ev. ref. Geistlichen Samuel Vajda 269, jene des Michael Kaszap 45, 1876 Ludwig Dobossy 335 Werke; in den letzten Jahren sind unter den Geschenkgebern zu nennen: Frau Alexandrine Nagy, geb. Kaszap, Ludwig Fodor, Géza Czégányi, Alexander Szathmáry, Franz Szabó, Franz Kovács u. A. — Vertreten ungar. Literatur- und Culturgeschichte, moderne Sprachwissenschaft, fremde Literaturen, Naturwissenschaften, ungar. Geschichte und Geographie, allgemeine Geschichte, Theologie und Kirchengeschichte, Philosophie und Pädagogik, griechische und lateinische Sprache und Literatur, Rechts- und Staatswissenschaften, Encyklopädien. Besonders gepflegt ungarische Literatur und Geschichte, Naturgeschichte, deutsche Sprache und Literatur. — *b)* Jugendbibl. 1333 Bde. — Jahresdotation 240 Gulden. — Bibliothekare: 1. Prof. Beneze Zsigmond; 2. Prof. Sükösd Gyula; 3. Prof. Sulez Endre. — Alphabet. Katalog. — Wöchentlich einmal benützbar. — Entlehnungen auf eine Woche. — Keine Versendungen. — Gegr. im Schuljahr 1861 62. — Jugendschriften.

a) Eine kurze Geschichte der Bibl. von Ludwig Imre in der Geschichte des Gymn. Hódmezö-Vásárhely 1897. — *b)* Katalog erschien 1898 im Druck.

Homonna (Ungarn).

285. **Staatlich unterstützte Bürger- und höhere Handelsschule mit „Trefort-Selbstbildungsverein"** (Az áll. segélyz. polgári és felsö kereskedelmi iskola tanári, ifjúsági és „Trefort Önképzökörének" könyvtára). — 1913 Bde. (787 + 720 + 436 Bde.), 1107 Hefte. — Jahresdotation 350 Gulden. — Director: Kováts József; Bibliothekare: Krausz Gyula, Révész Emil. — Alphabet. Katalog. — Die Lehrerbibl. täglich, die Jugend- und Vereinsbibl. wöchentlich einmal geöffnet. — Keine Versendung. — Lehrer- und Schülerbibl. 1876, Vereinsbibl. 1890 gegr. — Alle Fächer der Anstalt, Belletristik.

Jánosháza (Ungarn).

286. **Geselligkeitsclub** (A társaskör könyvtára). — 1000 Bde. — Dotation 60 Gulden. — Bibliothekar: Kemény Simon. — Realkatalog. — Täglich von 1–2 und 8–9 Uhr geöffnet. — Entlehnungen an Mitglieder. — Gegr. mit dem Vereine. — Populäre Wissenschaft, Belletristik.

Jász-Árokszállás (Ungarn).

287. **Kath. Volksschule** (Kath. népiskola és tanitói könyvtára). — 1656 Bde., 10 Karten. — Dotation 10 Gulden. — Bibliothekar: Nagy Jenö; 1 Diener. — Mittwoch und Samstag vormittags benützbar. — Entlehnung gegen Jahresbeitrag von 3 Gulden. — Keine Versendung. — Gegr. 1857. — Belletristik.

Gedruckte Kataloge von 1882, 1888 und 1892.

Jászberény (Ungarn).

288. **[K. ung. Staats-Ober-]Gymnasium** (A m. kir. áll. fögymnasium tanári és ifjúsági könyvtára). — *a)* Lehrerbibl. 1736 Bde., 2578 Programme. — Jahresdotation 400 Gulden. — Bibliothekar: Prof. Karádi Győző. — Zettelkatalog. — An Wochentagen vormittags für den Lehrkörper benützbar. — Entlehnungen auch an andere vertrauenswürdige Personen. — Versendungen nur ausnahmsweise an Institute. — Gegr. zugleich mit dem Gymn. 1767. — Alle Fächer der Anstalt. — *b)* Schülerbibl. 1162 Bde., 56 Tafeln, 1470 Münzen. — Dotation 250 Gulden. — Bibliothekar: Matuszka Mihály. — Materienkatalog. — Jeden Samstag nachmittags geöffnet und benützbar für die Schüler der IV.—VIII. und die besten Schüler der III. Classe. — Keine Versendung. — Gegr. 1866. — Jugendliteratur.

Katalog erschien 1894.

289. **Lehrercorporation** (Tanitótestületi könyvtár). — 924 Bde. — Bibliothekar: Hamza Pál. — Alphabet. Katalog. — Jederzeit benützbar für Mitglieder. — Pädagogik.

290. **Kath. Pfarrbibliothek** (A róm. kath. plebániai könyvtára). — 1600 Bde., 1200 Urkunden, 10 Karten. — Vorstand: Der jeweilige Pfarrer. — Realkatalog. — Amtsbibl., daher keine Entlehnung oder Versendung. — Vermehrt durch die Nachlässe der Pfarrer. — Theologie.

Jászó, siehe Joos.

Iglau (Igló, Ungarn).

291. **[Evang. Ober-]Gymnasium** (Az ág. hitv. ev. fögymnasium könyvtára). — 8748 Bde., 2 Incunabeln, 29 Handschriften. — Jahresdotation 250 Gulden. — Bibliothekar: Kiss Albert. — Alphabet. und wissenschaftl. Fachkatalog. — Entlehnungen und Versendungen. — Gegr. 1856 durch Prof. Karl Pákh. — Alle Fächer des Gymn.

Pákh Károly. Az iglói ág. hitv. ev. fögymnasium könyvtárának czimjegyzéke. Igló 1883 und 1896.

Igló, siehe Iglau.

Illau (Illava, Ungarn).

292. **K. ung. Landesstrafanstalt** (Fegyenczkönyvtár az illavai k. orsz. fegyintézetnél). — Sträflingsbibl. 4384 Bde. — 40—50 Gulden Unterstützung von Seiten des k. ung. Justizministeriums. — Director: Kovács. — Benützbar Sonntag vorm. Die Sträflinge kommen abtheilungsweise in die Bibl. und wählen sich die Lectüre aus, worauf sie in ihre Zellen zurückkehren. Sie können in ihren freien Stunden lesen und die Bücher einen Monat behalten. — Büchergeschenke einiger Menschenfreunde legten den Grund zur Bibl.

Illava, siehe Illau.

Imregh (Ungarn).

293. **Minoritenkloster** (Minorita zárda könyvtár). — 1500 Bde. — Vorstand ist der P. Guardian Schmidmayer Antal. — Materienkatalog. — Entstanden und vermehrt aus den Nachlässen der Ordensbrüder. — Theologie, Geschichte, Mathematik, Predigten.

Joos (Jászó, Ungarn).

294. **Centralbibliothek des Prämonstratenserordens** (A Jászóvári Premontrei Kanonok Rend Könyvtára). — 28.500 Bde., 191 Incunabeln, 40 Handschriften. Cimelien: Robert Halcot's Handschrift aus d. J. 1436; Benedict Nagykörösi, bisch. Vicar von Waitzen, Ms. aus d. J. 1469. Originalhandschriften von Verseghy, Kazinczy, Aranka u. A. Altung. Druckwerke 31. — Vorstand: Der jeweilige Propst des Ordens; Bibliothekar: Szentkirályi Zsigmond. — Alphabet. Zettel- und Fachkata-

loge. -- Jederzeit benützbar. — Entlehnungen für Ordensmitglieder ohne Bedingungen. — Versendungen gegen Recepisse mit Erlaubniss des Propstes. — Ueber die Stiftung der Bibl. sind keine genauen Nachrichten vorhanden. Sie dürfte gleichzeitig mit der Einführung des Ordens (13. Jhdt.) entstanden sein. Im J. 1787 nach Aufhebung des Ordens durch Kaiser Josef wurde die Bibl. nach Ofen und Erlau überführt. Die jetzige ist i. J. 1802 nach Wiedereinsetzung des Ordens entstanden und theils durch Ankauf, theils durch Geschenke vermehrt worden. — Vorzugsweise Theologie.

Lenner, Julius Ferdinand. Jászó und die mit ihm vereinigten Propsteien Lelesz und Promontor von Grosswardein. In: E. Chorherrenb. V. S. Brunner. 1883.

Käsmark (Késmárk, Ungarn).

295. **Evang. ref. Lyceum** (Az ág. h. ev. lyceum nagykönyvtára). — 38.000 Bde., 5000 Hefte, darunter 21 Incunabeln, zahlreiche Handschriften; altung. Drucke 51. — Jahresdotation 300 Gulden. — Bibliothekar: Prof. Bruckner Károly. — Alphabet. Fachzettelkataloge, Einlaufsjournal. — Entlehnungen und Versendungen gegen Recepisse. — Gegr. 1722 durch den Lycealdirector Bohuss György (1711—1722), der bei seinem Tode die eigene Privatbibl. dem Lyceum schenkte und den Grund zu der jetzigen Bibl. legte. Andere Schenkungen: Von Marcus und Emmerich Horváth Stansith de Gradecz 1801, Wilhelm Adam Smith 1818, Stefan Adorján, Adam Podkonicky und Sylvester Spiner 1820, Paul Doleviczényi 1821, den Professoren Martin Schwartner und Johann Genersich 1823, dem Pfarrer Christian Genersich und Johann Czerva 1825, Alexander Engel 1826, Stefan Kralovánszky 1828, Friedrich Hahn 1864 u. A. — Theologie, Philologie, Geschichte.

Kudora Károly veröffentlichte 1884 eine Schrift über die Bibl.

Kalocsa (Ungarn).

* 296. **Erzbischöfliche Bibliothek** (K. főszékesegyházi könyvtára. Bibliotheca Metropolitanae Ecclesiae Colocensis). — 61.106 Bde., darunter 150 Incunabeln, 250 Manuscripte. — Director: Domherr Dr. Macskovics Pál; Bibliothekar: P. Winkler Pál: 1 Diener. — Nebst einigen alten Bandkatalogen ein alphabet. Zettelkatalog; ein Zettel-Fachkatalog in Ausarbeitung. — Da keine öffentliche Bibl., ohne bestimmte Amtsstunden, indes nach Massgabe der verfügbaren Zeit stets für distinguirte Persönlichkeiten zugänglich. — Entlehnungen mit Erlaubniss des Bibliothekars. (Ein besonderes Tagebuch für die Entlehner und entlehnten Bücher.) — Ver-

sendungen nur ausnahmsweise mit besonderer Genehmigung des Erzbischofs. — Bei Entlehnungen ins Ausland wird besonders bei werthvolleren Werken noch die Empfehlung und Garantie einer höherstehenden und bekannten Persönlichkeit gefordert. — Eigentlich eine Sammlung der Erzbischöfe in Kalocsa. Die ersten Anfänge reichen bis 1752 zurück, in welchem Jahre der erste Katalog der Bibl. aufgenommen wurde (Catalogus et Inventarium Librorum Metropolitanae Ecclesiae Colocensis; 287 Werke in 716 Bdn.). Durch die Einverleibung der Privatbibliothek des Kalocsaer Erzbischofs Joseph Batthányi (1760—1776) wuchs die Zahl der Werke auf 389 in 1019 Bdn., durch jene der „Bibliotheca Venerabilis Capituli Colocensis" auf 1671 Werke heran. 1782 überliess der Erzbischof Adam Patachich seine bedeutende Privatbibl. testamentarisch seinen Nachfolgern in der erzbischöflichen Würde, ferner der Domkirche und dem Erzcapitel zum gemeinschaftlichen Besitzthum, von welcher Zeit auch die Bibl. ihrer geschichtlichen Entwickelung gemäss den Namen „Bibliotheca Metropolitanae Ecclesiae Colocensis" führt (11.871 Werke in 18.992 Bdn.). Fernere Legate: 1817 Erzbischof Graf Ladislaus Kollonitz: 14.041 Werke in 23.531 Bdn.; 1843 Erzbischof Peter Klobuschitzky: 1299 Werke in 2664 Bdn.; 1851 Erbischof Franz Nádasdy: 790 Werke in 1368 Bdn.; 1866 Erzbischof Joseph Kunszt: 739 Werke in 1061 Bdn.; 1867 Erzbischof Joseph Lonovics: 2150 Werke in 4231 Bdn.; 1891 Erzbischof Dr. Ludwig Haynald: 4313 Werke in 6572 Bdn. Nach der in letzter Zeit erfolgten Ausscheidung der zahlreichen Doubletten wurde der eingangs erwähnte Bücherbestand erreicht. — Vertreten sämmtliche Wissenschaften, insbesondere jedoch Theologie und Geschichte. Im Drucke ist nur der Doublettenkatalog seinerzeit veröffentlicht worden. — Besonders zahlreich sind Werke aus dem XVI. Jhdt. vorhanden.

* 297. **Collegium des Ordens der Gesellschaft Jesu** (A Jézustársasági Collegium könyvtára) besitzt eine ganz private Hausbibl., die aus Raummangel nur unvollständig geordnet ist. — 1800 Bde., ein Incunabel und wenige Manuscripte. — Jahresdotation 500 Gulden. — Bibliothekar: P. Schmidt Ádám. — Gegr. 1860. — Alle Wissenschaften.

298. **[Bischöfl. Ober-]Gymnasium der Jesuiten** (A Jézustársasági érseki fögymnasium ifjúsági könyvtára). — Schülerbibl. 8000 Bde., darunter die Predigten des Illyés András von 1690. — Dotation 200 Gulden. — Bibliothekar: Prof. P. Lagger József. — Alphabet. und Materienzettelkatalog. —

Benützbar Sonntag, Dienstag, Donnerstag. — Entlehnung gegen Recepisse. — Keine Versendung. — Gegr. in den Achtzigerjahren. — Alle Wissenschaften, Jugendliteratur.

* 299. **Haynald-Observatorium.** — 750 Werke. — Dotation je nach Bedarf (ca. 150 Gulden). — Vorstand: Director der Sternwarte, Julius Fényi, S. J. — Zettelkatalog. — Durchaus privat. — 1889 vom Stifter der Sternwarte (Cardinal Haynald Lajos) gegr. — Astronomie und Meteorologie.

Kapoly (Ungarn).

300. **Pfarrbibliothek** (Plebániai könyvtár). — 153 Bde. — Vorstand und Bibliothekar: Der jeweilige Pfarrer. — Inventarkatalog. — Gegr. und vermehrt aus den Nachlässen der Pfarrer. — Theologie.

Kaposvár (Ungarn).

301. **Vereinigte Bibliothek des kön. Staats-Obergymnasiums und des Somogyer Comitates** (A m. kir. állami fögymnasium és Somogyvármegye egyesitett könyvtára). — 14.248 Bde., 6 MS; 8 altungar. Drucke. — Jährliche Dotation 100 Gulden aus dem Bibliotheksfond des Comitates. — Bibliothekar: Adolf Prilisauer, Gymn.-Prof. — Fachkatalog. — Jederzeit zugänglich. — Entlehnungen an Gymn.-Professoren gegen Recepisse, für Fremde gegen Caution von 5 Gulden. — Ebenso Versendungen. — Entstanden durch Vereinigung der Bibliotheken des Gymn. und des Comitates. Den Grund der ersteren legte Assessor Vályi János 1818, der 284 Bde. dem Gymn. vermachte. 1827 und 1835 kaufte das Comitat Somogy die Büchersammlungen der Gymn.-Directoren Franz Szabó und Alexius Horváth für die Gymn.-Bibl. an; gegenwärtig erhält dieselbe jährlich 400—450 Gulden Dotation. Die Comitatsbibl. stiftete Graf Ludwig Festetics, indem er 4000 Bde. i. J. 1816 dem Comitate schenkte; sie war bis zum J. 1866 im Comitatsgebäude untergebracht und wurde in diesem Jahre vom Obergespan Ladislaus Jankovics an das Gymn. abgegeben. Ihr Fond erhöhte sich bis heute von 7485 Gulden auf 18.000 Gulden, aus deren Ertrag jährlich 350—400 Gulden für Bücherankauf verwendet werden. — Alle Wissenschaften.

Bücherverzeichniss für beide Bibl., herausg. von den Prof. Adolf Prilisauer und Julius Schwambach, erschien in Kaposvár i. J. 1890; ein Nachtrag 1894.

Karánsebes (Ungarn).

302. **Theologische Diöcesananstalt** (Az egyházmegyei hittani intézet könyvtára). — 740 Bde. — Jahresdotation 50 Gulden.

— Bibliothekar: Dr. Julin Olarin. – Alphabet. Katalog. Jederzeit benützbar für die Professoren. – Gegr. 1866. Theologie und ungar. Literatur.

Karczag (Ungarn).

303. **Ev. ref. Gymnasium** (Az ev. ref. gymnasium tanári könyvtára). — Lehrerbibl. 3737 Werke in 5131 Bdn. — Jahresdotation 200 Gulden. – Bibliothekar: Prof. Kinmach Ödön. — Alphabet. und Materienzettelkatalog. — Entlehnungen an den Lehrkörper. – Keine Versendungen. — Die Fächer des Gymnasiums.

304. **Ev. ref. Volksschule** (Ev. ref. népiskolai tanitói-szakkönyvtár). — Lehrerbibl. 483 Bde. Dotation 50 Gulden. — Vorstand und Bibliothekar: Director Borós Ambrús. — Accessions- und alphabet. Katalog. – Täglich benützbar. — Ebenso Entlehnungen, aber keine Versendungen. — Gegr. 1890. — Besonders Pädagogik und ung. Sprache.

Karlsburg (Gyulafehérvár. Siebenbürgen).

305. **Historisch-archäologisch-naturwissenschaftlicher Verein des Unter-Albenser Comitates** (Alsófehérmegyei történelmi, regészeti és természettudományi egylet könyvtára). — 1062 Bde. – Bibliothekar: Dr. Cserni Béla. — Zettel- und Accessionskatalog. — Entlehnungen und Versendungen an Vereinsmitglieder gegen Empfangsbestätigung. — Gegr. zugleich mit dem Vereine 1887. — Naturwissenschaften. Mythologie, Geschichte.

Kaschau (Kassa, Ungarn).

* 306. **Militärwissenschaftlicher und Casinoverein**, Laktanyatér 1. — 4168 Werke. — Jahresdotation 1200 Gulden. – Präses: FML. Franz Forstner Edler v. Billau; Vicepräses: Oberst Michael Edler v. Appel; wissenschaftliche Commission: Hauptmann Theodor Ritter v. Soretić, Hauptmann Georg Várady-Szakmáry; Oberlieutenant Gustav v. der Hellen; Secretär und Bibliothekar: Hauptmann d. R. Joseph Funk; 1 Diener. — Alphabet. Katalog. — Benützbar während des ganzen Tages in Gegenwart des Bibliothekars. — Entlehnungen an Mitglieder täglich mit Ausnahme der Sonn- und Feiertage von 3—4 Uhr auf die Dauer von vier Wochen gegen Revers. — Keine Versendungen. — Gegr. 1875 zu wissenschaftlichen Zwecken. Die Mitglieder zahlen pro Monat 0·5 Kreuzer vom Gagegulden. — Militärwissenschaften, Belletristik etc.

307. **[Kath. Ober-]Gymnasium** (A kath. fögymnasium tanári könyvtára). — Lehrerbibl. 8512 Bde. — Jahresdotation 500 Gulden vom Propst von Jászóvár. — Director: Dr. Takács Menyhért; Bibliothekar: Prof. Dr. Horváth Balázs. — Fachkataloge. — Bis 1852 hatten die Akademie und das Gymnasium eine gemeinsame Bibl., da beide in demselben Gebäude untergebracht waren. Als die Prämonstratenser i. J. 1852 von Kaschau fortzogen, ging die Bibl. in den Besitz der Akademie über, das Gymnasium aber wurde vom Staate übernommen und mit böhmischen Lehrern besetzt. 1861 wurden die Prämonstratenser zurückberufen; sie übernahmen die Anstalt abermals und mussten auch die Bibl. von neuem gründen, da sie von der Akademie nur die Duplicate und einige werthlose Bücher zurückerhielten. An Schenkungen für die alte und neue Bibl. sind zu erwähnen: ca. 1680 spendete Stefan Tolnay 69 Werke, 1719 Samuel Jenei 57 Werke, 1772 und 1775 Graf Ladislaus Szekely von Borosjenö 382 Werke, 1765 Graf Emerich Bethlen 274, 1786 Martin Zágoni 155, 1793 Ladislaus Málnási 416, 1796 Graf Sigismund Korda v. Borosjenö und seine Gattin Julie Nemes 216, ca. 1800 Michael Teleki 711 und Wolf Cserei 57, 1805 Ladislaus Osváth 162, 1844 Sam. Kassai 85, 1844 Adalbert Péterfi 200 Werke, 1830 Josef Kiss seine ganze 3719 Bde. zählende Bibl. sammt einem Geldbetrage, 1870 Graf Ludwig Gyulai seine Bibl. (1927 Bde.), 1890 Johann Bonyhai 100 Werke, 1896 Moses Szakács 150 Werke, 1898 Dr. Ludwig Fehérvász 150 Werke. — Alle Fächer des Gymnasiums.

308. **[Höhere Staats-]Handelsschule** (Az állami felsö kereskedelmi iskola könyvtára). — 150 Bde. — Jahresdotation 100 Gulden. — Realkatalog. — Handelswissenschaften.

309. **Kazinczyclub** (Kazinczy-kör könyvtár). — 425 Bde., 7 Landkarten, Codex Justinianus aus 1551. — Jahresdotation 50 Gulden vom Club. — Kemény Lajos, Director; Bibliothekar: Sárosi Árpád. — Bücher gegen Revers entlehnbar. — 1898 enstanden und durch Geschenke vermehrt. — Schöne Literatur.

A Kassai „Kazinczy-kör" könyvtárának czimjegyzéke 1899.

310. **K. u. landwirthschaftliche Lehranstalt** (A magy. kir. gazdasági tanintézet könyvtára). — 4952 Bde., 15 Karten. — Jahresdotation 900 Gulden. Bibliothekar: Dr. Budaházy Imre. — Alphabet. und gedruckter Realkatalog. — Jederzeit zugänglich. — Entlehnungen gegen Revers. Keine Versendungen. — Gegr. zugleich mit dem Institute. — Landwirthschaft.

Gedruckter Katalog aus dem Jahre 1890.

311. **Oberungarisches Museum** (A felsőmagyarországi múzeum könyvtára). — 10.306 Bde. — Katalog in Vorbereitung.

312. **Privatbibliothek. Révész Kálmán,** ev. ref. Dechant (Révész Kálmán [ev. ref. esperes] könyvtár). — 5500 Werke in ca. 8000 Bdn., Correspondenzen und andere Handschriften 80 Bde., 80 Stück alte ung. Drucke (vor 1711); manche Unica und Seltenheiten. Jahresdotation ca. 100 Gulden. — Alphabet. Zettelkatalog bis 1883. — Zu privatem Gebrauche, doch auch für Freunde, Collegen und Gelehrte benützbar. — Gegr. von Révész, Pastor in Debreczin († 1881), der von 1856 bis 1881 jährlich 250 Gulden auf ihre Erweiterung verwendete. $^{1}/_{3}$ der Bibl. kam 1886, das Uebrige 1890 nach Pápa, wo der jetzige Besitzer Prof. an der theologischen Akademie geworden war; 1892 wurde sie nach Kaschau transportirt und ist hier im ev. ref. Pfarrgebäude untergebracht. — Protestant. Theologie und Kirchengeschichte, ungarische Geschichte.

Debreczen város monografiájában 1881 ism. Géresi Kálmán.

313. **[K. ung. Staats-Ober-]Realschule** (A m. kir. állami főreáliskola tanári és ifjúsági könyvtára). — *a)* Lehrerbibl. 5306 Bde.; *b)* Schülerbibl. 2281 Bde. und 177 Hefte. — Jahresdotation für *a)* 400 Gulden. — Bibliothekar für *a)* Prof. Valló Vilmos; für *b)* Prof. Bonyhádi Ede. — *a)* Alphabet. und Realkatalog; *b)* Fachkatalog. — Benützbar und Entlehnungen *a)* für den Lehrkörper jederzeit; *b)* für Schüler alle 14 Tage. — Gegr. 1858. — Alle Wissenschaften, Jugendliteratur.

Bücherverzeichniss in den Schulprogrammen für 1893/94 und 1894/95.

314. **K. ung. Rechtsakademie** (A m. kir. jogakadémia könyvtára). — 22.257 Bde. Jahresdotation 600 Gulden und die Matrikeltaxen (1898: 118·12 Gulden.) — Untersteht dem k. ung. Ministerium für Cultus und Unterricht. Bibliothekar: Prof. Dr. Hugo Baintner. Alphabet. Fachkataloge. — Benützung und Entlehnung für Professoren und Rechtshörer, ausnahmsweise auch für Fremde. Versendung selten und nur an öffentliche Bibl. Den Grundstock bildete ein Theil der aufgelösten Jesuitenbibl. Nach Aufhebung der Rechtsakademie in Raab kam auch deren Bibl. nach Kaschau. Auch wurde ihr der Turcsanyi'sche Nachlass einverleibt. — Alle Wissenschaften, besonders juridische.

315. **Bischöfl. Seminar** (A püspöki papnevelő intézet könyvtára). — 5500 Bde., 14 Landkarten. — Keine Dotation. — Bibliothekar vacat. — Fachkatalog. — Benützbar für den Lehrkörper und die Seminaristen. Ebenso Entlehnungen

29*

gegen Recepisse. — Ueber die Entstehung der Bibl. ist nichts bekannt. Den Grund bildeten die Bücher der ehemaligen Jesuiten- und Franciscanerklöster. Dazu kamen die Bücher einiger verstorbener Geistlicher. — Vorzugsweise Theologie.

316. **Verein der kaufmännischen Jugend** (A kereskedö ifjak társulátának könyvtára). — 815 Werke in 1221 Bdn. — Dotation je nach Bedarf. — Bibliothekar: Kovács Adolf. — Alphabet. und Materienkatalog. — Benützbar nur für Vereinsmitglieder. — Gegr. 1871. — Belletristik, Handelswissenschaft.

317. **[Evang. Mädchen-]Volks- und Bürgerschule** (Az ág. hitv. evang. elemi és polg. leányiskola tanitói szakkönyvtára). — Lehrerbibl. 1040 Bde. — Bibliothekar: Kertscher Gusztáv. — Alphabet. Katalog. — Benützbar für den Lehrkörper. — Gegr. 1872. Bei 400 Bde. schenkte Bretz Jónás der Bibl. — Pädagogik, Fachbibl.

Berichte über die Bibl. in den Jahresprogrammen.

Kassa, siehe Kaschau.

Kecskemet (Kecskemét, Ungarn).

318. **Gewerbecorporation** (Iparegyesület könyvtár). — 725 Werke in 1378 Bdn. — Jahresdotation 30 Gulden. — Bibliothekar: Magó Mihály; 1 Diener. — Benützbar jeden Sonn- und Donnerstag. — Bücher werden auf 14 Tage entliehen. — Gegr. i. J. 1861 durch den Kecskemeter „Gewerbeverein". — Romanliteratur, ung. Historik, Fachliteratur.

Ung. Katalog aus 1895.

319. **[Kath. Ober-]Gymnasium** (A róm. kath. fögymn. tanári könyvtára). Lehrerbibl. 4300 Bde., 98 Karten. — Jahresdotation 200 Gulden. — Bibliothekar: Prof. Horváth György. Alphabet. und Materienkatalog. — Keine Entlehnung und Versendung. — Gegr. zugleich mit der Anstalt. — Alle Fächer der Anstalt.

320. **Evang. reform. Hochschule** (Az evang. református föiskola könyvtára). — 16.967 Bde. — Alte Hungarica 74 Stück, ausserdem die Urkundensammlung des Johann Jerney in 25 Bdn. — 300 Gulden von Seite der Kecskemeter ev. ref. Kirche. — Katona Mihály, Bibliothekar: Kiss Zsigmond, Hilfsbibliothekar. Stets benützbar, auch für Fremde. Alle Wissenschaften.

321. **Piaristenkloster** (A kegyes tanitórend társházának könyvtára). — 7676 Bde., 2 Incunabeln. — Bibliothekar: P. Kováts Antal. — Alphabet. und Materienkatalog. — Keine Entlehnung oder Versendung. — Classische Philologie.

322. **[K. ung. Staats-Ober-]Realschule** (A magy. kir. áll. föreáliskola tanári és ifjúsági könyvtára). — *a)* Lehrerbibl. 7334 Bde.; *b)* Schülerbibl. 2105 Bde. — Dotation *a)* 300 Gulden; *b)* aus den Lehrmittelbeiträgen. — Director: Hanusz István; Bibliothekar für *a)* Prof. Szántó Kálmán; für *b)* Prof. Liszka Béla. — *a)* Alphabet. und Realkatalog; *b)* Fachkatalog. — Entlehnungen *a)* an den Lehrkörper; *b)* an die Schüler der VII. und VIII. Classe wöchentlich, der IV.—VI. Classe dreimal monatlich, der I. und II. Classe alle 14 Tage. — Gegr. mit der Anstalt 1870. — *a)* Alle Fächer der Anstalt, *b)* Jugendliteratur.

Liszka Béla. Az ifjúsági könyvtár jegyzéke.

323. **Stadtbibliothek** (Kecskemét sz. k. város könyvtára). — 7100 Bde. — 500 Gulden von Seite des Municipiums. — Oberaufsicht der Magistrat. — Bibliothek und Archiv vereint bis zur Schaffung des Bibliothekarpostens. — Zur Zeit noch nicht benützbar, weil in Organisation begriffen. — Gegr. durch zeitweilig angekaufte und geschenkte Bücher. In der Generalversammlung vom 10. November 1898 bewilligte die Stadt 8000 Gulden für ein Museum und 500 Gulden für die Bibl. Im J. 1899 wurde die Privatbibl. Friedrich Pesty's angekauft. — Alle Wissenschaften.

Késmark, siehe Käsmark.

Keszthely (Ungarn)

324. **[Kath. Ober-]Gymnasium** (A kath. fögymnasium tanári és ifjúsági könyvtára). — *a)* Lehrerbibl. 6526 Bde., darunter 1788 Programme; *b)* Schülerbibl. 1042 Bde. — Jahresdotation für *a)* 300 Gulden, für *b)* 140 Gulden. — Bibliothekar für *a)* Prof. Györffi Endre; für *b)* Prof. Dr. Haraszti Sándor; 1 Diener. — *a)* Materienkatalog; *b)* alphabet. Katalog. — *a)* jederzeit für den Lehrkörper, *b)* Samstag von 1—2 Uhr für Schüler benützbar. — Ebenso Entlehnungen. — Keine Versendungen. — *a)* Im J. 1808, *b)* in den Siebzigerjahren gegr. — Alle Fächer der Anstalt; Jugendliteratur.

Gedruckter Katalog. — Geschichte der Anstalt im Programm für 1895/96.

325. **K. ung. landwirthschaftliches Lehrinstitut** (A m. kir. gazdasági tanintézet könyvtára). 8000 Bde. und 500 Hefte. — Jahresdotation 700 Gulden. — Director: Dr. Csanády G.; Bibliothekar: Prof. Sparszam Pál. — Realkatalog. — Für Mitglieder des Instituts jederzeit benützbar. — Entlehnungen auf 14 Tage. — Keine Versendungen. — Gegr. im Schuljahr 1864/65. — Landwirthschaft und Naturwissenschaften.

Sparszam Pál. A keszthelyi m. kir. gazdasági tanintézet könyvtárának jegyzéke. — Katalog wird 1901 erscheinen.

Kis-Berezna, siehe Klein-Berezna.

Kisjenö (Ungarn).

326. **Casino** (A kisjenö-erdöhegyi casino könyvtára). — 928 Bde. — Jahresdotation 100 Gulden. — Bibliothekar: Sisák Gyula; 1 Diener. — Alphabet. Katalog. — Für Mitglieder jederzeit benützbar. — Entlehnungen von 2 Bdn. auf 3 Monate. — Versendungen ebenfalls nur an Mitglieder (3 Bde. auf 3 Monate). — Gegr. 1868. — Alle Wissenschaften, Belletristik.

Kis-Kun-Félegyháza (Ungarn).

327. **[Städtisches kath. Ober-]Gymnasium** (A városi kath. fögymnasium tanári könyvtára). — Lehrerbibl. 981 Bde. — Jahresdotation 200 Gulden. — Director: Holló László; Bibliothekar: Prof. Baksay József. — Zettel- und Realkatalog. — Alle Fächer des Gymn.

328. **K. ung. Staats-Lehrerbildungsanstalt** (Az áll. tanítóképzö intézet tanári könyvtára). — Lehrerbibl. 1372 Bde. — Jährlich 80 Gulden von Seite des k. ung. Cultusministeriums. — Bibliothekare: Kovács Sándor, Rózsa János, Wagner János, Kárpáti Károly. — Immer benützbar für den Lehrkörper. — Mit Errichtung der Anstalt gegr. — Alle Lehrfächer.

A kun-félegyházi m. k. állami tanítóképzöintézet könyvtárának jegyzéke 1895.

Kismarton, siehe Eisenstadt.

Kis-Szeben, siehe Zeeben.

Kis-Ujszállás (Ungarn).

329. **Casinoverein** (A casino egylet könyvtára). — 1510 Bde. — Jahresdotation 80 Gulden. — Bibliothekar: Szunyogh

István; 1 Diener. — Realkatalog. — Entlehnungen nur an Mitglieder. — Keine Versendungen. — Gegr. 1830. — Alle Wissenschaften.

* 330. **[Ev. ref. Ober-]Gymnasium** (A kisujszállási ev. ref. fögymnasium). — 2051 Werke in 11,027 Bdn. — Jahresdotation ca. 600 Gulden. — Director: Dr. Pallagi Gyula; Bibliothekar: Szeremley Barna, Prof. — Inventar: Fachkataloge; Repertorium der Zeitschriften; Programmenregister. Ein alphabet. Katalog in Ausarbeitung. — Die Bibl. ist den ganzen Tag benützbar. — Die Bücher werden gegen Empfangsschein ausgeliehen und in einem Ausleihjournal verzeichnet. — Ebenso Versendungen. — Ist ebenso wie das Gymn. ganz jung.

Kis-Zombor (Ungarn).

331. **Landwirthschaftlicher Leseverein** (A gazdasági olvasókör könyvtára). — 715 Bde., 483 Handschriften. — Jahresdotation 40 Gulden. — Bibliothekare: Engler Pál, Nagy József und Gábor Mátyás. — Jeden Sonn- und Feiertag benützbar. Entlehnungen nur an Vereinsmitglieder. — Keine Versendung. — Gegr. 1868. — Belletristik, Landwirthschaft.

Klausenburg (Kolozsvár, Siebenbürgen).

332. **Ev. ref. Collegium** (Az ev. ref. collegium könyvtára). 26,585 Bde., darunter 14 Incunabeln, 206 Handschriften; 152 altung. Drucke. — Jahresdotation 500 Gulden. — Bibliothekar: Dr. Török István; 1 Diurnist; 1 Diener. — Montag, Mittwoch, Samstag von 11—12½ Uhr geöffnet. — Entlehnung an Professoren und Literaten der Stadt in der Regel auf einen Monat. — Versendung an Aemter, Bibl., Gesellschaften etc. je nach Entscheidung des Bibliothekars. — Gründungsjahr nicht sicher zu bestimmen. Vermuthlich wurde die Bibl. in der zweiten Hälfte des 17. Jhdts., vielleicht zur Zeit des Joh. Apáczai Cseri gegr. Der erste bekannte Bibliothekar war Josef Kartány von 1692—1696, aus welcher Zeit auch ein Verzeichniss vorhanden ist. Unter den Spendern sind zu erwähnen die Pastoren Bátai György, Eszéki István, Rozgonyi János (17. Jhdt.), Pataki István, Prof. Szathmárnémethi Sámuel, Prediger Csengeri Péter (18. Jhdt.). Ferner schenkten an Büchern: 1838 Graf Teleki Imre 730 Bde., 1810 Baron Bánffi László 2383 Bde., 1815 Prof. Méhes Sámuel 610 Bde., Graf Teleki József 622 Bde., Józsa Sámuel 524 Bde.; an Geld: 1768 Baron Korda György 1590 Gulden, 1781 Graf Bethlen Pál 1150 Gulden, 1819 Graf Rhédei Adam 1000 Gulden u. s. w.

Im J. 1808 wurde die Bibl. des Prof. Pataky Sámuel um den Preis von 3060 Gulden erworben. — Alle Wissenschaften.

333. **K. ung. Correctionsanstalt** (A kir. javitó intézet tiszti-, növendék- és iskolai könyvtára). — *a)* Institutsbibl. 228 Bde.; *b)* Zöglingsbibl. 340 Bde.; *c)* Schulbibl. 1983 Bde. — Director und Bibliothekar für *a)* Kováts József; Bibliothekar für *b)* und *c)* Vásárhelyi Gyula. — Bandkatalog. — Nur zu eigenem Gebrauche. — Gegr. 1886.

334. **Ev. ref. theologische Facultät** (Az ev. ref. theol. fakultás könyvtára). — 12.500 Bde., 20 Stück Hungarica vor 1711. — Jährlich 500 Gulden aus dem Fond der theol. Facultät. — Bibliothekar: Prof. Pokoly József. — Zettel-, alphabet. und Fachkatalog. — Wöchentlich eine Stunde geöffnet; Entlehnung für Zöglinge auf die Dauer eines Monates. Auch für Fremde benützbar. — Keine Versendung. — Gegr. 1895 aus Spenden. Hierzu kamen 1896 die Bibl. des ref. Bischofs Gabriel Popp, 1897 die Bibl. Franz Szilágyi's. — Theologie.

335. **Franciscanerkloster** (A szt. ferenczrendiek társházának könyvtára). — 4000 Bde., einige Incunabeln, 25 Handschriften. — Vorstand und Bibliothekar: P. Imre Márk, Guardian. — Realkatalog. — Benützbar nach Bedarf. — Entlehnungen und Versendungen gegen Empfangsbestätigung. — Stammt aus neuerer Zeit. — Alle Wissenschaften, besonders Theologie und Ascetik.

336. **Gewerbeverein** (Az iparos egylet könyvtára). — 4071 Bde., darunter Epistola b. Pauli ad Hebraeos explic. Joh. Gyzelaar. 1695. Katholische Mainzische Bibel. Frankfurt am Mayn, 1740. Alte Landkarte Ungarns. — Jahresdotation 500 Gulden vom Vereine. — Bibliothekar: Török Lajos. — Für Mitglieder und Fremde benützbar. — Gegr. 1860. — Gewerbeliteratur, Politik, Belletristik.

Gedruckter Katalog.

337. **[Kath. Ober-]Gymnasium** (A róm. kath. főgymnasium könyvtára). — 30.762 Bde, 83 Incunabeln, 387 Handschriften. — Jahresdotation 300 Gulden. — Director: P. Erdélyi Károly; Bibliothekar: Prof. Wagner Antal. — Alphabet. und Realkatalog, Zettelkatalog. — Entlehnungen gegen Caution auf bestimmte Zeit. — Keine Versendungen. — Vom Jesuitenorden im 16. Jhdt. ins Leben gerufen. Nach der Aufhebung des Ordens dem kath. Studienfond einverleibt. Seit 1778 in Verwaltung der Piaristen. — Alle Wissenschaften.

Jahresberichte der Anstalt für 1851/52, 1876/77 und 1897/98.

338. **Handelsakademie** (A kereskedelmi akadémia tanári könyvtára). Lehrerbibl. 1507 Bde. — Jahresdotation 350 Gulden. — Director: Kiss Sándor; Bibliothekar: Dr. Széplaki János — Zettel-, alphabet. Sachkatalog und Ortsrepertorium. — Benützbar für den Lehrkörper. — Keine Versendungen. — Gegr. 1878. — Handelswissenschaften.

339. **Handels- und Gewerbekammer** (A kereskedelmi és iparkamara könyvtára). — 1500 Bde., 36 Mappen. — Dotation 200 Gulden. - Bibliothekar: Balázs Gyula, Secretär der H. u. G.-K. — Alphabet. und Materienkatalog. — Nur zum Amtsgebrauche. — Keine Entlehnung oder Versendung. — Gegr. mit der Kammer 1851. — Volkswirthschaft und Statistik.

340. **Siebenbürg. Karpathenverein, Bibliothek und Museum** (Az Erdélyi Kárpát-Egyesület és Kárpát-Múzeum könyvtára). — 2000 Bde, 200 Karten. — Dotation nach Bedarf. — Bibliothekar: Kovacs Géza. — Zettelkatalog. — Täglich von 9—12 und 3—5 Uhr für Mitglieder benützbar; Jahresbeitrag 3 Gulden. — Keine Entlehnungen und Versendungen. — Museum und Bibl. befinden sich im Stadium der Formirung. — Vorzugsweise Heimatkunde.

341. **[K. ung. Staats-]Lehrerpräparandie** (Az áll. tanítóképzőintézet tanári könyvtára). — Lehrerbibl. 1839 Bde. — Dotation 80 Gulden. — Bibliothekar: Gondi Sándor. — Zettelkatalog. — Gegr. mit der Anstalt 1871. — Alle Wissenschaften.

342. **Siebenbürgischer Museumsverein** (Erdélyi múzeum egylet könyvtár). — Die Bibl. ist mit der Universitätsbibl. vereinigt. — Beiläufig 80.000 Bde., darunter 560 Stück alte Hungarica, 2000 Handschriften. — Jahresdotation vom Vereine 2000 Gulden. — Director: Dr. Ferenczi Zsoltán; Bibliothekare: Szádeczky Béla, Dezsi Ödön; 1 Diener. — Zettel-, alphabet. und Fachkatalog. — An Wochentagen von 9—12 und 4—6 für jedermann gegen Legitimation benützbar. — Entlehnung auch an Fremde gegen Caution. — Versendungen an wissenschaftliche und gemeinnützige Anstalten. — Gegr. mit dem Vereine i. J. 1859; zur Vermehrung der Bibl. wurden jährlich 2000—3000 Gulden verwendet. Der erste Bibliothekar war Szabó Károly, der zweite, seit 1891, ist Dr. Ferenczi. Den Grund zur Bibl. legte die Büchersammlung des Grafen Josef Kemény, die als Vermächtniss an den Verein kam. 1859 kam auch die Handschriftensammlung des Landesarchivars Alexander Mike hinzu. Spätere Schenkungen und Vermächtnisse: Klausenburger Casino, Graf Samuel Kemény, Graf Emerich Mikó, Baronin A. Radák, Familie Baron Wesselényi u. s. w. Seit

1872 ist die Bibl. durch Vertrag mit der Regierung der Universität zur Benützung übergeben, wird aber separat verwaltet. — In erster Linie ung. Literatur, Geschichte Siebenbürgens.

Jährliche Ausweise in den Vereinspublicationen.

* 343. **[K. ung. Franz Joseph-]Universitätsbibliothek** (Magyar királyi Ferencz József - tudomány - egyetem könyvtára). — Ca. 47.000 Bde. (sammt Incunabeln), 14.000 Dissertationen, ca. 1000 Universitäts- und Schulprogramme. — Jahresdotation 8600 Gulden. — Director: Prof. Dr. Zoltan Ferenczi; Custos: Dr. Wolfgang Gyalui: Official Árpád Gazelli, Amanuenses: Botond Fejér, Ernst Tóth; 2 Diener. — Je ein alphabet. Zettel- und Zettelfachkatalog. — Benützbar für jedermann, der das 16. Lebensjahr überschritten, mit Ausnahme der Sonn- und Feiertage täglich von 9—12 und 4—6 Uhr. Jeder Universitätshörer kann gegen Deponirung seines Index 1—2 Werke auf zwei Monate entlehnen; andere Personen mit Erlaubniss der Direction gegen entsprechende Caution. Encyklopädische Werke, Lexica etc. sind unentlehnbar. — Versendungen nur an Lehranstalten unter deren Haftung. — Entstanden aus der Bibl. der alten Klausenburger Rechtsakademie, welche mit einer Universitätsorganisation 1774 gegr., später nur als Rechtsakademie bestand, aber auch als solche aufgehoben und i. J. 1863 wieder eröffnet wurde, bis zuletzt (1872) aus der Vereinigung der genannten Rechtsakademie und des chirurgisch-ärztlichen Institutes wieder eine Universität entstand. Die rechtsakademische Bibl. bestand zuletzt nur aus 1639 Bdn.; dazu wurde ein Drittel der J. H. Benignischen (Edler v. Mildenberg) Bibl. erworben, zusammen 8600 Bde. Im J. 1890 wurden von der Bibl. der aufgehobenen Rechtsakademie in Nagyszeben 4514 Bde., i. J. 1898 durch Ankauf der Bibl. des weil. Prof. der Pädagogik Felméri 3600 Bde. erworben. — Vertreten alle Wissenschaften.

A kolozsvári m. kir. Ferencz József Tud.-Egyetem könyvtárának szakczimjegyzéke I—IV kötet. Kolozsvár 1892—1898. [Bd. I. phil.-hist. Werke 1891; Bd. II. jurist. Werke 1892; Bd. III. med., mathem. u. naturw. Werke sammt Nachtrag zu Bd. I—II. 1896; Bd. IV. (Zuwachs v. 1896.) 1898.]

Universitätsinstitute, Seminare etc.

344. Institut für Augenheilkunde (A szemészeti intézetének könyvtára). — 760 Bde. — Jahresdotation des Institutes 500 Gulden. — Vorstand: Prof. Dr. Hoor Károly. — Realkatalog. — Entlehnungen mit Bewilligung der Direction. — Keine Versendungen. — Gegr. 1872. — Medicin, besonders Augenheilkunde.

345. Institut für descriptive und topographische Anatomie (A leíró és tájbonczatani intézetének könyvtára). — 820 Bde. — Vorstand: Prof. Dr. Davida Leo. — Zettelkatalog. — Benützbar zu den Arbeitsstunden des Institutes. Entlehnungen an die Professoren und Hörer. — Keine Versendungen. — Fachliteratur.

346. Biologisches Institut (Az élettani intézete könyvtára). — 1433 Bde. — Jahresdotation 300—400 Gulden. — Vorstand: Prof. Dr. Udránszky László. — Inventare. — Institutsbibl. — Gegr. 1872. — Medicin, Naturwissenschaften.

347. Botanisches Institut (A növénytani intézet könyvtára). — 5011 Bde. — Zettel- und Realkatalog. — Geöffnet an den ersten fünf Tagen der Woche. — Keine Versendungen. — Gegr. zugleich mit der Universität. — Botanik, Pflanzenphysiologie und -Anatomie.

348. Geographisches Institut (A földrajzi intézet könyvtára). — 150 Bde. — Jahresdotation ca. 50 Gulden. — Vorstand: Prof. Dr. Terner Adolf. — Inventar. — Benützbar für Professoren und Hörer. Entlehnungen gegen Empfangsbestätigung. — Keine Versendungen. — Gegr. 1881. — Geographie.

349. Physiologisches und pathologisches Institut (Az élet- és körvegytani intézető könyvtára). — 339 Bde. — Vorstand: Prof. Dr. Udránszky Lázsló. — Inventar. — Nur Institutsbibl. — Keine Versendungen. — Gegr. 1872. Medicin, Naturwissenschaften.

350. Psychiatrische Klinik (Az elmegyógyászati kórodájának kézi könyvtára). — 255 Bde. Vorstand: Prof. Dr. Lechner Károly. — Realkatalog. — Keine Entlehnungen oder Versendungen. — Gegr. zugleich mit dem Institute im October 1890. — Fachwissenschaften.

351. Chemisches Laboratorium (A vegytani intézetének kézikönyvtára). — 3026 Bde. Jahresdotation ca. 300 Gulden. — Alphabet. und Realkatalog. — Nur für Hörer und Mitglieder von 9—12 und 3—6 Uhr benützbar. — Gegr. 1872. — Chemie.

* 352. **Militärwissenschaftlicher Verein.** — 906 Werke in 1559 Bdn. — Jahresdotation 180 Gulden. — Präses: Derzeit Oberst Béla Pap; Ausschussmitglieder: Major Ernst Kárász, Hauptmann Árpád Mayer, Oberlieutenant Otto Mally (zugleich Bibliothekar), Lieutenant Oscar Müller. — Je ein Inventar und ein Materienkatalog mit einem alphabet. Autorenregister

als Anhang. — Benützbar nur für Mitglieder. — Ebenso Entlehnungen auf vier Wochen und Versendungen. — Gegr. 1875. — Hauptsächlich Militärwissenschaften, Geographie und allgemeine Geschichte.

Klein-Berezna (Kis-Berezna, Ungarn).

353. **Basilianerkloster** (A zárda könyvtára). — 300 Bde. — Igumen: P. Orosz Theophil. — Theologie, Geschichte.

Körmöczbánya, siehe Kremnitz.

Köszeg, siehe Güns.

Kolozs-Monostor (Siebenbürgen).

354. **Landwirthschaftliches Lehrinstitut** (A gazdasági tanintézet könyvtára). — 3422 Bde., 5 Handschriften, 22 Karten. — Bibliothekar: Réti János. — Zettel- und Fachkatalog. — Jeden Samstag von 10—12 Uhr benützbar. — Entlehnungen an den Lehrkörper auf vier Wochen. — Keine Versendung. — Gegr. 1869. — Feld-, Wald- und Gartenbau.

A kolozsmonostori kir. gazdasági tanintézet könyvtárának czimjegyzéke. 1890.

Kolozsvár, siehe Klausenburg.

Komárom, siehe Komorn.

Komorn (Komárom, Ungarn).

355. **Benedictinerorden** (A sz. Ben. székházi és gymnasium tanári könyvtára). — Kloster- und Lehrerbibl. 9983 Bde., 8 Stück Hungarica bis 1711. — Jährlich 180 Gulden. — Director: P. Gallik Oszváld; Bibliothekar: P. Horváth Robert. Keine Versendung. — Als der Benedictinerorden i. J. 1776 das Gymnasium und Kloster des aufgehobenen Jesuitenordens übernahm, ging auf ihn auch die damalige Bibliothek über. Als der Benedictinerorden 1786 fortziehen musste, kam diese Bibl. an die Universität nach Budapest, so dass der 1812 in Komorn wieder eingeführte Orden keine Bibl. mehr vorfand. Die Vorstände des dortigen Ordenshauses als Directoren ihres Gymnasiums schufen und vermehrten die neue Bibl., worüber Näheres in der historia Regii Gymnasii Comaromensis. Im J. 1848 ging ein Theil dieser Bibl. durch Feuer zugrunde. 1851 schenkte der Erzabt von Martinsberg Michael

Rimely seine grösstentheils philologische Büchersammlung. Später wuchs die Bibl. durch die Büchernachlässe einzelner Ordensbrüder. — Alle Wissenschaften.

* 356. **Militär-wissenschaftlicher und Casinoverein.** Wissenschaftl. Abth. 2018 Bde., belletrist. Abth. 1500 Bde. Jahresdotation 250—300 Gulden. — Vorstand: Der jeweilige Präses des Vereines; Bibliothekar: Alois Krimmer, Hauptmann d. R. — Nach Materien geordnete Bandkataloge. — Mit Ausnahme der Sonn- und Feiertage täglich von 1/2 11—1/2 12 und dreimal wöchentlich von 3—4 Uhr geöffnet. — Entlehnungen auf vier Wochen. — Keine Versendungen. — Vorzugsweise militärische Wissenschaften.

357. **Privatbibliothek. Apotheker Kovách Aristid** (Kovách Aristid gyógyszerész magán könyvtára). — 3500 Bde. — Alphabet. Fach- und Autorenkatalog. — Gegr. 1869. — Geschichte, Kunstwerke.

Kremnitz (Körmöczbánya, Ungarn).

358. **Franciscanerkloster** (A ferenczrendiek könyvtára). — 6061 Bde., 3 Incunabeln, 97 Handschriften. — Bibliothekar: P. Macháesek Béla. — Zwei Kataloge. — Entlehnungen nur an Mitglieder des Klosters. — Gegr. bei Niederlassung des Ordens i. J. 1649. — Theologie

359. **[K. ung. Staats-Ober-]Realschule** (A m. kir. állami főreáliskola tanári és ifjúsági könyvtára). — *a)* Lehrerbibl. 8571 Bde.; *b)* Schülerbibl. 2030 Bde. — Jahresdotation für *a)* 600 Gulden; für *b)* 281 Gulden. — Director: Faith Mátyás; Bibliothekar für *a)* Prof. Dr. Fail Attila; für *b)* Prof. Maurer Mihály und Hlatky József. — Realkatalog. — *a)* Täglich zu den Unterrichtsstunden; *b)* zweimal wöchentlich für jede Classe benützbar. — Entlehnungen an den Lehrkörper gegen Empfangsbestätigung. — Keine Versendungen. — Gegr. 1859. — Fächer der Realschule; Jugendliteratur.

Jahresberichte der Anstalt 1897 ff.

Kronstadt (Brassó, Siebenbürgen).

* 360. **Archiv der Stadt Kronstadt** im Rathhause. — 1310 Nummern, deren Bändezahl zwischen 1 und 20 variiren; wenige Handschriften, da die meisten unter verschiedenen anderen Archivaliengruppen eingereiht sind. — Jahresdotation für Bücherankauf ca. 300 Gulden. — Fritz Stenner, Stadtarchivar, zugleich Bibliothekar; 1 Diener. — I. Grund-(Inven-

tar-)Repertorium, in welchem die Werke der Reihe nach mit fortlaufender Numerirung eingetragen werden. II. Verzeichniss über die Abtheilungen: *A.* Gesetze, Verordnungen, Statute, Landtagsprotokolle, sächsische Nationsuniversität. Judicatur. *B.* Oeffentliche Verwaltung. Gemeinde-, Militär-, Sanitäts-, Schul-, Verkehrswesen, Handel und Gewerbe, Vereine, Statistik, Volkszählung u. s. w. *C.* Historische Wissenschaften und deren Hilfsmittel, Transsilvanica. III. Gebundener alphabet. Autorenindex. Zettelkatalog in Vorbereitung. — Benützbar während der Amtsstunden von 8—12 und 3—5 Uhr. — Keine Entlehnungen und Versendungen. — 1884 durch den Stadtarchivar Fritz Stenner angelegt durch Aufnahme und Verzeichnung der im Archiv und den städtischen Aemtern vorgefundenen Bücher. — Am meisten vertreten und gepflegt sind Rechtswissenschaft (Judicialia) und Geschichte. — Der Archivbibl. unterstehen auch die beim städtischen Forstamte und städtischen Bauamte in Verwahrung befindlichen Sammlungen der betreffenden Fachliteratur.

361. **[Staatl. Mädchen-]Bürgerschule** (Állámi polg. leányiskolai tantestületi könyvtár). — Lehrerbibl. 836 Bde. — Bibliothekarin: Borosnyai Katalin. — Alphabet. Katalog — Entlehnungen, aber keine Versendungen. — Schulfächer, Pädagogik.

362. **Gefangenhaus des k. Gerichtshofes** (A kir. törvényszéki fagház könyvtára). — 347 Bde. Bibliothekar: Berkovits Bert. — Zettel- und Realkatalog. — Benützbar an Sonn- und Feiertagen. — Keine Entlehnungen oder Versendungen. — Gegr. 1880. — Alle Wissenschaften.

363. **[Kath. Ober-]Gymnasium** (A róm. kath. főgymnasium tanári könyvtára). — Lehrerbibl. 3913 Bde. — Director: Czinege István; Bibliothekar: Prof. Albert Ferencz. — Alphabet. und Fachzettelkatalog. — Für den Lehrkörper jederzeit benützbar. — Zugleich mit dem Gymn. i. J. 1837 von dem Pfarrer Kovács Antal gegr. — Alle Fächer des Gymn.

* 364. **Ev. Schulbibliothek A. B.** Honterushof 7. — 1. Druckwerke *a)* wissenschaftliche Abtheilung: 16.151 Werke in 25.687 Bdn.; *b)* belletristische und populärwissenschaftliche Abtheilung: 1552 Werke in 2888 Bdn. 2. Handschriften *a)* Trauschische Handschriftensammlung: Handschriften in fol. 81, in 4° 108, in 8° 32; *b)* sonstige Handschriften ca. 300. 3. Incunabeln 2 Stück. — Jahresdotation ca. 500 Gulden. — Bibliothekar: Prof. Dr. Oscar Netoliczka; Bibliotheksassistent: Gustav Kamner. — Je ein alphabet. Zettel- und Fachkatalog (in 7 Bdn.), sowie ein Fachkatalog im Auszug. — Bücheraus- und Rückgabe Mitt-

woch und Samstag von 2—3 Uhr; die wissenschaftliche Abtheilung ist unentgeltlich, die belletristische und populärwissenschaftliche gegen eine Lesegebühr von 3 Kreuzern pro Band zu benützen. — Nach Hause entliehen werden die Bücher in der Regel nur an die der Bibl. bekannten Personen innerhalb des Comitates Kronstadt. Seltenheiten und Handschriften werden (nicht mehr als 1 Band) nur an Aemter ausgeliehen, von Privaten nur im Lesezimmer der Bibl. Mittwoch und Samstag von 10—12 und 2—5, beziehungsweise 11—12 und 2—6 Uhr benützt. Versendung von Büchern und Handschriften nur an andere Bibl. — Begründet 1544 im Zusammenhange mit der Errichtung des Kronstädter Gymn. von dem Reformator der Siebenbürger Sachsen Johannes Honterus (1498 bis 1549), war sie nach der Zerstörung der Corvina in Ofen die grösste Bibl. Ungarns und lange nahezu die einzige. Der grosse Brand Kronstadts von 1689 äscherte auch die Bibl. ein; nur vereinzelte Bände blieben erhalten. Der Grundstock des jetzigen Bestandes ist aus Schenkungen zusammengeflossen. — Vertreten alle Wissenschaften, Vollständigkeit der Transsilvanica angestrebt.

Gross, J. Katalog der von der Kronstädter Gymnasialbibl. bei der 400jährigen Lutherfeier in Kronstadt ausgestellten Druckwerke aus dem Reformationszeitalter. Kronstadt 1883. — Gross, J. Zur ältesten Geschichte der Kronstädter Gymnasialbibl. (Archiv des Vereins für Siebenbürgische Landeskunde XXI). — Trausch, J. F. Handschriftenkatalog. Bearbeitet und ergänzt von Dr. O. Netoliczka. Kronstadt 1898.

Kún-Szent-Miklós (Ungarn).

365. **Casino** (A casino könyvtára). 655 Bde. — Jährlich 50 Gulden. — Bibliothekar: Páter János. — Entlehnungen auf 2 Wochen. Jeden Montag und Donnerstag von 1—2 Uhr benützbar für Mitglieder und sonstige Leser. — Gegr. zugleich mit dem Casino 1863. — Schöne Literatur. — Geschriebener Katalog aus 1890.

Lapás Gyarmat (Ungarn).

366. **Lehrercorporation des Neutraer Comitates** (Nyitra vármegyei tanitótestület könyvtára). — 277 Bde. — Bibliothekar: Kriszán István. — Ein provisorischer Katalog. — Entlehnungen und Versendungen auf 30 Tage. — Gegr. 1878. — Vorzugsweise Pädagogik.

Erschienen ist eine Geschichte der Bibl. von Krizsán István.

Leibicz (Ungarn).

367. **Kath. Pfarrbibliothek** (A róm. kath. plebánia könyvtára). — Ca. 2000 Bde. — Vorstand und Bibliothekar: Pfarrer

Alth Márton. — Alphabet. und Fachkatalog. — Entlehnungen, aber keine Versendungen. — Gegr. ca. 1776. — Theologie.

Léka, siehe Lockenhaus.

Lelesz (Ungarn).

* 368. **Prämonstratenser-Residenz** (A konventi magánjellegü házi könyvtára), besitzt eine private Hausbibl. mit 5451 Bdn. — Jahresdotation je nach Bedarf. — Bibliothekar: P. Kussinszky Arnold. — Fachkataloge. — Keine bestimmten Bibliotheksstunden. — Keine Entlehnungen und Versendungen. — Gegr. 1802. — Theologie und lateinische Philologie.

Leopoldstadt (Lipótvár, Ungarn).

369. **Strafhaus** (Fegyintézeti könyvtárá). — 1218 Bde. — Dotation 10—20 Gulden aus der Strafhauscasse. — Bibliothekar: Lehrer Müller Ferencz, dem ein Sträfling zur Seite steht. — Fachkatalog. — Jeden Samstag von 4—6 Uhr nachmittags für die Sträflinge geöffnet. — Gegr. in den Sechzigerjahren durch die Nonnen, die damals die Verwaltung der Anstalt führten, und nach deren Entfernung das Justizministerium das Strafhaus übernahm. Bis 1870 wurden jährlich bedeutende Ankäufe gemacht, von 1870 bis 1880 nichts angeschafft, doch fiel in dieser Zeit der Bibl. ein Geschenk von Seite der St. Stephans-Gesellschaft zu. 1898 wurden die alten Bücher ausgeschieden und vom Franklinverein neue beigestellt. — Theologie, Erbauungsliteratur.

Lentschau (Löcse, Ungarn).

370. **[Kön. Ober-]Gymnasium** (A kir. fögymnasium tanári és ifjúsági könyvtára). *a)* Lehrerbibl. 8351 Bde.; *b)* Schülerbibl. 1123 Bde. — Jahresdotation für *a)* 300—500 Gulden; für *b)* 100 Gulden. — Bibliothekar für *a)* Prof. Tittel Lajos; für *b)* Prof. Rittinger Antal. — Alphabet. Katalog. — Entlehnungen *a)* an den Lehrkörper gegen Empfangsbestätigung jederzeit; *b)* an Schüler wöchentlich einmal. — Gegr. 1851, zählte die Lehrerbibl. i. J. 1859 759 Bde., 1861 930 Bde., 1872 2106 Bde., 1896 7697 Bde. — Alle Fächer des Gymn., Jugendliteratur.

Kataloge in den Jahresberichten der Anstalt für 1888/89, 1890/91, 1894/95. — Halász László, A löcsei fögymnasium története. Löcse 1896.

* 371. **Evangelische Kirchengemeinde A. C.** (Az ág. h. evang. egyház könyvtára). — 13.573 Bde., 200 Handschriften, 2 In-

cunabeln, 65 Urkunden, 50 Karten. — Jahresdotation 10 Gulden. — Kircheninspector: Prihradnyi O.; Bibliothekare: Dianiska András, Pfarrer, Binder Sámu und Dr. med. Weszter Lajos, k. k. Stabsarzt i. R.; 1 Kirchendiener. — Handschriftlich ein Zettelkatalog. — Benützbar in den Sommermonaten zu jeder Stunde vormittags gegen vorherige Anmeldung beim Kircheninspector, Pfarrer oder bei einem der Bibliothekare. — Entlehnungen nur ausnahmsweise mit Genehmigung des Presbyteriums und gegen Ausstellung eines Reverses. — Versendungen ebenfalls nur ausnahmsweise in einzelnen besonders zu berücksichtigenden Fällen mit Bewilligung des Presbyteriums, je nach Umständen gegen Revers oder Caution, und stets nur an Institute, wissenschaftliche Vereine und Gelehrte. — Gegr. 1870 durch Nicolaus Hein. Aufnahme fanden die Bibl. des David v. Günther, des Apothekers Institoris, des Pfarrers Carl Ostenlamm, des Prof. Georg Müller. Durch freiwillige Spenden wurden in dem letzten Jahrzehnt ca. 2000 Bde. und zahlreiche, sehr werthvolle Handschriften erworben. — Alle Wissenschaften, besonders gepflegt alte Geschichte und Theologie, wovon über 1800 Nummern vorhanden. (Zahlreiche werthvolle Doubletten).

Die Evang. Kirchengemeinde A. C. besitzt ausserdem in ihrer Schule *a)* eine Jugendbibl. (516 Bde.), *b)* eine Lehrerbibl. (158 Bde.), sowie eine 1897 begründete Volksbibl. (120 Bde.). — Bibliothekar für *a)* und *b)* Johann Ormossy, Lehrer, für *c)* Franz Ratzenberger, Hilfsprediger und Religionslehrer.

Ein neuer und moderner Bibl.-Katalog in Vorbereitung.

372. **[K. ung. höhere Staats-]Mädchenschule** (A m. kir. áll. felsőbb leányiskola tanári könyvtára). — Lehrerbibl. 1264 Bde. — Jahresdotation 50—60 Gulden. — Director: Klimkó Mihály; Bibliothekar: Szentistványi Dani. — Täglich benützbar für den Lehrkörper. — Gegr. im Schuljahr 1881/82. — Alle Fächer der Schule.

373. **[K. ung. Staats-Ober-]Realschule** (A m. kir. áll. főreáliskolának tanári könyvtára). — Lehrerbibl. 7211 Bde. und Hefte. — Bibliothekar: Prof. Bauer József. — Fachkatalog. — Entlehnungen an den Lehrkörper zu jeder Zeit. — Keine Versendungen. — Gegr. in den Dreissigerjahren zugleich mit der Anstalt, nahm die Bibl. zwei Sammlungen auf: 1. die des evang. Staatsgymnasiums; 2. die des Dr. Roth Samu. — Alle Fächer der Anstalt.

Léva, siehe Lewenz.

Lewenz (Léva, Ungarn).

374. **Casino** (A casino könyvtára). — 1957 Bde. — Jahresdotation 50 Gulden. — Bibliothekar: Kiss Gyula. — Alphabet. Katalog. — Dienstag und Samstag von 11—12, Donnerstag 6—7 Uhr geöffnet. — Entlehnung an die Mitglieder auf 14 Tage unentgeltlich, über diese Zeit gegen Erlag von 1 Kreuzer pro Tag und Bd.: Nichtmitglieder zahlen 1 Kreuzer pro Tag. — Keine Versendung. — Gegr. 1859. — Belletristik.

Gedruckter Katalog aus d. J. 1898.

375. **[Ober-]Gymnasium der Piaristen** (A kegyes tanitórendi fögymnasium tanári és ifjúsági könyvtára). — *a)* Lehrerbibl. 850 Bde.; *b)* Schülerbibl. 1488 Werke in 1802 Bdn. — Jahresdotation für *a)* 200 Gulden; für *b)* 130—150 Gulden. — Bibliothekar: *b)* Prof. Abelsberg József. — *a)* Zettel- und Realkatalog; *b)* alphabet. Katalog. — Entlehnung *a)* an Lehrer auf 2 Wochen; *b)* an Schüler. — Gegr. 1863. — Alle Fächer des Gymnasiums; Literatur, Geschichte, Aesthetik.

376. **[Staats-]Lehrerbildungsanstalt** (Az áll. tanitóképzö intézet tanári könyvtára). — 2271 Bde. — Jahresdotation 100 Gulden. — Director: Szabó Lajos; Bibliothekar: Kriek Jenö. — Realkatalog. — Benützbar für den Lehrkörper. — Keine Entlehnungen und Versendungen. — Gegr. mit der Anstalt 1870. — Vorzugsweise Pädagogik.

377. **Piaristenkloster** (A kegyesrendi társház házi könyvtára). — 2639 Werke in 7822 Bdn., mehrere MS. Bis jetzt ungeordnet. — Alphabet. Zettelkatalog. — Benützbar nur für Ordensmitglieder. — Den Grund der Bibl bilden die Bücher (circa 2000 Bde.) des ehemaligen Ordenshauses in Güns (Köszeg). Sie wurde durch die zurückgelassenen Bücher verstorbener Ordensmitglieder und durch manche Schenkungen vergrössert. — Vorzugsweise Theologie.

Lipótvár, siehe Leopoldstadt.

Liptó Szent-Miklós (Ungarn).

378. **Staats-Bürgerschule** (Az állami polgáriskola tanári könyvtára). — Lehrerbibl. 735 Bde. — Dotation 100 Gulden. — Director: Skonyár Gusztáv; Bibliothekar: Istvánffy Gyula, Lehrer. — Alphabet. Realkatalog. — Täglich für den Lehrkörper benützbar. — Gegr. 1881. — Fächer der Schule, besonders Pädagogik.

Lockenhaus (Léka, Ungarn)

379. **Privatbibliothek. Bertalanffy Gyula** (Bertalanffy Gyula plebános magánykönyvtára). — 3651 Bde. — Theologie, Geschichte, Belletristik.

Löcse, siehe Leutschau.

Losoncz (Ungarn).

380. **K. ung. Lehrerbildungsanstalt** (A m. kir. állami tanítóképzö-intézet könyvtára.). — 1574 Bde. — Dotation 80 Gulden. — Director: Zayzon Denes; Bibliothekar: Nagy Iván, Lehrer. — Alphabet. Katalog. — Wöchentlich zweimal benützbar. — Entlehnungen an Lehrer und Schüler. — Gegr. 1869. — Vorzugsweise Pädagogik.

381. **Oeffentliche Stadtbibliothek** (Városi közkönyvtár). — 19.453 Bde — Jahresdotation 100 Gulden von der Stadt. — Vorstand: Kirchner Dániel: Bibliothekar: Draskáry József. — Zettelkatalog und Inventar. — Ausser an Sonn- und Feiertagen täglich von 9—12 Uhr benützbar. — Entlehnungen gegen Caution von 5 Gulden und eine bestimmte Taxe. — Keine Versendungen. — Gegr. 1851. — Alle Wissenschaften.

Kataloge erschienen 1883 und 1896.

Lugos (Ungarn).

382. **[K. ung. Staats-Ober-]Gymnasium** (A kir. állami fögymnasium tanári és ifjúsági könyvtára). — *a)* Lehrerbibl. 6621 Bde., 2 Handschriften. 3 Karten; *b)* Schülerbibl. 1350 Bde. Jahresdotation je 300 Gulden. — Bibliothekar für *a)* Prof. Nemes János; für *b)* Prof. Dr. Szántó Zsigmond, Prof. Telts Gusztáv. — Zettel- und alphabet. Kataloge. — Benützung und Entlehnung *a)* für Lehrer jederzeit, *b)* für Schüler wöchentlich einmal auf 2 Wochen. — Gegr. 1837. Gegenstände des Gymnasiums: ungarische Literatur.

Magyar-Óvár, siehe Ung.-Altenburg.

Makó (Ungarn).

383. **[K. ung. Staats-Ober-]Gymnasium** (A m. kir. állami fögymnasium tanári és ifjúsági könyvtára). — *a)* Lehrerbibl. 942 Bde.; *b)* Schülerbibl. 897 Bde., 24 Handschriften, 36 Urkunden. Bibliothekare zwei Professoren. — Realkatalog.

— Keine Entlehnung oder Versendung nach auswärts. — Die Fächer des Gymnasiums.

Máramaros-Sziget (Ungarn).

384. **Casino** (Casino-egyesület-könyvtára). — 1800 Bde. — 120 Gulden jährliche Mitgliederbeiträge. — Bibliothekar: Bökényi Daniel und Dobay Sándor. — Gedruckter Katalog. — Wöchentlich Mittwoch und Samstag von 5—7 Uhr benützbar. — Entlehnungen an Mitglieder, aber keine Versendungen. — Gegr. i. J. 1851. — Alle Fächer, besonders Belletristik.

Katalog erschien 1881. Neue Ausgabe im Drucke.

385. **[Kath. Unter-]Gymnasium der Piaristen** (A kegyes tanitórendi róm. kath. algymnasium tanári és ifjúsági könyvtára). — *a)* Lehrerbibl. 2883 Bde.; *b)* Jugendbibl. 800 Bde. — Jahresdotation für *a)* 200 Gulden; für *b)* 100 Gulden. — Bibliothekar für *a)* Prof. Martinkovics Iván; für *b)* Prof. Esztergály A. — *a)* Zettelkatalog; *b)* alphabet. Katalog. — *a)* Für den Lehrkörper jederzeit; *b)* Sonntag von 9—11 Uhr für die Schüler der Anstalt benützbar. — Ebenso Entlehnungen. — Keine Versendungen. — Gegr. 1868. — *a)* Alle Fächer der Anstalt; *b)* Jugendliteratur.

386. **[Staats-]Lehrerbildungsanstalt** (Állami tanitóképző-intézet könyvtár). — 1653 Bde. — Jahresdotation 80 Gulden. — Bibliothekar: Kovács Zsoltán. — Fachkatalog. — Nur für Lehrer und Schüler der Anstalt benützbar. — Keine Entlehnung oder Versendung. — Gegr. 1870. — Die Gegenstände der Anstalt.

387. **[K. ung. höhere Staats-]Mädchenschule** (A m. kir. állami felsőbb leányiskola könyvtára). — 1196 Bde., 96 Tafeln. — Dotation 150 Gulden. — Vorstand ist der Director. — Realkatalog. — Benützbar für den Lehrkörper. — Keine Versendung. — Gegr. 1877. — Besonders ung. Literatur und Geschichte.

Mária-Nosztra (Ungarn).

388. **Strafhaus und Sträflingsbibliothek** (Fegyintézeti tiszti könyvtár és fegenczkönyvtár). — Erstere 63 Bde. und 166 Hefte, letztere 1330 Bde. und 136 Hefte. — Vorstand: Der Strafhausdirector. — Zu Amtszwecken, respective für Sträflinge. — Gegr. in Folge einer Schenkung des Justizministeriums. — Fachwerke, respective moralisirende Unterhaltungsliteratur.

Mária-Pócs (Ungarn).

389. **Basilianerkloster** (A szt. nagy Bazil r. monostor könyvtára). — 2000 Bde. — Bibliothekar: Lupis J. Sylvester. — Fachkatalog. — Benützbar nur für die Angehörigen des Klosters. — Gegr. 1758. — Durch die Bibl. der Patres vermehrt. — Besonders Theologie.

Maria-Theresiopel (Szabadka, Ungarn)

390. **Oeffentl. Bibliotheksverein** (Közkönyvtár egyesület). 4000 Bde. Dotation 200 Gulden aus der Stadtcassa und die Mitgliedertaxen. — Bibliothekar: Bibó-Bige György; Vicebibliothekar: Balogh Károly; Hilfsarbeiter: Rafajlovics Milovan. Geöffnet Montag, Dienstag, Donnerstag, Freitag vorm. von 11—12 Uhr, Mittwoch, Samstag von 2—4 Uhr nachm. — Entlehnung nur an die Mitglieder. — Keine Versendung. — Das Vereinsstatut ist am 7. Januar 1892 genehmigt worden.

Katalog erschien 1895 1897 im Drucke.

391. **[Communal-Ober-]Gymnasium** (A községi főgymnasium tanári könyvtára). — Lehrerbibl. 6201 Bde., 1 altung. Drucke. — Jahresdotation 400 Gulden von der Stadt. — Zettelkatalog. — Bibliothekar: Tones Gusztav. — Nur für die Professoren der Anstalt benützbar. — Keine Versendung. — Entstanden zu Anfang des Jhdts. — Alle Fächer.

392. **Staatl. Lehrerinnenbildungsanstalt** (Az áll. tanitónőképző intézet könyvtára). — 1830 Bde. — Jahresdotation 80 Gulden. — Directorin: Hoffmann Amélie; Bibliothekar: Piller György. — Realkatalog. — Täglich geöffnet. — Entlehnungen auf 1—2 Wochen. — Keine Versendungen. — Gegr. 1871 zugleich mit der Anstalt. — Alle Fächer der Schule.

393. **Nationalcasino** (A nemzeti casino könyvtára). — 2200 Bde. — Dotation 250 Gulden. — Bibliothekar: Dr. Brenner József. — Alphabet. und Realkatalog. — Entlehnung an Vereinsmitglieder dreimal wöchentlich. — Gegr. 1841 bei Uebernahme der Bibl. des „Bánáti-Club" (Bánátikör). — Belletristik, Geschichte, Naturwissenschaften, Philosophie.

Im Drucke erschien ein Katalog von Irányi István 1886, ein zweiter von Brenner József 1890, ein dritter 1895.

394. **Salvatorianer-Franciscanerkloster** (A szt. ferencz-rend „legszentebb üdvözitöről" czimzett tartományának házi könyvtára). — Provincialbibl. 2700 Bde., 8 altung. Drucke. — Bibliothekar: P. Marton L. Paulin. — Realkatalog. — Entlehnung

nur für Ordensleute. — Entstanden i. J. 1765 — Alle Wissenschaften.

Marosvásárhely (Siebenbürgen).

395. **Ev. ref. Collegium** (A m. ev. ref. kollégium könyvtára). — 20.664 Bde., 9 Incunabeln, 96 Handschriften, 226 altung. Drucke etc. — Dotation 400 Gulden. — Bibliothekar: Koncz József. — Localrepertorium und alphabet. Katalog. — Jederzeit benützbar. — Entlehnungen, wovon kostbare Werke, Handschriften etc. ausgeschlossen sind, auf 15—30 Tage. — Versendungen an Bibliotheken und Aemter. — Gegr. 1718. — Grössere Schenkungen: Szilagyi Sámuel und Székely Adam 904 Bde (1772), Mátyas István 1326 Bde. (1800), Szotyon József 933 Bde. (1829), Moos István 645 Bde. (1859), Szász István 548 Bde. (1859), Dósa Miklós 513 Bde. (1889) etc. — Philosophie, Rechts- und Naturwissenschaften, Classiker, ung. Literatur, Geschichte, Geographie.

Geschichte des Collegiums, S. 106, 172, 715. — Bibl.-Bericht im Schulberichte des Collegiums für 1876/77. — Magyar Könyvszemle 1879.

396. **Franciscanerkloster** (A szt. ferenczrendiek zárdájának könyvtára). — Prior: P. Kory Otto. — Kein Katalog. — Nur zu privatem Gebrauche. — Theologie.

397. **[Kath. Ober-]Gymnasium** (A róm. kath. fögymnasium tanári és ifjúsági könyvtára). — *a)* Lehrerbibl. 1850 Bde.; *b)* Schülerbibl. 2024 Bde. — Jahresdotation für *b)* 120—150 Gulden. — Bibliothekar für *a)* Hager József, für *b)* Prof. Vertán Pál. — *a)* Zettelkatalog; *b)* Zettel-, alphabet. und Fachkatalog. — Jederzeit benützbar. — Entlehnungen an die Lehrer, respective Schüler der Anstalt und Versendungen. Gegr. *a)* mit der Anstalt; *b)* von Prof. Páal Gyula i. J. 1870/71. — Alle Gymnasialfächer; Jugendliteratur.

Massdorf (Tószeg, Ungarn).

398. **Röm.-kath. Pfarrbibliothek** (Róm. kath. plebánia könyvtár). — 469 Bde. — Zettelkatalog. — Durch die Nachlässe der Pfarre vermehrt. — Besonders Theologie.

Ménhárd (Ungarn).

399. **Röm.-kath. Pfarrbibliothek** (Róm. kath. plebániai könyvtár). — 2214 Bde. — Vorstand und Bibliothekar: Der Pfarrer. — Fachkatalog. — Entlehnung ohne Entgelt. — Entstanden und vermehrt aus den Nachlässen der Pfarrer. — Besonders Theologie, aber auch die anderen Wissenschaften.

Mezö-Túr (Ungarn).

100. **Centralleseverein** (A mez. központi olvasó egylet [casino] könyvtára). — 2055 Bde. — Jahresdotation 400 Gulden. Bibliothekare: Elekes Ferencz und Pantó János. — Alphabet. Realkatalog. — Entlehnung zweimal wöchentlich an Mitglieder gegen Caution. — 1861 aus dem 1843—1849 bestandenen Casino neugegr. — Belletristik.

101. **[Ober-]Gymnasium. Schülerbibliothek und Hilfsbibliothek für arme Schüler** (Fögymnasiumi könyvtára, ifjúsági könyvtára és szegény tanulók segitö könyvtára). — 5813 Bde., 7 Handschriften, 89 Karten. — Director: Fejér Lajos; Bibliothekar: Prof. Ambrus Péter. — Zettel- und alphabet. Katalog. — Benützbar für den Lehrkörper. — Entlehnungen aus der Gymnasialbibl. unentgeltlich, aus der Jugendbibl. gegen Jahresbeitrag von 30 Kreuzern. Die erstere steht jeder intelligenten Person offen. — Entstanden im Anfange des Jahrhunderts, später durch Geschenke u. s. w. vermehrt. — Ungar. und allgemeine Geschichte, Naturwissenschaften, Geographie, classische Philologie.

Berichte über die Bibl. in den Jahresprogrammen der Anstalt.

Miskolcz (Ungarn).

102. **Öffentliche Bibliothek der evangelischen Kirche A. C.** (Az ág. evang. egyház nyilvános könyvtára). — 9656 Bde. Altung. Drucke 3. — Jährliche Dotation 150 Gulden vom Bibliotheksfond per 3000 Gulden. — Oberaufsicht führt der Convent der evang. Kirche A. C. Bibliothekar: Gebe Endre. — Handschriftl. Katalog. — Wöchentlich zweimal, Mittwoch und Samstag von 2—5 Uhr für jedermann benützbar. — Entlehnung gegen Caution. — Keine Versendung. — Die Bibl. entstand 1817 zumeist aus Geschenken und Legaten. Dazu die Teöreök Sándor-Stiftung per 6000 Gulden i. J. 1876 zum Zwecke der öffentlichen Nutzbarmachung der Bibl. — Geschichte und schöne Literatur.

* 103. **Militärwissenschaftlicher und Casinoverein.** 635 Bde. — Jahresdotation 300 Gulden. Präses des militärwissenschaftlichen und Casinovereines: Oberst Albert Vajna des Páva; Obmann des Bibliothekscomités: Hauptmann Carl Steiner; zugetheilt: Oberlieutenant Georg Frank. — 1 Hauptinventarkatalog, 1 alphabet Autorenkatalog; 6 wissenschaftliche Fachkataloge. — Benützbar zu jeder Zeit für Mitglieder. — Ebenso Entlehnungen auf 14 Tage, event. bei wissenschaftlichen Werken Prolongation. — Keine Versendungen.

— Gegr. 1890 zugleich mit dem Vereine unter dem Protectorate Sr. Excellenz FZM. Eugen Fhr. v. Albori. — Militärwissenschaften, Belletristik u. s. w., vorzugsweise Militaria.

404. **[Höhere staatliche] Handelsschule** (Az állami felsö kereskedelmi iskola könyvtára). — 593 Bde. — Jahresdotation 110 Gulden. — Director: Gálffy Ignácz; Bibliothekar: Brósz Károly. — Alphabet. Realzettelkatalog. — Jederzeit benützbar. — Keine Versendung. — Gegr. 1886. — Handelswissenschaften.

Jährliche Berichte in den Programmen der Anstalt.

Modern (Modor, Ungarn).

405. **[K. ung. Staats-]Lehrerpräparandie** (Az áll. tanitóképzö intézet könyvtára). — 1950 Bde. — Dotation 120 Gulden. — Director: Lenhardt Károly; Bibliothekar: Sztankovics János, Lehrer. — Alphabet. Katalog. — Benützbar für die Lehrer und Schüler. — Entlehnung nur an Mitglieder des Institutes. — Keine Versendung. — Gegr. gleichzeitig mit der Anstalt. — Pädagogik, Sprachwissenschaft, Geschichte.

Modor, siehe Modern.

Mohács (Ungarn).

406. **Franciscanerkloster** (A sz. ferenczrendi zárda könyvtára). — 1096 Bde. — Vorstand: Letics Pongrácz, Prior. — Fachkatalog. — Für die Conventsmitglieder jederzeit benützbar. — Keine Entlehnung oder Versendung. — Gegr. im 18. Jhdt. — Alle Wissenschaften.

Moór (Mór, Ungarn).

407. **Capucinerkloster** (A kapuczinus zárda könyvtára). — Ca. 5000 Bde. — Bibliothekar: P. Ponty Fülöp. — Alphabet. und Realkatalog. — Entlehnungen nur an die Klostermitglieder. — Keine Versendungen. — Gegr. 1696. — Theologie.

Munkács (Ungarn).

408. **[K. ung. Staats-Knaben-]Elementarschule** (Az állami elemi fiúiskola könyvtára). — 521 Bde. — Vorstand: Sárkány Gábor, Director. — Alphabet. Katalog. — Täglich benützbar. — Entlehnungen, aber keine Versendungen. — Erhalten durch die Beiträge der Schüler. — Gegenstände der Volksschule.

409. **[K. ung. Staats-Ober-]Gymnasium** (A m. kir. állami fögymnasium intézeti könyvtára). — 1332 Bde., 1000 noch

ungeordnete Handschriften aus der Verlassenschaft des Kövesligethi Ferencz Román. — Director: Fankovich Sándor; Bibliothekar: Prof. Dr. Simsay Lajos. — Alphabet. und Fachkataloge. — Entstand 1868 aus der Privatsammlung des Advocaten Kövesligethi Alle Wissenschaften

Nagy-Bánya (Ungarn).

110. **[K. ung. Staats-Ober-]Gymnasium** (A m. kir. állami fögymnasium tanári és ifjúsági könyvtára). — *a)* Lehrerbibl. 3012 Bde.; *b)* Schülerbibl. 1683 Bde. Bibliothekare je ein Prof. der Anstalt. — *a)* wissenschaftlicher Fachkatalog: *b)* classenweise geordneter Katalog. — *a)* für den Lehrkörper jederzeit, *b)* für Schüler wöchentlich einmal benützbar. — Ebenso Entlehnungen. — Keine Versendungen. — Gegr. 1887. — *a)* alle Fächer des Gymnasiums; *b)* Jugendliteratur.

Nagy-Becskerek (Ungarn).

111. **[Staats-]Bürger- und höhere Handelsschule** (Az állami polgári és felsö kereskedelmi iskola könyvtára). — 800 Bde. — Bibliothekar: Urhegyi János. — Alphabet. Katalog. — Für die Schüler benützbar. — Keine Entlehnungen oder Versendungen. — Gegr. 1896. — Alle Fächer der Schule.

112. **[Communal-Ober-]Gymnasium** (A közs. fögymnasium könyvtára). — 2863 Bde. — Jahresdotation 300 Gulden. Bibliothekar: Prof. Zaka Gyula. — Fachkatalog, alphabet. geordnet. — Benützbar nur für den Lehrkörper der Anstalt. — Keine Entlehnung oder Versendung. — Gegr. mit dem Gymn. 1845. Unter den Spendern ist besonders Szabó Ferencz zu nennen, der bei 1000 Bde. geschichtlicher und theologischer Werke schenkte. — Alle Fächer der Anstalt.

113. **Lehrercorporation der Gemeinde-Volksschule** (A községi népiskola tanítótestület könyvtára). — Lehrerbibl. in Verbindung mit Schülerbibl. 1327 + 322 Bde. — Jährlich 150 Gulden von Seite der Gemeinde. — Bibliothekar: Redl Ferencz. — Täglich benützbar von 8 Uhr früh bis 7 Uhr abends. — Keine Versendung. — Gegr. 1876. — Pädagogik, schöne Literatur und Wissenschaften. — Alphabet. Katalog.

114. **Südung. Lehrerverein. Filiale** (A délmagyarországi tanítóegylet nagybecskereki fiókjának könyvtára). — 94 Bde., 342 Lehrbücher, Karten etc. — Bibliothekar: Fröhlich Pál. Lehrer. — Fachkatalog. — Benützbar nach Bedarf. — Entlehnung an Mitglieder ohne bestimmten Rückstellungstermin. — Ebenso Versendung. — Gegr. 1876. — Pädagogik.

415. **Piaristenkloster** (A kegyes-tanitórendi társház könyvtára). — 2611 Bde. — Jahresdotation 50 Gulden. — Bibliothekar: Ein Mitglied des Ordens. Sachkatalog, alphabet. geordnet. Nur zum Gebrauche der Ordensbrüder bestimmt. — Keine Entlehnung oder Versendung. — Gegr. zugleich mit dem Kloster. Vermehrt durch Spenden und Nachlässe der Brüder. — Vorzugsweise Theologie (295 Werke), Geschichte (271 Werke), Philologie (533 Werke), Naturwissenschaften (210 Werke).

Nagy-Bittse (Ungarn).

416. **Allgemeiner Leseverein** (Az olvasókör könyvtára). — 781 Bde. Dotation: 50—100 Gulden. Vorstand: Dr. Pokorny Győző; Bibliothekar: Treszkony Lajos. — Alphabet. Katalog — Entlehnung an Vereinsmitglieder unentgeltlich täglich von 1—2 Uhr. — Keine Versendung. — Gegr. mit dem Vereine 1875. — Belletristik.

Nagy-Buttyin (Ungarn)

417. **Casino** (Arad Buttyini casinói könyvtár). — 750 Bde. — Bibliothekar: Gombos Antal. - Zettelkatalog. — Mittwoch und Samstag nachmittags für Mitglieder geöffnet. — Entlehnungen an Mitglieder auf vier Wochen. — Ebenso Versendungen. — Gegr. 1867. — Belletristik und Geschichte.

Nagy-Enyed, siehe Strassburg.

Nagy-Kanizsa (Ungarn).

418. **[Communal-Knaben-]Bürgerschule** (Az áll. seg. közs. polgári fiúiskola tanári könyvtára). — Lehrerbibl. 964 Bde. — Dotation 50 Gulden. — Vorstand: Bartha Gyula, Director — Inventarkatalog. Wöchentlich einmal für den Lehrkörper der Anstalt benützbar. — Entlehnungen ausnahmsweise auch an andere Lehrer und Schüler. — Gegr. mit der Anstalt 1872. — Vorzugsweise Pädagogik.

419. **Franciscanerconvent** (A Ferenczrendi zárda könyvtára). — 1710 Bde., 1 Incunabel. — Vorstand ist der P. Guardian, Bibliothekar einer der Patres. Fachkatalog, der nur theilweise vollendet und für den neueren Bestand in Ausarbeitung begriffen ist. Zum eigenen Gebrauche. Keine Entlehnungen oder Versendungen. - Der Convent ist 1690 gegr. Vorzugsweise Theologie.

420. **[K. ung. Staats-Ober-]Gymnasium** (A. k. fögymnasium tanári könyvtára) — Lehrerbibl. 3000 Bde. — Jahresdotation 280 Gulden von der Stadt Nagy-Kanizsa. — Bibliothekar: Prof. Suller János. — Realkatalog. — Benützbar für den Lehrkörper der Anstalt. — Keine Versendung. — Die Geschichte der Bibl. ist verbunden mit der des Gymn. Gegr. 1765 von Graf Batthyányi Lajos — Alle Fächer der Anstalt.

421. **Höhere Handelsschule** (A felsö kereskedelmi iskola tanári könyvtára). — Lehrerbibl. 247 Bde. — Jahresdotation 50 Gulden. Director und Bibliothekar: Bún Samu. — Alphabet. Katalog — Keine Entlehnung oder Versendung. — Handelswissenschaften.

422. **Piaristenkloster** (Kegyesrendi házi könyvtára). — 3000 Bde., 20 Handschriften. — Vorstand der Abt. Dr. Pachinger Alajos; Bibliothekar: Dr. Perényi József. — Alphabet. und Realzettelkatalog. Benützbar nur für Ordensbrüder. — Ebenso Entlehnungen und Versendungen. — Gegr. mit dem Kloster 1765. — Alle Wissenschaften.

423. **Israelit. Volks- und Bürgerschule** (Izr. elemi és polg. iskolai tanári könyvtára). — Lehrerbibl. 952 Bde. — Jahresdotation 50 Gulden. — Bibliothekar: Halácz Jenö. — Alphabet. Katalog. — Für die Lehrer jederzeit benützbar — Keine Entlehnung oder Versendung. — Gegr. 1875. — Alle Schulfächer.

Katalog erschien 1890 im Druck.

Nagy-Károly (Ungarn).

424. **[Ober-]Gymnasium der Piaristen** (A kegyesrendi fögymnasium tanári könyvtára). — Lehrerbibl. 1030 Bde. — Jahresdotation 150—200 Gulden. — Director: Hánd József: Bibliothekar: Prof. Dr. Csirbusz Géza. — Zettel- und Realkatalog. — Jederzeit benützbar für Mitglieder des Lehrkörpers. — Keine Versendungen. — Aus der Klosterbibl hervorgegangen und durch Spenden von Privaten u. s. w. vermehrt. — Alle Fächer des Gymn.

425. **Piaristenkloster** (A kegyes tanitórend társház könyvtára). — 8033 Bde., 191 Landkarten, 3495 Handschriften, 12 Stück alte Hungarica, darunter Telegdi, Pázmány, Káldi u. a. — Jährlich 10—50 Gulden vom Kloster. — Alphabet. Katalog. — Bibliothekar: P. Vanke József. Immer benützbar. — Versendung nur mit Genehmigung der Oberen. — Gegr. vom Grafen Alexander Károlyi am 21. December 1727. Vermehrt durch Vermächtnisse. — Ung. Literatur und Geschichte.

Nagy-Kikinda (Ungarn).

426. **[K. ung. Staats-]Gymnasium** (A. m. kir. áll. gymnasium tanári és ifjúsági könyvtára). — *a)* Lehrerbibl. 1500 Bde.; *b)* Schülerbibl. 693 Werke in 1013 Bdn. — Jahresdotation je 200 Gulden. — Bibliothekar für *a)* Prof. Albert János; für *b)* Prof. Szalay Jenö. — *a)* Realkatalog, *b)* alphabet. Katalog. — *a)* für den Lehrkörper jederzeit, *b)* für Schüler classenweise wöchentlich einmal benützbar. Ebenso Entlehnungen. — Keine Versendungen. — Gegr. 1877. — *a)* Alle Fächer des Gymn., *b)* Jugendliteratur.

Katalog von *b)* im Jahresbericht der Anstalt für 1894.

Nagy-Körös (Ungarn).

427. **Gärtnerverein** (A kertészeti egylet könyvtára). — 460 Bde. — Vorstand: Sághy Ferencz; Bibliothekar: Hajdú László. Alphabet. Katalog. — Geöffnet an Sonntagen von 10—12 Uhr. — Entlehnungen an Mitglieder auf 14 Tage. — Keine Versendungen. — Gegr. 1881. — Belletristik, Landwirthschaft, Gartenbau.

428. **[Ev. ref. Ober-]Gymnasium** (A n. ev. ref. fögymnasium tanári és ifjúsági könyvtára). — *a)* Lehrerbibl. 18.836 Bde., 187 Handschriften, 80 Stück alte ungarische Drucke. — Jahresdotation 224 Gulden. Bibliothekar: Prof. Meszöly Gáspár. — Zettel- und alphabet. Katalog. — Entlehnungen an Lehrer, Ausschussmitglieder, Geistliche ohne Erlag einer Taxe. — Versendungen nur ausnahmsweise. — Gegr. 1637. — Ein alphabet. Katalog a. d. J. 1712 umfasst bereits 130 Bde. Unter den Spendern sind zu erwähnen: Die Grafen Teleky László und Sámuel, Szilassy József, Szilágyi Ferencz und Sándor, Balla Antal, Balog Mihály, Csapai Péter, Galgóczy Gábor, Somogyi Rudolf, Deák Mihály u. A. — Alle Wissenschaften des Gymn. — *b)* Schülerbibl. 1201 Bde. — Jahresdotation 150 Gulden. — Director: Ádám Gerzson; Bibliothekar: Prof. Szalay Gyula. — Alphabet. Katalog. — Wöchentlich einmal für die Schüler benützbar. — Ebenso Entlehnungen. — Die Schülerbibl. für die VII. und VIII. Classe wurde in den Vierzigerjahren, die für die I.—VI. Classe September 1894 gegr. — Jugendliteratur.

a) Ádám Gerzson und Dr. Ivó Imre A nagykörösi ev. ref. fögymnasium története. Nagy-Körös, 1896. — Galgóczy Károly. Nagy-Körös város monographiája. 1860. *b)* Katalog im Druck.

429. **Stadtcasino** (A városi casino könyvtára). — 1227 Bde. — Dotation je nach Bedarf. — Bibliothekar: Benkó Imre. —

Alphabet. und Realkatalog. — Dienstag und Freitag von 5 bis 6 Uhr geöffnet. — Entlehnungen nur an Mitglieder. — Keine Versendungen. — 1873 schenkte Kubinyi Albert der Bibl. 200 Bde. — Belletristik.

A Nagy-Körösi városi Casinó könyvtárának Névsora. Budapest 1876. — A N. K v. Kaszinó könyvtárában meglevö könyvek jegyzéke, és a Kaszinó alapszabályai. Nagy Körösön 1899. — A Városi Kaszinó 50 éves története. Nagy Körösön 1888.

Nagy-Röcse, siehe Gross-Rauschenberg.

Nagy-Szalonta (Ungarn).

430. **[Communal-]Gymnasium** (A községi gymnasium tanári könyvtára). — Lehrerbibl. 4000 Bde. — Bibliothekar: Prof. Dr. Móczár József. — Katalog in Bearbeitung. — Für den Lehrkörper benützbar. — Keine Entlehnungen oder Versendungen. — Alle Fächer des Gymn.

Nagy-Szeben, siehe Hermannstadt.

Nagy-Szombat, siehe Tyrnau.

Nagy-Várad, siehe Grosswardein.

Nemes-Vid (Ungarn).

431. **Volksbibliothek** (N. népkönyvtár). — 284 Bde. — Bibliothekare: Pfarrer Kauzli Gyula, Caplan Antal Lajos. — Benützbar an Sonn- und Feiertagen vormittags. — Entlehnungen auf 2 Wochen gegen eine Gebühr von 1 Kreuzer pro Band. — Gegr. 1884 von Pfarrer Sebestény Pál. — Belletristik.

Német-Bogsán, siehe Deutsch-Bogsán.

Német-Ujvár, siehe Güssing.

Neusatz (Ujvidék, Ungarn).

432. **[K. ung. kath. Ober-]Gymnasium** (A k. kath. magyar fögymnasium tanári könyvtára). — Lehrerbibl. 3258 Bde., darunter mehrere altungarische Drucke. — Jährliche Dotation 250 Gulden. — Bibliothekar: Prof. Bozsenik Béla. — Zettelkatalog. — Unter gewissen Bedingungen für Jedermann benützbar. — Versendung. — Gegr. 1873. — Alle Fächer.

433. **[Serb. orth. Ober-]Gymnasium** (A gör. kel. szerb. fögymnasium könyvtára). — 1216 Bde. — Jahresdotation 685 Gulden. — Bibliothekar: Prof. Gresics János. — Zettel-, alphabet. Realkatalog. — Täglich von 8—12 und von 3—5 Uhr benützbar. — Entlehnungen an die Lehrer und Schüler der Anstalt auf 3—4 Wochen. — Keine Versendungen. — Neugegr. 1852. Alle Fächer der Schule.

Gedruckter Katalog a. d. J. 1896.

434. **Höhere Mädchenschule** (A sz. felsöbb leányiskola könyvtára). — 6052 Bde., 35 Karten. — Dotation 150 Gulden. — Bibliothekar: Gyorgyevits Mita. — Fachbibl.

Neusohl (Besztercebánya. Ungarn).

435. **Domcapitel** (A székes egyházi káptalan könyvtára). — 2216 Bde., 17 Handschriften, 54 Karten, 17 altungar. Drucke. — Vorstand: Hulényi Istvan, Propst. — Realkataloge. — Entlehnungen und Versendungen nur mit Bewilligung der Vorstehung. — In erster Linie Theologie.

* 436. **[Königl. kath. Ober-]Gymnasium** (A kir. kath. fögymnasium tanári és ifjúsági könyvtára). — *a)* Lehrerbibl. 3908 Werke in 7151 Bdn., 1 Incunabel, 5127 Programme; *b)* Schülerbibl. 2557 Bde. — Jahresdotation 400 Gulden. — Bibliothekar: Prof. Jurkovich Emil. — Zettel- und Realbandkatalog. — Benützbar für die Mitglieder des Lehrkörpers jederzeit. — Ebenso Entlehnungen; an Fremde nur mit besonderer Bewilligung des Directors und unter Haftung eines Mitgliedes des Lehrkörpers. — Die Grundlage der Bibl. bildete der Rest der Bücherei des i. J. 1773 aufgehobenen Jesuitencollegiums. Die damalige Bibl. zählte laut dem noch vorhandenen Kataloge („Catalogus novus librorum in Bibliotheca Patrum tertiae Probationis Societatis Jesu Neosolii erectae contentorum") v. J. 1713 1319 Werke in 2215 Bdn.; bei Aufhebung des Ordens sollen 4000 Bde. vorhanden gewesen sein. Grösseren Schaden erlitt die Bibl. durch die unter Tökölyi und Franz Rákóczy II. geführten Freiheitskämpfe und den Brand von 1794. Ein Theil wurde bei der Säcularisirung der Jesuitengüter an die Budapester Universität, ein zweiter an die juridische Akademie in Kaschau abgegeben, vieles wurde verkauft und nur der Rest, einige hundert meist theologische Werke und alle Classiker für das Gymnasium vorbehalten. 1800 fand eine grössere Sammlung des Neusohler Gymn.-Prof. und Exjesuiten Ignaz Gyurcsak Aufnahme; 1858 das Legat des pensionirten Rechnungsrathes Martin Hamuljak, 2019 Bde,

jedoch unter der Bedingung, dass bei der eventuellen Gründun einer slavisch-literarischen Gesellschaft alle vorhandenen slavischen Schriftsteller, rechts-, staatswissenschaftliche und theologische Werke an diese Gesellschaft bedingungslos und unentgeltlich abgegeben werden sollen. Nachdem dieser Fall nie in Erfüllung ging, mussten die „Hamuljakiana" gänzlich der Lehrerbibl. einverleibt werden. In den Fünzigerjahren, als čechische Professoren mit der Leitung der Anstalt und dem Unterrichte betraut waren, erfolgten zahlreiche Geschenke von Prof. Dr. Purkyne, Gräfin v. Kaunitz, Graf Silva-Tarouca, Stulz, Bischof Mojses, „Svatojanské Detictvi" in Prag und „Jednota S. Cyrilla a Methoda" in Brünn. — Alle Wissenschaften.

Jurkovich, Emil. Geschichte der Gymnasialbibl. IX. Capitel. In: „A beszterezebányai kir. kath. fögymnasium története." S. 222. Besterezebánya 1895. — Loos, József és Puschmann József. A beszterezebányai kath. kir. állami fögymnasium könyvtárának sorjegyzéke. Beszterezebánya 1868. — Rössler, J. Adalék a kassai kir. jogakadémia könyvtárához (F. Magyarorsz. Mus. egyl. IV.) — Jurkovich, E. A beszterezebányai fögymnasium könyvtárai. In: Beszterezebánya és Vidéke. VII. 12.

437. **Ev. Gymnasium A. B.** (Az ág. hitv. ev. gymnasium könyvtára). — 6855 Bde., 1 Incunabel, mehrere alte ungarische Drucke. — Jahresdotation 150 Gulden. — Director und Bibliothekar: Varga Mihály. — Zettelkatalog in Ausarbeitung. — Für Mitglieder des Lehrkörpers jederzeit benützbar. — Ebenso Entlehnungen. — Versendungen an verlässliche und bekannte Personen. — Wahrscheinlich 1537 zugleich mit der Anstalt gegr. Geschenke erhielt die Bibl. von Csaplovics János, Rarus Mihály (1862), der Familie Dillnberger (1882) u. A. — Alle Wissenschaften, besonders die Gymnasialfächer.

438. **[K. ung. höhere Staats-]Mädchenschule** (A m. kir. állami felsöbb leányiskola). — *a)* Lehrerbibl. 1812 Bde.; *b)* Schülerbibl. 502 Bde. — Jahresdotation 200—300 Gulden. — Bibliothekarin für *a)* Vranyezany Gabriella; für *b)* Gütáné Oláh Mária. — Acquisitions- und Materienkatalog. — *a)* Immer für den Lehrkörper, *b)* einmal in der Woche für die Zöglinge geöffnet. — Gegr. 1883. — Alle Fächer.

Neutra (Nyitra, Ungarn).

439. **Diöcesanbibliothek** (Egyházmegyei könyvtár). — 50.608 Bde., 608 Handschriften, 48 altung. Drucke. Seltenheit: Missale Imp. Veronae 1480. Pergamentexemplar. — Jährliche Dotation 1900 Gulden. Bibl.-Fond 28.700 Gulden, dazu der Bischof Roskoványi-Fond. — Oberaufsicht hat der Neutraer

Bischof; Director: Domherr Vagner József; Vicedirector: Dr. Tóth János, Prof. der Theologie; 1 Diener. — Alphabet. und Realkatalog. — Wochenlang keine Benützer, seit 1892 die Amtsstunden eingestellt. — Entlehnung an Professoren. — Keine Versendung. Gründer der Bibl. war der Bischof Dr. August Roskoványi, der i. J. 1879 im sogenannten grösseren Seminar um 50,000 Gulden für die Bibl. eine elegante Räumlichkeit erbauen liess. — Theologie und alle sonstigen Fächer.

Vagner József. „A nyitrai egyházmegyei könyvtár kéziratai és régi nyomtatványai." Neutra 1886.

440. **[Ober-]Gymnasium der Piaristen** (A kath. főgymnasium tanári és ifjúsági könyvtára). — *a)* Lehrerbibl. 4866 Bde. — Jährliche Dotation 200 Gulden aus dem Lehrmittelfond. — Bibliothekar: Prof. Horvát Sándor. — Einmal wöchentlich nur für Professoren des Gymn. geöffnet. — Entlehnungen gegen Recepisse ohne Bedingungen und Termin. — Keine Versendungen. — Die Gymn.-Professoren benützten bis 1776 die Hausbibl. Seit der Einführung der ratio educationis wurde ein kleiner Betrag der Schulgelder zum Bücherankauf verwendet. Seit d. J. 1867 wurde eine stabile jährliche Dotation darauf verwendet, in Folge dessen die Bibl. rasch anwuchs. Sie war früher im Piaristenkloster untergebracht, bis sie der damalige Gymnasialdirector in das Gymnasialgebäude überführen und dort neu aufstellen liess. — *b)* Schülerbibl. *a)* für die V.–VIII. Classe 998 Werke in 1585 Bdn., 8 Handschriften; *b)* für die I.–IV. Classe 1471 Bde. — Jahresdotation je 80 Gulden. Bibliothekar für *a)* Prof. Turzó Ferencz; für *b)* Prof. Greifel György. — Alphabet. Kataloge. — *a)* wöchentlich einmal, *b)* wöchentlich zweimal benützbar. — Ebenso Entlehnungen. Keine Versendungen. — Gegr. 1868. — *a)* Belletristik, Geschichte, Literaturgeschichte, Naturwissenschaften; *b)* Jugendliteratur.

Gedruckter Katalog aus d. J. 1892.

441. **Kath. höhere Mädchenschule** (A róm. kath. felsőbb leányiskola tanári és ifjúsági könyvtára). — Lehrer- und Schülerbibl. 2090 Bde. — Jahresdotation 100 Gulden. — Director: Zongor József; Bibliothekarin: Polaczek E. Stella. — Inventar — Entlehnungen, aber keine Versendungen. — Gegr. 1895. — Alle Fächer der Schule.

442. **Piaristenkloster** (A kegyesrendi társház házi könyvtára) — Hausbibl. 11,872 Bde., 128 Handschriften aus neuerer Zeit, 21 altung. Druckwerke, von denen zwei Unica an die Bibl. des Nationalmuseums in Budapest abgetreten wurden.

— Jährliche Dotation 30 Gulden aus der Hauscassa. Bibliothekar: Horvát Sándor. — Nur für Ordensmitglieder nach Belieben benützbar. — Ebenso Entlehnungen. — Keine Versendungen. Die Bibl. wurde i. J. 1701 gestiftet, als die Piaristen nach Neutra kamen. Sie wurde durch eine jährliche Dotation und durch Verlassenschaften der Ordensmitglieder vergrössert; es war bis zur neuesten Zeit Regel, dass die Bücher der einzelnen Mitglieder der Hausbibl. zufielen. Nach der Aufstellung der Gymn.-Bibl. nahm der Zuwachs der Hausbibl. ab Sehr viele Bücher der Bibl. wurden an das in Klausenburg neuerrichtete Institut für Ordenszöglinge abgegeben.

443. **St. Augustinverein** (Szt. Ágoston-egylet könyvtára). Vereint mit der Bibl. des Hilfsvereines am röm.-kath. Obergymn. — 1830 Bde. — Jahresdotation 350 Gulden. — Bibliothekar: Director Horváth Sándor. — Entlehnungen, aber keine Versendungen. — Alle Lehrfächer.

444. **Bischöfliches Seminar** (A püspöki nagyobb papnövelde könyvtára). — 5000 Bde. — Alphabet. und Realkatalog. — Stets benützbar für die Angehörigen der Anstalt. — Keine Entlehnungen oder Versendungen. — Theologische Wissenschaften.

445. **Volksbildungsverein für Oberungarn.** Centralbibliothek (A felsö magyarországi közmüvelödési egyesület központi könyvtára). — 227 Bde. — 1898 Dotation vom Ministerium für Cultus und Unterricht 500 Gulden. — Bibliothekar: Szilágyi László. — Keine Entlehnung oder Versendung. — Im J. 1896, bei Vorbereitung des Gesetzartikels über die Pflichtexemplare von Druckerzeugnissen, begann der Verein sich mit der Idee der Errichtung einer öffentlichen Volksbibl. zu beschäftigen und gründete vor allem in Turócz - Szt. Márton (St. Martin im Thuroczer Comitat), in Neutra und Bries solche öffentliche Bibliotheken, wozu er i. J. 1896 eine Beihilfe von 1000 Gulden erhielt. Diese Staatshilfe wurde ihm aber i. J. 1897 wieder entzogen und i. J. 1898 nur 500 Gulden angewiesen. Aus diesem Grunde, und weil der Verein nicht einmal die Mittel hatte, eine Crèche zu erhalten, unterblieb die Organisirung der Bibl. in Bries, während die Organisirung der Bibl. in Turócz-St. Márton und Neutra in sehr bescheidenem Masse vorwärtsschritt. Ausserdem sendet der Verein die Wanderbibl. Nr. I mit 150 Bdn. aus, welche ein Geschenk des k. ung. Ackerbauministeriums sind.

Neu-Verbasz (Ujverbász, Ungarn).

446. **[Communal-Unter-]Gymnasium** (Az áll. segélyz. közs. algymnásium tanári és ifjúsági könyvtára). — *a)* Lehrerbibl. 1112 Bde.; *b)* Schülerbibl. 550 Bde. — Dotation *a)* 150 Gulden; *b)* 50 Gulden. — Bibliothekar für *a)* Székely Sándor: für *b)* Veress Árpád. — *a)* Real-, *b)* Fachkatalog. — Benützbar *a)* für den Lehrkörper, dem die Entlehnung gegen Empfangsbestätigung freisteht; *b)* Entlehnung gegen Revers. — *a)* Versendung gegen Bestätigung. — *a)* Alle Wissenschaften; *b)* Jugendliteratur.

Nógrád-Patak (Ungarn).

447. **Kath. Kirchenbibliothek** (A r. kath. egyház könyvtára). — 1100 Bde. — Bibliothekar: Pfarrer Neymon Károly. — Bandkatalog. Gegr. von Dr. Toldy Ev. János. — Alle Wissenschaften.

Nyirbátor (Ungarn).

448. **Minoritenkloster** (A minorita rendház könyvtára). — Ca. 1200 Bde. — Bibliothekar: P. Novák Adorján. — Zettel- und alphabet. Katalog. — Nur für die Mitglieder des Hauses benützbar. — Keine Entlehnungen oder Versendungen. — Gegr. 1718. — Theologie.

Nyiregyháza (Ungarn).

449. **Casino** (A casino egylet könyvtára). — 3608 Bde. — Dotation aus den Jahresbeiträgen der Mitglieder. — Bibliothekar: Hoffmann Ferencz. — Fach- und alphabet. Kataloge. - Wöchentlich dreimal benützbar. — Entlehnungen an Vereinsmitglieder auf einen Monat. — Die Gründung der Bibl. fällt mit jener der „Nyiregyházaer ung. Lesegesellschaft" i. J. 1832 zusammen — Alle Wissenschaften.

450. **[Evang. Ober-]Gymnasium** (Az ág.ev. fögymnasium tanári könyvtára). — Lehrerbibl. 3219 Bde., 10 Handschriften, 5 Urkunden, 45 Karten. — Jahresdotation 250 Gulden. — Bibliothekar: Ein Mitglied des Lehrkörpers; 1 Diener. — Zettelkatalog. — Täglich benützbar. — Entlehnungen auch ausserhalb des Lehrkörpers. — Keine Versendungen. — Gegr. 1864. — Alle Fächer der Anstalt.

451. **Evang. Lehrerverein A. C.** (Az ágostai hitv. evang. tanitókör könyvtára). — 370 Bde., 12 Hefte. — Director: Pazár István: Bibliothekar: Kubacska István. — Bandkatalog. — Mittwoch und Samstag benützbar. - Entlehnungen nur

an Mitglieder des Vereines. — Keine Versendungen. — Gegr. 1874. — Alle Wissenschaften.

Nyitra, siehe Neutra.

Oberschützen (Felsőlövő, Ungarn).

452. **Ev. Lehranstalten A. C.** (Az ág. h. ev. tanintézetek tanári és ifjúsági könyvtára). — *a)* Lehrerbibl. 5500 Bde., 1 Handschrift; darunter eine Lutherbibel von 1536; *b)* Schülerbibl. 2550 Bde. — Jahresdotation für *a)* 170 Gulden, für *b)* 250 Gulden. — Bibliothekar für *a)* Ebenspanger János; für *b)* Horváth Lajos. — Zettelkatalog, Materienkatalog. — Benützbar für das Lehrpersonale, *b)* wöchentlich einmal für die Zöglinge. — Ebenso Entlehnung. — Keine Versendung. — Gegr. 1845. — Alle Fächer der Anstalt.

Im Druck erschienen ist eine Geschichte der Anstalt von 1870—1895.

Oedenburg (Sopron, Ungarn).

453. **Handels- und Gewerbekammer** (A kerületi kereskedelmi és iparkamara könyvtára). — 3840 Bde., 37 Karten. — Jahresdotation 150 Gulden. — Materienkatalog. — Entlehnungen, aber keine Versendungen. — Gegr. mit der Kammer 1850. — Gewerbliche und Handelswissenschaften, Volkswirthschaft.

454. **Ev. Lyceum A. C.** (Az ágost. hitv. ev. lyceumi „Ifjúsági Magyartársaság" könyvtára). — Schülerbibl. unter dem Namen „Ungarische Jugendgesellschaft" 5700 Bde., 3 Handschriften, Briefe von Vörösmarty, Graf Széchényi, Döbrentei, der siebenbürgischen Literaturgesellschaft aus 1794 u. a. Ferner Balassa und Rimay „Isteneséneket" (Druckwerk). — Jährlich 200 Gulden aus den Beiträgen der Mitglieder. — Oberbibliothekar: Bozzay Árpád; 15 Bibliothekare; 2 Diener. — Alphabet. Katalog. — Mittwoch und Samstag von 1—2, an Sonn- und Feiertagen von 8—10 und 3—7 Uhr, Montag, Dienstag, Donnerstag und Freitag von 4—7, Mittwoch und Samstag 3—7 Uhr geöffnet. — Entlehnung an Mitglieder auf 4 Wochen. — Keine Versendung. — Gegr. zugleich mit der oben genannten Gesellschaft 1790. — Alle Wissenschaften.

Kataloge aus den Jahren 1796—1827.

* 455. **[K. ung. Staats-Ober-]Realschule** (A m. kir. áll. főreáliskola tanári könyvtára). — Lehrerbibl. 5074 Bde. — Jahresdotation 600 Gulden. — Director: Dr. Wanner Ignácz; Bibliothekar: Prof. Faragó József. — Handschriftlicher Zettel- und

alphabet. Bandkatalog; Realkatalog in Ausarbeitung. — Benützbar zu jeder Tageszeit (mit Ausnahme der Sonn- und Feiertage). — Entlehnungen an Professoren der Anstalt, ausnahmsweise auch an andere Personen. — Versendungen an Mittel-, Hochschulen und Bibliotheken der österr.-ung. Monarchie gegen Ersatz der Kosten auf vier Wochen. — 1836 durch freiwillige Spenden an der evangelischen Unterrealschule gegr., 1850 von der kath. Unterrealschule, 1868 von der Communal-Unterrealschule und 1876 von der königl. ung. Staatsoberrealschule übernommen und vermehrt, theilweise durch freiwillige Spenden (ca. 80%), theilweise durch Ankauf. — Alle Wissenschaften, besonders moderne Sprachen und Realwissenschaften.

Kárpáti, Karl. Geschichte der königl. ung. Staatsoberrealschule. Sopron 1896 [ung.] Bibl.-Kat. erscheint 1899 im Drucke.

Orosháza (Ungarn).

456. **Casino** (A casino könyvtára). — 1703 Bde. Jahresdotation 50 Gulden. Bibliothekar: Fabriczy Pál. — Alphabet. Katalog. — Jeden Mittwoch und Samstag von 1—2 Uhr geöffnet. — Ebenso Entlehnungen an Mitglieder. — Versendungen nur mit Bewilligung des Präsidiums. — Gegr. 1857. Belletristik.

Drei Kataloge aus den Jahren 1878, 1883 und 1898.

Orsova (Ungarn).

457. **Staatliche Lehranstalten** (Az állami tanintézetek könyvtára). 2312 Bde. — Bibliothekare: Müller Adolf (Bürgerschule), Lichtfusz János (Elementar-Knabenschule), Schlanger Malvin (Elementar-Mädchenschule), Keszler Károly (Jugendbibl.). — Nummernkatalog. — Jederzeit benützbar für den Lehrkörper. — Entlehnungen, aber keine Versendungen. — Gegr. zugleich mit der Anstalt. — Pädagogik, Schulfächer, Jugendliteratur.

Ostffi-Asszonyfa (Ungarn).

458. **Gesangverein** (A dalegylet könyvtára). — 167 Bde. — Jahresdotation 10 Gulden. — Bibliothekar: Berecz Gábor, Lehrer. — Realkatalog. — Jederzeit benützbar für die Vereinsmitglieder. — Entlehnungen an die Mitglieder unentgeltlich, an andere Personen auf 2 Wochen gegen Gebühr von 2 Kreuzern pro Band. — Gegr. 1877. Belletristik.

Osztopán (Ungarn).

459. **Pfarrbibliothek** (Az osz. plebánia könyvtára). — Vorstand und Bibliothekar: Viniss F., Pfarrer. - Inventarkatalog. Auch für das Publicum benützbar. — Gegr. 1819. Theologie. Recht und Moral.

Pancsova (Ungarn).

460. **Staatl. Bürgerschule** (Az áll. polgári isk. ifjúsági és tanári könyvtára). — Lehrerbibl. 291 Bde.; Schülerbibl. 137 Bde. — Director: Martin Imre; Bibliothekar: Geeser Béla. — Materienkatalog. — Jeden zweiten Donnerstag geöffnet. — Keine Versendung. — Gegr. 1871 zugleich mit der Schule. — Alle Fächer der Schule

461. **[K. ung. Staats-Ober-]Gymnasium** (A m. k. állami fögymnasium tanári és ifjúsági könyvtára). — *a)* Lehrerbibl. 5460 Bde., 1870 Hefte, 3143 Schulbücher und Programme. — Jährlich 300 Gulden vom Unterrichtsministerium. — Director: Tordai György; Bibliothekar: Prof. Péterfi Lajos. — Inventar, Fach- und Zettelkatalog. — Wöchentlich einmal benützbar. — Aus der i. J. 1852 eröffneten Unterrealschule in der ehem Militärgrenze hervorgegangen, von der ung. Regierung 1872 übernommen und mit dem neuen Obergymnasium allmählich erweitert. — Alle Fächer der Anstalt. — *b)* Schülerbibl. 1749 Bde. — Jahresdotation 130 Gulden. — Bibliothekare: Die Professoren Gaskó Gyula und Kende Ferencz. — Zuwachsverzeichniss nach Fächern. — Wöchentlich einmal für die Schüler der Anstalt benützbar. — Ebenso Entlehnungen. — Keine Versendungen. — Gegr. 1880. — Belletristik.

462. **[K. ung. höhere Staats-]Handelsschule** (A m. kir. áll. felsö kereskedelmi iskola könyvtára. — Schülerbibl. 179 Bde. — Jahresdotation 112 Gulden. — Director: Martin Imre; Bibliothekar: Prof. Zilahi György. — Alphabet. Katalog. — Jeden Dienstag benützbar. — Keine Entlehnungen und Versendungen nach auswärts. — Gegr. 1895. — Alle Fächer der Anstalt.

Pannonhalma (Ungarn).

* 463. **Benedictinercongregation, Centralbibliothek** (A pannonhalmi Szent-Benedek rend központi könyvtára). — 133,355 Bde., 157 Incunabeln, 17,917 Hefte. — Jahresdotation sammt Gehältern 5000 Gulden. (Ausserdem gewinnt die Bibl. jährlich 2000—3000 Bde. durch Todesfälle einzelner Mitglieder des Ordens. sowie durch andere Legate.) — Oberbibliothekar:

Dr. phil. Viktor Récsey O. S. B., zugleich Stiftsarchivar: Bibliothekar (vacat); Adjunct: Johann Mertse v. Nagysomkút. — Ein älterer Bandkatalog und ein neuerer completer Zettelkatalog, welcher innerhalb der wissenschaftlichen Fächer alphabetisch geordnet ist. — Zugänglich für die Professoren des Stiftes zu jeder Stunde (mit Ausnahme der Reinigungsfrist); für die Prof.-Candidaten der Mittelschulen Dienstag und Donnerstag vormittags, für das übrige Publicum jeden Wochentag von 10–12 und 3–5 Uhr (zugleich auch die Bildergallerie und die anderen kleinen Museen). Nicht nur die Mitglieder der Centralanstalt, sondern auch die an den übrigen Gymnasien wirkenden Mitglieder des Ordens und andere Forscher der Gelehrtenwelt können Bücher gegen Revers entlehnen und zugeschickt erhalten. — Die Bibl. wurde sammt dem Stifte vom ersten Könige von Ungarn, dem heil. Stefan gegr.; denn sein Nachfolger König Ladislaus I. erwähnt in seiner vom J. 1093 datirten Urkunde 73 Codices als Eigenthum der Bibl. des Stiftes Pannonhalma. Im J. 1786 wurde der Orden von Josef II. aufgehoben und sämmtliche Bücher, sowie Handschriften der Universitätsbibl. in Ofen einverleibt. Nachdem das Erzstift i. J. 1802 von Franz I. wieder errichtet worden, wurde auch die Bibl. neuerlich gegr. Das jetzige Gebäude, im Galleriesystem und Renaissancestil erbaut, stammt aus dem J. 1829. — Der Erzabt Chrysostomus I. Novák spendete 1816 seine an 7276 Bde. zählende Privatbibl., Oberdirector Michael Paintner (1825) 6000 Bde., Propst Michael Berghoffer 2032 Bde., Dr. Bonifacius Maár, Gymn.-Director O. S. B. (1855) 1660 Bde., Remigios Sztachovics, Archivar O. S. B. 3531 Bde., Johann Paur 4695 Bde., Benedictus Apa 3353 Bde. — Vertreten sind alle Wissenschaften, besonders gepflegt werden die der philosophischen und theologischen Facultät angehörigen Fächer, weniger juridische und medicinische Fächer. — Der Bibl. unterstehen noch die Zalavárer (Bibliothekar: Thomas Füssy, Prior), Bakonybéler (Bibliothekar: Venantius Bálint), Tihanyer (Bibliothekar: Dr. Ignatius Vurdics) und Dömölker (Bibliothekar: Berthold Labach, Prior) Filialabteien (jede mehr als 10,000 Bde.); ferner die Bibliotheken der Raaber, Graner, Oedenburger, Komorner, Günser und Pápaer öffentlichen Ordensgymnasien.

Czinár, Maurus. „Monasteriologia O. S. B." Pestini 1858. Kuncze, Leo. „Győr megye és város egyetemes leirása." Budapest 1871 (S. 233 u. d. T. A pannonhalmi könyvtár). Kuncze, Leo. In: „Könyvszemle" (Bibliographische Revue) 1878, S. 167. Récsey, Viktor. „Győr és Pannonhalma Nevezetességei." Budapest 1897, S. 39 u. d. T. „A magyar Szent. Benedek rend központi könyvtára Pannonhalmán." Récsey, Viktor. A pannonhalmi főapátság könyvtára. In: Könyvszemle 1895, S. 276. Exemplaria Duplicata Bibliothecae Centralis O. S. B. De Sacro Monte Pannoniae quorum Indicem Trimestri Aestivo et Hiemali anni 1895 Conscripsit Typis Excudendum Carolus Horváth. . . . . Revidit Victor Récsey. Veszprémii 1896. Ex typographeo Dioecesano, p. 1—292 complectens 22.836 tomos, 6681 fasciculos et 6957 opera. — Labach, Berthold. Martinsberg. Erzabtei in Ungarn, mit Bakonybél, Dömölk und Tihany. In: Ein Benedictinerbuch. Von Seb. Brunner. Würzburg 1881.

Pápa (Ungarn).

464. **Casino** (A kaszinó könyvtára). — 2848 Bde. — Jahresdotation 100 Gulden. — Bibliothekar: Szupits Gyula. — Alphabet. Katalog. — Täglich von 1—2 Uhr für Mitglieder benützbar. — Ebenso Entlehnungen. — Keine Versendungen. — Gegr. 1834. — Belletristik; alle Wissenschaften.

Mehrere Kataloge, der letzte von 1892.

465. **Franciscanerkloster** (A szent ferenczrendi zárda könyvtára). — 1879 Bde., 5 Incunabeln. — Guardian und Bibliothekar: P. Somogyi Cyprian. — Realkatalog. — Nur Hausbibl. — Die Bibl. ist zur Zeit der Einführung des Franciscanerordens in Pápa durch Franz Graf Esterházy und seine glaubenseifrige Gemahlin Katharina, geb. Gräfin Tökölyi, im J. 1660 entstanden. — Theologie.

466. **Kath. Gymnasium** (A kath. gymn. tanári és ifjusági könyvtára). — *a)* Lehrerbibl. 6672 Bde.; *b)* 862 Bde. — Dotation *a)* 180 Gulden (seit 1892); *b)* 75 Gulden. — Director: Petö Menyhért; Bibliothekar für *a)* und *b)* Prof. Schulz Vendel. — *a)* Real-, *b)* alphabet. Katalog. — *a)* Benützung und Entlehnungen für den Lehrkörper jederzeit, *b)* Entlehnungen an Schüler zweimal wöchentlich. — *a)* alle Fächer des Gymn.; *b)* Jugendliteratur.

A pápai kath. gymnasium 1897/98 (Jahresbericht).

467. **Ev. ref. Hauptschule** (Az ev. reform. föiskola könyvtára). — 22.157 Bde., 6 Incunabeln, 165 Handschriften, 2288 Stiche. — Jahresdotation 1000 Gulden. — Bibliothekar: Borsos István. — Zettel- und Realkatalog. — Täglich von 11—12 Uhr benützbar. — Entlehnungen an Lehrer und Schüler. — Versendungen nur mit höherer Erlaubniss. — Wiewohl die Anstalt bereits in der ersten Hälfte des 16. Jhdts. entstanden ist, finden sich Spuren der Bibl. erst zu Anfang des 18. Im Laufe dieses Jhdts. kamen durch Geschenke die Bibl. Kazay Gabor's, Deáky Gedeon's, Pazmándy Károly's, Tóth Ferencz's, Kerkápolyi Károly's, Szilágyi József's, Sárközy József's (Münzensammlung), Baron Baldacsi Antal's (Kupferstichsammlung), des ref. Bischofs Pap Gábor (ung. Münzensammlung) etc. in die Bibl. — Alle Wissenschaften.

468. **Ev. ref. Hauptschule. Jugendbildungsverein** (Az ev. ref. föiskolai ifjúsági képzötársulat könyvtára). — 2951 Bde. — Jahresdotation 150—200 Gulden. — Vorstand: Dr. Kapossy Lucián; Bibliothekare: Mocsy Mihály, Burghardt István, Schór Ernö, Kovács Bálint, Lehrer. — Alphabet. Katalog. — Dienstag, Mittwoch und Samstag von 1—2 Uhr geöffnet. — Entlehnungen von 2 Werken auf 1 Woche. — Keine Versendung. — Gegr. 1841. — Vorzugsweise Jugendliteratur.

Kataloge von 1891 und 1896. — Kokos Károly. A Pápai Ev. Ref Föiskola Képzötársulat története 1841—1891. Pápai 1892.

Pécs, siehe Fünfkirchen.

Pelsöcz (Ungarn).

469. **Ev. ref. Schul- und Volksbibliothek** (A p. ev. ref. iskolai és népkönyvtára). — 1400 Bde. und Hefte: ein ungar. Werk aus 1702. — Dotation 35—40 Gulden. — Bibliothekar: Csizi Béla. — Materienkatalog. — Zweimal wöchentlich benützbar. — Entlehnungen gegen Jahresbeitrag von 1 Gulden. — Die Volksbibl. wurde 1849 gegr. — Alle Wissenschaften, volksthümliche Literatur.

Podolin (Ungarn).

470. **[Kathol. Unter-]Gymnasium** (A kath. algymnasium ifjusági könyvtára). — Schülerbibl. 541 Bde. — Jahresdotation 25 Gulden. — Director: Szárnovszky Ede; Bibliothekar: Prof. Jankura Béla. — Realkatalog. — Samstag von 2—3 Uhr für die Schüler geöffnet. — Ebenso Entlehnungen. — Keine Versendungen. — Gegr. 1865 1869. — Jugendliteratur.

Poprad, siehe Deutschendorf.

Požega (Croatien).

* 471. **[Königliches Ober-]Gymnasium** (Kr. velika gimnazija). — 5896 Bde. — Jahresdotation 200 Gulden. — Director: Anton Mazek. — Zettel- und Schlagwortkatalog. — Entlehnungen in den gewöhnlichen Amtsstunden gegen Bestätigung. — Ebenso Versendungen. — Gegr. im vorigen Jahrhundert, besass die Bibl. anfangs meist Werke theologischen und historischen Inhaltes. 1877 wurden viele Werke, die keinen wissenschaftlichen Werth besassen, ausgemustert und der jetzt bestehende Katalog angelegt. Eigentlicher Aufschwung erst seit Erhöhung der Dotation i. J. 1874. — Alle Wissen-

schaften, besonders gepflegt classische, slavische und moderne Philologie. — Der Direction unterstehen noch eine Gymn.-Schülerbibl. und die Bibl. des Vereines zur Unterstützung armer Gymn.-Schüler.

Pozsony, siehe Pressburg.

Pressburg (Pozsony, Ungarn).

472. **Arbeiterbibliothek des Georg Schulpe von Török-Kanizsa** (Török-Kanizsai Schulpe György munkás-könyvtára). — 1000 Bde. — Bibliothekar: Chrastilek Ignácz. — Fachkatalog. — An Sonntagen benützbar. — Gegr. 1891.

* 473. **Arbeiterbildungsverein „Vorwärts"**. — Mehrere Tausend Bde. — Für jedermann benützbar. — Bibliothekar: Johann Appl. — Gegr. mit dem Vereine 1869. Erhalten durch Beiträge der Mitglieder, vermehrt durch Schenkungen. — Alle Fächer, besonders socialistische Literatur.

474. **Oeffentliche Bibliothek** (Nyilvános könyvtár). — 5000 Bde. — Bibliothekare: Cseppan Rezsö, Langenthal János. — Zettelkatalog. — Entlehnungen, aber keine Versendungen. Durch den Eigenthümer des in Pressburg erscheinenden Tagblattes „Westungarischer Grenzbote", Iván v. Simonyi, im Wege von öffentlichen Spenden ins Leben gerufen. Zur Zeit noch nicht eröffnet, auf Einschreiten G. Schulpe's von der ungarischen Regierung mit 1000 Gulden unterstützt. — Belletristik, Volkswirthschaft, Geschichte, Ung. Literatur.

Gedruckter Katalog.

* 475. **Casino**. — Vereinsbibl. von ca. 3000 Bdn. — Für Mitglieder benützbar. — Bibliothekar: Prof. Losonczy Lajos. — Gegr. 1837 mit dem Vereine, jedoch seit den Siebzigerjahren erneuert, durch Schenkungen und Käufe vermehrt. — Belletristik, Geschichte, Zeitschriften u. s. w.

* 476. **Militärwissenschaftlicher und Casinoverein**, Rosengasse 15, 1. Stock. — Ca. 4000 Bde. (wissensch. Abth.) und ca. 1800 Bde. (belletr. Abth.). — Jahresdotation ca. 800. Gulden. — Ein aus den Mitgliedern jährlich neu gewähltes Comité mit einem Präses in Generalscharge. Ein handschriftlicher „wissenschaftlicher" und „belletristischer" Katalog mit je einem alphabet. Autorenindex. — Benützbar wöchentlich dreimal von 3—5 Uhr. — Entlehnungen nur an Mitglieder. — Versendungen nur ausnahmsweise. — Gegr. 1871. — Alle Wissenschaften, insbesondere Militaria.

477. **Domcapitel** (Káptalani könyvtár). — 3101 Bde., 15 Incunabeln, 245 Handschriften, darunter die „Statuten der Universität Bologna aus dem 14. Jhdt.". Bücher und Acten der Wiedertäufer, ferner Antiphonarien aus dem 14. und folgenden Jhdtn. u. s. w. In dieser Bibl. fand v. d. J. 1770 der ung. Geschichtsforscher Georg Pray in dem nach ihm benannten Pray-Codex (jetzt als Geschenk des Domcapitels in der Bibl. des Nat.-Museums sub „Quart. Hung. 387") das älteste ung. Sprachdenkmal, die „Sermo supra sepulchrum — Halotti-beszéd", ein Todtengebet. — Bibliothekar: Tichy Antal, Domherr. — Alphabet., Realkatalog. — Ist nur Hausbibl. — Keine Entlehnungen und Versendungen. — Besteht seit Ende des 13. Jhdt. — Theologie.

A pozsonyi Káptalan Kéziratai. Ismerterteti Knauz Nándor. Esztergomban 1870.

178. **Franciscanerkloster** (A szt. ferenczrendi zárda könyvtára). — Ca. 12.000 Bde., 10 Incunabeln, 100 Handschriften. — Bibliothekar: P. Glosz Lipót. — Realkatalog. — Nur Hausbibl. — Keine Entlehnung oder Versendung. — Die Bibl. ist zugleich mit der Gründung des Klosters im 13. Jhdt. entstanden. — Vorzugsweise Theologie, darunter die Privatbibl. des P. Stan. Albach.

Csontosi, J. Die Handschriften der Provincialbibl. der Pressburger Franciscaner (ung.). In: Magyar könyv-szemle 1878, S. 45.

* 179. **Freimaurerloge „Zur Verschwiegenheit"**. — Interessante Specialbibl. von ca. 1200 Bdn. — Benützbar gegen Anfrage bei Dr. Georg Kováts, kön. Stadtphysicus. — Gegr. mit der Loge 1872, durch Kauf und Schenkungen vermehrt. — Freimaurerliteratur.

180. **Grosspropstei zu St. Martin, früher zum h. Erlöser** (Sz. Mártonról elnevezett n. prépostsági könyvtár). — 7593 Bde. — Vorstand: Báró Horeczky Ferencz, Propst. — Alphabet. Katalog aus 1875 und ein neuer aus 1895 von dem gegenwärtigen Bibliothekar. — Die Bibl. entstand aus den Nachlässen der verstorbenen Grosspröpste. 1875 enthielt sie bereits 5185 Bde. Nach dem Tode des Grosspropstes H. v. Rónay i. J. 1889 fielen ihr 1148, nach dem des Joseph Dankó i. J. 1895 1260 Bde als Geschenk zu. Vorzugsweise Theologie.

* 181. **[K. kath. Ober-]Gymnasium** (A kir. kath. főgymnasium régi könyvtára). *a)* Alte Bibl. (bibliotheca antiqua) 9010 Bde., darunter 136 altung. Drucke; *b)* Professorenbibl. 6020 Bde.; *c)* Jugendbibl. — Jahresdotation für *b)* 200—250 Gulden. Director: Polikeit Károly; Bibliothekar: Prof. Posch Árpád.

Alphabet. Fachkatalog. — Benützbar zu jeder Zeit für die Mitglieder des Lehrkörpers. — Entlehnungen ausserdem auch an persönlich bekannte Forscher. — Versendungen an Behörden und Schulen gegen Haftung. — *a)* stammt aus der Zeit der Gründung des Gymn. durch die Jesuiten (1627) und reicht bis 1848; *b)* wird seit 1849 durch das Lehrmittelpauschale erhalten. — *a)* Theologie, Philosophie, Mathematik, Geschichte und Naturwissenschaft; *b)* alle Zweige der Wissenschaften in deutscher und ungarischer Sprache mit Ausnahme der Classiker.

* 482. **Handelsakademie** (Kereskedelmi akadémia könyvtár). — *a)* Fachbibl. 2217 Werke in 3023 Bdn. und 2006 Heften; *b)* Jugendbibl. 1527 Werke. — Jahresdotation 600 Gulden. — Director: Jónás János; Bibliothekar: Prof. Kürschak Endre. — Je ein nach Fächern und Autoren geordneter Zettelkatalog. — Benützbar in der Regel nur für die Professoren, respective Schüler der Anstalt, doch werden auch Bücher nach auswärts verliehen. — Gegr. 1885. — *a)* Meist Handelswissenschaften; *b)* meist Jugendschriften.

Gedruckter Katalog im Jahresberichte v. J. 1894/95.

* 483. **Handels- und Gewerbekammer** (A kereskedelmi és iparkamara könyvtára), I. Lorenzerthorgasse 1. — 4347 Bde., 4122 Hefte und 618 Karten. — Jahresdotation 500 Gulden. — Präsident: T. E. Mihályi, kön. Rath; Bibliotheksvorstand: Kammersecretär Dr. Gregor Wolff; Bibliothekar: Kammeradjunct Wilhelm Kautz. — Ein alphabet. und ein nach den einzelnen Wissenschaften geordneter handschriftlicher Gruppenkatalog. — Benützbar täglich von 8—12 Uhr. — Entlehnungen gegen Revers, aber keine Versendungen. — Gegr. 1868. — Sprach-, Rechts- und Staatswissenschaft, Geschichte, Physik, Erdkunde, Statistik, vorzugsweise aber Volkswirthschaftslehre, Handel und Gewerbe.

* 484. **Kirchenmusikverein am Krönungsdome zu St. Martin.** — Ca. 1400 Nummern. Zumeist kirchliche Tonwerke in Partituren mit Auflagstimmen, darunter die Werke der heimischen Componisten Heinrich Klein, Joseph Kumlik, Carl Frajmann, Carl Mayrberger, Joseph Thiard-Laforest, Johann Richter, Mosonyi. — Gegr. mit dem Vereine 1833.

485. **[K. ung. Staats-]Krankenhaus** (M. kir. állami kórház könyvtára). — 1597 Bde. Dotation 170 Gulden. Vorstand: Director Dr. Pantocsek József. — Alphabet. und Fachkatalog. — Täglich benützbar für die Mitglieder der Anstalt. — Gegr. 1864. — Medicin.

486. **K. ung. Staats-]Lehrerinnenbildungsanstalt** (A p. áll. tanitónöképzöintézet könyvtára). — 3590 Bde. — Dotation 100 Gulden. — Bibliothekarin: Bobok Carola, Lehrerin. — Inventarkatalog in Ausarbeitung. — Benützbar für Lehrpersonale und Schüler. — Keine Versendungen. — Gegr. zugleich mit der Anstalt 1871. — Alle Wissenschaften, besonders Pädagogik, ung. Sprache und Literatur, Geschichte und Geographie.

* 487. **Evangelisches Lyceum A. C.** (Az ágost. hitv. evang. lyceum nagy könyvtára). — Grosse Bibl. mit 30,000 Bdn., 2000 Handschriften, darunter der Codex des Ofner Stadtrechtes, Jus germanicum aus dem 15. Jhdt., alte ung. Drucke. — Jährlich 900 Gulden durch Staatshilfe, Schülerbeiträge und Zinsen. — Bibliothekare: Prof. Markusovszky Sámuel, Prof. Stromp László und für die Handschriften Prof. Márton Jenö. — Zettel-, alphabet. und Realkatalog. — Immer benützbar. — Versendung mit Genehmigung des evang. Conventes. — Gründer der Bibl. war Mathias Marth, Lycealrector i. J. 1720. 1799 kamen durch Schenkung die Bibl. der Familie Jeszenák, später des ung.-slav. Predigers Michael Institoris-Mossóczy (1806) u. a. hinzu. Der berühmte Münzensammler Daniel v. Schimko testirte der Bibl. seine höchst bedeutende Münzensammlung, die getrennt verwaltet wird. — Alle Wissenschaften.

A Pozsonyi ág. hitv. evang. Lyceum nagy könyvtárának könyvjegyzéke. Pozsony 1869—1873. — Markusovszky Sámuel: „a pozs. ág. hitv. evang. lyceum története". Pozsony 1896.

488. **Staatliche höhere Mädchenschule** (Az állami felsöbb leányiskola tanári könyvtára). — Lehrerbibl. 646 Bde. — Jahresdotation 150 Gulden. — Director: Ghyczy József; Bibliothekarin: Schwarz Gabriella. — Zettel- und alphabet. Katalog. — Täglich vormittags geöffnet und für den Lehrkörper benützbar. — Keine Versendungen. — Gegr. 1881. — Alle Fächer der Schule.

Privatbibliotheken.

* 489. Prof. Karl Göllner. — 720 Bde. — Naturwissenschaft und ung. Classiker.

490. Prof. Christoph Odörfer. — 1000 Bde. — Deutsche Philologie und Philosophie.

* 491. Prof. Dr. Ludwig Wagner. — 1200 Bde. — Deutsche, slavische und ung. Philologie.

* 492. Prof. Karl Weiss-Schrattenthal. — 1600 Bde. — Deutsche Sprache und Literatur.

* 493. **[K. Staats-Ober-]Realschule** (A m. kir. állami főreáliskola tanári és ifjúsági könyvtára). *a)* Lehrerbibl. 7563 Bde.; *b)* Schülerbibl. 2168 Bde. Jahresdotation für *a)* 400 Gulden; für *b)* 200 Gulden. Director: Dr. Antolik Károly; Bibliothekar für *a)* Prof. Knüppel Gyula; für *b)* Prof. Dalotti Ödön; 2 Diener. — Inventar-, Fach-, Zettel- und alphabet. Kataloge. — Benützbar täglich von 8—12 und 3—5 Uhr. — Ebenso Entlehnungen. — Versendungen durch die Direction. — Gegr. 1851. — Alle Wissenschaften, besonders Mathematik, Naturwissenschaften und Kunst; Jugendliteratur.

A Pozsonyi M. Kir. állami Főreáliskola Tanári Könyvtárának Czimjegyzéke. Szerkesztette Knüppel Gyula. Pozsony 1897.

* 494. **K. ung. Rechtsakademie** (Kir. jogakadémia). — Ca. 20,000 Bde. — Jahresdotation 800 Gulden. — Bibliothekar stets ein Prof. der Facultät. — In Ermangelung eines Lesesaales werden die Bücher gegen Caution ausgeliehen. — Versendungen nur durch amtliche Vermittlung. — Die heutige Bibl. besteht erst seit 1850, obwohl die höhere Schule zu Pressburg bereits ca. 1465 von Mathias Corvinus gestiftet und i. J. 1785 die Ofner Akademie als juristische Facultät nach Pressburg verlegt wurde. — Hauptsächlich Jurisprudenz und Geschichte.

Ortvay, Theodor. Száz év története egy házai föiskola történetéből (Hundert Jahre aus der Geschichte einer ungarischen Hochschule).

* 495. **St. Stefan-Leseverein.** — Ca. 2000 Bde. — Bibliothekar: J. Brandstätter. — Nur für Mitglieder benützbar. — Gegr. 1864. — Kathol. Literatur.

* 496. **Stadtarchiv** (Pozsony városi levéltár), Rathhaus. — Grosses, für die Geschichte der Städteentwickelung in Ungarn höchst wichtiges Archiv mit Handbibl. von ca. 2000 Bdn., zumeist Posoniensia, darunter vollständiges Exemplar der „Pressburger Zeitung" vom Gründungsjahre 1764 an. Sammlung aller in Pressburg erscheinenden Tagesblätter u. s. w. — Das Archiv, dessen Documente mit Ende des 13., dessen zahllose Protokolle aller Art mit dem 14. Jhdt. beginnen und dann wie z. B. die Kammerrechnungen, Testamentarbücher, Mag.-Protokolle, ununterbrochen fortlaufen, ist mit dem städt. Museum (gegr. durch Realschulprof. Könyöky 1872 in den alten Räumlichkeiten des Rathhauses) verbunden. — Immer benützbar. — Versendung — Archivar: Johann Batka.

* 497. **Toldy-Club** (Pozsonyi Toldy-kör), literarisch-geselliger Verein von ausgesprochen ung. nationaler Tendenz, darum nach dem Schöpfer der ung. Literaturgeschichte Toldy (früher

Schedel) benannt. — Umfangreiche ung. Bibl. von ca. 3200 Bdn. — Für Mitglieder und auch für Nichtmitglieder benützbar. — Vorstand des Clubs: der berühmte ung. Geschichtsschreiber der Rákoczy-Zeit Dr. Thaly Kálmán; Bibliothekar: Oberrealschulprof. Göllner Károly. — Die Bibl. wurde zugleich mit dem Club i. J. 1873 gegr, durch Schenkungen erweitert, aber durch die dem Club letztwillig vermachte Privatbibl. des Pressburger Prof Hyacinth v. Rónay, Erziehers der Erzherzogin Marie Valerie, sehr bedeutend vermehrt — Alle Fächer der ung. Literatur und Wissenschaft, die Hauptwerke in deutscher. französischer und englischer Sprache.

498. **Verein für Natur- und Heilkunde,** Promenadeplatz 18. Mehrere tausend Bde. (Neuaufstellung im Zuge). — Jahresdotation gering: die Vermehrung erfolgt meist durch Schenkung und besonders durch Schriftentausch. — Bibliothekare: Dr. Ernst Mauer, k. ung. Bahnarzt. und Realschulprof. Julius Knüppel; 1 Vereinsdiener. — Ein handschr. Fachkatalog. — Benützbar in der Regel nur für Vereinsmitglieder während des ganzen Tages. — Ebenso Entlehnungen. — Versendungen nur ausnahmsweise. — Die Bibl. entstand zugleich mit dem Vereine 1856. — Naturwissenschaften und Heilkunde. Auch einige ältere ungarische Zeitschriften und Geographica.

Böckh, G. Katalog I. der Bibl. des Vereines f. Naturkunde, zusammengestellt im Auftrage des Ausschusses. Pressburg 1871. Fortgesetzt in: Verhandlungen des Vereines f. Naturkunde zu Pressburg. N. F. IX (der ganzen Reihe XVIII), III. Abth., S. 1.

Privigye, siehe Privitz.

Privitz (Privigye, Ungarn).

499. **Kath. Gymnasium** (A kath. gymnasium tanári könyvtára). — Lehrerbibl. 3142 Bde. — Jahresdotation 150 Gulden. — Bibliothekar: Prof. Kopácsy György. — Fachkatalog. — Wöchentlich zweimal für den Lehrkörper benützbar. — Ebenso Entlehnungen. — Keine Versendungen. — Fächer des Gymn.

500. **Piaristenkloster** (A kegyes tanitórendi társház könyvtára). — 4876 Bde. — Jahresdotation 20 Gulden. — Sachkatalog. — Für die Klostermitglieder jederzeit benützbar. — Keine Entlehnung oder Versendung. — Theologie.

Prusskau (Pruszka, Ungarn).

501. **Salvatorianer-Franciscanerkloster** (Az üdvözitöröl cimzett szt. ferenczrendi zárda könyvtára). — 1000 Bde.

Realkatalog. — Nur für Mitglieder des Hauses benützbar. — Gegr. 1636. — Theologie.

Pruszka, siehe Prusskau.

Raab (Győr, Ungarn).

502. **Benedictinerkloster** (A Sz. Benedekrend székházi és tanári könyvtára). — 15.922 Bde., 5927 Hefte. — Jahresdotation 350 Gulden. — Director: Kisfaludi Tobiás; Bibliothekar: Németh Reginánd. — Alphabet. und Materienkatalog. — Täglich nachm., im Bedarfsfalle auch vorm. benützbar. — Keine Entlehnungen und Versendungen. — Gegr. 1802, nahm die Bibl. 1897 die Büchersammlung des Jankó Mihály im Umfange von 1235 Bdn. und 395 Heften auf. — Alle Fächer der Anstalt.

503. **[Mädchen-]Elementar- und Bürgerschule der Ursulinerinnen** (A szt. Orsolya rendi szerzetesnök elemi és polgari leányiskolájának tanári és ifjúsági könyvtára). — 625 Bde. (Lehrerbibl. 395 Bde., Schülerbibl. 230 Bde.). — Jahresdotation 10—80 Gulden. — Bibliothekare je ein Mitglied des Lehrkörpers. — Alphabet. Katalog. — Während des Schuljahres benützbar, und zwar für Lehrer jederzeit, für Schüler alle 14 Tage. — Keine Versendungen. — Die Schülerbibl. wurde 1872, die Lehrerbibl. 1889 gegr. — Fächer der Schule; Belletristik.

504. **K. kath. Lehrerbildungsanstalt** (A kir. kath. tanítóképző intézet könyvtára). — 980 Bde. — Jahresdotation 50 Gulden. — Bibliothekar: Jakab Ferencz, Lehrer. — Materienkatalog. — Für den Lehrkörper jederzeit benützbar. — Ebenso Entlehnungen. — Keine Versendungen. — Die Fächer der Anstalt.

505. **K. ung. staatl. Lehrerinnenbildungsanstalt** (Az állami tanítónőképző intézet tanári könyvtára). — Lehrerbibl. 2100 Bde. — Jahresdotation 100 Gulden. — Directorin: Pataky Irma; Bibliothekarin: Pálmay Lenke. — Materienkatalog. — Jederzeit benützbar. — Keine Entlehnung oder Versendung. — Gegr. 1875 zugleich mit der Anstalt. — Alle Fächer der Schule.

506. **St. Emmerich-Verein** (Szt. Imre-egyesület könyvtára). Nagyszeminárium. Papnevelde utcza. — 2082 Bde. — Keine bestimmte Dotation. — Bibliothekare: 1. Kucher János; 2. Hart Ferencz. — Alphabet. Katalog. — Täglich benützbar. — Keine Entlehnung oder Versendung. — Gegr. zugleich mit dem Vereine 1861. — Theologie.

507. **Bischöfl. Seminar** (Püspöki nagyobb papnevelőintézeti könyvtár). — 25.847 Bde., 331 Hefte, 5000 Bde. noch ungeordnet und nicht katalogisirt, 297 Doubletten, 140 Incunabeln, 38 Handschriften und eine grössere Anzahl von Schulnotizheften aus dem 16. und 17. Jhdt. Einige Hunderte von Holz- und Stahlstichen. Cimelien: 1 Handschrift aus dem 13. Jhdt., 1 aus dem 14. und 17 aus dem 15. Jhdt. Altung. Druckwerke (1530—1711) 50. — Bibliothekar: Der jeweilige Studienpräfect, derzeit Dr. Paár István. — Alphabet. Zettelkatalog und gedruckter Fachkatalog. — Da kein Lesesaal vorhanden, nur Entlehnungen gegen Recepisse, bei Unbekannten gegen Empfehlung von Seite einer bekannten Persönlichkeit. — Auch Versendungen. — Die Bibl. wurde gleichzeitig mit dem Seminar i. J. 1688 gestiftet. Am 28. Juni 1763 wurde das ganze Gebäude durch Erdbeben demolirt. Im J. 1781 verlegte Kaiser Josef II. das Seminar in das Pressburger Centralseminar und liess die Bibl. der dortigen theologischen Centralbibl. einverleiben. Nach seinem Tode, d. i. nach fünfjähriger Abwesenheit, kehrte das Seminar und mit ihm auch die Bibl. zurück. Bei der Eroberung der Stadt durch die Franzosen i. J. 1810 wurde alles, was das Seminar besessen, auf die Strasse geworfen, wobei natürlich vieles verloren ging. Im J 1814 verfassten Paul Kiss und Martin Gondvicska die ersten Kataloge; die Bibl. hatte damals 3235 Bde. Seit dieser Zeit wuchs die Bibl. rapid, grösstentheils durch Schenkungen. Unter diesen ist in erster Reihe zu nennen die Bibl. des Domherrn Alexander Balogh, der seine Bibl. von 5782 Bdn. testamentarisch dem Raaber Capitel legirte und zu deren Erhaltung einen Fond von 15.353 Gulden mit der Bedingung stiftete, dass die Bibl. durch einen eigenen Bibliothekar verwaltet werde. Im J. 1811 war es unmöglich, diese Bedingung zu erfüllen, in Folge dessen das Capitel 1821 die ganze Bibl. dem Seminar überliess. Ausser Balogh sind als Spender zu erwähnen: Sigismund Deáky, Domherr, 3000 Bde., Franz Tartsay, Domherr, 900 Bde., Franz Ebenhöch 1358 Bde.; im J. 1896 vermachte Domherr Johann Holdházy nicht nur seine Bibl. dem Seminar, sondern auch einen Fond von mehr als 8000 Gulden zur Vermehrung der Bibl. Den werthvollsten Theil bildet der Rest der alten Dombibl., die unter Vorbehalt des Eigenthumsrechtes i. J. 1872 in den Besitz des Seminars überging. Sie enthält mehrere Bde. aus den Sammlungen Stephan und Sigismund Bathory's, die mit den Büchern des Bischofs Demetrius Napraghy in die Dombibl. kamen; Napraghy hatte dieselben aller Wahrscheinlichkeit nach als Bischof von Siebenbürgen erworben 1870—72 kam die Bibl. in die neuen Localitäten, da die

früheren nicht mehr ausreichten. — Alle Wissenschaften, besonders Theologie.

Katalog erschien 1892 im Druck.

Reschitza (Resiczabánya, Ungarn).

508. **Bürgerschule** (A polgári és felsőnépiskola tanári könyvtára). — Lehrerbibl. 1231 Bde. Jahresdotation 150 Gulden. — Bibliothekar: Mihalik Sándor. — Alphabet. Katalog. — Für den Lehrkörper jederzeit benützbar. — Ebenso Entlehnungen. — Keine Versendungen. — Gegr. 1877. Die Fächer der Schule.

Katalog in den Jahresberichten der Anstalt.

509. **Casinoverein** (A casino egylet könyvtára). — 1150 Bde. — 2 Bibliothekare. — Alphabet. Katalog und Indices. — Entlehnung bis zu 3 Bdn. — Keine Versendung. — Belletristik.

Katalog wird demnächst im Druck erscheinen.

Resiczabánya, siehe Reschitza.

Rječica (Croatien).

510. **Trappistenkloster** (gegr. 1882). Keine Auskunft zu erlangen.

Rimaszombat (Ungarn).

511. **[Vereinigtes protest. Ober-]Gymnasium** (Az egyesült protest. főgymnasium könyvtára). — 4506 Bde., darunter mehrere Incunabeln und ein Unicum „A sz. Dávid profétának ékes Rhytmusu Soltarival és a Soltárokból szereztetett Disiretekkel egyébb s. énekekkel megbövitett telyes könyv. Löcse (Leutschau) 1694". — Jährlich 400 Gulden von der Gymn.-Casse. — Bibliothekar: Prof. Dr. Veres Samu. — Alphabet. und Realzettelkatalog. In Neuordnung begriffen. — Von Fall zu Fall benützbar. — Keine Entlehnung oder Versendung. — Gründungsjahr ungewiss; entstanden bei Vereinigung der protest. Schulen i. J. 1853. — Vermehrt durch Geschenke. — Alle Wissenschaften.

Rosenau (Rozsnyó, Siebenbürgen).

512. **Bischöfliche Bibliothek** (Rozsnyói püspökségi könyvtár). — Ca. 10.000 Bde. — Keine bestimmte Dotation. — Zettelkatalog. — Jederzeit benützbar. — Ebenso Entlehnungen.

— Keine Versendung. Aus den Nachlässen der Bischöfe entstanden und vermehrt: Báró Andrássy Antal († 1799), Szányi Ferencz († 1810), Graf Eszterházi László († 1824), Kollárcsik István († 1869), Schopper György († 1895). — Theologie.

513. **[Kath. Ober-]Gymnasium** (A kath. fögymnasium tanári könyvtára). - Lehrerbibl. 5313 Bde. — Jahresdotation 300 bis 400 Gulden. — Director: Heffler Konrád; Bibliothekar: Prof. Gedean Miklós. — Alphabet. und Fachzettelkatalog. — Mit Ausnahme der grossen Ferien für Lehrer jederzeit benützbar. — Ebenso Entlehnungen. — Aufnahme fanden 1871 ein Geschenk des Hollók Imre von 1000 Bdn. geschichtlichen und juridischen Inhaltes, 1891 eine Spende des Szabó István von 817 Bdn. — Alle Wissenschaften.

Katalog der Sammlung Szabó im Jahresbericht des Gymnasiums für 1892/93.

514. **[Evang. Ober-]Gymnasium** (Az ágost. hitv. ev. fögymnasium tanári és ifjusági könyvtára). — *a)* Lehrerbibl. 1896 Bde.; *b)* 1200 Bde. — Jahresdotation *a)* 200 Gulden; *b)* 100 Gulden. — Director: Oravecz Mihály; Bibliothekar für *a)* Prof. Hallay Zsoltán; für *b)* Prof. Váry László. — Realkataloge. — Benützbar *a)* jeden Tag für den Lehrkörper; *b)* einmal wöchentlich für Schüler. — Keine Versendungen. Gegr. 1852. — *a)* Gymnasialfächer; *b)* Jugendliteratur.

515. **Kath. Seminar** (Róm. kath. papneveldei könyvtár). — 5455 Bde. und 1817 Hefte, 3 altungarische Drucke. — Dotation je nach Bedarf. Bibliothekar: Prof. Dr. Fábián Antal. Zettel- und alphabet. Katalog. — Für Mitglieder des Seminars jederzeit benützbar. — Keine Entlehnung oder Versendung. — Theologie.

Rozsnyó, siehe Rosenau.

St. Gotthard (Szent-Gotthárd, Ungarn).

516. **Cistercienserabtei** (Apátság könyvtára). — 5862 Bde. — Bibliothekar: P. Dr. Bartha Tamás. — Wissenschaftlicher Fachkatalog. — Keine Entlehnungen. — Versendungen an andere Klöster und Anstalten des Ordens. — Gegr. mit dem Kloster 1664. — Alle Wissenschaften.

Rainiss, Julius Die Abtei Zirez mit den dazu gehörigen Abteien Pilis, Pásztó und St. Gotthard in Ungarn. In: Ein Cistercienserbuch. Von Seb. Brunner. Würzburg 1881.

* 517. **[Staats-Unter-]Gymnasium** hat eine Prof.- und eine Jugendbibl., welche regelmässig nur von den Prof., respective

von der studirenden Jugend, von Fremden jedoch nur ausnahmsweise benützt wird. — Director: Kutrucz Rezsö.

Sárbogárd (Ungarn).

518. **Evang. Volksschule** (Az ev. ref. népiskolai könyvtára). — 166 Bde. — Bibliothekar: Haraszthy Károly. — Fachkatalog. — Jederzeit benützbar. — Entlehnungen, aber keine Versendungen. — Durch Schenkungen entstanden und vermehrt. — Alle Wissenschaften.

Sárospatak (Ungarn).

* 519. **Evang. ref. Akademie** (Az ev. ref. föiskolai könyvtára) — 52.000 Bde., 700 Handschriften, 20 Incunabeln. — Jahresdotation 1000 Gulden. — Bibliothekar: Szinnyei Gerszon, Akad.-Prof.; Bibliotheksadjunct: Harsányi István, Docent; 1 Diener. — Alphabet. Zettelkatalog, Standortsrepertorium, Fachkatalog. — Täglich von 11—12 Uhr, ausnahmsweise auch sonst benützbar. — Entlehnung mit Ausnahme der Handschriften, illustrirten und seltenen Werke. — Versendung gegen Caution an in- und ausländische Anstalten. — Gründung der Akademie und der Bibl. 1531. Schon im 17. Jhdt. war die Benützung der Bibl. durch ein noch heute erhaltenes Reglement geordnet. Auch sind Fach- und alphabet. Kataloge a. d. J. 1636 noch im Besitze der Bibl. — Alle Wissenschaften. — Die Akademie besitzt ausserdem eine ca. 5000 Bde. zählende Bibl. der ev. ref. akademischen Jugend, grösstentheils belletristischen Inhaltes.

Szinnyei, Gerszon. A sárospataki föiskolai könyvtár története. Sárospatak 1884.

520. **[K. ung. Staats-]Lehrerbildungsanstalt** (Az áll. tanitóképezde tanári könyvtára). — Lehrerbibl. 1703 Werke in 3961 Bdn. — Jahresdotation 80 Gulden. — Director: Dezsö Lajos; Bibliothekar: Prof. Hodossy Béla. — Alphabet. und Realkatalog. — Wöchentlich zweimal für die Schüler, zu jeder Zeit für die Lehrer der Anstalt benützbar. — Versendungen nur ausnahmsweise. — Gegr. 1871 aus Anlass eines Geschenkes von Erdélyi János (513 Werke in 925 Bdn.). — Vorzugsweise Philosophie und Pädagogik.

521. **Privatbibliothek Prof. Ballagi Géza.** — 8000 Bde., darunter 6000 Hungarica. — Zettel- und chronologischer Katalog. — Gegr. 1870. — Rechtswissenschaft, Politik.

Magánkönyvtárak hazánkban. Megjelent a „Hon" 1880. maj. 2-iki reggeli számában.

32*

Sátoralja-Ujhely (Ungarn).

522. **[Kath. Ober-]Gymnasium** (A róm. kath. fögymnasium tanári és ifjusági könyvtára). — *a)* Lehrerbibl. 3470 Bde.; *b)* Schülerbibl. 1580 Bde. — Jahresdotation für *a)* 200 Gulden; für *b)* 170 Gulden. — Bibliothekar: Prof. Hadady Géza. — *a)* Zettel-, *b)* alphabet. Realkatalog. — *a)* täglich, *b)* wöchentlich einmal benützbar. — Ebenso Entlehnungen, keine Versendung. — Gegr. *a)* 1795, *b)* 1884. — Alle Fächer des Gymn.; Jugendliteratur.

523. **Piaristenkloster** (A kegyestanitórendi társház könyvtára). — 4292 Bde. — Zettelkatalog. — Für Mitglieder des Klosters jederzeit benützbar. — Keine Entlehnungen oder Versendungen. — Alle Wissenschaften.

Schemnitz (Selmeczbánya, Ungarn).

* 524. **K. kath. Obergymnasium** (Kir. kath. nagygymnasium könyvtár). — Lehrerbibl. Selbständige Fachwerke 3100 in 4200 Bdn.; wissenschaftliche Monatsschriften 61 in 560 Bdn.; gemischte Fachwerke 80 in 200 Bdn.; ferner 6900 Programme; 191 Classenbücher und Journale: 10.332 Werke in 12.031 Bdn. — Jahresdotation 600 Gulden. — Director: Panek Ödön; Bibliothekar: Prof. Vojtáz Mátyás. — Ein handschriftlicher Inventar-, Zettel- sowie Schlagwortkatalog (Fachabtheilungen). — Programme selbständig nach Orten und Jahren geordnet. Die Jugendbibl. mit einem besonderen Inventar- und Bandkatalog. — Benützbar jederzeit für die Mitglieder des Lehrkörpers. — Ebenso Entlehnungen. — Keine Versendungen. — Gegr. zugleich mit der Anstalt. Nach der Verwüstung des Landes durch die Mongolen wurde 1265 neuerdings eine dreiclassige Schule eröffnet unter Leitung des Dominicaner- später des Jesuitenordens. Nach Aufhebung des Jesuitenordens i. J. 1772 und Einverleibung ihrer grossen Latifundien und Institute in den Religions- und Studienfond erhielt der Piaristenorden die Anstalt bis zum Jahre 1818 1849, wo die Professoren sammt Schülern an den politischen Kämpfen sich betheiligten. 1850—1851 wurde die Anstalt zum Obergymnasium erweitert, 1860 vom Orden aus Mangel an Lehrkräften auf ein Untergymnasium reducirt. 1869 neuerdings vom Unterrichtsminister Baron Eötvös auf 6 Classen ergänzt. Alle Wissenschaften fast gleichmässig vertreten und gepflegt. — Mit dem Gymnasium ist auch die nach Fächern geordnete Hausbibl. des Piaristenordens verbunden, wo die Ordensmitglieder mit allen zu ihrer weiteren geistigen Ausbildung nöthigen

Werken versorgt werden. — Ausserdem eine Schülerbibl. von 1658 Bdn.

Ueber die Bibl. berichten die Jahresprogramme der Anstalt.

525. **[Ev. Ober-]Gymnasium** (Az ágost. hitv. ev. lyceumi főgymnasium tanári könyvtára). — 6093 Werke in 9855 Bdn., 6 Handschriften. — Jahresdotation 250 Gulden. — Director: Jezsovics Károly; Bibliothekar: Vitális István. — Zettel- und alphabet. Fachkatalog. — Entlehnungen, aber keine Versendungen. — Die Bibl. entstand durch Legate verstorbener Geistlicher, Advocaten, Aerzte, Professoren u. s. w. Alle Wissenschaften.

Berichte über die Bibl. in den Jahresprogrammen des Gymn.

526. **Ung. Leseverein** (Magyar olvasó társulat könyvtár). — 3000 Bde. — Dotation: die von den Mitgliedern eingezahlten Vereinsbeiträge à 1·50 Gulden. — Bibliothekar: Platzer Ferencz. — Alphabet. Katalog. — Entlehnung auf 14 Tage. — Gegr. i. J. 1861.

Kataloge von 1882, 1885, 1891.

* 527. **Montan- und Forstakademie** (M. kir. bányászati és erdészeti akademia). — 18.968 Bde. und 333 Hefte. — Jahresdotation 2500 Gulden und 500 Gulden für Buchbinderarbeiten. — Bibliothekar: Prof. Pauer János; Kanzleibeamter: Ravasz Sándor; 1 Diener. — Zettelkatalog, Autoren- und Schlagwortkatalog, Inventar. — Geöffnet täglich von 9—12 und 3—8 Uhr. — Entlehnungen an Professoren und Assistenten unbedingt, an andere Personen gegen Caution. — Ausnahmsweise auch Versendungen gegen Caution. — Gegr. zugleich mit der Akademie. 1765 bewilligte die Wiener k. Hofkammer 600 Gulden zur Anschaffung von Inventarien und Büchern, aus welcher Summe Prof. Poda 169 Bde. ankaufte; diese bildeten mit den i. J. 1771 von der k. Hofkammer übersendeten 42 Bdn. den Grund der Bibl. 1774 wurde die Büchersammlung des Prof. und Bergrathes Thad. Peithner um 4000 Gulden erworben. Bis zum Jahre 1872 hatte die Bibl. keine regelmässige Dotation; seit dieser Zeit die oben angegebene.

528. **„Petöficlub" des ev. Lyceums A. C.** (Az ág. hitv. ev. lyceum „Petőfi-Kör" ifjúsági könyvtára). — Jugendbibl. 3000 Bde. — Jährliche Dotation 160 Gulden. — Nur für Mitglieder und Schüler benützbar. — Keine Versendung. — Den Grund zu dieser Bibl. legte am 21. October 1826 die „adelige ung. Gesellschaft", deren heutiger Name „Petöficlub" ist. — Handschriftlicher Katalog.

529. **Piaristenkloster** (A s. kegyes tanitórendi ház könyvtára). — 3519 Werke in 6804 Bdn. — Fachkatalog. — Keine Versendung.

Sellye (Ungarn).

530. **Casinoverein** (A Baranya-S. casino egyesület könyvtára). — 694 Bde. — Bibliothekar: Weigl Antal. — Gedruckter Katalog. — Mittwoch, Samstag und Sonntag nachmittags geöffnet und für Mitglieder benützbar. — Gegr. 1869. — Alle Wissenschaften.

Der letzte gedruckte Katalog erschien Pécs 1898.

Selmeczbánya, siehe Schemnitz.

Sepsi Szent-György (Siebenbürgen).

531. **Staatlich subventionirtes ev. ref. Székler Mikó-Collegium** (Az államilag segélyezett ev. ref. székely - mikó - kollegium tanári és ifjúsági könyvtára). — *a)* Lehrerbibl. 7895 Werke in 15.619 Bdn., 1 Incunabel, 200 Handschriften, 49 altung. Drucke. — Jahresdotation 360 Gulden. — Bibliothekar: Prof. Péter Mózes: 1 Diener. — Zettel-, alphabet. Katalog, Inventar. — Mittwoch von 2—5 Uhr benützbar. — Entlehnungen an den Lehrkörper. — Die Bibl. entstand aus Geschenken zuerst des ev. ref. Geistlichen Ferenczi János (1867), dann des Grafen Teleky Domonkos sen. und dem Nachlasse des Grafen Mikó Imre 1881. — Alle Wissenschaften. — *b)* Jugendbibl. 1163 Bde. — Jahresdotation 300 Kronen pro Jahr. — Alphabet. Katalog. — Bibliothekar: Prof. Péter Mózes. — Nur für Schüler benützbar. — Keine Versendung. — Entstanden i. J. 1863. — Alle Schulfächer.

Jahresbericht des Anstalt für 1881/82 und 1890/91.

532. **Székler-Nationalmuseum** (A székely - nemzeti múzeum könyvtára). 12.000 Bde., 70 Handschriften, 6000 Documente, 45 Karten. — Jahresdotation 700 Gulden. — Bibliothekar: Donyém István: 1 Diener. — Zettelkatalog. — Benützbar von 9—$\frac{1}{2}$12 und 3—5 Uhr. — Entlehnungen auf 6 Wochen. — Im J. 1875 fing die Witwe Johann Cserey's im Vereine mit Julius v. Vasady in Imecsfalva Bücher und andere Gegenstände zu sammeln an. Als der Platz zu mangeln begann, bot die Gründerin die Sammlung dem Széklermuseum an. Die Uebernahme erfolgte i. J. 1879. Mit der Sammlung kam Julius v. Vasady nach S. Szt. György, wo er dieselbe in den dafür gewährten Localitäten des ev. ref. Székler Mikó-Collegiums aufstellte. Beim Neubau des Collegiums wurden

der Bibl. abermals Localitäten zugewiesen und die leitenden Personen übernahmen die Obsorge für das Museum sammt Bibl., welche noch durch Legate vermehrt wurde. — Alle Wissenschaften.

Berichte über die Bibl. in den Jahresberichten seit 1892.

Siklos (Ungarn).

533. **Club der Opposition** (Az ellenzéki kör könyvtára). — 200 Bde. — Dotation aus den Jahresbeiträgen der Mitglieder. — Jeden Sonntag für Mitglieder benützbar. — Keine Entlehnungen und Versendungen. — Gegr. 1872. — Belletristik.

Sillein (Zsolna, Ungarn).

534. **Kön. kath. Gymnasium** (A királyi katholikus gymnasium tanári és ifjúsági könyvtára). — *a)* Lehrerbibl. 1411 Bde., *b)* Schülerbibl. 1851 Bde. — Jahresdotation für *a)* 150 Gulden: für *b)* aus den Beiträgen der Schüler. — Director: Biczovszky Károly; Bibliothekar für *a)* Prof. Dr. Mayer György; für *b)* Prof. Dr. Nicóra János. — Alphabet. Kataloge. — Entlehnungen *a)* an den Lehrkörper, *b)* alle 14 Tage an die Schüler der Anstalt. — Keine Versendungen. — Gegr. zugleich mit der Anstalt i. J. 1880. — Die Fächer des Gymnasiums, Jugendliteratur.

Skalitz (Szakolcza, Ungarn).

535. **Franciscanerkloster** (A szent ferenczrendi zárda könyvtára). — 5699 Bde. — Guardian und Bibliothekar: P. Miczélyi J. Valér. — Realkatalog. — Für Mitglieder des Klosters jederzeit, für andere Personen nur mit Bewilligung des Priors benützbar. — Keine Versendungen. — Theologie.

536. **Katholisches Gymnasium** (A m. kir. kath. gymnasium tanári könyvtára). — Lehrerbibl. 6730 Bde., 133 Karten. — Jahresdotation 200 Gulden. — Bibliothekar: Prof. Franzen Alajos. — Alphabet. Katalog. — Entlehnungen an den Lehrkörper. — Keine Versendungen. — Gegr. 1858 mit dem Gymnasium. — Alle Fächer der Anstalt.

Sopron, siehe Ödenburg.

Sopron-Iván (Ungarn).

537. **Volksschullehrerverein des Csepregher Dechanteibezirkes** (Az csepregi esperes kerületi néptanító egylet könyvtára). — 323 Bde. — Jahresdotation 10 Gulden. — Präsident:

Kiss József; Bibliothekar: Holczflisz Ferencz. — Handschriftl. Katalog. — Jederzeit benützbar. — Entlehnungen an Vereinsmitglieder. — Gegr. 1850. Alle Wissenschaften.

Steinamanger (Szombathely, Ungarn).

538. **Oeffentliche Bibliothek** (A sz. közkönyvtára). Volksschule. — 3942 Bde. — Jahresdotation 125 Gulden. — Vorstand: Dr. Kronecker József; Bibliothekar: Horváth János. — Alphabet. und Zettelkatalog. — Sonntag und Donnerstag von 11—12 Uhr geöffnet. — Entlehnungen an die Bewohner der Stadt auf 4 Wochen gegen Caution von 1—3 Gulden und Empfangsbestätigung. — Keine Versendungen. — Gegr. 1880 von der Stadtgemeinde, welche die Bibl. des 1870 aufgelösten Casinos zum Geschenke erhielt. · 1880 wurde ihr auch die Sammlung des aufgelösten Jugendvereines (Szombathelyi ifjúsági kör) geschenkt. — Alle Wissenschaften.

539. **Bürger- und höhere Handelsschule** (A polgári és felső kereskedelmi iskola tanári könyvtára). — Lehrerbibl. 775 Bde. — Dotation 200 Gulden. — Director: Seemann Gábor; Bibliothekar: Szumrák Károly, Lehrer. — Realkatalog. — Benützbar für den Lehrkörper. — Entlehnung gegen Revers. — Keine Versendung. — Gegr. mit der Anstalt 1886. — Handels- und Naturwissenschaften, Geschichte in erster Linie.

Ausweis über den Zuwachs in den Jahresberichten der Anstalt.

540. **Prämonstratenserkloster** (Premontrei tanári könyvtár). — Lehrerbibl. 12.835 Bde., 1 Incunabel, 61 Handschriften, darunter 10 alte heimische Drucke in lateinischer Sprache. Sehenswürdigkeit der Bibl.: die „tabula Peutingeriana" in 12 Stücken. — Jährlich 360 Gulden aus der Casse des Obergymnasiums. — Director: Dr. Edelmann Sebő; Bibliothekar: Dr. Dallos József. — Alphabet. und Realzettelkatalog. — Keine Versendung. — Gegr. um 1863/64. — Alle Wissenschaften.

A Szombathelyi kir. kath. főgymnasiumi 1895/96 és 1896/97 évi értesitő.

Strassburg (Nagy-Enyed. Siebenbürgen).

* 541. **[Evangelisches Bethlen-Ober-]Gymnasium** (Bethlen-főiskola könyvtára). (15 Juni 1898) 18.130 Werke in 31.770 Bdn., 19 Incunabeln, 203 Handschriften, 29 altung. Drucke. — Jahresdotation 1200 Gulden. Bibliothekar: Prof. Váró Ferencz; ein Student als Schreiber; 1 Schuldiener. — *a)* Alphabet. Zettel-, *b)* Fach- (mit 52 Gruppen), *c)* Inventarkatalog. — Für Prof. (und Studenten) täglich eine Stunde benützbar. — Entlehnungen nur an die Prof., sonst nur mit

besonderer Bewilligung des Vorstandes des Collegiums. Ebenso Versendungen. — Nach der i. J. 1849 erfolgten Vernichtung wurde die Bibl. durch Schenkungen und Käufe allmählich wieder hergestellt. — Eine werthvolle Sammlung von kostbaren Ausgaben der altclassischen Schriftsteller, sowie Hungarica (823 Bde.) spendete 1863 Graf Emerich Mikó. — Alle Wissenschaften des Gymnasiums; bis 1896 auch Theologie. — In Verbindung steht auch eine Schülerbibl. (Bethlen-kollégium ifjúsági könyvtára) mit 2404 Bdn. — Dotation für dieselbe 250 Gulden. — Bibliothekar: Prof. Váró Ferencz. — Gegr. 1858.

Ein gedruckter Katalog a. d. J. 1886.

542. **K. ung. Landesstrafanstalt** (A kir. orsz. fegyintézet fegyenczkönyvtára). — 485 Werke in 1220 Bdn., 428 Heften, 5 Karten. — Bibliothekar: Tóth Sámuel; zwei intelligentere Sträflinge als Gehilfen. — Alphabet. Realkatalog. — Jeden Sonntag nachm. für die Sträflinge benützbar. — Erbauungsbücher, Geschichte, Oekonomie, Belletristik.

Stuhlweissenburg (Székesfehérvár, Ungarn).

543. **Bisch. Bibliothek** (A püspöki könyvtára). — Ca. 10.000 Bde., 250 Incunabeln. — Theilweise handschriftlicher Katalog. — Keine Entlehnungen und Versendungen. — Gegr. 1777 und durch Nachlässe vermehrt. — Theologie.

544. **Franciscanerkloster** (A szent ferenczrendiek kolostori könyvtára). — 1815 Bde., 6 Incunabeln. — Bibliothekar: P. Maurer Athanáz. — Realkatalog. — Nur Hausbibl. — Keine Entlehnungen oder Versendungen. — Gegr. zugleich mit dem Kloster. — Alle Wissenschaften, besonders Theologie und Geschichte.

545. **[Cistercienser-Ober-]Gymnasium** (A cisterci rend székesfehérvári kath. fögymnasiumának tanári és ifjúsági könyvtára). — *a)* Lehrerbibl. 9121 Bde. — Jährlich 350 Gulden aus der Ordenscassa. — Bibliothekar: P. Kolonics Lipót. — Alphabet. und Realzettelkatalog. — Nur für den Lehrkörper benützbar. — Keine Versendungen. — Entstand aus der ehemaligen Jesuitenbibl. und kam 1814 in Besitz des Ordens. — Alle Wissenschaften. — *b)* Schülerbibl. 3380 Bde. — Jahresdotation 150 Gulden von Seite der Abtei Zirez. — Bibliothekar: P. Reiser Otto. — Alphabet. und Realkatalog. — Keine Versendung. — Entstanden i. J. 1851. — Alle Fächer der Anstalt.

Gymn.-Programm 1896. „A cisterci rend székes fehérvári kath. fögymnasiuma ifjúsági könyvtárának betüsoros jegyzéke."

546. **[Staatl. Ober-]Realschule** (Az állami föreáliskola tanári könyvtára). — Lehrerbibl. 3665 Bde. — Jährlich 400 Gulden vom Unterrichtsministerium. — Bibliothekar: Prof. Téri József. — Alphabet. und Realzettelkatalog. — Für den Lehrkörper jederzeit benützbar. — Ebenso Entlehnungen. — Keine Versendungen. — Gegr. mit der Schule 1854. — Alle Schulfächer. Pädagogik.

547. **Stadtbibliothek** (S. F. sz. kir. város közkönyvtár). 354 Bde. — Dotation 100 Gulden. — Bibliothekar: Tóth István, Obernotär. — Accessionskatalog. — Täglich von 8—12 und 2—5 Uhr benützbar. — Entlehnung auf einen Monat. — Keine Versendung. — Gegr. 1894. — Alle Wissenschaften.

548. **Vörösmartyverein. Oeffentliche Bibliothek** (Vörösmartykör könyvtár). — 1200 Bde. — Jahresdotation 200 Gulden aus den Mitgliedsbeiträgen. — Director: Bértessy T.: Bibliothekar: Kolonics Lipót; 1 Diener. — Alphabet. Katalog. — Montag nachm. geöffnet. — Entlehnung auf einen Monat an Mitglieder; darüber hinaus 4 Heller pro Tag. — Entstand 1867 aus der 1859 gegr. Casinobibl. — Vorzugsweise ungarische Belletristik.

Gedruckte Kataloge von 1897 und 1898.

Sümeg (Ungarn).

549. **Bezirkslehrerverein** (A s. járás tanitói kör könyvtára). — 555 Bde. — Bibliothekar: Károlyi János. — Fachkatalog. — Benützung und Entlehnung für Mitglieder. — Keine Versendung. — Gegr. 1872. — Alle Wissenschaften, besonders Pädagogik.

550. **[K. ung. Staats-]Realschule** (A m. kir. állami reáliskola tanári és ifjúsági könyvtára). — *a)* Lehrerbibl. 5776 Bde., 2 Handschriften; *b)* Schülerbibl. 712 Bde. — Jahresdotation *a)* 200 Gulden; *b)* aus den Beiträgen der Schüler, 1 Gulden pro Kopf. — Bibliothekar: Prof. Czunya Sándor. — *a)* Zettel- und Realkatalog; *b)* alphabet. Katalog. — *a)* Jederzeit; *b)* zu bestimmten Stunden benützbar. — Entlehnungen *b)* auf zwei Wochen. — Keine Versendungen. — Gegr. *a)* 1861; *b)* 1873. — *a)* Alle Fächer der Realschule; *b)* Jugendliteratur.

Jahresberichte der Realschule für 1880/81 und 1881/82.

Szabadka, siehe Maria Theresiopel.

Szakolcza, siehe Skalitz.

Szamosújvár (Siebenbürgen).

551. **[K. ung. Staats-Ober-]Gymnasium** (A sz. m. kir. áll. fögymnasium tanári könyvtára). Lehrerbibl. 3227 Bde., 1 Handschrift. — Director: Mártanti Lajos; Bibliothekar: Mihelics Károly. — Inventarkatalog. — Benützbar zu jeder Zeit für den Lehrkörper. — Keine Entlehnung oder Versendung nach auswärts. — Gegr. zugleich mit der Anstalt. — Alle Gymnasialfächer.

552. **[K. ung. Landes-]Strafanstalt** (A kir. országos fegyintézet tiszti könyvtára). — 183 Bde. — Dotation wechselnd. — Vorstand: Uhlyarik Albin; Bibliothekar: Marusán J. Gusztáv. — Fachkatalog. — Zum Amtsgebrauche. — Keine Entlehnung oder Versendung. — Gegr. vom Justizministerium 1869. — Gefängnisswesen und Pädagogik.

Szászváros, siehe Broos.

Szatmár (Ungarn).

553. **Bischöfliche und Diöcesanbibliothek** (Püspöki és egyházmegyei könyvtára). — 22.800 Bde., 50 Handschriften, 15 Incunabeln, darunter 99 alte ung. Drucke. — Oberaufsicht: Der Bischof. — Zettelkatalog. — Entlehnungen, aber keine Versendungen. — Gegr. aus den Büchernachlässen der Bischöfe und Domherren. Dr. L. Schlauch, früher Bischof von Szatmár, kaufte die Bibl. des Journalisten Johann Török i. J. 1874 und spendete dieselbe der Diöcese. — Zumeist Theologie und Geschichte.

554. **[K. kath. Ober-]Gymnasium** (A kir. kath. fögymnasium tanári könyvtára). — Lehrerbibl. 5000 Bde. — Jährlicher Zuschuss wechselnd, durchschnittlich 300 Gulden aus dem kath. Studienfond. — Bibliothekar: Prof. Sarmaságh Géza. — Zettelkatalog. — Zur Schulzeit immer benützbar. — Keine Versendung. — Entstand i. J. 1847. — Alle Gymnasialfächer.

Sarmaságh Géza, A szatmári k. kath. fögymnasium története 1896.

555. **St. Aloisiusgesellschaft der Szatmárer Kleriker** (A szatmári papnövendékek szent Alajos társulatának könyvtára). — 2170 Bde. — Wechselnde Dotation aus dem Fond der Gesellschaft. — Oberbibliothekar: Vajtko János; Unterbibliothekare: Wieser István und Archivar Irsik Lajos. — Realkatalog. — Nur für die Kleriker benützbar. — Keine Versendung. — Gegr. 1856 durch 12 für ung. Kirchenliteratur begeisterte Kleriker. — Theologie und andere Fächer.

Szécsány (Ungarn).

556. **Communal-Volksschul-, Jugend- und Volksbibliothek** (A torontálszécsányi közs. el. népiskola ifjúsági és népkönyvtára). 837 Bde. — Dotation 40—50 Gulden. — Bibliothekar: Michels Sándor, Lehrer. — Alphabet. Katalog. — Entlehnungen, aber keine Versendungen. — Gegr. 1878. — Alle Wissenschaften, populäre Literatur.

Szécsény (Ungarn).

557. **Salvatorianer-Franciscanerkloster** (Az üdvözitöröl szevezett szent ferenczrendi sz. tartomány kolostora könyvtára). — 2375 Bde., 25 Incunabeln, 65 Handschriften, 23 altung. Drucke. Bibliothekar: P. Árva Ferencz. — Katalog in Vorbereitung. — Keine Entlehnungen oder Versendungen. — Zugleich mit dem Kloster ca. 1600 gegr. — Theologie.

Szegedin (Szeged, Ungarn).

558. **Bürger- und höhere Handelsschule** (A polg. és felsö kereskedelmi iskola tanári könyvtára). — Lehrerbibl. 727 Werke in 955 Bdn. — Dotation 150 Gulden. — Director: Viszit Lajos; Bibliothekar: Barkóczy G. — Alphabet. Katalog. — Benützbar für die Lehrer der Anstalt. — Ebenso Entlehnungen. — Keine Versendungen. — Gegr. 1873. — Vorzugsweise Handelswissenschaft.

559. **Franciscanerkloster** (A szt. ferenczrendiek magán könyvtára). — Privatbibl. 4341 Bde., 300 Handschriften, darunter ein handschriftlicher Band aus 1454, 33 Incunabeln, 36 Stück alte ung. Drucke. — Bibliothekar: P. Bognár Márk. — Realkatalog; Zettelkatalog in Ausarbeitung. — Nur Hausbibl. — Keine Entlehnungen und Versendungen. — Die Gründung der Bibl. fällt mit der des Klosters i. J. 1468 zusammen. — Theologie und andere Wissenschaften.

560. **[K. ung. Districts-]Gefangenhaus** (A kir. ker. börtön tiszti és rabkönyvtára). — 1711 Bde. Realkatalog. — Entlehnungen auf 14 Tage für Beamte und Gefangene. — Keine Versendungen. — Gegr. 1887. — Fachliteratur, Pädagogik, Moral.

561. **Gewerbecorporation** (Ipartestületi könyvtár). — 1013 Bde. Jahresdotation 100 Gulden. — Bibliothekar: Smikl István. — Fachkatalog. — Benützbar Donnerstag von 6 bis 8 Uhr. Entlehnungen auf zwei Wochen unentgeltlich, darüber hinaus gegen eine Gebühr von 2 Kreuzern pro Tag.

— Gegr. mit dem Vereine 1885. — Alle Wissenschaften, besonders Gewerbewesen.

A Szegedi ipartestület könyvtár-jegyzéke. Szeged 1898.

562. **Minoritenkloster** (A minorita rendház magán könyvtára). — Privatbibl. 1000 Bde. — Bibliothekar: Guardian P. Tamásy Imre. — Alphabet. Katalog. — Keine Versendung. — Zugleich mit der Niederlassung des Ordens 1739 entstanden, der von Belgrad hierher wanderte. — Theologie.

* 563. **Somogyi-Bibliothek und Städtisches Museum** (Somogyi könyvtár és városi múzeum könyvtára), seit 1896 in dem eigenen, eigens zu diesem Zwecke erbauten Hause. — 56.771 Bde., darunter 187 Bde. ungarische und andere Incunabeln. — Jahresdotation (für Neuanschaffungen und Einbinden) 2000 Gulden. — Bibliotheks- und Museumsdirector: Reizner János; Custos: Lázár Béla; 2 Diener. — Ein alphabet. Grundkatalog und 1 Fachkatalog, beide in Zettelform. — Die Benützung steht jedem über 16 Jahre alten Besucher offen; täglich von 10—1 Uhr, am Mittwoch und Samstag von 3—7, an den übrigen Tagen von 4—7 Uhr; an Sonn- und Feiertagen, sowie im Juli und August geschlossen. — Keine Entlehnungen und Versendungen. — Die Bibl. wurde i. J. 1881 (damals 13.000 Bde.) von dem Abt und Domherrn des Graner Erzcapitels, Karl Somogyi, der Stadt Szegedin geschenkt und 1883 von Sr. Majestät feierlich eröffnet.

Magyar könyv-szemle 1886.

564. **[Höhere Staats-]Töchterschule** (Az állami felsöbb leányiskola tanári és ifjúsági könyvtára). — Lehrer- und Jugendbibl. 113 Bde. — Jahresdotation 171 Gulden aus den Lehrmittelbeiträgen der Schülerinnen. — Director: Dr. Zímer Károly; Bibliothekar: Prof. Dr. Vajda Gyula. — Gegr. 1897 zugleich mit der Anstalt. — Belletristik, Geschichte, Naturwissenschaften, Aesthetik.

Szegszárd (Ungarn).

565. **[K. ung. Staats-]Bürgerschule** (Az állami s. k. polgári iskola tanári és ifjusági könyvtára). — *a)* Lehrerbibl.: *b)* Schülerbibl., zusammen 2022 Bde., 158 Hefte, 52 Karten, 1230 Programme, 2 altungar. Drucke. — Jahresdotation 200 Gulden. — Director und Bibliothekar für *a)* Kramer János; für *b)* Kardos Ignácz. — Für *a)* handschriftl., für *b)* gedruckter Katalog. — Jederzeit benützbar. — Entlehnungen an den Lehrkörper, beziehungsweise die Schüler der Anstalt. —

Gegr. *a)* 1876; *b)* 1877. — Die Fächer der Schule. Jugendliteratur.

Székely-Keresztúr (Siebenbürgen).

566. **Unitar. Gymnasium** (Az unitárius gymnasium tanári és ifjusági könyvtára). — *a)* Lehrerbibl. 16.826 Werke, zahlreiche Handschriften, Familienacten, Landkarten und eine Münzsammlung: 325 altungarische Druckwerke, darunter mehrere Unica; *b)* Schülerbibl. 2069 Bde. Jahresdotation für *a)* 150–200 Gulden aus der Gymn.-Casse und dem Moses Berde'schen Bibl.-Fond von 1000 Gulden: für *b)* 125 Gulden. — Steht unter der Aufsicht und Leitung der Direction und des in Klausenburg residirenden Unitar. Kirchenrathes. — Bibliothekar für *a)* Prof. Papp Mózes; für *b)* Prof. Nagy Árpád. — Alphabet. Zettelkatalog, Sachregister und Einlaufjournal. — Geöffnet *a)* nach Bedarf, *b)* wöchentlich einmal. — Entlehnungen unentgeltlich, für Prof. auf 1 Jahr, für Schüler auf 14 Tage, für Auswärtige auf 1 Monat. Aus der Sammlung des Moses Berde wird nur gegen Einsatz des vollen Buchwerthes ausgeliehen. — Versendung nur mit Erlaubniss des Kirchenrathes, auf Kosten des Entlehners und gegen Caution. — Die Bibl. ist in den letzten Decennien des vorigen Jahrhunderts durch Schenkungen entstanden. Im J. 1877 wurde die Privatbibl. des Alexius Jakab, Vicedirector des Staatsarchivs in Budapest, angekauft (2872 Werke), bis zum J. 1899 schenkte er noch 2186 Werke. Im J. 1877 spendete Johann Kovachich Horváth de Magyar-Zákod seine aus 1297 Werken bestehende Bibl., die unter seinem Namen verwaltet wird. Seit 1877 erhält die Bibl. die Ausgaben der kön. ung. Akademie der Wissenschaften. In den J. 1883—1890 schenkte der Bibliothekar Moses Berde 390 Gulden, i. J. 1890 stiftete er einen Fond von 1000 Gulden, von dem $^4/_5$ zum Kaufe verwendet, $^1/_5$ capitalisirt wird. Aus diesen Geldern sind bisher 256 Werke angeschafft, welche unter dem Titel: „Die Bibl. des Moses Berde von Laborfalva" separat verwaltet werden. Von den zahlreichen Schenkungen mögen diejenigen der Herren: Stefan Csoma, Dionys Pálffy de Toresafalva, Stefán Sándor de Jánosfalva, Paul Hadnagy, Gregor Marossi, Moses Sándor, Baron Blasius Orbán, Franz Kozma und Franz Szabó erwähnt werden. — *b)* gegr. am 28. October 1837. — Alle Wissenschaften der Anstalt; Jugendliteratur.

Sándor János in: Keresztény Magvető (1877, Heft 2) und in seiner Geschichte des Unit.-Gymn. „A sz.-k. unitárius gymnasium történelme." — Katalog für *b)* erschien i. J. 1879.

567. **Staatliche Lehrerbildungsanstalt** (Az állami tanitóképző intézet könyvtára). — 2185 Bde., 617 Hefte, 686 Schulpro-

gramme. – Jährlich 80 Gulden von Seite des Unterrichtsministeriums. – Bibliothekar: Bedö Dénes. – Realkatalog. — Immer benützbar. – Keine Versendung. — Gegr. wurde die Bibl. zugleich mit der Lehranstalt 1870.

Székely-Udvarhely (Siebenbürgen).

568. **Ev. ref. Collegium** (Sz. udv. ev. ref. kollegiumi és ifjusági könyvtár). — *a)* Lehrerbibl. 17.952 Bde, darunter 6 Incunabeln. 200 Handschriften, einige alte Landkarten: 152 altungarische Drucke (bis 1711), darunter 2 Unica. Jahresdotation 300 Gulden. — Bibliothekar: Prof. Kovács Daniel. — Alphabet. Zettelkatalog, Sachregister und Standortskatalog. — Wöchentlich zweimal 2 Stunden für Prof. und Schüler des Collegs, mit Erlaubniss der Vorstehung auch für Fremde benützbar. — 1670 von Graf Bethlen János mit 26 Werken gegr.; in demselben Jahre spendete auch Apafi Mihály, Fürst von Siebenbürgen 18 Werke. — Alle Wissenschaften, besonders die Fächer der Mittelschule. — *b)* Jugendbibl. 2561 Bde., 1 Karte. — Jahresdotation 200 Gulden. — Director: Fejss Áron; Bibliothekar: Szén András. — Alphabet. und Realkatalog. — Jeden Mittwoch und Samstag nachmittags benützbar. — Entlehnungen auf 2—4 Wochen. — Keine Versendungen. — Belletristik..

Kis Ferencz. A sz.-udvarhelyi ev. ref. kollegium története. M. Vásárhelyt 1875. — Gönczi Lajos. A sz.-udvarhelyi ev. ref. kollegium multja és jelene. Sz.-Udvarhelyt 1875.

* 569. **Katholisches Gymnasium** (A róm. kath. fögymnasium tanári és ifjusági könyvtára). — *a)* Lehrerbibl. 2040 Werke in 3164 Bdn., 1 Incunabel. — Jahresdotation 800 Gulden. — Director: Soós Árpád; Bibliothekar: Prof. Embery Árpád. — Zettelkatalog. — Stets benützbar, wenn der Bibliothekar frei ist. — Entlehnungen und Versendungen an Prof. und bekannte Persönlichkeiten gegen Revers. — Gegr. 1852; i. J. 1886 wurde die Rieger'sche Bibl. übernommen. — Theologie, Sprachwissenschaften, Philosophie und Naturwissenschaften. — Getrennt davon besitzt die Anstalt eine Jugendbibl. von 1365 Bdn. – Dotation aus den Schülerbeiträgen. – Bibliothekare die Prof. Kovács János und Keith Károly. — Alphabet. Kataloge.

Geschichte der Bibl. enthalten im Jahresberichte der Anstalt 1895/96.

570. **[K. ung. Staats-Ober-]Realschule** (A sz. m. kir. föreáliskola tanári és ifjúsági könyvtára). — *a)* Lehrerbibl. 4315 Bde., 558 Hefte; *b)* Schülerbibl. 1151 Bde. — Jahresdotation *a)* 400—500 Gulden; *b)* 100 Gulden aus den Lehrmittel-

beiträgen der Schüler. — Director: Dr. Solymossy Lap; Bibliothekar für *a)* Prof. Barabás Fenö; für *b)* Prof. Nosz Gusztáv. — *a)* alphabet. und Realzettelkatalog; *b)* Realkatalog. — *a)* jederzeit für den Lehrkörper benützbar, dem auch das Entlehnrecht zusteht. — Keine Versendungen. — Gegr. *a)* 1872 zugleich mit der Anstalt; *b)* 1874. — *a)* alle Fächer der Realschule, Handbücher; *b)* Jugendliteratur.

Schulprogramme 1884/85.

Székesfehérvár, siehe Stuhlweissenburg.

Szentes (Ungarn).

571. **Casino** (A kaszinó könyvtára). — 3736 Bde. — Jahresdotation 150 Gulden. — Bibliothekar: Kovács Lajos. — Alphabet. Katalog. — Wöchentlich zweimal, Mittwoch und Samstag nachm. für Vereinsmitglieder benützbar. — Ebenso Entlehnungen. — Keine Versendungen. — Gegr. 1860. — Belletristik.

572. **Geschichts- und archäol. Verein des Com. Csongrád** (A csongrádmegyei történelmi és régészeti társulat könyvtára). — 1922 Bde., 30 Handschriften, 2 altung. Drucke. — Jahresdotation 100 Gulden. — Bibliothekar: Molecz Béla. — Realkatalog. — Sonntag nachm. benützbar. — Keine Entlehnungen oder Versendungen. — Gegr. am 10. Mai 1897. — Ungar. Geschichte und Alterthumswissenschaft.

Katalog im Jahrbuch des Vereines 1899.

573. **[K. ung. Staats-Ober-]Gymnasium** (A m. kir. állami fögymnasium tanári és ifjusági könyvtára). — *a)* Lehrerbibl. 2557 Bde.; *b)* Schülerbibl. 1276 Bde. — Dotation *a)* 400 Gulden; *b)* 120 – 130 Gulden. — Bibliothekar: Prof. Balársovits Norbert. — *a)* Fachkatalog; *b)* Inventar. — *a)* jederzeit, aber nur für Lehrer, *b)* für Schüler Mittwoch und Samstag benützbar. — Keine Versendungen. — Beide gegr. 1871. — *a)* alle Fächer des Gymn.; *b)* vorzugsweise Pädagogik.

Szent-Gericze (Ungarn).

574. **Volksbibliothek** (Népkönyvtár). — 225 Bde. — Präsident: Ürmön Kálmán; Bibliothekar: Majay Gábor. — Inventar. — Sonntag und Donnerstag geöffnet. — Entlehnungen auf 14 Tage. — Keine Versendungen. — Gegr. 1883. — Populärwissenschaften, Belletristik.

Szent-Gotthárd, siehe St. Gotthard.

Szepeshely (Ungarn).

575. **Priesterseminar** (A papnevelöintézet könyvtára). — 4200 Bde., 7 Handschriften. — Director: Horváth Viktor; Bibliothekar: Dr. Stuckner János. — Jederzeit benützbar. Entlehnungen an den Lehrkörper und die Zöglinge der Anstalt. — Theologie.

Szöllös-Györök (Ungarn).

576. **Leseverein** (Az olvasó kör könyvtára). — 1634 Bde. — Bibliothekar: Ráthay Lajos. — Realkatalog. — Jeden Nachmittag benützbar. — Entlehnungen gegen Gebühr von zwei Kreuzern pro Band. — Versendungen an Mitglieder. — Gegr. 14. Januar 1872. — Vorzugsweise Belletristik.

A szöllös-györöki olvasókör könyveinek lajstroma 1877.

Szolnok (Ungarn).

577. **Franciscanerkloster** (A sz. ferenczrendi zárda magán könyvtára). — 2000 Bde., 1 Incunabel. — Bibliothekar: P. Hermann Tadé. — Fachkatalog — Benützbar nur für Mitglieder des Klosters. — Keine Entlehnungen oder Versendungen. — Im J. 1694 widmeten die 1685 in Szolnok eingeführten Franciscaner der ung. Ordensprovinz zum hl. Erlöser in ihrem neuerbauten Kloster eine Zelle für Archiv und Bibl. Von da an durch Kauf und Spenden, besonders aus den Nachlässen verstorbener Patres vermehrt. — Vorzugsweise Theologie.

578. **[K. ung. Staats-Ober-]Gymnasium** (A. m. kir. áll. fögymnasium tanári és ifjusági könyvtára). — *a)* Lehrerbibl. 2650 Bde. — Jahresdotation 350 Gulden. — Director: Dr. Iványi Ede; Bibliothekar: Prof. Ficsór József. — Zettelkatalog. — Entlehnungen an den Lehrkörper. — Keine Versendungen. — Gegr. 1887 mit der Anstalt. — Alle Fächer des Gymn. — *b)* Schülerbibl. 1644 Bde. — Jahresdotation 150 Gulden. — Bibliothekar: Prof. Dr. Keil Alajos. — Fachkatalog. — Benützbar nur für die Schüler der Anstalt. — Keine Versendungen. — Jugendliteratur.

Szombathely, siehe Steinamanger.

Sztropkó (Ungarn).

579. **Franciscanerkloster** (A szent ferenczrendi zárda könyvtára). — 995 Bde. — Guardian: P. Jablonszky Kornél.

— Handschriftl. Katalog. — Jederzeit geöffnet. — Keine Entlehnungen oder Versendungen. — Gegr. 1774. — Theologie.

Tapolcza (Ungarn).

580. **Staats-Knaben-Bürgerschule** (Állami polgári fiúiskola könyvtára). — 535 Bde. — Dotation 42 Gulden. — Director: Redl Gusztáv; Bibliothekar: Szucs Mihály. — Fachkatalog. — Benützbar für den Lehrkörper. — Keine Entlehnung oder Versendung. — Gegr. 1872. — Fachbibl.

Tarczal (Ungarn).

581. **K. ungar. Winzerschule** (A m. kir. vinczellér iskola könyvtára). — 973 Bde. — Inventar. — Fachliteratur.

Tata, siehe Totis.

Tecsö (Ungarn).

582. **Leseverein** (Az olvasókör könyvtára). — 211 Bde. — Bibliothekar: Kisfaludy Ferencz. Realkatalog. — Geöffnet Donnerstag und Sonntag von 5—7 Uhr. — Entlehnungen auf 14 Tage. — Keine Versendungen. — Populäre Literatur.

Temesvár (Ungarn).

583. **Wieszner's Bürger- und höhere Handelsschule** (A Wieszner-féle polgári és felsö kereskedelmi iskola könyvtára). — 560 Bde. — Jahresdotation 50 Gulden von Wieszner Ferencz. Director: Bocz József; Bibliothekar: Stebert Ernö. — Realkatalog. — Wöchentlich dreimal geöffnet. — Nur für die Zöglinge der Anstalt benützbar. — Keine Entlehnung oder Versendung nach auswärts. — Gegr. 1862. — Handelsfächer.

* 584. **Militärwissenschaftlicher und Casinoverein.** — 2400 Bde. — Jahresdotation 400 Gulden. — Präses: Oberst Emil Rieger; Bibliothekar und Secretär: Hauptmann d. R. Angelo Springer; 2 Diener. — Numerischer Inventar- und alphabetischer Autorenkatalog. — Nachschlagebücher erliegen ständig im Lesezimmer, sonst werden Bibliothekswerke nur an Vereinsmitglieder in den Wintermonaten zweimal, in den Sommermonaten einmal in der Woche ausgegeben, respective ausgetauscht. Werke wissenschaftlichen Inhaltes kommen auf Verlangen auch alltäglich zur Ausgabe. Versendungen wissenschaftlicher Werke auf Kosten des Vereines über Wunsch von Officieren aus Garnisonen innerhalb des Corpsbereiches.

— Bibl. gegr. zugleich mit dem Vereine 1870. — Besonders gepflegt Militärwissenschaften.

585. **Südung. Geschichts- und archäolog. Museumsverein** (A délmagyarországi történelmi és régészeti múzeumtársulat könyvtára). — 2222 Bde. und 720 Hefte. — 1. Schriftführer: Patzner István; 2. Schriftführer: Dr. Berkeszi István; 1 Diener. — Alphabet. und Realkatalog. — Sonntag von 10—12 Uhr geöffnet und für Mitglieder unbedingt, für andere Personen nur mit Erlaubniss des Bibliothekars benützbar. — Entlehnungen auf einen Monat. — Versendungen an öffentliche Anstalten und Bibliotheken. — Gegr. 1872, erhielt die Bibl. i. J. 1895 von Ormós Zsigmond 300 Bde. — Geschichte und Alterthumswissenschaft.

Jahresbericht des Vereines für 1893. — Bücherverzeichniss erschien 1891.

586. **Ung. Geselligkeitsverein der Temesvárer Fabriksstadt** (A t. gyárvárosi magyar társaskör könyvtára). — Ca. 1300 Bde. Bibliothekar: Merényi János. — Fachkatalog. — Geöffnet Mittwoch und Samstag 2—4. Entlehnungen an Mitglieder auf sechs Wochen. — Keine Versendungen. — Gegr. mit dem Vereine 1882. — Alle Wissenschaften, Belletristik.

Merényi János. A temesvár-gyárvárosi magyar társaskör könyvtárának czimjegyzéke. Temesvár 1899.

587. **Handels- und Gewerbekammer** (A t. kereskedelmi és iparkamara könyvtára). — Ca. 3000 Bde., 69 Karten. — Dotation ca. 200 Gulden. — Alphabet. Zettelkatalog. — Von 9 bis 12 und 3—6 Uhr geöffnet. Nur in den Bibliotheksräumen benützbar. — Keine Entlehnungen und Versendungen. — Gegr. zugleich mit der Kammer 1850. — Volkswirthschaft.

588. **Josefstädter bürgerlicher Leseverein** (Tem. józsefvárosi polgári olvasó egylet). 2400 Bde. — Bibliothekare: Seidl Emil, Kormács János. Tóth Gyula. Alphabet. Katalog. — Täglich von 6—7 Uhr geöffnet. — Entlehnungen an Mitglieder (zwei Bde.) gegen Erlag eines Monatsbeitrages von 30 Kreuzern. — Versendungen nur bedingungsweise. — Gegr. 1878. Bestand erst als Lese- und Fortbildungsverein (Beitrag 20 Kreuzer pro Monat). — Besonders volksthümliche Literatur.

Gedruckter Katalog.

589. **[K. ung. Staats-Ober-]Realschule** (Az állami főreáliskola tanári és ifjúsági könyvtára). — *a)* Lehrerbibl. 6733 Bde. — Dotation 300 Gulden. — Director und Bibliothekar: Dr. Laky Mátyás. — Alphabet. und Zettelkatalog. — Für den Lehrkörper täglich benützbar. — Keine Entlehnung oder Ver-

33*

sendung nach auswärts. — Gegr. mit der Schule 1870. — Alle Wissenschaften, besonders Sprachen, Geschichte und Realfächer. — b) Jugendbibl. 3322 Bde., eine Sammlung von 149 Stück Hungaricis. — Jahresdotation 400 Gulden. — Bibliothekar: Prof. Derényi Adolf. — Täglich benützbar für Schüler. — Keine Versendung. — Gegr. 1870. — Jugendliteratur, Belletristik, Hungarica.

Berkeszi. A Tem. főreáliskola története 1896.

590. **Stadtbibliothek** (Temesvár sz. k. város könyvtára). — 1876 Bde. Jahresdotation 200 Gulden. — Bibliothekar: Bellay József, städt. Archivar. — Realkatalog. — Nur für die Beamten benützbar. Ins Leben gerufen durch den Magistrat i. J. 1895. — Geschichte, Rechtswissenschaft. Verwaltung.

591. **Südung. Naturwissenschaftlicher Verein** (A délmagyarországi természettudományi társulat könyvtára). — 1506 Bde., 18 Karten. — Jahresdotation 50 Gulden. — Bibliothekar: Prof. Ries Ferencz; 1 Diener. — Alphabet. Katalog. — Entlehnungen an Vereinsmitglieder. — Keine Versendungen. — Gegr. zugleich mit dem Vereine 1874. — Naturwissenschaften.

592. **[Innerstädtische Communal-]Volksschule** (A bel. községi népiskola könyvtára). — 347 Bde. — Jahresdotation 40 Gulden. — Director: Gokler Antal; Bibliothekar: Révai Károly. — Handschriftlicher Katalog. — Benützbar für den Lehrkörper. — Ebenso Entlehnungen. — Keine Versendungen. — Gegr. in den Siebzigerjahren. — Die Fächer der Schule, Pädagogik.

593. **[Communal-Elementar-]Volksschule** (A közs. elemi népiskola ifjúsági és tanitói könyvtára). — Lehrer- und Schülerbibl. 446 Bde. — Dotation 40 Gulden. — Director: Krämer F.; Bibliothekar: Reitter Ferencz, Lehrer. — Zettel- und Realkatalog. — Samstag um 11 Uhr geöffnet. — Keine Versendung. — Gegr. 1868. — Gegenstände der Volksschule.

594. **Fabriksstädter Volks- und Jugendbibliothek** (Temesvár-gyárvárosi nép- és ifjúsági könyvtár). — 1058 Bde. — Jahresdotation 40 Gulden von der Stadt. — Bibliothekar: Tussel Gáspár. — Entlehnungen, aber keine Versendungen. — Auf die Initiative der Lehrer Müller Gáspár und Irsay János 1861 gegr. — Vorzugsweise Jugendliteratur und Pädagogik.

Tihany (Ungarn).

595. **Abtei des Martinsberger Benedictinerordens** (A pannonhalmi sz. Benedekrend tihanyi apátságának könyvtára). —

11.460 Bde., 2 Incunabeln, 13 Handschriften, 21 ungarische Incunabeln, der sogenannte Tihanyer Codex aus 1531 und das Kammerrechnungsbuch des Tihanyer Schlosshauptmannes Stefan Pisky von 1585—89. — Bibliothekar: P. Dr. Wurdits Károly. — Jahresdotation 120 Gulden. — Alphabet. Katalog. — Mit Erlaubniss der Oberen für Ansuchende geöffnet. — Keine Versendung. — Entstanden 1802. — Theologie und andere Fächer.

Labach, Berthold. Martinsberg, Erzabtei in Ungarn, mit Bakonybél, Dömölk und Tihany. In: Ein Benedictinerbuch. Von Seb. Brunner. Würzburg 1881. — „Magyar Állam" Jahrg. 1890. Nr. 48—50. Aufsatz über die Bibl. von P. Dr. Récsei Viktor.

Tiszafüred (Ungarn).

596. **Oeffentliche Bibliothek mit Museum** (Múzeum és közkönyvtár). — 2456 Bde., 116 Handschriften. — Jahresdotation 275 Gulden, zum Theile von der Stadt, zum Theile von der Regierung. — Bibliothekar: Milesz Béla. — Wöchentlich zweimal, im Winter Sonntag und Donnerstag nachm., im Sommer nur Sonntag nachm. benützbar. — Entlehnungen an Mitglieder gegen Jahresbeitrag von 1 Gulden. — Keine Versendungen. — Gegr. 1877 durch den „Tiszafüreder archäologischen Verein". — Schöne und populäre Literatur, Geschichte und Geographie.

Katalog 1897 im Druck erschienen.

Tórda (Ungarn).

597. **Casino** (A casino könyvtára). — 834 Werke. Jahresdotation 50 Gulden. — Bibliothekar: Füzi Sándor, ev. ref. Pastor. — Realkatalog. — Jederzeit benützbar. — Entlehnungen an Vereinsmitglieder. — Keine Versendungen.

598. **Elisabeth-Frauenleseverein** (A tórdai jótékony olvasó Erzsebet nöegylet könyvtára). — 3526 Bde. — Präsidentin: Al. Csernátoni Damokos Antaline; Bibliothekarin: László Róza. — Handschriftlicher Katalog. — Täglich ausser an Sonn- und Feiertagen von 9—11 Uhr vorm. für Mitglieder benützbar. — Ebenso Entlehnungen auf 2—3 Wochen und Versendungen. — Gegr. i. J. 1844 durch Gräfin Thoroczkai, geb. Gräfin Bethlen. Der Name „Elisabeth" zum Andenken an weil. Ihre Majestät Königin Elisabeth i. J. 1898 angenommen.

Gedruckter Katalog.

Tornalya (Ungarn).

599. **Ev. ref. Diöcese** (A gömöri ev. ref. egyházmegye könyvtára). — 2338 Bde. — Dotation aus den Zinsen eines hierzu bestimmten Capitals. — Bibliothekar: Nagy Pál. — Realkatalog. — Jederzeit für die Geistlichen und Lehrer benützbar. — Keine Versendung. — Gegr. von Tornalyai Károly und durch viele Spender reich bedacht. — Theologie (1021 Bde.), aber auch Geschichte (377 Bde.), Belletristik (249 Bde.).

Tószeg, siehe Massdorf.

Totis (Tata, Ungarn).

600. **Gymnasium** (A gymnasium ifjúsági könyvtára). — Schülerbibl. 1200 Bde. — Dotation aus den Lehrmittelbeiträgen der Schüler. — Bibliothekar: Prof. Benezik Ferencz. — Fachkatalog. - Samstag 2 Uhr geöffnet. — Entlehnungen an Schüler. — Keine Versendung. — Gegr. in den Sechzigerjahren. — Jugendliteratur.

601. **Piaristenkloster** (A kegyes tanitórendiek házi könyvtára). — Ca. 8000 Bde. — Ohne bestimmte Dotation. — Bibliothekar: P. Pintér Elek. — Zettelkatalog. Entstanden und vermehrt durch die Nachlässe der Ordensbrüder. — Theologie.

Tótmegyer (Ungarn).

602. **Röm.-kath. Volksschule** (A róm. kath. népiskola könyvtára). — Lehrer- und Schülerbibl. 108 Bde. — Bibliothekar: Perger István, Oberlehrer. — Realkatalog. — Entlehnung auf 14 Tage. — Gegr. zwischen 1830 und 1835. — Pädagogik und Jugendliteratur.

Trencsén, siehe Trentschin.

Trentschin (Trencsén, Ungarn).

603. **Piaristenkloster** (Kegyestanitórendi társház könyvtára). — 6132 Bde., 1645 Hefte, 10 Handschriften. - Bibliothekar: Tietz Sándor; 1 Diener. — Zettelkatalog. — Benützbar zu jeder Zeit. — Entlehnungen und Versendungen. — Gegr. 1645. — Grösstentheils Theologie.

604. **[Kön. katholisches Ober-]Gymnasium** (A kir. kath. főgymnasium tanári könyvtára). — Lehrerbibl. 7273 Bde., darunter 2 alte ung. Drucke, 1 Handschrift. - Jahresdotation

200 Gulden aus dem kath. Landesstudienfond. — Director: Dr. Rauchbauer József; Bibliothekar: Prof. Dr. Friml Aladár.
Zettel- und alphabet. Katalog. — Für Mitglieder des Lehrkörpers jederzeit benützbar. — Ebenso Entlehnungen. - Keine Versendungen. — Die gegenwärtige Bibl. stammt aus d. J. 1876. — Alle Fächer des Gymnasiums.

A trencséni k. kath. fögymnasium története 1649-1895. Irta Vlahovics Emil. Trencsén 1895.

605. **[Höhere Staats-]Mädchenschule** (Az állami felsöbb leányiskola könyvtára). 720 Bde. Dotation 100 Gulden. — Director: Manyák Alajos; Bibliothekar: Travnik Zsigmond. — Zettel- und Realkatalog. — Benützbar für den Lehrkörper. — Keine Entlehnungen und Versendungen. — Gegr. 1877. — Besonders Literatur und Geschichte.

Berichte in den Programmen der Anstalt.

Trsztena (Ungarn).

606. **Kön. katholisches Gymnasium** (A kir. kath. gymnasium tanári könyvtára). Lehrerbibl. 4515 Bde. — Jahresdotation 250 Gulden. — Bibliothekar: Prof. Dr. Kovalik János. — Inventar. — Im Bedarfsfalle jederzeit benützbar für den Lehrkörper. — Ebenso Entlehnungen. — Keine Versendungen. — Gegr. 1869. — Alle Fächer des Gymnasiums.

Turkeve (Ungarn).

607. **I. Casinoverein** (Az elsö kaszinó-egylet könyvtára). — — 2150 Bde. — Jahresdotation 120 Gulden vom Vereine. — Bibliothekar: Kohári József; Hilfsbibliothekar: Széki Péter. — Realkatalog. — Wöchentlich zweimal für Mitglieder benützbar. — Mit dem Vereine 1846 gegr. — Alle Wissenschaften.

Ein Katalog aus den Siebziger-, ein zweiter aus den Achzigerjahren.

608. **Evang. ref. Volksschule** (Az evang. ref. népiskola könyvtára). — 1308 Bde. — Jährlich 43 Gulden von der evang. ref. Kirchengemeinde in Turkeve. — Bibliothekar: Director Kajári Ferencz. — Alphabet. Katalog. — Für jedermann und stets benützbar. — Entlehnungen, aber keine Versendungen. — Entstanden durch Sammlungen. — Pädagogik und allgemeine Wissenschaften.

Turócz Szent-Márton (Ungarn).

609. **Lese- und Geselligkeitsverein** (T. magyar olvasó és társaskör könyvtára). — 1074 Bde. — Bibliothekar: Rakssa

József. — Alphabet. Realkatalog. — In den Nachmittagsstunden für Mitglieder benützbar. — Ebenso Entlehnungen. — Keine Versendungen. — Gegr. 1861. — Alle Wissenschaften; besonders Belletristik.

610. **Slavischer Museumsverein** (Múzeumi tót társaság könyvtára). — 24.000 Bde., 500 Handschriften, 150 Karten. — Dotation für 1898: 300 Gulden. — Präsident: Kmet András; Secretär: Sokolik András. — Zettelkatalog nach 4 Classen. — Täglich benützbar. — Keine Entlehnungen und Versendungen. — Gegr. 1890. — Aufnahme fanden die Chalupkabibl. (980 Bde.), eine Sammlung des Vereines Dom (2900 Bde.), die Krčmérybibl. (362 Bde.) — Alle Wissenschaften.

Tyrnau (Nagyszombat, Ungarn).

611. **[Gemeinde-Knaben-]Bürgerschule** (Községi polg. fiúiskola tanári és ifjúsági könyvtára) — Lehrerbibl. 2651 Bde.; Schülerbibl. 558 Bde.; zusammen 3209 Bde. Aus den Jahren 1586—1709 acht Drucke. — Bibliothekar seit 1879: Alszeghi János. — Zettelkatalog; Bandkatalog in 7 Bdn.; alphabet. Fachkatalog. — Für Mitglieder des Lehrkörpers jederzeit, für Schüler an bestimmten Tagen benützbar. — Ebenso Entlehnungen. — Keine Versendungen. — Gegr. i. J. 1870/71 bei Eröffnung der Schule. — Alle Wissenschaften.

Inventar im Jahresberichte 1879/80 abgedruckt.

612. **Ung. Culturverein** (Magyar közművelődési egyesület könyvtár). — 1052 Bde., 24 Druckwerke (Zeitschriften, Proclamationen) aus 1848/49, 88 ung. Musikstücke. — Keine Dotation. — Bibliothekare: Alszeghy János und Konsch Ignácz. — Alphabet. Zettelkatalog. — Benützbar nur für Mitglieder des Vereines jeden Sonntag von 9—12 Uhr vorm. — Entlehnungen und Versendungen gegen Recepisse, doch nicht über 3 Wochen. — Gestiftet i. J. 1885. — Alle Wissenschaften, vorzugsweise ung. Literatur.

Katalog gedruckt i. J. 1889, Fortsetzung i. J. 1893.

613. **[Katholische Knaben-]Elementarschule** (A róm. kath. elemi fiúiskola könyvtára). — 315 Bde. — Jahresdotation 20 Gulden. — Director und Bibliothekar: Horváth József. — Inventar. — Jederzeit benützbar. — Entlehnungen an den Lehrkörper auf 1—3 Wochen. — Keine Versendungen. — Gegr. 1872. — Pädagogik.

614. **Franciscanerkloster** (A sz. ferenczrendiek zárdájának könyvtára). — 5000 Bde. — Realkatalog. — Keine Entlehnungen oder Versendungen. — Theologie

* 615. **Erzbischöfliches Ober-]Gymnasium** (A Nagyszombati érseki fögymnasium könyvtára. — 21.973 Bde., 41 Handschriften und 12 Incunabeln. — Jahresdotation 300—600 Gulden. — Director: Kőhalmi József; Bibliothekar: Prof. Sinkó József. — Alphabet. Zettel- und Fachkatalog, Schlagwortkatalog in Ausarbeitung, bisher fertiggestellt Bd. I und II erste Hälfte. — Benützbar in der Regel je einmal in der Woche zu einer bestimmt festgesetzten Stunde. — Entlehnungen an die Mitglieder des Lehrkörpers, aber auch an andere vertrauenswürdige Personen. — Ebenso Versendungen. — Schon 1784 bestand die Bibl.; sie wurde 1878 bedeutend vergrössert durch die Einverleibung der Familienbibl. des August Sipeki, Anton Prileszky und Moriz Ordódy und die dadurch nothwendig gewordene Errichtung eines Lesesaales und vier Bibliothekszimmer als Bücherdepots. Grössere Geschenke stammen vom Cardinalbischof Johann Simor und den Graner Domherren Somogyi und Bubla. — Vertreten alle Wissenschaften, insbesondere die auf den Gymnasialunterricht bezugnehmenden Disciplinen.

A Nagyszombati érseki fögymnasium könyvtára. 1879. — Katalog erschien 1879.

616. **Ursulinerinnenkloster** (Az Orsolya-szüzek tanári és ifjusági könyvtára). — 1823 Bde. — Jahresdotation 50 Gulden. — Directorin: M. Maria Emerica; Bibliothekarinnen: M. Alfonza, Szádeczky Berta. — Materienzettelkatalog. — Mittwoch und Samstag nachmittag benützbar. — Entlehnungen an Zöglinge wöchentlich gegen jährlichen Bibl.-Beitrag von 50 Kreuzern. — Keine Versendungen. — Gegr. 1893. Geschenke spendeten Wolfinau József (102 Bde.) und Schlick István (68 Bde). — Vorzugsweise ungar. Literatur und Naturwissenschaften.

Ujverbász, siehe Neu-Verbasz.

Ujvidék, siehe Neusatz.

Ung. Altenburg (Magyar-Óvár, Ungarn).

617. **K. ung. Landwirthschaftliche Akademie** (Magy. kir. gazdasági akadémia könyvtára). — 8015 Bde. — Dotation 2000 Gulden. — Bibliothekar: Prof. Thallmayer Viktor; 1 Diener. — Realkatalog. — Geöffnet Donnerstag von 11—12 Uhr; benützbar für Lehrer und Hörer der Anstalt. — Keine Versendungen. — Gegr. zugleich mit der Hochschule 1819 von

Herzog Albert von Sachsen-Teschen. — Physik, technische Wissenschaften, Landwirthschaft.

Verzeichniss der Bücher bei der Landwirthschaftlichen Bildungsanstalt in Ung. Altenburg. Aufgenommen zu Ende des Jahres 1818. Ung. Altenburg. — Katalog der Bibl. der k. k. höheren landwirthschaftlichen Lehranstalt in Ung. Altenburg. Pressburg 1859. — Rodicky, E. v. Katalog der Bibl. der k. ung. Landw. Akademie in Ung. Altenburg. Ende 1871, 1872. A magyar-óvári m. k. gazd. akadémia könyvtárának jegyzéke. M.-Óvár 1894. — Nachtrag hierzu. M.-Óvár 1896.

618. **Gymnasium der Piaristen** siehe Piaristencollegium.

619. **Kazinczyclub an der landwirthschaftlichen Akademie** (A m. k. gazdasági akadémia „Kazinczy-kör"-ének könyvtára). — 1768 Bde. — Dotation 80—100 Gulden. — Ein jährlich gewählter Bibliothekar. — Ein gedruckter und ein handschriftlicher alphabet. Katalog. — Wöchentlich einmal den ganzen Tag für Mitglieder benützbar. — Keine Versendung. — Gegr. 1859. — Belletristik und Naturwissenschaften.

A magyar-óvári gazd. akademiai kazinczy-kör könyvjegyzéke. 1881.

* 620. **Piaristencollegium** (A magyar-óvári kegyes-tanitórendi háznak könyvtára). — Dotation 105 Gulden. — Bibliothekar: Faeth Alajos, Tit. Ordensassistent. Zettel- (alphabet. und Schlagwort-)Katalog. — Diese Hausbibl. ist Privatbibl., doch werden die Bücher gegen Versicherung über ein Gesuch an das Rectorat verliehen, auch versendet. — Gegr. 1739, wo eine Anzahl Patres nach Magyar-Óvár beordert wurde, deren einziges Möbelstück und ganzes Gepäck eine kleine mit Büchern gefüllte Kiste bildete; dies der Grundstock der Bibl., die auch im 18. Jhdt. sich nicht vergrösserte. Erst 1820 schickte Martin Bolla, der damalige Ordensvorsteher, 100 Bde. aus dem Nachlass des P. Florian Hemtner, Vicedirectors des Pressburger Seminars, dem Kloster zu. Dazu kamen 1821 als Erbschaft die Bibl. des P. Cölestin Piller, 1829 ebenso die Bibl. des Ordensvorstehers P. Johann Grosser (250 Bde.), 1830 als Geschenk die Bibl. Franz Stehlik (100 Bde.), 1855 als Erbschaft die Bibl. des P. Johann Podenstein (104 Bde.), 1878 als Geschenk die Bibl. des Anton Sepper (160 Bde.), 1887 als Erbschaft die Handbibl. des P. Anton Peck etc. Ferner legirte Szálé Janos dem Collegium 10.000 Gulden, deren Zinsen zur einen Hälfte für die Hauskapelle, zur anderen zur Vermehrung der Hausbibl. und zur Anschaffung für Unterrichtsrequisiten bestimmt wurde, so dass für die Bibl. ein jährlicher Betrag von 105 Gulden ausgesetzt werden konnte. Der Vorgänger des jetzigen Bibliothekars, P. Augustin Peck, ordnete die Bibl. und legte die Kataloge an, von denen der systematische bereits im Druck erschienen ist (s. u.) — Das

Collegium besitzt auch eine Lehrer- und eine Schülerbibl. für sein Gymn. Die Lehrerbibl. wurde ca. 1875 gegr. und wegen Platzmangel im Directionszimmer untergebracht (3085 Bde. und 2200 Hefte). Dotation 200—250 Gulden. — Bibliothekar: Csukovits Sándor. — Diese Bibl. wurde ebenfalls, wie auch die Schülerbibl., von Peck und seinem Nachfolger Faeth katalogisirt (alphabet. und Materienzettelkatalog) und wird durch den Mehrbetrag des Schulgeldes erhalten, das von 1 Gulden auf 8 Gulden erhöht wurde. — Die Schülerbibl. (1200 Bde. Dotation 50—60 Gulden. — Bibliothekar: Irsik József. — Alphabet. Katalog stammt aus den Sechzigerjahren, hat aber erst von 1880 an eine bestimmte Summe zur Verfügung, seit jeder Schüler zu diesem Zwecke 50 Kreuzer zu erlegen hat, so dass jährlich 50—60 Gulden einkommen. Ihr Vorstand ist stets der mit dem Unterrichte der ungarischen Sprache betraute Prof.: die Entlehnung erfolgt wöchentlich. Die Bibl. ist im Schulzimmer der I. Classe untergebracht. — Vertreten alle Fächer, besonders Theologie, Geographie und Geschichte.

Rappensberger, Vilmos. A kegyes tanitórendiek vezetése alatt álló Magyar-Óvári Gymn. története 1739—1894 ig. Külön lenyomat a Gymnasium 1893—1894 évi Értesitőjéből. Győr 1894. — Ders. A kegyes tanitórendiek vezetése alatt álló Magyar-Óvári Gymnasium könyv-és szertárainak leltára. Külön lenyomat a Gymnasium 1894—1895 évi Értesitőjéből. Győrött 1895.

Ungvár (Ungarn).

621. **Griech.-kath. Episcopalbibliothek** (Görög kath. püspökségi könyvtár). — 9810 Bde. und 90 Handschriften. — 1. Bibliothekar: Domherr Dr. Mikita Sándor; 2. Bibliothekar: Bendász Mihály, bischöfl. Archivar. — Realzettelkatalog und Nummernkatalog. — Jederzeit benützbar. — Entlehnung gegen Empfangsbestätigung auf 3 Monate. — Versendung nur mit bischöfl. Genehmigung. — Die bischöfl. Bibl. wurde 1767 durch Emanuel Olsavszky, Bischof von Munkács gegr. Als Bischof Bacsinszky den Bischofsitz von Munkács nach Ungvár verlegte, kam die Bibl. auch dahin und wurde durch die Büchersammlung des aufgehobenen Jesuitenordens, in neuerer und neuester Zeit durch Spenden und Vermächtnisse vermehrt. — Theologie.

622. **Kön. griech.-kath. Lehrerpräparandie** (K. gör. kath. tanitó képző intézet tanári és ifjusági könyvtára). — Lehrer- und Schülerbibl. 1768 Bde., darunter ein altslavisches Antiphonarium aus dem 15. Jhdt. — Bibliothekar: Prof. Melles Gyula. — Benützbar für die Anstalt. — Keine Versendung. — Lehrerbibl. 1863, Schülerbibl. 1879 gegr. — Alle Fächer.

Katalog unter der Presse.

* 623. **Oeffentliche Leihbibliothek** Lévai Mór (könyvnyomdája és könyvkereskedése). — 6000 Bde. ungarische, deutsche, sowie französische Belletristik (u. a. viele erste Auflagen vergriffener Werke). — Gedruckte alphabet. Bandkataloge. — Gegr. i. J. 1848 von J. Heilprin.

624. **Seminar sammt Kirchenliteraturschule** (A papnevelö intézet és a papnevelö intézet egyházirodalmi iskolájának könyvtára). 4025 Bde., 5 Incunabeln, 32 Handschriften, viele altslavische Handschriften und Druckseltenheiten. — Dotation jährlich 50—100 Gulden. — Oberaufsicht: Gebé Peter. — Alphabet. Katalog. — Benützbar für die Seminaristen. — Keine Versendung. — Gegr. mit dem Seminare im J. 1778. Erweitert durch Spenden und Legate. Die Bibl. der Kirchenliteraturschule, gegr. i. J. 1847, umfasst heute 927 Werke, darunter 125 in ruthenischer Sprache. — Theologie.

Unter-Limbach (Alsó-Lendva, Ungarn).

625. **[Staatl. Knaben-] Bürgerschule** (Állami polgári fiúiskola tanári könyvtára). — Lehrerbibl. 663 Bde., 1 Karte. — Jahresdotation 108 Gulden. — Director: Kiss Dénes; Bibliothekar ein Mitglied des Lehrkörpers. — Zettelkatalog. — Nur für die Lehrer der Anstalt benützbar. — Keine Entlehnungen und Versendungen. — Gegr. zugleich mit der Anstalt. — Die Schulfächer.

Vácz, siehe Waitzen.

Vág-Ujhely, siehe Waag-Neustadtl.

Velencze (Ungarn).

626. **Vértesaljaer ev. ref. Diöcesanbibliothek** (A vértesaljai ev. ref. egyházmegye könyvtára). — 1900 Bde. — Jahresdotation 80 Gulden. — Vorstand und Bibliothekar: Decsy Károly, Pastor. — Zettelkatalog. — Entlehnungen und Versendungen. — Gegr. 1864. — Theologie, Geschichte, Naturwissenschaften, Belletristik.

Verbó (Ungarn).

627. **Oberung. Culturverein. Wanderbibliothek Nr. I** (A „F. M. K. E." első számú vándorkönyvtára). — 173 Bde. — Eigenthümer der Verein. Verwaltung: die Lehrer der staatl. Elementarvolksschule. — Nach dem Muster der „Wanderbibliothek" des „transdanubischen ung. Culturvereines" mit Staatshilfe errichtet. — Volksliteratur.

Versecz, siehe Werschetz.

Veszprim (Weissenbrunn. Veszprém, Ungarn).

628. **Franciscanerkloster** (Szt. Ferenczr. zárda könyvtára). — 1717 Bde. — Bibliothekar: der Guardian. — Alphabet. Katalog. — Nur für das Kloster zu eigenem Gebrauche. — Aus der Bibl. des durch Josef II. aufgehobenen Ofner Klosters hervorgegangen. — Theologie und andere Fächer.

629. **Institut der englischen Fräulein** (Az angolkisasszonyok intézetének könyvtára). — 2000 Bde. — Jahresdotation 250 Gulden. — Directorin: Sooky Karolina. — Zettel- und Realkatalog. — Benützbar für den Lehrkörper und die Zöglinge der Anstalt. — Keine Entlehnungen oder Versendungen. — Gegr. 1860. — Alle Fächer der Anstalt.

Waag-Neustadtl (Vág-Ujhely, Ungarn).

630. **Israel. Realschule** (Az izr. reáliskola tanári és ifjúsági könyvtára). — *a)* Lehrerbibl. 350 Bde. — Jahresdotation 150 Gulden. — Bibliothekar: Prof. Dr. Erdödi Armin. — Realkatalog. — Entlehnungen an den Lehrkörper. — Keine Versendungen. — Gegr. zugleich mit der Schule in den Dreissigerjahren. — Alle Fächer der Anstalt. — *b)* Schülerbibl. 320 Bde. — Jahresdotation 50 Gulden. — Bibliothekar: Prof. Dr. Erdödi Armin. — Realkatalog. — Gegr. 1890. — Jugendliteratur.

Waitzen (Vácz, Ungarn).

631. **Vereinigter Casinoverein** (Egyesült-casino-kör könyvtára). — 2321 Bde. — Jahresdotation 100 Gulden. — Bibliothekar: Miokovics Antal, Lehrer. — Alphabet. Katalog. — Wöchentlich 5 Stunden benützbar für Mitglieder. — Ebenso Entlehnungen, und zwar von belletristischen Werken auf 1, von anderen auf 2 Monate. — Keine Versendungen. — Entstand 1880 aus der Vereinigung des Waizener Casinos (Váczi Casino) und des „Bürgervereines" (Polgári kör). — Alle Wissenschaften, Belletristik.

Gedruckter Katalog.

632. **I. allgemeiner Gewerbeverein** (A I. általános ipartársulat könyvtára). — 350 Bde. — Jahresdotation 50 Gulden. — Bibliothekar: Kökény Ferencz. — Alphabet. Katalog. — Täglich vorm., an Sonn- und Feiertagen von 9—12 und 2—5 Uhr geöffnet. — Entlehnungen auf 2 Wochen. — Keine Versendungen. — Gegr. 1832. — Vorzugsweise gewerbliche Literatur

633. **Piaristenkloster** (A kegyes tanitórendi ház könyvtára). — Ca. 16.000 Bde. einige mehr für den Orden werthvolle Handschriften, 14 Incunabeln aus d. J. 1475–1480, 1484 (bis 1500 gerechnet), 18 altung. Drucke. – Dotation nach Bedarf. — Bibliothekar: Prof. Randweg Mihály. — Im J. 1828 wurde ein latein. alphabet. Band-, seit 1896 ein Zettelkatalog verfertigt. — Eigentlich nur für die Mitglieder des Ordens benützbar. – Entstanden seit 1714 allmählich aus dem Nachlasse der einzelnen Ordensmitglieder. -- Vertreten sind alle Wissenschaften, besonders Theologie, Geschichte und classische Philologie.

634. **K. ung. Taubstummeninstitut** (A siketnémák kir. intézetének könyvtára). — 2263 Bde. -- Director: Roboz József, Bibliothekar: Gácsér József. Sachkatalog. — Mittwoch von 2—7 Uhr benützbar. — Belletristische Werke werden an Institutsmitglieder auf 1 Monat, wissenschaftliche auf 2 Monate entlehnt. — Keine Versendung. Vorzugsweise Pädagogik.

Berichte über die Bibl. in den Programmen der Anstalt.

Warasdin (Varaždin, Slavonien).

635. **[Kgl. Ober-]Gymnasium** (Kralj. velika gimnazija). — *a)* Lehrerbibl. 2912 Werke in 5062 Bdn.; *b)* Schülerbibl. 905 Werke in 1559 Bdn. — Jahresdotation 246 Gulden. — Director: Franjo Pongračić; Custos für *a)* und *b)*: Leonardo Jurmić.

Weisskirchen (Fehértemplom, Ungarn).

636. **[K. ung. Staats-Ober-]Gymnasium** (M. kir. állami fögymnasium ifjúsági könyvtára). — *a)* Schülerbibl. 3900 Bde. — Jahresdotation 320 Gulden. – Bibliothekar: Dr. Schelling Kornél, Prof. — Zettel- und Materienkatalog. Jeden Wochentag geöffnet. — Entlehnungen auf 1–2 Wochen für Studenten. – Keine Versendung. — Gegr. 1878. — Besonders ungarische Geschichte und Belletristik. *b)* Lehrerbibl. (Tanári könyvtára) 7000 Bde. — Jahresdotation 450 Gulden. — Bibliothekar: Prof. Kartner Gyula. — Täglich von 9–2 Uhr geöffnet. — Entlehnungen an Mitglieder des Lehrkörpers. — Gegr. 1878. — Alle Fächer des Gymn.

Werschetz (Versecz, Ungarn).

637. **Gemeindeschulen** (A községi tanintézetek könyvtára). — 10,894 Bde. — Dotation 400 Gulden aus den Bibliothekstaxen der Schüler (25 Kreuzer). Bibliothekar: Milleker

Bódog. — Ein Fachkatalog. Geöffnet Sonntag und Donnerstag von 2—4 Uhr nachmittags. Entlehnung gegen Recepisse auf einen Monat gegen Deponirung des Kaufpreises und 6 Kreuzer Lesegebühr für jeden Band. — 1886 erfolgten die ersten Büchereinkäufe, am 15. Januar 1888 wurde die Bibl. mit 1058 Bdn. eröffnet. Im J. 1894 fiel der Bibl. die Sammlung der aufgehobenen Gemeinderealschule zu.

Versecz sz. kir. város községi német iskolái népkönyvtárának jegyzéke. Versecz 1888. — Milleker Bódog. Versecz t. j. f. város községi iskolái nép-, paedagogiai, szak- és ifjúsági könyvtárának jegyzéke. Versecz 1890. — Milleker B. Versecz t. j. f. város községi tanintézetei könyvtárának jegyzéke. I. Népkönyvtár. Versecz 1897.

Winzendorf (Alvincz, Siebenbürgen).

638. **Franciscanerkloster** (A szent ferenczrendi zárda könyvtára). — 586 Bde. — Bibliothekar: P. Grand Kónrád. — Realkatalog. — Keine Entlehnungen und Versendungen. — Gegr. ca. 1720. — Theologie.

Zala-Apáti (Ungarn).

639. **Benedictinerabtei** (A apátság könyvtára). — 4968 Bde., 2 Incunabeln, 2 Handschriften. — Dotation je nach Bedarf. — Bibliothekar: Füssy Tamás. — 1 alphabet. und 1 Realkatalog. — Keine Entlehnungen oder Versendungen. — Gegr. 1715, als diese Abtei den Göttweiher Mönchen verliehen wurde, welche die Duplicate ihrer Bibl. hierher spendeten. Als i. J. 1873 die Abtei unabhängig wurde, vermehrte sich besonders der ungarische Bestand der Bibl. Seit die Abtei Zalavár mit Martinsberg vereinigt ist, sendet die Centralbibl. Duplicate und neue Werke. Eine andere Art des Zuwachses bilden die Nachlässe der Ordensmitglieder. — In erster Linie Theologie.

Zalaegerszeg (Ungarn).

640. **[K. ung. Staats-Ober-]Gymnasium** (Az állami fögymnasium tanári könyvtára). — Lehrerbibl. 828 Bde. — Jahresdotation 550 Gulden. — Bibliothekar: Prof. Borbély György; 1 Diener. — Zettel- und Realkatalog. — Nur für den Lehrkörper benützbar. — Ebenso Entlehnungen. — Keine Versendungen. — Gegr. zugleich mit der Anstalt 1895. — Die Fächer der Schule.

Zalau (Zilah, Siebenbürgen).

641. **[Staatl. subventionirtes ev. ref. Ober-]Gymnasium** (Az államilag segélyezett ev. ref. fögymnasium tanári és ifjúsági

könyvtára). — *a)* Lehrerbibl. 10.794 Bde., 1 Incunabel: Vitruvii de Architectura Venetiis A. D. MCCCCXC. 56 altung. Drucke. Unicum: Johann Amos Comenius „Janua linguae latinae reservata aurea", Karlsburger Ausgabe von 1647. — Jahresdotation 300—500 Gulden aus der Gymnasialcassa. — Bibliothekar: Kerekes Ernö, Gymn.-Prof. — Benützbar für jedermann. — Ausnahmsweise Versendung. — Gegr. von Prof. Salamon i. J. 1816 und durch allgemeine Spenden bereichert. — Alle Fächer. — *b)* Schülerbibl. 913 Werke in 1078 Bdn. — Jahresdotation 110—120 Gulden. — Bibliothekar: Prof. Kerekes Ernö. — Zettel- und Fachkatalog. — Sonntag von 9—10 Uhr vormittags benützbar. — Entlehnungen an die Schüler der oberen Classen. — Keine Versendungen. — Gegr. in den Sechzigerjahren. — Jugendliteratur.

Gymn.-Programme. — Kincs Gyula. A zilahi ev. ref. Kollegium könyvtárának régi magyar nyomtatványai. 1894. Ugyanaz: A z. r. Koll. könyvtár története. 1895.

642. **Allgemeiner Lehrerverein des Comitates Szilágy** (A szilágyvármegyei általános tanító testület könyvtára). — 770 Bde. — Dotation 25 Gulden. — Präsident: Plosa Gyula; Bibliothekar: Berentés László. — Alphabet. Katalog. — Benützbar Samstag nachm. — Entlehnung an Mitglieder auf 40 Tage. — Gegr. 1873. — Pädagogik.

Zeeben (Kis Szeben, Ungarn).

643. **Piaristengymnasium** (A kegyes tanítórendi gymnasium tanári és ifjúsági könyvtára). — *a)* Lehrerbibl. 1580 Bde. und 725 Hefte Zeitschriften: *b)* Schülerbibl. 552 Bde. — Jahresdotation *a)* 100 Gulden; *b)* 60 Gulden. — Director: Krol Rudolf: Bibliothekar für *a)* Prof. Vargha János: für *b)* Prof. Szendröi Gyula. — Inventarkataloge. — *a)* für die Lehrer der Anstalt nach Bedarf; *b)* für Schüler einmal wöchentlich benützbar. — Entlehnungen und Versendungen in *a)* an Professoren gegen Bestätigung. — *a)* Alle Fächer der Anstalt; *b)* Jugendliteratur.

644. **Piaristenkloster** (A kegyes tanítórendi társház könyvtára). — 1898 Bde., mehrere Handschriften. — Bibliothekar: P. Para Endre. — Geschriebener Katalog aus 1833. Realkatalog. — Nur für Ordensmitglieder benützbar. — Gegr. 1739, vermehrt durch die Büchersammlungen der Brüder. — Theologie. Geschichte, classische Philologie.

Zengg (Sinj, Croatien).

* 645. **[K. Real-]Gymnasium** (Kr. velika gimnazija). — Lehrerbibl. 3378 Bde. — Dotation 300 Gulden. — Director:

Dr. Johann Gostiša. — Bibliothekar: Ein Mitglied des Lehrkörpers. — Zettel- und Bandkatalog. — Entlehnungen mit Ausnahme der Monate Juli und August mit besonderer Genehmigung der Direction oder gegen Bürgschaft eines Lehrers der Anstalt. — Versendungen nur an die Directionen anderer Anstalten. — Gegr. 1851. — Ein gedruckter Katalog dürfte im Schulprogramme 1898/99 veröffentlicht werden.

Zenta (Ungarn).

646. **[Communal-]Gymnasium** (A közs. gymnasium tanári és ifjúsági könyvtára). — *a)* Lehrerbibl. 6350 Bde., darunter 2800 Programme. — Bibliothekar: Prof. Mészáros Lajos. — Zettelkatalog. — Gegr. 1876 bei Entstehung des Gymn. — Alle Fächer der Anstalt. — *b)* Schülerbibl. 1360 Bde. — Director: Szücz Lajos; Bibliothekar: Prof. Dr. Fülöp Adorján. — Realkatalog. — Wöchentlich einmal benützbar. — Ebenso Entlehnungen an die Schüler der Anstalt. — Keine Versendungen. — Gegr. zugleich mit der Schule 1876. — Jugendliteratur.

Geschichte im Jahresberichte für 1894/95.

Zilah, siehe Zalau.

Zircz (Ungarn).

647. **Cistercienserabtei** (Apátsági könyvtár). — 47.370 Bde., darunter 37 Incunabeln, 500 Handschriften, ca. 3000 Landkarten, 1 Globus, 1 Himmelskugel, 1 Tellurium, alle drei vermuthlich aus d. J. 1640. Von den Handschriften 1 aus dem 14., 5 aus dem 15. Jhdt., ausserdem die Schriften der Dichter Fr. Verseghy, Ad. Tárkányi, G. Mindszenti etc. Altung. und ungarländische Werke 190, darunter 4 Unica. — Jahresdotation 2000 Gulden. — Vorstand: Der Abt; Bibliothekar: Szabó Otmár. — Zettelkatalog in Ausarbeitung. — Benützbar für Ordensmitglieder, für Fremde nur ausnahmsweise. — Keine Entlehnung und Versendung. — Gegr. ca. 1710. Das erste Verzeichniss stammt aus d. J. 1815; hier sind 1998 Werke in 3935 Bdn. ausgewiesen. Grösseren Aufschwung nahm die Bibl. erst zur Zeit des Abtes Ferd. Villax, unter dem die Bibl. des Arztes J. Haffner und 1850 die fast 1800 Bde. zählende Büchersammlung des Georg Fejér, des Herausgebers des Codex diplom., in den Besitz des Ordens kamen; seither auch durch andere kleinere Schenkungen und die Nachlässe der

verstorbenen Ordensmitglieder vermehrt. — Alle Wissenschaften, vorzugsweise Theologie (13.000 Bde.).

Rainiss, Julius. Die Abtei Zircz mit den dazu gehörigen Abteien Pilis, Pásztó und St. Gotthard in Ungarn. In: Ein Cistercienserbuch. Von Seb. Brunner. Würzburg 1881.

Zólyom, siehe Altsohl.

Zombor (Ungarn).

648. **Städt. Bibliotheksverein** (Z. városi könyvtár egylet könyvtára). — 29.000 Bde. — Bibliothekar: Rödiger Lajos; 1 Diener. — Benützbar, Sonn- und Feiertage ausgenommen, täglich von 2—4 Uhr. Mitgliedsbeitrag 3 Gulden, für Monatsmitglieder 40 Kreuzer; Versendung gegen Caution und Monatstaxe von 4 Gulden. — Gegr. von Bieliczky Károly, pens. städt. Kanzleibeamten, i. J. 1857. Alle Fächer.

„Sz. k. Zombor város könyvtár egylet könyveinek jegyzéke." 14 Ergänzungen.

649. **[Staats-Ober-]Gymnasium** (Az állami fögymnasium tanári és ifjúsági könyvtára). — *a)* Lehrerbibl. 4872 Bde., 122 Karten. — Jährlich 350 Gulden vom k. ung. Unterrichtsministerium. — Bibliothekar: Prof. Dr. Ferencsik János. — Zettel- und Realkatalog. — Auch für die Schüler benützbar. Bei Eröffnung des Gymn. i. J. 1872 gegr. Die Grundlage bildete die alte „Realschulbibliothek". — Alle Schulfächer, Literatur. Sprachwissenschaft. — *b)* Jugendbibl. 2000 Bde. — Jahresdotation ca. 160 Gulden. — Bibliothekare: Prof. Lang József und Megyesi Ferencz. — Zettel- und Materienkatalog. — Entlehnungen wöchentlich einmal an den Lehrkörper. — Keine Versendungen. — Jugendliteratur, Belletristik.

Neue Erwerbungen in den Programmen der Anstalt.

650. **Städt. höhere Handelsschule** (A városi felsö kereskedelmi iskola tanári könyvtára). — Lehrerbibl. 983 Bde. — Jahresdotation 200 Gulden. — Bibliothekar: Trencsény Károly, Lehrer. — Realkatalog. — Jederzeit benützbar für den Lehrkörper der Anstalt. — Keine Versendung. — Gegr. zugleich mit der Anstalt 1888. — Handelsfächer.

Zsolna, siehe Sillein.

(Durch ein unliebsames Versehen wurde Igló unter Iglau eingereiht.)

III.

DAS OCCUPATIONSGEBIET.

Sarajevo (Bosnien).

1. **[Ober-]Gymnasium** (Veliki gymnazijum). — *a)* Lehrerbibl. 2625 Bde.; *b)* Schülerbibl. 929 Bde. — Director: Davorin Nemanić; Bibliothekar: Prof. Josip Novak. — Gegr. 1879.

Nach dem letzten Jahresberichte bearbeitet, da der Fragebogen nicht beantwortet wurde.

2. **Bosn.-Herc. Landesmuseum** (Bos.-Herc. Zemaljski Muzej). — 8400 Bde., 20 Handschriften. — Jahresdotation 1200 bis 1600 Gulden. — Director: Hofr. Constantin Hörmann; Leiter der Bibl.: Franz Topič. — Bücherinventar, Zettel- und alphabet. Hauptkatalog nach Autoren und Schlagwort. — Benützbar während der Amtsstunden täglich von 8–12 und 2–6 Uhr, in erster Linie für die Museumsbeamten und übrigen wissenschaftlichen Mitarbeiter. An fremde Persönlichkeiten und Anstalten werden die Fachwerke über Bewilligung des Museumsdirectors auf bestimmte Zeit leihweise abgegeben. — Ebenso Versendungen. — Gegr. zugleich mit dem Landesmuseum 1888. — Der Bücherschatz wurde gebildet *a)* durch Schenkungen kleiner Bibliotheken und einzelner Werke; *b)* durch eigene Publicationen; *c)* durch Schriftentausch mit in- und ausländischen Vereinen und wissenschaftlichen Instituten; *d)* durch käufliche Erwerbung. — Nur wissenschaftliche Werke in zwei Gruppen, *a)* naturwissenschaftliche, *b)* archäologisch-historische. Letztere erfährt einen reicheren Zuwachs gegenüber der ersteren.

Travnik (Bosnien).

3. **Collegium des Ordens der Gesellschaft Jesu.** — Die Bibl. entspricht dem Charakter der Anstalt, die ein erzb., mit einem achtclassigen Gymn. verbundenes Knabenseminar in sich schliesst und von Mitgliedern der österr.-ung. Jesuiten-Ordensprovinz geleitet wird. Als Gymn.-Bibl. (Schüler- und

Lehrer-Bibl.) eingerichtet, nach Massgabe der für österr. Staatsgymnasien geltenden Normen und nach allen Richtungen hin mit den besten Werken und Lehrmitteln gut ausgestattet; mit Rücksicht auf die priesterl. Studien und Berufsarten reich vertreten das theol. und philol. Gebiet in allen Abzweigungen (kroatische und serbische Literatur in ihrer ganzen Ausdehnung. Zufolge grosser Erwerbungen aus neuester Zeit ist die Ordnung der Bibl. noch nicht abgeschlossen und die Bändezahl noch nicht festgestellt; auch der alphabet. Zettelkatalog geht erst der Vollendung entgegen. — Für den ausschliesslichen Gebrauch in der Anstalt bestimmt. — Jahresdotation je nach Bedarf und sonstigen Umständen. — Bibliothekar: Franz Slavić, S. J.

NACHTRAG.

I. Oesterreich.

Bärn (Mähren).

1004. **Volksbücherei des Bundes der Deutschen Nordböhmens,** Troppauerstrasse. — 1. Novellen und Romane 1224 Werke in 1585 Bdn.; 2. Poesie und Drama 56 Werke in 91 Bdn.; 3. Fremde Literaturen und Sprachen 176 Werke in 225 Bdn.; 4. Gewerbe und Landwirthschaft. Technik und Kunst 96 Werke in 102 Bdn.; 5. Naturwissenschaften und Mathematik 102 Werke in 111 Bdn.; 6. Erdkunde und Reisen 62 Werke in 70 Bdn.; 7. Geschichte und Biographie 131 Werke in 163 Bdn.; 8. Oekonom.-sociale Wissenschaften, Hauswirthschaft 56 Werke in 57 Bdn.; 9. Religion, Philosophie, Pädagogik 55 Werke in 59 Bdn.; zusammen 1958 Werke in 2463 Bdn. — 1. Vorstand: Eduard Gans, Ingenieur; 2. Vorstand: Conrad Liffner, Färbereibesitzer; 1. Schriftführer: Hugo Cerny, Lehrer; 2. Schriftführer: Eduard Ruby, Färbermeister. Die Geschäfte der Bibl. führt ein zwölfgliederiger Ausschuss unter Vorsitz des Johann Witek; 1 Diener. — Alphabet. Zettelkatalog. — Geöffnet Sonntag $^1/_2$9 - $^1/_2$12 Uhr. — Entlehnung an Mitglieder. — Gegr. 1889.

Berndorf (Nied.-Oesterr.).

1005. **Fortbildungsverein von Angehörigen der Berndorfer Metallwaarenfabrik.** — 4000 Bde. — Jahresdotation 100 Gulden. — Ausserdem Bücherspenden von Privatpersonen. — Obmann: Anton Hawlat, Werkmeister; Obmann-Stellvertreter: Max Seidel, Graveur; Cassier: Wilhelm Dworschak, Eisendreher; Cassier-Stellvertreter: Carl Köllner, Monteur; Schriftführer: Carl Ebner, Kanzlist; Bibliothekar: Heinrich Böhm, Gürtler. — Gedruckter Katalog mit alphabet. Ordnung. — Jeden Donnerstag von $5^1/_2$—$7^1/_2$ Uhr abends (im Winter $6^1/_2$

bis 8½ Uhr) und Sonntag von 10—12 Uhr Bücherausgabe. Monatlicher Beitrag 15 Kreuzer. — Entlehnung auf 4 Wochen. — Keine Versendung. — Der Verein wurde i. J. 1890 gegr. mit Unterstützung des Chefs, Arthur Krupp, Fabriksbesitzers. Es wurde zu diesem Zwecke auf dessen Kosten ein kleines Haus adaptirt und im I. Stock 2 Lesezimmer eingerichtet, welche täglich den Mitgliedern zur Verfügung stehen. Daselbst liegen 40 Tagesjournale und Zeitschriften auf. Die Bibl. befindet sich im Parterre und war anfangs mit 1500 Bdn. dotirt. Der Umsatz pro Jahr kann mit 10.000 Bdn. fixirt werden. — Vorzugsweise Belletristik.

Brünn (Mähren).

1006. **Gabelsberger Stenographenverein,** Jakobsgasse 6, Stephanie-Mädchenbürgerschule. — Stand am 31. Dec. 1898: 1874 Bde. — Jahresdotation 30—50 Gulden. — Bibliothekar: Anton Graf, Sparcasse-Oberbeamte. — Zwei gedruckte Kataloge, einer nach Materien und einer nach Autoren geordnet. — Benützbar für Mitglieder Sonntag von 11—12 und Donnerstag von 6—7 Uhr. — Ebenso Entlehnungen. — Stenographische Werke.

1007. **Kaiser Franz Josef Höhere Handelsschule.** — *a)* Lehrerbibl. 612 Werke in 1264 Bdn. — Zumeist Rechts- und Staatswissenschaft, sowie Sprach- und kaufmännische Fachwissenschaft, auch schöne Literatur; *b)* Schülerbibl. 121 Werke in 666 Bdn. — Director: Carl Böhm. — Errichtet 1895. Oeffentlichkeitsrecht m. Min.-Erl. vom 28. Juni 1897, Z. 11.687.

Budweis (Böhmen).

1008. **Oeffentliche Volksbibliothek der Ortsgruppe des „Böhmischen Böhmerwaldbundes"** (Národní jednota pošumavská), Ringplatz. — 5600 Bde. — Jahresdotation ca. 300 Gulden, ausserdem Spenden. — Vorstand: Carl Mottl, Cassier der Vorschusscassa; Bibliothekar: Josef Müller, Oberlehrer; 1 Diener. — Ein gedruckter Katalog. — Benützbar Montag, Mittwoch, Samstag von 6—7, Sonntag von 11—12 Uhr. — Ebenso Entlehnungen, aber keine Versendungen. — 1894 zählte die Bibl., obwohl bereits älteren Ursprunges, bloss einige hundert Bde., seit 1895 erfreulicher Aufschwung. — Belletristik, populäre Wissenschaften. — Mit der Bibl. steht auch eine Freilesehalle in Verbindung, mit 130 čechischen Zeitschriften; benützbar jeden Tag von 5—9 Uhr abends. — Der Verein gründete ferner in der Umgebung zum grossen Theile ambulante kleine Bibl., und zwar in Lodus, Rudolfstadt, Gutwasser, Vierhöf,

Dubné, Lipí, Boršov, welche untereinander ihren Bestand tauschen.

Eisenstein (Böhmen).

1009. **Deutscher Böhmerwaldbund,** Haus Nr. 131. — 402 Bde. — Keine Dotation; die Vermehrung erfolgt durch Spenden. — Verwalter: Adalbert Micko, Lehrer. — Handschriftlicher Katalog in chronologischer Anordnung. — Für Vereinsmitglieder jederzeit unentgeltlich benützbar. — Nur Entlehnungen. — Keine Versendungen. — 1893 von der Bundesleitung in Budweis mit ca. 50 Bdn. gegr. und durch die Bemühungen des gegenwärtigen Bibliothekars auf den heutigen Stand gebracht. — Belletristik, gemeinnützige und landwirthschaftliche Werke.

Linz (Ober-Oesterreich).

1010. **Kaufmännischer Verein,** im Kaufmännischen Vereinshause. — (März 1899) 4564 Bde. — Jahresdotation 800 bis 1000 Gulden. — Bibliothekar: Carl Reininger. — Handschriftliche Zettelkataloge nach Gruppen; gedruckte Fachkataloge. — Benützbar täglich 6 Stunden für Mitglieder. — Ebenso Entlehnungen. — Keine Versendungen. — Handelswissenschaften, Nationalökonomie, Geschichte, Belletristik, Zeitschriften.

Gedruckter Bibl.-Katalog v. J. 1899.

Mistek (Mähren).

1011. **[Privat-Unter-]Gymnasium der Ústřední Matice školská** (Český gymnasium). — *a)* Lehrerbibl. ca. 600 Werke in 800 Bdn. und 900 Heften, 1000 Programme; *b)* Schülerbibl. ca. 500 Werke in 600 Bdn. und Heften. — Jahresdotation für *a)* ca. 300 Gulden, für *b)* 50 Gulden. — Director und Bibliothekar für *a)* Karel Nebuška; Bibliothekar für *b)* ein Prof. der Anstalt. — Gegr. 1895.

Nach dem letzten Jahresberichte bearbeitet, da der Fragebogen nicht beantwortet wurde.

Neustadtl (Böhmen).

1012. **Anna Klinger'sche Volksbibliothek.** — 1716 Bde. — Jahresdotation 200 Gulden für Regie und je nach Bedarf grössere Geldspenden zum Bücherankauf von Seite der Grossindustriellen Oscar und Ottomar Klinger. — Verwaltungsräthe: Robert Eder und Eduard Persomn; Bibliotheksleiter: Oberlehrer Josef Kuesche; Bibliothekar: Lehrer Josef Kuesche;

Bibliothekarstellvertreter: Gustav Hübner; 2 Gehilfen. — Gedruckter Katalog. — Benützung bis auf Weiteres für die Bewohner von Neustadtl unentgeltlich. — Entlehnung ebenso Montag und Freitag von 6—8 Uhr abends. — Keine Versendung. — Zur Erinnerung an den Tod seiner Gattin stiftete Oscar Klinger am 7. März 1895 ein Capital von 1500 Gulden zur Errichtung einer Volksbibl., welcher der Stifter, sowie dessen Bruder für die folgenden 10 Jahre eine weitere Summe von jährlich je 100 Gulden, also im Ganzen 2000 Gulden, zur Verfügung stellen. Am 20. September 1897 wurde der erste gedruckte Katalog ausgegeben und die Bibl. eröffnet. — Besonders vertreten Belletristik, aber auch populäre Wissenschaften.

Katalog der Anna Klinger'schen Volksbibl. in Neustadtl. Neustadtl 1897. — Nachtrag Nr. 1. Neustadtl 1898. (Beide enthalten auch: Chronik, Bibliotheksordnung und Benützungsstatistik.)

Pola (Küstenland).

1013. **[K. u. k. Marine-Unter-]Realschule.** — *a)* Lehrerbibl. ca. 1900 Bde. und 2400 Hefte; *b)* Schülerbibl. ca. 700 Bde. und Hefte. — Director: Leo Neugebauer; Bibliothekar: Ein Mitglied des Lehrkörpers. — Gegr. 1871.

Nach dem letzten Jahresberichte bearbeitet, da der Fragebogen nicht beantwortet wurde.

Trautenau (Böhmen).

1014. **Bezirkslehrerbibliothek,** im Gebäude der Mädchenbürgerschule. — 885 Bde., 574 Hefte, 119 Tafeln. — Jahresdotation 50 Gulden. — Bezirkslehrerbibl.-Commission, Obmann: Eduard Herbrich, Bürgerschuldirector; Mitglieder: Wilhelm Brane, Franz Hauptmann, Bürgerschullehrer, Alois Thuma, Carl Elsner, Volksschullehrer in Trautenau, Joseph Demuth, Oberlehrer in Marschendorf, Josef Chmelik, Oberlehrer in Weigelsdorf, Heinrich Leeder, Oberlehrer in Oberaltstadt (gleichzeitig Cassier). — Ein alphabet., nach Materien geordneter Bandkatalog. — Für Lehrpersonen des Bezirkes jederzeit benützbar. — Entlehnungen und Versendungen über Wunsch der Schulleitungen. — Gegr. 1869. — Alle Wissenschaften, insbesondere Pädagogik.

Gedruckte Kataloge im Besitze sämmtlicher Schulleitungen.

II. Ungarn.

Agram (Croatien).

651. **Südslavische Akademie der Wissenschaften und Künste** (Jugoslavenska akademija znanosti i umjetnosti), besitzt eine für die Kenntniss der südslavischen Literatur und Cultur sehr wichtige Bibl. von 30.000 Bdn. — Präsident: Josip Torbar, Realschuldirector i. P.; Bibliothekar: Dr. August Musić, Univ.-Prof. — Gegr. 1866. Die Akad. zerfällt in drei Abtheilungen: 1. philol.-histor., 2. philos.-rechtswiss., 3. mathemat.-naturwiss. Classe. — Nähere Auskunft nicht zu erlangen.

652. **Erzdiöcese.** — Ueber 100.000 Bde., darunter kostbare altslavische, glagolitische Handschriften. — Nähere Auskunft nicht zu erlangen.

653. **National-Museum** (Narodni muzej). — Jede der vier Abtheilungen (1. zoolog. unter Prof. Dr. Spir. Brusina; 2. mineralog.-petrogr. unter Prof. Dr. Mijat Kišpatić; 3. geolog.-paläontol. unter Prof. Dr. Dragutin Gorjanović-Kramberger: 4. archäolog. unter Prof. Dr. Josip Brunšmid) besitzt eine bedeutendere Handbibl. — Die Bibl. der archäol. Abtheilung umfasst ca. 4000 Bde. und Hefte aus den Gebieten der Archäologie, Epigraphik, Numismatik, Prähistorik und Geschichte. — Von den übrigen waren nähere Auskünfte nicht zu erlangen.

654. **Universitätsbibliothek** (Kr. sveučilišna biblioteka). — 96.700 Bde., 500 Handschriften. — Jahresdotation 6500 Gulden. — Geöffnet Donnerstag von 8—12, an anderen Wochentagen von 9—12 und 4—7 Uhr. — Entlehnungen (1897: 43.000 Bde.). — Bibliothekar: Ivan Kostrenčić; Adjuncten II. Classe: Dr. Velima Deželić und Dr. Stjepan Ortner; Scriptor: Virgil Diković. — (Nach Minerva, da eine nähere Auskunft trotz mehrfacher Anfrage bis zum 10. October 1899 nicht zu erlangen war.)

Pressburg (Pozsony, Ungarn).

* 655. **Leihbibliothek R. Drodtleff.** — 3000 Bde.

* 656. **Leihbibliothek H. Steiner.** — 5000 Bde.

Materien-Index.

Geistliche Bibliotheken.

Augustiner: Böhm.-Leipa 22, Brünn 42, Herzogenburg 216, Klagenfurt 299, Neustift 468, Reichersberg 615, Vorau 756.

Barnabiten: Wien 778.

Basilianer: Dobromil 109. — II. Csernekhegy 180, Klein-Berezna 353, Mária-Pócs 389.

Benedictiner: Admont 1, Altenburg 2, Braunau 32, Fiecht 131, Göttweig 160, Kremsmünster 336, Lambach 356, Melk 446, Michaelbeuern 451, Muri-Gries 457, Prag 512, Raigern 605, Salzburg 632, St. Lambrecht 647, St. Paul 648, Seitenstetten 663, Wien 779. II. Bakonybél 17, Komorn 355, Pannonhalma 463, Raab 502, Tihany 595, Zala-Apáti 639.

Barmherzige Brüder: Wien 864.

Capuciner: Fulnek 142, Heiligenkreuz 215, Imst 239, Innsbruck 240, Rumburg 628, Salzburg 633, Triest 721, Wien 789, Znaim 993. — II. Besnyő 28, Moór 407.

Carmeliter: Graz 165, Linz 401, Wien 846.

Regulirte Chorherren: St. Florian 646.

Cistercienser: Heiligenkreuz 214, Hohenfurth 218, Lilienfeld 398, Mehrerau 445, Mogila 456, Ossegg 483, Rein 616, Schlierbach 657, Stams 675, Szczyrzyc 690, Wiener-Neustadt 975, Wilhering 982, Zwettl 1001. II. St. Gotthard 526, Zircz 617.

Dominicaner: Borek stary 26, Eger 114, Graz 166, Jaroslau 227, Jezupól 231, Kosciejów 311, Krotoszyn 339, Lemberg 371, Podkamien 505, Ragusa 602, Retz 617, Spalato 669, Wien 801, Znaim 994.

Franciscaner: Arnau 3, Bechiň 13, Bozen 27, Capo d'Istria 83, Cherso 88, Datschitz 107, Görz 154, Kaaden 271, Kaltern 274, Kampora 276, Kenty 281, Knin 300, Krakau 315, Laibach 346, Lankowitz 361, Mähr.-Trübau 432, Marburg 437, Neuhaus 459, Pilsen 491, Pisino 503, Ragusa 603, Reutte 618, Rudolfswert 626, St. Pölten 651, Schwaz 660, Sign 665, Spalato 670, Villach 752, Wieliczka 769, Wotitz 986. — II. Andocs 8, Beczkő 21, Budapest 63, Dunaföldvár 205, Eisenstadt 208, Eperies 212, Erlau 221, Fogaras 232, Frauenkirchen 233, Freistadtl 235, Gran 250, Güssing 261, Klausenburg 335, Kremnitz 358, Maria-Theresiopel 394, Marosvásárhely 396, Mohács 406, Nagy-Kanizsa 419, Papa 465, Pressburg 478, Raab 501, Skalitz 535, Stuhlweissenburg 514, Szécsény 557, Szegedin 559, Szolnok 577, Sztropkó 579, Tyrnau 614, Veszprim 628, Winzendorf 638.

Jesuiten: Chyrów 92, Kalksburg 273, Klagenfurt 292, Krakau 322, Laibach 353, Linz 408, Mariaschein 442, Neu-Sandec 466, Prag 556, Spalato 674, Tarnopol 693, Zara 988. — II. Kalocza 297. — III. Travnik 3.

Kreuzherrenorden: Poeltenberg 506, Prag 514.

Lazaristen: Wien 851.

Mechitharisten: Wien 863.

Minoriten: Asparn a. d. Z. 6, Brüx 73, Jägerndorf 225, Iglau 234, Kal-

warya 275, Krumau 312, Lemberg 384, Neunkirchen 463, Sanok 654, Trient 718, Troppau 739. — II. Imregh 293, Nyirbátor 448, Szegedin 562.
Piaristen: Horn 223, Prag 546. — II. Budapest 135, Debreczin 192, Kecskemet 321, Lewenz 377, Nagy-Becskerek 415, Nagy-Kanizsa 422, Nagy-Károly 425, Neutra 442, Privitz 500, Sátoralja - Ujhely 523, Schemnitz 529, Totis 601, Trentschin 603, Ung. - Altenburg 620, Zeeben 644.
Prämonstratenser: Geras 141, Neureisch 464, Prag 547, Schlägl 655, Seelau 662, Tepl 701, Wilten 983. — II. Grosswardein 256, Ioos 294, Lelesz 368, Steinamanger 540.
Redemptoristen: Eggenburg 121, Innsbruck 248, Katzelsdorf 280, Leoben 396, Mautern 444, Mocsiska 453, Philippsdorf 488, Puchheim 598, Schwarzbach 659, Wien 906.
Serviten: Jeutendorf 230, Innsbruck 249, Luggau 422, Weissenstein 768, Wien 913. II. Budapest 149.
Ursulinerinnen: II. Tyrnau 616.
Pfarren: Eger 115, Freiwaldau 137, Ischl 267, Lemberg 387, Libuň 397, Pausram 485. — II. Attala 15, Budapest 134, Gyergyó Szent-Miklós 263, Jászberény 290, Kapoly 300, Leibicz 367, Massdorf 398, Ménbárd 399, Osztopán 459.
Geistl. Seminare: Brixen 38, Brünn 43, 55, Budweis 80, Görz 153, Graz 175, Klagenfurt 290, Königgrätz 303, Laibach 351, Leitmeritz 366, Linz 400, Marburg 440, St. Pölten 650, Tarnów 696, Trient 715, Wien 794. — II. Budapest 53, Erlau 220, 222, Gran 251, Hermannstadt 281, Karansebes 302, Kaschau 315, Neutra 444, Raab 507, Rosenau 515, Szepeshely 575, Ungvár 624.
Sonstige geistliche Bibliotheken: Brünn, Ordinariat 61, Kremsier, F.-e. Bibl. 331, Leitmeritz, Bisch. Bibl. 365, Lemberg, Gr.-kath. Metropolitan-Domcapitel 383, Rosenkranzmonatsschrift 390, Linz, Ordinariat 413, Mattsee, Collegiatstift 443, Nikolsburg, Collegialcapitel 471, Salzburg, Collegium Borromäum 631, Troppau, Deutsch. Ritterorden 732. — II. Agram, Erzdiöcese 652, Balázsfalva, Erzdiöcese 19, Csorna, Propstei 184, Eperies, Diöcesanbibl. 211, Erlau, Diöcesanbibl. 219, Gran, Erzdiöcese 246, Hermannstadt, Ev. Landeskirche 278, Kalocsa, Erzb. Bibl. 296, Karansebes, Diöcesananstalt 302, Leutschau, Ev. Landeskirche 371, Neusatz, Domcapitel 435, Neutra, Diöcese 439, Nógrád - Patak, Kath. Kirchenbibl. 447, Pressburg, Domcapitel 477, Grosspropstei zu St. Martin 480, Rosenau, Bischöfl. Bibl. 512, Stuhlweissenburg, Bischöfliche Bibl. 543, Szatmár, Bischöfl. und Diöcesanbibl. 553, Tornalya, Ev. ref. Diöcese 599, Ungvár, Gr.-kath. Episkopalbibl. 621, Veleneze, Diöcesanbibl. 626.

Amtsbibliotheken: Gmunden, Forst- und Domänendirection 147, Ischl, Alpine Salinenverwaltungen 266, 268, Prag, Landesausschuss 538, Landesculturrath 539, Salzburg, Landesregierung 638, Triest, Zoolog. Station 729, Wien, Centralcomm. f. Kunst- u. hist. Denkm. 791, Statist. Centralcomm. 792, Oberster Gerichts- und Cassationshof 808, Militär-geogr. Institut 845, Ministerien 868—879, Patentamt 884, Geolog. Reichsanstalt 907, Statthalterei 915, Zara, Statthalterei 991. — II. Agram, Banaltafel 2, Akna Szlatina, Oberbergamt 4, Beregszász, Gerichtshof-Gefangenhaus 27, Budapest, Geolog. Anstalt 38, Statist. Bureau 49, Statist. Centralbureau 52, Curie 55, Direction d. Aerars 56, Gerichtshof I. Instanz 65, Gerichtstafel 66, Handels- und Wechselgericht 88, Geolog. Institut 92, Landesinstitut f. Meteorol. u. Erdmagnet. 112, Chem. Landesinstitut 113, Ministerien 119—121, Ober-Staatsanwaltschaft 132, Post- und Telegraphendirection 138, Rechnungshof 144, Staatsdruckerei 150, Illau, Landesstrafanstalt 292, Kronstadt, Gefangenhaus 362, Leopoldstadt, Strafhaus 369, Mária Nosztra Strafhaus 388, Strassburg, Strafanstalt 512, Szamosújvár, Strafanstalt 552, Szegedin, Gefangenhaus 560.

Arbeiterbibliotheken: Berndorf 1005, Felixdorf 129. — II. Budapest 39, Pressburg 472.
Archive: Brünn 56, Joachimsthal 263, Steyer 681, Wien 785, 838, Wittingau 984. — II. Budapest 110, Hermannstadt 274, Kronstadt 360, Pressburg 496.
Bezirkslehrerbibliotheken: Baden 9, Felixdorf 128, Horn 221, Trautenau 1014, Villach 751, Waidhofen a. Th. 758, Zwettl 1000. — II. Jászberény 289, Lapás Gyarmat 366, Nagy-Becskerek 414.
IsraelitischeCultusgemeinden: Holleschau 220, Prag 517, Wien 798.
Freimaurer: II. Pressburg 479.
Handelsgremium: Brünn 51.
Handels- u. Gewerbekammern: Bozen 29, Brody 40, Brünn 53, Budweis 78, Eger 118, Graz 172, Innsbruck 244, Klagenfurt 286, Krakau 321, Lemberg 378, Leoben 395, Linz 406, Olmütz 179, Pilsen 496, Prag 530, Salzburg 637, Troppau 735, Wien 837. — II. Budapest 87, Fiume 229, Fünfkirchen 238, Klausenburg 339, Oedenburg 453, Pressburg 483, Temesvár 587.
Heilanstalten und Krankenhäuser: Baden 8, Graz 179, Prag 516, 535, 536, Wien 806, 861, 867, 905. — II. Budapest 60, 136, Füred 243, Pressburg 485.
Hofbibliothek: Wien 841.
Landes- und Gemeindebibliotheken: Brünn 57, Graz 176, Neuhaus 460, Wien 849. — II. Alsó-Kubin 5, Budapest 111, Kaposvár 301, Maria-Theresiopel 390.
Leihbibliotheken: Wien 862. — II. Herkulesbad 273, Pressburg 655, 656, Ungvár 623.
Militärbibliotheken (mit Ausschluss der militär-wissenschaftlichen Vereine): Wien 784, 785, 845, 847, 865, 866, Wiener-Neustadt 980. — II. Budapest 90.
Museen: Brünn 44, Budweis 79, Chrudim 91, Innsbruck 246, Klagenfurt 289, Klattau 297, Krakau 323, Laibach 349, Lemberg 372, 381, 385, 386, Linz 411, Neuhaus 462, Olmütz 480, Pilsen 497, Poln.-Ostrau 508, Prag 519, 529, 531, 544, 545, Reichenberg 612, Roveredo 623, Salzburg 641, Spalato 672, Triest 725, Troppau 736, 738, 740, Villach 754, Wien 783, 818, 836, 880, 881, 910, 911. — II. Agram 653, Budapest 72, 84, 109, 122, Nationalmuseum 126—130, Deutschendorf 200, Felka 225, Hermannstadt 280, Kaschau 311, Klausenburg 340, 342, Sepsi Szent-György 532, Szegedin 563, Tiszafüred 596. — III. Sarajevo 2.
Parlament: Wien 908. — II. Budapest 33, 133.
Privatbibliotheken: Blauda, Zierotin 18, Brünn, Grolig 62, Dux, Waldstein 112, Efferding, Starhemberg 113, Freudenthal, Erzherzog Eugen 139, Gmunden, Cumberland 149, Graz, Graff 181, Hlinsko, Adamek 217, Klosterneuburg, Helfert 298, Königswart, Metternich-Winneburg 307, Krasiczyn, Sapieha 326, Krumau, Schwarzenberg 340, 343, Lemberg, Baworowski 388, Lissitz, Dubsky 420, Lomnitz, Serenyi 421, Nikolsburg, Dietrichstein 472, Pernstein, Mittrowsky 486, Prag, Harrach 548, Kinsky 549, Lanna 550, Lobkowitz 551, Pürglitz, Fürstenberg 599, Raitz, Salm 606, Raudnitz a. E., Lobkowitz 609, Rohrau, Harrach 621, Schönborn, Schönborn-Buchheim 658, Seebarn, Wilczek 661, Smečna, Clam-Martinitz 666, Steyr, Lamberg 682, Sucha, Branicki 688, Tetschen, Thun 709, Walpersdorf, Falkenhayn 763, Wien, Erzherzog Friedrich 774, Rossiana 782, K. u. k. Familien-Fideicommiss-Bibliothek 803, Harrach 887, Lanckoroński 888, Liechtenstein 889, Menger 890, Obersteiner 891, Proksch 892, Schenk 893. — II. Borsod-Ivánka, Prónay 31, Budapest, Marczali 139, Debreczin, Szell de Bessenye 193, Deregnyő, Lónyay 198, Gyoma, Kálmán 265, Kaschau, Révész 312, Komorn, Kovách 357, Lockenhaus, Bertalanffy 379, Pressburg, Göllner 489, Odörfer 490, Wagner 491, Weiss-Schrattenthal 492, Sárospatak, Ballagi 521.
Stadtbibliotheken: Eger 119, Feldkirch 127, Freiberg 132, Meran 450, Pilsen 500, Roveredo 625, Trient 719, Triest 728, Wien 783, Zara 987. — II. Arad 12, Fiume

230, Kecskemet 323, Losoncz 381, Stuhlweissenburg 547, Temesvár 590.

Sternwarten: Kremsmünster 338, Wien 956. — II. Kalocsa 299.

Studienbibliotheken: Görz 158, Klagenfurt 293, Laibach 351, Linz 415, Olmütz 482, Salzburg 643.

Theater: Wien 842, 843, 973. — II. Budapest 131.

Universitätsbibliotheken: Czernowitz 100, Graz 184, Innsbruck 251, Krakau 325, Lemberg 392, Prag 557. Wien 920. — II. Agram 654, Budapest 153, Klausenburg 343.

Unterrichtsanstalten.

Elementar-, Volks- und Bürgerschulen, Töchterschulen: Klagenfurt 294, Linz 410, Prag 541, 542, Wien 793, 883. — II. Altsohl 7, Arad 9, Balassa-Gyarmat 18, Budapest 43—48, 57—59, 117, 118, 148, 174, Csakathurn 178, 179, Csikszereda 182, Csongrád 183, Debreczin 191, Deés 195, 197, Eisenstadt 206, Freistadtl 234, Fünfkirchen 241, 242, Gross-Rauschenberg 252, Güns 259, Gyergyó Szent-Miklós 262, Hajdú-Szoboszló 271, Homonna 285, Jász-Árokszállás 287, Karczag 304. Kaschau 317, Kronstadt 361, Leutschau 372, Liptó Szent-Miklós 378, Máramaros-Sziget 387, Munkács 408, Nagy-Becskerek 411, Nagy-Kanizsa 418, 423, Neusatz 434, Neusohl 438, Neutra 441, Oberschützen 452, Orsova 457, Pancsova 460, Pápa 467, 463, Pelsöcz 469, Pressburg 488, Raab 503, Reschitza 508, Sárbogárd 518, Steinamanger 539, Szécsány 556, Szegedin 558, 564, Szegszárd 565, Tapolcza 580, Temesvár 583, 592, 593, Tótmegyer 602, Trentschin 605, Turkeve 608, Tyrnau 611, 613, Unter-Limbach 625, Veszprim 629, Werschetz 637.

Gewerbeschulen: Brünn 45, Innsbruck 242, Krakau 317, Pilsen 492, Reichenberg 613, Wien 848, Wiener-Neustadt 981. — II. Budapest 72.

Gymnasien: Arnau 4, Aussig 7, Baden 10, Bąkowice 12, Bielitz 14, Bochnia 19, Böhm.-Leipa 24, Bozen 28, Braunau 33, Bregenz 34, Brixen 36, 37, Brody 39, Brünn 47—50, Brüx 72, Brzezany 74, Budweis 76, 77, Capo d'Istria 81, Časlau 85, Cattaro 87, Chrudim 89, Cilli 93, 94, Czernowitz 96, 97, Deutschbrod 108, Drohobycz 111, Eger 117, Feldkirch 125, 126, Freistadt 134, Friedek 141, Gaya 143, Gmunden 148, Görz 155, Gottschee 161, Graz 167—170, Hall 213, Hohenmauth 219, Horn 222, Jaroslau 228, Jaslo 229, Iglau 233, Jičin 237, Innsbruck 243, Jungbunzlau 270, Kaaden 272, Karlsbad 277, Klagenfurt 285, Klattau 296, Königgrätz 301, Königinhof 305, Kolin 308, Kolomea 309, Komotau 310, Krainburg 312, Krakau 318—320, Krems 328, Kremsier 333, 334, Kremsmünster 337, Krumau 341, Laibach 347, 348, Landskron 357, Leitmeritz 367, Leitomischl 369, Lemberg 373 bis 377, Leoben 394, Linz 404, Mähr.-Neustadt 425, Mähr.-Ostrau 426, Mähr.-Schönberg 429, Mähr.-Trübau 433, Mähr.-Weisskirchen 435, Marburg 438, Melk 447, Meran 449, Mies 452, Mistek 1011, Mödling 454, Neubydžov 458, Neuhaus 461, Neu-Sandec 465, Nikolsburg 473, Oberhollabrunn 475, Olmütz 477, 478, Pettau 487, Pilgram 489, Pilsen 493, 494, Pisek 501, Podgórze 504, Pola 507, Prachatitz 509, Prag 520 bis 528, Prerau 588, Přibram 591, Przemyśl 595, 596, Radautz 601, Ragusa 604, Raudnitz a. E. 608, Reichenau a. d. Kn. 610, Ried 619, Roveredo 622, Rudolfswert 627, Rzeszów 629, Saaz 630, Salzburg 634, 635, Sambor 645, St. Paul 649, St. Pölten 652, Sanok 653, Schlan 656. Seitenstetten 664, Smichow 667, 668, Spalato 671, Stanislau 677, Stockerau 685, Stryj 687, Suczawa 689, Tabor 691, Tarnopol 694, Tarnów 697, Taus 699, Teplitz-Schönau 703, Teschen 705, 706, Ťrebitsch 713, Trient 716 Triest 722, 723, Troppau 733, 734, Ung.-Hradisch 747, 748, Urfahr 749, Villach 753, Wadowice 757, Waidhofen a. Th. 760, Wal.-Meseritsch 762, Weidenau 764. Kgl. Weinberge 765, 766, Wien 820—834, Wiener-Neustadt 978, Wittingau 985, Zara 989, Złoczów 992. Znaim 995.

— II. Arad 10, 12, Aszód 14, Baja 16, Bartfeld 20, Békés 23, Békés-Csaba 25, Belényes 26, Bistritz 29, Bonyhád 30, Budapest 73—81, Csiksomlyó 181, Csurgó 185, Debreczin 189, Eperies 214, Esseg 223, Fiume 227, Fünfkirchen 236, Gran 247, 248, Grosswardein 254, Güns 260, Gyönk 264, Hajduböszörmeny 269, Halász 272, Hermannstadt 276, 277, Hodmező-Vásárhely 284, Jászberény 288, Igló 291, Kalocsa 298, Kaposvár 301, Karczag 303, Kaschau 307, Kecskemet 319, Keszthely 324, Kis-Kun-Félegyháza 327, Kisujszállás 330, Klausenburg 337, Kronstadt 363, Leutschau 370, Lewenz 375, Lugos 382, Makó 383, Máramaros-Sziget 385, Maria-Theresiopel 391, Marosvásárhely 397, Mező-Túr 401, Munkács 409, Nagy-Bánya 410, Nagy-Becskerek 412, Nagy-Kanizsa 420, Nagy-Károly 424, Nagy-Kikinda 426, Nagy-Körös 428, Nagy-Szalonta 430, Neusatz 432, 433, Neusohl 436, 437, Neutra 440, Neu-Verbasz 446, Nyiregyháza 450, Pancsova 461, Pápa 466, Podolin 470, Požega 471, Pressburg 481, Privitz 499, Rimaszombat 511, Rosenau 513, 514, St. Gotthard 517, Sátoralja-Ujhely 522, Schemnitz 524, 525, Sillein 534, Skalitz 536, Strassburg 541, Stuhlweissenburg 545, Szamosújvár 551, Szatmár 554, Székely-Keresztúr 566, Szekely-Udvarhely 569, Szentes 573, Szolnok 578, Totis 600, Trentschin 604, Trsztena 606, Tyrnau 615, Ung.-Altenburg 618, Warasdin 635, Weisskirchen 636, Zalaegerszeg 640, Zalau 641, Zeeben 643, Zengg 645, Zenta 646, Zombor 649. III. Sarajevo 1.

Handelsschulen: Brünn 52, 1007, Chrudim 90, Graz 171, Königgrätz 302, Linz 405, Melnik 448, Pilsen 495, Teplitz 702, Trient 717, Wien 835. — II. Alsó Kubin 6, Budapest 82, 83, 85, 86, Debreczin 190, Fiume 228, Fünfkirchen 237, Gross-Rauschenberg 252, Grosswardein 255, Homonna 285, Kaschau 308, Klausenburg 338, Mező-Túr 401, Nagy-Becskerek 411, Nagy-Kanizsa 421, Nyiregyháza 462, Pressburg 482, Steinamanger 539, Szegedin 558, Temesvár 583.

Techn. Hochschulen: Brünn 54, Graz 173, Lemberg 379, Prag 533, Wien 840. — II. Budapest 93, Institute 94—106.

Lehrerbildungsanstalten: Bielitz 15, Bozen 30, Brünn 58, 59, Görz 156, Graz 162, Kuttenberg 344, Marburg 439, Przemyśl 597, Salzburg 639, 640, Wien 853, Wiener-Neustadt 979. — II. Budapest 115, 124, Csurgó 186, Eperies 215, Gran 249, Hermannstadt 279, Kis-Kun-Félegyháza 328, Klausenburg 341, Lewenz 376, Losoncz 380, Máramaros-Sziget 386, Maria-Theresiopel 392, Modern 405, Pressburg 486, Raab 504, 505, Sárospatak 520, Szekely-Keresztúr 567, Ungvár 622, Zombor 650.

Realschulen: Bielitz 16, Böhm.-Leipa 25, Bozen 31, Brünn 63, 64, Budweis 81, 82, Czernowitz 99, Dornbirn 110, Elbogen 122, Gewitsch 145, Göding 150, 151, Görz 157, Graz 182, 183, Jägerndorf 226, Iglau 235, Jičin 238, Innsbruck 247, Karolinenthal 278, 279, Klagenfurt 291, Königgrätz 304, Krakau 324, Krems 329, Kremsier 335, Kuttenberg 345, Laibach 352, Laun 362, Leipnik 363, 364, Leitmeritz 368, Lemberg 389, Linz 414, Mähr.-Ostrau 427, Mähr.-Weisskirchen 436, Marburg 441, Neustadtl 467, Neutitschein 469, Olmütz 481, Pardubitz 484, Pilsen 498, 499, Pisek 502, Pola 1013, Prag 552-555, Prossnitz 592, 593, Rakonitz 607, Römerstadt 620, Roveredo 624, Salzburg 642, Spalato 673, Stanislau 678, Sternberg 680, Steyr 681, Tarnopol 695, Teltsch 700, Teschen 707, Trautenau 711, Triest 726, 727, Troppau 741, Ung.-Brod 746, Waidhofen a. d. Y. 761, Kgl. Weinberge 767, Wien 894—904, Wiener-Neustadt 981, Zara 990, Znaim 996, Zwittau 1002. — II. Arad 13, Budapest 141 bis 143, Debreczin 194, Dimrich 202, Fünfkirchen 240, Grosswardein 257, Kaschau 313, Kecskemet 322, Kremnitz 359, Leutschau 373, Oedenburg 455, Pressburg 493, Stuhlweissenburg 546, Sümeg 550, Székely-Udvarhely 570, Temesvár 589, Waag-Neustadtl 630.

Universitäten, Hochschulen: Czernowitz Gr.-or. theol. Facultät 95, Institute 101—106, Graz Institute 185—209, Innsbruck Institute 252 bis 262, Prag Institute d. böhm. Univ. 558—565, Institute d. deutsch. Univ. 566—581, Wien evang.-theol. Facultät 802, Hochschule f. Bodencultur 839, Institute 921—956. — II. Budapest Ev. theol. Akad. 36, Un.-Institute 151—168, Grosswardein Rechtsakad. 258, Kaschau 314, Kecskemet Ev. ref. Hochschule 320, Klausenburg Ev. theol. Facultät 334, Univ.-Institute 341—351, Pressburg Rechtsakad. 494.

Sonstige Unterrichtsanstalten: Lemberg, Thierärztl. Hochschule 380, Leoben, Bergakademie 393, Mödling, Francisco-Josephinum 455, Ober-Hermsdorf, Landes-Mittelschule 474, Pressbaum, Norbertinum 589, Příbram, Bergakademie 590, Reichenberg, Mittelschule 614, Tabor, Landwirthschaftl. Landes-Lehranstalt 692, Triest, Handels- und nautische Akademie 720, Wien, Theres. Akademie 773, Blinden-Erziehungsinstitut 786, Israel. Blindeninstitut 787, Consularakademie 797, Gesellschaft der Musikfreunde 811, Israel. theol. Lehranstalt 852, Lehr- und Versuchsanstalt für Lederindustrie 854, Graph. Lehr- und Versuchsanstalt 855, Techn. Militärakademie 865, Thierärztl. Hochschule 867. Griech.-or. Nationalschule 882, Israel. Taubstummeninstitut 917, Waisenhaus für israel Knaben 974, Wiener-Neustadt, Theres. Militärakademie 980. — II. Broos, Kún-Collegium 32, Budapest, Bildungscurs für Eisenbahnbeamte 41, Eötvös-Collegium 61, Erziehungs- und Lehranstalt für Blödsinnige und Geistesschwache 62, Gartenbauschule 64, Kindergärtnerinnen-Bildungsanstalt 108, Röser 116, Musikakademie 123, Musterzeichenschule 124, Post- und Telegraphencurs 137, Rabbinerschule 140, Taubstummeninstitut 151, Winzerschule 177, Debreczin, Ref. Collegium 188, Fiume, Naut. Akademie 226, Fünfkirchen, Lyceum 239, Hermannstadt, Theresia-Waisenhaus 281, Käsmark, Lyceum 295, Kaschau, Landwirthschaftl. Lehranstalt 310, Keszthely, Landwirthschaftl. Lehrinstitut 325, Klausenburg, Ev. ref. Collegium 332, Correctionsanstalt 333, Kolozs-Monostor, Landwirthschaftl. Lehrinstitut 351, Kronstadt, Ev. Schule 361, Marosvásárhely, Ev. ref. Collegium 395, Oedenburg, Ev. Lyceum 451, Pressburg, Ev. Lyceum 487, Sárospatak 519, Schemnitz, Montan- und Forstakademie 527, Sepsi Szent-György, Mikó-Collegium 531, Székely-Udvarhely, Ev. ref. Collegium 568, Tarczal, Winzerschule 581, Ung.-Altenburg, Landwirthschaftl. Akademie 617, Ungvár, Kirchenliteraturschule 624, Waitzen, Piaristencollegium 633, Taubstummeninstitut 634.

Vereine.

Lesehallen und -Vereine: Czernowitz 98, Gmünd 116, Graz 178, Klagenfurt 282, Königinhof 306, Kremsier 332, Lemberg 382, Prag 513, 540, 582, Troppau 731, Waidhofen a. Th. 759, Wien, Bibl. polska 781, Wiedener Büchereiverein 788, Damenleseverein 799, Germania 809, Deutsch-akad. Lese- und Redehalle 856, Deutsche Lesehalle an der techn. Hochschule 857, Leseverein der Beamten des Hauptzollamtes 858, Akad.-rom. Leseverein 859, Jurid. polit. Leseverein 860, St. Vincenz-Leseverein 912, Sič 914, „Bibliothek" 957, Verein zur Erhaltung der Privatbibliothek der Justizbeamten 965, Zuckmantel 999. — II. Abony 1, Arad 11, Békés 22, Békés Csaba 24, Budapest, Beamtencoloniecasino 40, Bürgerclub 42, Nationalcasino 125, St. Emmerich-Selbstbildungsverein 146, St. Stephanverein 147, Deáki 187, Deés 196, Deutsch-Bogsán 199, Dimrich 201, Dobschau 203, Eisenstadt 207, Földes 231, Gilau 244, Hajduböszörmeny 267, 270, Herkulesbad 273, Kisjenö 326, Kis-Ujszállás 329, Kis-Zombor 331, Kún-Szent-Miklós 365, Maria-Theresiopel 390, Mezö-Túr 400, Nagybittse 416, Pressburg 495, Schemnitz 526, Szöllös György 576, Tecsö 582, Temesvár 588, Tórda

598, Turócz Szent-Márton 609, Zombor 648.

Militärwissenschaftliche Vereine: Görz 159, Graz 164, Innsbruck 241, Krakau 311, 316, Laibach 355, Linz 418, Olmütz 476, Pilsen 490, Prag 586, Przemysl 594, Stanislau 676, Trient 714, Triest 730, Wien 790 — II. Agram 3, Budapest 50, Esseg 224, Hermannstadt 283, Kaschau 306, Klausenburg 352, Komorn 356, Miskolcz 403, Pressburg 476, Temesvár 584.

Stenographenvereine: Asch 5, Bärn 11, Bodenbach 20, Böhm.-Kamnitz 21, Böhm.-Leipa 23, Brünn 1006, Eger 116, Falkenau 123, Felixdorf 130, Iglau 232, Innsbruck 250, Joachimsthal 265, Klagenfurt 283, Langenlois 358, Linz 402, Mähr.-Schönberg 428, Prag 515, Reichenberg 611, Steyr 683, Trautenau 710, Wien 805, 916, Wiener-Neustadt 977, Zuckmantel 998.

Volksbildungsvereine: Budweis 75, Eisenstein 1009, Freudenthal 140, Graz 211, Horn 221, Krems 330, Laibach 350, Linz 419, Wien 968, 972. — II. Budapest 146, Neutra 445, Pápa 468, Pressburg 473, Tyrnau 612, Verbó 627.

Wissenschaftliche Vereine, Gesellschaften: Bregenz, Museumsverein 35, Brünn, Museumsverein 60, Schillerstiftung 65, Verein für die Geschichte Mährens und Schlesiens 66, Aerztlicher Verein 67, Naturforschender Verein 69, Caslau, Museumsverein 86, Eger, Verein für Egerländer Volkskunde 120, Graz, Juristenverein 174, Innsbruck, Akadem. Historikerclub 245, Klagenfurt, Geschichtsverein 284, Krakau Akademie d. Wissenschaften 313, Lemberg, Narodnyi Dom 370, Ševčenkoverein 391, Linz, Aerzte 416, Naturkunde 417, Lundenburg, Lehrer 423, Mähr.-Schönberg, Kosmos 430, Prag, Gesellschaft der Wissenschaften 518, Akademie der Wissenschaften 534, Künstler 537, Verein für Geschichte der Deutschen in Böhmen 583, Salzburg, Juristen 614, Triest, Ingenieure und Architekten 721, Troppau, Naturwissensch. 743 Wien, Advocatenkammer 770 Akademie der bildenden Künste 771, Akademie der Wissenschaften 772, Wissenschaftl.-Club 795, Concordiaclub 796, Med. Doctorencollegium 800, Gartenbau-Gesellschaft 807, Gesellschaft der Aerzte 810, Geographische Gesellschaft 812, Heraldische Gesellschaft „Adler" 813, Numismatische Gesellschaft 814, Pädagogische Gesellschaft 816, Zoologisch-botanische Gesellschaft 817, Goethe-Verein 819, Ingenieure und Architekten 844, Geographen 959, Lehrerinnen und Erzieherinnen 961, Verein für Landeskunde 961, Aerztlicher Verein 966, Naturwissenschaftlicher Verein 970. — II. Agram, Akademie der Wissenschaften 651, Budapest, Advocatenkammer 31, Aerzte 35, Akademie der Wissenschaften 37, Centralausschuss der Wanderversammlungen der ungarischen Aerzte und Naturforscher 51, Ethnographische Gesellschaft 68, Geographische Gesellschaft 69, Naturwissenschaftliche Gesellschaft 70, Ingenieure und Architekten 91, Naturwissenschaftlicher Verein 171, Grosswardein, Alterthums- und Geschichtsverein 253, Karlsburg, Historisch-archäolog.-naturwissenschaftlicher Verein 305, Klausenburg, Museumsverein 342, Nagy-Becskerek, Lehrer 413, 414, Nyiregyháza, Lehrer 451, Pressburg, Kirchenmusikverein 481, Verein für Natur und Heilkunde 498, Sopron-Iván, Lehrer 537, Sümeg, Lehrer 549, Szentes, Geschichts- und archäologischer Verein 572, Temesvár, Geschichts- und Museumsverein 585, Naturwissenschaftlicher Verein 591, Turócz Szent-Márton, Museumsverein 610, Zalau, Lehrer 612.

Andere Vereine: Bilitz, Buchdrucker 17, Brünn, Gewerbev. 46, Volkswirthsch. Ver. 68, Freiwaldau, Kath. Arbeiter 135, Kath. Gesellen 136, Buchdrucker 138, Görz, Ackerbau 152, Graz, Buchdrucker und Schriftgiesser 163, Landwirthsch. Ver. 177, „Mercur" 189, Klagenfurt, Industrie- und Gewerbever. 287, Kärntnerver. 288, Krems, Buchdrucker und Schriftgiesser 327, Langenlois, Landwirthsch. Ver. 359, Linz, Alpenver. 399, Gewerbever. 403, Kaufmänn. Ver.

1010, Landwirthsch. Ver. 409, Musik-Ver. 412, Mähr.-Trübau, Fortbildung des Handels- und Gewerbestandes 434, Prag, Christl. Akademie 511, Handwerker 532, Z. Ermunterung d. Gewerbsgeistes 584, Frauenfortschritt 585, Salzburg, Alpen-V. 631, Landwirthsch. V. 636, Teschen, Buchdrucker 708, Troppau, Land- und Forstwirthschaftl. Ver. 737, Buchdrucker 742, Kaufmänn. V. 744, Villach, Alpenver. 750, Wien, Alpenver. 775, Apothekerhauptgremium 776, Apotheker 777, Photograph. Ges. 815, Landwirthschaftsges. 850, Philatelistenclub 885, Postbeamten 886, Rettungsgesellsch. 909, Thierschutzver. 918, Ungarnver. 919, Buchdrucker und Schriftgiesser 958, Jugendfreunde 960, Öst.-ung. Buchhändler 962, „Kadimah" 967, Kaufmänn. Ver. 969, Wiener-Neustadt, Buchdrucker 976. — II. Budapest. Club d. serb. Jugend 54, Gesang- und Selbstbildungsv. „Törekvés" 67, Gewerbecorporation 71, Hilfs- und Selbstbildungsv. d. Mediciner 89, Juristenunterstützungsv. 107, Landesverein d. ung. Beamten 114, Nationalcasino 125, Freiwilliger Rettungsv. 145, Touristenv. 152, Buchdrucker und Schriftgiesser 169, Kaufmännische Jugend 170, Dimrich, Nationalcasino 201, Eisenstadt, Geselligkeitsv. 209, Eperies, Geselligkeitsv. 213, Széchenyiclub 216, Landwirthschaftl. Verein 218, Gyula, Bürgerv. 266, Hajduböszörmeny, Bürgercasino 267, Club d. 48er 268, Hermannstadt, Ung. Bürgerclub 275, Jánosháza, Geselligkeitsclub 286, Kaschau, Kazinczyclub 309, Verein d. Kaufmänn. Jugend 316, Kecskemet, Gewerbecorporation 318, Kisjenö, Casino 326, Kis-Ujszállás, Casino 329, Klausenburg, Gewerbev. 336, Kún-Szent-Miklós, Casino 365, Lewenz, Casino 374, Máramaros-Sziget, Casino 384, Maria-Theresiopel, Nationalcasino 393, Nagy-Buttyin, Casino 417, Nagy-Körös, Gärtnerv. 427, Stadtcasino 429; Neutra, St. Augustinv. 443, Nyiregyháza, Casino 449, Orosháza, Casino 456, Ostfi-Asszonyfa, Gesangv. 458, Pápa, Casino 461, Pressburg, Casino 475, Toldyclub 497, Raab, St. Emmerichv. 506, Reschitza, Casino 509, Schemnitz, Petöficlub 528, Sellye, Casino 530, Siklos, Club d. Opposition 533, Stuhlweissenburg, Vörösmartyv. 548, Szatmár, St. Aloisius-Ges. 555, Szegedin, Gewerbecorporation 561, Szentes, Casino 571, Temesvár Geselligkeitsv. 586, Casino 597, Turkeve 607, Turócz Szent Márton, Lese- und Geselligkeitsv. 609, Ung.-Altenburg, Kazinczyclub 619, Waitzen, Casino 631, Gewerbev. 632.

Volksbibliotheken: Bärn 1004, Brünn 70, 71, Budweis 1008, Falkenau 124, Feldkirch 127, Graz 210, 212, Iglau 236, Joachimsthal 264, Ischl 269, Klagenfurt 295, Langenlois 360, Linz 407, Mähr.-Kromau 424, Mähr.-Schönberg 431, Neustadtl 1012, Neutitschein 470, Prachatitz 510, Prag 587, Pulkau 600, Strobnitz 686, Tarvis 698, Teschen 704, Trautenau 712, Troppau 738, 745, Villach 755, Wien 804, 957, 971, Znaim 997, Zwittau 1003. — II. Budapest 148, 173, 175, 176, Dobschau 204, Eperies 210, 217, Göllnitz 245, Leutschau 371, Miskolcz 402, Nemes-Vid 431, Pelsöcz 469, Pressburg 474, Steinamanger 538, Szécsány 556, Szegedin 563, Szentgericze 574, Temesvár 594.

Nominal-Index.

(II bedeutet Ungarn, III Occupationsgebiet.)

Abel, Dr. Othenio 945.
Abelsberg, József II 375.
Achatz, P. Anselm 648.
Achhammer, Gisela 799.
Ádám, József II 264.
Adamec, Anton 43.
Adamek, Carl Ritter v. 644.
Adamek, P. 234.
Adametz, Joseph 642.
Adler, Dr. Siegmund 951.
Adler, Simon II 151.
Aelschker, Edmund 684.
Ahn, Dr. Friedrich 184.
Alber, Rudolph 283.
Albert, Ferencz II 363.
Albert, János II 426.
Albrecht, Carl 128.
Albrecht, Dr. Heinrich 861.
Alczeghy, Alajos II 178.
Áldássy, Dr. Antal II 126.
Alexander, Dr. Gustav 943.
Ališkiewicz, Andreas 39.
Alszeghi, János II 611, 612.
Alth, P. Márton II 367.
Alth, Dr. Titus Ritter v. 904.
Altmann, Gyula II 146.
Alton, Dr. Joseph 213.
Ambros, Dr. Wilhelm Ritter v. 873.
Ambrus, Péter II 401.
Andél, August 972.
Andergassen, P. Bertrand 28.
Anderle, Joseph 795.
Anders, Dr. Joseph Frh. v. 201.
Andreatta, Beniamino 716.
Andreatta, Heinrich 8.
Angyal, Dezső II 61.
Anschütz, P. Carl 782.
Antal, P. Lajos II 431.
Anthony v. Siegenfeld, Alfred Ritt 813.
Antolik, Dr. Károly II 493.
Appel, Michael Edl. v. II 306.
Appl, Johann II 473.
Aranza, Dr. Josip 673.
Arche, Dr. Alto 850.
Arnold, Dr. Robert Franz 841.
Arthaber, Dr. Gustav Edl. v. 932.
Arva, P. Ferencz II 557.
Ary, Gyula II 231.
Arzt, Seweryn 757.
Auffenberg, Moriz Ritter v. II 224.
Augst, Wilhelm 612.

Baar, Dr. Adolf 158.
Baba, Dr. Joseph 696.
Babich, Pál II 25.
Babiński, Stanisław 629.
Babuder Giacomo 84.
Bachofen v. Echt, Adolph 972.
Bachzelt, Sebastian 600.
Bačić, P. Ambrosius 602.
Bacsinszky, Ede II 175.
Bączalski, Edmund 678.
Baczyński, Mikolaj 74.
Badstüber, Hubert 341.
Baecker, Franz 741.
Bäuml, Joseph 72.
Bahr, Franz Xaver 426.
Baintner, Dr. Hugo II 314.
Baksay, József II 327.
Balársovits, Norbert II 573.
Baláza, Gyula II 339.
Bálinth v. Lemhény, Franz 919.
Balihar 759.
Balogh, Károly II 390.
Balzberg, Carl v. 266.
Baucalari, Gustav 411.

Nominal-Index.

Bándi, Vaz. II 181.
Bandzauner, Peter 267.
Bankó, Julius 950.
Bankowski, Wlodzimierz 653.
Bańkowsky, Marie 793.
Bányai, Imre II 22.
Barabás, Fenö II 570.
Baran, Anton 328.
Barchanek, Clemens 481.
Bardachzi, Franz 541.
Bardos, Remig II 248.
Barewicz, Dr. Witold 111.
Barger, Friedrich 226.
Barkóczy, G. II 558.
Barta, Ferdinand 402.
Bartelmus, Marie 70.
Bartelmus, Rudolf 741.
Bartha, Gyula II 418.
Bartha, Dr. Tamás II 516.
Barwiński, Dr. Eugenius 392.
Basiński, Stanislaw 653.
Bassler, Hans 541.
Báthory, Ferencz II 255.
Batka, Johann II 496.
Batoski, Sigismund 388.
Battelli, Silvio 622.
Batycki, Józef 677.
Baudiss, P. Adalbert M. 169.
Baudysz, Cornelia 510.
Bauer, Dr. Adolph 194, 206.
Bauer, Dr. Friedrich 277.
Bauer, Joseph 423.
Bauer, József II 373.
Bauer, Dr. Max 791.
Bauernfeld, Guido Ehrenfried 813.
Baumann, Moriz 816.
Baumgarten, Ignaz 220.
Baumgartner, P. Georg 216.
Baumgartner, P. Dr. Roman 451.
Baumhackl, Dr. Friedrich 181.
Baur, Vilém 555.
Bausz, Teodorik II 248.
Bayer, Fr. 836.
Bayer, Georg 635.
Bayer, Hugo 776.
Bayer, Joseph 867.
Bażan, P. Pius Maria 371.
Beck, Adolph 639.
Becke, Dr. Friedrich 944.
Becker, Dr. Anton 829.
Beczner, Frigyes II 194.
Bedö, Dénes II 567.
Beer, Robert 296, 297.
Beer, Dr. Rudolf 811.
Bejšovcová, Berta 500.
Beierle, Alois 740.
Beierle Leo 399.
Beirer, P. Pacificus 768.
Belcikowski, Dr. Adam 325.
Bellay, József II 590.
Belohlawek, Hans 405.
Bělohoubek, Dr. August 561.
Benczik, Ferencz II 600.
Bendász, Mihály II 621.
Beneš, Julius 981.
Beneš, Karel 593.
Benesch, Dr. Friedrich 775, 920.
Benevenia, Lorenzo 990.
Benkö, Imre II 129.
Benndorf, Dr. Johann 936.
Benoni, Dr. Karol 697.
Beöthy, Dr. Zsolt II 154.
Beránek, Victor 16.
Berbély, György II 640.
Berbuč, Johann 157.
Berecz, Gábor II 458.
Berecz, Lajos II 67.
Berentés, László II 612.
Berger, Dr. Carl 63.
Berger. Edward 645.
Bergmann, P. Joseph 506.
Berkes, Imre II 142.
Berkeszi, Dr. István II 585.
Berkovits, Bert. II 362.
Bernhard, Dr. Josef 765.
Berniza, János II 62.
Bértessy, T. II 518.
Berut, Joseph 123.
Bezjak, Dr. Johann 439.
Biberle, Julius 368.
Bibl, Dr. Victor 849.
Bibó-Bige, György II 390.
Biczovszky, Károly II 534.
Biedl, Dr. Arthur 923.
Bielecki, P. Andreas 383.
Bielek, Dezsö II 25.
Bielek, Miksa II 100.
Biesiadzki, Wojciech 375.
Bikany, Dr. Arpád II 158
Bilesikdjian, P. Barnabas 863.
Bílý, František 551.
Binder, Dr. Josef Julius 552.
Binder, Sámu II 371.
Bing, Joseph 967.
Birnögger, Eduard 886.
Bisiac, Giovanni 84.
Biskupski, Boleslaw 323.
Bittner, Robert 441.
Blázsik, Mihály II 183.
Blondein, Caroline 961.
Blüml, Clemens 222.
Bobin, Romuald 389.
Bobok, Carola II 186.
Bocz, József II 583.

Böck, Ludwig 783.
Böhm, August 870.
Böhm, Carl 1007.
Böhm, Heinrich 1005.
Bökényi, Daniel II 384.
Böttner, Enrico 991.
Böttner, Sebastian 991.
Bognár, P. Márk II 559.
Bohatta, Dr. Johann 920.
Bolla, Lajos II 14.
Bondini, P. Aloisius M. 88.
Bonetta, F. II 230.
Bonyhádi, Ede II 313.
Borčić, Lovro 673.
Borecký, Dr. Jaromír 557.
Bormann, Dr. Eugen 950.
Borós, Ambrús II 304.
Boros, Vide II 13.
Borosnyai, Katalin II 361.
Borovský, F. A. 531.
Borschke, Dr. Andreas 821.
Borsos, István II 467.
Botás, János II 137.
Botstiber, Dr. Hugo 811.
Botta, István II 64.
Bottek, Eduard 705.
Botz, P. Anton 92.
Bozoky, Dr. Alajos II 258.
Bozsenik, Béla II 432.
Bozzay, Árpád II 454.
Brand, P. Ernest 2.
Brandhuber, Carl 479.
Brandl, Vincenz 56.
Brandstätter, J. II 495.
Brandstetter, R. 972.
Branc, Wilhelm 1014.
Branhofer, Ignaz 233.
Branky, Franz 793.
Braumüller, Johann 294.
Braun, Dr. Edmund Wilhelm 736.
Brauneis P. Ferdinand M. 230.
Braungarten, Ferdinand 667.
Breckh, János II 38.
Breicha, J. 460.
Breit, Carl 221.
Brenner, Dr. Franz 67.
Brenner, Dr. József II 393.
Brennerberg, Dr. Franz v. 800.
Bretholz, Dr. Berthold 56.
Brief, Siegmund 829.
Brislinger, Joseph 431.
Brosch, Franz 419.
Brósz, Károly II 404.
Brotanek, Dr. Rudolf 841.
Brož, Karel 304
Brózik, Dr. Károly II 141.
Bruck, József II 38, 92.
Bruckner, József II 150.
Bruckner, Károly II 295.
Brücke, Norbert 427.
Brumati, Antonio 728.
Brunelli, Vitale 987, 989.
Brunner, Dr. Moriz 917.
Brunner v. Wattenwyl 795.
Brunnthaler, Joseph 817.
Bryl, Jan 19.
Bubeníček, 20.
Buchböck, Dr. Gusztáv II 161.
Bucher, Dr. Adolf 100.
Buchner, Alois 761.
Buchner, Georg 24.
Buck, H. 149.
Budaházy, Dr. Imre II 310.
Budinszky, Dr. Alexander 875.
Büchler, Dr. Adolph 852.
Büdinger, Dr. Max 951.
Bujdosó, Lajos II 188.
Bukovanský, K. J. 598.
Bukovics, Emerich v. 973.
Bukovszky, János II 25.
Bulić, Francesco 672.
Bulwas, Carl 972.
Bún, Samu II 121.
Burda, Arthur 910.
Burger, Max 295.
Burger, Dr. Michael Maria 920.
Burgerstein, Dr. Alfred 807.
Burghardt, István II 468.
Burghauser, Dr. Gustav 704, 705.
Burián, János II 10.
Burkhard, Dr. Carl Immanuel 832.
Burstin, Stanislaus 40.
Bussche-Ippenburg, Carl Frh. v. 316.
Butéan, János II 26.
Butyka, Boldizsár II 269.
Bystroň, Dr. Jan 320.

Cafasso, Arthur 394.
Cammerloher, Moriz 811.
Čapek, Franz 762.
Caprarin, György II 62.
Cartellieri, F. 265.
Casagrande, Alberto 622.
Catranibone, P. Vincentius 670.
Cech, Leander 467.
Cegliński, Gregor 596.
Čermák, Bohuslav 557.
Čermák, Jan 478.
Čermák, Klement 86.
Cerny, Hugo 1004.
Cerny, Josef 608.
Černý, Dr. Thomas 519.
Červenka, Jan 77.
Charas, Dr. Heinrich 909.

Charkiewicz, Eduard 373.
Charvát, Ignác 985.
Charwat, Franz 900.
Chavanne, Rudolph Edler v. 190.
Chevalier, Dr. Ludwig 525.
Chiari, Dr. Hans 571.
Chiusole, Roman v. 714.
Chmelik, Joseph 1014.
Chmielek, Jan 111.
Chodász, János II 200.
Cholnoky, Jenö II 156.
Chrapek, Dr. Jan 992.
Chrastilek, Ignácz II 172.
Chrobak, Dr. Rudolf 810.
Chval 500.
Chvojan, P. Adalbert 271.
Chytil, Dr. Carl 531.
Cicalek, Dr. Theodor 812.
Cimrhanzl, Amalia 500.
Cimrhanzl, Tuma 500.
Cobelli, Giovanni de 623.
Cobelli, Dr. Ruggiero de 623.
Concha, Dr. Győző II 167.
Cori, Dr. Carl Isidor 729.
Coronini-Cronberg, Franz Graf 152.
Cristofolini, Cesare 723.
Crüwell, Dr. Gottlieb August 920.
Csaki, M. II 280.
Csanády, Dr. G. II 325.
Csaplár, P. Benedek II 125.
Cseppan, Rezső II 474.
Cserni, Dr. Béla II 305.
Csiberties, Benedek II 182.
Csiberties, Imre II 182.
Csighi, Dr. Antal II 26.
Csiki, Ernö II 130.
Csirbusz, Dr. Géza II 424.
Csizi, Béla II 469.
Csonto, Lajos II 272.
Ctibor, Jan 90.
Cuhel, Dr. Franz 530.
Czaczkowski, Josef 678.
Czakó, Elemér II 153.
Czedik, Emma v. 883.
Czekéliús, Aurel II 91.
Czermak, Dr. Paul 259.
Czermak, Wenzel Raphael 580.
Czerny, Albin 646.
Czéżowski, P. Romuald 466.
Czibulka, Claudius 164.
Czinege, István II 363.
Czubek, Jan 318.
Czunya, Sándor II 550.

Dallos, Dr. József II 540.
Dalmartello, Arturo II 230.
Dalotti, Ödön II 493.
Damian, Josef 716.
Damokos, Csernátone Antaline II 598.
Dantscher R. v. Kollesberg, Dr. Victor 204.
Daszkewicz, Dr. Animpodist 689.
Daublebsky v. Sterneck, Dr. Oscar 920.
Daublebsky v. Sterneck, Dr. Robert 840.
Daubrawa, Alfred 841.
Daumann, Adolf 425.
Davida, Dr. Leo II 345.
Debreczéni, István II 196, 197.
Dechant, Dr. Alois 224.
Dechant, Hermann 600.
Dechant, Johann 901.
Decker, Dr. Antonín 985.
Decsy, Károly II 626.
Dedek, Dr. Crescenz Ludwig II 153.
Degn, Johann B. 410.
Deininger, Johann W. 242.
Deits, Dr. Fele II 225.
Delami, Johanna 751.
Dembitzer, Zacharyasz 309.
Demeczky, Dr. Mihály II 73.
Demel Ritter v. Elswehr, Dr. Leonhard 704.
Demuth, Joseph 1011.
Denek, Dr. Győző II 257.
Derler, Martin 912.
Dernjač, Dr. Josef 771.
Detela, Dr. Franz 627.
Dévény, József II 14.
Dexler, Dr. Hermann 577.
Deželić, Dr. Velima II 653.
Dézsi, Dr. Lajos II 153.
Dezsi, Ödön II 342.
Dezső, B. Antal II 275.
Dezső, Lajos II 520.
Dianiska, P. András II 371.
Dichtl, Adolph 424.
Dickinger, P. Odilo 336.
Didycki, Bohdan 370.
Dietz, Joseph 341.
Diković, Virgil II 653.
Dipold, Clemens 828.
Dischka, Győző II 240.
Diviš, Dr. Joseph 122.
Dmytrów, Konstanty 694.
Dobay, Sándor II 384.
Dobrilović, Augustin 87.
Dörnhöffer, Friedrich 841.
Dohnal Aleš 89.
Dolanský, Ladislaus 279.
Dolenský, Jaroslav 238.
Dolinar, P. Robert 503.
Donabaum, Dr. Joseph 920.

Donner, Lajos II 24.
Donyém, István II 532.
Dorsch, Dr. Joseph 272.
Doublier, Othmar 841.
Doubrava, Dr. Josef 511.
Doucha, Carl 668.
Dovgan, P. Emilian 503.
Draskáry, József II 881.
Dreisziger, Ferencz II 219.
Dressler, Dr. Adolph 920.
Drexl, Robert 722.
Dürnwirth, Raimund 291.
Dulębowski, Ignacy 465.
Dum, P. Joseph 443.
Duschinsky, Wilhelm 902.
Dušek, Vavřinec 765.
Dúzs, Dezsö II 36.
Dvořák, Max 609.
Dvorský, Dr. Franz 60.
Dvorzacsek, Ede II 67.
Dworschak, Wilhelm 1005.

Ebenspanger, János II 452.
Eberwein, Richard 856.
Ebner, Carl 640.
Ebner, Alois 475.
Ebner, Carl 1005.
Ebner Ritter v. Rofenstein, Dr. Victor 929.
Edelmann, Dr. Sebö II 540.
Eder, Leonhard 161.
Eder, Robert 1012.
Effenberger, Dr. Anton 405.
Egermann, Dr. Joseph 902.
Egger, Dr. Franz 38.
Egger, Dr. Joseph 246.
Egger-Möllwald, Dr. Friedrich Ritter v. 811.
Ehard, Carl 828.
Ehrenberger, Dr. Anton 329.
Ehrenreich, Heinrich 330.
Ehrenwerth, Josef v. 590.
Ehrhart, Adolf 115.
Ehrmann, Dr. F. 61.
Eibl, Joseph 20.
Eichendorff, P. Maurus v. 512.
Eichler, Dr. Ferdinand 184.
Eidam, Conrad 128, 130.
Eiselt, Jan 678.
Eisenkolb, Heinrich 702.
Eisenmeier, Dr. Joseph 557.
Elekes, Ferencz II 400.
Eller, Ferencz II 175.
Ellinger, Dr. Johann 896.
Elsner, Carl 1011.
Embery, Árpád II 569.
Emerica M. Maria II 616.
Emig, Johann Julius 110.
Enders, Alois 51.
Engel, Johann 110.
Engelhardt, Fritz 5.
Engl, Guido István II 185.
Engländer, Dr. 573.
Englmann, Dr. Wilhelm 783.
Entz, Dr. Géza II 101.
Eppinger, Dr. Hans 195.
Epstein, Dr. Alois 536.
Erben, Teofil 677.
Erdélyi, Pál II 126.
Erdödi, Dr. Armin II 630.
Erdös, Géza II 176.
Erhard, Alfred 417.
Erhart, Gustav 345.
Ertl, Dr. Carl 48.
Ertl, Dr. Emil 173.
Eschberger 972.
Escherich, Dr. Gustav Ritt. v. 952.
Estreicher-Rozbierski, Dr. Carl v. 325.
Esztegár, Dr. László II 126.
Esztergály, Á. II 385.
Evers, Dr. Arthur 429.
Ewald, Dr. Carl 861.
Exner, Dr. Carl 260.
Exner, Dr. Franz 936.
Exner, Dr. Siegmund 810, 937.
Eybl, Franz 683.
Eysert, Leopold 824.

Faber, Wenzel 510.
Fábián, Dr. Antal II 515.
Fabriczy, Pál II 456.
Faeth, Alajos II 620.
Fäulhammer, Adalbert 635.
Fail, Dr. Attila II 359.
Faith, Mátyás II 359.
Falat, Joseph 597.
Fankovich, Sándor 409.
Faragó, József II 455.
Farkas, P. József II 135.
Farkasfalvi, Imre II 52.
Farský, Franz 692.
Fas, Dr. Antal II 20.
Fasser, Dr. Joseph 920.
Fatuta, P. Franciscus 88.
Faustmann, Vincenz 97.
Favier, P. Amadeus 445.
Fayer, Dr. László II 168.
Fazekás, Sándor II 191.
Fechtner, Dr. Eduard 840.
Fees, Carl 809.
Fejer, Botond II 343.
Fejér, Lajos II 101.
Fejérpataky, Dr. László II 126.
Feiler Adolph 742.

Fejss, Áron II 568.
Felder, P. Leander 468.
Fellegger, P. Max 975.
Fellner, Dr. Richard 973.
Fényi, P. Juliusz II 299.
Fepzei, Márton II 267.
Ferencsik, János II 649.
Ferenczi, Dr. Zsoltán II 342, 343.
Ferenczy, Gyula II 188.
Ferenczy, István II 276.
Fetter, Johann 899.
Fiala, Anton 316.
Fiala, Hubert 64.
Fichten, Anton 394.
Ficsór, József II 578.
Fiedler, Rudolf 613.
Filanszky, Dr. Nándor II 127.
Finály, Dr. Gábor II 74.
Fink, P. Maximilian 732.
Fintha, Endre II 244.
Fiók, Dr. Károly II 76.
Fišara, Karl 52.
Fischer, Carl 355.
Fischer, Gregor 310.
Fischer, György II 29.
Fischer, Dr. Isidor 966.
Fischer, Dr. Wilhelm 176.
Fitzia, Max 970.
Fleischmann, Adam 237.
Florian, Jakab II 240.
Focke, Dr. Friedrich 930.
Földes, Dr. Béla II 166.
Földes, Lajos II 187.
Fört, Dr. Josef 530.
Forberger, László II 30.
Forster, Dr. Adolph 927.
Forstner, P. Anton 556.
Forstner Edl. v. Billau, Franz II 306.
Fossel, Dr. Victor 179.
Fox, P. Wilhelm 126.
Frąckiewicz, Michał 757.
Franc, Franz Xaver 497.
Frank, Georg II 403.
Frank, Ignác 219.
Franke, Dr. Adolph 941.
Frankfurter, Dr. Salomon 920.
Franta, Andreas 610.
Franz, Richard 731.
Franzen, Alajos II 536.
Freimann, Dr. Jacob 220.
Frenzel, Anton 477.
Freyer, Adolf 845.
Fridrich, Dr. Francesco 727.
Frieberger, Gustav 796.
Friess, P. Godfried E. 663, 664.
Friml, Dr. Aladár II 604.
Fritsch, Carl II 278.
Fritsch, Dr. Carl 922.
Fritz, Carl 71.
Fröhlich, Pál II 411.
Frus, Jaromir 582.
Fuchs, Franz 888.
Fuchs, Dr. Siegmund 937.
Fuchs, Siegmund Alois 903.
Fuchshofer, Dr. Johann 920.
Fülöp, Adorján II 646.
Fülöp, Áron II 33.
Fürst, Josef 734.
Fürst, Stephan 454.
Fürth, Dr. Emil Ritter v. 972.
Füssy, Tamás II 639.
Füzi, Sándor II 597.
Funiok, Franz 745.
Funk, Joseph II 306.

Gácsér, József II 634.
Gad, Dr. Johannes 572.
Gärtner, Hermann 703.
Gálffy, Ignácz II 404.
Gallik, P. Oszváld II 355.
Galzigna, Giovanni Antonio 84.
Gamroth, Alois 1002.
Gandl, Johann 557.
Ganghofner, Dr. Friedrich 535.
Gans, Eduard 1004.
Gassebner, L. 844.
Gassner, Alois 269.
Gassner, Franz 903.
Gawalowski, Carl Wilhelm 176.
Gawlikowski Johann 39.
Gazelli, Árpád II 343.
Gebauer, Dr. Jan 563.
Gebe, Endre II 402.
Gebé, Peter II 624.
Gebhardt, József 694.
Geeser, Béla II 460.
Gedean, Miklós II 513.
Gedeon, Alajos II 163.
Gegenbauer, Dr. Leopold 952.
Geiblinger, Josef 976.
Geisinger, Ferdinand Ritter v. 803.
Geldern-Egmond zu Arcen, Bertha Gräfin v. 883.
Gellinek, Dr. Ernst 224.
Gemeinhardt, Gustav 5.
Gerber, Ferencz II 144.
Gerhardt, Carl 45.
Gerlich, J. 958.
Gerstenberger v. Reichsegg, Hans Ritter 139.
Gerstendörfer, Dr. Joseph 341.
Gerstmann, Dr. Teofil 389.
Gerszon, Adam II 428.
Gessler, Johann 285.

Gessmann, Dr. Albert 920.
Gestetner, Adolf II 140.
Gesze, Dr. Károly II 85.
Geyer, Dr. Rudolf 841.
Gföllner, Johann 417.
Ghyczy, József II 488.
Giannoni, Dr. Carl 875.
Giberti, P. Isidor 988.
Ginzel, Ferdinand 901.
Girardelli, Alois 157.
Gläser, Dr. Hugo 557.
Glaser, Dr Carl 722.
Glossy, Dr. Carl 783.
Glosz, Lipót II 178.
Glósz, Miksa II 181.
Glowacki, Julius 94.
Glücksmann, Carl 777.
Göbi, Imre II 77.
Gocki, Joseph 370.
Göldlin v. Tiefenau, Alfred 841.
Göllner, Károly II 497.
Gömöry, Emil 919.
Görög, Joachim II 262.
Görres, Sophie 799.
Göttmann, Carl 841.
Götzl, Heinrich 717.
Gohren Dr. Theodor v. 455.
Gokler, Antal II 592.
Goldbacher, Dr. Alois 207.
Goldmann, Dr. Arthur 661.
Goliński, Stanisław 595.
Goll, Dr. Jaroslav 565.
Goller, Alfred 552.
Gollob, Johann 14.
Goltsch, Dr. Franz 176.
Gombos, Antal II 417.
Gondi, Sándor II 341.
Gostiša, Johann II 615.
Gottlieb, Dr. Theodor 841.
Gottsgraber, P. Thomas M. 122.
Grabherr, F. 128.
Graeffe, Dr. Eduard 729.
Grätzer, Abraham 220.
Graf, Anton II 1006.
Graff, Dr. Ludwig v. 181, 198.
Grand, P. Könrád II 638.
Granichstädten, Dr. Otto 965.
Grassauer, Dr. Ferdinand 920.
Gresics, János II 433.
Gregorovich, Lajos II 66.
Greifel, György II 140.
Greinecker, Dr. Johann 702.
Greiner, Johann 163.
Gresl, Franz 526.
Grienberger, Dr. Theodor Ritter v. 920.
Grillitsch, Alois 285.
Grim, Josef 308.
Gritschacher, Johann 751.
Grobben, Dr. Carl 939.
Gröger, Alois 435.
Grohmann, P. Carl 485
Grohmann, Dr. Gustav Ritter v. 965.
Grolig, Moriz 51.
Grommicki, Isidor 373.
Gross, Alfred 433.
Gross, Heinrich 155.
Grubbauer, Mathias 403.
Gruber, P. Dr. Joseph 650.
Gruber, Dr. Max 957.
Grudziński, Dr. Stefan 324, 325.
Grün, Dr. Nathan 517.
Grünberger, Lipót II 151.
Grüner, Karel 344.
Grüner, Dr. Robert 776.
Grünert, Dr. Max 585.
Grünes, Josef 614.
Grünwald, István II 72.
Grund, Franz 277.
Grzegorczyk, Dr. Franciszek 71.
Grzegorzewicz, Wojciech 687.
Gschier, Dr. Gustav 119.
Gschwind, Emil 521.
Gstrein, F. 250.
Gugel, Emil 141.
Guggenberger, Marcus 722.
Guppenberger, P. Lambert 749.
Gustáv, Andor II 93.
Gustawicz, Bronisław 320.
Gúta, M. István II 149.
Guth, Dr. Jiří 524.
Gutscher, Dr. Johann 394.
Guttenberg, Adolph Ritter v. 775.
Guzsvenicz, Vilmos II 249.
Gyalui, Dr. Wolfgang II 313.
Gyertyánffy, István II 111.
Györffi, Endre II 324.
Győry de Nádudvar, Arpád 838.
Gyorgyevits, Mita II 134.
Gyulai, Dr. Pál II 163.
Gyulay, Elek II 44.

Haan, Friedrich Freih. v. 813.
Haas, Dr. Wilhelm 184.
Haberda, Dr. Albin 928.
Habermann, Dr. Georg 118.
Hackenberg, P. Dominik 739.
Hacker, Ludwig 791.
Hackspiel, Dr. Johann Conrad 521.
Hadady, Géza II 522.
Härdtl, Theodor 809.
Hafner, Franz 156.
Hager, József II 397.
Hahn, Dr. Wiktor 309.
Hajdú, László II 427.

Hájek, Franz 692.
Haimel, Dr. Franz 926.
Haimerl, Franz 358, 359.
Hajnal, Vilmos II 41.
Halácz, Jenő II 423.
Hallay, Zsoltán II 514.
Hamböck, Rudolph 116.
Hammerl, P. Benedict 1001.
Hammerle, Vincenz 823.
Hammerschlag, Samuel 798.
Hampl, Václav 607.
Hamza, Pál II 289.
Hánd, József II 424.
Handel-Mazzetti, Victor Frh. v. 113.
Handlirsch, A. 817.
Hanna, Franz 820.
Hanusz, István II 322.
Haraszthy, Károly II 518.
Haraszti, Sándor II 324.
Harbich, Johann 470.
Harrach, Johann Graf 807.
Harrach, Dr. József II 123.
Harrer, Moriz 430.
Harsányi, István II 519.
Hart, Ferencz II 506.
Hartel, Dr. Wilhelm Ritter v. 772.
Hartmann, Alois 843.
Hassek, Oscar Edl. v. 722.
Hátle, Václav 238.
Hatschek, Dr. Berthold 939.
Hauer, P. Clemens 6.
Hauer, Dr. Ernst II 498.
Hauer, Rudolf R. v. 287.
Hauer, Václav 734.
Haug, Lucas 889.
Haulena, Gustav 470.
Haupolter, Alphons 641.
Hauptmann, Franz 1014.
Hausmann, Max 34.
Hausner, Witold 781.
Hauthaler, P. Willibald 632, 634.
Havelka, P. Basilius 432.
Havrán, Dániel II 126.
Hawlat, Anton 1005.
Hawrlant, Franz 357.
Hebenstein, Julius 236.
Hechenberger, P. Ingenuin 675
Hechfellner, Mathias 213.
Hecht, Alexander 974.
Heeser, János II 7.
Heese, Conrad 972.
Heffler, Konrád II 513.
Hegedüs, Béla II 74.
Hegedüs, Ferencz II 79.
Heger, Dr. Franz 812.
Heiderich, Dr. Franz 455.
Heidrich, Carl 791.
Heim, Ferencz II 207
Hein, P. Raim. J. 22.
Heindl, Joseph 972.
Heinlein, Ferdinand 760.
Heinzel, Dr. Richard 946.
Heisinger, Franz 613.
Heiter, Ludwig 973.
Helfert, Dr. Joseph Alexander Freih. v. 791.
Hell, Alois 667.
Hellauer M. 419.
Hellebrant, Árpad II 37.
Hellen, Gustav von der II 306.
Heller, Dr. Agost II 37.
Heller, Armin II 87.
Heller, Dr. Bernát II 141.
Heller, Simon 787.
Hellmer, Carl 69.
Helmer, P. Gilbert 493.
Hendrych, Justus 726.
Henke, Wilhelm 652.
Henninger z Eberku, Rudolf Baron 334.
Henninger, P. Joseph 512.
Henriquez, Gustav Ritt. v. 918.
Hepperger, Dr. Joseph v. 209.
Herald, Dr. Ferencz II 73.
Herbrich, Eduard 1014.
Herbrich, H. 23.
Hergel, Dr. Gustav 7.
Hermann, P. Tadé II 577.
Herrmann, Dr. August 652.
Herzberg-Fränkel, Dr Siegmund 105.
Herzig, Dr. Joseph 910.
Herzog, Dr. Hugo 601.
Hetzenauer, P. Michael 240.
Hevesi, Dr. Arthur II 35.
Hiner, Karel 528.
Himmelbaur, Dr. Isidor 920, 972.
Hinterhuber, Hermann 287.
Hints József II 1.
Hilber, Dr. Vincenz 190.
Hilberg, Dr. Isidor 106.
Hirn, Ferdinand 245.
Hirnich, Joseph 953.
Hirsch, Joseph 592.
Hirsch, Leopold 900.
Hittmair, Dr. Anton 251.
Hladik, Josef 58.
Hlatky, József II 359.
Hlaváček, Fr. 529.
Hochstetter, Dr. Armin 911.
Hochstetter, Dr. Ferdinand 255.
Hock, Dr. Hans 755.
Hockauf, Dr. Joseph 235.
Hodinka, Dr. Antal 803.
Hodossy, Béla II 520.

Höhm, Ferdinand 513.
Hönig, Max 479.
Hörmann, Constantin III 2.
Hörmann-Hörbach, Dr. Ludwig v. 251.
Hörnes, Dr. Rudolph 190.
Hörtnagl, Johann 978.
Hofbauer, P. Hermann 396.
Hofbauer, Wenzel 289.
Hofer, Joseph 31.
Hofer, P. Maximilian 114.
Hoffinger, Leopold 358.
Hoffmann, Amélie II 392.
Hoffmann, Dr. Emanuel 860.
Hoffmann, Ferencz II 119.
Hoffmann, J. C. 998, 999.
Hoffmann, P. Stěpán 459.
Hoffmeister, Dr. Carl 879.
Hofinger, P. Benedict 657.
Hofmann, Anselm 33.
Hofmann, Carl 5.
Hofmann, Dr. Carl B. 186.
Hofmann, Joseph 272.
Hofmann, Dr. Moriz 876.
Hofmann v. Wellenhof, Dr. Victor 875.
Hohaus, August 364.
Hohenauer, Friedrich 920.
Holczflisz, Ferencz II 537.
Holetschek, Dr. Johann 956.
Holl, Dr. Moriz 187.
Holló, László II 327.
Hollub, Joseph 630.
Holmes, Heinrich 858.
Holzmann, Dr. Michael 920.
Holzner, Ferdinand 7.
Homa, Joáchim II 180.
Honsig, Anton 235.
Honzik, Josef 82.
Hoor, Dr. Károly II 344.
Horak, Hugo 48.
Horák, Wenzel 16.
Horbaczewski, Dr. Johann 559.
Horch, Ludwig 969.
Horeczky, Ferencz Báró II 480.
Hornik, Andreas 712.
Horny (Major d. R.) 730.
Hortis, Dr. Attilio 728.
Hortobágyi Antal II 46.
Horvát, Sándor II 410, 412.
Horváth, Dr. Balázs II 307.
Horváth, Dr. Géza II 130
Horváth, György II 319.
Horváth, János II 538.
Horváth, Ignácz II 126
Horváth, József II 613.
Horváth, Lajos II 152.
Horváth, P. Robert II 355.
Horváth, Sándor II 443.
Horváth, Viktor II 575.
Hošek, Ignác 151.
Hospodka, Václav 219.
Hostaš, Dr. Carl 297.
Hoszowski, Franciszek 377.
Houdek, Josef 587.
Hoza, František 555.
Hrbáček, P. Franz 331.
Hribovšek, P. Carl 440.
Hřivna, Veit 762.
Hrkal, Eduard 469.
Hrozek, Ignát 748.
Hruška, Dr. Jaroslav O. 304.
Hubáček, Ludwig 90.
Hubad, Josef 312.
Huber, P. Benignus M. 913.
Huber, Dr. Joseph 35.
Hubert, Dr. Emil II 126.
Hudler, Sigmund 81.
Hübel, Heinrich 970.
Hueber, Dr. Adolph 247.
Hübl, P. Albert 779.
Hübler, Franz 611.
Hübner, Franz 903.
Hübner, Gustav 1012.
Huffnagl, Dr. Carl 870.
Hulényi, István II 435.
Hummer 8.
Huňáček, Anton 78.
Hundegger, Dr. Joseph 251.
Hunka, P. Emmanuel II 21.
Huppert Dr. Carl Hugo 569.
Husserl, Moriz 895.

Jablonszky, P. Kornél II 579.
Jäger, Georg jun. 118.
Jänicke, Christian 475.
Jänicke, Christian 825.
Jagić, Dr. Vatroslav 949.
Jaglarz, Jan 229.
Jahn, Jilji V. 542
Jahn, Johann 333.
Jakab, Ferencz II 504.
Jakobei, Dezső II 214.
Jaksch Ritter v. Wartenhorst, Dr. August 284.
Jakubowski, Antoni 379.
Jamniczky, György II 216.
Jamniczky, János II 216.
Jančík, Eduard 834.
Janda, P. Jakub 699.
Janeczek, Moriz 605.
Janik, Antoni 228.
Janikievits, Vazul II 51.
Jankó, Dr. János II 69.
Jankovich, Antal II 163.

Janku, Johann Bapt. 803.
Jankura, Béla II 470.
Jánosi, Dr. Béla II 141.
Janotta, August 788.
Janotta, Heinrich 735.
Jansa, František 364.
Januschke, Johann 707.
Jareš, P. Kanut 13.
Jarolim, František 502.
Jarolímek, Vincenc 554.
Jász, Margit II 48.
Jauker, Carl 162.
Jedlička, Dr. Jaromír 482, 557.
Jędrzejowski, Jan 697.
Jeitteles, Dr. Adalbert 210.
Jelínek, Anton 560.
Jelínek, Antonín 467.
Jelinek, Břetislav 545.
Jenčič, Alois 934.
Jeřábek, J. 539.
Jersche, Th. II 280.
Jezsovics, Károly II 525.
Jicha, Josef 344.
Jilg, Franz 745.
Jiřicek, Johann 48.
Jiřík, Dr. F. X. 531.
Ille, Carl 759.
Ilosvay, Dr. Lajos II 103.
Imre, Dr. Lajos II 284.
Imre, P. Márk II 335.
Inama-Sternegg, Dr. Carl Theod. v. 792.
Inderszt, K. II 7.
Indrist, Epiphan. 27.
Innerhofer, P. Martin 715.
Jochum, Eduard 36.
Jokl, P. Gregor 42.
Jónás, János II 482.
Joubert, Dr. Emanuel 859.
Ippoldt, Juliusz 595.
Ipsen, Dr. Carl 254.
Irsik, Lajos II 555.
Islitzer, Thomas 14.
Istvánffy, Gyula II 378.
Jülg, Dr. Johann 10.
Jüthner, Carl 4.
Juić, P. Casimir 276.
Julin, Dr. Olarin II 302.
Jung, Carl 436.
Junker, Carl 962.
Junowicz, Dr. Rudolf 352.
Jureczek, Johann 803.
Jurinić, P. Ezechiel 679.
Juritsch, Dr. Georg 452.
Jurkovich, Emil II 436.
Jurmić, Leonardo II 635.
Iványi, Dr. Ede II 578.
Iványi, Dr. Ernö II 145.
Kabelík, Jan 588.
Kacerovský, Wilhelm 668.
Kádár, József II 195.
Kajári, Ferencz II 608.
Kainz, Johann 10.
Kaizer, Nándor II 63.
Kaller, Joseph 772.
Kalousek, Vladislav 523.
Kalus, Dr. August 870.
Kamner, Gustav II 364.
Kamprath, Franz 794.
Kanka, Theobald 783.
Kannenberg, Józef 319.
Kapferer, Heinrich 184.
Kaposi, József II 147.
Kapossy, Dr. Lucián II 468.
Kapras Jan 49.
Kapuscha, Constantin 842.
Kara, Győző II 11, 12.
Karabacek, Dr. Joseph 841, 931.
Karádi, Győző II 288.
Karajan, Dr. Max Ritter v. 207.
Karásek, Antonín 734, 738.
Kárász, Ernst II 352.
Kardos, Ignácz II 565.
Károlyi, János II 549.
Kárpáti, Károly II 328.
Karpf, Dr. Alois Theodor 803.
Karrer, Felix 795.
Kartner, Gyula II 636.
Karwacki, P. Alois 654.
Kąsinowski v. Nałęcz, Bronislaus 39.
Kašpar, P. Josef 458.
Katholnigg, Franz 995.
Katić, Frano 87.
Katona, Mihály II 320.
Katschthaler, P. Dr. Eduard 147.
Katz, P. Eberhard 649.
Katzer, Joseph 427.
Kauer, Dr. Anton 853.
Kaufmann, Dr. David II 140.
Kaukusch, Dr. Carl 920.
Kausch, Wilhelm 998.
Kautz, Wilhelm II 483.
Kauzli, P. Gyula II 431.
Kazílek, Johann 357.
Kebrle, Vojtěch 699.
Kehlendorfer, Carl 811.
Keinos, Ignácz II 83.
Keissler, Dr. Carl Ritter v. 922.
Keith, Károly II 569.
Kelemen, Géza II 86.
Kelle, Dr. Johann 578.
Keller, Jacob 134.
Kemény, Lajos II 309.
Kemény, Simon II 286.
Kendler, Joseph 912.

Keppelmayr, Dr. Max 416.
Kerbl, Heinrich 527.
Kerchnawe, Hugo 418.
Kerekes, Árpád II 219.
Kerekes, Ernő II 641.
Kereszty, István II 126.
Kern, P. Joseph a Cup. 618.
Kerntler, Dr. Kálmán II 114.
Kerstgens, Dr. Hermann 131.
Kertész, Dr. Kálmán II 130.
Kertscher, Gusztáv II 317.
Keszler, Károly II 457.
Kętrzyński, Dr. Adalbert 386.
Khaelss v. Khaelssburg 972.
Kherndl, Dr. Antal II 95.
Kiem, P. Martin 457.
Kiessner, Andreas 976.
Kimnach, Ödön II 303.
Kinter, P. Maurus 605.
Kirchberger, P. Johann 813.
Kirchberger, Robert 981.
Kirchner, August 224.
Kirchner, Dániel II 381.
Kirchner, Lajos II 171.
Kisfaludi, P. Tobiás II 502.
Kisfaludy, Ferencz II 582.
Kiss, Albert II 291.
Kiss, Dénes II 625.
Kiss, Ferencz II 231.
Kiss, Gyula II 374.
Kiss, József II 537.
Kiss, Mihály II 90.
Kiss, Sándor II 338.
Kiss, Zsigmond II 320.
Kiszakiewicz, Manuel 465.
Kiszely, Imre II 220.
Kitlitzko, Peter 101.
Klar, Františck 345.
Klar, Marie 1003.
Klaschka, Dr. Franz 452.
Klatovský, Dr. Carl 707.
Klauser, Heinrich 96.
Klecker, Carl 47.
Klein, Gyula II 102.
Klein, Dr. Wilhelm 566.
Kleissl, Carl 498.
Klekler, Carl 902.
Klemenčič, Dr. Ignaz 257.
Klemens, Albert II 29.
Klement, Carl 698.
Klement, Johann 470.
Klement, Robert 95, 100.
Klier, Dr. Čeněk 537.
Klimeš, Joseph 91.
Klinkó, Mihály II 372.
Klingenberg, Jakab II 211.
Klob, Otto 918.
Kloiber, P. Raimund 982.
Klose, Olivier 635.
Kloss, Victor II 277.
Kluch, Johann 841.
Kluibenschedl, Johann 31.
Klvaňa, Joseph 143.
Kmet, András II 610.
Knapp, Dr. Aurelius II 114.
Knauer, Joseph 360.
Knell, Ludwig 600.
Knobloch, Gustav 441.
Knöll, Pius 829.
Knoll, Anton 510.
Knoll, Dr. Philipp 923.
Knüppel, Gyula II 493, 498.
Koch, Dr. Matthias 76.
Kocian, Franz 76.
Kocourek, Albin 48.
Kočvara, Vincenc 765.
Köhalmi, József II 615.
Kökény, Ferencz II 632.
Köllner, Carl 1005.
Königsbrunn, Arthur Frh. v. 436.
Körösy, Dr. György II 214.
Kövesdi, Ignácz II 10.
Koffel, Ludwig 553.
Kofler, Dr. Anton 241.
Kohári, József II 607.
Kohl, Dr. Emil 772.
Kohout, Jan 369.
Kokorudz, Elias 373.
Kolář, Joseph 544.
Kolař, Joseph 858.
Kolisko, Dr. Alexander 861, 928.
Kollányi, Ferencz II 126.
Koller, Ed. 428.
Kollmann, Carl 641.
Kolonics, P. Lipót II 515, 548.
Kolosváry, Dr. Béla II 254.
Komárek, P. Ildefons 112.
Komjáthi, Antal II 267.
Komorzynski, Egon v. 916.
Konarski, Franz 373.
Konénik, Peter 93.
Konesek, Lajos II 173.
Koncz, József II 395.
Kondor, József II 185.
Konczny, Dr. Felix 325.
Konhefr, P. Roger Wenzel 3.
Konkolyi, József II 175.
Konsch, Ignácz II 612.
Konvalinka, Bedřich 394.
Kopácsy, György II 499.
Kopacz, Jan 694.
Kopia, Heinrich 371.
Koppensteiner, Johann 832.
Kopr, Vincenc 731.

Kopriva, P. Ägyd 299.
Kopta, František 158.
Kořán, Josef J. 531.
Korduba, Dr. Miron 920.
Koriherr, Johann 857.
Kořistka, Dr. 519.
Kormács, János II 588.
Korndörfer, Ernst 5.
Kornfeld, Arnold 620.
Kornus, Carl 146.
Kory, P. Otto II 395.
Korzeniowski, Dr. Joseph v. 388, 392.
Kos, Ivan 671.
Kosch, Dr. Hugo 783.
Kosiński, Dr. Władysław 320.
Kossalka, János II 91.
Kossowicz, Jan 595.
Koster, Joseph 498.
Kostrenčić, Ivan II 653.
Kosztka, György II 240.
Kotek, Dr. Ferdinand 821.
Kotek, Georg 833.
Kotěra, Anton 495.
Kotscher, Wilhelm 907.
Kott, Ludwig 157.
Kott, Ludwig 363.
Kottner, Josef L 519.
Kotunovics, Sándor II 254.
Koudela, Adele 70.
Koudela, Dr. Josef 70.
Koutný, Dr. Wenzel Johann 826.
Kovács II 292.
Kovács, Adolf II 316.
Kovács, Bálint II 168.
Kovács, Daniel II 568.
Kovács, Géza II 340.
Kovács, János II 569.
Kovács, Lajos II 571.
Kovács, Sándor II 328.
Kovács, Sebestyén Aladár II 105.
Kovács, Zsoltán II 386.
Kovalik, Dr. János II 606.
Kovaliszky, Dezső II 211.
Kovář, Dr. Franz 762.
Kovář, Dr. Matěj 524.
Kováts, P. Antal II 321.
Kováts, Georg II 479.
Kováts, József II 285.
Kováts, Jozsef II 333.
Kováts, Károly II 112.
Kováts, László II 126.
Koziol, Walenty 376.
Kozmal, Gyula II 44.
Kozubski, Johann 325
Kraemer, P. 851.
Krämer, F. II 593.
Kragelj, Andreas 155.
Králík, Johann 707.
Kramer, János II 565.
Krammer, Gusztáv II 176.
Krásl, Dr. Franz 511.
Krasser Dr. Julius 191.
Krassnig, Johann 473.
Krassnig, Dr. Julius 126.
Kraus, Jiří 500.
Krausz, Gyula II 285.
Krejcsi, Dr. Rezső II 87.
Kreidl, Dr. Alois 937.
Kreipner, Dr. Carl 827.
Krek, Dr. Gregor 205.
Krenner, Dr. József II 129.
Kresz Dr. Géza II 145.
Kretschmayer, Dr. Heinrich 925.
Kriehenbauer, Benno 47.
Kriek, Jenő II 376.
Kriesten, P. Ignácz II 245.
Krinner, Alois II 356.
Krippner, Pavel 588.
Kristinus, P. Hyacinth Maria 994.
Kriszán, István II 366.
Krkoška, P. Paulinus 993.
Kroier, Ferdinand 183.
Kroissmayr, P. Martin 763.
Królikowski, Mag. Stanislaus 380.
Kronecker, József II 538.
Krones Ritter v. Marchland, Dr. Franz 206.
Kronstorfer, Richard 972
Kruczyński, P. Melchior 281.
Krüger, Viktor II 257.
Krumpholz, Dr. Eugen 71.
Krumpholz, Heinrich 183.
Krystufek, Dr. František 511.
Krywult, Waleryan 324.
Kubácska, István II 451.
Kubelka, Václav 748.
Kubeš, Adolf 61.
Kubiena Ferdinand 1003.
Kubišta, Dr. Joseph 76.
Kucher, János II 506.
Kuczek, P. Anton 693.
Kudora, Károly II 153.
Kudrnáč, Julius 82.
Küffer, Dr. Béla II 33.
Kürschak, Endre II 182.
Kuesche, Joseph 1012.
Kuffner, Zdeněk 305.
Kuhn, Franz 613.
Kuhn, Robert 264.
Kukucz, Jan 375.
Kukula, Dr. Richard 557.
Kukula, Wilhelm 895.
Kulczyński, Leon 318.
Kulisz, Dr. Adam 474.

Kundrich, P. Evariszt II 212.
Kunicki, Kassian 676.
Kunstmann, Zygmunt 377.
Kunz, Dr. Eduard 642.
Kunz, Franz 978.
Kunz, Rosa 116.
Kurowski, Józef 757.
Kurz, Joseph 743.
Kurz, Matthäus 93.
Kurzwernhart, P. Robert 413.
Kusala, Ignát 713.
Kusi, Anton 94.
Kuška, Joseph 544.
Kussinszky, P. Arnold II 368.
Kutrucz, Rezső II 517.

Labancz, Mihály II 190.
Labler, Carl 91.
Lafit, Carl 786.
Lagger, P. József II 298.
Lah, Franz 350.
Laharner, Anton 352.
Lahola, Carl 30.
Laky, Dr. Mátyás II 589.
Laky, Vilmos II 46.
Lamberger, Alexander 897.
Lamezan-Salins, Eduard Graf 965.
Lammer, Dr. Eugen 685.
Lampel, Emanuel 220.
Lampel, P. Theodorich 756.
Landesmann, Dr. Ernest 67.
Lang, József II 649.
Langaschek, Carl Maria 912.
Langenthal, János II 474.
Langer, Edmund 709.
Langer, Oscar 414
Larisch-Mönnich, Heinrich Graf 737.
Laschitzer, Simon 771.
Lasser, Hermann 916.
Lassner, Gizella Steierleinné II 18.
Lasson, Anton 501.
László, Lajos II 138.
László, Dr. Mihály II 80.
Latzel, Dr. Robert 285.
Laube, Dr. Gustav Carl 568, 570, 583.
Lauczizky, Dr. Franz 827.
Lauer, Emanuel 98.
Lauki, Albert II 13.
Lázár, Béla II 563.
Lechner, Dr. Károly II 350.
Lechthaler, P. Johannes 660.
Leder, Adolph 135.
Lederhas, Ludwig 317.
Lediger, Anton 711.
Leeder, Heinrich 1014.
Legerer, Johann 912.
Lego Johann 511.
Lehr, Andor II 163.
Leisching, Dr. Eduard 972.
Leisching, Julius 44.
Leitgeb, P. Laurenz 121.
Leitner, Ferencz II 206, 207.
Leitner, Dr. Vilmos II 160.
Leitzinger, Franz 31.
Lekczyński, Stephan v. 388.
Lener, Justinian 213.
Lengyel, P. Flávián II 250.
Lengyel, István II 172.
Lengyel, Sándor II 86.
Lenhardt, Károly II 405.
Leniek, Dr. Jan 697.
Lenk, Heinrich v. 841.
Leordinay, Ilka II 242.
Lepki, Bogdan 74.
Lereel, Władysław 629.
Lesiak, Dr. Emil 184.
Leszczyński, Jan 382.
Letics, Pongrácz II 406.
Leuchtweis, P. Albert 307.
Levec, Franz 350.
Leveghi, Leonardo 716.
Lewkiewicz, Demetrius 596.
Lexa, P. Josef 397.
Libhauser, Ferencz II 170.
Librewski, Stanislaus 39.
Lichtfusz, János II 457.
Lieben, Dr. Adolph 941.
Lienbacher, Georg 636.
Liensberger, P. Joseph 353.
Lier, Johann 584.
Liesskounig, Johann 93.
Liffner, Conrad 1004.
Likker, Rezső II 201.
Lindenthal, Ernst 896.
Lindner, Ernst II 37.
Linhart, Anton 822.
Linsbauer, Carl 934.
Lipiner, Dr. Siegfried 908.
Lipthay, Baron Béla II 125.
Lipthay, Sámor II 96.
Liszka, Béla II 322.
Litványi, János II 67.
Lócsy, Dr. Lajos II 156.
Lode, Dr. Alois 256.
Löffler, P. Siard 144.
Löw, August 972.
Loewit, Dr. Moriz 253.
Lombardini, P. Giuseppe 674.
Lorenczuk, Joseph 731.
Lorenz, Anna 264.
Lorenz, Carl 920.
Lorenz, Ferdinand 897.
Loserth, Dr. Johann 206.
Losonczy, Lajos II 475.

Lubomirski, Fürst Andreas 386.
Lucarić, Gabriel II 223.
Lucianović, Melko 673.
Lucksch, Dr. Franz 254.
Ludewig, Dr. Anton 126.
Ludwig, Dr. Ernst 933.
Luick, Dr. Carl 203.
Lukács, P. Vitalis 789.
Lukas, Carl 594.
Lukas, Dr. Georg 764.
Lukeš, Johann 448.
Lukovits, Aladár II 218.
Luksch, Dr. Ludwig 199.
Lupis, J. Sylvester II 389.
Lutter, Károly II 89.
Lux, Victor II 225.
Luyck, Dr. Riccardo de 723.
Lychdorff, V. v. 411.
Lyko, Josef 745.
Lyszczarczyk, P. Venantius 315.

Machácsek, P. Béla II 358.
Machatschek, Ferdinand 180.
Maciejczyk, P. Joachim 769.
Maciszewski, Dr. Mauryey 694.
Macskovics, Dr. Pál II 296.
Magiera, P. Theodor 690.
Magó, Mihály II 318.
Mágócsy-Dietz, Dr. Sándor II 155.
Mahler, Gustav 843.
Majay, Gábor II 574.
Maierhofer, Carl 128.
Mair, P. Dam. 633.
Maitz, P. Jaczinth II 261.
Makas, Dr. Hugo 920.
Makay, Sándor II 36.
Makkay, József II 253.
Malag, P. Hyacinth 505.
Malecki, Dr. Anton 386.
Malecki, Ludwig 465.
Malinowski, Johann 596.
Mally, Otto II 352.
Malý, Jan 494.
Manaiga, P. Kilian 361.
Mandl, Dr. Carl 661.
Mandybur, Dr. Thaddäus 373.
Mandyczewski, Constantin 99.
Mandyczewski, Dr. Eusebius 811.
Mańkowski, Dr. Boleslaw R. v. 392.
Mann, Franz 368.
Mannl, P. Oswald 493.
Mantuani, Dr. Josef 841.
Manyák, Alajos II 605.
Marchesetti, Dr. Carl v. 725.
Marchwicki, Dr. Ladislaus 378.
Marcu, Dr. Izidor II 19.
Marek, Václav 85.
Mareš, Franz 984.
Mařík, Matěj 591.
Markić, Michael 627.
Markl, Dr. Gottlieb 872.
Markl, P. Pius Joseph 26.
Marković, P. Dr. Johannes 665.
Markovics, Pál II 220.
Markusovszky, Sámuel II 487.
Mártanti, Lajos II 551.
Martin, Imre II 460.
Martinkovics, Iván II 385.
Martinovský, Josef 308.
Márton Jenő II 487.
Márton, P. L. Paulin II 394.
Marusán, J. Gusztáv II 552.
Marx, Anton Maria 117.
Mašín, Johann 52.
Maška, Karel J. 700.
Maštálka, Heinrich 539.
Máté, Dr. Sándor II 153.
Matek, Blasius 438.
Materna Johann 431.
Materna, Josef 89.
Matica, Peter II 3.
Matirkó, P. Konrád II 192.
Matosch, Dr. Anton 907.
Mattausch, Franz 976.
Mattern, Dr. Julius 735.
Matyáš, Anton 511.
Matyus, István II 242.
Matzgeller, Philipp 983.
Matzner, Jan 502.
Maurer, P. Athanáz II 514.
Maurer, Mihály II 359.
Mauser, Fr. Anselm Georg 589.
Mayböck, Dr. Johann 400.
Mayer, András II 210.
Mayer, Dr. Anton 849.
Mayer, Árpád II 352.
Mayer, Dr. Carl 507.
Mayer, P. Emmeram 356.
Mayer, Dr. Franz Martin 182.
Mayer, Dr. Friedrich Arnold 920.
Mayer, Dr. György II 534.
Mayer, Dr. Joseph 979.
Mayr (Major) 241.
Mayr, Conrad 473.
Mayr, Dr. Joseph 473.
Mayr, Dr. Ludwig 643.
Mayr, Robert 809.
Mayr, Dr. Robert Ritter v. 954.
Mayr, P. Sebastian 337.
Mayrhofer, P. Günther 415.
Mayrhofer, Johann 840.
Mazanowski, Mikolaj 319.
Mazek, Anton II 471.
Meder, Dr. Josef 774.

Megyery, Géza II 176.
Megyesi, Ferencz II 649.
Meindl, P. Conrad 615.
Meindlhumer, Franz 224.
Meinong, Dr. Alexius Ritter v. 208.
Meisel, Joseph 831.
Meixner, Dr. Johann 34.
Melczer, Ede II 204.
Melczer, Dr. Gusztáv II 44.
Melhárd, P. Gyula II 15.
Melich, Dr. János II 126.
Mell, Alexander 786.
Melles, Gyula II 622.
Melzer, Heinrich 531.
Melzer, P. Johann 150.
Menčík, Ferdinand 841, 887.
Menesey, Károly II 179.
Mengele, Benno 1000.
Menger, Dr. Carl 955.
Menschik, Bertha 1003.
Mentberger, Ondřej 746.
Menzel, Mathilde 116.
Merényi, János II 586.
Merighi, August 600.
Merklas, Dr. Johann Ladislaus 908.
Merten, Joseph 630.
Mertens, Dr. Franz 952.
Mertse v. Nagysomkút, Johann II 463.
Merz, Gustav 5.
Mesány, Alois 305.
Messner, Carl 510.
Mészáros, Lajos II 646.
Mészáros, Sándor II 6.
Meszöly, Gáspár II 428.
Metelka, Dr. Jindřich 554.
Meyer, Joseph 920.
Meyer-Lübke, Dr. Wilhelm 948.
Meynier, Heinrich II 229.
Miček, F. 486.
Michalek, Franz 832.
Michalek, Manó II 219.
Michaleky, A. 856.
Michels, Sándor II 556.
Michl, Friedrich 212.
Micko, Adalbert 1009.
Miczélyi, P. J. Valér II 535.
Miechowski, Wilhelmine 585.
Mihalik, Sándor II 508.
Mihályi, T. E. II 483.
Mihelics, Károly II 551.
Mika, Anton 327.
Mikel, Carl 332, 335.
Mikita, Dr. Sándor II 621.
Mikó, Dr. Pál II 20.
Mikulík, Josef 484
Milan, August 897.
Milesz, Béla II 596.
Milleker, Bódog II 637.
Millossovich Carl 159.
Minarelli Fitzgerald, Alexander Chevalier 241.
Minor, Dr. Jacob 946.
Miokovics, Antal II 631.
Mitsky, Aladár II 18.
Mitteregger, Dr. Joseph 288.
Mlejnik, P. Angelus 679.
Mócs, Dr. Staniszló II 236.
Mocsy, Mihály II 468.
Móczár, Dr. József II 430.
Möller, Franz 481.
Moeller, Dr. Joseph 196.
Mörath, A. 340, 343.
Molecz, Béla II 572.
Molitor, P. Heinrich 512.
Molnár, Antal II 243.
Molnár, Sándor II 76.
Mor Edl. zu Sonnegg und Morberg, Gabriel v. 601.
Morawetz, Rudolph 788.
Morawski, P. Leo 456.
Moriz, Friedrich 221.
Morizzo, P. Marcus 718.
Mottl, Adalbert 530.
Mottl, Carl 1008.
Mourek, Dr. Vaclav Emanuel 518, 564.
Mrha, Dr Joseph 941.
Mrňávek, Josef 82.
Mudrich, Dr. Andreas 638.
Mühlbacher, Dr. Engelbert 925.
Müller, Adolf II 457.
Müller, Anton 264.
Müller, Carl 112.
Müller, Dr. David Heinrich 931.
Müller, Ferencz II 369.
Müller, D. Dr. Friedrich II 278.
Müller, Georg Eduard II 274.
Müller, János II 67.
Müller, Joseph 1008.
Müller, Lorenzo 624.
Müller, Oscar II 352.
Müller, Petr 85.
Müller, Dr. Richard 774.
Müller, Wenzel 528.
Müller, Willibald 482.
Müller v. Mühlwerth, Hugo II 50.
Müllner, Alfons 349.
Münz, Dr. Bernhard 798.
Musić, August II 651.
Mussafia, Dr. Adolf 948.
Muth, Dr. Richard Edl. v. 760.
Myrdacz, Dr. Paul 784.

Nacher, Dr. Teodor 74.
Nachtigall, R. 919.

Nader Dr. Engelbert 894.
Nager, Albin 167.
Nagy, Árpád II 566.
Nagy, Ede II 148.
Nagy, Jenő II 287.
Nagy, Iván II 380.
Nagy, Pál II 599.
Nagy, P. Róbert II 221.
Nagy, Sándor II 93, 170.
Narowetz, Dr. 124.
Naske, Alois 46.
Natterer, Dr. Conrad 941.
Navrátil, Bartol. 593.
Navrátil, Dr. Bohumil 557.
Nebovidský, Vincenz 56.
Nebuška, Karel 1011.
Nečásek, Karel 528.
Nedbal, Dr. 306.
Nedoma, Jan 279.
Neidel, Ferdinand 904.
Nejezchleba, Franz 620.
Nekola, František 296.
Nemanić, Davorin III 1.
Němec, Josef 108.
Nemes, János II 382.
Németh, P. Regináld II 502.
Némethy, P. Lajos II 249.
Nentwich, P. Milo 701.
Nerad, František 746.
Nestel Edl. v. Eichhausen, Gustav 261.
Nestler, Franz 367.
Nestler, Franz 766.
Netoliczka, Dr. Oscar II 364.
Neubauer, Carl 183.
Neubauer, Engelbert 820.
Neudert, Jindřich 237.
Neufeld, Dr. Armin 966.
Neugebauer, P. Joseph 137.
Neugebauer, Julius 764.
Neugebauer, Leo 1013.
Neumann, Bohuš 108.
Neumann, Franz 498.
Neumann, Dr. Franz 507.
Neumayer, Dr. Vincenz 174.
Neuwirth, Ferdinand 785.
Neuwirth, Károly II 90.
Neymon, P. Károly II 447.
Nicoladoni, Dr. Carl 199.
Nicóra, Dr. János II 534.
Niedermayer, P. Joseph 408.
Niedermayr, P. Innocenz 165.
Niementowski, Dr. Przemysław Ritt. v. 992.
Niemetz, Albin 620.
Nisceteo, Antonio 99°.
Nitsche, Dr. Adolf 243.
Nitsche, Victor Edler v. 355.
Noë, Heinrich 168.
Nogaj, József 377.
Noras, P. Valentinus Leo 384.
Nosz, Gusztáv II 570.
Novák, P. Adorján II 448.
Novak, Fr. Angelus 669.
Novak, Franz 312.
Novak, Gustav 158.
Novák, Dr. Jan 523.
Novák, Dr. Johann 557.
Novák, Josef V. 519.
Novák, Dr. Joseph 461, 462.
Novak, Josip III 1.
Novák, P. Petrus 651.
Novitzky, N. László II 169.
Novotný, Franz 357.
Nowak, Wenzel 493.
Nowotny, Dr. Eduard 426.
Nussbaum, Victor 689.
Nyizsnyai, Iván II 222.
Nýolt, P. Method 662.

Oberarzbacher, P. Sales M. 249.
Oberhumer, Alois 799.
Obermüller, Carl 412.
Obersteiner, Dr. Heinrich 924.
Oberziner, Dr. Lodovico 719.
Oborny, Adolph 368.
Offenzeller, P. Mathias 752.
Offer, Dr. Theodor Robert 933.
Ohrfandl, Anton 288.
Oláh, Mária Gütáné II 438.
Ondra, Geöry II 199.
Opl, Joseph 291.
Opuszyński, Dr. Karol 19.
Oravecz, Mihály II 514.
Orendt, Dr. Friedrich II 278.
Ormossy, Johann II 371.
Orosz, P. Theophil II 353.
Ortner, Dr. Max 293.
Ortner, Dr. Stjepan II 653.
Ortwein, P. Magnus 449.
Ostermann, Dr. Hugo 521.
Ostermeyer, Dr. Franz 770.
Ostrowski, Dezyderyusz 645.
Otman, Rudolph 325.
Ott, Carl v. 553.
Ottenthal, Dr. Emil v. 262.
Otto, Heinrich 81.
Oufedníček, Eduard 50.

Paár, Dr. István II 507.
Pachinger, P. Dr. Alajos II 422.
Pachlhofer, Anton 510.
Pachner-Eggenstorff, Dr. Anton Freih. v. 808.
Pais, Elek II 202.

Palacky, Dr. Jan 558.
Paleček, Hugo 369.
Palm, Joseph 619.
Pálmay, Lenke II 505.
Pályi, Sándor II 81.
Pamer, Dr. Caspar 627
Panek, Ödön II 524.
Pantó, János II 400.
Panzer, Dr. Theodor 933.
Pap Béla II 352.
Papée Dr. Friedrich 392.
Papp Mózes II 566.
Para, Endre II 614.
Parma, P. Augustin 164.
Part, Dr. Iván II 53.
Parylak, Piotr 706.
Paschkis, Dr. Heinrich 810.
Páslawski, Włodzimierz 111.
Passler, Peter 222.
Pastejřík, J. 537.
Pastika, Anna 587.
Pastor, Dr. Ludwig 262.
Pastrnek, Dr. František 563.
Pataky, Irma II 505.
Páter, János II 365.
Patera, Adolf 544.
Patigler, Joseph 30.
Patoubány, Dr. Lukács II 43
Patzelt, Carl 434.
Patzner, István II 585.
Pauer, János II 527.
Paul, Johann N. 749.
Paulik, Bohumir 489.
Paulin, Alfons 347.
Pavel, P. Raphael 218.
Pavlásek, František 656.
Pawlik, Michael 391.
Payer v. Thurn, Rudolph 819.
Payr, Dr. Erwin 199.
Pazár, István II 451.
Pazaurek, Dr. G. E. 612.
Pázmány, Lajos II 5.
Pazourek, Joseph 302.
Pecz, Samu II 104.
Peisker, Dr. Johann 184.
Pekař, Don Vincenz 778.
Pekotsch, Leopold 797.
Pelz v. Felinau, Emanuel Ritter 476.
Penck, Dr. Albrecht 927.
Pénzeli, János II 270.
Perathoner, Dr. Victor 125.
Perathoner, Wilhelm 747.
Perényi, P. Dr. József II 422.
Perfecki, Romuald 309.
Perger, István II 602.
Perković, P. Petrus 665.
Perne, Dr. Franz 312
Pernter, Dr. Alois 722.
Pernter, Dr. Jos. M. 921.
Personn, Eduard 1012.
Peták, Dr. W. 497.
Petelenz, Dr. Ignacy 324.
Petelenz, Dr. Karol 687.
Péter, Mózes II 531.
Péterfi, Lajos II 461.
Petö, Menyhért II 466.
Petráček, Jan 748.
Petričević, Vid 671.
Petru, Václav 489.
Petruszewicz, Anton 370.
Petter, Dr. Alexander 641.
Pfersmann v. Eichthal, Johann 790.
Philippovich v. Philippsberg, Dr. Eugen 938.
Piątkiewicz, Stanisław 595.
Pichler, Joseph 224.
Pickart, Anna 294.
Piechowski, Franciszek 382.
Piencsák P. Julián II 235.
Pierer, Eduard 714.
Pikler, Dr. Gyula II 164.
Piller, György II 392.
Pindter, Rudolf 411.
Pineles, Dr. Friedrich 861.
Pinka, Adolph 972.
Pintar, Lucas 354.
Pintér, P. Elek II 601.
Pintér, Kálmán II 75.
Pinter, Pál II 175.
Pinterits, Károly II 86.
Pintner, Johann 526.
Pintner, Dr. Theodor 939.
Pirckmayer, Friedrich 638.
Pirquet v. Cesenatico, Baron Theodor 868.
Pischek, Dr. Johann 835.
Pischl, Iduna II 118.
Pitreich, Dr. August 874.
Pitterling, Alfred 123. 124.
Pivčević, Ivan 671.
Plahl, Moriz 272.
Plašil, Dr. Jan 279.
Platzer, Ferencz II 526.
Plavky, Josef 744.
Plenk, Dr. Joseph 178.
Pletzer, Dr. Sebastian 634.
Plöck, Eduard 481.
Plohl, Franz 157.
Plosa, Gyula II 642.
Plundrich, August 685.
Poche, Eugen Freih. v. 795.
Podgoršek, P. Gotthard 626.
Podlipny, Dr. Jan 519.
Pöck, Dr. Gregor 214.

Pöhl, Gustav 5.
Poehm, Joseph 180.
Pöschko, Hans 146.
Poesel, P. Paul 225.
Pösl, Frantisek 237.
Poestion, Joseph Calasanz 870.
Pötsch, Dr. Leopold 414.
Pöttickh v. Pettenegg, Dr. Ed. Gaston Graf 813.
Pötzl, Dr. Wilhelm 873.
Pohorecki, Franz 389.
Pokoly, József II 334.
Pokorný, Ferdinand 132.
Pokorny, Győző II 416.
Pokorný, P. Hilarius Franciscus 628.
Pokorny, Ignaz 47.
Pokorny, Wilhelm 747.
Polaczek, E. Stella II 441.
Polaschek, Dr. Anton 96.
Polek, Dr. Johann 100.
Pólgár, János II 13.
Polikeit, Károly II 481.
Polívka, Dr. Jiří 563.
Pollak, Dr. Jacob 940.
Poller, Dr Joseph 325.
Polletin, Arthur 476.
Pollhammer, Dr. Joseph 330.
Polzer, Aurelius 212.
Pomeranz, Dr. Cäsar 941.
Pongračić, Franjo II 635.
Ponori Thewrewk, Dr. Emil II 162.
Ponty, P. Fülöp II 407.
Pór, P. Antal II 246.
Posch, Árpád II 481.
Pósch, Gyula II 107.
Posedel, Dr. Joseph 604.
Poslt, Joseph 91.
Pospišil, Vincenz 115.
Postatný, Josef 270.
Pošusta, Václav 89.
Pototschnig, Maurus 649.
Požar, Dr. Lovro 348.
Prager, Gustav 976.
Prandtner, Don Pius 778.
Prausnitz, Dr. Wilhelm 192.
Preceechtiel, P. Maternus II 208.
Preliez, Victor 97.
Premerstein, Dr. Anton R. v. 841.
Pretzlik, Dr. 735.
Pribradny, Oscar v. II 371.
Přikryl, Dr. Franz 280.
Prilisauer, Adolf II 301.
Prinz, Dr. Carl 831.
Prix, Franz 826.
Probst, Eugen 783.
Procházka, František 467.
Procházka, Karel 608.
Próchnicki, Franciszek 377.
Procyk, Andrzej 695.
Proft, Gustav 525.
Prohaska, Dr. Rudolf 112.
Prohászka, P. Ottokár II 251.
Prohupek, Samuel II 282.
Proksch, Wilhelm 424.
Proschko, P. Paulus 337.
Prošek, Josef 691.
Prusík, Dr. Bořivoj 557.
Przybylski, Józef 111.
Przybylski, Wilhelm 597.
Ptaszek, P. Alphonsus 275.
Puchta, Dr. Anton 101.
Pueskó, Alexander 347.
Pulitzer, Theodor 469.
Pusicelli, Alexander 805.
Pytel, Adam 653.

Rabar, Johann II 223.
Rabitsch, Victor 7.
Rabl, Dr. Johann 929.
Radakowić, Dr. Michael 257.
Radisics, János II 109.
Rados, Gusztáv II 93.
Rados, Ignácz II 143.
Rafajlovics, Milovan II 390.
Rain, Jan 746.
Rainer, Carl 898.
Raiz, Dr. Aegyd 487.
Rakssa, József II 609.
Rameder, Alois 475.
Randweg, Mihály II 633.
Rath, Arnold II 70, 172.
Ráthay, Lajos II 576.
Ratzenberger, Franz II 371.
Rauchbauer, Dr. József II 604.
Rauchberg, Dr. Heinrich 573.
Rauscher (Lehrer) 264.
Ravalico, Nicolaus 156.
Ravasz, Sándor II 527.
Rebczynski, Ladislaus 372.
Rechinger, Dr. Carl 922.
Récsey, Dr. Victor II 463.
Redl, Ferencz II 413.
Redl, Gusztáv II 580.
Redlich, Dr. Oswald 951.
Regelsperger, Carl 885.
Regenhart v. Zápory, Franz Ritter 919.
Řehoř, František 587.
Reibenschuh, Dr. Anton 183.
Reichel, Hugo 802.
Reichelt, Eduard 703.
Reichert, Jan 713.
Reifenkugel, Dr. Carl 100.
Reiner, P. Hugo II 28.
Reininger, Carl 1010.

Reinisch, Dr. Leo 931.
Reisch, Dr. Emil 950.
Reiser, P. Otto II 545.
Reissenberger, Karl 16.
Reiter, Josef 584.
Reitter, Ferencz II 593.
Reizner, János II 563.
Rell, Dr. Lajos II 25.
Rembacz, Michał 695.
Renner, Carl 236.
Renner. Dr. Carl 908.
Repič, P. Hyacinth 83.
Repta, Stephan v. 689.
Resiak, Franz 277.
Resl. Wladimir 374.
Réti, János II 354.
Reuper, Julius 427.
Révész, Emil II 285.
Reyer, Dr. Eduard 210, 957.
Řezníček. Dr. Wenzel 514.
Richter, Dr. Eduard 189.
Richter, Emil 853.
Richter, Franz 613.
Richter, Joseph 611.
Richter, Dr. Max 928.
Riedl, Carl 680.
Riedl, Joseph 680.
Rieger, Emil II 584.
Rieger, Imre II 10.
Riegler, II 228.
Ries, Ferencz II 591.
Riesenburg, R. v. 529.
Riha, Johann 461.
Říha, Johann 656.
Rille, Albert 63.
Rille, Dr. Johann II 252.
Riszányi. József II 6.
Ritter, Franz 881.
Ritter, Dr. Stanislaus 40.
Rittinger, Antal II 370.
Roboz. József II 634.
Roch. Franz 454.
Rödiger, Lajos II 648.
Röser, János II 116.
Rösler, P. August 414.
Rössler, Moriz Ritt. v. 836.
Röttinger, Dr. Heinrich 920.
Rohrer, Rudolf M. 46.
Rollett, Dr. Alexander 197, 211.
Rolny, Dr. Wilhelm 392.
Romanowsky. Anton 99.
Rongusz, Johann 100.
Rosenbacher, Dr. Arnold 517.
Rosenbaum, Dr. Richard 842.
Rosnerné Fleiszig. Matild II 15.
ospini. P. Alphons 166.
ossa, Dr. Emil 200.
Rossipal. Heinrich 470.
Rossmann. Hermann 5.
Rosthorn, Dr. Alfons v. 574.
Roszka. Emanuel 629.
Rotter. Dr. Heinrich 527.
Rotter, Johann 317.
Rotter, Dr. Leopold 429.
Rozankowskyj. Orest 914.
Rózsa, János II 328.
Rubi, Eduard 11, 1004.
Rubner, Ad. 658.
Ruckensteiner, Adolph 698.
Rudolf, Max 21.
Rudolf, Rudolph 21
Ruedl, P. Anaklet 28.
Rüffler, Dr. Joseph 703.
Rüpsehl, Moriz 176.
Ruff, Ferdinand 761.
Ruth, Franz 526.
Rutkowski. Joseph 323.
Rużycki, Jan 992.
Rychlík, Heinrich 519.
Rychter, Józef 379.
Rydel, Dr. Lucyan 325.
Rysánek, Adalbert 433.
Rzehak, Emil 743.

Šafařovic, Gustav 219.
Šafránek. Franz 494.
Sághy, Ferencz II 427.
Saitz, Otakar 305.
Salamun, P. Hyacint 215.
Saliger, Wilhelm 995.
Sallaba, Dr. Rudolph 875.
Salzer. P. Dr. Anselm 663.
Salzer, Dr. Clemens 310.
Samuel, Julius 261.
Sander, Dr. Carl 162
Sander, Hermann 247.
Sanocki, Jan 992.
Sanojca, Józef 629.
Santonek. Dr. József II 185
Sarkadi. Antal II 84.
Sárkány, Gábor II 408.
Sarmaságh, Géza II 551.
Sárosi. Árpád II 309.
Sártory, László II 150.
Sasso, Josip 87.
Satzenhofer, Carl 786.
Sauer. Anton 401.
Sauer, Dr. August 578.
Saxl, Ferdinand 97.
Sbiera, Dr. Johann G. 102.
Schachermayer. Mathias 403.
Schachinger, P. Dr. Rudolph 146, 147.
Schäffer. Max 743.
Schaffer. Dr. Joseph 929.

Schalk, Dr. Carl 783.
Schandl, P. B. 413.
Schatz, Dr. Adelgott 449.
Schauer, Franz 134.
Schefezik, Dr. Heinrich 733.
Scheich, Rudolf 435.
Scheiner, Dr. G. 539.
Scheiner, Dr. Josef 519.
Scheller, Franz 592.
Schelling, Dr. Kornél II 636.
Schenk, Dr. Samuel Leopold 926.
Schenkl, Dr. Carl 953.
Schenkl, Dr. Heinrich 207.
Scherer, Gustav 884.
Scherff, Hermann 822.
Scherzer, Dr. Carl Ritter v. 957.
Scheschak, Marie 510.
Schestag, August 915.
Schewczik, Robert 978.
Schiepek, Joseph 630.
Schilder, Dr. Sever 920.
Schilling, P. Carlmann v. 160.
Schima, Johann 509.
Schimek, Fridolin 667.
Schimmer, Gustav 472.
Schindler, Dr. Alois 999.
Schindler, František 334.
Schindler, Heinrich 612.
Schindler, Dr. Joseph 365.
Schindler, Dr. Joseph 583.
Schipper, Dr. Jacob 947.
Schlachta, Lajos II 85.
Schlägl, Rudolph 566.
Schlager, Carl II 224.
Schlanger, Malvin II 457.
Schlechta-Hrochow-Wssehrdsky, Ant. Peter Ritter v. 813.
Schlenther, Dr. Paul 842.
Schlesinger, Dr. Ludwig 541, 583.
Schloissnigg, Baronin Sophie 799.
Schlossar, Dr. Anton 184, 210.
Schlott, Gyula II 214.
Schmeisser, Wenzel 981.
Schmid, Arthur Edler v. 171.
Schmid, P. Hugo 336
Schmidel, E. 681.
Schmidmayer, P. Antal II 293.
Schmidt, P. Ádám II 297.
Schmidt, J. II 280.
Schmidt, Severin 146.
Schmied, Carl 222, 224.
Schmied, J. 683.
Schmitzberger, Dr. Alois 438.
Schmölzer, Dr. Hans 716.
Schneid, Joseph 330.
Schneider, Adolf 685.
Schneider, Franz 221, 224.
Schnerich, Dr. Alfred 920.
Schnirch, Bohuslav 537.
Schnürer, Dr. Franz 803.
Schöchtner, Franz 841.
Schöller, Johann 642.
Schönach, Ludwig 47.
Schönbach, Dr. Anton E. 202.
Schönbach, Dr. Friedrich v. 881
Schönbrunner, Joseph 774.
Schönfelder, Emanuel 264.
Schönherr, Dr. Gyula II 126.
Scholz, Franz 170.
Scholz, Friedrich 419.
Scholz, Dr. Joseph 814.
Schör, Ernö II 468.
Schram, Emil 57.
Schram, Dr. Wilhelm 57, 66.
Schrank, Ludwig 815.
Schreiber, Dr. Egid 157.
Schreiblmayr, P. Petrus 657.
Schreiner, Heinrich 439.
Schreiner, Dr. Rupert 733.
Schrimpf, Alois 221.
Schubert, Dr. Anton 557.
Schubert, Dr. Friedrich 527.
Schuberth, Friedrich 614.
Schubuth, Carl 335.
Schuch, Dr. Ludwig 176.
Schüller, Dr. Alexander 637.
Schüller, Dr. Heinrich 773.
Schürer, Heinrich 310.
Schürer Ritter v. Waldheim, Anton 776, 777.
Schütz, Franz 469.
Schuh, Carl 148.
Schuhbauer, Dr. Joseph 684.
Schukowitz, Dr. Johann 184.
Schulek, Dr. Vilmos II 160.
Schuller, Alajos II 98.
Schullern zu Schrattenhofen, Dr. Hermann Ritter v. 792, 813.
Schulz, Aemilian 58.
Schulz, Vendel II 466.
Schum, Joseph 731.
Schumacher, Anton 244.
Schupp, Anton 865.
Schuster, Johann M. 128.
Schwab, Dr. Albert 972.
Schwab, Franz 338.
Schwab, Wenzel 68.
Schwartz, P. Anton M. 971.
Schwarz, J. P. Augustin 73.
Schwarz, Gabriella II 488.
Schwarz, Moriz 837.
Schwarz, Wenzel 731.
Schweizar, Rudolph 226.
Schwertassek, Carl August 47

Sebastian, Carl 751.
Sebestyén, Dr. Gyula II 126.
Sebor, Josef 582.
Sedláček, Dr. Joseph 143.
Sedlák, Johann 55.
Seeberger, Carl 996.
Seeland, Ferdinand 289.
Seemüller, Dr. Joseph 261.
Seidel, Max 1005.
Seidl, Adolf Julius 824
Seidl, Emil II 588.
Seidler, Dr. Ernst 395.
Seifert, Emanuel 369.
Seifert, Julius 278.
Seis, Eduard 783.
Séllei, Péter II 23.
Sellin, Dr. Ernst 802.
Sembratowycz, Roman 914.
Semkowicz, Dr. Alexander 392.
Seneković, Andreas 347.
Senhofer, Dr. Carl 258.
Settmacher, Gustav 712.
Seuffert, Dr. Bernhard 202.
Sewera, Ernst 619.
Sewera, Theodor 509.
Seyss, Emil 477.
Sicher, Richard 515.
Sieber, Joseph 367.
Siedlecki, Stanisław 320.
Siegert, Eduard 947.
Siegl, Dr. Carl 119.
Siegmund, Dr. Richard 703
Sienkiewicz, Clemens 229.
Siess, Alois 168.
Sigall, Dr. Emil 96.
Sigl, P. Udiscalc 664.
Siman, Jan 500.
Siman, Karel 500.
Simerka, Vincenz 492.
Simeth, P. Alois 80.
Simon, Ferencz II 32.
Simon, Dr. Jacob 117.
Simonič, Dr. Franz 920.
Simsay, Dr. Lajos II 409.
Simzig, Friedrich 155.
Sinczky, Géza II 276.
Sindelař, Josef 501.
Sinkó, József II 615.
Sisák, Gyula II 326.
Skákal, Johann 610.
Skalkowski, Adam 382.
Skariza, Stefano 989.
Skazel, Carl 141.
Skobielski, Peter 39.
Skoda, Antonín 591.
Skonyár, Gusztáv II 378.
Skraup, Dr. Zdenko Hans 188
Skrda, Dr. Ludwig 543.
Skuba, Tadeusz 319.
Skupniewicz, Józef 309.
Slajchó, Mihály II 215.
Slameczka, Friedrich 820.
Slavič, P. Franz III 3.
Slavík, František 151.
Slavík, Václav Ot. 458.
Slechta, Johann 584.
Sloupský, Josef 334.
Smal-Stocki, Dr. Stefan 103.
Smetaczek, Wilhelm 552.
Smikl, István II 561.
Smoleński, Adam 323.
Smoquina, Anton II 229.
Sobek, František 524.
Sobel, P. Johann 905.
Sobička, Jaroslav 520.
Sochor, Antonín 499.
Sokolik, András II 610.
Sokolowski, Maryan 323.
Šolc, Václav 484.
Soldát, Hynek 502.
Sołtysik, Thomas 504.
Solymossy, Dr. Lap II 570.
Somogyi, P. Cyprian II 465.
Sonndorfer, Rudolph 835.
Sonneck, Dr. Heinrich 59.
Soóky, Karolina II 629.
Soós, Árpád II 569.
Soós, P. Mihály II 184.
Sopuch, Rainer 871.
Soretić, Theodor Ritter v. II 306.
Soukup, Jan 489.
Soukup, Rudolf 344.
Sova, A. 537.
Sova, Anton 587.
Spady, Zsigmond II 131.
Spálenka, P. Anselm 107.
Spari, P. Dr. Georg 647.
Sparszam, Pál II 325.
Sperl, Dr. Hans 174.
Spielmann, Dr. Alois 37.
Spielmann, Dr. Ferdinand 37.
Spilka, K. 582.
Spina, Franz 425.
Sponner, Adolf 435.
Spreitzer, M. 403.
Springer, Angelo II 584.
Sprung, Dr. Ludwig 251.
Stache, Dr. Guido 907.
Stadler, P. Anastasius 846.
Stadler v. Wolffersgrün, Max 125.
Stadtmüller, Carl 317.
Stammhammer, Joseph 860.
Stampfer, P. Seraphicus 111.
Staněk, Josef 691.

Stanfel, Anton 288.
Staniewicz, Maryan 695.
Starey, Johann 452.
Starkl, Carl 758.
Starý, Wenzel 767.
Starzer, Dr. Albert 915.
Šťastný, Dr. Jaroslav 494.
Sťastný, Johann 482, 557.
Staub, Franz 873.
Staudacher, Carl 38.
Stebert, Ernö II 583.
Stefan, Conrad 354.
Stefański, Kazimierz 12.
Steffanides, Franz 25.
Šteffl, Václav 478.
Šteflíček, Jan 108.
Steierlein, Gábor II 259.
Steindl, Imre II 99.
Steiner, Carl II 403.
Steininger, Ludwig 600.
Steinko, Franz 686.
Steinmann, Wilhelm 301.
Steinwenter, Dr. Anton 167.
Stejskal, Johann 302.
Stejskal, Václav 968.
Stenner, Friedrich II 360.
Stenta, Dr. Michael 720.
Stepanko, Albert II 108.
Stephanovszky, Sándor II 219.
Sfěrba, Johann 91.
Štern, Julius 796.
Štětka, Tomáš 593.
Steuer, Dr. Adolph 729.
Stiasny, Heinrich 881.
Stich, Dr. Ignaz 839.
Stieglitz, Dr. Theodor 4.
Stifft, Károly II 56.
Stippel, Jacob 117.
Stitz, Anton 507.
Stitz, Anton 831.
Stock, Franz 34.
Stodolka, P. Augustinus 491.
Stöckl, Johann 333.
Štoi, Dr. Carl 775.
Štolovský, Dr. Edward 699.
Stolz, Dr. Otto 260.
Storch, Leopold 484.
Stornik, Dr. Peter 438.
Strach, Moritz 521.
Stradner, P. Joseph 169.
Strašírybka, František 700.
Strassner, Joseph 72.
Stratil, Johann 71.
Strauch, Béla II 276.
Strauch, Dr. Franz 827.
Streissler, Dr. 187.
Strele-Bärwangen, Richard Ritt. v. 643.
Stremayr, Carl Ritter v. 772, 795.
Streslowicz, Dr. Ladislaus 378.
Strnad, Alois 345.
Strobl, Carl 232.
Strobl, Dr. Johann 329.
Strohmeyer, August Joseph 969.
Strohschneider, Johann 522.
Stroia, Dr. János II 281.
Stromp, László II 487.
Stroner, Ladislaus 372.
Strouhal, Dr. Vincenz 562.
Strutyński, Edward 694.
Strzygowski, Dr. Joseph 193
Stuckner, Dr. János II 575.
Šturm, Joseph 901.
Subrt, Karel 362.
Suchánek, P. Anton 303.
Suchánek, Ignaz 586.
Suess, Dr. Eduard 772, 945.
Šulc, Johann 691.
Suller, János II 420.
Susan, Dr. Camillo 870.
Suschitzky, Joseph 57.
Šutnar, Dr. Jaroslav 920.
Švambera, Dr. Václav 558.
Svoboda, František 608.
Svoboda, Karel 49.
Šwechota, Joseph 150.
Świderski, Pawel 677.
Świtalski, Stanislaw 19.
Szabó, Lajos II 376.
Szabó, Otmár II 647.
Szachnowicz, Andrzej 677.
Szádeczky, Béla II 342.
Szadeczky, Berta II 616.
Szafran, Tomasz 74.
Szajdzicki, Eusebiusz 319.
Szalay, Gyula II 428.
Szalay, Jenö II 426.
Szánik, Ernö II 213.
Szántó, Kálmán II 322.
Szántó, Dr. Zsigmond II 382.
Szaraniewicz, Dr. Izydor 381.
Szárnovszky, Ede II 470.
Szechényi, Gräfin Marietta 799.
Szécsi, Miklos II 271.
Székely, P. Károly II 16.
Székely, Sándor II 446.
Székely, Zsigmond II 266.
Széki, Péter II 607.
Szélba, József II 82.
Szemann, Gábor II 539.
Szén, András II 568.
Szendröi, Gyula II 643.
Szenessy, Mihály II 43.
Szentistványi, Dan. II 372.
Szentkirályi, P. Zsigmond II 294.

Széplaki, Dr. János II 338.
Szeredy, Dr. József II 239.
Szilágyi, László II 445.
Szilassy, Czesar II 89.
Szinnyei, Gerszon II 519.
Szinnyei, József II 89, 126.
Szlávik, Dr. Mátyás II 216.
Szojka, Gyula II 190.
Szomek Boleslaw 375.
Sztankovicz, János II 405.
Szubovits, Miklós II 107.
Szűcz, Lajos II 646.
Szucs, Mihály II 580.
Szumrák, Károly II 539.
Szunyogh, István II 329.
Szupits, Gyula II 464.

Tadra, Ferdinand 557.
Takács, Dr. Menybért II 307.
Talija, P. Urbanus 603.
Tamásy, P. Imre II 562.
Tandor, Ottó II 94.
Tanzer, Alois 235.
Tappeiner, Joseph II 50.
Tarnawski, Dr. Theodor 95.
Tarnowiecki, Epiphanias v. 96.
Taschek, Joseph 75.
Tauber, Georg 522.
Tauchmann, Josef 151.
Tavčar, Alojzij 348.
Téglás, Gábor II 202.
Teleky, László II 252.
Telts, Gusztáv II 382.
Temesváry, Dr. Rezső II 35.
Téri, József II 546.
Terlikowski, Franciszek 375.
Terner, Dr. Adolf II 348.
Tertnik, Dr. Johann 438.
Tertsch, Leopold 614.
Tettey, Emil II 52.
Tetzel, Lorenz II 153.
Thallmayer, Victor II 617.
Thalmayr, Dr. Franz 404.
Thaly, Dr. Kálmán II 497.
Thannabaur, Adolf 726.
Theumer, E. Ritter v. 539.
Thirring, Dr. Gusztáv II 49, 152.
Thuma, Alois 712, 1014.
Thumser, Dr. Victor 828.
Tichy, Antal II 477.
Tietz, Sándor II 603.
Tille, Dr. Wenzel 557.
Tittel, Lajos II 370.
Tkač, Ignaz 830.
Tobolka, Dr. Zdenko 557.
Tögel, Joseph 11.
Tölg, P. Ambros 483.
Tölg, Dr. Richard 4.
Török, Dr. István II 332.
Török, Lajos II 336.
Toft, Anton 594.
Toldt, Dr. Carl 943.
Tomanek, Eduard 24.
Tomaschek, Dr. Wilhelm 927.
Tomaschek Edl. v. Stratowa, Dr. Carl Maria 840.
Tomášek, P. Joseph 659.
Tomaseth, Dr. Julius 774.
Tomaszewski, Dr. Franciszek 645
Topić, Franz III 2
Topolovšek, Johann 870.
Tordai, György II 461.
Torster, Géza II 171.
Tóth, András II 268.
Tóth, Ernst II 343.
Tóth, Gyula II 588.
Tóth, P. Dr. János II 439.
Tóth, István II 547.
Tóth, Dr. Kálmán II 34, 77.
Tóth, Lajos II 176.
Tóth, Sámuel II 542.
Trabert, Dr. Wilhelm 921.
Tragl, Alexander 24.
Tralka, Jan 687.
Trampler, Richard 896.
Trapl, Matěj 523.
Trapp, P. Dr. Ambrosius 463.
Traunwieser, Leopold 415.
Trautenberger, Dr. Gustav 65, 71.
Travnik, Zsigmond II 605.
Traxler, Joseph 1000.
Treixler, Dr. Gustav 150.
Trencseny, Károly II 650.
Trenkler, Carl 996.
Treszkony, Lajos II 416.
Trojnar, Józef 229.
Trost, Alois 783.
Trübswasser, Joseph 232.
Truhlář, Antonín 520.
Truhlář, Josef 557.
Tschanet, Johann 487.
Tschermak, Dr. Gustav 930.
Tuma, Jan 49.
Tumlirz, Dr. Ottokar 101.
Tunkler Edl. v. Treuinfeld, Richard 918.
Turba, Karl 710.
Turzó, Ferencz II 440.
Tussel, Gáspár II 594.
Tvaružek, Franz 469.
Twrdy, Ferdinand 111

Udránszky, Dr. László II 346, 349.
Ueberegger, Jacob 477.

Ürmön, Kálmán II 574.
Uhlyarik, Albin II 552.
Ulbrich, P. Hermann 447.
Ulbrich, Dr. Joseph 573.
Ullrich, Alois 146.
Ullrich, Dr. Carl 899.
Ullsperger, Franz 525.
Unger, Dr. Ludwig 810.
Unterberger, Leo 36.
Unterkircher, Carl 251.
Uranowicz, Zygmunt 992
Urhegyi, János II 41.
Usenićnik, Dr. Franz 351.
Ustupský, Adolf 713.
Utry, Oszkar II 173.

Vagner, P. József II 429
Vajda, Dr. Gyula II 564.
Vajdafy, Emil II 55.
Vajdafy, Ernö II 45.
Vajna, des Páva, Albert II 403.
Vajtko, János II 555.
Valenta, Adalbert 533.
Valle, Anton 725.
Valló, Vilmos II 313.
Válya, Miklós II 48.
Vancsa, Dr. Max 849.
Vanke, P. József II 425.
Várady-Szakmáry, Georg II 306.
Várdai, Szilárd II 124.
Varga, Mihály II 437.
Vargha, János II 643.
Varkonyi, Dr. Odilo II 247.
Váró, Ferencz II 541.
Váry, László II 514.
Vas, Károly II 189, 192.
Vásárhelyi, Gyula II 333.
Vávra, František 501.
Vávra, Vincenz 50, 60, 70.
Vécsey, Dr. Tamás II 165.
Velics, P. Ladislaus 273.
Venerek, P. Antal II 251.
Venus v. Elbringen, Moriz 586.
Véransz, P. Bálint II 17.
Verebély, Dr. László II 51.
Veres, Dr. Samu II 511.
Veress, Árpád II 416.
Veress, Endre II 202.
Vertán, Pál II 397.
Veselý, Jan 588.
Vettach, Giuseppe 723.
Veverka, Václav 985.
Vidovich, Bonaventura II 255.
Vieider, P. Valer 633.
Vielhaber, P. Gottfried 655.
Vieten, Johann Ritter v. 841.
Ville, P. Samuel II 205.
Viniss, P. F. II 459.
Vintschger v. Altenburg zu Neuberg, Johann v. 747.
Virbnik, Alois 627.
Viszit, Lajos II 558.
Vitális, István II 525.
Vitus, Lajos II 32.
Vlassek, János II 60.
Vobornik, Václav 364.
Vocásek, Joseph 302.
Vock, Maria 786.
Vockenhuber, Dr. Ferdinand 169, 175.
Vodička, P. Karl 342.
Vodošek, P. Salesius 346.
Vogl, Dr. August Ritter v. 935.
Vogrinz, Gottfried 753.
Vojáček, P. Method 512.
Vojnits, Dr. Damianus II 247.
Vojtáz, Mátyás II 524.
Vojtíšek, František 499.
Volák, Josef 77.
Volek, Edward 591.
Volke, Moriz 818.
Volkmer, Ottomar 815.
Vondrák, Dr. Wenzel 841.
Vranyczany, Gabriella II 438.
Vřešťál, Dr. Anton 551.
Vřešťál, Vincenz 278.
Vrzal, Maximilián 478.
Vučetić, Anton 604.
Vukičević, P. Andreas 300.

Waagen, Dr. Wilhelm 932.
Wachler, Ludwig 127.
Wachter, Franz 643.
Wackernell, Dr. Joseph 261.
Wähner, Gustav II 50.
Wagner, Antal II 337.
Wagner, Hugo 241.
Wagner, János II 328.
Walda, Rudolf 25.
Walde, Dr. Alois 251.
Walkó, Lajos II 107.
Wallentin, Dr. Franz 894.
Wallentin, Dr. Ignaz 822.
Wallner, Alois 221.
Wallner János II 209.
Wallner, Julius 233.
Walter, Johann 9.
Walter, Dr. Joseph 522.
Walter, P. Julian 546.
Walter, Theodor 146.
Wambera, Rudolph 590.
Wanbacher, Rudolph 997.
Waněk, Franz 733.
Wanick, Dr. Gustav 823.
Wanner, Franz 978.

Wanner, Dr. Ignácz II 455.
Waŕčka, Dr. Franz 921
Warmuth, Moriz 771.
Wassmuth, Dr. Anton 185, 204.
Wastian, Heinrich 212.
Wastl, Johann 832.
Wawruch, Rudolf 335.
Weber, Dr. Ottokar 583.
Weger, Jan 270.
Wegerstorfer, Michael 417.
Wegner, Georg 518, 544.
Wegscheider, Dr. Rudolph 940.
Weidschacher, Carl 972.
Weigel, Dr. Florian 328.
Weigl, Antal II 530.
Weiher, P. Michael 445.
Weilen, Dr. Alexander Ritter v. 841.
Weinek, Dr. Ladislaus 581.
Weingartner, Leopold 831.
Weiser, P. Wenzel 514.
Weiss, Anton 853.
Weiss, P. Anton 616.
Weiss, Dr. Edmund 956.
Weiss, Moriz II 140.
Weiss, Dr. Rudolf 118.
Weiss, Wilhelm II 278, 280.
Weissenhofer, P. Robert 664.
Weisser, Hermann 367.
Weisz, Dr. August 920.
Weizmann, Karl 805.
Weizner, Rudolph 631.
Wendt, Dr. Ferdinand Maria 715.
Wenzel, Dr. Franz 910.
Werb, Károly II 242.
Werber, Dr. Carl 705.
Werner, Franz 762.
Werthgarner, Ernst 959.
Werunsky, Dr. Albert 583.
Weszter, Dr. Lajos II 371.
Wettstein, Dr. Ritter v. 567
Weyde, Johann 553.
Wiehner, P. Jacob 1.
Widmann, Peter 726.
Wiecki, Victor 322
Wiedermann, Matthias 141
Wieser, Dr. Franz Ritter v. 246.
Wieser, Dr. Friedrich Frh. v. 573.
Wieser, István II 555.
Wiesinger, K. II 203.
Wiesmeyer, Dr. Emil 585.
Wiesner, Felix 368.
Wiesner, Dr. Julius 934
Wiesthaler, Fran 348.
Wiethe, P. Anton 488.
Wihlidal, Carl 278.
Wild, Wenzel 831.
Wilda, Reg.-R. Eduard 45.
Wimbusky, Adolph 510.
Windakiewicz, Dr. Stanislaw 313.
Winkler, P. Pál II 296.
Winter, Dr. Gustav 838.
Wirtinger, Dr. Wilhelm 260.
Wiskotschil, Arthur 833.
Wisłocki, Władysław 325.
Wisnar, Julius 995.
Witasek, Dr. Stephan 184.
Witek, Johann 1004
Witrzenz, Dr. Johann 704.
Witschwenter, P. Antonius 131.
Wittek, Johann 10.
Witting, Dr. Ludwig 875.
Wittinger, János II 47.
Wójcik, Józef 228.
Woksch, Carl 834.
Woldřich, Dr. Johann Nep. 560.
Wolf, Dr. Hugo 876.
Wolf, Joseph 14.
Wolff, Emanuel 374.
Wolff, Dr. Gregor II 483.
Wolfram, Dr. Albin 920.
Wolfsgruber, P. Cölestin 779.
Wolkan, Dr. Rudolf 100.
Wolkenstein-Rodenegg, Arthur Graf v. 813.
Wolsegger, Peter 161.
Wortmann, Moriz 909.
Wrba, P. Theobald 398.
Wrobel, Dr. Johann 106.
Wünschendorfer, Károly II 200.
Würfl, Christoph 404.
Wukadinović, Dr. Spiridion 557.
Wunderlich, Caspar 703.
Wurdits, P. Dr. Károly II 595.
Wurm, František 607.
Wurm, Joseph 711.

Žaar, Carl 63.
Zachariewicz, Julian Ritter v. 372.
Zafita, Ferdinand 162.
Zahlbruckner, Dr. Alexander 817.
Zahradník, Josef 501.
Zahradník, Josef 748.
Zahradník, P. Dr. Isidor Th. 547.
Zaka, Gyula II 412.
Zambra, Peter II 227.
Zánk, Gergely II 189.
Žanta, Anton 700.
Zappe, Carl 980.
Zaremba, Stanisław 465.
Zarzycki, Severin 596.
Zaufal, Dr. Emanuel 575.
Zawrzel, Dr. Adolph 875
Zayzon, Denes II 380.
Zdrahal, Alois 362.

Zebo, Carl 236.
Zeche, Andreas 753.
Zehetner, Josef 433.
Zeidler, Dr. Othmar 776.
Zeiller, Kálmán II 40.
Zeisberger, Othmar 972.
Zelbr, Dr. Carl 54.
Zelenka, Jan 296.
Zeller, Ludwig 637.
Zenker, P. Bruno 401.
Zenz, Dr. Wilhelm 417.
Zeynek, Dr. Richard Ritter v. 933.
Zibrt, Dr. Vincenz 544.
Zieglauer v. Blumenthal, Dr. Ferdinand 105.
Ziegler, P. Anton 443.
Ziemiałkowski, Florian Freih. v. 781.
Žigon, Dr. Franz 153.
Zikmund, František 308.
Zikmund, Josef 85.
Zilahy, György II 462.
Zimer, Dr. Károly II 564.
Zimmermann, Franz II 274.
Zimmermann, Dr. Heinrich 910.
Zimmermann, Joseph 1002.
Zimmermann, Kasimir Johann 596
Zingerle, Dr. Wolfram v. 251.
Zingerle Edler v. Summersfeld, Dr. Oswald 101.
Ziwsa, Carl 826.
Žižlavský, P. Bertrand 801.
Žmavc, Dr. Johann 557.
Zmigrodzki, Dr. Michael v. 688.
Zoderer, Simon 117.
Zoepfl, Dr. Gustav 293.
Zörkler, Wilhelm 972.
Zomarides, Dr. Eugen 882.
Zongor, József II 441.
Zosel, P. Felix 693.
Zosel, Teofil 645.
Zuckerkandl, Dr. Emil 943.
Zuckerkandl, Dr. Robert 573.
Zuleger, Julius 81.
Zulkiewicz, Michał 19.
Zwiedineck-Südenhorst, Dr. Hans v. 176.
Zwillinger, Leopold 220.
Zycha, Josef 825.

INHALT.

	Seite
Vorwort	III
I. Oesterreich	1
II. Ungarn	359
III. Occupationsgebiet	531
Nachtrag	535
Materien-Index	540
Nominal-Index	548

NACHTRAG II.

Nach Abschluss des Druckes erhielten die Verfasser dieses Werkes über s. z. Eingabe an das hohe k. u. k. gemeinsame Finanzministerium die folgenden Auskünfte von der hochlöbl. bosnisch-hercegovinischen Landesregierung übermittelt, eine überaus werthvolle Bereicherung des Buches, für welche die Verfasser beiden Behörden hiermit ihren schuldigen Dank abstatten.

Fojnica (Bosnien).

4. **Franciscanerkloster** (Knjižnica franjevačkog samostana). — 10.000 Bde. — Bibliothekar: Fra Ivo Vujičić. — Handschriftl. Bandkatalog nach Autoren und Materien. — Täglich von 8—12 und 3—6 Uhr mit Bewilligung des Klostervorstehers benützbar. — Entlehnungen an die Einwohner des Ortes gegen Empfangsschein. — Versendungen an Schriftsteller mit Bewilligung des Vorstehers. — Im 15. Jhdt. zugleich mit dem Kloster gegr. — Vorzugsweise Theologie.

Gučja Gora (Bosnien).

5. **Franciscanerkloster.** — 1600 Bde. — Bibliothekar: Fra Marko Barač. — Alphabet. Autorenkatalog. — Montag, Mittwoch, Samstag von 11—12 Uhr, für Fremde nach Bedarf benützbar. — Gegr. 1861, vermehrt durch Ankauf und Schenkungen. — Theologie, Physiologie, Philologie etc.

Humac (Hercegovina).

6. **Franciscanerkloster** (Knjižnica sv. Ante Paduanskag). — Nicht geordnet. — Bibliothekar der jeweilige P. Guardian. — Kein Katalog. — Zu eigenem Gebrauche. — Keine

Entlehnung oder Versendung. — Gegr. 1867. — Vorzugsweise Theologie.

Kreševo (Bosnien).

7. **Franciscanerkloster zur heil. Katharina** (Knjižnica franjevačkog samostana svete Katharine). — Ca. 9000 Bde., nicht geordnet. — Vorstand der Klostervorsteher und ein Ordenspriester. — Handschriftl. alphabet. Bandkatalog. — Täglich von 9—12 Uhr mit Bewilligung des Klostervorstehers benützbar. — Ebenso Entlehnungen und Versendungen. — Gegr. zugleich mit dem Kloster vor der Türkenzeit. — Vorzugsweise Theologie.

Sarajevo (Bosnien).

8. **Careva-Moschee,** Osman Šuhdi-Bibl. — 518 Bde., darunter 477 Handschriften. — Bibliothekar: Sadik Efendi Stočanin. Religionslehrer i. P. — Bandkatalog nach Gruppen. — Täglich von 10 Uhr vorm. bis zur Ikindigebetstunde (ca. 3 Uhr) für jedermann benützbar. — Entlehnungen nur gegen Rehin, d. h. Deponirung eines mindestens doppelwerthigen Buches als Pfand. — Keine Versendungen. — Gegr. 1173 n. H. (= 1759 n. Chr.) durch den damaligen Mollah Osman Šuhdi Efendi. Ein Theil der Bibl. wurde i. J. 1867 über Verfügung des Vali Topal Osman Paša in die Ghazi Husrevbeg-Bibliothek übertragen. — Islamit. Theologie, Scheriatsrichter-, Sprach- und Naturwissenschaften. Logik. Philosophie, Belletristik, Medicin, Geschichte etc.

9. **Ghazi Husrevbeg-Moschee.** — 1155 Bde., darunter 840 Handschriften. — 1. Bibliothekar: Ibrahim Efendi Habibija; 2. Bibliothekar: Akif Efendi Hadži Husejnović. — Bandkatalog nach Gruppen. — Ausser Dienstag und Freitag täglich von 9 Uhr früh bis Ikindi (Nachmittagsgebet) für jedermann geöffnet. — Entlehnungen mit Bewilligung der Landes-Vakuf-Direction. — Keine Versendungen. — Gegr. 944 n. H. = 1537 n. Chr. Als Ghazi Husrevbeg die Kuršumlj-Medrese begründet hatte, stiftete seine Mutter in dem angegebenen Jahre eine Bibl. für diese theologische Anstalt. 1863 wurden die Bücher aus der Medrese an die Ghazi Husrevbeg-Moschee übertragen. — Theologie (islamit.), Scheriatsrichterwissenschaften, Logik. Sprach- und Naturwissenschaften, Philosophie, Belletristik, Medicin. Geschichte etc.

10. **[Ober-]Gymnasium.** — *a)* Lehrerbibl. 2687 Bde. und eine grössere Anzahl Schulprogramme; *b)* Schülerbibl. 947 Bde. — Jahresdotation *a)* 200, *b)* 50 Gulden. — Bibliothekar:

Prof. Josef Novak. — Bücherinventarien, Zettelkataloge. — *a)* während der Schulzeit, *b)* jeden Mittwoch nachm. benützbar. — Entlehnungen *a)* an den Lehrkörper und sonstige Beamte gegen Empfangsschein; *b)* an Schüler der Anstalt gegen Vormerkung. — Versendungen *a)* im Wege der Anstaltsdirection an Lehranstalten und Aemter. — Gegr. 1879, gebildet und ergänzt durch Ankauf und Schenkungen. — *a)* Pädagogik und die Fächer des Gymn.; *b)* Jugendliteratur und Belletristik. — (S. Nr. 1.)

In Vorbereitung *a)* ein Fachgruppenkatalog; *b)* ein Autorenkatalog.

11. **Bos.-hercegov. Landesmuseum.** — Stand vom October 1899: 9400 Bde., 20 Handschriften. — (S. Nr. 2.)

12. **Landesregierung für Bosnien und Hercegovina.** Amtsbibl., Hilfsamt, Regierungspalais. — 1112 Bde. — Jahresdotation je nach Bedarf aus dem Amtspauschale. — Vorstand: Hilfsämterdirector Michael Kovačević. Alphabet. und Schlagwortkatalog. — Während der Amtsstunden für Beamte der Landesverwaltung benützbar. — Keine Entlehnung oder Versendung. — Gegr. 1878 anlässlich der Organisation der Verwaltung. — Gesetzbücher, Fachwerke der gesammten Verwaltungszweige, Geschichte, Handel u. s. w.

13. **Landesregierung für Bosnien und Hercegovina.** Amtsbibl. der Finanzabtheilung, Regierungspalais. — Ca. 500 Bde. — Jahresdotation je nach Bedarf aus dem Amtspauschale. — Vorstand (von Zeit zu Zeit) ein Beamter der Finanzsection. — Materienkatalog, nach fortlaufenden Nummern. — Während der Amtsstunden für Beamte der Landesverwaltung benützbar. — Keine Entlehnung oder Versendung. — Gegr. 1878. — Gesetzsammlungen, Vereins- und Genossenschaftswesen, Handel und Gewerbe, Militär-, Gendarmerie-, Bau-, Sanitäts- und Justizwesen etc.

14. **Landesregierung für Bosnien und Hercegovina.** Amtsbibl. der Justizabtheilung, Regierungspalais. — 1526 Bde. — Jahresdotation je nach Bedarf aus dem Amtspauschale. — Vorstand (von Zeit zu Zeit) ein Beamter der Justizsection. — Handschriftl. alphabet. Schlagwortkatalog. — Während der Amtsstunden für Beamte der Landesverwaltung benützbar. — Entlehnung gegen Empfangsbestätigung. — Keine Versendung. — Gegr. 1878 anlässlich der Organisation der Verwaltung. — Rechts- und Staatswissenschaften.

15. **Landesregierung für Bosnien und Hercegovina.** Amtsbibl. der Bauabtheilung, Regierungspalais. — 692 Bde. — Jahresdotation je nach Bedarf aus dem Amtspauschale. — Vorstand

(von Zeit zu Zeit) ein Beamter der Bausection. — Handschriftl. alphabet. Schlagwortkatalog. — Während der Amtsstunden für Beamte der Landesverwaltung benützbar. — Keine Entlehnung oder Versendung. — Gegr. 1878. — Technische Werke.

16. **Landesregierung für Bosnien und Hercegovina.** Amtsbibl. der Bauabtheilung, meteorolog. Bureau. — 479 Bde. — Jahresdotation je nach Bedarf aus dem Amtspauschale. — Vorstand (von Zeit zu Zeit) ein Beamter der Bausection. — Handschriftl. alphabet. Schlagwortkatalog. — Während der Amtsstunden für Beamte der Landesverwaltung benützbar. — Keine Entlehnung oder Versendung. — Gegr. 1894. — Meteorologie.

17. **Landesregierung für Bosnien und Hercegovina.** Statistisches Departement. — 3650 Bde. — Jahresdotation 400 Gulden. — Vorstand: Regierungsvicesecretär Carl Maria Ritter v. Wessely; 1 Diener. — Alphabet. Zettel- und Handkatalog nach Schlagworten; ein systemat. nach Materien geordneter Katalog in Vorbereitung. — Für Beamte des statist. Departements an Wochentagen von 8—12 und 3—5 Uhr, für Fremde von 10—12 Uhr benützbar. — Ebenso Entlehnungen und Versendungen gegen Empfangsbestätigung. — 1891 gegr., durch Ankauf, eigene Publicationen und Schriftentausch vermehrt. — Fachliteratur.

18. **Lehrerbildungsanstalt.** — 1553 Bde. — Jahresdotation ca. 200 Gulden. — Bibliothekar: Lehrer Josef Milaković. — Bandkatalog nach Gruppen. — Während der Lehrstunden für Lehrkörper und Schüler benützbar. — Entlehnung an in Sarajevo ansässige Personen. — Keine Versendung. — Gegr. 1880, vermehrt durch Ankauf und Schenkungen. — Pädagogik.

19. **Technische Mittelschule.** — 1800 Bde. — Jahresdotation 300—400 Gulden. — Bibliothekar: Prof. Emil Stribrny. — Handschriftl. Bandkatalog; Zettelkatalog in Ausarbeitung. — Während der Unterrichtsstunden benützbar. — Entlehnungen und Versendungen nur an den Lehrkörper. — Gegr. 1889 zugleich mit der Schule. — Technische Fachliteratur.

20. **Museum der alten serbischen Kirche** (Bibliotheka muzeja srpske pravoslavne). — 500 Bde., 80 Handschriften, 45 Incunabeln. Vorstand der Kirchenausschuss der orthodoxen Kirchen- und Schulgemeinde in Sarajevo. — Alphabet. Katalog. — Auf Wunsch jederzeit benützbar. — Keine Ent-

lehnung oder Versendung. — Vermuthlich um 1860 gegr. — Kirchenbücher, histor. Werke, türk. Fermans u. dgl.

21. **Kath. erzbischöfl. Priesterseminar.** — 8000 Bde. — Jahresdotation 500 Gulden. — Bibliothekar: P. Adolf Heninger, Prof. — Alphabet. Band- und Zettelkatalog. — Nur für den Lehrkörper und die Schüler benützbar. — Gegr. 1893. — Vorzugsweise Theologie.

22. **Scheriatsrichterschule.** — 567 Bde., darunter 30 Handschriften. — Bibliothekar: Hugo Jesensko, Lehrer und Oekonom. — Bandkatalog nach Gruppen. — Für Lehrer und Schüler der Anstalt jederzeit benützbar. — Ebenso Entlehnungen gegen Vormerkung. — Keine Versendungen. — Gegr. 1887 zugleich mit der Schule. — Theologie (islamit.) und Rechtswissenschaften, Philosophie, Sprachwissenschaften u. ä.

Sutjeska (Bosnien).

23. **Franciscanerkloster.** — Ca. 8000 Bde., nicht geordnet. — Bibliothekar einer der Ordenspriester. — Kein Katalog. — Zu eigenem Gebrauche. — Keine Entlehnung oder Versendung. — Gegr. vor 1378. — Vorzugsweise Theologie.

—

FSC
www.fsc.org

Druck:
Customized Business Services GmbH
im Auftrag der KNV-Gruppe
Ferdinand-Jühlke-Str. 7
99095 Erfurt